ENGLISCHE
LITERATURGESCHICHTE

ENGLISCHE LITERATURGESCHICHTE

unter Mitarbeit von
Stephan Kohl, Eberhard Kreutzer, Annegret Maack,
Manfred Pfister, Johann N. Schmidt und Hubert Zapf

herausgegeben von Hans Ulrich Seeber

2. Auflage

VERLAG J.B. METZLER
STUTTGART · WEIMAR

Die einzelnen Kapitel bzw. Abschnitte wurden verfaßt:

Seite 1 bis 42	Stephan Kohl
Seite 43 bis 148	Manfred Pfister
Seite 149 bis 216	Johann N. Schmidt
Seite 217 bis 364	Hans Ulrich Seeber
Seite 364 bis 381	Hubert Zapf
Seite 381 bis 393	Annegret Maack
Seite 394 bis 438	Eberhard Kreutzer

Die Deutsche Bibliothek – CIP-Einheitsaufnahme

Englische Literaturgeschichte / unter Mitarb. von Stephan Kohl
... Hrsg. von Hans Ulrich Seeber. 2. Aufl. – Stuttgart ;
Weimar : Metzler, 1993
ISBN 3-476-00911-4
NE: Seeber, Hans Ulrich [Hrsg.]; Kohl, Stephan

ISBN 3 476 00911 4

Einbandgestaltung: Willy Löffelhardt, Herrenberg
Satz: Typobauer Filmsatz GmbH, Ostfildern 3
Druck: Friedrich Pustet, Regensburg
Printed in Germany

Verlag J.B. Metzler Stuttgart · Weimar

EIN VERLAG DER SPEKTRUM FACHVERLAGE GMBH

INHALTSVERZEICHNIS

VORMODERNE UND MODERNE

(Hans Ulrich Seeber)

DIE ZEIT NACH 1945

(Hans Ulrich Seeber/Hubert Zapf/Annegret Maack)

COMMONWEALTH-LITERATUR

(Eberhard Kreutzer)

VORWORT

Ein Granitblock, der unterschiedlichen Betrachtern immer das gleiche Bild darböte, ist die historische Vergangenheit nicht. Eher gleicht sie dem Spiel des Wassers, dem wechselnde Lichtverhältnisse immer neue Farbtöne entlokken. Nicht nur fördert die Wissenschaft ständig neue Tatsachen und Einsichten zutage, auch die Seh- und Interpretationsweise verschiedener Generationen von Lesern ist erheblichen Wandlungen unterworfen. Die Einsicht in das dynamische Wechselverhältnis von Gegenwart und Vergangenheit stand am Anfang dieser Literaturgeschichte, die von der Überzeugung ausgeht, daß Geschichte immer wieder neu erarbeitet, erzählt, d.h. konstruiert werden muß. Was beispielsweise zum Kanon des Nachwirkenden, Gelungenen und Relevanten gehört, steht nicht ein für allemal fest. Die Autoren dieses Bandes nahmen sich die Freiheit, bei der Auswahl und Gewichtung von Gattungen, Autoren und Werken hier und dort eigene Akzente zu setzen, hielten es aber nicht für ratsam, die in einer langen Wirkungsgeschichte entstandene Übereinkunft über bedeutende Vertreter und Texte der englischen Literatur zu übersehen. Es war ihre Absicht, den eindrucksvollen Reichtum und die Vielfalt einer Literatur sichtbar zu machen, die schon seit dem Mittelalter (Chaucer), der frühen Neuzeit (Shakespeare) und dem 18. Jahrhundert (Defoe) die Vorstellung der englischen und nicht-englischen Leser von dem, was etwa Drama und Erzählung zu leisten vermögen, entscheidend geprägt hat.

Indem Literatur den gesellschaftlichen und kulturellen Wandel abbildend, deutend und kommentierend begleitet, gestaltet sie ihn auch mit. Eine allgemein verbindliche Theorie dieses Wandels gibt es freilich nicht. Man könnte sogar mit Thackeray die Auffassung vertreten, bei der Geschichte handele es sich lediglich um ein Theater, das mit wechselnden Besetzungen und Kostümen immer wieder dasselbe traurige Stück von Aufschwung und Fall, von utopischer Überschwenglichkeit und endlicher, vom Zufall bestimmter Wirklichkeit zur Aufführung bringt. Als Hypothese für eine Literaturgeschichte wäre eine solche Annahme aber wenig hilfreich. Ein Leitmotiv des Zusammenhangs, den die vorliegende Darstellung erzählend und argumentierend zu stiften versucht, ist dagegen die Modernisierungstheorie. Es wird also zum Beispiel danach gefragt, was es für die englische Literatur bedeutet, daß sie vor allem seit der Renaissance im Zeichen rascher Modernisierungsschübe – Rationalisierung, Säkularisierung, Nationalstaatsbildung, industrielle Revolution, Demokratisierung, funktionale Ausdifferenzierung von Gesellschaft und Kultur, Individualisierung – steht. Dabei erlaubt der Bezug auf den Begriff der Modernisierung eine Auflockerung der starren Gegenüberstellung Sozialgeschichte vs. Geistesgeschichte. Am komplexen Spiel der Wechselwirkungen und Diskurse, in dem sich geschichtliche Wirklichkeit konstituiert, sind beide Dimensionen entscheidend beteiligt.

Diese Anbindung an den »außerliterarischen« Kontext der Umwandlung einer von Traditionen geprägten Gesellschaft in eine moderne will nun nicht besagen, daß sich für die Beiträger zu diesem Buch Literatur darin erschöpft, Zeugnis für etwas zu sein, was längst vergangen ist oder in vielfach vermittelter und verwandelter Form weiterlebt. Die Art und Weise, *wie* Kunstwerke Erfahrungen und Wertvorstellungen ihrer jeweiligen Zeit gestalten, ermöglicht es späteren Lesern in besonderem Maße, diese auf eigene Erfahrungen und Bedürfnisse zu beziehen.

Der Titel »englische Literaturgeschichte« setzt eine Konvention der Literaturgeschichtsschreibung fort, für die es keine überzeugende Alternative gibt. Es muß aber ausdrücklich gesagt werden, daß die »englische« Literatur ohne ihre zahlreichen Autoren irischer, schottischer, walisischer, amerikanischer, westindischer, indischer, afrikanischer etc. Herkunft sehr viel ärmer wäre. Tatsächlich sind seit geraumer Zeit Literatur und Kultur jene Bereiche, in denen sich der Selbständigkeitsanspruch etwa der keltischen Randgebiete besonders deutlich äußert. Die Wichtigkeit der englischsprachigen Commonwealth-Literatur und deren vielfältige Wechselwirkungen mit der literarischen Kultur der Insel sind so auffällig, daß ihr das abschließende Kapitel dieses Buches gewidmet wird.

Der begrenzte Umfang dieses Buches ließ keine »flächendeckende« Darstellung zu, die mit zureichender Ausführlichkeit auf alle jene Werke und Autoren einginge, welche man in einer Literaturgeschichte herkömmlicher Art vielleicht erwarten würde. Die Absicht der Verfasser war es vielmehr, typische Entwicklungen, Gattungen, Wissensbereiche und Autoren beispielhaft herauszuarbeiten und das funktionale Verhältnis von Text und Kontext sichtbar zu machen. Dabei kam es nicht so sehr darauf an, für jede Epoche ein möglichst einheitliches Bild zu entwerfen, sondern gerade auch Konflikte und gegenläufige Strömungen aufzuzeigen. Der Zwang zur Beschränkung und die Erfahrung, daß viele frühe englische Texte nicht in gleicher Weise in einem lebendigen, auf die Gegenwart bezogenen Traditionszusammenhang stehen wie etwa die Werke von Shakespeare oder Morus, führte dazu, den Anteil der Literatur vor 1500 drastisch zu kürzen.

Der methodische Ansatz dieses Buches und seine an der Gliederung ablesbaren Einteilungen des zeitlichen Ablaufs wurden von den Beiträgern bewußt gewählt. Diese Literaturgeschichte kann und will nicht jene gedankliche und stilistische Einheitlichkeit bieten, die nur ein einzelner Autor garantieren kann. Dies ist keineswegs nur ein Nachteil. Im Spiegel individueller Temperamente kommen der Reichtum und die Vielfalt der englischen Literatur eher besser zur Geltung.

Der Herausgeber dankt all jenen, die das Zustandekommen dieses Bandes ermöglichten. Bernd Lutz – von dem die Anregung kam – und Petra Wägenbaur vom Metzler Verlag haben das Entstehen dieses Buches mit Sympathie, Geduld und großer Hilfsbereitschaft begleitet. Sehr dankbar bin ich den Ko-Autoren, die sich teilweise kurzfristig zur Mitarbeit entschlossen und mir meine Arbeit leicht machten. Ihre Loyalität und ihre Bereitschaft, neue Wege zu gehen, waren eine große Hilfe. Edmund Stegmaier danke ich für freundschaftlichen Rat und steten Zuspruch. Großes Lob haben schließlich Elisabeth Hartel, Dietmar Jaegle und vor allem Monika Lacher verdient, die unermüdlich halfen, einen druckreifen Text zu erstellen.

Stuttgart, im Juni 1991 Hans Ulrich Seeber

ALTENGLISCHE LITERATUR

Historische Ausgangslage

Briten, Angelsachsen und Wikinger

Um die Mitte des fünften Jahrhunderts lassen sich die ersten Westgermanen aus dem Gebiet zwischen Jütland und der Rheinmündung auf der englischen Insel nieder und drängen im Lauf der Zeit die einheimischen Kelten in die Randgebiete ab: England wird ein germanisches Land, und aus den kontinentalen Dialekten wird eine Literatursprache entwickelt, die von den altenglischen Autoren selbst als ›englisch‹ bezeichnet wird (›Briten‹ sind dagegen in mittelalterlichen Texten stets die keltischen Ureinwohner).

Ungestört bleiben die neuen Herren Englands, die sog. Angelsachsen, nicht: 787 beginnen skandinavische Bootsbesatzungen Küstenstriche zu plündern; aus den Raubzügen werden kriegerische Landnahmen, und bis 867 haben sich die Wikinger den nördlichen Teil der Insel unterworfen. Etwa durch die Linie London-Chester getrennt, liegen sich nun die Bewohner des Königreichs Wessex und die kurzerhand ›Dänen‹ genannten Nordgermanen gegenüber. Bis zum letzten westsächsischen König, Eduard dem Bekenner (1042–1066), wird immer wieder um den Grenzverlauf gekämpft; aber trotz der unsicheren Verhältnisse finden in Wessex Gelehrte die Muße, Übersetzungen aus dem Lateinischen anzufertigen und Werke der Volksliteratur aufzuzeichnen.

Missionierung und heidnische Werte

Die Christianisierung der Angelsachsen – dieser Terminus wird im folgenden unterschiedslos für alle germanischen Siedler Englands verwendet – ist trotz einiger innerkirchlicher Querelen etwa um 700 abgeschlossen. Die von Papst Gregor I. (ca. 540–604) angeordnete Missionierung beginnt 597 in Kent, während – unabhängig von Rom – im Norden iro-schottische Mönche wirken. Keltisch geprägte Vorstellungen von Kirchenorganisation und römischer Zentralismus stoßen so aufeinander; 663 bestimmt dann die Synode von Whitby, daß der gesamte Klerus die Autorität der von Rom aus geleiteten Bischöfe anzuerkennen habe.

Die Missionierungsstrategie stellt ein Beispiel gelungener ›Subversion‹ dar. Da einige der wesentlichen Werte der Germanen – insbesondere Ehre und Vergeltungsdenken – den zentralen christlichen Tugenden der Demut und Nächstenliebe völlig entgegenstehen, scheint es den Missionaren unmöglich, das hergebrachte Ethos offen anzugreifen. Stattdessen besetzen sie die heidnischen Kultplätze mit zusätzlicher christlicher Bedeutung und erweitern – mit ähnlicher Strategie – den Bedeutungsumfang zahlreicher heimischer Wörter um eine christliche Dimension. Damit ist der Konfrontation der Wertwelten die Spitze genommen: Ob die Missionierten unter *witega* den ›Weisen‹ oder den ›Propheten‹, unter *fullian* ›weihen‹ oder ›taufen‹, unter *firen* ›Verbrechen‹ oder ›Sünde‹ verstehen wollten, braucht in aller Schärfe nicht immer geklärt zu werden. Semantische Vieldeutigkeit definiert den christlichen Gehalt derart, daß eine blutige Polarisierung von Bekehrten und Bekehrungsunwilligen vermieden wird.

Literarische Voraussetzungen

Handschriften

Die Dichtung der Germanen ist ursprünglich Vortragsdichtung; eine Schriftkultur der Laien gibt es nicht. Bei den überlieferten Texten der Dichtung handelt es sich um nachträglich – um die Jahrtausendwende – in westsächsischen Schreibstuben fixierte Aufzeichnungen, nicht um authentische Werke. Diese Einschränkung gilt sprachlich wie inhaltlich. Da die Literatursprache dieser Skriptorien die früheren dialektalen Sprachformen der Texte weitgehend vereinheitlicht, sind Datierung und Lokalisation der in den vier großen Handschriften – *Beowulf*-Manuskript, Junius-Manuskript, Exeter-Buch und

Vercelli-Buch – tradierten Werke nach sprachgeschichtlichen Kriterien unmöglich.

Altenglische Metrik

Die vier großen Codices enthalten etwa 20.000 der bekannten knapp 30.000 Zeilen altenglischer Dichtung. Ihre einheitliche metrische Form – strophenlos alliterierende Vierheber – läßt sich in wenigen Regeln erfassen: Die einzelnen Verszeilen gliedern sich in jeweils zweihebige An- und Abverse nach bestimmten Betonungsmustern; diese Halbzeilen sind durch Alliteration oder Anfangsreim verknüpft. Einige *Beowulf*-Verse sollen dies veranschaulichen:

On **fagne flor** **feond tredd**ode
eode **yrre**mod; him of **ea**gum **stod**
ligge **ge**licost **leoht** unfæger. (725–7)

(Über den glänzenden Boden lief der Feind, ging er voll Zorn; aus seinen Augen strahlte, dem Feuer gleich, ein schreckliches Licht.)

Nicht bloß formale Homogenisierung entfernt die schriftlichen Quellen von der ursprünglich mündlichen Dichtung; die Manuskripte sind der sozialen Funktion der Texte zur Zeit ihrer lebendigen Rezeption denkbar fremd. Altenglische Dichtung wird ursprünglich als ›Programmteil‹ bei gesellschaftlichen Anlässen von einem Sänger (*scop*) vorgetragen. In welcher Form genau dies geschieht – ob musikalisch begleitet oder rezitiert, ob in festgelegter Form oder improvisiert –, ist umstritten. Gewiß aber bilden *scop*, Publikum und die ›Helden‹ der Dichtung im Augenblick des Vortrags in der Halle eine Gemeinschaft, die sich in emotionaler Hochstimmung ihrer Weltsicht, ihrer Vergangenheit und ihrer gegenwärtigen Bedeutung in unsicherer, kriegerischer Zeit versichert. Funktion dieser Dichtung ist es also ursprünglich, in gemeinschaftlichem Erinnern der Vergangenheit jene Werte – germanische oder christliche – lebendig zu erhalten, auf denen auch die gegenwärtige Identität der Gemeinschaft beruht. Wenn diese Werke später in den Bestand einer Schriftkultur überführt werden, verlieren sie ihren ›Sitz im Leben‹ und werden Teile einer marginalen ästhetischen Hochkultur.

Rekonstruktion einer angelsächsischen Halle

In den zahlreichen kirchlich bestimmten Prosatexten liegen dagegen Zeugnisse einer genuinen Schriftkultur vor. Die bemerkenswerte Spannweite volkssprachlicher theologischer Literatur legt eindrucksvoll Zeugnis von den besonderen Leistungen der altenglischen Schriftkultur ab: Nur in England nämlich fließt im frühmittelalterlichen Europa ein so breiter Strom gelehrter volkssprachlicher Texte. Ermöglicht wird diese literarische Produktion auf der Grundlage einer gelehrten lateinischsprachigen Kultur, wie sie sich schon im frühen 8. Jh. entfaltet hatte: Aldhelms († 709) poetische und patristische Arbeiten sind hier als Belege ebenso zu nennen wie Bedas († 735) nationale Kirchengeschichte *Historia Ecclesiastica Gentis Anglorum* (731).

Die gelehrten Kleriker entwickeln schon früh ein lebhaftes Interesse auch an der mündlichen Dichtung der Angelsachsen und suchen – getreu ihrer Missionierungsstrategie der Bedeutungsüberlagerung – die ethische Prägekraft der volkssprachlichen Dichtung für die Bekehrung der Germanen zu nutzen. So entwickeln sie in beachtlichem Umfang eine Versdichtung, die im tradierten alliterierenden Vers und mit dem vertrauten Vokabular der heroischen Dichtung christliche Helden zum Vorbild empfiehlt. Auch redigieren sie bei der Aufzeichnung der Volksdichtung in ihren Schreibstuben die alten germanischen Stoffe in christlichem Sinne.

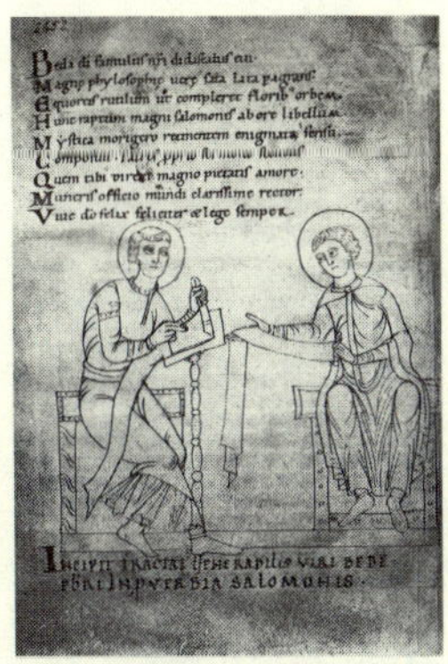

Der gelehrte Beda (672–735), berühmtester Vertreter nordenglischer klösterlicher Gelehrsamkeit vor den Däneneinfällen. Porträt aus dem 12. Jahrhundert

Da Datierung und geographische Lokalisierung der altenglischen Gedichte nicht gelingen können, spiegelt die Abfolge der im folgenden besprochenen Werke keine chronologische Entwicklung; vielmehr will diese Anordnung einen möglichst deutlichen Eindruck von den verschiedenen Verwendungszwecken der Dichtung vermitteln und auf die poetischen Leistungen wie die unlösbaren Probleme verweisen, die im Gefolge der Verchristlichung einer ursprünglich heidnischen Form zu beobachten sind.

Der germanische Held

Heldendichtung

Der ursprünglichen Literatur kommen die Aufzeichnungen der Heldenepen wohl am nächsten. Diese heroische Dichtung feiert Mut, übermenschliche Kraft und Ethos des vorbildlichen germanischen Kriegers. Waffentaten und Bewährungsproben seiner Treue in jugendlichen Jahren, weise Entscheidungen als Führer und König und stets unbeirrbares Streben nach Ruhm machen ihn zum Vorbild des Handelns für eine kriegerische Gesellschaft, und seine Lebensart zeigt, daß die gefeierten Werte für Erfolg bürgen. Die erzieherische Aufgabe dieser Texte mindert ihre begeisternde Wirkung nicht, da sie die Feier des Heroischen herausarbeiten, auf explizite Anweisungen zur Nachahmung aber verzichten. Der Held des Epos verkörpert die besten Traditionen des Volkes, und am Bericht seiner Taten teilzuhaben, zwingt unwiderstehlich zur Identifikation mit dem Ethos, für das er eintritt.

Heldendichtung in solch reiner Ausformung ist schriftlich nicht erhalten. Den klarsten Reflex dieses Dichtungstyps bietet noch *Widsith*, das in 143 Zeilen große Helden und berühmte Stätten heroischer Bewährung aufzählt; freilich stellt der Text nur ein Gefäß für wohl vielfach veränderte metrische Merklisten von Herrschern und geographischen Namen dar. Diese Listen aber führen eindringlich vor Augen, daß Stoffe und Motive der altenglischen Dichtung von den Einwanderern aus dem niederdeutschen und skandinavischen Raum mitgebracht worden sind. Sollten über die zahlreichen Helden, von denen der *scop* Widsith hat erzählen hören, tatsächlich auch altenglische Epen im Umlauf gewesen sein, ist von der mündlich tradierten Erinnerung der Angelsachsen unermeßlich viel verlorengegangen.

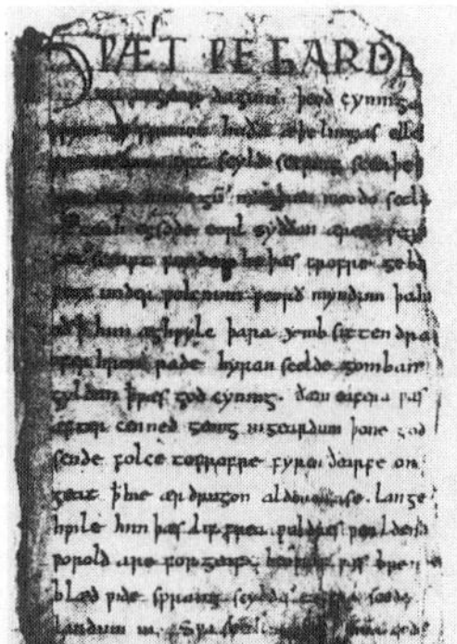

Erste Seite des *Beowulf*-Manuskripts MS Cotton Vitellius A.15

Die Zufälligkeiten der schriftlichen Fixierung und der späteren Überlieferung der Manuskripte haben dazu geführt, daß mit *Beowulf* das einzige vollständig erhaltene altenglische Heldengedicht vorliegt – und dies nur mit knapper Not: die Handschrift wurde 1731 durch Feuer beschädigt. In der überlieferten Form dieses Epos fließen germanische und christliche Elemente sowie Einflüsse von Vergils *Äneis* zusammen. Der jugendliche Held Beowulf strahlt als heroischer Kämpfer, der die Kräfte des Bösen zum Vorteil aller bezwingt; im gealterten König Beowulf erscheint das Ideal des weisen Herrschers, der sich bis zur Selbstaufopferung um Gerechtigkeit und Wohlergehen seines Volkes bemüht. Angesiedelt ist die Handlung in einer großen Vorzeit der germanischen Völker, die chronologisch unbestimmt wohl im 5. Jahrhundert, geographisch nicht weniger vage im skandinavischen Raum zu denken ist. Die Vergegenwärtigung einer eher mythischen Vergangenheit erfüllt aber vortrefflich die epische Aufgabe, an die alten Tugenden und Werte zu erinnern, damit die Lebenden sich bemühen, der Größe der Vorfahren zu entsprechen.

Auch wenn Beowulf selbst im letzten Kampf nicht siegt, das Böse ist doch noch einmal besiegt worden. Da sein Tod als großherziger Opfergang für sein Volk gewertet wird, gewinnen auch die früheren Kämpfe Beowulfs den Wert von Auseinandersetzungen seiner moralischen Kraft mit Inkarnationen des Bösen; ja, sein kämpferisches Lebens in stets vom Tod belauerter Existenz gerät für den, der Religiöses im Text finden will, zur christlichen Allegorie: Menschliche Tugend kämpft mit dem unmenschlich Gottlosen. Der alte Hrothgar, dessen Halle Heorot Beowulf vom Ungeheuer Grendel befreit hat, reflektiert beim Abschied des Helden in diesem Sinne:

Beowulfs Größe

Wunder is to secganne,
θurh sidne sefan snyttru bryttað,
hu mihtig God manna cynne
eard ond eorlscipe. (1724–27)

(Ein Wunder ist es zu nennen, wie der mächtige Gott dem Menschengeschlecht gütig und großherzig die Gabe der Klugheit, Heimstätte und hohen Rang verlieh.)

In der Tat lebt das Ungeheuer Grendel in größter Gottferne, »siθθan him scyppend forscrifen hæfde« (106) (nachdem ihn der Schöpfer schonungslos verdammt hatte).

Stilistisch nutzt *Beowulf* nahezu alle Varianten altenglischer Dichtung: Von der preisenden Genealogie zur Totenrede, vom bewegten Wortwechsel zur moralischen Ansprache, von narrativen Passagen zur elegisch gefärbten Rückschau, von der Beschreibung unwirtlicher Landschaften zur dramatischen Kampfszene reicht die Spannweite der Präsentation. Die unterschiedlichen Elemente einigt inhaltlich die Überzeugung, daß menschliche Existenz durch Glanz und Vergeblichkeit zugleich geprägt sei. Dem Feiern und Wohlbefinden in der Halle droht immer der tödliche Angriff aus der Nacht des Chaos; die glücklichen Stunden, in denen Gunst und Schätze verteilt werden, lösen unvermeidlich Tage in Kampf und Tod ab; glorreiches Abenteuer steht neben tragischem Scheitern: Stets und überall ist ›ironischerweise‹ das Ende gegenwärtig. Auf den Höhepunkten ihres Lebens sind die Charaktere todgeweiht.

Variantenreiches Muster, das mit seinen Kontrasten, Parallelen und Verwebungen an den Stil der Dichtung erinnert. Goldene Gürtelschnalle aus dem 7. Jahrhundert (Sutton Hoo)

Inhaltlich wie stilistisch bezieht *Beowulf* seine besondere Wirkung aus Kontrasten und Parallelen; Episoden, ›Abschweifungen‹, Momente der Rückschau und Blicke in die Zukunft verleihen der an sich einfachen Handlung zeitlose Tiefe und epische Dimension. Als eigentliche Triebkraft der Handlung erweist sich – beunruhigenderweise – die außermenschliche Kraft des Schicksals (*wyrd*). Ihr muß der Held mit menschlich beschränkter, aber doch heroischer Einstellung begegnen, seiner Unterlegenheit bewußt und seines künftigen Scheiterns gewärtig, aber voll ungebrochenen Selbstbehauptungswillens: In solch heldischem Umgang mit dem Schicksal liegt die einzige Chance der Bewährung, wie der Held selbst einmal ausführt: "›Wyrd oft nereð / unfægne eorl, θonne his ellen deah‹" (572/3) (Wyrd, das Schicksal, errettet oft den noch nicht zum Tod bestimmten Krieger, wenn seine Tapferkeit taugt.)

Auch *Beowulf* erinnert an die wohl verlorenen Schätze der altenglischen Literatur, wenn in den Zeilen 1063–159 das Heldenepos *Finnsburg-Lied* resümiert wird. Soweit aus der paraphrasierenden Version des *Beowulf* und den in einem Druck aus dem 18. Jahrhundert erhaltenen 48 Zeilen des Epos erschlossen werden kann, arbeitet dieser Text an einem Beispiel aus den friesisch-dänischen Beziehungen die tragischen Konsequenzen heraus, zu denen ein Handeln nach den germanischen Ehrvorstellungen führen kann:

Dunkle Lebenssicht

Bei einem Besuch des Dänenkönigs Hnæf beim Friesenkönig Finn und dessen dänischer Gattin Hildeburg bricht die alte Fehde zwischen den Stämmen wieder auf, und die festliche Ordnung der Besuchsfeier versinkt im Chaos mehrerer Kämpfe. Unabänderlich folgt Zerstörung auf einen kurzen Augenblick menschlichen Glücks auch und gerade dann, wenn ethisch vorbildlich gehandelt wird: »Nu arisað wea-dæda / ðe ðisne folces nið fremman willað« (Fragment 8/9) (Nun erheben sich die bösen Taten wieder, welche die Volksfeindschaft ausführen will).

Die *Beowulf*-Paraphrase arbeitet, auf Tragik bedacht, die Gefühle Hildeburgs heraus, die – zerrissen zwischen ihren Loyalitäten zu Elternfamilie und eigener Familie – bei der Totenverbrennung Bräutigam und Sohn in Asche aufgehen sieht:

Het ða Hildeburh æt Hnæfes ade
hire selfre sunu sweoloðe befæstan
...
Eame on eaxle. Ides gnornode. (1114–7)

(Hildeburg hieß da auf Hnaefs Scheiterhaufen ihren eigenen Sohn der Flamme übergeben, dem Onkel [i. e. Hnaef] zur Seite. Die Frau klagte laut.)

Ausweglose Bedrohung beherrscht *Beowulf* wie Fragment, in dem sich in unvergeßlicher Szene die kämpfenden Helden am Eingang zur eben noch Geborgenheit bietenden Halle gegen die von außen andrängenden Feinde wehren: Ordnung und Chaos, Glück und Tod sind geographisch lokalisiert wie in Heorot unter Grendels Angriffen.

Epos und Chronik

Auch zur Darstellung von Episoden aus der altenglischen Geschichte werden die Konventionen der Heldendichtung genutzt. So besteht *The Battle of Brunanburg* zu etwa 15% aus Halbversen, die aus der historisch wenig konkreten epischen Dichtung bekannt sind. Solche Aneignung vorgegebener poetischer Muster vermag den Erfolg der ›epischen Erziehung‹, das Fortleben der alten Tugenden bei den angelsächsischen Nachfahren, zu belegen. Wiewohl Teil einer Chronik (s. Bild S. 17o.), demonstriert *The Battle of Brunanburg* traditionsstolz vor allem, daß Æthelstans Leute kämpfen, ›wie es in edler Abstammung liegt‹ (»swa him geæθele wæs / from cneomægum« – 7/8). Ebenso aber wird befriedigt der vorbildliche heroische Untergang der Feinde notiert.

Heldentum und Übermut

Verwendet die chronikalische Ausschmückung *The Battle of Brunanburg* Motive und Technik der tradierten Heldendichtung zur emotionalen Steigerung eines angelsächsischen ›Nationalgefühls‹, so erinnert *The Battle of Maldon* – als Fragment in einer Abschrift des 1731 verbrannten Manuskripts überliefert – an die oft tragischen Konsequenzen eines Handelns nach den Prinzipien des kriegerischen Ethos. Die führenden historischen angelsächsischen Helden – die Schlacht fand 991 statt – kämpfen vorbildlich, ihre heroische Einstellung liefert aber auch den Anlaß ihrer Niederlage. Um einen heldischen Kampf mit den skandinavischen Invasoren führen zu können, gewährt Byrhtnoð, Führer der heimischen Truppe, den auf einer Insel isolierten Wikingern gegen alle taktische Vernunft freien Zugang zum Festland. Militärisch sinnlos wird daraufhin heroisch gekämpft und gestorben:

Hige sceal θe heardra, heorte θe cenre,
mod sceal θe mare, θe ure mægen lytlað. (312/3)

Flut an der Furt bei Maldon

(Unsere Einstellung wird umso kompromißloser, unser Herz umso kühner, und unser Mut umso größer sein, je mehr unsere militärische Macht schwindet.)

Ob der Autor in grimmiger Ironie oder unkritischer Zustimmung diese markige Untergangsrede Byrthnoðs einrückt, ist schwer zu entscheiden; manches spricht dafür, daß die vom Schicksal dem Menschen zugewiesene Rolle vergeblichen Kämpfens gegen die Kräfte des Bösen in *The Battle of Maldon* durchaus zeitkritisch umgedeutet wird: Weder unlösbare Loyalitätskonflikte noch lebensfeindliches *wyrd* begründen hier ja die Niederlage, sondern Prahlerei – *gylpword* (274) – mit den alten Tugenden und überheblicher Stolz:

θa se eorl ongan for his ofermode
alyfan landes to fela laθere ðeode. (89/90)

(Da begann der Führer in seinem Stolz/Übermut, den verhaßten Leuten zu viel Land zu überlassen.)

Die hohe Qualität des bewiesenen Heroismus und der bloß provozierte Anlaß, der diesen Beweis möglich macht, stehen in unübersehbarem Widerspruch zueinander. Implizit kontrastiert *The Battle of Maldon* heroisches Kampfethos mit Grundsätzen einer rationalen Kriegführung. Damit läßt der Text eine ›Modernisierung‹ der alten Einstellungen erahnen, auch wenn der Gedanke militärischer Taktik nicht literaturfähig ist. Dennoch mischt sich Zweifel am Wert heroischen Lebens widersprüchlich mit Bewunderung für heldenhafte Einzeltaten.

Christliche Gegenentwürfe

Die ›Elegien‹

Radikale Skepsis gegenüber dem Wert heroischen Lebens und Zuwendung zu christlichen Lebensprinzipien kennzeichnen die sog. Elegien des Exeter-Buchs. Zwar werden, wie Kontext und Reden erkennen lassen, in der Dichtung auch Helden wie Beowulf und Byrthnoð christlich gezeichnet, von religiöser Haltung eigentlich geprägt sind sie aber nicht. Die Elegien kommentieren nun in vergleichsweise kurzen Monologen das Weltbild der Heldendichtung aus der Sicht seiner Opfer, »earfeθa gemyndig, / wraθra wælsleahta winemæga hryre« (*The Wanderer* 6b/7) (im Bewußtsein von Entbehrungen, grausamen Schlachten, verstorbenen Freunden). Aus dieser Sicht formulieren die Elegien den weltanschaulichen Gegenentwurf zum tradierten germanischen Ethos. Dabei kommen sie freilich über die Kontrastierung verlorenen Kriegerglücks mit christlichem Trost nicht hinaus.

Irdische Not und christlicher Trost

Auf heutige Leser übt die melancholische Prägung, mit der die verstoßenen Sprecher der Elegien eine nach den Kriterien des Kriegerethos verfehlte Existenz beschreiben, großen Reiz aus. Diese Niedergeschlagenheit dient indes argumentativ als Folie für die tröstliche Wirkung, die eine Besinnung auf die Werte des unkriegerischen Christentums zeitigt. Der ewige Herr im Himmel (*Dryhten*) tritt an die Stelle des in der Halle lobspendenden Kriegsherrn (*dryhten*). In *The Wanderer* und *The Seafarer* steht so das Los erzwungenen Exils als Bild für die Bedingungen irdischer Existenz: Der Mensch erscheint notwendig als Wanderer, dessen wahres Ziel im Jenseits liegt. Die Grausamkeiten des Winters, die weite Leere des Meeres und das Los der Einsamkeit gehören zur *conditio humana*, Glück und Geborgenheit sind nur im Jenseits zu erhoffen. Poetisch geht dieses Verfahren vom Vorgehen der Heldendichtung aus: Auch dort ist die Bedrohung von Glück und Ordnung beherrschende Chiffre des unglücklichen Lebens; die Elegien aber fügen einem ähnlich düsteren Entwurf der Existenz die Aussicht auf eine glückliche andere Welt hinzu.

Der verstoßene Sänger

Am wenigsten ausgeprägt erscheint die christliche Addition in *Deor*, dem Klagelied eines verstoßenen Sängers. Dieser erinnert in jeder seiner Strophen an eine Geschichte aus der germanischen Vorzeit, um dann seinen Blick auf die Vergangenheit jedesmal mit einem Refrain auf die Vergänglichkeit alles Irdischen zu beschließen: »θæs ofereode θisses swa mæg« (Dies verging, und das Gegenwärtige wird auch vergehen). Die letzte Strophe verweist dann auf die christliche Dimension, ohne indes die Beständigkeit jenseitigen Glücks explizit gegen die Begrenztheit menschlichen Lebens auszuspielen.

Exil

The Wanderer ordnet gleich im Eingang seines Monologs – Teil des christlichen Rahmens – das Exil als Prüfung durch ein nur auf Erden wirksames *wyrd* ein:

> Oft him anhaga are gebideð,
> Metudes miltse, θeah θe he modcearig
> geond lagulade longe sceolde
> hreran mid hondum hrimcealde sæ,
> waden wræclastas: wyrd bið ful aræd. (1–5)

(Oft erfährt der Einsame die Hilfe des Herrn, obgleich er lange Zeit bedrückt über das Meer rudern muß, über die eiskalte See die Wege des Verbannten zu ziehen hat. Das Schicksal ist unausweichlich.)

Besinnung auf die christliche Wahrheit läßt den Exilierten zum »snottor on mode« (111) (zum Weisen) werden; der Inhalt seiner religiösen Tröstung wird im zweiten Teil des Werks skizziert. Sieht man von der christlichen Einleitung ab, stehen sich in *The Wanderer* ›germanische Melancholie‹ (6–57) und christlicher Trost (58–110) in getrennter Argumentation gegenüber. Wenn auch der Wechsel des Standpunkts rückblickend als persönliche Erfahrung des Sprechers vorgestellt wird, so bleibt doch der Eindruck des Additiven bestehen: Christliche Bewertung erfolgt zusätzlich, nach der germanisch gefärbten Präsentation der Lage eines Ausgestoßenen. Als Aufforderung, sich der christlichen Lebensalternative zuzuwenden, wirkt *The Wanderer* wenig überzeugend: Zum einen erscheint bei einer ersten Bekanntschaft mit dem Werk das Christentum als wenig überzeugend, wenn es von einem im Leben Gescheiterten empfohlen wird; zum zweiten ist die religiös metaphorische Dimension des Umherirrens in der Fremde so undeutlich ausgearbeitet, daß auch die modernen Interpreten des Textes sie nicht alle erkennen wollen.

Ähnliches läßt sich zur Behandlung der Vergänglichkeitsthematik in *The Seafarer* ausführen. Auch hier markiert etwa die Mitte des Textes (65) einen Perspektivenwechsel: Während im ersten Teil das harte Leben des Seefahrers beschrieben wird, deutet der zweite Teil diese Erfahrung als Allegorie des Lebens. Innere Einheit geht dem Werk nicht ab; indes ist der schematisch additive Aufbau so ausgeprägt, daß von einer konsequenten Entwicklung des Exilierten nichts zu bemerken ist.

Brosche aus dem 9. Jahrhundert mit einer Darstellung der fünf Sinne

Nicht alle Elegien leiten aus der Situation gesellschaftlicher Isolierung Argumente für die christliche Lebensalternative ab. In den elegischen Versen von *The Wife's Lament* und *The Husband's Message* klingt als Leid erzwungene Trennung zwischen Liebenden auf; in diesen Texten geht es also – sollten sie, wie oft vermutet, Bruchstücke eines größeren Textes oder in dialogischer Beziehung zueinander konzipiert worden sein – um eine Kritik an den emotionalen Opfern, die kriegerisches Leben fordert. Angesichts des Verdachts, daß die beiden Texte bloß Fragmente darstellen, sind weiterreichende Schlüsse auf die Bewertung von Liebe und Ehe bei den Angelsachsen aber nicht möglich. *The Ruin* schließlich ist nur als Bruchstück von nicht einmal 50 Zeilen erhalten, kann daher nur der Melancholie wegen geschätzt werden, mit der der Autor die Ruinen einer englischen Römerstadt (wohl Bath) als Belege allgemeiner Vergänglichkeit betrachtet.

Christlicher Heroismus

Darstellerische Probleme anderer Art ergeben sich, wenn nicht das Prinzip der Kontrastierung genutzt wird, sondern der germanische Held mit den Mitteln des Epos in einen christlichen Charakter überführt werden soll. Vergleicht man die überlieferten christlichen Epen mit *Beowulf*, wird man Rededuktus, kämpferische Situationen und Unwetter des Heldenlieds wiederfinden; nach Subtilität der religiösen Argumentation oder nach einem Anspruch auf die Eigenständigkeit christlicher Literatur sucht man freilich vergebens: Zu unbekümmert wird in diesen Werken den Helden des Christentums kriegerisches Ethos zugeschrieben, wo Ergebenheit zu erwarten wäre. Die christlichen Epen sind indes als bemerkenswerte Versuche des Klerus zu werten, den Sitz im Leben, den das Epos innehatte, für die Bekehrung zu nutzen: Im Gemeinschaftserlebnis des Vortrags sollen auf emotionale Weise die Helden der Kirche als in Geist und Tat ebenso bewundernswert wie die Heroen der Vergangenheit vorgestellt werden.

Am wenigstens stört der Widerspruch zwischen Heldentum und christlichem Dulden in dem Cynewulf zugeschriebenen kurzen Gedicht *The Fates of the Apostles*. Zwar werden die Jünger ihres unkriegerischen Vorbilds ungeachtet hier als *milites Christi*, »θeodnes θegna« (8), vorgestellt; indes besteht ihre Aufgabe ausschließlich darin, ›das Evangelium zu predigen und zu erklären‹ (vgl. 10/11). Die leidvollen Tode der Apostel belegen dann überzeugend den bewundernswerten Geist dieser Männer: »θa æðelingas ellen cyðdon, / torhte ond tireadige« (4/5) (Die strahlenden und ruhmreichen Helden bewiesen ihren Mut).

Neue Definition des Heldentums

Wesentlich liegt dem Sprecher indes nach solcher das Publikum überzeugender Empfehlung daran, jene Distanz zur heidnischen Weltlichkeit zu vermitteln, die sich aus der Betrachtung dieser Lebensläufe ergeben kann. Im elegisch gefaßten Rahmen demonstriert er, daß man sich nicht an den Maßstäben der germanischen Welt messen soll, daß vielmehr diese Welt als Exil zu begreifen ist:

Ic sceall feor heonan,
an elles forð, eardes neosan,
sið asettan, nat ic sylfa hwær,
of θisse worulde. (109–12)

(Ich muß mich von hier entfernen, muß allein anderswo eine Heimat finden, auf eine Reise aus dieser Welt heraus gehen, ich weiß selbst nicht, wohin.)

Von allen christlichen Epen wendet *Andreas* Geist und Diktion der Heldendichtung am unvermittelsten zur Zeichnung eines christlichen Vorbilds an; ein Aufzählen seiner Formulierungen, die mit solchen des *Beowulf* identisch sind, bildet Bestandteil aller Erörterungen des Gedichts. Mit dieser auffälligen lexikalischen Übereinstimmung führt *Andreas* die semantische Mehrwertigkeit des altenglischen Wortschatzes beeindruckend vor Augen: Da sich im Verlauf der Handlung Andreas' christliche Gesinnung in vielfacher Wiederholung manifestiert, wird das Publikum – sofern es noch heidnisch war – zur christlichen Erweiterung oder gar Umdefinition der tradierten Wortbedeutungen geradezu gezwungen. *Andreas* vermag als attraktiver Überzeugungsversuch im semantischen Kampf um die kulturelle Autorität über die Angelsachsen zu beeindrucken.

So sicher ist sich das Werk der Wirksamkeit seiner semantischen Umorientierung, daß es auf den Rat zur Weltflucht verzichtet: Beginn und Ende des Textes feiern Helden, die auch nach germanischen Maßstäben vorbildlich handeln. Die »θeodnes θegnas« (3) (Apostel) bestehen tapfer alle Kämpfe: »No hira θrym alæg / camprædenne θonne cumbol hneotan« (3/4) (Ihr Ruhm blieb beim Zusammentreffen der Heere, in der Hitzes des Krieges unvermindert), und die ehemaligen Menschenfresser verabschieden Andreas nach vollendetem Bekehrungswerk als »wigan unslawne« (1711) (ungeschlagenen Krieger). An die Stelle der Weltentsagung tritt in *Andreas* der Kampf um den Ruhm, die Truppen des Bösen auf die eigene Seite zu bringen:

Auch Christus erscheint in angelsächsischer Zeit als triumphierender Sieger über den Teufel. In dieser Darstellung tritt er Satan mit den Füßen. Mit der Rechten spendet er seinen Segen, während sich Adam und Eva an das Kreuz klammern. Sargdeckel ca. 1050

θæt wæs Satane sar to geθolienne,
mycel modes sorg, θæt he ða menigeo geseah
hweorfan higebliðe fram helltrafum. (1689–91)

([Andreas' Missionierung] war für Satan schwer zu ertragen und bittere Sorge, als er zusehen mußte, wie sich seine Schar von den heidnischen Götzenbildern abwandte.)

Solche Identifikation des Feindes mit dem Teufel erlaubt es, Begeisterung über den Sieg des Guten, der Kirche, und Verachtung über den schwachen

Verlierer Satan über die Nutzung gegebener ›Hörgewohnheiten‹ zu wecken. Emotion ist freilich nicht das einzige didaktische Mittel, dessen sich dieses Stück Konversionsliteratur bedient: Belehrende Dialoge zwischen Gott und seinem Apostel, in denen eine Reihe von Glaubensfragen geklärt wird, nehmen breiten Raum ein (vgl. 254–817), die geglückte Seefahrt zu den zu Bekehrenden – mit nahezu 600 Zeilen wesentlicher Bestandteil des Gedichts – präsentiert sich als Allegorie des Lebens in Gottes Hand, wie »ece dryhten« (510) (der ewige Herr) selbst erläutert:

Didaktische Mittel

Flodwylm ne mæg
manna ænigne ofer meotudes est
lungre gelettan; ah him lifes geweald,
se ðe brimu bindeð, brune yða,
ðyð ond θreatað. (516–20)

(Die tobende See kann keinen gänzlich vom Weg abhalten, wenn der gnädige Schutz des Herrn gegeben ist; er bestimmt das Leben, der das Meer regiert, die dunkle Flut besänftigt und einschränkt.)

Nie aber gefährdet theologische Instruktion die heroische Stimmung des Gedichts: Andreas bleibt wesentlich Krieger, auch wenn das Werk religiös belehren will.

Heiligenleben

Die Aufgabe, über exemplarische Helden der Dichtung für den christlichen Glauben zu werben, nehmen auch in der angelsächsischen Kultur zahlreiche Heiligenlegenden wahr. Die damit verbundene Umwandlung des ursprünglichen Heldenbilds fällt dabei ebenso auf wie die radikale Polarisierung von Gut und Böse. Ist sich das tradierte Heldengedicht oft genug des hohen Preises bewußt, den Parteinahme bedingen kann, kennt die altenglische Hagiographie bloß unbedingtes Lob christlicher Gegnerschaft zum Bösen.

Unbedingte Tugend und die Mächte des Bösen

Unter diesen Texten zeichnet sich *Juliana* in besonderem Maße durch umfassende christliche Belehrung aus. Die didaktische Absicht wird hier durch die konsequente Interpretation der *vita* als eines Kampfes christlicher Tugend gegen die Mächte satanischer Finsternis ins Werk gesetzt. Bezeichnenderweise ändert Cynewulf bei der Abfassung des Texts seine lateinische Vorlage so ab, daß Juliana ohne jeden Fehler, ihr Gatte Eleusius in denkbar schlechtem Licht erscheint. Daher geht Juliana jeder menschlich ansprechende Zug ab: Da sie ohne Zögern und Selbstzweifel nur für den Glauben streitet und leidet, reduziert sich jede ihrer Aktionen auf moralisch richtiges Handeln, das im Martyrium triumphale Erfüllung findet. Die schlimmen Torturen, die Juliana erdulden muß, machen weder körperlich noch seelisch irgendeinen Eindruck auf die Heldin. Sie ist ausschließlich Loyalität dem göttlichen Herrn gegenüber.

Trotz seiner Verkürzung idealen Lebens auf christliche Entschlossenheit ist das Werk darum bemüht, das alte heroische Ethos am ungeeigneten Beispiel einer leidenden Frau herauszuarbeiten. Freilich müssen die heroischen Werte dem Teufel in der Stunde seiner Resignation in den Mund gelegt werden, da

Frauen als Helden?

die fromme Juliana selbst den Geist des heidnischen Epos nicht beschwören darf:

Gif ic ænigne ellenrofne
gemete modigne Metodes cempan
wið flanθræce, nele feor θonan
bugan from beaduwe, ac he bord ongean
hefeð hygesnottor, haligne scyld,
gæstlic guðreaf, ... ic sceal feor θonan. (382–9)

(Wenn ich einen kühnen und kampfstarken Krieger des Herrn treffe, der dem Ansturm der Pfeile widersteht und nicht dem Kampf weit ausweicht, sondern weise sein Schild erhebt, die geistliche Rüstung, dann muß ich abziehen.)

Guthlac wird von Dämonen durch die Lüfte getragen; Darstellung aus dem späten 12. Jahrhundert

Wie schwierig es ist, poetisch das Paradoxon christlichen Heldenmuts zu vermitteln, läßt sich auch an anderen Heiligenleben erkennen: *Guthlac A* verläßt sich zu seiner Wirksamkeit zwar weitgehend auf die Erhebung des Teufels zu einem nur heroisch besiegbaren Gegner; es gelingt dem Text naturgemäß aber nicht, den Stil des Heldenepos auf die Diskussion von Glaubensfragen zu übertragen. Cynewulfs Gedicht *Elene* weicht den theologischen Problemen, die sich aus der Mischung heidnischen und christlichen Ethos ergeben, durch eine weitgehende Doppelung der guten Gestalt aus: Kaiser Konstantin gibt den Part des heroischen Kämpfers, seine Mutter Helena den der loyalen Christin. Dementsprechend sind die Schauplätze verteilt: Konstantin steht in der düsteren Atmosphäre der aus den Epen bekannten Schlachten:

Byman sungon
hlude for hergum, hrefn weorces gefeah,
urigfeðra earn sið beheold
wælhreowra wig; wulf sang ahof,
holtes gehleða; hildegesa stod. (109–13)

(Laut klangen die Trompeten vor den Truppen, der Rabe freute sich über das Geschehen, der Adler mit taunassen Federn sah das Geschehen, die grausige Auseinandersetzung; der Wolf, Gefährte der Wälder, erhob sein Geheul; Schlachtenangst kam auf.)

Helena glänzt dagegen in ihrer Auseinandersetzung mit den Juden mit rhetorischen Mitteln – Passagen, die freilich auch wohlmeinende Kommentatoren als wenig unterhaltsam empfinden. Cynewulfs Erzählstrategie der Heldendoppelung beweist immerhin, daß sich dieser Autor nicht damit begnügen

Platte einer Schatulle aus der Frankenzeit (vermutlich aus dem frühen 8. Jahrhundert aus Northumbrien)

will, die Schwierigkeiten, die eine Kombination von Schlachtenmut und christlicher Demut bedingt, einfach zu übersehen. Freilich wird durch das Aufrechterhalten der Trennung zwischen den epischen und hagiographischen Traditionen ein hoher Preis entrichtet: emotionale Vermittlung der Glaubensinhalte gelingt nicht.

Bibeldichtung

Die Anfänge der volkssprachlichen Bibel

Will die hagiographische Dichtung einer oberflächlich bekehrten Bevölkerung über die Präsentation heroisch agierender Christen den Glauben emotional näherbringen, geht es der im Junius-Manuskript aufgezeichneten Bibeldichtung darum, durch Bibel-Paraphrasen an einigen Beispielen die Grundlage des Glaubens in der Volkssprache zugänglich zu machen. Ein Prinzip, das die Auswahl der Texte (*Genesis*, *Exodus*, *Daniel*, *Christ and Satan*) und die Gestaltung der einzelnen Werke bestimmt, ist kaum erkennbar; ob der Kompilator, wie gelegentlich vermutet, mit Bedacht Bibelstellen auswählt, die die Bedeutung der Taufe theologisch begründen, ist fraglich.

Der vierfache Schriftsinn

Zu erwarten wäre dann, daß die von den Kirchenvätern entwickelte Methode der Bibelinterpretation den theologisch belehrenden Charakter der Texte bestimmt. Dabei werden die Ereignisse des Alten Testaments sowohl als Präfigurationen der im Neuen Testament dargestellten Geschehnisse wie auch des Lebens nach der Erlösung mit seinen moralischen Ansprüchen und schließlich des Lebens nach dem Tode gelesen; wie dieser mehrfache Schriftsinn im Einzelfall etabliert wird, zeigt ein Beispiel aus Ælfrics Predigten:

> θeos tid is gehaten on Ebreiscum gereorde PASCHA, θæt is on Ledene Transitus, ond on Englisce Færeld; forðan ðe on ðisum dæge ferde Godes folc fram Egypta-lande ofer ða Readan sæ, fram ðeowte to ðam behatenen earde. Ure Drihten ferde eac on θisne timan [...] fram ðisum middangearde to his Heofonlican Fæder. We sceolon fyligan urum Heafde, and faran fram deofle to Criste, fram ðissere unstæððigan worulde to his staðelfæstan rice; ac we sceolon ærest, on urum andwerdan life, faran fram leahtrum to halgum mægnum, fram unðeawum to godum ðeawum, gif we willað æfter ðisum lænan life faran to ðam ecan, and, æfter urum æriste, to Hælende Criste. (*Catholic Homily* II, 15)

> (Im Hebräischen nennt man diese Zeit ›Pascha‹ – das entspricht dem lateinischen *Transitus*, im Englischen *Passover*, weil das Volk Gottes an diesem Tag durch das Rote Meer aus dem Land der Ägypter zog, aus der Sklaverei in das verheißene Land. Auch der Herr ging um diese Zeit aus dieser Welt zum himmlischen Vater. Wir sollen unserem Führer folgen und uns vom Teufel weg zu Christus hin wenden, aus dieser unbeständigen Welt in sein ewiges Reich; aber zuerst sollen wir uns in unserem hiesigen Leben von Sünden zu heilgen Tugenden verändern, von schlechten Angewohnheiten zu guter Lebensführung, wenn wir nach diesem befristeten Leben in das ewige Leben übergehen wollen und nach unserer Wiederauferstehung zu Christus, unserem Retter.)

Den Einzeltexten geht indes exegetische Systematik ab. *Exodus*, das ja die Durchquerung des Roten Meeres zum Thema nimmt, erzählt vor allem einen großen Stoff im Stil der Heldendichtung. Erst in zweiter Linie verdeutlicht das Werk den geistigen Sinn der Vorgänge und verweist recht unbestimmt auf andere Wasser und Passagen in ›Heilige Länder‹. Die Prioritäten von Kompilator und Einzelwerken liegen auf der Hand: Attraktives Erzählen geht ihnen über exegetische Ausarbeitung. Nicht die göttliche Rettung der bedrängten Israeliten wird z.B. in *Exodus* herausgearbeitet, sondern Moses' heroische Führerqualität. Auch *Genesis B* verläßt sich bei der Darstellung von Satans Aufstand und Verdammung auf die Qualitäten des Heldenepos: Satan erscheint als Kämpfer, der seine verlorene Sache mit der gleichen fatalistischen Bravour zu Ende bringt, deretwegen auch die Helden der *Battle of Maldon* bewundert werden. Theologisches taucht eher am Rande auf, wenn der Böse in seinen Reden quasi unfreiwillig einige Glaubenswahrheiten vermittelt. Im Vordergrund aber steht die Geschichte einer Rebellion, die zugleich die Geschichte einer unzweifelhaft loyalen Truppe ist.

Es zeigt sich, daß Cædmons *Hymn* mit der poetologischen Forderung »Nu sculon herigean heofonrices weard, / meotodes meahte and his mod-geθanc; / weord wuldor-fæder« (1–3) (Nun sollen wir den Schöpfer des Himmels rühmen, die Macht des Herren und seine Gedanken, die Taten des ruhmreichen Vaters) vornehmlich für thematische Erweiterungen der Dichtung eintritt, nicht für eine radikale christliche Umorientierung dichterischen Schaffens. Als ›Magd der Theologie‹ versteht sich also die altenglische Bibeldichtung nicht. Da sie aber einerseits die biblischen Erzählungen mit nur geringer konzeptioneller Konsequenz exegetisch ausdeutet, andererseits das Ethos der Heldendichtung nicht mehr uneingeschränkt gelten läßt, erfüllt sie weder eine theologische noch eine weltliche Funktion in befriedigender Klarheit.

Das Kreuz von Ruthwell mit der Runen-Fassung von *The Dream of the Rood*, die die bildliche Darstellung links und rechts umrahmt. Der obere Teil des Kreuzes ist rekonstruiert.

Religiöse Dichtung

Beeindruckende Werke, die religiöse Einstellung mit den Konventionen der angelsächsischen Verskunst vermitteln, glücken indes außerhalb der großen narrativen Gattungen. *The Dream of the Rood*, Vision eines Träumers, überrascht mit der Darstellung von Christi Passion aus der Sicht des Kreuzes. Diese Perspektive gibt dem sprechenden Kreuz Gelegenheit, sowohl auf wesentliche theologische Punkte hinzuweisen – z.B. auf die Freiwilligkeit des Opfers Christi – wie das germanische Ethos der Loyalität in christlichen Gehorsam zu überführen und dabei die Pflicht zu heroischer Aktion durch Leidensbereitschaft zu ersetzen:

Geseah ic θa Frean mancynnes
efstan elne mycle θæt he me wolde on gestigan.
θær ic θa ne dorste ofer Dryhtnes word
bugan oðδe berstan, θa ic bifian geseah
eorδan sceatas. Ealle ic mihte
feondas gefyllan, hwæδre ic fæste stod. (34–8)

(Dann sah ich den Herrn der Menschen, wie er tapfer und freiwillig heraneilte, mich zu besteigen. Gegen des Herrn Weisung wagte ich weder zu biegen noch zu brechen, als ich die

Erde beben spürte; ich hätte seine Feinde erschlagen können, aber ich blieb unverrückbar stehen.)

Bilder der Frömmigkeit

Diese Wandlung heidnischer Haltung zu christlicher Demut lädt nachdrücklich zur Nachahmung ein, wenn es nach den Szenen von Kreuzigung und Tod heißt:

Iu ic wæs geworden wita heardost,
leodum laðost, ærθan ic him lifes weg
rihtne gerymde. (87–9)

(Einst war ich das schlimmste Strafinstrument, allen Menschen am meisten verhaßt, bevor ich ihnen die rechte Lebensform eröffnete.)

Da sich der Erzählstandpunkt von *The Dream of the Rood* auch in der Aufschrift des Kreuzes von Ruthwell findet, kann auf eine unter den angelsächsischen Christen bekannte meditative Übung geschlossen werden, die Frömmigkeit über die Versenkung in Details der Kreuzigung fördert. Der Träumer, dem die Vision des sprechenden Kreuzes zuteil wird, hat seine Bekehrung intensiv erlebt; er zeichnet sich – wie die Sprecher der Elegien – als Exilierten, aber nicht mehr wie diese als Verstoßenen, sondern als Menschen, der bloß deshalb Fremder auf Erden ist, weil er auf das Erreichen der wahren Heimat wartet:

Christus am Kreuz. Langford, St. Matthew, ca. 1030

Nah ic ricra feala
freonda on foldan. Ac hie forð heonon
gewiton of worulde dreamum, sohton him wuldres Cyning,
lifiaθ nu on heofenum mid Heahfædere,
wuniaθ on wuldre; ond ic wene me
daga gehwylce hwænne me Dryhtnes rod
...
on θysson lænan life gefetige. (131–8)

(Ich habe keine mächtigen Freunde auf Erden mehr. Diese haben die Freuden der Welt schon verlassen und sich ihren glorreichen König gesucht, leben nun im Himmel, in der Höhe mit dem Vater und befinden sich in Ehre. Und auch ich erwarte täglich den Augenblick, an dem mich das Kreuz des Herrn aus diesem vergänglichen Leben hinausnimmt.)

Christ vergegenwärtigt im ersten Teil (*Advent*) meditativ-eindringlich Christus, Maria und weitere biblische Gestalten; zu diesem Vorhaben arbeitet der Text reiches typologisches Material ein, dessen Bedeutung anhand der patristischen Literatur ermittelt werden kann. Bietet *The Dream of The Rood* Meditationsvorlage für den Laien, so macht *Advent* den Klerus mit der theologischen Exegese bekannt, über deren Inhalte zu reflektieren angezeigt ist. Obwohl weder stilistisch noch inhaltlich mit *The Dream of the Rood* vergleichbar, stellen beide Texte Modelle religiöser Lyrik dar, die die Konventionen der Heldendichtung überwinden. In diesen Werken sprechen Bekehrte zu Bekehrten.

Christus-Darstellung, Breedon-on-the-Hill, ca. 800

Prosa

Übersetzungstätigkeit

Altenglische theologische Literatur indes bedient sich meist der Prosa; auch die für die Arbeit der Kirche wichtigen Unterweisungen werden in größerem Umfang aus dem Lateinischen in die Volkssprache übertragen. Solche Übersetzungstätigkeit erlaubt Aufschluß über den Bildungsstand des Klerus, dem Lateinkenntnisse offensichtlich oft fehlten; andererseits beweist die Prosaliteratur der Zeit, wie weit sich literarische Kultur in einer kleinen gebildeten Schicht entwickelt. War auch die Basis dieser Leistungen schmal, so stellen die Werke dieser Gelehrten England an die Spitze des frühmittelalterlichen Geisteslebens. Wesentlichen Anteil am systematischen Aufbau einer altenglischen Prosabibliothek kommt dabei dem Wirken König Alfreds (849–899) und der um ihn versammelten Gelehrten zu.

Diese Gruppe übersetzt eine Reihe lateinischer Werke, die als Grundlage für eine Bildungsreform in England dienen können. So sollen die altenglischen Fassungen der *Dialoge* und der *Cura Pastoralis* des Papstes Gregor des Großen nicht nur dankbar die Einsichten des Mannes tradieren, der von Rom aus die Missionierung Englands veranlaßt hatte, sondern – und dies gilt besonders für das seelsorgerische Handbuch *Pastoral Care* – auch als grundlegende Texte für die Ausbildung der heimischen Priesterschaft dienen. Diese Absicht ist im Vorwort des Handbuchs dokumentiert, das von einer deprimierenden Diagnose von Bildungsstand und Effizienz der zeitgenössischen Kirche ausgeht und den Wunsch Alfreds spiegelt, ein umfassendes kirchliches Erziehungsprogramm in die Tat umzusetzen, um würdig an die Blütezeit moralischer und intellektueller Bildung vor den Däneneinfällen anschließen zu können.

Silbermünze (spätestens 874) mit Porträt König Alfreds

Jene goldene Zeit der englischen Kirche lebt beispielhaft in der Übersetzung von Bedas Kirchengeschichte *Historia Ecclesiastica Gentis Anglorum* wieder auf. Aber der Text soll nicht bloß eine bewundernswerte historiographische Leistung der Vergangenheit zur Schau stellen, das Werk verdient eine volkssprachliche Verbreitung auch, weil es vorbildlich über die Geschichte der eigenen Kirche Auskunft gibt. Ergänzt wird diese nationale Geschichte durch die Übertragung und redaktionelle Überarbeitung einer Welt-Kirchengeschichte, der *Historia adversum Paganos* des Paulus Orosius (385–420).

Vereinfachung der Vorlagen

Mit Grundfragen der Philosophie und Ethik macht die Übertragung von Boethius' (480–524) Dialog *De Consolatione Philosophiae* bekannt. Von wörtlicher Übersetzung der Vorlage ist auch diese altenglische Fassung eines spätlateinischen Texts weit entfernt. Boethius beispielsweise identifiziert das Unglück des Menschen mit der Unterwerfung unter die Launen der Fortuna, ein Vorgang, der unausweichlich ist, wenn er das Glück in irdischen – und daher stets gefährdeten – Dingen wie Besitz, Ehre und Macht sucht; die Übertragung sieht dagegen *wyrd* (Schicksal) am Werk, wenn Unglück den Menschen ereilt. Aus Boethius' stoischer Verachtung alles weltlichen Gutes und seiner Empfehlung, sich um ein im Reich der Ideen liegendes *summum bonum* zu bemühen, wird in der Alfredischen Fassung eine pauschale Mahnung, irdisches Wohlergehen relativ gering zu schätzen; so verweist die Übertragung nur allgemein auf Gott, entwickelt das Konzept einer gerechten *Providentia* aber nicht philosophisch konsequent.

Chroniken

Alfred und seinem Kreis ist wohl auch die Existenz der angelsächsischen Chronik-Texte zu verdanken. Ein Überblick, der hauptsächlich die Ereignisse seit der germanischen Besiedlung des Landes annalistisch stichwortartig notiert, wird 899 abgeschlossen – diese Urfassung ist verloren – und in einer Reihe von Kopien an verschiedene Schreibstuben gesandt. Sieben – im Falle des *Peterborough Chronicle* bis 1154 – fortgeschriebene Versionen dieser Chronik sind erhalten. Die späteren Einträge entwickeln – besonders für die Regierungszeiten Alfreds und Ethelreds II. (978–1016) – zuweilen narrative Qualitäten, die das listenartige Aufzählen der Ausgangsfassung überwinden und auch auf kausale Verknüpfungen oder nachvollziehbare Motivationen Wert legen.

In diesem Zusammenhang ist auch der bemerkenswerte Eintrag für 755 im Parker-Manuskript zu erwähnen, der detailliert und dramatisch im Stil der altnordischen Saga von König Cynewulfs Ermordung berichtet. Ob aus diesem einzigartigen Stück narrativer historiographischer Literatur auf eine verlorene Tradition altenglischer Prosa geschlossen werden kann, ist nicht zu entscheiden.

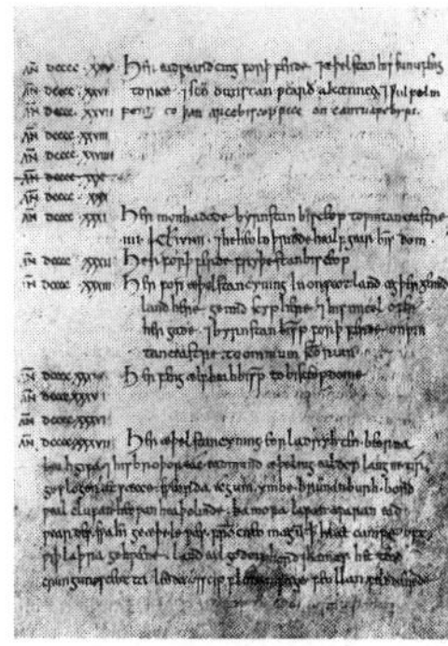

Seite aus *The Parker Chronicle* mit den Einträgen für 925–937. Bis 936 ist das annalistische Prinzip der Chronik zu erkennen; unter ›937‹ beginnt der Text von *The Battle of Brunanburg*.

Auf die Alfredischen Prosaübertragungen aus der 2. Hälfte des 9. Jahrhunderts folgt – nach einer Unterbrechung – im 10. Jahrhundert eine zweite Blütezeit der Prosa. Wieder ist eine Bildungsbewegung für das Aufkommen dieser Literatur verantwortlich. Die beiden großen Autoren der Zeit, Abt Ælfric (955–1020) und der Yorker Erzbischof Wulfstan († 1023) fühlen sich beide mit der Benediktinischen Reform der Jahrtausendwende verbunden. Begnügen sich die Gelehrten um Alfred im ganzen mit einem schmucklos-informativen Stil, setzen die Literaten der zweiten Prosaperiode mit großer Raffinesse rhetorische Mittel wie Alliteration, Rhythmisierung und lexikalische Variation ein. Von einer Ästhetisierung der Prosa kann aber nicht die Rede sein; die Rhetorik der Predigten Ælfrics und Wulfstans sorgt vielmehr bei einem Publikum, das vornehmlich der Dichtung zuzuhören gewohnt war, für die Erhaltung der Aufmerksamkeit auch über längere Zeit. Der sprachliche Schmuck wird also in didaktischer Absicht entfaltet.

Wenn Ælfric in seinen zahlreichen Predigten (85 von ihnen sind in den zwei Serien der *Catholic Homilies*, 37 in den *Lives of the Saints* gesammelt) theologische Lehre in altenglischer Sprache vermittelt, setzt er das Werk Alfreds fort. Wie dieser läßt auch er Kopien seiner Werke anlegen, und mit der umfangreichen Predigtsammlung stellt er in der Tat weniger gebildeten Priestern Vorlagen für korrekte Bibelauslegungen und erinnernswerte Gottesdienste zur Verfügung. Stilistisch unterhalten die Predigten durch Nutzung unterschiedlicher Vortragsstrategien: Narrative Passagen (besonders in den *vitae* der englischen Heiligen), effektiv plazierte emotionale Höhepunkte und (besonders bei der Präsentation von theologischen Bedeutungen) originelle Ausschöpfung der lexikalischen Möglichkeiten, die im Altenglischen zur Ableitung neuer Wörter zur Verfügung standen, fallen besonders auf.

Die Schöpfung des Lichts. Caedmon Manuskript Bodleian Library, Oxford, ca. 1000

Angesichts der immer neuen Angriffe der Wikinger träumt Ælfric, auch darin Alfred verwandt, von der goldenen Vergangenheit der englischen Kirche:

> Wel we magon geðencan hu wel hit ferde mid us / θaða θis igland wæs wunigende on sibbe / and munuc-lif wæron mid wurð-scipe gehealdene / and ða woruld-menn wæron wære wið heora fynd / swa θæt ure word sprang wide geond θas eorðan / Hu wæs hit ða siððan ða θa man towearp munuc-lif / and godes biggengas to bysmore hæfde / buton θæt us com to cwealm and hunger / and siððan hæðen here us hæfde to bysmre. (*Lives of the Saints* 13, 147–55)

> (Wir sollen uns daran erinnern, wie gut es uns ging, als diese Insel in Frieden lebte, die Mönchsorden geehrt wurden und die Laien jederzeit bereit waren, gegen ihre Feinde anzutreten, so daß sich das Wort der Kirche weit über die Erde verbreitete; und wie es später war, als die Menschen das mönchische Leben ablehnten und den Dienst Gottes verachteten, Pest und Hunger über uns kamen, schließlich die Armee der heidnischen Wikinger uns geringschätzte.)

Predigten

Diese für das westsächsische Königreich so bedrohliche Lage gibt Wulfstan in den etwa 20 Predigten, die überliefert sind, das Stichwort, um moralische Reform einzuklagen. Berühmt sind die Einleitungsworte seiner apokalyptisch gefärbten *Sermo Lupi ad Anglos*, die alle Mittel des poetischen Stils in die Prosa übernimmt:

> Leofan men, gecnawað θæt soð is: ðeos worold is on ofste, and hit nealæcð θam ende, and θy hit is on worolde aa swa leng swa wyrse; and swa hit sceal nyde for folces synnan ær Antecristes tocyme yfelian swyθe, and huru hit wyrð θænne egeslic and grimlic wide on worolde. (*Sermo Lupi*, Anfang)

> (Liebe Leute, wißt, was die Wahrheit ist: Diese Welt eilt ihrem nahen Ende zu, und daher wird es auf dieser Welt erst noch schlechter werden; und wegen der Sünden der Leute muß es vor der Ankuft des Antichrist notwendigerweise noch viel schlimmer werden, und in der Tat wird es dann schrecklich und fürchterlich sein, weit und breit in der Welt.)

Nicht ohne Überzeugungskraft konstruiert diese Predigt einen kausalen Zusammenhang zwischen den verderbten Sitten der Zeit und dem ›verdienten‹ Vordringen der Wikinger, um durch Furcht – nicht durch Belehrung, wie bei Ælfric – moralische Besserung zu bewirken. Das teilweise durch Fakten ›belegte‹ Argument des herannahenden Antichrist gibt im Zusammenwirken mit dem rhetorischen Donner der Predigt ein eindrucksvolles Beispiel für die Leistungen des spätaltenglischen Prosastils.

Ein altenglischer Roman

Schließlich sei auf einen einzigartigen literarischen Text hingewiesen, der fern aller historiographischen oder erzieherischen Absichten unterhaltsam eine Geschichte erzählen will, auf den *Apollonius of Tyre*. Dieser griechische Liebes- und Abenteuerroman wird auf der Grundlage einer lateinischen Version flüssig und angenehm lesbar ins Altenglische übertragen; dabei wird auch die fremde Liebeskonzeption der Vorlage in die neue Sprache übernommen. Ob dieses Romanfragment Teil einer breiteren verlorenen Tradition altenglischer Prosa bildet, entzieht sich der Kenntnis. Bemerkenswert an dieser geglückten Übersetzung ist jedenfalls, daß aus der altenglischen Zeit ein Text – wenn auch unvollständig – überliefert ist, der Eigenständigkeit auch der Prosaliteratur gegenüber den Ansprüchen der Kirche behauptet.

Nach der normannischen Invasion etabliert sich eine kulturelle Führungsschicht, der das Schicksal der heimischen Sprache nicht am Herzen liegt. Im nächsten Kapitel wird freilich zu notieren sein, daß die Konventionen der späteren altenglischen Prosa den politischen Umsturz überdauern und sich in der mittelenglischen alliterativen Dichtung fortentwickeln.

MITTELENGLISCHE LITERATUR

Historische Ausgangslage

Im Jahr 1066 wird die englische Insel ein drittes Mal von Eroberern eingenommen. Mit den früheren Landnahmen durch germanische Bauern hat die Eroberung Englands durch die Normannen aber wenig gemein: Die Invasoren kommen nicht als Siedler, sondern als künftige Regierung. Da die neuen Herren ihrer französischen Kultur zunächst treu bleiben, verliert die angelsächsische Literatur die Unterstützung durch die Führungsschicht. So unterbleibt hinfort – mit wenigen Ausnahmen (z. B. Chronik von Peterborough) – die Aufzeichnung altenglischer Texte. Dennoch lebt die einheimische literarische Tradition unterhalb der zentralhöfischen Ebene in verschiedenen frühmittelenglischen Werken fort, während die normannische Oberschicht eine französischsprachige Dichtung pflegt und dabei England mit formalen Konventionen (z. B. Endreim) und Stoffen bekannt macht, die dann auch die mittelenglische Literatur charakterisieren. Trotz der Herausbildung einer englischsprachigen Literatur nach kontinentaleuropäischen Konventionen läßt sich noch in der späteren englischen Literatur des Mittelalters deutlich zwischen kontinental beeinflußten Werken, wie sie vornehmlich am Londoner Hof beliebt sind, und Texten der ›Provinzkultur‹ unterscheiden, die unter Bewahrung angelsächsischer Traditionen im nördlichen und westlichen England entstehen.

Nach der normannischen Eroberung von 1066: Angelsächsische Bauern heben unter normannischem Befehl einen Burggraben aus.

Ausschnitt aus dem Teppich von Bayeux (spätes 11. Jahrhundert): König Harald hängt getroffen über seinem Pferd.

Die Normannen, ursprünglich Germanen, hatten sich in ihrer neuen nordfranzösischen Heimat bis zur Eroberung Englands die kontinentale Kultur angeeignet. Die Kirchen, die sie bald nach ihrer Ankunft auf der Insel im romanischen Stil (englisch *Norman style*) erbauten, geben vom hohen Stand ihrer Künste Zeugnis. Hier ein Blick in das Innere der Kathedrale von Durham (um 1120)

Der Weg zur Englischsprachigkeit der Oberschicht setzt mit Johann ›Ohnelands‹ (1199–1216) Verlust der Normandie (1204) ein, die den Adel in England vor die Wahl zwischen Landbesitz entweder in ihrem Herkunftsland oder auf der Insel stellt. Im Gefolge der sich daraus ergebenden Trennung entwickelt sich im Insel-Adel allmählich ein Wir-Gefühl der ›Englishness‹, als dessen erste Regung der Aufstand der Barone von 1258 gegen die starke kontinental-französische Präsenz am Hof identifiziert wird. Der Hundertjährige Krieg (1339–1453) zwischen England und Frankreich bildet dann nicht zufällig den Hintergrund für den Aufstieg des Englischen zur Hofsprache und die Blütezeit der mittelenglischen Literatur. Begünstigt wird der ›Sieg‹ des Englischen im 14. Jahrhundert auch durch die zunehmende Auseinanderentwicklung der Aussprache von anglo-normannischem und prestigeträchtigerem Pariser Französisch. So spottet Chaucer (um 1340–1400) in den *Canterbury Tales* (um 1387–1400) über die prätentiöse Priorin:

And Frenssh she spak ful faire and fetisly,
After the scole of Stratford atte Bowe,
For Frenssh of Parys was to hire unknowe. (A 124–6)

(Französisch sprach sie sehr hübsch und anmutig nach der Art von Stratford-Bow, denn Pariser Französisch beherrschte sie nicht.)

Literarische Voraussetzungen

Zumindest die erzählenden Werke der mittelenglischen Literatur entstehen als handschriftlich aufgezeichnete Texte; viele von ihnen existieren in mehreren Kopien, wobei sich die Abschreiber oft als sprachlich und inhaltlich um- und weiterdichtende Bearbeiter hervortun. Den Buchdruck führt William Caxton 1476 in England ein; mit seinem konservativen verlegerischen Angebot, das zu einem guten Teil Nachdrucke mittelenglischer Manuskripte umfaßt, hält er den Geschmack des Publikums an mittelalterlichen Autoren noch lange am Leben.

Der Dichter bei der Anfertigung des Autographen. Darstellung aus einem Manuskript von Layamons *Brut* (13. Jahrhundert)

Obwohl die Werke der mittelenglischen Literatur in unterschiedlicher Manuskriptanzahl und zuweilen auch in frühen Drucken erhalten sind, ist es bei der Zufälligkeit der Überlieferung nicht möglich, die Popularität der Texte auf numerischer Grundlage zu bestimmen. Über die literarischen Vorlieben des englischen Mittelalters gibt der Blick auf die Inhalte von Sammelhandschriften klarere Auskunft. Zwar finden sich in diesen Kompilationen Weltliches und Geistliches, Nützliches und Unterhaltsames ohne System vereint, aber da die Auftraggeber der Sammelbände sozial und geographisch eingeordnet werden können, sind Rückschlüsse auf den Geschmack von Adel und Bürgertum möglich. Einschränkend ist freilich zu bedenken, daß bis etwa 1340 Schreiber vor allem in Klöstern arbeiten; die frühe mittelenglische Literatur ist also in einer religiös bestimmten Auswahl dokumentiert: Während z.B. Liebeslyrik nur in geringem Umfang überliefert ist (Texte der Harley-Handschrift), liegt eine Fülle an religiöser Dichtung vor.

Seit der Mitte des 14. Jahrhunderts schreiben die Autoren für ein zweifaches Publikum: Für die, die einem Vortrag ihrer Werke folgen, und für Leser. Daher werden z. B. in Chaucers *Parson's Tale* gleichermaßen »alle that

Sammelhandschriften wurden auch kommerziell gehandelt, wie diese Darstellung einer mittelalterlichen ›Buchhandlung‹ vor der Einführung des Buchdrucks zeigt.

herkne this litel tretys or rede« (I 1081) (alle, die diese kleine Abhandlung hören oder lesen) angesprochen, daher vereint seine Romanze *Troilus and Criseyde* Publikumsanreden mit der Bemühung, das Vorstellungsvermögen des in private Lektüre versenkten Lesers anzusprechen:

> Thow, redere, maist thiself ful wel devyne
> That swich a wo my wit kan nat diffyne. (V 270/1)
>
> (Leser, du kannst dir gut vorstellen, daß mein Talent einen solchen Schmerz nicht beschreiben kann.)

Die Freiheit des Lesers

Als Konsequenz der nun möglichen Trennung von Vortragendem und Publikum werden von den Autoren der spätmittelenglischen Literatur oft Erzähler erfunden. Diese zeigen – und dies ist literaturgeschichtlich ein Novum – Distanz zum Vorgetragenen und überlassen es dem Rezipienten, sich eine Meinung zum Berichteten zu bilden. Nur ein Reporter, so wird beispielsweise suggeriert, präsentiert die *Canterbury Tales*:

> Whoso shal telle a tale after a man,
> He mot reherce as ny as evere he kan
> Everich a word, [...]
> Or ellis he moot telle his tale untrewe,
> Or feyne thyng, or fynde wordes newe. (A 731–6)
>
> (Wer die Erzählung eines Menschen wiedergeben will, muß jedes Wort so genau wie möglich wiederholen, denn sonst erzählt er seine Gesichte nicht wahrheitsgetreu, oder er erfindet etwas, oder er wählt neue, nicht-gesagte Worte.)

Erzählstrategien solcher Art beenden die Wertegeborgenheit der altenglischen Dichtung und konfrontieren das Lesepublikum mit der Freiheit, sich die Stile und Stoffe auszusuchen, die es rezipieren will: »Whoso list it nat yheere, / Turne over the leef and chese another tale« (*Canterbury Tales* A 3176/7) (Wer davon nichts hören mag, blättere um und suche sich eine andere Geschichte aus). Der Übergang von der Zuhörer- in die Leserrolle

Richard II. bei der Beilegung des Bauernaufstands von 1381

impliziert also den Wechsel von Teilnahme an Dichtung zu kritischer Distanz dem Text gegenüber.

Texte ohne Autorität?

Mit der Zurückhaltung auktorialen Wertens spiegelt die Literatur das Krisengefühl, das die zeitgenössischen Angriffe auf tradierte Werte und bislang akzeptierte Autoritäten auszulösen geeignet waren. Einige der Anführer des Bauernaufstands von 1381 z. B. fordern das Ende des Feudalwesens; die nach mittelalterlicher Ansicht gottgegebene Autorität des Königs wird durch die Absetzungen und Ermordungen von Eduard II. (1307–1327) und Richard II. (1377–1399) gefährdet; die Hierarchie der Kirche erscheint seit Beginn des Schismas (1378) mit seinen miteinander konkurrierenden Päpsten erschüttert.

Die Literaturgesellschaft des englischen Mittelalters

Über sprachgeschichtliche und historische Argumente lassen sich die Werke der mittelenglischen Literatur recht zuverlässig datieren und lokalisieren. Anreden, sprachlicher Duktus und Nutzung heimischer bzw. kontinentaler literarischer Konventionen geben auch Aufschluß über die Rezipientengruppe, an die sich das jeweilige Werk richtet, und so läßt sich eine chronologisch und geographisch gliedernde Literatursoziologie der mittelenglischen Zeit entwerfen. Der folgende Überblick will vor allem die vielfältigen Funktionen der mittelenglischen Literatur vor Augen führen; Intentionen und Aufgaben der Werke dienen anstelle der Chronologie als Gliederungsprinzipien. Der literaturgeschichtliche Prozeß gerät über dieser Ordnung nicht aus dem Blick, denn im Lauf ihrer Geschichte wandelt sich diese Literatur vom autoritätsabhängigen Medium zur Vermittlung kirchlicher Wahrheiten zum Ort der Diskussion gesellschaftlicher Normen und Praktiken.

Frömmigkeit

Als Form christlicher Unterweisung für Laien ist das religiöse Gedicht (*lyric*) seit dem frühen 13. Jahrhundert erhalten. Diese *lyrics* fangen für den Gläubigen bedeutsame Ereignisse (z. B. Marias Mutterwerdung, die Passion Christi, den Tod eines Menschen) in Form bildhafter Szenen ein. Ihrer Aufgabe nach sind die Texte Merkverse für private Stunden der Andacht; Kenntnis der Gedichte verschafft dem Gläubigen Meditationsvorlagen, die auch die angemessenen Gefühle (Liebe zu Maria, Mitleid mit dem leidenden Christus, Furcht vor dem Tod) vorgeben. Durch ihre Anweisungen, wie mit menschlichen Affekten auf religiöses Geschehen reagiert werden solle, sorgen die *lyrics* für eine weitgehend einheitliche Religiosität im mittelalterlichen England. Als eindrucksvolles Beispiel für die frühe volkssprachliche Lyrik sei ein Vierzeiler aus dem frühen 13. Jahrhundert zitiert:

Auch die Andachtsbilder der Zeit – hier Maria mit Jesus sowie ein leidender und ein majestätischer Christus aus dem 13. Jahrhundert – geben durch ihre Darstellung die Gefühle vor, mit denen der Betrachter den biblischen Szenen begegnen soll.

> Now goth sonne under wood:
> Me reweth, Marye, thy faire rode.
> Now goth sonne unter Tre:
> Me reweth, Marye, thy sone and thee.

> (Nun geht die Sonne/der Sohn hinter dem Wald/Kreuz unter: Maria, deine schöne Gesichtsfarbe/dein den Menschen liebes Kreuz tut mir leid. Nun geht die Sonne hinter dem Kreuz unter: Dein Sohn und du, Maria, tun mir leid.)

Mitleid und Witz

Die über einfache Sprache und klare Emotionsanweisung zur Meditation anregende Wirkung des Gedichts ist offensichtlich: Der Rezipient wird ermahnt, sich voll Mitleids die doppelte menschliche Not der Passion zu vergegenwärtigen. Auf der intellektuellen Ebene erinnert der Text an die oft ›etymologisch‹ vorgehende geistige Ausdeutung der in der Heiligen Schrift aufgezeichneten Ereignisse: *wood* ›Wald‹, *rode* ›Teint‹ und *tre* ›Baum‹ können auch ›Kreuz‹ bedeuten, und *sonne* ›Sonne‹ wird wie *sun* ›Sohn‹ ausgesprochen: Die Details der Szene lassen durchweg die religiöse Dimension anklingen, auf die das menschliche Mitleid übertragen werden soll.

Grelle Effekte

Die Prägnanz der frühen religiösen Gedichte weicht im 14. und 15. Jahrhundert zunehmend expliziter Belehrung und der Verwendung eindringlicher Details. Offensichtlich nutzen sich die Meditationsvorlagen als Instrumente der Frömmigkeitsunterweisung ab, so daß mit immer grelleren Effekten Wirksamkeit hergestellt werden muß. Ist beispielsweise in den frühen Gedichten, die den leidenden Christus am Kreuz zeigen, die Forderung, die durch seinen Tod bewiesene Liebe zu erwidern, nur impliziert, klagt in späteren *lyrics* Christus vom Kreuz herab diese Liebe explizit ein. Zunächst genügen daher Merkverse:

> Wit was his nakede brest and red of blod his side,
> Blod was his faire neb, his wnden depe an uide,
> starke waren his armes hi-spred op-on θe rode;
> in fif steden an his bodi stremes hurne of blode. (um 1240)

> (Weiß war seine nackte Brust und rot von Blut sein Körper, blutig war sein schönes Gesicht, seine Wunden waren tief und groß, steif waren seine Arme auf dem Kreuz ausgestreckt; aus fünf Stellen seines Körpers rannen Blutströme.)

Drohungen

Im 15. Jahrhundert drängt Christus und droht mit den Folgen, die ein Mangel an Liebe zeitigen würde: »I schall come and call Ryght sone / heuene and erght and hell to dome« (Ich werde kommen und bald Himmel, Erde und Hölle zur Urteilsverkündung rufen). Vor dem Hintergrund solcher Klarstellungen entfalten sich dann mahnende Monologe vom Kreuz herab:

Brother, a-byde, I the desire and pray;
A-byde, a-byde and here thy brother speke.
Be-holde my body in this blody aray,
Broysed & betyne wyth whippis that wold not breke.
This ferefull force, this wo, this wrongfull wreke,
ffor the I sufferd, what canst thou do, then, lesse agayne,
But stonde a while and harke how I complayne?

(Bruder, bleib stehen, so bitte ich dich; bleib stehen, bleib stehen und hör deinen Bruder sprechen. Schau meinen Leib in seinem blutigen Zustand an, verletzt und geschlagen mit Peitschen, die nicht brechen wollten. Diese furchtbare Gewalt, diesen Schmerz, diese falsche Rache habe ich für dich erlitten. Was kannst du dann als geringere Gegenleistung bieten als eine Weile stehenzubleiben und meiner Klage zuzuhören?)

Todesfurcht

Eine andere Serie von Gedichten beschwört eindringlich Furcht vor dem Tod und mahnt, irdisches Glück in seinem Wert geringzuschätzen. Zu ihnen zählen auch die mittelenglischen Versionen des *ubi-sunt*-Motivs; in einer von ihnen wird am Beispiel der »riche levedies« (reichen höfischen Damen) die Vergänglichkeit alles Materiellen demonstriert:

Where beth they, beforen us weren, [...]
Eten and drounken and maden hem glad;
Hoere lif was all with gamen ilad:
Men kneleden hem beforen.
They beren hem well swithe heye,
And, in a twinkling of an eye,
Hoere soules weren forloren.

(Wo sind sie, die vor uns lebten? Sie aßen und tranken und hatten ihren Spaß; ausschließlich ein genußreiches Leben führten sie: Männer knieten vor ihnen. Sie benahmen sich sehr stolz, und in einem Augenblick waren ihre Seelen verloren.)

Szenische Darstellung auch in der Bildenden Kunst des 15. Jahrhunderts: hier ein Alabaster-Fries der Zeit

Bei der anderen populären religiös belehrenden Gattung des englischen Mittelalters, beim Drama, verselbständigen sich Teile des dargestellten Geschehens zu komischer und sozialkritischer Literatur. Vornehmlich geht es aber auch den Misterienspielen – so werden die zu Zyklen zusammengefaßten Stücke über biblische Episoden genannt – um die Vermittlung von Glaubensinhalten. Der Blick auf die Anfänge der Spiele zeigt diese Zweckbindung deutlich: Keimzelle des Dramas ist ein dialogisches ›Ornament‹ der Osterliturgie, das die Situation des leeren Grabes am Ostermorgen in einen Wechselgesang bannt: »Quem quaeritis in sepulchro?« – »Jesum Nazarenum crucifixum« (›Wen sucht ihr im Grab?‹ – ›Den gekreuzigten Jesus aus Nazareth‹).

Misterienspiele entwickeln sich, als solche Dialoge mit szenischem Aufwand und mit großer sprachlicher Ausführlichkeit gestaltet werden, damit den Rahmen der Liturgie sprengen und sich für eine ›Aufführung‹ im Kirchenraum nicht mehr eignen: Die szenische Präsentation der biblischen Szenen zieht in die Öffentlichkeit der Stadt, und die Zünfte übernehmen die Durchführung der Spiele. Wenn die dargestellten Szenen auf Wagen, den sog. Karrenbühnen, durch die Straßen ziehen, bringen sie bei zahlreichen Halten, während derer eine der Episoden aufgeführt wird, die Inhalte der Heiligen Schrift unter die Leute. Keineswegs geht mit dem Auszug aus der Kirche ein Verlust des religiösen Gehalts der Spiele einher, auch wenn einige Einzelspiele zusätzlich beträchtlichen Unterhaltungswert gewinnen.

Misterienspiele

Der Chester-Zyklus (um 1350) überführt das biblische Geschehen mit ernster didaktischer Absicht in dramatische Szenen, deren religiöse Bedeutung durch eine Erklärerfigur erläutert wird:

Frömmigkeitsvermittlung

> EXPOSITOR: Lordingis, what maye this signifie,
> I will expound apertlie,
> that lewed, standing hereby,
> may knowe what this may be. (IV, 113–6)
>
> (Liebe Leute, was dies bedeutet, will ich nun offenbaren, damit die hier versammelten Laien die Bedeutung dessen erfahren, was sie sehen.)

Die frömmigkeitsvermittelnde Funktion steht vor allem im Vordergrund, wenn der Expositor die Parallelen zwischen Altem und Neuem Testament zeichnet. Unter dieser Rezeptionslenkung bleiben die Bühnenaktionen exemplarische Geschehnisse, die für verweltlichende Ausmalung nicht zur Verfügung stehen. Auch der York-Zyklus (1390/1400 und um 1420; mehrere Schichten der Entstehung) zeichnet sich durch einheitliche theologische Tendenz aus: Hier bilden die Einzelszenen Teile des Kampfes zwischen Christus und Satan, der in der letzten Episode, *The Harrowing of Hell*, im Triumph Christi mündet.

Vor allem der Towneley-Zyklus läßt volkstümliche und sozialkritische Tendenzen erkennen; Pilatus beispielsweise trägt Züge eines bestechlichen englischen Richters. Zur Attraktivität dieses Zyklus tragen die humorvollen und satirischen Stücke des sog. Wakefield-Meisters (um 1440) wesentlich bei: Wenn er z. B. im Zweiten Schäferspiel (*Secunda Pastorum*) biblische und zeitgenössische Welt zu einem sich gegenseitig zugleich erläuternden und parodierenden Geschehen verbindet, verschmelzen theologischer Ernst und amüsante Aktualisierung der Szenen um Christi Geburt zu volkstümlicher Belehrung.

Volkstümliche Züge

Moralitäten sind didaktisch-religiöse Spiele, die nicht auf Bibelstoffen gründen. Die mittelenglische Version des in ganz Europa verbreiteten *Jedermann, Everyman* (1490/1500), stellt auf allegorische Weise das Herannahen des Todes dar. Die Figuren, die sich um Everyman bemühen, werden als allgemeine menschliche Eigenschaften identifiziert, so daß sich die Dialoge des Stückes zu einem Psychodrama fügen, das die widersprüchlichen Motive menschlichen Handelns herausarbeitet. Bemerkenswert sind die Moralitäten – neben *Everyman* sind die früheren Stücke *Mankind* (um 1460) und *The Castle of Perseverance* (1400/50) zu nennen – auch aus theatergeschichtlichen Gründen: Gegeben werden diese Werke von Schauspielern, die ihre Vorführungen aus Eintrittsgeldern finanzieren. Weltliche Spielstätten, gerne die Innenhöfe von Wirtshäusern, werden für die Darbietung abgesperrt, und nur zahlendes Publikum erhält Zutritt. Ist auch der Inhalt der Moralitäten theologisch bestimmt, so zeigt die professionelle Organisation der Aufführ-

Moralitäten

Wie der Innenhof des *George Hotel*, Huntingdon, sahen im 15. Jahrhundert die Spielstätten der ersten kommerziellen Theateraufführungen aus: erhöhter Bretterboden, offene und geschlossene Spielstätte.

rungspraxis Züge des populären unterhaltenden Theaters, wie es sich bald etablieren wird.

Vision des himmlischen Jerusalem

Auch auf formal-literarisch anspruchsvolle Weise widmen sich Werke der mittelenglischen Literatur der Aufgabe religiöser Belehrung. Der Gawain-Dichter präsentiert mit *Pearl* (1360/90) in komplizierter Verstechnik – Kombination von Alliteration und Endreim, Beschränkung auf drei Reime in zwölfzeiliger Strophe, Refrains und Wiederholungen nach strengem Muster – die Vision vom Himmlischen Jerusalem, wie sie einem Sprecher zuteil wird, der über den Tod eines Kindes trauert. Vor die Erscheinung sind Belehrungen über die Natur der Gnade und das ›Leben‹ im Himmel gesetzt; auf die Vision folgt das Erwachen des Träumers, dessen Liebe zu Christus zwar gewachsen ist, der aber trotz erhaltener Aufklärung die Offenbarung immer noch zu wörtlich nimmt. Die Didaxe paßt sich den Konventionen verschiedener literarischer Gattungen – Trostrede, Traumvision, Elegie – an, zugleich folgt sie den traditionellen Etappen religiöser Erfahrung: Aus Trauer und Verzweiflung findet der Träumer über intellektuelle Einsicht und Reue Stärkung im Glauben, bleibt jedoch in menschlicher Unvollkommenheit befangen. Kernpunkt aller Belehrung ist das rechte Verhältnis zu den Dingen dieser Welt:

Bot, jueler gente, if θou schal lose
θy ioy for a gemme θat θe watz lef,
Me θynk θe put in a mad porpose,
And busyez θe aboute a raysoun bref;
For θat θou lestez watz bot a rose
θat flowred and fayled as kynde hyt gef. (265–70)

(Lieber Schmuckfreund, wenn du deine Lebensfreude wegen eines Edelsteins verlierst, den du liebtest, dann verfolgst du ein unvernünftiges Ziel und mühst dich nur um eine schnell vergängliche Sache; denn was du verloren hast, war bloß eine Rose, die blühte und verwelkte, wie die Natur es eingerichtet hat.)

Beim Erwerb der Liebe zu unvergänglichen Werten muß die Erfahrung vom geistigen Sinn der Dinge lebendig werden: Irdisches gilt nur als Verweis auf das Jenseits.

Der Gawain-Dichter

Literarische Bildung und theologische Kenntnisse des westmittelländischen Autors von *Pearl* zeigen, daß die Kultur der Provinz der des Londoner Hofes in literarischem Raffinement nicht nachsteht. Auch die anderen Werke des Gawain-Autors, die poetische ›Predigt‹ über die Geschichte von Jonas im Walfisch, *Patience* (1360/80), und die problematisierende Romanze *Sir Gawain and the Green Knight* (1375/1400) sind als literarische Produktionen nur denkbar, wenn ein klerikal wie literarisch gebildetes Publikum vorhanden ist.

Mit John Bales *Illustrium maioris Britanniae scriptorum summarium* von 1548 begann Wyclifs Ruhm als früher Reformator. Abbildung aus diesem Band

Im späten 14. Jahrhundert werden christliche Inhalte auch in volkssprachlicher Prosa vermittelt; durch den Einfluß John Wyclifs (1326–84) eignet diesen Texten eine ausgeprägt vorreformatorische Tendenz. Wyclif entwirft in seinen Predigten (wie auch in lateinisch verfaßten Abhandlungen) das Programm einer Religiosität, die scholastisch-päpstliche Positionen ablehnt und sich auf die Ideale der Frühkirche zurückbesinnt:

> ʒif θei techen opynly and meyntene θat θe bileue θat crist and his apostelis tauʒten is not θe best and ynowʒ to brynge men to heuene, but lawis maade of worldly prestis ben nedful and betere to reule holy chirche bi; θei erren foule in θe feiθ and blasphemen crist god and man. (»Of the Leaven of Pharisees«)
>
> (Wenn der Klerus explizit lehrt, daß der Glaube, wie ihn Christus und seine Apostel lehrten, nicht der beste sei und ausreiche, den Weg zum Himmel zu zeigen, sondern daß Gesetze, die weltliche Priester formuliert haben, nötig und besser geeignet seien, die Heilige Kirche zu führen, dann irrt er schlimm im Glauben und beleidigt Christus als Gott und Menschen.)

Da es unter dieser Voraussetzung Gebot des Christen ist, ohne Führung durch den Klerus die religiösen Grundsätze der Urkirche zu suchen, muß den Laien eine volkssprachliche Bibel zur Verfügung gestellt werden. Diese liegt auf Initiative Wyclifs 1382 vor: In der mittelenglischen Literatur sind damit klerikale Theologie wie außerkirchliche Frömmigkeit vertreten.

Unterhaltung

Erzählliteratur

Die erzählende Literatur des englischen Mittelalters geht meist mit den herrschenden Vorstellungen vom vorbildlichen und gottgefälligen Leben konform; von einer didaktischen Absicht dieser Romanzen ist aber nicht auszugehen. Unterhaltungsliteratur – die des mittelalterlichen England macht hier keine Ausnahme – vermittelt tradierte Werte, ohne als weltanschaulich prägend entworfen zu sein. Angesichts von 116 erhaltenen Romanzen beleuchtet die folgende Auswahl nur einige ›affirmative‹ Werke und konzentriert sich auf Texte, die sich unterhaltsam auf eine ›Wertediskussion‹ einlassen.

Abenteuer, Liebe und Moral

Die Erzählungen über Abenteuer und Liebesbegegnungen kühner Ritter sprechen ein bürgerliches Publikum an, das vom Leben eines idealisierten Adels als einer traumhaft fernen und doch verhaltensprägenden Lebensform hören will. Daß die englischen Romanzen für ein praktisch orientiertes Publikum bestimmt sind, dem der Sinn nicht nach komplizierter Liebespsychologie und widersprüchlichen Motivationen steht, läßt sich aus den handlungsbetonenden und auf Eheglück hin organisierten Geschehensabläufen ermessen, in die französische Vorlagen bei der Übertragung ins Englische umgegossen werden. Realitätsferne kennzeichnet die Gattung durch ihre Ausmalung exotischer Welten und die Vorstellung eines Raumes, in dem Gut und Böse eindeutig getrennt sind.

Kunstlosigkeit

Die Mehrzahl der Romanzen ist in recht einfallslosen Versen (alliterierend oder unter Verwendung des Endreims) verfaßt; und oft sind formelhafte Wendungen, abgenutzte Reimkonventionen und Monotonie des Metrums zu konstatieren. Diese Kunstlosigkeit ist Absicht, da Romanzen auf Märkten und in Schenken vor einem wenig konzentrierten Publikum von fahrenden Sängern rezitiert werden. Die Eingangszeilen von *Havelok the Dane* (1280/1300) lassen Stil und Vortragssituation der Gattung deutlich erkennen:

> Herknet to me, godemen,
> Wiues, maydnes, and alle men,
> Of a tale θat ich you wile telle [...].
> At θe biginning of vre tale,
> Fil me a cuppe of ful good ale;
> And y wile drinken er y spelle,
> θat Crist vs shilde alle fro helle! (1–16)
>
> (Hört die Geschichte an, liebe Leute, ihr Frauen, Mädchen und Männer, die ich euch erzählen will. Schenkt mir zu Beginn unserer Erzählung einen Becher besten Bieres ein, dann will ich, bevor ich spreche, darauf trinken, daß Christus uns alle vor der Hölle bewahre.)

Erst ab Mitte des 14. Jahrhunderts wird die Aufspaltung von literarischer Produktionsweise und populärer Rezeptionsform aufgegeben: Der Übersetzungs- oder Kompositionscharakter wird nicht mehr ›wegretuschiert‹; sorgfältigere Gestaltung und auf Erinnerungsfreundlichkeit keine Rücksicht nehmende Formen überwiegen, sobald auch mit einem Lesepublikum gerechnet wird.

Englische Stoffe

Als Beispiele für traditionsgebundene Romanzen sei auf jene Texte verwiesen, die voll Bewunderung die Abenteuer englischer Helden verfolgen (*The Matter of England*). *King Horn* (um 1250) und *Havelok* handeln in schmucklos-formelhafter Sprache die Reihe von Standardepisoden ab: Aussetzung und Vertreibung, Adoption und Verrat, Rache und Liebe, Rückkehr und Heirat verknüpfen sich zu einer Handlungssequenz, an deren Ende der Held endlich die Position einnimmt, die ihm von Rechts wegen gebührt, die des Nachfolgers auf dem Thron. Solche Werke ›beweisen‹, daß adligem Blut die Kraft eignet, sich gegen alle Widrigkeiten den angestammten Platz in der Gesellschaft zurückzuerobern. Nicht nur gewinnen die Helden alle Kämpfe, ihr angeborenes überlegenes Wesen läßt sie auch allen sozialen Rollen gerecht werden. Mit dem Handlungsschema der Reintegration in den ›angeborenen‹ Stand, die dem Volk Freiheit von Fremdherrschaft und politische Stabilität bringt, bedingen individuell erfahrene Gerechtigkeit und Glück der Gesellschaft einander.

Die Motive, die den Titelhelden von *Guy of Warwick* (zuerst um 1330) seine zahllosen Abenteuer in fernen Ländern bestehen lassen, sind kaum ausgearbeitet. Vor allem geht es dieser Romanze um *action* und männliche Bewährung. Zwar sucht Guy im ersten Teil die Liebe einer Frau, im zweiten Teil, nach seiner Heirat, die Gunst Gottes, in Wahrheit aber braucht er nur ein Alibi für seinen Aktionismus. Völlig gewissenlos gesteht er bei seinem Abschied von Felice im ersten Teil:

Endlose Abenteuerketten

And in-to strange londe wende y shall,
For thy love to werke woo ouere all. (1173/4)

(In ferne Länder werde ich gehen, um dort deiner Liebe wegen überall Schmerz zu verbreiten.)

Nachdenken über sein Leben führt ihn später nur oberflächlich zu einer Einkehr; seine Taten im Dienst Gottes bleiben mit denen des ersten Teils wesentlich identisch, auch wenn er nun die Heilige Stadt Jerusalem anstrebt. *Guy of Warwick* reduziert die Romanzenhandlung auf das Abenteuer; wie die große Popularität des Stoffes beweist, trifft diese Ausrichtung genau den Geschmack des mittelalterlichen und frühneuzeitlichen Publikums.

›Britische‹ Stoffe

Größter Beliebtheit erfreuen sich in der mittelenglischen Unterhaltungsliteratur Stoffe, die Artus und seinen Kreis in Bewährungsproben zeigen (*The Matter of Britain*). Ihren Ursprung nehmen diese Romanzen von einigen eher kryptischen Erwähnungen eines Artus, der im 5. Jahrhundert als militärischer Führer der Inselkelten mit Bravour gegen die Angelsachsen gekämpft haben soll. Diese heroische Geschichte aus der Vorzeit des von ihnen eroberten Landes spricht die Normannen an, ist hier doch dargelegt, auf welch ruhmreiche Geschichte das Volk zurückblickt, das sie sich 1066 unterwarfen. Daß die Unterscheidung zwischen Kelten und Angelsachsen bei dieser Aneignung unterbleibt, tut dem Eindruck von der großen Vergangenheit Englands keinen Abbruch. Entscheidend für die Beliebtheit der *Matter of Britain* ist für die Normannen die Möglichkeit, jenseits der diskontinuierlichen Geschichte des Landes (Kelten – Angelsachsen – Normannen) eine direkte Thronfolge bis zu ihren Königen konstruieren zu können. Aus dem Verweis auf Artus legitimiert sich lange jedes Königshaus in England, der Hinweis auf Artus deutet künftige Größe an. Bis heute ›gilt‹ das Versprechen, Artus – *rex quondam rexque futurus* (einst König und in Zukunft wieder König) – werde wiederkommen, wenn England in Not sei.

Artus als Nationalheld

Aus solchen Gründen hält die *Historia Regum Britanniae* (um 1136) des Geoffrey of Monmouth († 1155) die Erinnerung an Artus lebendig, werden dann in anglonormannischen Weiterführungen des Stoffes wie der *L'Estoire des Engleis* des Geoffrei Gaimar (um 1140) oder des *Roman de Brut* (1155) von Wace (um 1100 – um 1171) aus Artus' Taten exemplarische Geschichten großartiger Eroberungen.

Die nationale Dimension des Artusstoffes manifestiert sich in England zuerst in einer für diese Literatur typischen Mischung aus chronikalischer und romanzenhafter Form. Layamon – »he wolde of Engle θa æðelan tellen« (7) (er wollte die edlen Taten der Engländer erzählen) – sammelt kurz nach 1200 in seinem alliterierendem *Brut* die fiktiven Quellen zur Geschichte des Landes in englischer Sprache; der Titel *Brut* verweist dabei auf die Abstammung *Brit*anniens von Troja, auf die Gründungssage, nach der Brutus, Sohn des Priamos, der erste Herrscher über England gewesen sei. Ermüdend stereotyp zählt Layamon die Beratungen, Reden, Schlachten und Feste der britischen Könige der Vorzeit auf, bis er zu Artus kommt. Mit poetischer

Triumph und Untergang

Kraft konzentriert er sich auf dessen tragisch-heroische Stilisierung, auf die Darstellung aggressiv und heldisch geführter Schlachten und auf die emotionsreiche Präsentation jener Szene, in der Artus' Glück nach der Eroberung Roms in die Tragödie umschlägt. In diesem triumphalen Augenblick nämlich kommt ein Bote, um dem König zu berichten, daß Mordred den Thron usurpiert und die Königin unter seinen Einfluß gebracht habe. Schweigend nehmen die Engländer das Ende ihrer Welt zur Kenntnis:

›'θus hafeð Modred idon θine quene he hafeð ifon.
and θi wun-liche lond isæt an his aʒere hond.
he is king & heo is quene of θine kume nis na wene.‹ [...]
θa sæt hit al stille in Arðures halle.
θa wes θer særinæsse mid sele θan kinge.
θa weoren Bruttisce men swiðe vnbalde uor θæn.
(14 043–55)

(›So hat Modred gehandelt; deine Königin hat er sich genommen und dein schönes Land. Er ist König, und sie ist Königin. Sie erwarten nicht, daß du zurückkommst.‹ Da saßen sie alle still in Artus' Halle. Da war Traurigkeit um den guten König. Da waren die britischen Männer über die Nachricht äußerst niedergeschlagen.)

Fünf Kronen machen auf Arthurs Größe als Herr über angelsächsische, schottische, irische, französische und römische Untertanen aufmerksam.

Rückblickend erscheint in Layamons *Brut* Artus' Herrschaft als goldene Vorzeit. Nach seinem Tod breiten sich Gottlosigkeit und Niedergeschlagenheit aus, die nur in Erwartung eines (normannischen?) Helden vom Format Artus' erträglich scheinen.

Trotz ihres unhistorischen Charakters kommt der spätmittelalterlichen Erzählliteratur um Artus und seinen Hof oft eine zeitkritische Dimension zu; der Mythos ›Artus‹ dient als Folie, vor der sich die jeweils zeitgenössische Ritterschaft messen lassen muß. Auf drei bemerkenswerte Beispiele solcher Texte sei eingegangen: auf die alliterierende und auch Endreimschmuck verwendende Romanze *Sir Gawain and the Green Knight*, die der Autor von *Pearl* verfaßte, auf die strophische Romanze *Le Morte Arthur* (vor 1400), und auf Thomas Malorys (um 1416–1471) Prosasammlung *Le Morte Darthur* (1470).

Im Eingang zu *Sir Gawain and the Green Knight* wird der Artushof einer doppelten Prüfung unterzogen und läßt es sowohl an Tapferkeit wie an höfischer Beherrschtheit fehlen. Damit erschüttert das Werk von vornherein die Autorität jener Instanz, die am Ende über Gawains Fehler urteilen wird; wenn sie sich am Ende zu großzügigem Verzeihen entschließt und Gawain die Unterschlagung des grünen Gürtels nicht vorhält, sind Zweifel an der Berechtigung zu dieser Beurteilung erlaubt. Immerhin war der Held ja ausgezogen, um Verbindlichkeit und prägende Kraft der höfischen Grundsätze unter Beweis zu stellen. Ob aber Gawains moralischer Perfektionismus als Bewertungsgrundlage vorzuziehen sei, ist ebenso fraglich: Sympathien bei der Parteinahme für eine der richtenden Seiten sind beim Erzähler nicht auszumachen.

Heldenpsychologie

Die Qualitäten von *Sir Gawain and the Green Knight* erschöpfen sich keineswegs in der kritischen Reflexion höfischer Lebensprinzipien; das Werk beeindruckt auch als Studie menschlichen Verhaltens unter kontinuierlicher Bedrohung. Von der Stunde an, in der Gawain dem Grünen Ritter verspricht, ihn nach einem Jahr zur Wiederholung des ›Kampfspiels‹ zu treffen, ist sich der Held seines wahrscheinlichen Todes gewiß. Psychologisch nachvollziehbar verstreicht das Jahr wie im Flug: »And θus ʒirnes θe ʒere in ʒisterdayes mony« (529) (so wird das Jahr an gestrigen Tagen immer reicher). Die Suche nach dem Aufenthaltsort des Herausforderers führt, Gawains Not spiegelnd, durch die Eiseskälte des winterlichen Nordengland, in dem nur gefährliche Feinde sichtbar sind:

> Mony klyf he ouerclambe   in contrayes straunge,
> Fer floten fro his frendes   fremedly he rydes.
> At vche warθe oθer water   θer θe wyʒe passed
> He fonde a foo hym byfore   bot ferly hit were,
> And θat so foule and so felle   θat feʒt hym byhode. (713–7)

> (In fremden Landstrichen bezwang er viele Berge. Weit entfernt von seinen Freunden reitet er alleine dahin. Fast an jedem Ufer, an dem er vorbeikam, stellte sich ihm ein Feind in den Weg, der so gräßlich und grausam war, daß er mit ihm kämpfen mußte.)

Gawains Versuchung vor dem Treffen mit dem Grünen Ritter. Illustration der Handschrift Cotton Nero A. x. (um 1400)

Als Gawains Kräfte erschöpft sind, findet er Zuflucht in einem Schloß, dessen Herrin sich ihm, der nur noch an die wohl todbringende Begegnung mit dem Grünen Ritter denken kann, mit allen Mitteln der Verführungskunst sexuell aufdrängt. Gawain gelingt es hier trotz seines erotischen Desinteresses, ihr Angebot unter Wahrung höfischer Formen zurückzuweisen; er besteht damit auch den Test ritterlichen Benehmens. Auf Gawains Ängste weist der Erzähler immer wieder hin, und die Versuchung, der aufgedrängten Herausforderung auszuweichen, ist immer lebendig; übermenschlicher Heroismus und menschliche Schwäche sind so in der Figur des Helden verbunden. Wenn die Romanze eine Lehre erteilen will, so ist es die fast existentialistisch anmutende Forderung, trotz aller Anfechtungen ein von Prinzipien geleitetes Leben wenigstens zu versuchen:

> θe knyʒt mad ay god chere,
> And sayde, ›Quat schuld I wonde?
> Of destinés derf and dere
> What may mon do bot fonde?‹ (562–5)

> (Der Ritter machte zu allem eine gute Miene und sprach: ›Warum sollte ich zurückschrecken? Was kann der Mensch in schwierigen und widrigen Situationen tun als den Versuch zu wagen?‹)

Die Auflösung des Artuskreises

Auch in der Romanze *Le Morte Arthur* ist die große Zeit der arturischen Gemeinschaft vorüber. Die Ritter langweilen sich, da es keine Realität in höfischer Überhöhung zu gestalten gibt. Nur Launcelote und Agrawayne sind noch von Plänen erfüllt; beide aber verfolgen bloß individuelle Ziele, deren Zusammenprall dann die Aktionen einleitet, die zum Ende des Artuskreises führen. Während Launcelote mit der Königin zusammensein will, spürt Agrawayne dem Liebespaar nach, um den Skandal von der untreuen Königin und dem gehörnten König publik zu machen. Kein idealistischer Höhenflug soll mehr den Widerspruch überdecken, daß Launcelote zum Objekt unbedingter Liebe die Königin, als unbedingte Autorität aber den König wählt und in beiden Rollen Bewunderung verdient. Unabänderlich wird in diesem Text die Unvereinbarkeit der höfischen Idealvorstellungen von Liebe und Vasallentreue enthüllt; Arthur und Launcelote bleibt nur ohnmächtige Trauer über ihre ›prosaischen‹ Zeitgenossen. Als auch Gawain den König zum Kampf gegen Launcelote treibt, wird ihm bewußt, daß alles,

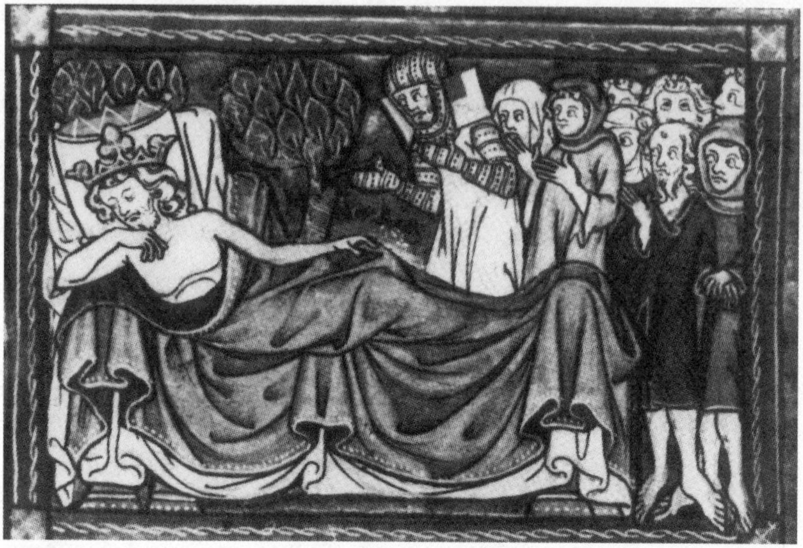

Vor der Schlacht gegen Mordred und seine verräterischen Verbündeten meditiert Artus über das Ende seiner Herrschaft. Illustration von etwa 1320

wofür er steht, gescheitert ist: »The terys from hys yзen ranne« (2437) (Die Tränen strömten aus seinen Augen).

Die Ausplünderung des Adels

Unübersehbar zieht Malory in den beiden letzten Büchern seines *Le Morte Darthur* die Verbindungslinien zwischen diesem Teil des Artusstoffs und Englands Geschichte. Auch für diesen Autor mündet die ›Skandalaufdekkung‹ durch einige wenige Ritter in die Auslöschung des gesamten Artusreichs, aber er zeigt zusätzlich in trostloser Deutlichkeit die Auswirkungen, die der Verlust der höfischen Ideale auf das Land hat: Als Arthur tödlich verwundet auf dem Schlachtfeld liegt, hält die neue Welt materiellen Vorteildenkens ihren geräuschvollen Einzug:

> Pyllours and robbers were com into the fylde to pylle and to robbe many a full noble knyght of broochys and bees and of many a good rynge and many a ryche juell. And who that were nat dede all oute, there they slewe them for their harneys and their ryches. (1237/8)
>
> (Plünderer und Räuber waren auf das Schlachtfeld gekommen, um den vielen edlen Rittern ihre Abzeichen und Armreife, ihre zahlreichen Ringe und kostbaren Edelsteine abzunehmen. Und wer von ihnen noch nicht gänzlich tot war, den erschlugen sie seiner Rüstung und seines Besitzes wegen.)

Ritternostalgie

Daß solch düstere ›Zeitanalyse‹ aus der Feder eines Mannes stammt, der selbst wohl wegen Raubs, bewaffneter Überfälle und Vergewaltigung viele Jahre im Gefängnis sitzt, ist mit dem Hinweis auf gesuchten Zeitvertreib allein nicht zu erklären. Zwar stellt *Le Morte Darthur* zu einem guten Teil eine Anthologie verschiedener auf erzählerisches Tempo hin überarbeiteter französischer und englischer Vorlagen dar, darüber hinaus aber zieht das Werk die Summe verflossener Ideale, vor denen die Gegenwart nicht besteht. Caxton, verlegerisch stets im Dienst der rückwärts gewandten Verklärung des Mittelalters, druckt nicht ohne Grund 1485 – in abgeänderter Form – diesen Text zur Erbauung seiner Leser: Wenn schon die Gegenwart Unordnung und gewalttätigen Materialismus zeigt, so gibt es doch mit dem Artusstoff einen Spiegel, der die vergangene und die potentielle, neue Größe des Ritterstands zeigt. Auch Heinrich VII. läßt 1486 in ähnlich konservativer Utopie seinen Erstgeborenen Arthur taufen. Malorys Werk mit seiner Verklärung der Vergangenheit dient also der moralischen Stärkung des sich seiner Bestimmung unsicherer gewordenen zeitgenössischen Adels.

Ideale und Lebensläufe

Das in seiner Fülle schwer übersehbare Material des Buches wird in nahezu allen Handlungssträngen so angeordnet, daß Aufstieg und Fall der Helden von der Intensität ihres jeweiligen ritterlich-höfischen Strebens abhängig werden. Arthur und sein Reich zerbrechen dann, als die für die Gegenwart typischen ideallosen Handlungsweisen so überhandnehmen, daß moralische oder kämpferische Opposition keine Änderung der Verhältnisse mehr bewirken kann. Die Königin z. B. setzt in dieser späten Phase sich und ihre Liebe absolut und verkennt in elementarer Weise die wahre Ordnung der Welt:

> In all such maters of ryght sir Launcelot applyed hym dayly to do for the plesure of oure Lorde Jesu Cryst, and ever as much as he myght he withdrew hym fro the company of quene Gwenyvere for to eschew the sclawndir and noyse. Wherefore the quene waxed wrothe with sir Launcelot. (1045)
>
> (In allen moralisch bewertbaren Dingen bemühte sich Launcelot, unserem Herrn Jesus Christus zu gefallen, und sooft er konnte, zog er sich aus der Gesellschaft von Königin Gwenyver zurück, um übler Nachrede zu entgehen. Die Königin war wegen dieses Verhaltens über Launcelot verärgert.)

Vom Zeitgeist

Die Anhänger Mordreds, der Exemplifikation des Zeitgeists, identifiziert der Erzähler als prinzipienlose Tagesgeschöpfe, die alles eines materiellen Vorteils preisgeben, was ›früher‹ billig schien:

> The moste party of all Inglonde hylde wyth sir Mordred, for the people were so new-fangill. (1229)
>
> (Der größte Teil Englands schloß sich Mordred an, denn die Menschen waren alle so sehr am Modischen orientiert.)

Damit erweist sich Malorys ›Kommentar‹ zu den zeitgenössischen dynastischen Kämpfen und zum militärischen Einbruch Englands in den Kriegen mit Frankreich als radikal konservativ: Mit Glanz und Herrschaft muß es zu Ende gehen, weil der Adel die höfischen Tugenden mißachtet. Die eigene Biographie, die des eingekerkerten Raubritters, scheint Malory diese Lehre aus der Geschichte vermittelt zu haben. So gerät *Le Morte Darthur* zur nationalen Mahnung wie zur privaten Elegie: Nur wenn die höfischen Ideale des Rittertums wiederbelebt werden, können politisch stabilisierend wirkende Lebensläufe – wie die aus der *Matter of England* bekannten – wieder möglich werden.

Antike Stoffe

Die Eroberungen Alexanders des Großen, der Trojanische Krieg und die Belagerung von Theben faszinieren auch das Publikum des mittelalterlichen England. Die antiken Stoffe, *The Matter of Rome*, werden dabei in der Mehrzahl der englischen Bearbeitungen als Exempla präsentiert, die gängige christliche Wahrheiten belegen. So gerät die endlose Kette von Abenteuern und Triumphen, aus denen sich Alexanders Leben zusammenfügt, zur Illustration von Aufstieg und dann notwendigem Fall des Menschen. *King Alisaunder* (um 1310) vereint in ansprechender Form Erdkundliches mit Exotischem, moralische Unterweisung über die Unbeständigkeit des Glücks mit lyrischen Abschweifungen. Später entstandene nordenglische Fassungen der Romanze bezeugen, daß dieser Versuch eines Londoner Klerikers (?), den Alexanderstoff populär zu machen, Erfolg hat.

Liebe in Troja

Vor dem Hintergrund des Trojanischen Kriegs entfaltet sich die tragische Liebesgeschichte, die Chaucer in seinem *Troilus and Criseyde* (um 1385) aus Boccaccios (1313–1375) *Il Filostrato* (um 1338) formt. Mit diesem Werk legt er einem höfischen Publikum eine philosophische und psychologische Studie der Liebe in heidnischer Zeit vor. Die Deutung des Geschehens beruht auf Boethius' (um 475–525) Konzept des Schicksals, wie er es in der Schrift *De Consolatione Philosophiae* (525) entwickelt hatte. Danach ist menschliche Liebe Quelle des Unglücks, wenn sie sich auf Vergängliches richtet, und die treulose Criseyde, die den Helden in tiefste Verzweiflung stürzt, belegt diese Einsicht. Andererseits läßt der Erzähler keinen Zweifel an den erhebenden Wirkungen der Liebe: Neuplatonische Einflüsse sprechen aus der Überzeugung, daß die sinnliche Liebe auch als Vorstufe zur Gottesliebe gesehen werden muß.

Mit dieser doppelten Liebeskonzeption stellen sich Widersprüchlichkeiten ein, die über die psychologische Entwicklung der Charaktere und prägnante Handlungssequenzen ausgearbeitet werden. Der liebende Troilus wandelt sich zur Schadenfreude wie zur Befriedigung des Publikums ganz neuplatonisch vom hochmütigen Verächter der Liebe zum ergeben Liebenden, nach dem Abschied Criseydes freilich – Boethius bestätigend – vom idealisierenden Liebenden zum heillos Verzweifelten. Criseyde ist zugleich berechnend

Blick auf Bodiam Castle (um 1383), eine der Burgen aus der Blütezeit der mittelenglischen Literatur. Wie hier architektonische Perfektion den militärischen Zweck verdeckt, so ›überspielen‹ die hohen formalen Qualitäten der spätmittelenglischen Literatur ihre moralische Funktion.

und großzügig, in ihrer Treulosigkeit erschreckend pragmatisch wie angstgetrieben. Ohne Pandarus aber käme die Handlung nicht vom Fleck: Er arrangiert mit organisatorischem Geschick das erste Treffen der Liebenden, unermüdlich beschwatzt er die Protagonisten und weist ihnen die nächsten Schritte bei der Entwicklung ihres Verhältnisses; immer aber bleibt sein Verständnis weit hinter der Intensität von Troilus' Gefühlen zurück. Dennoch ist in dieser Romanze der edle Liebende auf irdischen Rat angewiesen.

Vom Wert der Liebe

Leben und Ideen bleiben damit getrennt, und doch zeigt der Text, daß nur ihr Zusammenwirken menschliche Geschichte zu fördern vermag. Eine Entscheidung für dieses oder jenes Lebens-,Niveau' kann es also nicht geben. Die Gesetze edler Liebe gelten ebenso nur partiell wie die Vorschriften religiöser Moral; platonischer Idealismus kommt ohne pragmatische Geringschätzung weiblicher Beständigkeit nicht aus. Abschließender Wertungen enthält sich der Erzähler daher. Hinter der Autorität eines nie identifizierten Lollius (›gelehrten Stammlers‹) versteckt, entschuldigt er Criseydes Verhalten ›aus Mitleid‹ mit der Furchtsamen und gönnt Troilus am Ende eine Himmelsreise, in der der Held das Treiben der Welt geringzuschätzen lernt – aber solcher *contemptus mundi* kommt nur der entkörperlichten Existenz zu, vermag das Leben nicht in gebührender Vollständigkeit zu erfassen. Bedingung menschlichen Lebens ist es, daß man das eigene Liebesvermögen als »vertuous in kynde« (I, 252) (der Beschaffenheit nach tugendhaft) erkennt – auch wenn die Liebe dann mit dem verzehrenden (Höllen-)Feuer verglichen wird:

> Ful ofte, his hote fir to cesse,
> To sen hir goodly lok he gan to presse;
> For therby to ben esed wel he wende,
> And ay the ner he was, the more he brende.
> For ay the ner the fir, the hotter is. (I, 445–9)
>
> (Um sein heißes Feuer zu löschen, bemühte er sich oft, ihr gutes Gesicht zu sehen, denn er meinte, sich dadurch Erleichterung verschaffen zu können. Aber je näher er ihr war, desto stärker brannte seine Lust, denn in der Nähe des Feuers ist es am heißesten.)

Widerspruch zu Chaucer

Als Vermittler antiker Stoffe wirkt in höfischen Kreisen auch der literarisch außerst produktive John Lydgate (um 1370 – um 1450). Sein *Troy Book* (um 1420), englische Versfassung einer lateinischen Prosaquelle, kann als enzyklopädisches Handbuch zur Geschichte Trojas gelten, während sein relativ kurzes narratives Gedicht *The Siege of Thebes* (um 1421) der boethianischen Philosophie von Chaucers *Knight's Tale* einen ›moderneren‹ Lebensentwurf entgegenstellt. Wurde bei Chaucer durch das Arrangement eines Turniers Fortuna gezwungen, einem von zwei gleichberechtigten Brüdern die Ehe mit Emelye zu gewähren, läuft bei Lydgate die Kommentierung eines Geschehens um rivalisierende Brüder darauf hinaus, daß man in unsicheren Streitfällen alles vermeiden müße, was Fortuna eine Gelegenheit zur Intervention geben könne. Vielmehr wird, um durch eigene Kraft das Schicksal zu zwingen, kluges Taktieren, tugendhaftes Verhalten und beständiges Mühen empfohlen.

Debatte und Gesellschaftsdichtung

Vogelstreit

Unter dem Einfluß lateinischer und französischer Beispiele verfaßt um 1200 ein Kleriker aus dem Süden Englands den Streitdialog zwischen Eule und Nachtigall (*The Owl and the Nightingale*). Der Text überrascht durch routinierte Verwendung von Endreim und regelmäßig alternierendem Versmaß, zu jener Zeit beides im Englischen wenig erprobte kontinentale Verfahren der Dichtung. Mühelos führt der Text auch die ›absurde‹ Situation der Vogelbelauschung ein:

Ich was in one sumere dale,
in one suθe diȝele hale,
iherde ich holde grete tale
an hule and one niȝtingale. (1–4)

(Ich hielt mich an einem abgelegenen Platz eines gewissen Tales auf und hörte dort eine Eule und eine Nachtigall ein bedeutendes Streitgespräch führen.)

Unter vielfältigen gegenseitigen Kränkungen wird die Frage erörtert, ob Lieder der Lebensfreude oder geistlich erbauliche Weisen für den Menschen nützlicher seien; eine vermittelnde Position in dieser Auseinandersetzung zwischen genußorientierer und moralischer Lebenssicht wird – den Konventionen der Gattung entsprechend – nicht erreicht: Die unveränderbare Natur der Streitenden schließt eine Annäherung der Standpunkte aus. Auch die allegorischen Qualitäten der Vögel geben eine Parteinahme nicht vor: Die Eule verkörpert Weisheit, aber auch unsoziales Einzelgängertum; die Nachtigall verführt zu leichtfertiger Oberflächlichkeit, singt aber auch das Lob des Herrn.

Ansichten zur Wirtschaftspolitik

Am alliterierenden *Winner and Waster* (um 1350) ist die für die spätere mittelenglische Literatur charakteristische Tendenz zu beobachten, überkommene poetische Muster zur Diskussion zeitgenössischer gesellschaftlicher Themen zu nutzen. Als wirtschaftspolitisches Traktat kann diese Debatte freilich nicht gelten. Die vorgetragenen Argumente für Sparsamkeit (Winner) und Ausgabenfreude (Waster) zehren über lange Strecken von den tradierten Kategorien des Beichtspiegels; eine ökonomische Begrifflichkeit ist – von einigen lateinischen Abhandlungen der Scholastiker abgesehen – im 14. Jahrhundert noch nicht vorhanden. Winner beispielsweise führt die Ausgabenfreude des Gegners auf die Sünden der Völlerei und des Stolzes zurück: »Alle θat I wynn thurgh witt he wastes thurgh pryde« (230) (›Meinen gesamten klugen Erwerb verschleudert er aus Stolz‹); umgekehrt bezichtigt Waster den Opponenten mangelnden Gottvertrauens, des Geizes und der Habsucht. Doch wiederholt vermischt sich mit diesen moralischen Vorhaltungen ›volkswirtschaftliches Denken‹: Wer Geld ausgibt, so läßt z. B. Waster in typischer Doppelgleisigkeit der Argumentation verlauten, hält die ›Wirtschaft‹ in Schwung und handelt zugleich gottgefällig:

With oure festes and oure fare we feden the pore;
It es plesynge to the Prynce θat paradyse wroghte.
(295/6)

(Mit unseren Festen ernähren wir die Armen; und das gefällt dem Fürsten, der das Paradies schuf.)

Die Tradition der gesellschaftspolitisch orientierten Debatte setzt sich in der zweiten Hälfte des 14. Jahrhunderts aufs eindrucksvollste in einer Reihe großer Werke fort, die ein facettenreiches Panomara des zeitgenössischen England zeichnen. In Shropshire geht William Langland (um 1330 – um 1393) zwischen etwa 1362 und 1387 in verschiedenen Fassungen seiner alliterierenden *Vision of William Concerning Piers the Plowman* der Frage nach dem gottgefälligen Leben nach; der Londoner höfischen Kultur entstammen John Gowers (1330–1408) *Confessio Amantis* (um 1400) und Chaucers unvollendete Sammlung der *Canterbury Tales*. Gemeinsam ist diesen Gesellschaftsspiegeln ein kontrastierendes Vorgehen, bei dem ›richtiges‹ Leben und reales Verhalten einander gegenübergestellt werden, ohne daß verbindliche Lebensregeln definiert würden. Ihrer Intention nach sind diese Debatten zwischen Norm und Realität durchaus satirisch; ohne erfolgreiche Ausarbeitung moralischer Grundsätze wird der Dialog zwischen Sollen und Sein jedoch unsymmetrisch, und es entstehen zornige, resignierende oder amüsierte Bestandsaufnahmen menschlichen Treibens.

Ein Flügel des Wilton Diptychon (1390) zeigt Richard II. kniend in frommer Pose. Nach diesem König wird die große mittelenglische Literatur des späten 14. Jahrhunderts (Chaucer, Gower, Langland, der *Gawain*-Dichter) *Ricardian Poetry* genannt.

Langland zerrinnen trotz intensiven Bemühens im Verlauf des um Präzisierung bemühten Schreibens viele der Gewißheiten, die ihn Grundsätze eines »Being kynde« (schöpfungsgerechten Lebens) niederlegen lassen könnten: Sein *Piers Plowman* liegt in drei jeweils immer differenzierter (und unklarer) geratenen Fassungen vor. Geschichte und Gestalt des Werkes lassen die intellektuelle Biographie eines Autors erahnen, der von der Idee eines ›richtigen‹ Lebens zwar nicht abläßt, sich aber mehr und mehr mit den zeitgenössischen Zweifeln an manchen Wahrheiten der Theologie identifiziert. Ausgangspunkt der theologisch-moralischen Bemühungen ist dabei die ernstgenommene Gewißheit, daß die Erde zwischen Himmel und Hölle liegt, daß sich die Seele zwischen Gott und Teufel zu entscheiden hat:

> I seigh a tour on a toft   trieliche ymaked,
> A deep dale bynethe,   a dongeon therinne,
> With depe diches and derke   and dredfulle of sighte.
> A fair feeld ful of folk   fond I ther bitwene -
> Of alle manere of men,   the meene and the riche,
> Werchynge and wandrynge   as the world asketh. [...]
> What this mountaigne bymeneth   and the merke dale
> And the feld ful of folk I shal yow faire shewe.
> (B Prol. 14–19; B 1. 1/2)

> (Ich sah auf einem Hügel einen kunstvoll aufgeführten Turm, darunter ein tiefes Tal mit einem Kerker, schrecklich anzusehen mit seinen tiefen und dunklen Gräben. Dazwischen bot sich meinem Auge ein schönes Feld voll mit Leuten – alle Arte von Leuten, Arme und Reiche, die arbeiteten und umherzogen, wie die weltlichen Geschäfte es erfordern. Was der Berg, das dunkle Tal und das bevölkerte Feld bedeuten, werde ich nun klarstellen.)

Suche nach dem christlichen Leben

Handlungsstruktur des Werks bildet die Suche nach dem richtigen Leben eines Christen; scheinbare Abschweifungen, einsichtsvermittelnde wie rätselhafte Träume stellen Stationen wie irrtümlich erreichte Positionen auf dem Weg zur Wahrheit dar. Diese Träume werden von allegorischen Figuren bevölkert, die oft sowohl nützlich belehren wie Anlaß zur Kritik geben. ›Heilige Kirche‹ z. B. spricht oft richtig; dennoch ist sie Ziel antiklerikaler Angriffe; »Lady Mede« (Frau Entlohnung) schillert zwischen einer Verkörperung gerechter Belohnung und ungerechter Bestechung. Zum Personal der Visionen gehört auch Piers, der einfache Pflüger, der für ein Leben unter der Anleitung von schlichter Vernunft und geduldiger Pflichterfüllung steht. Der Held ist von der Unzulänglichkeit dieser Lebensform des »Dowel« (guten Lebens) überzeugt: Über die Stufe von »Dobet«, rational motivierter Abkehr von dieser Welt, erreicht er schließlich ein »Dobest«, die Identifikation mit der Stimme eines einfache Wahrheiten weit hinter sich lassenden Gewissens, das unter dem Einfluß von »kynde wit« (des menschengemäßen Verstands) einen Weg zwischen Welt und Geist, zwischen aktivem Mitwirken bei der Rettung der eigenen Seele und demutsvollem Erwarten der Gnade empfiehlt. Alle sprachlichen Mittel werden genutzt, um die theologische Dimension des Gesagten, das Wesen von Erbsünde und Gnade sowie den Charakter der Vorherbestimmung zu präzisieren. Dennoch sind Langlands theologische Positionen im einzelnen schwer auszumachen: Das Werk thematisiert Suche, nicht Ergebnisse.

Melancholisch-milder Sündenspiegel

Ohne moralischen Eifer präsentiert Gower in seiner *Confessio Amantis* – einer Beichte mit 133 diverse Sünden illustrierenden Erzählungen – ein Panorama menschlichen Verhaltens. Da aber der Erzähler sein mangelndes Temperament selbst lächelnd zu einem der Themen des Werks macht, bietet die Lektüre wiederholt Anlaß zu heiterer Relativierung seiner melancholischen Bestandsaufnahme. Der Erzähler, der den Zustand der kultivierten Welt (›fine living‹) aus einer Analyse der Praxis höfischer Liebe (›fine loving‹) ableitet, ist nach eigenem Eingeständnis ein alter Mann, der von der Liebe nichts versteht und am Ende des Werks statt griffiger Zusammenfassung seiner Lehren nur das Schauspiel eines Abgangs mangelnder Kompetenz wegen bietet:

> I thoughte nevere torne ayein:
> And in this wise, soth to seyn,
> Homward a softe pas y wente.
> (VIII, 2965–7)
>
> (Ich gedachte, zur Liebe nicht mehr zurückzukehren. So ging ich, um die Wahrheit zu sagen, leise nach Hause.)

Ein kritischer Befund

Diese Geste des Rückzugs ist gleicherweise melancholisch wie ironisch, und so hebt sich die Zeitdiagnose der *Confessio Amantis* keineswegs auf. Die Wahl des Beichtspiegels als eines Instruments der Gesellschaftsanalyse erweist sich als glückliche Entscheidung, die eine individualpsychologische Aufdeckung der Wurzeln allen Übels erlaubt: Die Gesellschaft des 14. Jahrhunderts ist moralisch korrupt, weil die Individuen nicht mehr zum Ausgleich zwischen Vernunft und Willen finden. Manifest wird überall eine Absolutsetzung des Willens; und die allgegenwärtige Aufstiegsmentalität, wo ein vernünftiges Sich-Fügen in den Rahmen der Standesgrenzen angebracht wäre, stellt eine soziale Konsequenz dieser persönlichen Verirrung dar. Mag der Leser also über die fehlenden Erfolge in der Liebe lächeln, mit denen der Erzähler zurechtkommen muß, als Vorbild für die Kontrolle der Leidenschaft durch den Verstand kann er durchaus dienen: Dem Leser gerät der bewiesene Verzicht auf leidenschaftliche Liebe zur Lektion eines selbstbeherrschten *fine living*.

Pilgerfahrt und Erzählwettbewerb

Stellt Gower gleich im Eingang seines Werks resignierend klar: »I may noght strecche up to hevene / Min hand, ne setten al in evene / This world« (I. 1–3) (Ich kann meine Hand nicht bis zum Himmel ausstrecken und diese Welt hier ordnen), ist es bei den *Canterbury Tales* die doppelbödige Anlage des Werks als fromme Pilgerreise wie als munterer Erzählwettbewerb, die alle moralischen Konturen im Ungewissen verschwimmen läßt.

Der Erzähler in seiner Rolle als mitreisender ›Reporter‹ läßt Tendenz und Unterhaltungsqualität der vorgetragenen Geschichten unkommentiert. Seine Verweigerung jeglichen Wertens wird gleich zu Beginn der Rahmenhandlung, bei der Vorstellung der Pilger im *General Prologue*, offenkundig: Welcher Schicht die Figuren auch entstammen, in ihrem weltlichen Bereich scheinen sie ihm alle bewundernswert erfolgreich. Allenfalls in mehrdeutigen Lobesworten, im bedeutungsvollen Nicht-Erwähnen zu erwartender Tugenden und Leistungen sowie über indirekt charakterisierende Aussagen zur Erscheinung der Reisenden enthüllt sich andeutungsweise das Verwerfliche ihres professionellen Durchsetzungsvermögens – freilich nur für den Rezipienten, der zwischen den Zeilen zu lesen sich müht. Eine kritische Distanz zum Personal der *Canterbury Tales* kann also nur mit bewußt moralisierender Anstrengung erarbeitet werden.

Da die Sammlung Fragment geblieben ist und Canterbury von den Chaucerschen Pilgern nie erreicht wurde, liegen in fast noch zeitgenössischen ›Weiterdichtungen‹ Belege dafür vor, daß sich die ersten Leser keine Illusionen über die Moral dieser Gruppe machten. Ihr Aufenthalt in Canterbury, wie ihn die Prologe zu *The Tale of Beryn* (um 1410) und zu Lydgates *The Siege of Thebes* ausmalen, gerät zur Demonstration unbeirrter Weltlichkeit. Der Kirchgang hinterläßt keinen Eindruck oder wird ganz unterlassen; stattdessen sorgen je nach persönlicher Vorliebe Bordellbesuch, Stadtrundgang, der Besuch von Bekannten und kleinere Diebstähle für Kurzweil. Ein solch bitteres Resümee zieht Chaucer freilich nicht; ihm stellt sich das Treiben seiner Figuren durchaus als Komödie dar.

Chaucers Pilger verlassen Canterbury; unter ihnen – in der Mönchskutte – befindet sich John Lydgate. Handschrift von Lydgates *Siege of Thebes* (15. Jahrhundert)

Die 24 Erzählungen der Sammlung sind keineswegs auf einen Nenner zu bringen. Auch ihre Abfolge vermag dem Entwurf des Ganzen keinen interpretierbaren Sinn zu verleihen, da sie zu einem guten Teil auf späteren editorischen Entscheidungen beruht; schon die Ellesmere-Handschrift, auf der die meisten Chaucer-Ausgaben beruhen, regularisiert und ordnet den Text nachträglich. Daß es den *Canterbury Tales* allgemein um das Gegeneinander von größerer Ordnung und verworrener Lebenspraxis geht, zeigt gleich die erste Erzählung, *The Knight's Tale*. Unter großzügiger Entfaltung rhetorischen Schmucks entwirft diese Romanze eine Situation, in der zwei jungen Männern das gleiche ›Recht‹ auf eine Frau zukommt. So unentscheidbar ist die Frage nach dem Vortritt, daß in Gestalt eines formalisierten Turniers Gelegenheit für das Schicksal, Agent des ›höchsten Bewegers‹, geschaffen werden muß, die Rivalität zu schlichten. Mag dieses Ende handlungsmäßig auch befriedigen, so bleibt doch Grund zur Beunruhigung: Vorbildliches Verhalten in höfischer Liebe und im Kampf, gerade in den Bereichen also, in denen sich Ritterlichkeit manifestiert, hat zur dargestellten Aporie geführt. So wirft die Erzählung des Ritters einen skeptischen Blick auf die Chancen, göttliche Ordnung auf der Welt aufrechtzuerhalten: Philosophisch erschließen kann man sie, leben aber offensichtlich nicht.

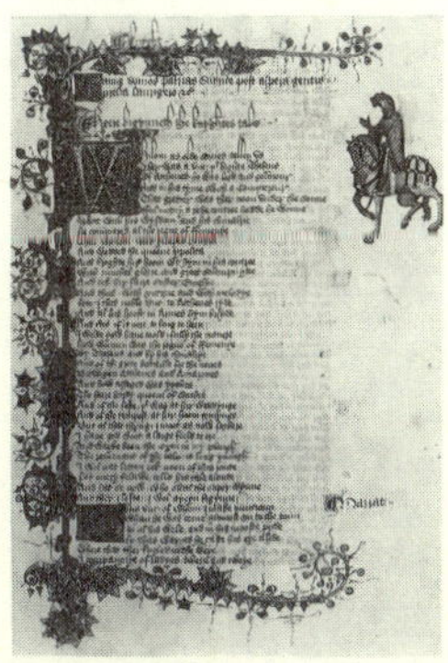

Die Ellesmere-Handschrift (bald nach 1400) mit Darstellung des Ritters und Beginn der *Knight's Tale*

Widersprüchliche Aussagen stehen auch der Rekonstruktion einer in sich stimmigen Liebes- und Ehelehre entgegen. *The Franklin's Tale* entwirft eine zuckersüße Utopie von gleichberechtigter Partnerschaft in einer adligen Ehe. So abwegig freilich ist nach mittelalterlicher Ansicht dieses Ehekonzept, daß es vor der Umwelt verborgen werden muß:

> Of his free wyl he swoor hire as a knyght
> That nevere in al his lyf he, day ne nyght,

Herrschaft und Liebe

Ne sholde upon hym take no maistrie
Agayn hir wyl, ne kithe hire jalousie,
But hire obeye, and folwe hir wyl in al,
As any lovere to his lady shal,
Save that the name of soveraynetee,
That wolde he have for shame of his degree. (F 745–52)

(Freiwillig gab er ihr sein ritterliches Wort, daß er niemals gegen ihren Willen die Herrschaft in der Ehe an sich reißen oder ihre Eifersucht erregen, vielmehr wie jeder Liebende seiner Herrin gehorchen und ihrem Willen in allem folgen wolle; formal wolle er aber die Herrschaft haben, um seinem Stand keine Schande zu machen.)

Formen der Ehe

In der *Clerk's Tale* wird dagegen die Gattin Grisildis grausamsten Prüfungen ihrer Treue unterworfen, bis es zu einem glücklichen Ende kommt. Den konträren Entwürfen von Freiheit und Unterordnung in der Ehe steht der Prolog der Frau aus Bath entgegen, die generell auf kulturell überformte Ehekonzepte pfeift und allein ihre sinnliche Natur sprechen läßt. Da aber ihre Ausführungen explizit als Gegenrede zur Lehre der Kirchenväter konzipiert sind, da ihr Erfahrungsbericht den Konventionen der Beichte verbunden bleibt, wird mittelbar auf ihre Pervertierung gängiger Vorstellungen aufmerksam gemacht. Das abschließende Wort zur Ehe behält der Erzähler aber für sich.

Der Prolog der Frau aus Bath mit seiner schrillen Insistenz auf dem Gegensatz zwischen »experience« (Lebenserfahrung) und »auctoritee« (D 1) (den Wertvorstellungen der Autoritäten) variiert auf schon groteske Art das Thema, das einige spätmittelenglische Texte mit spürbarer Beklemmung verarbeiten: die unsicher gewordene Stellung des einzelnen zwischen alten Wahrheiten und neuen Lebensformen. Gowers Pose der Kraftlosigkeit wie der lächelnde Liberalismus Chaucers handeln im Grunde ebenso ernst von den Orientierungsschwierigkeiten des ›nachmittelalterlichen‹ Menschen wie Langlands unablässige Bemühungen um die theologisch fundierte Anleitung zum rechten Leben.

Ratlosigkeit

Wie problematisch Chaucer der Zustand seiner Welt schien, zeigt sein *House of Fame* (um 1374/85). Der Erzähler dieser Traumvision berichtet von dem beunruhigenden Befund, daß die Tradition selbst brüchig und unzuverlässig sei und daher zur Deutung und Korrektur der Lebenspraxis nicht tauge. Ein Vergleich der überlieferten Versionen der Liebesgeschichte von Dido und Äneas offenbart die Widersprüchlichkeit des literarischen Erbes; während Vergils Äneas Dido seiner historischen Mission wegen entsagt, zeichnet Ovid in seinen *Heroides* diesen Helden als treulosen Verräter der Liebe. Auch muß der Erzähler konstatieren, daß überkommene naturwissenschaftliche Erklärungen den empirisch gewonnenen Einsichten in die Natur des Kosmos zuwiderlaufen. Schließlich erschreckt ein Blick hinter die Fassade des *House of Fame*, des Ortes, an dem über Weiterleben und Vergessenwerden menschlicher Leistungen entschieden wird, durch die Erfahrung der Sinnlosigkeit und Willkür, die bei der ›Entscheidung‹ über den Nachruhm von Menschen, Taten und Büchern herscht. Ein Gefühl selbstbewußter Freiheit angesichts der Relativität aller Wahrheit vermag der Erzähler freilich nicht zu entwickeln.

Neue Normen

Anders dagegen der Schotte Robert Henryson (um 1430 – um 1500), der in einer Art Fortsetzung von Chaucers *Troilus and Criseyde* sowie in seinen

Fabel-Adaptationen zu selbständigen Normsetzungen findet. Daß der Erzähler von Chaucers Liebesgeschichte die treulose Criseyde ohne explizite moralische Verurteilung entlassen hatte, begreift der Sprecher von Henrysons *Testament of Cresseid* (spätestens 1492) als Chance, das Verhalten der Protagonistin zu rechtfertigen und Fehler nur in ihren ›Übertreibungen‹ zu sehen. Damit besitzt auch die bloß irdische Liebe ihren Wert: Wenn sie mit vernünftiger Beständigkeit gepaart ist, bedarf sie weder einer ›platonischen‹ noch einer religiösen Rechtfertigung: »I monische and exhort, / Ming not ȝour lufe with fals deceptioun«. (612/3) (Ich mahne euch, bringt eure Liebe nicht mit Verrat zusammen). Mit der Entwicklung einer solchen ›Philosophie‹ der Sinnlichkeit, die zwischen *cupiditas* (Besitzliebe) und *caritas* (Nächstenliebe) als dritte Lebensform die beständige menschliche Liebe rückt, zeigt Henryson das Selbstbewußtsein eines Autors, der sich nicht mehr im Dienst einer vorgegebenen Moral fühlt.

Chaucer liest einem höfischen Publikum aus seinem Werk vor. Darstellung aus dem frühen 15. Jahrhundert

Der Geist der Unabhängigkeit prägt auch seine Sammlung äsopischer Fabeln (um 1484). Die allegorische Bedeutung der Tiergeschichten tritt bei Henryson oft in ironischen Gegensatz zu den Schlüssen, die die animalischen Protagonisten selbst aus dem Geschehen ziehen. Der Hahn beispielsweise, der bei der Futtersuche auf dem Misthaufen einen Edelstein findet und diesen seiner mangelnden Nahrhaftigkeit wegen verschmäht, hat nach Ansicht der *moralitas* »prudence and cunning« (»The Cock and the Jasp«, 128) (Klugheit und List) verspielt; der Hahn dagegen sieht seinen Verzicht als vernünftige, tugendhafte Selbstbescheidung:

> I had leuer go skraip heir with my naillis
> Amangis this mow, and luke my lifys fude, [...]
> Than of iaspis ane mekill multitude;
> And thow agane, vpon the samin wyis,
> May me as now for thyne auaill dispyis. (92–8)
>
> (Ich würde lieber mit meinen Nägeln nach meinem Futter hier im Mist als unter einer großen Menge von Edelsteinen suchend scharren; und du [Edelstein] wirst mich wohl umgekehrt als für dich unnütz verachten.)

Bei solch illusionslos-artgemäßem Umgang mit der eigenen Beschränktheit wirkt der Versuch unpassend, die Geschichte als moralische Fabel vom verstoßenen geistigen Schatz zu lesen. Die Sympathien gehören dem ›einfachen Mann‹, der sich sein Leben außerhalb der großen Ordnungen einrichtet und damit auch Würde und Unabhängigkeit beweist.

Autobiographisches

Nicht jedermann gelingt es in dieser Spätzeit, selbständig eine eigene lebensphilosophische Position im Widerstreit von Praxis und höherem Gesetz, Anlage und moralischer Vorschrift zu gewinnen. Thomas Hoccleves (1386–1426) Erzähler skizzieren sich wiederholt als Autoren, denen die tradierten Werte nur noch als kaum erträglicher gesellschaftlicher Zwang begegnen. Der entsetzte Blick auf die engen Grenzen von Individualität und dichterischer Freiheit führt zu Experimenten mit Formen autobiographischen Schreibens, die die eigene konventionelle Dichtung durch selbst-reflexive ›Meta-Literatur‹ kommentieren.

In Hoccleves *Complaint* (1421) beispielsweise tritt der Erzähler als Gestalt auf, die gerade von einer Geisteskrankheit genesen ist, dabei aber noch unter dem Eindruck leidet, in der Umwelt noch nicht ›normal‹ genug zu wirken. Daher unterwirft sie sich einem Programm der Selbst-Abrichtung, zu dem es auch gehört, vor dem Spiegel Gesten der Anpassung einzuüben:

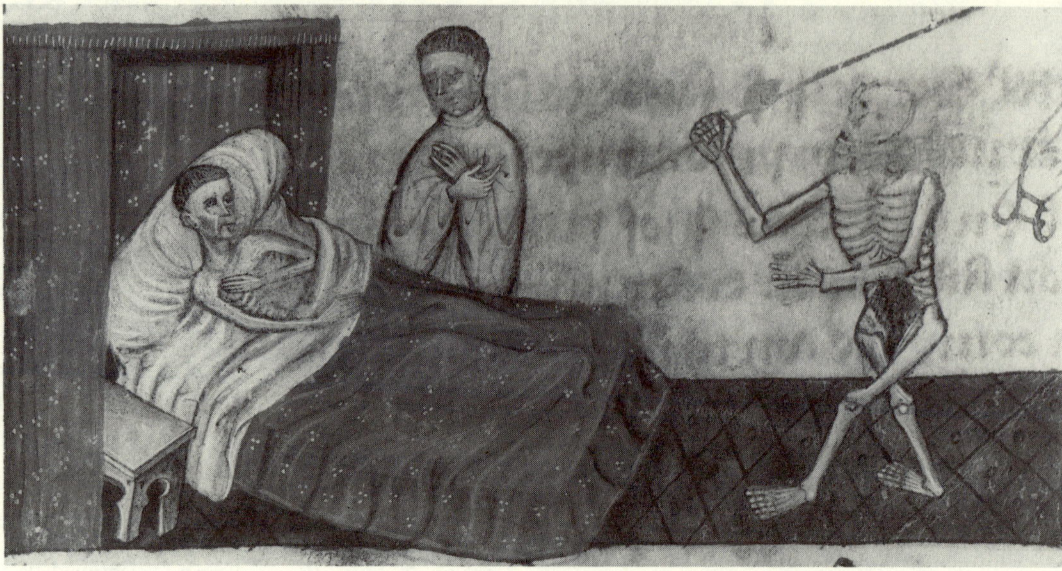

Hoccleve am Bett eines Sterbenden. Darstellung von etwa 1430

I sterte unto my myrrowr and my glas
To loke how that me of my chere thowght
Yf any othir were it than it owght.
For fayne wolde I, yf it had not be right,
Amendyd it to my kunynge and myght.
Many a sawte made I to thys myrrowre
Thinkynge yf that I loke in this manere
Amonge folke as I now do none errowr
Of suspecte loke may in my face appere (157–65)

(Ich ging vor meinen Spiegel, um zu prüfen, was ich von meinem Gesichtsausdruck halten könne, ob er anders als üblicherweise erwartet sei. Wenn er nicht korrekt gewesen wäre, hätte ich ihn gerne nach bestem Vermögen korrigiert. So machte ich viele Bewegungen vor dem Spiegel und dachte dabei, wenn ich auch unter den Leuten so wie jetzt aussehe, zeigt sich in meinem Gesicht nicht irrtümlicherweise etwas Suspektes.)

Die konventionellen literarischen Ausführungen, die dem Bericht über diese Übungen folgen, stehen nun unter dem Verdacht, ebenfalls Übungen – nun in angepaßtem Schreiben – zu sein. Ob Hoccleves spätere Werke als bloße Konzessionen an die Erwartungen der Umwelt gedacht sind oder die Entwicklung des Erzählers belegen sollen, bleibt absichtlich ungeklärt.

Unterschiedliche Formen der Resignation gegenüber den unerfüllbaren Forderungen der mittelalterlichen Kultur charakterisieren also die letzte Phase der mittelenglischen Literatur. Aus den Widersprüchen zwischen Prinzipien und Realität zieht Chaucer den Stoff seiner Komödien; Henryson schreibt experimentell bislang geltende Lebensgrundsätze um; Hoccleve verzweifelt an den unüberbrückbaren Spannungen. Einen überzeugenden Aufbruch zu neuen Weltsichten und literarischen Methoden erlebt die mittelenglische Literatur in der Debatte um den Wert der Vergangenheit indes nicht mehr.

DIE FRÜHE NEUZEIT: VON MORUS BIS MILTON

Problematik der Periodisierung

Frühe Neuzeit

Jedes Erzählen einer Geschichte ist darauf angewiesen, Phasen zu bilden und Einschnitte zu setzen, mit denen der Erzähler seine Geschichte nicht nur übersichtlicher gestalten, sondern ihr auch einen bestimmten Sinn, eine bestimmte Zielrichtung, unterlegen will. Dies gilt auch für die Geschichtsschreibung und deren Sonderfall, die Literaturgeschichtsschreibung. Selbst die relativ neutrale, weil zunächst rein chronologische Begrenzung, die unser Titeletikett »Frühe Neuzeit« setzt, ist voller narrativer und damit auch sinnstiftender oder -akzentuierender Implikationen: »Neuzeit« erhebt den Anspruch, daß in dieser Zeitphase sich ein Neues gegenüber einem Alten der Vergangenheit, dem Mittelalter, durchsetzt, und »früh« deutet an, daß sich dieses Neue erst durchzusetzen beginnt und es sich erst in der Zukunft der Aufklärung des späten 17. und des 18. Jahrhunderts erfüllen wird. Der Titel kündigt damit schon die Geschichte einer Modernisierung an. Und im Untertitel »Von Morus bis Milton« werden nicht nur zwei bekannte und einprägsam alliterierende Autorennamen aneinandergereiht, sondern es wird auch suggeriert, daß die beiden Autoren ein kontinuierlicher Entwicklungszusammenhang verbindet, daß beide, wenn auch in sehr unterschiedlicher Weise, die divergierenden Voraussetzungen und Ansprüche eines an der Antike orientierten Humanismus und einer christlich orientierten Weltsicht für ihre sehr unterschiedliche historische Situation literarisch in Einklang zu bringen versuchen.

Damit ist aber auch schon eine schlüssige Geschichte mit Vorgeschichte, Anfang, Mitte, Ende und Nachgeschichte vorgezeichnet, und sind wir schon der Gefahr ausgesetzt, unser Material »stromlinienförmig« den Konturen dieser Geschichte einzupassen und ihm damit eine Schlüssigkeit aufzuoktroyieren, die sich mehr dem Geschichtsschreiber als seiner Geschichte, den ihm vorliegenden Texten und Materialen, verdankt. Will man dieser Gefahr entgehen, muß man sich des Prinzips der »Gleichzeitigkeit des Ungleichzeitigen« (Ernst Bloch) bewußt bleiben, nach dem historische Prozesse nicht geradlinig verlaufen, sondern vielfach gebrochen und widersprüchlich. Dem ist so, weil sich in jeder historischen Situation »latente«, aus der Vergangenheit noch unbewußt mitgeführte Denkvoraussetzungen, »dominante« Denksysteme, die die gegenwärtige Institutionalisierung der Gesellschaft legitimieren und von ihr propagiert werden, und »emergente«, d.h. neue und als systemgefährdende noch marginalisierte Denkanstöße in einem konfliktgeladenen Spannungsfeld überlagern und durchkreuzen. (Raymond Williams)

»Gleichzeitigkeit des Ungleichzeitigen«

Eine besonders eklatante »Ungleichzeitigkeit« in unserem Zeitraum ist zum Beispiel die Phasenverschiebung zwischen der politischen und der kultu-

Phasenverschiebungen

rellen Blütezeit unter Elisabeth I.: Während die großen politischen Leistungen und Innovationen in das erste Jahrhundertviertel ihrer Regentschaft fallen, stammen die großen elisabethanischen Kulturschöpfungen fast alle aus ihren letzten fünfzehn Regierungsjahren, die ökonomisch und politisch jedoch eher Krisenjahre waren. Und ebenso kann man mit guten Gründen argumentieren, daß die Stuart-Herrschaft der ersten Dekaden des 17. Jahrhunderts mit ihrer Betonung eines charismatischen Königtums von Gottes Gnaden gegenüber dem klug taktierenden Absolutismus Elisabeths I. im späten 16. Jahrhundert einen Rückschritt darstellt, oder daß der urbane Witz und der humanistische Katholizismus Thomas Morus' »moderner« ist als die demonstrativ hervorgekehrte Gelehrtheit und der »fundamentalistische« Puritanismus John Miltons eineinhalb Jahrhunderte später.

Wer hier falschen, weil zu simplen, Teleologisierungen und Parallelisierungen entgehen will, muß also die *eine* Geschichte, die Geschichte der Modernisierung Englands in der Frühen Neuzeit, in eine Vielzahl von Geschichten auflösen, deren Verhältnis zueinander oft ein gegenläufiges ist. So richtig und wichtig es auch ist, eine vergangene Periode wie die Frühe Neuzeit als Vorgeschichte der eigenen Gegenwart zu beschreiben und damit der Geschichte eine Fluchtlinie zu geben, so sehr muß man sich auch davor hüten, sie aus dieser einen Perspektive in ein lineares Fortschreiten einzuebnen.

Traditionelle Periodisierungen

Indem wir die etwa einhundertfünfzig Jahre vom frühen 16. Jahrhundert bis zur Mitte des 17. Jahrhunderts als eine Periode zusammenfassen, weichen wir erheblich von den eingespielten Konventionen traditioneller englischer Literaturgeschichtsschreibung ab und erzählen damit auch eine andere Geschichte. Traditionellerweise wird unser Zeitraum nämlich in zwei oder drei Perioden eingeteilt, seien diese der politischen Geschichte – Tudor (1485–1603), Stuart (1603–1649), Bürgerkrieg und Commonwealth (1642–1660) – oder der Geistes- und Stilgeschichte – Renaissance (16. Jahrhundert) und Barock (erste Hälfte des 17. Jahrhunderts) – entnommen, oder aber literaturhistorisch aus der zentralen Stellung Shakespeares in diesem Zeitraum, seinen etwa zweieinhalb Schaffensjahrzehnten um 1600, abgeleitet. In letzterem Fall ergibt sich eine für die Geschichts- und Literaturgeschichtsschreibung anscheinend besonders anziehende und befriedigende Aufstiegs- und Fallerzählung: Den Höhepunkt markieren die letzten Dekaden von Elisabeths Herrschaft und Shakespeares Schaffensgipfel um 1600, der Rest ist Vorbereitung und Entwicklung hin auf Shakespeare bzw. Nachspiel, Dekadenz, Verflachung.

Da wir weder daran glauben, daß dynastische Veränderungen immer entscheidende kulturgeschichtliche Zäsuren setzen, noch den der zentraleuropäischen Kunstgeschichte entlehnten Begriff des Barocks für das England der ersten Hälfte des 17. Jahrhunderts, in dem Inigo Jones und dann Sir Christopher Wren ja gerade der klassizistischen Ordnung und Klarheit eines palladianischen Klassizismus zum Durchbruch verhelfen, für besonders aufschlußreich halten, und da uns schließlich auch die mythischen Erzählungen von Blüte und Verfall und die hemmungslosen Mythisierungen gerade des elisabethanischen Zeitalters zur Geschichte gewordenen Utopie eines Goldenen Zeitalters ideologisch suspekt sind, wollen wir den Zeitraum von Morus bis Milton als einen übergreifenden, wenn auch vielfach geschichteten und gebrochenen Entwicklungszusammenhang, als eine Periode, darstellen.

Kontinuitäten in der Lyrik

Dafür sprechen schon rein literaturhistorische Kontinuitäten: Mit den *courtly makers* am Hofe Heinrichs VIII. setzt eine neue poetische Selbstdarstellung und Selbstinszenierung des Ich ein. Sie führt zu den großen Sonettzyklen des Jahrhundertendes (Sidney, Spenser, Shakespeare) und spaltet sich

Wenceslaus Hollar: The Banqueting House (um 1640)
Das Gebäude wurde 1622 von Inigo Jones errichtet. Sein palladianischer Stil kontrastiert mit dem Tudor-Stil des Holbein Gate. 1649 wird vor dieser Fassade Karl I. hingerichtet werden (s.u. S. 55).

dann auf in die gegenläufigen Stiltendenzen der bis zur Dunkelheit semantisch komplexen *Metaphysical Poetry* und der klassizistischen Eleganz der Dichtung Ben Jonsons und der *Sons of Ben*, der *Cavalier Poets*. Man wird dann lange warten müssen, bis zur Romantik, bis sich das Ich in lyrischen Texten wieder so insistierend und intensiv zum Thema machen wird.

Kontinuitäten im Drama und im Erzählen

Ebenso stellt sich uns die Entwicklung des englischen Theaters in diesem Zeitraum von der Regentschaft Heinrichs VIII. bis zur Mitte des 17. Jahrhunderts als prozeßhafte Einheit dar. Erst an den Höfen und Schulen der Tudor-Herrscher entsteht ein neues weltliches Theater der Interludien und der adaptierenden Rezeption antiker Dramatik – ein höfisch-humanistisches Theater, das mit den aus dem Mittelalter tradierten volkstümlichen und bürgerlich-klerikalen Spielformen der *Morality* und *Mystery Plays* konkurriert. Das Zusammenwirken dieser beiden Traditionsstränge bringt dann im letzten Jahrhundertviertel jene privatkapitalistisch organisierten *public theatres* hervor, auf denen die Stücke Marlowes, Shakespeares und Jonsons für einen breiten Querschnitt der Londoner Bevölkerung aufgeführt werden. 1642, zu Beginn des Bürgerkriegs und gegen Ende unseres Zeitraums, werden sie, zusammen mit den um die Jahrhundertwende entstandenen *private theatres* für ein exklusiveres großbürgerliches und aristokratisches Publikum, geschlossen. Und was die Erzählkunst dieser Periode betrifft, so ergibt sich eine spannungsreiche Einheit aus dem Neben- und Gegeneinander zweier gegenläufiger Tendenzen: einerseits den restaurativen Versuchen, zunächst die tradierten Erzählformen der Vers- oder Prosaromanze im Sinne der Tudor-Ideologie neu zu aktualisieren (Sidneys *Arcadia*, 1581; Spensers *Faerie Queene*, 1590–96) oder dann am antiken Epos neu anzuknüpfen (Cowleys *Davideis*, 1656; Miltons *Paradise Lost*, 1667), und andererseits dem Einsetzen eines neuen volkstümlicheren und »realistischeren« Prosaerzählens, das für den Roman des achtzehnten Jahrhunderts wichtige Voraussetzungen erarbeiten sollte. In einem Wort – eine Übergangsperiode, in dem Epos und Romanze nicht mehr, oder nur noch in restaurativen Formen, sind und der Roman noch nicht ist.

Explosion der Diskurse

Was wir hier für die Kernbereiche der Literatur kurz skizziert haben, reflektiert nicht nur den Wandel übergreifender gesellschaftlicher Rahmenbedingungen, sondern trägt selbst als dialogische Intervention in die zuneh-

Die Bemühungen um eine englische Übersetzung der Heiligen Schrift gehen bis zu Cædmon im späten 7. Jahrhundert zurück und gipfeln in der *Authorised Version* von 1611, die erst in unserem Jahrhundert durch die *New English Bible* (1961 u. 1970) abgelöst wurde. Mit Rückgriff auf William Tyndales Übersetzung (1525ff.) versichert sich die *Authorised Version* immer wieder am hebräischen und griechischen Original und versucht die Extreme katholischer ebenso wie puritanischer Bibelauslegung in gleicher Weise zu vermeiden. – Eine der bedeutendsten Übersetzungen aus der antiken Literatur ist George Chapmans Homer (1616). Diese Übersetzung feierte noch der romantische Dichter John Keats in seinem Sonett »On First Looking into Chapman's Homer« (1816) als eine Offenbarung.

mend öffentlicher werdende Debatte über theologische und standes- oder staatspolitische Fragen zu diesem Wandel aktiv bei. Schon der Renaissancehumanismus und die Reformation, die jene wesentlichen Modernisierungsimpulse setzen, deren Aufarbeitung in der zweiten Hälfte des 17. Jahrhunderts zu einem zumindest vorläufigen Ausgleich führen sollte, waren ja vor allem auch literarische, textbezogene, Phänomene: In beiden ging es um das Zugänglichmachen und Auslegen von Texten, um die Wiedergewinnung eines ursprünglichen Wortlauts und Wortsinns von Texten, den antiken Klassikern und der Heiligen Schrift. Die Freiheiten, die sich dabei die Humanisten und die Reformatoren in einem an die Wurzeln gehenden, einem radikalen Hinterfragen der tradierten Annahmen über Gott und seine Schöpfung, den Menschen und seine gesellschaftlichen Ordnungen herausnahmen, waren von keiner kirchlichen und staatlichen Autorität mehr ganz unter Kontrolle zu halten, sondern führten, trotz – oder auch gerade wegen – der repressiven Maßnahmen der Stuarts nach der Jahrhundertwende, zu einer Explosion der Interessen und Diskurse, die sich in den Revolutionen des Bürgerkriegs entlud. (Robert Weimann)

Von der Reformation zur Revolution

Die Tudors: Mythos und Realpolitik

Das Selbstverständnis der Tudordynastie

Die Tudordynastie sah sich selbst als providentiellen Zielpunkt der englischen Geschichte und ihre Herrschaft als Anbruch eines Friedensreichs nationaler Einigung und Stärke. Sie war dabei mehr als frühere Dynastien auf eine literarische Intelligentsia angewiesen, die dieses Selbstverständnis propagieren sollte. Der neue Buchdruck kam diesen Absichten ebenso entgegen wie auch das – im doppelten Wortsinn – »reformierte« humanistische

Bildungswesen, das loyale Intellektuelle produzierte, die sich dieser Aufgabe kompetent widmen konnten. Jenseits solcher herrschaftslegitimierender Mythenbildung ist jedoch festzuhalten, daß sich unter der Tudordynastie in der Tat der Aufbruch zur Modernisierung Englands vollzog.

Aufbruch zur Modernisierung Englands

Die Tudordynastie setzt nicht nur den selbstzerfleischenden Wirren der *Wars of the Roses* zwischen den rivalisierenden Häusern York und Lancaster (1450–1485) ein Ende, sie benutzt auch klug diese *tabula-rasa*-Situation, in der der alte Hochadel entscheidend entmachtet war, um den polyzentrischen mittelalterlichen Feudalstaat in einen ganz auf den absolutistischen Souverän zentrierten institutionellen Flächenstaat umzuwandeln. Mit neuen, zum Teil in den Stand von *peers* erhobenen loyalen Angehörigen der *gentry*, des niederen und mittleren Adels, wird ein so effektives Verwaltungssystem aufgebaut, daß man ohne Übertreibung von einer *Tudor Revolution in Government* (G.R. Elton) sprechen kann.

Außenpolitik

Eine Voraussetzung dieser ordnenden Autorität im Inneren war die Ausgrenzung nach Außen. Der Verlust der ausgedehnten englischen Kronlande in Frankreich im Hundertjährigen Krieg (1337–1475) hatte schon eine erhebliche Verminderung des kontinentaleuropäischen Engagements Englands mit sich gebracht, und die Reformation unter Heinrich VIII., ein eher außenpolitisch als dogmatisch motivierter Schritt, weist seit den dreißiger Jahren entschieden jede Einschränkung der nationalen Souveränität des Herrschers durch den Anspruch einer Oberhoheit des Papstes zurück. Was an außenpolitischer Gefährdung der Tudormacht verbleibt bzw. in neuer Schärfe hinzukommt, ist jedoch vor allem der sich an den Niederlanden entzündende Konflikt mit der katholischen Großmacht Spaniens, deren wiederholte Versuche einer Destabilisierung oder eines Umsturzes der protestantischen Herrschaft in England selbst mit dem Sieg der Flotte Elisabeths über die spanische Armada (1588) nicht endgültig abgewehrt werden können. Diese Ausgren-

George Gower: Elizabeth I. (Armada Portrait um 1588). Das Bild zeigt in den beiden Rückfenstern gleichzeitig den Aufzug der englischen Flotte und die im Sturm untergehende Armada.

zungen nach außen bedeuten gleichzeitig eine Konzentration auf die innere Einheit der britischen Inseln: Die Eroberung und Kolonisierung des katholisch gebliebenen Irland wird in Angriff genommen, und mit dem Thronantritt Jakobs VI. von Schottland als Jakob I. von England (1603) wird zwischen den beiden Reichen zumindest eine Personalunion hergestellt. Mit dieser straffen Durchorganisation des eigenen Reiches werden bald auch Energien freigesetzt, jenseits des Atlantiks in Konkurrenz mit Spanien zu treten.

Alte und neue Legitimierungen von Herrschaft

Die Tudorherrschaft ist, weil in ihrer dynastischen Legitimität keineswegs unproblematisch, auf neue Formen der Legitimierung angewiesen. Eine davon ist die pragmatische Legitimierung durch Effizienz und Erfolg. Wenn auch die mittelalterlich-feudale charismatische Legitimierung des Fürsten als gesalbtem Stellvertreter Gottes auf Erden von allen fünf Tudorherrschern – Heinrich VII. (1485–1509), Heinrich VIII. (1509–47), Eduard VI. (1547–53), Maria Tudor (1553–1558), Elisabeth I. (1558–1603) – weiterhin beansprucht wird, stützt sich ihre Autorität jedoch in zunehmendem Maße auf die moderne Machtbasis administrativer und politischer Effizienz. Mag der Diskurs, in dem sich ihr herrscherliches Selbstverständnis artikuliert, auch noch mittelalterlich anmuten, in der Praxis ihrer Herrschaft sind sie schon moderne machiavellistische Machtpolitiker, die ihrer Autorität durch geschickt paktierende und taktierende Interessensausgleiche die Basis eines möglichst breiten Konsensus der einflußreichen Gesellschaftsgruppen zu sichern versuchen. Zudem wird dieser zunächst ohnehin noch verdeckte Verlust an sakraler Legitimation von Herrschaft dadurch kompensiert, daß mit der Suprematsakte Heinrichs VIII. (1534) der politische Souverän Englands gleichzeitig das Oberhaupt der englischen Kirche wird und er somit weltliches und geistliches Oberhaupt in einem ist. Die Henrizianische Reform ist ja zunächst keine Reformation im religiösen oder theologischen Sinn, sondern zielt vor allem darauf ab, eine nationale *Church of England* zu begründen, die unabhängig von Rom ist und der der englische Monarch mit päpstlicher Machtfülle als *Supreme Head* vorsteht. Erst unter Eduard VI. nimmt diese Nationalkirche auch in ihrer Glaubenslehre entschieden reformatorische Züge an und schreibt einen kalvinistischen Protestantismus als einigendes geistiges Band von Herrscher und Volk fest. Das *Settlement* von 1559, in dem Elisabeth mit einer *Act of Supremacy* und einer *Act of Uniformity* die Bedeutung der Einheit von Kirche und Staat und der Einheitlichkeit des Kultus, festgelegt im *Book of Common Prayer*, herausstellt, und die *Thirty-Nine Articles* von 1563, die die anglikanische Glaubenslehre zusammenfassen, halten an diesem kalvinistischen Fundament fest, ebenso aber an den althergebrachten katholischen Formen des Ritus und der Bischofshierarchie. Gerade dieser Widerspruch von theologischem Inhalt und kirchlicher Form sichert der *Church of England* Elisabeths ihre nationale Integrationskraft, und Elisabeth als *Supreme Governor* in geistlichen und weltlichen Dingen kann damit ihre Autorität auf ein emphatisch herausgestelltes Nationalbewußtsein stützen. Im Gegensatz zum modernen Nationalstaat des 19. Jahrhunderts steht in dem der Tudors freilich noch nicht das Volk im Mittelpunkt, sondern der Monarch, der in seiner Person den *body politic* verkörpert.

Die Reformation und der Weg zum Nationalstaat

Politisches Bodybuilding

Zwei der fünf Tudorregenten beherrschen diese Kunst des »politischen Bodybuilding«, der Inszenierung der eigenen Person als Verkörperung des Gemeinwesens, in besonders herausragender Weise: Heinrich VIII. und Elisabeth. Wie erfolgreich sie dabei sind, läßt sich nicht nur an ihrer zeitgenössischen Wirkung ablesen; sie gehören auch heute noch zu jenem exklusiven Pantheon mythisierter englischer Herrscher, die als Inkarnationen ureigensten nationalen Wesens und als Symbolfiguren eines ursprünglichen *Merry Old England* jedem Schulkind gegenwärtig gemacht werden. Vor allem Elisabeth gelingt es, sich selbst zum Mittelpunkt eines *Cult of Elizabeth* (R. Strong) zu machen, in dem sich sakrale, erotische und politische Repräsentationsformen zu einer äußerst eindrucksvollen Einheit verbinden. Dazu genügte es nicht, daß sie selbst ihren weiblichen Körper und Charme, ihre musischen Talente und ihre humanistische Gelehrtheit am Hofe, bei öffentlichen *processions* in London und *progresses* durch ihre Lande ausspielte; es bedurfte dazu auch der Mitwirkung von Historiographen, Predigern, Komponisten, Malern und Dichtern. Hier hat auch die Literatur einen ihrer funktionalen Orte in der Gesellschaft, und sie widmet sich dieser Aufgabe in volkstümlich schlichten Balladen ebenso wie in episch groß konzipierten und komplex strukturierten Versromanzen wie Spensers *Fairie Queene*.

»Cult of Elizabeth«

Ihr Privatlehrer Roger Ascham stellt sie in seiner pädagogischen Schrift *The Scholemaster* (1570) den jungen Aristokraten als Vorbild an Gelehrtheit und frommem Verantwortungsbewußtsein dar. Der Humanist stilisiert hier die junge Regentin nach dem platonischen Ideal des Philosophenkönigs, dessen Herrschaft durch seine geistige Autorität legitimiert ist. Was in der Perspektive des Humanisten ausgeblendet bleibt, sind die körperlichen Reize Elisabeths, der jungfräulichen Königin. Ihre unberührte, und durch diese Unberührtheit geradezu magisch wirksame Schönheit wird aber zum Zentrum des höfischen Zeremoniells, in dem sich der Kampf ihrer Höflinge um Macht, Einfluß und Besitz als Werbungsspiel drapiert. Sie selbst spielt dabei gleichzeitig die quasi-religiöse Rolle der – von der Reformation als Kultobjekt gerade entthronten – Jungfrau und Madonna und die petrarkistisch-erotische einer zweiten Laura oder Beatrice. In einer immer reicher entfalteten Ikonographie und Mythologie läßt sie sich als keusche Mondgöttin Cynthia oder als Jägerin Diana, als die schönste der Schäferinnen oder als Feenkönigin umwerben und feiern. Ein Gutteil der Dichtung der achtziger und neunziger Jahre hat in ihr ihren offenkundigen oder latenten Mittelpunkt, und das gesamte Werk Spensers steht im Dienst ihrer Mythisierung: Die April-Ekloge des *Shepheardes Calender* (1579) erhebt »Elisa« in den Rang Astraeas, der gerechten Jungfrau, die in Vergils messianischer vierter Ekloge ein Goldenes Zeitalter des Friedens bringt (s.u. Abb. S. 115); das Pastoralgedicht *Colin Clouts come home againe* (1591) huldigt ihr als Cynthia, »the Lady of the Sea«, und feiert sie in ihrer doppelten Rolle als Herrscherin über England und die Weltmeere und als Patronin der Künste an ihrem schäferlich eingekleideten Musenhof. Und sein großes nationales Ritterepos schließlich, *The Faerie Queene*, ist ihr nicht nur gewidmet, sondern erhebt sie auch als die Feenkönigin Gloriana in ihrer politischen und als Belphoebe, Cynthia, Diana oder Britomartis in ihrer persönlichen weiblichen Rolle zum ideellen Zentrum seiner Allegorie aristotelischer Tugenden. Im chronikhaften Exkurs zur britischen Nationalgeschichte (II,x) erscheint sie als lange erwartete Erlöserfigur einer nationalistisch säkularisierten Heilsgeschichte, die in Arthur, Brutus und den Trojanern ihre mythischen Ursprünge hat.

Mythische Überhöhungen

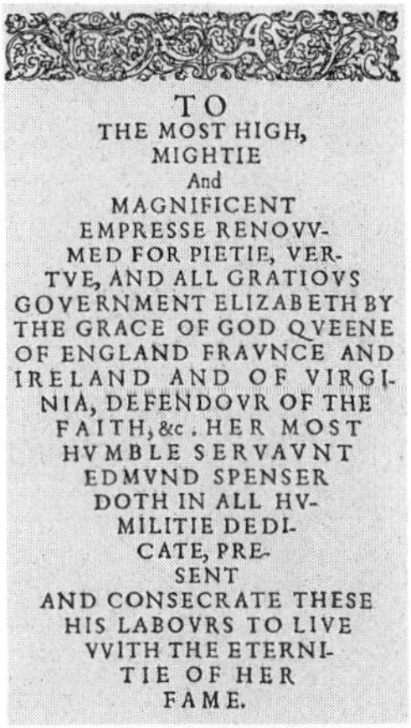
TO
THE MOST HIGH,
MIGHTIE
And
MAGNIFICENT
EMPRESSE RENOVV-
MED FOR PIETIE, VER-
TVE, AND ALL GRATIOVS
GOVERNMENT ELIZABETH BY
THE GRACE OF GOD QVEENE
OF ENGLAND FRAVNCE AND
IRELAND AND OF VIRGI-
NIA, DEFENDOVR OF THE
FAITH, &c. HER MOST
HVMBLE SERVAVNT
EDMVND SPENSER
DOTH IN ALL HV-
MILITIE DEDI-
CATE, PRE-
SENT
AND CONSECRATE THESE
HIS LABOVRS TO LIVE
VVITH THE ETERNI-
TIE OF HER
FAME.

Widmungsseite der *Faerie Queene*

Nicht weniger als die Literatur tragen die Gemälde der Monarchin dazu bei, sie als vestalische Herrscherin und unerreichbare Minneherrin den Untertanen gegenwärtig zu machen. Besonders eindrucksvoll sind dabei die Portraits aus der Spätphase ihrer Regentschaft, in denen die mehr als Fünfzigjährige immer noch nostalgisch zur jungfräulichen Schönheit verklärt wird und sich Würde des Alters mit strahlender Erscheinung verbinden. Das sog. »Ditchley Portrait« von Marcus Gheeraerts dem Jüngeren präsentiert

Ein Bild der Monarchin

sie in großer Herrscherrobe – Robe und Teint von einem durchsichtigen Weiß, das wie die ihr Gesicht und ihren Oberkörper rahmenden Perlen Jungfräulichkeit und Reinheit symbolisiert. Einige rote Preziosen setzen dazu einen Kontrast und symbolisieren damit auch den Anspruch der Tudors, den Zwist zwischen der weißen Rose Yorks und der roten Lancasters in der Tudorrose aufgehoben zu haben, der rosafarbenen Weinrose (*eglantine*), die hier Elisabeth als *ihre* Blume an der Halskrause trägt. Dem Anlaß eines *entertainment* entsprechend verzichtet sie auf die Insignien ihrer Macht; mit Handschuh und Fächer hält sie vielmehr die Requisiten eines Minneturniers in ihren Händen. Ihre Macht ist ja hinreichend dadurch symbolisiert, daß sie als Kaiserin der Welt auf einem Globus steht, die Füße auf England gesetzt, genauer, auf Oxfordshire, die Grafschaft, in der Ditchley liegt. Der Bildhintergrund schließlich verleiht ihrer Erscheinung eschatologische Dimensionen: Das Gewitterdunkel hinter ihr, blickt sie, vom gerahmten Sonettfragment als »prince of light« apostrophiert, dem lichten Morgen eines neuen Zeitalters entgegen.

Marcus Gheeraerts: Elisabeth I. (Ditchley Portrait um 1590)

Die königliche Schauspielerin

Wie Shakespeares Hamlet am Hof von Wittenberg war sie »the observed of all observers«, oder, in ihren eigenen Worten, die königliche Schauspielerin auf der Bühne der Welt: »We Princes, I tell you, are set on stages, in the sight and view of all the world duly observed.« Der elisabethanischen Theaterblüte, dessen bedeutendstes Theater, das *Globe,* als Aufschrift die Devise *totus mundus agit histrionem*, »All the world's a stage«, trägt, entspricht die Inszeniertheit, das Theaterhafte, des Lebens am Hof Elisabeths. Und die *Virgin Queen* agiert auf dieser Bühne mit der Bravour und Finesse einer Primadonna und verleiht damit allen ihren Handlungen öffentliche und politische Bedeutung. Dies gilt vor allem für ihre Rolle als unverheiratete Frau auf dem Thron. Sie mag ihrem Bedürfnis nach Eigenständigkeit entsprochen haben und bot ihr die Möglichkeiten der beschriebenen Selbstinszenierungen, doch bedeutete die Kehrseite ihrer Jungfräulichkeit, ihre Unfruchtbarkeit, doch auch ein großes politisches Risiko: Der Fortbestand der Dynastie war in Gefahr, und die ungelöste Nachfolgerfrage wurde von den Zeitgenossen fortschreitend mehr als beunruhigende Sorge um das Wohl und die Stabilität des Reiches erfahren. Auf diesbezügliche Vorhaltungen ihrer Ratgeber und des Parlaments hin schlüpft die königliche Vestalin in neue, effektvoll patriotische Rollen: die der Braut und Gattin des Königreichs und der Mutter ihres Volkes.

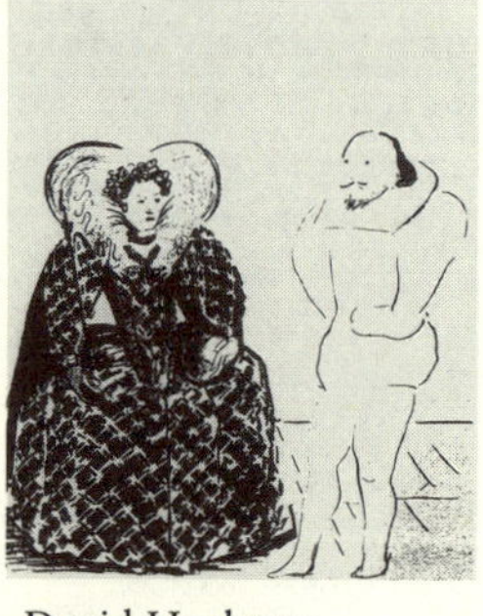

David Hockney: Queen Elizabeth and Shakespeare (1979) Hockney bringt hier das Zeitalter auf seinen mythischen Begriff: Elisabeth und Shakespeare – in Hamletpose – theatralisch ausgestellt.

Der Hof als Zentrum des Landes, und der Souverän, das Oberhaupt von Staat und Kirche, als Zentrum des Hofes: dies war das Bild, das in offiziellen oder offiziösen Diskursen und Repräsentationen entworfen wurde. Dieses Bild unterschlägt freilich die zentrifugalen Tendenzen, mit denen das Tudorregime zu kämpfen hatte. Sie sind schon darin begründet, daß die Tudordynastie keineswegs eine unangefochtene Legitimität beanspruchen konnte, daß die Thronfolge von Heinrich VII. bis Elisabeth I. nie unproblematisch war und immer auch neue Umorientierungen vor allem auch im religiösen Bereich mit sich brachte. Solche Umorientierungen lösen tiefe Desorientierung und Unruhe in der Bevölkerung aus und führen zu einer »Autoritätskrise« (Joel Hurstfield), in der weltliche und geistliche Autorität nicht mehr fraglos hingenommen, sondern in einer Pluralität unoffizieller oder gegenoffizieller Diskurse hinterfragt und herausgefordert wird. Das Tudorregime mag ein »Einparteienstaat« gewesen sein (Alan Sinfield), an seinen Rändern jedoch regten sich antiklerikale, lollardische und parlamentarisch-demokratische Gegenstimmen in subversiven Diskursen einer neuen Vehemenz und Öffentlichkeit. Die satirischen Pamphlete eines unter dem Pseudonym »Martin Marprelate« schreibenden Autorenkollektivs aus den späten achtziger Jahren, die Elisabeths halbherzig reformierte Bischofskirche angreifen, sind nur ein Beispiel dafür – ein Beispiel, das ob der Brillanz und deftigen Verve seiner Attacken auch in traditionelle Literaturgeschichten eingegangen ist, die ansonsten den elisabethanischen Puritanismus nur in der satirischen Verzerrung seiner literarischen Gegner, Nashe, Shakespeare oder Jonson etwa, zu Wort kommen lassen. Dabei wird leicht übersehen, daß diese Pluralisierung der Diskurse selbst, die den offiziellen Diskurs herausforderte und zu neuen ideologischen Selbstlegitimationen zwang, mindestens ebensoviel zur Herausbildung eines modernen Staatswesens beitrug wie die Modernisierung des Rechts- und Verwaltungssystems durch die Tudors.

Puritanische Gegenstimmen

Zwei Nationen: Stuart und Commonwealth

Elisabeth war es gelungen, durch eine Toleranz, der äußere Konformität genügte, und durch eine kompromißbereite Politik des Ausgleichs, ja des Gegeneinanderausspielens der Interessen von *gentry* und *peers*, von *court* und *city* und von anglikanischen und puritanischen Tendenzen innerhalb der Kirche, ihre Autorität in einem ständigen Balanceakt über alle Krisen hinwegzuretten. Diese unterschiedlichen Interessen polarisieren sich jedoch sofort, wenn 1603 mit Jakob I. der erste Stuartkönig den Thron besteigt. Zu unterschiedlich und zu überzogen sind die Erwartungen, mit denen die Engländer den Schotten willkommen heißen: Die Anglikaner begrüßen in ihm den Erben der Tudors, zu dessen Ahnen Margarete Tudor gehört, eine Tochter Heinrichs VII.; die Puritaner erwarten sich von ihm als dem im calvinistischen Geist John Knox' und George Buchanans erzogenen Fürsten eine Stärkung ihres Einflusses in der Staats- und Kirchenpolitik; und den katholischen *recusants,* den Katholiken, die sich weigerten, am anglikani-

Jakob I.

Ein theatralisches Zeitalter feiert den Einzug des neuen Königs mit Umzügen *(pageants)* und Triumphbögen und monumentalisiert dabei die Hauptstadt zum zweiten Troja.

schen Gottesdienst teilzunehmen, war er der Sohn der katholischen »Märtyrerin« Maria Stuart. Diesen divergierenden Erwartungen konnte niemand gerecht werden und Jakob, unentschlossen, zurückgezogen und ängstlich, mehr gelehrter Philosoph als pragmatischer Staatsmann – hierin Shakespeares Herzog Vincentio aus *Measure for Measure* (1603–04) und Prospero aus dem *Tempest* (1611) nicht unähnlich – schon gar nicht. Vor allem aber hatte er sich schon vor seinem Thronantritt in seiner Schrift *The True Law of Free Monarchies* (1598–99) auf eine staatstheoretische Position festgelegt, die ihn in tiefgreifende Konflikte sowohl mit der puritanisch-parlamentarischen Seite als auch mit papistischen Strömung bringen mußte: Wo innerhalb des elisabethanischen *Settlement* die Souveränität beim »Monarch in Parliament« lag, also ein bestimmter Ausgleich von königlichen Prärogativen und parlamentarischen Rechten erreicht worden war, reklamieren die Stuarts das *Jus Divinum*, das *Divine Right* des Monarchen, der, dynastisch legitimiert und von Gott eingesetzt, über allem menschlichen Gesetz stehe, Quelle aller Rechte und Privilegien sei und dem Parlament, einer bloß noch beratenden Körperschaft, keinerlei Rechtfertigung oder Verantwortung schulde.

Die Stuarts und das »Divine Right«

Der Konflikt mit dem Parlament und den Puritanern

Damit ist die folgende Eskalation des Konflikts mit dem Parlament, dem an Selbstbewußtsein gewachsenen Repräsentanten der ökonomischen Macht im Lande, ebenso vorprogrammiert wie die mit den Puritanern. Letztere sehen ihre Bestrebungen nach einem demokratischeren Kirchenregiment, nach einer Abschaffung der Relikte der alten Kirche, vor allem der Bischofshierarchie, durch die Kirchenpolitik der Stuarts durchkreuzt, die die Resakralisierung ihres Königtum auf ihre absolute Herrschaft über die Staatskirche und ihre Bischöfe stützt. Die Puritaner, unter Elisabeth noch selbstverständlicher Teil der Staatskirche, sehen sich nun mehr und mehr in die Opposition gedrängt und durch die Dogmatisierung der Episkopalordnung unter Jakob I. (1603–1625) und Karl I. (1625–1649) und seinem Erzbischof William Laud als *Dissenter* ausgegrenzt und verfolgt. Die Flucht der *Pilgrim Fathers* in der »Mayflower« über den Atlantik nach Neu-England (1620) ist uns auch heute noch ein mythisch gegenwärtiges Ereignis. Solche mythische Präsenz verdankt sich auch frühen literarischen Gestaltungen dieses Motivs der Flucht puritanischer Heiliger vor den Nachstellungen der Amtskirche, wie etwa Andrew Marvells Gedicht »Bermudas«, während des Commonwealth geschrieben. Hier begrüßt eine fromme Puritanerschar, dem Wüten der Prälaten Lauds und den Fährnissen der See entronnen, das paradiesische Eiland als das ihnen von Gott bestimmte Gelobte Land mit einem freudigen Hymnus, der bis zu den spanisch kolonisierten Gestaden Mexikos die Botschaft eines reinen und ursprünglicheren Christentums trägt.

Zwei Nationen – zwei Kulturen

Das Land, unter den Tudors immer wieder als ein einziger *body politic* beschworen, ist nun erstmals in *Two Nations* gespalten, in zwei Kulturen und Interessensgruppierungen eher als zwei Parteien im modernen Wortsinn: die Royalisten und die Parlamentarier, oder, wie sie während des Bürgerkriegs genannt werden sollten, die royalistischen *Cavaliers* und die republikanischen *Roundheads* (die »Kurzgeschorenen«). Zwei Kulturen: dem Charisma des Königs ergeben und für seine Prärogative eintretend die eine, auf das *Common Law* und die Freiheit und Verantwortung des Parlaments pochend die andere; der Bischofskirche und ihren »katholischen« rituellen Formen anhängend bzw. kalvinistisch-presbyterianisch und um das reine Glaubenswort ringend; konservativ das Alte bewahrend bzw. von eschatologischen Erwartungen umgetrieben; die Interessen der Landbesitzer bzw. die des Handels und Unternehmertums verteidigend; traditionelle humanistische

Gelehrsamkeit kultivierend die eine und auf die *New Science* ihre Fortschrittshoffnungen setzend die andere.

Das sind natürlich nur sehr grobe Dichotomisierungen, die im Einzelfall zu differenzieren sind, doch geben sie im Ansatz jene Interessengegensätze und Wertoppositionen so wieder, wie sie von den Zeitgenossen erfahren und mythisierend vereinfacht wurden. In dieser Zuspitzung ist das puritanisch-republikanische Ethos ein pragmatisches, das royalistische eines der ästhetisierten Lebenspraxis, des Stils. Ein Vergleich etwa des anglikanisch-royalistischen Predigtstils eines Lancelot Andrewes, humanistisch gelehrt und hochrhetorisch, mit dem an der Bibelsprache orientierten *plain style* puritanischer Predigten und Traktate kann diesen Gegensatz ebenso sinnfällig veranschaulichen wie etwa der zwischen der zitatengespickten kuriosen Bildungsfracht, wie sie Robert Burton in seiner *Anatomy of Melancholy* (1621–51) ausbreitet (s.u. Abb. S. 139), und dem prägnant systematisierten und formulierten wissenschaftsprogrammatischen Schriften Bacons, auf die sich die puritanischen Bildungsreformer immer wieder beziehen, oder der zwischen der eleganten Nonchalance, die die *Cavalier Poets* so vollendet kultivieren, und der semantischen Dichte der Gedichte eines Marvell oder Milton, deren Komplexität sich einem angestrengten Ringen um Wahrheit verdankt.

Es ist bezeichnend, daß die Haltung der Stuart *Cavaliers* sich eindrucksvoller noch als in der Literatur in der Bildenden Kunst ausdrückt. Karl, wie viele seiner Höflinge ein großer Sammler und Connaisseur der Künste, versammelt Maler wie Peter Lely oder Anthonis van Dyck an seinem Hof und beauftragt sie mit immer neuen Gemälden von sich und seiner Familie. Van Dycks Reiterportrait monumentalisiert ihn im Stil von Tizians berühmtem

Anthonis van Dyck: Karl I. zu Pferde

Adriaen Hanneman: Andrew Marvell (1658)

Bildnis Kaiser Karls V. Doch erscheint er, trotz der Rüstung, weniger als Kriegsheld an der Spitze einer siegreichen Armee denn als Inbegriff herrscherlicher Autorität, der, unter dräuenden Wolken und gedeckt von der königlichen Eiche, sich selbst und sein Land ebenso unter Kontrolle hält wie sein mächtiges Pferd – eine Gestalt von unvergleichlicher Eleganz, unangefochtener Autorität und hoher Kultur, Patron der Künste und Streiter für das »Königtum von Gottesgnaden«. Man braucht hier nur ein Portrait wie das Andrew Marvells, 1658 von Adriaen Hanneman gemalt, dagegenzuhalten, um sich des Neben- und Gegeneinanders von *Two Cultures* bewußt zu werden. Die bühnenhafte Öffentlichkeit ist hier schon in die Intimität der Beziehung zwischen dem Portraitierten und dem Betrachter zurückgenommen, und die große herrschaftliche Gebärde und stolze Eleganz der Haltung sind dem Ernst einer sich selbst und den Betrachter prüfenden Subjektivität gewichen.

Der Bürgerkrieg

Bei Ausbruch des Bürgerkriegs hatten sich zwei Drittel des Oberhauses und ein Drittel der *Commons* für die royalistische Sache entschieden. Dies reflektiert das soziologische Kriterium, nach dem der überwiegende Teil des Hochadels und ein beträchtlicher Teil der *landed gentry* zu den *Cavaliers*, und die handel- und gewerbetreibenden *cities* und die sich unternehmerisch engagierende *gentry* zu den *Roundheads* tendieren. In den zwei Phasen des Bürgerkriegs (1642–46 und 1648) gelingt es der diszipliniert agierenden und enthusiastisch motivierten Revolutionsarmee, das königliche Heer zu besiegen, wobei besonders Oliver Cromwell, ein Gentleman-Farmer des niederen Landadels, sich mit seinem Kavallerieregiment, den *Old Ironsides*, gegen die *Cavaliers* hervortut und sie sozusagen in ihrem eigenen Metier schlägt. Am Ende des Kriegs hat er, der sich als Werkzeug Gottes empfindet, alle Macht in seinen Händen. Er ist es dann auch, der den Prozess gegen den König anstrengt, ihn in allen Details bis zum Todesurteil kontrolliert in Szene setzt und für die baldige Hinrichtung am 6. Januar 1649 sorgt.

Karl I. auf dem »tragic scaffold«

Was als Triumph der republikanischen und puritanischen Sache gedacht war, als Fanal dafür, daß die Macht der alten statischen Ordnungen von königlichen Prärogativen, feudalen Hierarchien und Institutionen, bischöflichem Konformitätszwang und Handelsbeschränkungen endgültig gebrochen sei und einer neuen gesellschaftlichen, geistigen und ökonomischen Dynamik Raum gegeben habe, erweist sich als zutiefst zwiespältig. Erstens nämlich ist die parlamentarische »Partei« keineswegs in sich geschlossen, sondern zerfällt in ein ganzes Spektrum von radikaleren und moderateren Haltungen, die sich nicht zuletzt auch über die Frage der Verurteilung und Hinrichtung des Monarchen polarisieren; und zweitens spielt Karl die Rolle des königlichen Märtyrers mit so bewegender Würde, daß nicht nur seine Anhänger den Königsmord als Sakrileg anprangerten, sondern auch seine Gegner an der Rechtsmäßigkeit und Opportunität zu zweifeln begannen.

Marvell, Cromwell und Karl I.

Kaum mehr als ein Jahr nach dem Ereignis schreibt Andrew Marvell – wie Milton als späterer Lateinsekretär der Commonwealth-Regierung der puritanisch-republikanischen Sache zutiefst verbunden – eine »Horatian Ode upon Cromwell's Return from Ireland«, die Cromwells erfolgreichen Irland-Feldzug feiert und auf die geplante Kampagne gegen Schottland vorausblickt: kein Zweifel, ein panegyrisches Gedicht, das Cromwell zur Inkarnation revolutionärer Energien und zum uneigennützigen Freiheitshelden verklärt. Freilich, die zentralen Strophen dieser Ode auf Cromwell, sind nicht diesem gewidmet, sondern seinem Gegenspieler und Opfer Karl, der als »Royal Actor« würdevoll auf dem »tragic scaffold« des Schafotts agiert:

Zeitgenössischer holländischer Druck der Hinrichtungsszene: Das Tribunal wird zur Bühne.

He nothing common did, or mean,
Upon that memorable scene,
But with his keener eye
The axe's edge did try;
Nor called the gods with vulgar spite
To vindicate his helpless right;
But bowed his comely head
Down, as upon a bed.

Die »zwei Körper« des Königs

Die Theater- und Schauspielermetaphorik soll hier keineswegs die Haltung des Königs als eine scheinhafte abwehren, sondern ist Teil des monarchistischen Diskurses, nach dem der König »zwei Körper« hat, einen allgemein menschlichen, privaten und einen öffentlichen, von Gott gesalbten (Ernst H. Kantorowicz). Im *body politic* des Königs verkörpert sich sein Charisma und seine legitime Autorität, und ihn inszeniert hier der *Player King* (James Winny) seinem Status und seiner Rolle entsprechend mit vollendeter Würde. Und Cromwell selbst erscheint in dieser Ode nicht einfach als ungebrochener Heros einer gerechten Sache, sondern auch als geradezu manisch getriebener Aktivist, dessen elementare Kräfte sich vor allem im Destruktiven entladen und dessen politische und militärische Effizienz auch nicht vor machiavellistischer *policy* zurückschreckt. Was uns das Gedicht anstelle der erwarteten Panegyrik bietet, ist also eine dialektisch komplexe Analyse des Konflikts zweier Wertsysteme, die den Untergang der alten Ordnung als gleichzeitig notwendig, aber auch tragisch darstellt und den Sieg der neuen expansiven Dynamik eines kompetitiven Individualismus in Staat und Wirtschaft gleichzeitig rechtfertigt und mit moralischen Fragezeichen versieht.

Gerade in dieser Erkenntnis der Dialektik des Fortschritts liegt die Modernität dieser Ode, die sie von der monologischen feudalen Panegyrik abhebt. Die Ambivalenz der Darstellung Cromwells und Karls und der hinter ihnen stehenden Interessen reflektiert aber auch sehr genau die innere Gebrochenheit und Widersprüchlichkeit der parlamentarischen Bewegung im Bürger-

Puritanische Flügelkämpfe

krieg und Commonwealth. Die parlamentarisch-puritanischen *Roundheads* sind ja nur ein recht instabiles Zweckbündnis miteinander rivalisierender Interessen zur Verteidigung der Rechte des Parlaments als Oberstem Gerichtshof und allein steuerbewilligender Instanz gegenüber dem Stuart-Absolutismus und zum Kampf gegen das anglikanische Establishment und seine Anfälligkeit für römisch-katholische Glaubensformen, sein hierarchisches Episkopalsystem und dessen Verquickung mit dem Staat, seine Zwangserhebung von *tithes* (Kirchenabgabe des »Zehnten«) und seine Beschneidung der Gewissensfreiheit. Und, wie so oft bei Revolutionen, werden dabei die revolutionären Gruppen, die die Hauptlast des Kampfes getragen und ihn mit den kühnsten Visionen eines Gottesreichs auf Erden, eines Reichs der Freiheit, Gleichheit und Entfaltung aller menschlichen Kräfte, beflügelt hatten, vom postrevolutionären Establishment mehr und mehr marginalisiert. Für einen Winstanley etwa, der mit seiner *Digger*-Gemeinschaft wenige Monate nach Karls Hinrichtung in einer symbolischen Besitznahme unbebautes *common land* umgräbt und bepflanzt, ist hier ebensowenig mehr Platz wie für die zahlreichen anderen religiösen Gruppen, die ihre chiliastischen Hoffnungen einer »World Turned Upside Down« (Christopher Hill) auf die puritanische Revolution gesetzt hatten. Cromwell hält zwar am Prinzip der Gewissensfreiheit fest (unter Ausschluß der Anglikaner und Katholiken) und lehnt die Königswürde ab, doch regiert »His Highness« in seinem Sendungsbewußtsein nicht weniger autokratisch als die Stuart-Könige, ja verfängt sich in den selben Autoritätskonflikten mit dem Parlament wie diese. Als dieses erste Experiment einer »bürgerlichen« Revolution in Europa nach kaum mehr als einem Jahrzehnt scheiterte, lag dies weniger an den royalistischen Gegenkräften im Lande und im Ausland, sondern an ihren eigenen inneren Widersprüchen von religiös motiviertem Erneuerungswillen und ökonomisch motivierter, pragmatischer Interessenspolitik. Die Restauration der Stuarts (1660) bedeutete die endgültige Niederlage radikaler Neuerungen in England und »stellte nicht nur das Königtum wieder her, sondern mehr noch die Macht des Parlaments« (Kurt Kluxen).

Die Restauration der Stuarts

Bestandsaufnahmen zur Lage der Nation

Die Geschichte Englands von Heinrich VII. bis Cromwell, die wir auf den vorausgehenden Seiten skizziert haben, ist uns auch in ihren wirtschafts-, sozial-, verfassungs- und kulturgeschichtlichen Dimensionen wesentlich konkreter und detaillierter gegenwärtig als die Geschichte vorausgehender Epochen. Dies liegt nicht nur daran, daß nun, im Zeichen einer gesellschaftlich breiter gestreuten Schriftkultur und der Textvervielfältigung durch den Buchdruck, die Quellen reicher fließen; es liegt auch an der Art der Quellen, die nun zur Verfügung stehen. Es macht einen wesentlichen Aspekt der Modernität der Frühen Neuzeit aus, daß Gesellschaft und Kultur in einer neuen, emphatischen Weise selbstreflektiv werden, d.h. sich selbst und ihre Institutionen in ihrem geschichtlichen Gewordensein, ihrem derzeitigen Status und ihren Problemen, Krisen und Prozessen analytisch thematisieren, Bestand von sich selbst aufnehmen und diese Bestandsaufnahme durchaus auch öffentlich und kontrovers diskutieren.

Albion, die Schutzgöttin Großbritanniens, drapiert in einem Gewand aus Landschaft und vom Meer umspült, schmückt das Titelblatt von Draytons *Poly-Olbion*.

Dies beginnt schon bei der rein geographischen Bestandsaufnahme. Die Tudorzeit ist die Zeit, in der die ersten englischen Landkarten, Stadtpläne und Reiseführer veröffentlicht werden: John Lelands *Itinerary* (1535–43) erschließt die Grafschaften Englands, die meisten von ihnen für die überwältigende Mehrzahl der Bevölkerung eine *terra incognita*, für spätere Reisende;

der Antiquar William Camden kompiliert eine geradezu enzyklopädische Materialfülle zur Geographie, Archäologie und Geschichte der *counties* in seiner von Auflage zu Auflage anschwellenden *Britannia* (1586 in Latein, 1610 in Englisch), und John Stow legte 1598 einen systematisch die Stadtteile und Institutionen erfassenden *Survey of London* vor. Diese »Elizabethan discovery of England« (A.L. Rowse) dient auch der Bewußtmachung nationaler Identität und der Weckung patriotischen Stolzes auf die Größe Englands in Geschichte und Gegenwart. In Michael Draytons groß angelegtem episch-deskriptivem Gedicht *Poly-Olbion* (1612–1622) schlägt die Topographie vollends in den Preishymnus auf England um, seine mythischen Wurzeln in der »Trojan race« und die Erfüllung seiner Geschichte in der Gegenwart imperialer Expansion jenseits der Meere. Die bewegenden Worte, die Shakespeare dem sterbenden John of Gaunt in *Richard II* (II,i, 40ff) in den Mund legt –

Die elisabethanische Entdeckung Englands

This royal throne of kings, this scept'red isle,
This earth of majesty, this seat of Mars,
This other Eden, demi-paradise,
(...)
This happy breed of men, this little world,
This precious stone set in the silver sea,
(...)
This blessed plot, this earth, this realm, this England –

fassen die Topik panegyrischer Englandsbeschreibungen mit so suggestiver poetischer Kraft zusammen, daß diese Verse als vielbemühtes Anthologiestück immer dann zitiert werden, wenn es gilt, englische Größe und Autonomie zu beschwören.

Insellage als »manifest destiny«

Englands Autonomie verdankt sich seiner Insellage, und diese geographische Situation ist, so argumentiert dieser Text zusammen mit zahlreichen anderen zeitgenössischen Texten, göttliche Fügung und göttlicher Auftrag, hier das Reich Gottes auf Erden zu verwirklichen. Ja selbst die Randlage der britischen Inseln im Nordwesten Europas, die zunächst als Nachteil erscheinen mochte, wird nun im Zeitalter transatlantischer Entdeckungen und der Suche nach einer Nordwest-Passage in den Orient als gütige göttliche Schikkung interpretiert, die England vor allen anderen Ländern auszeichnet und es in einer frühen Version der Theorie eines *manifest destiny* darauf verpflichtet, Brückenkopf der Kolonialisierung und Missionierung zu werden. So, ausdrücklich, der *Metaphysical Poet* und Dean of St. Paul's John Donne in einer Predigt, die er 1622 der *Honourable Company of the Virginian Plantation* hält: »You shall have made this *Island*, which is but as the *Suburbs* of the old world, a Bridge, a Gallery to the new«.

Ein Ständestaat im Übergang

Nicht nur die Landschaft, auch die Gesellschaft wird nun in ersten systematischen Beschreibungsversuchen zum Gegenstand einer »proto-soziologischen« oder »proto-politologischen« Reflexion gemacht. William Harrison stellt in seiner *Description of the Island of Britain* (1577–87) erstmals die Ständeschichtung der englischen Gesellschaft dar. »Wir in England«, schreibt Harrison, »teilen unser Volk gemeinhin in vier Gruppen ein, nämlich Adlige (*gentlemen*), Bürger (*citizens or burgesses*), Freisassen (*yeomen*) und Handwerker oder Arbeiter (*artificers, or laborers*).« Bei den *gentlemen* unterscheidet er zwischen dem Hochadel (*nobility*) und dem niederen Adel (*knights and esquires, and simple gentlemen*). Die entscheidende Trennlinie innerhalb dieses Vier- bzw. Fünfständemodells ist die zwischen der *gentry* und den *common people*. Während der Tudorzeit sind nur vier oder fünf Prozent der

Gesamtbevölkerung *gentlemen* im umfassenden Sinn Harrisons, und diese winzige Gesellschaftsschicht trifft allein alle politischen, wirtschaftlichen und gesellschaftlichen Entscheidungen für die Nation als ganze.

Diese Beschreibungen sind bereits erstaunlich differenziert, doch gehen sie noch von den statischen Vorstellungen einer auf Landbesitz beruhenden, festen Gesellschaftspyramide aus. Die gewaltigen prozeßhaften Verschiebungen innerhalb der Besitz- und Machthierarchien kommen noch kaum ins Blickfeld bzw. machen sich nur indirekt in Abgrenzungsunschärfen – vor allem zwischen der niederen *gentry* und den *citizens* – und in der Ausklammerung wichtiger Bevölkerungsgruppen – etwa dem städtischen Kaufmannsstand und den Berufsständen der Juristen und Ärzte – aus dem Beschreibungsmodell bemerkbar. Dabei befindet sich doch die Gesellschaft ökonomisch und sozial in einer so beunruhigend rasanten Bewegung, daß zeitgenössische Prediger und Satiriker verstört den Zusammenbruch aller Ordnung und Hierarchie (*degree*) als unmittelbar bevorstehend anprangern. Einer der Gründe dafür ist schon das nach langen Perioden der Stagnation auffällige Bevölkerungswachstum in England und Wales von etwas über zwei Millionen in den zwanziger Jahren des 16. Jahrhunderts auf über vier um die Jahrhundertwende und fünfeinhalb gegen Ende des 17. Jahrhunderts. London, inklusive der Vororte, wächst im gleichen Zeitraum überproportional von einer Stadt mit etwa sechzigtausend Einwohnern zu einer von über einer halben Million an. Hier setzt also schon jener Prozeß der Verstädterung ein, der in England, wie in Kontinentaleuropa auch, die Geschichte der Neuzeit bestimmen wird. Zwei Prozesse bedingen dies: zum einen der Aufschwung von Handel, Gewerbe und Industrie in London und den anderen größeren Städten; zum andern die Verschlechterung der Situation der Landbevölkerung durch steigende Preise, *enclosures* und die Umwandlung von Ackerland in Weideland, die vor allem die kleinbäuerlichen Landarbeiter betrifft, sie zur Landflucht zwingt und damit auch in den Städten zu einer Pauperisierung führt. Trotz des recht fortschrittlichen und effizienten Armengesetzes von 1597, das bis ins 19. Jahrhundert hinein in wesentlichen Zügen unverändert wirksam bleiben soll, genügen angesichts dieser Verelendung Mißernten oder andere krisenhafte Zuspitzungen, um immer wieder lokale *riots* zu entfachen.

Bevölkerungswachstum und Verstädterung

»Levellers« und »Diggers«

Bezeichnenderweise ist es im Kontext eines solchen Bauernaufstands, der *Midlands Revolt* von 1607/8, daß erstmals die Begriffe *Levellers* und *Diggers* als programmatische Parolen der Infragestellung angeblich gottgewollter Hierarchien, als Kampfruf der Habenichtse gegen das Landbesitz-Monopol der *gentry* auftauchen, die dann in der Revolution der vierziger Jahre eine so virulente Rolle spielen sollen. Im selben Jahr 1608 führt Shakespeare in der Eröffnungsszene des *Coriolanus,* versetzt ins antike Rom, einen solchen Aufstand hungernder Plebejer vor, dem gegenüber die Fabel vom Magen und den Gliedern und deren wechselseitiges Aufeinanderangewiesensein, die der Patrizier Menenius Agrippa den Revoltierenden vorhält, als abwiegelnde und ideologisch verklärende Beschwörung eines gerade nicht mehr funktionierenden *body politic* dem Zuschauer kritisch bewußt gemacht wird.

»Rise of the Gentry«

Eindeutiger Gewinner bei diesen sozial- und wirtschaftsgeschichtlichen Umwälzungen ist eine die alten Standesschranken verwischende Schicht aus niederer *gentry* und Bürgertum, die ihre Macht nicht mehr allein auf Landbesitz und feudale Privilegien stützt, sondern, schon im Sinn einer modernen Meritokratie, auf ihr unternehmerisches Geschick und Engagement in Handel, Gewerbe und Industrie. Auch wenn die alte sozialgeschichtliche Vorstellung eines *Rise of the Gentry*, die schließlich in der Revolution die Macht ergreift, insofern ein Mythos ist, als sie fälschlicherweise eine ständische Homogenität der aufsteigenden Schicht unterstellt, sind sich doch schon viele zeitgenössische Beobachter der Tudor- und der frühen Stuartzeit einig, daß »the middling sorts of men« an ökonomischer und politischer Macht gewonnen haben, und daß dies die englische Gesellschaft etwa von der französischen unterscheide. Damit rücken die niedere *gentry* und das Bürgertum einander näher: Mitglieder der *gentry* investieren in Handel- und Gewerbeunternehmen, arrivierte Bürger kaufen sich Land und die Privilegien von *gentlemen*, und zahlreiche Ehen über die Standesschranke hinweg besiegeln dieses Zweckbündnis ebenso wie die gemeinsame Gründung königlich privilegierter Kompanien für den Überseehandel. Die jakobäischen *Citizen Comedies* legen von diesem Unsicherwerden der Standesgrenzen ein beredtes Zeugnis ab.

Zwei Beispiele: die Greshams und Shakespeare

Ein prägnantes Beispiel für diesen zur *gentry* aufgestiegenen Kaufmannsstand stellen die Greshams dar: Sir Richard Gresham wird als Lord Mayor von London geadelt, und sein Sohn, Sir Thomas Gresham, saniert als Elisabeths Handelsexperte die Staatsfinanzen, errichtete 1557 als Privatunternehmen die *Royal Exchange* und gibt durch die Stiftung des *Gresham College* den neuen anwendungsbezogenen Wissenschaften in England – Physik, Geometrie, Astronomie, praktische Mathematik, Navigation, Buchhaltungs- und Rechtswesen – entscheidende Impulse, die sich in ihren Auswirkungen bis zur Gründung der *Royal Society* (1662) verfolgen lassen. In kleinerem Maßstab kann auch Shakespeares Karriere als Beispiel dienen: Der Sohn eines Händlers und Handschuhmachers, der in der Lokalpolitik des Provinzstädtchens Stratford-upon-Avon als *bailiff* (Stadtvorsteher) und *justice of the peace* (Friedensrichter) eine bedeutsame Rolle gespielt hatte, erwirbt sich als Schauspieler, Stückeschreiber und Aktionär im privatkapitalistisch organisierten Theaterwesen Londons ein beträchtliches Vermögen, das er in Land- und Grundbesitz in seiner Heimatstadt anlegt, wo er seine letzten Jahre in einem der stattlichsten Bürgerhäuser des Ortes, *New Place*, verbringt.

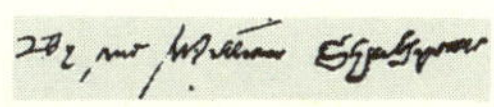

Shakespeares letzte Unterschrift auf seinem Testament

Mythen von Geschichte und Staat

Wichtiger noch als die Beschreibung gegenwärtiger Zustände und Verhältnisse ist den Elisabethanern jedoch die Darstellung der Geschichte. Das eine wurde auch nicht als Gegensatz zum anderen gesehen, da die Geschichte als Vorgeschichte der Gegenwart ja zu deren *Er*klärung und *Ver*klärung beitragen sollte und grundlegende Probleme der Legitimation von Herrschaft angesichts einer um die Jahrhundertwende strenger werdenden Zensur überhaupt nur in historischer Distanzierung, d.h. anhand von Beispielen der antiken oder der Nationalgeschichte, öffentlich erörtert werden konnten.

Nationalgeschichte als Auftragswerk

Schon der erste Tudorherrscher, Heinrich VII., beauftragt den italienischen Humanisten Polydore Virgil, die englische Nationalgeschichte zu schreiben, und Edward Hall, protegiert von Heinrich VIII., und Raphael Holinshed unter Elisabeth I. setzen dieses Projekt in *The Union of the Two Noble and Illustre Families of Lancastre and Yorke* (1548) bzw. *The Chronicles of England, Scotland, and Ireland* (1577 u.ö.) fort. Solche Historiographie zielt von vornherein nicht darauf ab, wie die moderne Geschichtsschreibung durch möglichst objektive Aufarbeitung der Quellen zu erforschen, was wirklich geschehen war. Sie mischt vielmehr Legende und dokumentierte Fakten und arrangiert und interpretiert diese Materialien in einer Weise, die ihrem Auftrag und ihrer Intention dient, nämlich das gegenwärtige Estab-

Macbeth und Banquo begegnen den Hexen auf dieser Illustration aus Holinsheds *Chronicles*. Für Shakespeare und seine Zeitgenossen war auch dies ein historischer Stoff. Gegenüber Shakespeares monströsen Geschöpfen wirken diese Hexen wie harmlose Hofdamen.

lishment als krönenden Abschluß der Geschichte zu legitimieren und ihm den Glanz einer großen Vorgeschichte zu verleihen. In der Nachfolge mittelalterlicher Geschichtslegenden werden daher die Ursprünge der britischen Nation mit dem antiken Trojamythos verbunden und auf Brutus, den Urenkel des Aeneas, und seine versprengte Trojanerschar zurückgeführt, den Begründern des *Troynovant*, des Neuen Troja, das im englischen London wiedererstanden sei. Weiterer mythischer Glanz fällt auf England durch die Verbindung mit dem Artusmythos, in dessen Licht die Tudorherrschaft als die von Merlin prophezeite Wiederkehr des Artusreichs verklärt wird.

London als Neues Troja

Und schließlich wird, in einer kleinräumigeren Perspektive, die unmittelbare Vorgeschichte der Tudorherrschaft als die Verwirklichung eines providentiellen, heilsgeschichtlichen Plans gesehen, der in der Befriedung Englands und in der Etablierung eines reformierten, reineren, Christentums durch die Tudors gipfele. Dieser *Tudor Myth* (E.M.W. Tillyard) stellt die englische Nationalgeschichte von Eduard III. bis zu den Tudors als heilsgeschichtlichen Zyklus von Größe, Niedergang und wiedererlangter Größe, von Schuld und Sühne dar: Der »Sündenfall« in diesem Mythos ist die Absetzung und Ermordung Richards II., unter dessen Regentschaft die Einheit und Größe des Reichs Eduards III. zerfiel, durch Heinrich IV. aus dem Hause Lancaster. Die Generationen währenden Fehden zwischen den Häusern York und Lancaster, die hier aufbrachen, galten als das Strafgericht Gottes für dieses Sakrileg – ein Strafgericht, das nur während der vorbildlichen Herrschaft Heinrichs V. ausgesetzt wurde, dann aber in der Heimsuchung durch Richard III., der Inkarnation des Bösen, seine äußerste Verschärfung erfuhr. Nun erst war die Urschuld gesühnt, konnten die beiden Häuser im Hause Tudor versöhnt und staatliche Ordnung und nationale Größe wiederhergestellt werden.

Schon auf dem Titelblatt kündigen John Stows *Chronicles of England* (1580) die Herleitung des englischen Volks, der Briten, von Brutus an. Der genealogische Stammbaum, der das Titelfeld umrankt, wurzelt in Eduard III. und gipfelt in Elisabeth I.

Gemeinsame Funktionen dieser mythischen Konstruktionen von Nationalgeschichte sind die heilsgeschichtliche Überhöhung der Tudorherrschaft, die Schaffung und Verklärung patriotischer Gefühle einer nationalen Identität und schließlich die Legitimation protestantischer Reform und Autonomie. Eine solche offizielle oder zumindest doch offiziöse Historiographie legitimiert Herrschaft und lehrt Verhalten: Als Fürstenspiegel hält sie den Herrschenden, den *magistrates*, positive und negative Exempla des Umgangs mit Autorität vor (und *A Mirror for Magistrates* heißt auch eine seit der

Jahrhundertmitte immer wieder aufgelegte und erweiterte Sammlung von Versmonologen, in denen berühmte Figuren vor allem der englischen Geschichte über ihr Scheitern und ihren Sturz aus der Höhe der Macht reflektieren); und die Untertanen lehrt sie, auch schwache oder gar tyrannische Königsherrschaft als Strafe Gottes ohne Aufbegehren zu ertragen.

Fürstenspiegel, Predigten und Geschichtsepen

Diese geschichtsmythischen Deutungsmodelle bleiben nicht auf die Historiographie beschränkt, sondern dringen auch in andere Textsorten ein – die Predigt etwa, die in den beiden *Books of Homilies* (1547 u. 1563) staatskirchlich geregelt wird und in regelmäßigen Zeitabständen »Against Disobedience und Wilful Rebellion« wettert. Auch in die Literatur im engeren, modernen Sinn – eine Ausgrenzung, die der englischen Renaissance noch fremd ist – dringt sie ein. Wir haben schon angedeutet, wie etwa Spensers *Faerie Queene* bei aller romanzenhaft-allegorischen Phantastik an diese Konstruktion der Nationalgeschichte anschließt. Daneben gibt es aber auch Versuche, wie den Samuel Daniels (1563–1619) in *The Civil Wars between the two Houses of York and Lancaster* (1595 u. 1609), der eigenen Geschichte durch die Form des antiken Epos klassische Dignität zu verleihen und die Rosenkriege auf das welthistorische Niveau des römischen Bürgerkriegs in Lucans *Pharsalia* anzuheben. Bedeutsamer noch für die literarische Vermittlung eines historischen und nationalen Selbstverständnisses wird jedoch das Drama, und dies allein schon deshalb, weil das Medium des Theaters, wie die Predigt, auch jene breiten Bevölkerungsschichten erreichen kann, die des Lesens nicht kundig sind.

Ein Vorläufer ist hier die an einer der Londoner Juristenschulen 1561 uraufgeführte Blankverstragödie *Gorboduc* von Thomas Norton (1532–84) und Thomas Sackville (1536–1608). Sie führt an einem Stoff der sagenumwobenen englischen Frühgeschichte die politische Bedeutung nationaler Einheit, einer streng geregelten Thronfolge und einer sorgfältigen Erziehung und Leitung des Fürsten durch besonnene Ratgeber vor – alles Themen, die wenige Jahre nach Elisabeths Thronbesteigung von unmittelbarer Aktualität sind. Wenn dann in der folgenden Dekade das professionelle Theaterwesen entsteht, beansprucht die Geschichtsdramatik bald einen wesentlichen Anteil am Repertoire der *public theatres*. Besonders auffällig häufen sich die *chronicle* und *history plays* von den späten achtziger Jahren bis etwa zur Jahrhundertwende; in diesen Zeitraum fallen ja auch Marlowes *Edward II* und die großen York- und Lancaster-Tetralogien Shakespeares. Man hat daher lange Zeit diese Blüte der Dramatisierung englischer Nationalgeschichte mit dem patriotischen Aufschwung im Gefolge des Siegs über die Spanische Armada (1588) in ursächlichen Zusammenhang gebracht, doch spricht dagegen, daß der Inhalt der meisten dieser Stücke gerade nicht dazu angetan ist, patriotische Hochgefühle zu stimulieren. Worum es in diesen Stücken vielmehr geht, sind Legitimations*probleme*, und diese werden in durchaus problematisierender Weise in Szene gesetzt. Wenn man hierfür einen realpolitischen Bezugsrahmen sucht, dann ist dieser also weniger in einer Euphorie nationaler Stärke der Nach-Armada Jahre zu sehen, als vielmehr in der zunehmenden Unsicherheit über die nationale und dynastische Zukunft und der tiefgreifenden Verunsicherung über Normen des politischen Handelns in der Endphase von Elisabeths Regentschaft. Diese Stücke propagieren nicht einfach die Orthodoxie des Tudormythos und die sie fundierenden Werte eines sakrosankten Königtums und einer absoluten Gehorsamspflicht der Untertanen; sie stellen diese vielmehr auf die Probe konkreter Exempla und hinterfragen sie damit.

Tudormythen auf der Bühne

Überhaupt ist es problematisch, angesichts der Interessengegensätze inner-

Ralegh schrieb seine *History of the World* im Londoner Tower. Das allegorische Titelblatt feiert die Geschichtsschreibung als Lehrerin des Lebens, die Tod und Vergessen überwunden hat und die Weltkugel in ihren Händen hält. Der Globus zeigt, Raleghs Engagement für Kaperfahrten und Koloniegründungen entsprechend, das Meer als Kampfschauplatz und Handelsweg – einschließlich der erhofften Nordost- und Nordwestpassagen zu den Reichtümern des Ostens.

halb des Tudor-Establishments von *der* orthodoxen Konstruktion von Geschichte und Staatlichkeit zu sprechen. Nicht nur, daß Einflüsse von außen – Jean Bodins naturrechtliche Konzeption von Autorität, Niccolò Machiavellis pragmatische Begründung von Herrschaft – diese Orthodoxie destabilisieren: Sie ist schon in sich, in ihrer labilen Balance von puritanischen und katholischen Tendenzen, immer eine widersprüchliche und umstrittene.

In ihrem Kampf gegen die Feudalhierarchie und die Macht der Prälaten sehen sich die Puritaner durch eine Geschichtsdeutung beflügelt, die nicht weniger religiös-eschatologisch ist als die des Tudormythos und doch diesem völlig zuwiderläuft. Nicht die endgültige Etablierung nationaler Ordnung durch die Tudors oder Stuarts ist hier das Ziel der Geschichte, sondern die Wiederkunft Christi und damit der Anbruch eines »Tausendjährigen«, eines »Dritten Reichs« der Freiheit, eines »Paradise Regained« (Milton). Aus dem Mittelalter tradierte chiliastische Erwartungen werden hier ins Politische gewendet, ohne dabei an religiöser Intensität zu verlieren. Das Reich des Heiligen Geistes – nicht im Jenseits, sondern in dieser Welt; nicht als utopische Phantasie, sondern unmittelbar bevorstehend! Wie der Puritaner Gabriel Plattes 1655 schreibt:. »Utopia may be had really, without any fiction at all.«

Im Lichte dieses Mythos stellt sich die englische Geschichte dar als eine des Verlusts und des Wiedergewinns der Freiheit, als Verlust der alten angelsächsischen Freiheiten durch die normannische Fremdherrschaft, das *Norman Yoke*, und der Gewissensfreiheit des ursprünglichen Christentums durch die babylonische bzw. römische Gefangenschaft der Kirche, die beide in der Königs- und Prälatenmacht der Gegenwart fortwirken. So ist den *Levellers* und *Diggers*, aber auch moderateren Puritanern wie etwa schon Sir Walter Ralegh (*The History of the World*, 1614), Heilsgeschichte eine Geschichte der Befreiung von Fremdherrschaft und Fremdbestimmung, die mit ständigem Rekurs auf die natürlichen Freiheitsrechte des Volkes und auf die erfolgreich erkämpften, aber nun gefährdeten Freiheiten des *Common Law*, etwa die der *Magna Charta Libertatum* (1215), appellativ vergegenwärtigt wird. Diese Befreiungsgeschichte ist zwar durch und durch theologisch und religiös, doch deutet sich in der Betonung der Selbstbefreiung des Christenmenschen bereits die Möglichkeit einer Säkularisierung dieses heilsgeschichtlichen Schemas an. Die aufklärerische *Whig History* seit dem 18. Jahrhundert wird diese neue Geschichte dann explizit ausbuchstabieren und in der Gegenwart des modernen, bürgerlich-parlamentarischen Verfassungsstaats gipfeln lassen.

Neue Orientierungen: Renaissance, Humanismus und Neue Wissenschaft

Renaissance und Frühe Neuzeit

Der Begriff der Renaissance, lieb und teuer wie er der Kultur- und Geistesgeschichte seit Jacob Burckhardts stilbildender Darstellung der *Kultur der Renaissance in Italien* (1860) geworden ist, reicht allein nicht aus, um jene »Epochenschwelle« (Hans Blumenberg) zu bezeichnen, in der sich die Frühe Neuzeit konstituiert. Als Epochenbezeichnung spricht zwar für diese Vorstellung einer Wieder- und Neugeburt, daß sie schon die Zeitgenossen – von Petrarca und Boccaccio im 14. Jahrhundert bis zu Machiavelli und Erasmus im frühen 16. Jahrhundert – immer wieder beschworen haben, um ihre besondere historische Situation zu markieren. Sie situierten sich damit in einer neuen Welt-Geschichte – nicht mehr der antiken eines Abstiegs vom Goldenen zum Eisernen Zeitalter, nicht mehr der mittelalterlichen einer Abfolge von vier Weltreichen und nicht mehr der christlichen von Paradies, Sündenfall, Erlösungstat Christi und Jüngstem Gericht, sondern in einer diesseitigen und optimistischen Geschichte in drei Kapiteln, deren letztes als steigernder Rückgriff auf das erste, lichtvolle Kapitel der Antike nun nach dem zweiten und düsteren Kapitel des Mittelalters gerade erst begann. Auch dies ist natürlich eine mythische Erzählung, wie schon die aus dem Kultischen stammende Metaphorik von Tod und Neugeburt, von Dunkel und Licht, deutlich macht: Sie ist der Versuch, sich den Modernisierungsschub als zwingendes, in sich geschlossenes und einmaliges Ereignis plausibel zu machen und ihn als solchen zu propagieren.

Mythisierte Weltgeschichte

Darin, in dieser Mythisierung von Geschichte, liegt aber auch die Grenze des Erkenntniswerts und der Aufschlußkraft des Begriffs Renaissance. Er fragt nicht nach Ursachen und Rahmenbedingungen und ist entweder zu ganzheitlich (»*die* Kultur«!), um zur Analyse von Prozessen in ihrer Vielschichtigkeit und Gegenläufigkeit anzuregen, oder aber von zu geringer Reichweite, d.h. zu sehr auf die philologische Rückgewinnung antiker Texte eingeengt, um Aspekte dieses Modernisierungsprozesses, die über das Philologische und Stilgeschichtliche hinausgehen – wirtschafts-, wissenschafts- oder religionsgeschichtliche Aspekte etwa –, noch mitdenken zu lassen. Besonders problematisch wird dieser Begriff, wenn er zum zentralen Schlüsselbegriff für die *englische* Kultur- und Geistesgeschichte gemacht wird. Mit dem Begriff der Renaissance verbundene Erscheinungen erreichen England ja erst mit einer erheblichen Verspätung, und sie wurden dann sogleich überlagert und überformt von der Reformation und den nationalstaatlich-patriotischen Intentionen der Tudorherrschaft.

Eine verspätete Renaissance

Humanistische Bildungsreformen

Auch in England zeigt sich der Impetus der Renaissance zunächst als das humanistisch-philologische Projekt der Rückgewinnung antiker Sprachen und antiker Texte – des klassischen, ciceronischen Latein im Gegensatz zum Latein der Kirchenväter; des Griechischen, das im Mittelalter weitgehend in Vergessenheit geraten war; der griechischen Originaltexte Platons und der griechischen Originalschriften der Bibel im Gegensatz zu den lateinischen Aristoteles-Übersetzungen der Scholastiker und der kirchenlateinischen Vulgata. Die englischen Humanisten müssen sich dazu ihr philologisches Rüstzeug neu aus Italien holen. Als symbolisches Datum für den Beginn des Renaissancehumanismus in England könnte man daher das Jahr 1490 bezeichnen, als William Grocyn (1449–1519), aus Italien zurückgekehrt, erstmals öffentliche Vorlesungen über griechische Sprache und Literatur an der Universität Oxford hielt. Ihm folgen die ebenfalls in Italien gebildeten Thomas Linacre (um 1460–1524) und John Colet (1466–1519), die binnen kurzem Oxford zu einem so renommierten Studienzentrum für das Griechische machen, daß selbst ein Erasmus von Rotterdam sich dort inskribiert. Er sollte als Freund Thomas Morus', der ebenfalls in Oxford bei Grocyn,

Ad fontes!

Linacre und Colet studiert hatte, entscheidende Schaffensjahre in England verbringen, unter anderem als Griechischdozent in Cambridge. Dort entwikkelt sich ein stärker pädagogisch ausgerichtetes Zentrum humanistischer Studien, dem die bildungsprogrammatischen Schriften *The Governour* (1531) von Thomas Elyot (um 1490–1546) und *The Scholemaster* (1570 postum) von Roger Ascham (1515–1668) ebenso verpflichtet sind wie die Bemühungen des Gräzisten John Cheke (1514–1557) um einen schlichten und transparenten englischen Prosastil.

Neue Schulen für eine neue Elite

Dieses pädagogische Engagement ist insgesamt charakteristisch für den englischen Humanismus: Es geht ihm nicht nur um philologische Kenntnisse, sondern, vermittelt über philologische Studien, um die Heranbildung frommer und tugendhafter Christen und guter und tüchtiger Staatsbürger oder *magistrates*. So bleibt der Humanismus nicht ein inneruniversitäres Studienfeld, sondern er wirkt in vielfältiger Weise normbildend in die Gesellschaft hinein. So manche der führenden Gelehrten sind als Hauslehrer und Fürstenerzieher tätig – Linacre z.B. als Lateinlehrer der jungen Mary Tudor, Ascham als Tutor Elisabeths –; andere widmen sich dem Auf- und Ausbau eines humanistisch reformierten Schulwesens, das nach der Aufhebung der Klöster (1533) die alten Klosterschulen ersetzen sollte. Die erste dieser *grammar schools* ist die Domschule von St. Paul's, 1512 von Colet als humanistische Modellschule begründet: Aber auch eine weniger prominente *grammar school* wie etwa die Stratfords – prominent nur, weil Shakespeare sie besuchte – vermittelt erstaunlich solide Kenntnisse in lateinischer Sprache und Literatur, und ihre relativ gut bezahlten und in Oxford ausgebildeten Magister belegen, daß sich auch das Bürgertum einer Kleinstadt von kaum 2000 Einwohnern die humanistische Ausbildung ihrer Jugend angelegen und teuer sein läßt.

Die Lateinschule in Stratford: Das Klassenzimmer, museal über die Jahrhunderte gerettet, ist zu einem der heiligen Schreine des Shakespeare-Kults und zur ökonomisch verwertbaren Touristenattraktion geworden. Die 1989 entdeckten Fundamente des Rose Theatre (1587/92), die einzigen bisher zutage geförderten Überreste eines elisabethanischen Theatergebäudes, wurden dagegen schnell wieder von einem Versicherungshochhaus überbaut.

Schließlich sorgen humanistische Gelehrte auch durch eine ausgedehnte Übersetzertätigkeit dafür, daß die Hauptwerke der antiken Literatur und wichtige zeitgenössische Texte der europäischen Renaissance einem breiteren, des Griechischen, Lateinischen oder der modernen Fremdsprachen unkundigen Publikum zugänglich werden. Zunächst stehen die antike Geschichtsschreibung, Philosophie und Naturwissenschaft im Mittelpunkt dieser auf lebenspraktischen Bezug abzielenden Vermittlertätigkeit; bald aber wendet man sich auch den Dichtern und Dramatikern zu. Getragen sind diese Übersetzungen nicht nur von der Absicht, die Ideen der Renaissance und die Inhalte der *studia humanitatis* einem breiteren Publikum zu vermitteln, sondern auch vom patriotischen Impetus, das Englische aufzuwerten, es den klassischen Sprachen und dem Französischen und Italienischen gleichzustellen. Damit tragen die Übersetzer wesentlich zur Ausbildung des Frühneuenglischen als Literatursprache bei und machen so die Blüte der englischen Nationalliteratur seit dem letzten Viertel des 16. Jahrhunderts überhaupt erst möglich.

Übersetzungen

Es wäre jedoch eine verzerrende Verkürzung, wollte man den Humanismus auf solche philologische, sprach- und textbezogene Vermittlungen einengen. Wie schon die Geschichte des Begriffs zeigt, seine Entstehung im frühen 19. Jahrhundert im Kontext eines idealistischen Erziehungsprogramms, das sich dann an den Konstrukten eines Humanismus der Antike und eines Renaissancehumanismus seiner eigenen Vorgeschichte versicherte, hat er sehr viel weiterreichende Intentionen: die Versöhnung von Christentum und antiker Philosophie und damit eine rationalere, »menschengerechtere« Begründung des Religiösen; die Sprengung von Standes- und nationalen Schranken, die die Entfaltung der Würde und des Werts jedes Einzelnen fördert; die Setzung des Menschen als Mittelpunkt von Gesellschaft und Kosmos. Schon die frühneuzeitlichen *studia humanitatis* haben ja nicht als ihr Zentrum Grammatik, Rhetorik und Poesie, vielmehr stellen diese ihnen allein das Material bereit, um den Menschen, von seiner körperlichen Verfaßtheit bis zu seinem seelischen Vermögen, zum Thema ihrer Reflexion zu machen – ihn, sei's aristotelisch als Einheit von Leib und Seele, sei's platonisch als Mitte zwischen dem Sterblichen und Unsterblichen zu begreifen, und aus diesen Reflexionen Normen geglückter Menschlichkeit, Zwischenmenschlichkeit und Vergesellschaftung abzuleiten. Obwohl in den meisten Fällen nicht dezidiert a-religiös oder anti-christlich, spielen die kontinentaleuropäischen Renaissancehumanisten in ihren Reflexionen über die »Würde des Menschen« (Pico della Mirandola, 1486) doch die Bedeutung traditioneller religiöser Bindungen herunter und werten in ihren synkretistischen Denkansätzen Selbsterkenntnis, das »Buch« der Natur und die Schriften antiker Philosophen und Dichter gegenüber der Heiligen Schrift und der christlichen Offenbarung als Grundlagen menschlicher Erkenntnis auf. Und, obwohl vielfältig national gebunden, sehen sie sich doch auch als eine übernationale Gelehrtengemeinschaft, was sich ja schon im Latein als gemeinsamer Verkehrssprache und in der Internationalität ihres Wirkens und ihrer Korrespondenz zeigt.

Versöhnung von Christentum mit Antike

Dies alles jedoch trifft für den englischen Humanismus nur sehr bedingt zu, und deshalb ist er auch nur mit wesentlichen Einschränkungen *der* Renaissance zuzuschlagen. Er ist, trotz wichtiger Verbindungslinien zu kontinentaleuropäischen Humanistenkreisen, doch eher insular und ist vorrangig mit der Ausarbeitung eines tragfähigen Bildungsprogramms für das national und kirchenpolitisch eigenständige England der Tudors befaßt. Und er ist auch wesentlich weniger radikal in seinen egalitären und säkularisie-

Anglikanisch getaufter Humanismus

renden Tendenzen. Dies gilt im Verlaufe des Jahrhunderts immer mehr: Wo Colet noch die Monarchie und das Staatskirchentum angreift und Morus in seiner *Utopia* die Abschaffung des Privateigentums und Religionsfreiheit zumindest als fiktives Modell noch zu denken vermag, stellen sich ihre elisabethanischen Nachfolger in ihrem kirchen- und staatspolitischen Denken ganz in den Dienst des Tudoranglikanismus oder ziehen sie sich ganz auf eine innerakademische philologische Lehre und Forschung zurück. »Greece rose from the dead with the New Testament in her hand«, schrieb Goldwin Smith einmal über den englischen Frühhumanismus, und man könnte hinzufügen, daß es mit dem *Book of Common Prayer* und den *Thirty-Nine Articles* in den Händen aufwuchs und in die Schule ging.

Sir Thomas Elyot (um 1527/28) in einer Zeichnung Hans Holbeins, des deutschen Hofmalers Heinrichs VIII.

Ein Blick auf die wichtigsten bildungsprogrammatischen Entwürfe der englischen Humanisten kann dies bestätigen. Sir Thomas Elyots *The Boke named the Governour* erscheint 1531 mit einer Widmung an Heinrich VIII., dem er in wichtigen Verwaltungsämtern unter Kardinal Wolsey gedient hatte. Es geht Elyot mit dieser Schrift vor allem darum, die Nützlichkeit einer humanistischen Ausbildung für zukünftige Staatsdiener herauszustellen. Damit stellt sie eine Apologie humanistischer Bildung gegenüber aristokratischen Traditionen dar, denen Gelehrsamkeit und musische Beschäftigungen nichts gelten und die allenfalls eng juristische Qualifikationen anerkennen. Dieses Bildungsprogramm (Buch I), das den Schüler mit sieben Jahren bereits an das Lateinische und Griechische heranführt und ihn dann durch einen Lektürekanon antiker Philosophen, Geschichtsschreiber und Dichter führt, soll Verständnis für öffentliche Aufgaben, einen wachen und weiten Geist und Tugendhaftigkeit wecken. Humanistischem pädagogischen Ethos entsprechend, sollen die Zöglinge eher durch Ermunterung als durch Strafen motiviert werden und soll nicht nur ihr Geist, sondern auch ihr Körper durch sportliche und musische Übungen (Jagd und Bogenschießen; Tanz, Musik und Zeichnen) harmonisch gebildet werden. Der christliche Glaube ist allenthalben vorausgesetzt, nicht zuletzt in der Verherrlichung des politischen Gemeinwesens als eine göttlich gewollte Ordnung und Hierarchie der Stände. »A public weal«, so definiert Elyot schon im Eingang seines Buches, »is a body living, compact of sundry estates and degrees of men, which is disposed by the order of equity and governed by the rule and moderation of reason«. Der Staat als *body politic* ist Abbild göttlich gesetzter Ordnungen – der mikrokosmischen Ordnungen des menschlichen Körpers mit seiner harmonischen und funktionalen Hierarchie der Glieder und der menschlichen Verstandeskraft, der die Sinne und die Leidenschaften untergeordnet sind; der makrokosmischen Ordnungen der Gestirne, der vier Elemente und der *chain of being*, die in Stufen des Seins von der unbelebten Materie über Pflanze, Tier und Mensch bis zu den Engeln und Gott führt. Diese Sakralisierung von gesellschaftlichem *degree* idealisiert und legitimiert damit die bestehende Ordnung des Tudorstaats und weist dem Monarchen die Absolutheit eines Stellvertreters Gottes zu.

»Body politic« und »chain of being«

»Degree« verklärt und gefährdet

Solche Visionen abgestufter Hierarchien und einander überlagernder und stützender Ordnungssysteme werden zum Topos der elisabethanischen Literatur und darüber hinaus, und sie werden auch dann noch beschworen, wenn dieses Ordnungs- und Harmoniedenken schon längst von der gesellschaftlichen Wirklichkeit eklatant widerlegt wird. Als dergestalt kontrafaktisches Ideal beschwören es Shakespeares Menenius Agrippa in seiner Fabel vom Magen und den Gliedern in der Eingangsszene des *Coriolanus* und Shakespeares Ulysses in seiner Rede über das *degree* in *Troilus and Cressida* (I,iii):

> The heavens themselves, the planets, and this centre
> Observe degree, priority, and place,
> Insisture, course, proportion, season, form,
> Office, and customs, in all line of order.
> (...)
> Take but degree away, untune that string,
> And hark what discord follows.

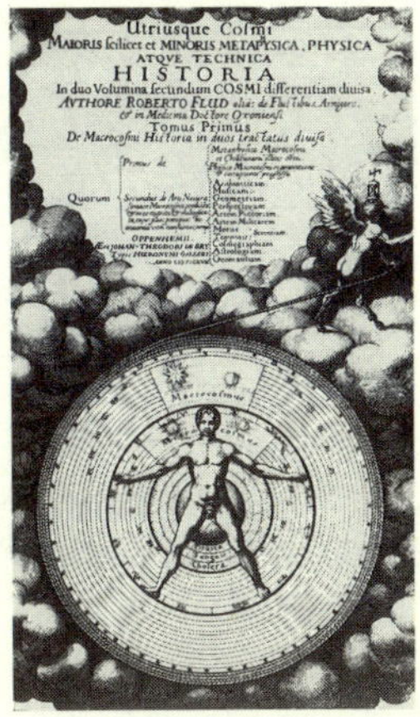

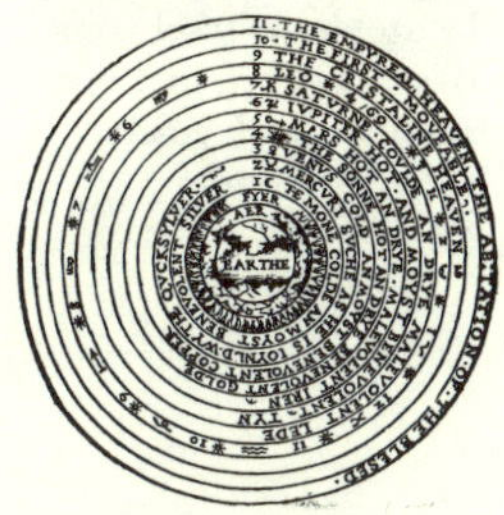

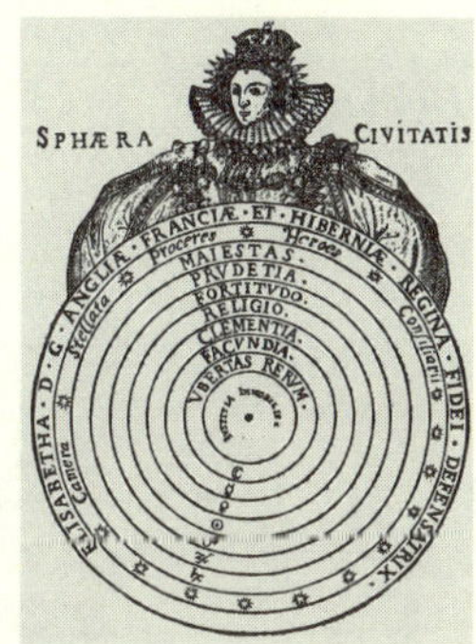

Kosmos, Staat und Mensch als Systeme analoger Hierarchien: Drei Illustrationen aus Handbüchern des 16. und 17. Jahrhunderts

Die utopische, und damit immer auch wirklichkeitskritische, Dimension solcher neuplatonischer Idealvorstellungen ist bei dem Versuch, die Wirklichkeit mit dem Ideal zur Deckung zu bringen, das Bestehende zum Ideal zu stilisieren, längst auf der Strecke geblieben. Roger Ascham, eine Generation nach Elyot schreibend, schwingt sich von vornherein nicht mehr zu solchen Höhen auf. Sein *Scholemaster*, postum 1571 erschienen, ist im wesentlichen das, was sein Untertitel ankündigt: eine Methodik des Lateinunterrichts für die Privatlehrer der Söhne des Adels und der *gentry*. Ziel der Ausbildung ist, wie auch bei Elyot, nicht die bloße philologische und rhetorische Kompetenz, sondern deren Verbindung mit ethischen Qualitäten – der gute Redner, der im Sinne Quintilians auch ein guter Mensch ist. Und dies beinhaltet natürlich auch Festigkeit im protestantischen Glauben und patriotische Treue zum Staat der Tudors. Wie hier Impulse der kontinentaleuropäischen Renaissance ins Nationalpatriotische abgebogen wurden, zeigt sich am deutlichsten daran, daß Ascham sich zwar lobend auf Castigliones *Cortegiano* und andere italienische Schriftsteller bezieht, aber in einer berühmten Passage dann doch vehement gegen die modischen Bildungsreisen nach Italien ins Feld zieht: Nicht den letzten humanistischen Schliff hole sich dort der junge Engländer, vielmehr werde er als monströser Zwitter eines »Italianate Englishman« zurückkehren.

Solche Abwehrgesten gegen überfremdende und verderbliche Einflüsse von außen – gegen die pragmatische Machtphilosophie Machiavellis, gegen katholischen Sinnenzauber, gegen die sexuelle Freizügigkeit der Schriften Aretinos, gegen einen platonischen Kult der Männerliebe oder gegen einen »epikuräischen« Materialismus und Atheismus – werden das ganze Jahrhundert durchziehen. Gerüchte um eine »Schule des Atheismus« um Walter Ralegh und Marlowe riefen die Apologeten anglikanischer Orthodoxie auf den Plan, darunter Richard Hooker (s.u. S. 74) und Thomas Nashe, dessen pikareske Erzählung *The Unfortunate Traveller* (1594) die Gefährdungen eines biederen jungen Engländers durch italienischen Immoralismus und Atheismus am fiktionalen Modell vorführt (s.u. S. 118–120). In solchen Texten wendet sich ein staats- und kirchenfrommer englischer Humanismus gegen seine eigenen Wurzeln in der europäischen Renaissancekultur und hat dabei große Mühe, die Spreu moderner italienischer Depravationen vom Weizen des bewahrenswerten klassischen Erbes zu scheiden. Schließlich finden sich ja solche atheistischen, materialistischen und sensualistischen Denkansätze schon bei Autoren, die zum Kernbestand des humanistischen Kanons gehören. Hier, an diesem Problem, scheint exemplarisch auf, wie die »Pluralisierung der Autoren« im Renaissancehumanismus zu einer »Pluralisierung der Autoritäten« führt, die letztendlich diese selbst – und in seiner radikalsten Konsequenz, jegliche Autorität – in ihrer Verbindlichkeit aufhebt. (K.W. Hempfer)

Pluralisierung der Autoritäten

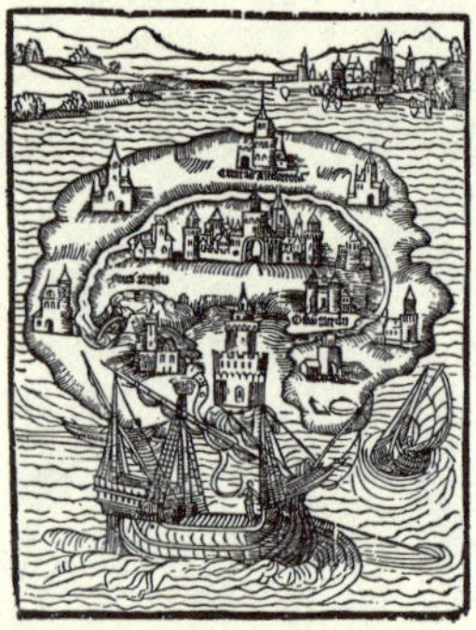

Frontispiz der lateinischen Erstausgabe von Thomas Morus' *Utopia*: Wie England ist die utopische Insel vom Meer umgeben und vom Festland durch einen Kanal getrennt.

Utopische Entwürfe

Indem die Utopie der Frühen Neuzeit von vornherein auf den Anspruch verbindlicher Autorität verzichtet, erscheint sie als die modernste Gattung humanistischen Schrifttums, und es ist sicher kein Zufall, daß das einzige Werk des englischen Humanismus, das auch heute noch weltliterarische Geltung hat, jener Text ist, der diese Gattung erst begründete und ihr den Namen gab: Morus' *Utopia* (1516; engl. Übersetzung 1551). Es ist gerade konstitutiv für diese Gattung, daß sie den Anspruch auf eine verbindliche und überprüfbare Wirklichkeitsnachahmung aufgibt, und ebenso konstitutiv ist für sie, daß sie die eine Wahrheit in ein bewegliches Spiel divergierender Perspektiven und Positionen auflöst.

Obwohl Morus seiner phantastischen Erfindung eines idealen Inselstaates durch die Einbettung in die zeitgenössischen Kontexte der frühen Entdekkungsfahrten Amerigo Vespuccis in die *West Indies* eine gewisse Plausibilität verleiht, betont er doch schon durch die Namengebung ihre Irrealität: *U-topos* heißt eben der »Nicht-Ort«, das »Nirgendwo«, und der Name des Vermittlers der Kunde von Utopia, Hythlodeus (von *hythlos* = Unsinn und *daien* = austeilen), dementiert von vornherein jeglichen Wahrheitsanspruch. Auch der Autor selbst fungiert nicht mehr als wahrheitsverbürgende Instanz: Morus gibt nur wieder, was er aus zweiter Hand, eben von Hythlodeus, erfahren hat. Und Hythlodeus' Schilderung Utopias, die das zweite Buch ausmacht, ist eingebettet in den Dialog des ersten Buchs zwischen Morus, Hythlodeus und dem Gastgeber Petrus Aegidius, in dem selbst wieder ein vielstimmiges und perspektivenreiches Humanistengespräch am Hof Kardinal John Mortons über die Lage der arbeitenden Klassen in England eingelagert ist.

Humanistische Gesprächskultur

Diese Überlagerung von Vermittlungs- und Fiktionsebenen und diese Potenzierung der Gesprächssituation, die humanistische Gesprächskultur als Kultur undoktrinärer und geistig beweglicher »Vertrauter Gespräche« (Erasmus von Rotterdam, 1518) bewußt macht, hat vor allem eine Funktion – alle Ansprüche auf letztgültige Verbindlichkeit zu unterlaufen. Müßig, hier zu fragen, wie Morus in seinem utopischen Staat z.B. die Ehescheidung unter bestimmten Bedingungen erlauben kann, wo ihm doch sein Einspruch gegen Heinrichs VIII. Scheidung von Katharina von Aragon das Amt des Lord Chancellor und sein Leben wert sein sollte! Und ebenso müßig, Morus' Festhalten am Römischen Katholizismus mit der religiösen Toleranz in seiner Utopie zu kontrastieren! Solche oft geäußerten Einwände verkennen den besonderen Status des utopischen Textes, in dem dem einzelnen Wort, der einzelnen Person, keine autoritative Verbindlichkeit mehr zukommt, sondern die Funktion, als *eine* Perspektive unter mehreren erhellende Kontraste zu eröffnen. Dies bestimmt ja auch die zweiteilige Anlage des Werks, die der schlimmen Realität des zeitgenössischen England in Buch I die utopische Alternative in Buch II kontrastiv gegenüberstellt.

Die schlimme Realität –

Das zeitgenössische England, das hier sichtbar wird, ist zum einen das einer humanistischen Intellektuellenschicht um Kardinal Morton, der Morus entscheidend gefördert hatte und hier wie in einem Fürstenspiegel als ideale, Toleranz mit Verantwortung verbindende Herrscherfigur präsentiert wird. Zum andern ist es das England sich verschärfender sozialer Spannungen und der Verelendung breiter Bevölkerungsgruppen, auf das die Humanisten in ihrem Gespräch Bezug nehmen. Im Zentrum des Gesprächs steht, für den Juristen Morus naheliegend, das Problem der Rechtsprechung: An die Stelle drakonischer Strafen für Diebstahl und Aufruhr soll die Analyse und Beseitigung der Ursachen treten. Dieses neue Verursacherprinzip lenkt die Aufmerksamkeit auf den übertriebenen Luxus der Hofhaltungen, der die Aristokraten dazu bringt, ihre Pächter immer mehr auszubeuten; auf eine zu kostspielige und große stehende Armee und vor allem auf die *enclosures* und die Schafzucht, die Arbeitsplätze zerstört und das Getreide verteuert. Was Morus hier vorführt, ist eine hellsichtige und bis ins ökonomische Detail konkrete Analyse des Grundwiderspruchs einer Gesellschaft, »die Diebe produziert und diese dann dafür bestraft«. Die Argumentation verzichtet dabei ganz auf den Rekurs auf explizit christliche Standards wie Sünde oder Nächstenliebe und Barmherzigkeit, sondern bleibt immanent rationalistisch. Dies ist jedoch nicht Ausdruck einer a-religiösen Haltung, vielmehr verschärft es den Vorwurf: Die aufgezeigten Mißstände sind selbst im Licht natürlicher Vernunft skandalös und um wieviel mehr erst in einer Gesellschaft, die sich auf christliche Normen beruft!

– der alternative Gegenentwurf

Die eigentliche Utopie des zweiten Buchs entwirft nun eine alternative Gegenwelt, die, trotz alleiniger Berufung auf die Normen von Vernunft und Natur, humaner ist als das christliche Abendland. Im Gegensatz zu Platons *Republik*, an die Morus' *Utopia* in vielfältiger Weise anknüpft, wird die alternative Welt nicht in der Form eines philosophisch-spekulativen Gedankenexperiments konstruiert, sondern in der eines fiktionalen Berichts, der die Existenz dieses Staates unterstellt. Im Gegensatz zu modernen Utopien (und Anti-Utopien) des 19. oder 20. Jahrhunderts geht die romanhafte Literarisierung jedoch noch nicht so weit, daß Utopia wirklich »erzählt«, daß der utopische Reisende subjektive Eindrücke, Erlebnisse und Begegnungen in Utopia lebendig schildern würde: Es bleibt im wesentlichen, wie bei Plato, beim systematischen Vortrag, der nacheinander auf die wichtigsten Aspekte des Idealstaats eingeht. Und in weiterem Gegensatz zu modernen Utopien wie denen William Morris' und H.G. Wells', die auch den revolutionären oder evolutionären Übergang von der schlimmen Wirklichkeit zum utopischen Ideal in ihre Darstellung integrieren, bleibt Morus' Darstellung noch ohne eine solche historische Perspektive.

Hans Holbein: Sir Thomas Morus und sein Haushalt (um 1527)

Utopia ist in vielfacher Hinsicht als *mundus inversus*, als verkehrte Welt konzipiert, die aber gerade dadurch die bestehende Welt als die eigentlich verkehrte, d.h. moralisch pervertierte, sichtbar macht. Wo in der Wirklichkeit die Besitzanhäufung in der Hand weniger fortschreitet, besteht hier eine an die Ideale des frühen Christentums erinnernde Gütergemeinschaft, und nicht der Tauschwert von Gold zählt, sondern allein dessen nieder veranschlagter Gebrauchswert als Material für Nachttöpfe. Anstelle des monarchischen Prinzips herrscht republikanische Konsensus-Bildung. Weisheit und Witz der Narren werden höher veranschlagt als berechnend weltkluge Vernunft, wie ja auch Morus selbst, der Erasmus zu seinem *Lob der Torheit* (1511) angeregt hatte, sich gerne mit dem zärtlich geliebten Narren seines *households*, Henry Patenson, im Familiengruppenbild von Holbein portraitieren ließ. Und die Pflege von Philologie und Wissenschaft gilt mehr als juristischer Scharfsinn, der nur zu so komplizierten Gesetzen führen kann, daß der einfache Mensch sich notwendigerweise in ihren Fallstricken verfangen muß, und mehr als theologische Spitzfindigkeit, die nur Streit und Zwietracht sähen kann und sich daher darauf beschränken sollte, die Unsterblichkeit der Seele zu verkünden.

»Mundus inversus« und Narrenweisheit

In der Gesamtkonstruktion des utopischen Staates überschneiden sich in widersprüchlicher Weise Liberalität und Strenge: Republikanische Freiheiten stehen neben strenger patriarchalischer Kontrolle von Erziehungswesen und Arbeitswelt; republikanische Gleichberechtigung ist durch eine an Platons Idealstaat erinnernde Sklavenhalterei empfindlich eingeschränkt; drakonische Bestrafung von vor- und außerehelichem Sex kontrastiert mit einer Freizügigkeit, die den Verlobten gestattet, sich vor der Ehe nackt sehen zu dürfen und so nicht die Katze im Sack kaufen zu müssen. Diese Widersprüchlichkeit ist jedoch nicht Zeichen mangelnder Konsequenz oder gestalterischen Versagens; sie hat Methode – die Methode sich ständig verschiebender Perspektiven, durch die die Wahrheit eher problematisiert als verkündet wird. Ihr Gattungsmodell ist daher auch weniger Platons philosophischer Entwurf eines Idealstaates, als vielmehr die menippeische Satire mit ihren phantastischen Erfindungen und perspektivischen Verfremdungen. Wie diese ist auch die *Utopia* ernst und heiter gleichzeitig und entzieht sich damit eindeutigen Sinnfestlegungen ebenso wie jener Pedanterie, für die der Humanismus, und besonders der englische, so anfällig war.

Utopie und menippeische Satire

Komödie und Utopie

Kein Wunder, daß dieser Ton des *giocoserio* vor allem in der Komödie weiterlebte – in der alternativen Vernunft von Shakespeares weisen Narren zum Beispiel, oder in Gonzalos utopischer Vision in Shakespeares *Tempest*! Wenn hier (II,i) Gonzalo, gerade dem Schiffbruch entronnen, davon träumt, auf der rettenden Insel ein »commonwealth« zu errichten, in dem er alles »by contraries« einrichten, d.h. alles ganz anders als zuhause ordnen würde, proklamiert er die Rückkehr zum Naturzustand, zu einem vorgesellschaftlichen Zusammenleben der Menschen ohne Herrschaftsstrukturen, Rechts- und Bildungswesen, Privateigentum, Familienbindung und Handel, die Rückkehr zur natürlichen Unschuld der Menschen des *Golden Age*. Dieser Traum, fast wörtlich aus Montaignes Essay »Of the Caniballes« (in John Florios Übersetzung) übernommen, ist zwar in sich widersprüchlich und wird auch von der Komödie selbst, in die er eingebettet ist, widerlegt, doch behält die utopische Vision arkadischen Glücks ihre Gültigkeit als Ausdruck des humanen und humanistischen Vermögens, angesichts der Entstellungen des Menschlichen in der Realität den Traum des Vollkommenen überhaupt träumen zu können und diese Träume als Kontrastfolien zur Praxis des »christlichen« Abendlands ins kritische Spiel zu bringen.

Utopie und Neue Wissenschaft

In Gonzalos Utopie spielen Bildung und Wissen keinerlei Rolle für die Befreiung des Menschen: »Letters should not be known.« Morus' Utopier dagegen waren humanistisch lernbegierig und studierten fleißig den Kanon griechischer Philosophen, Geschichtsschreiber, Dichter und Dramatiker. Von den Naturwissenschaften und ihren technischen Anwendungen versprachen sie sich jedoch, mit der einzigen Ausnahme der Medizin, offensichtlich wenig. Das sollte sich in den utopischen Entwürfen des 17. Jahrhunderts gründlich ändern.

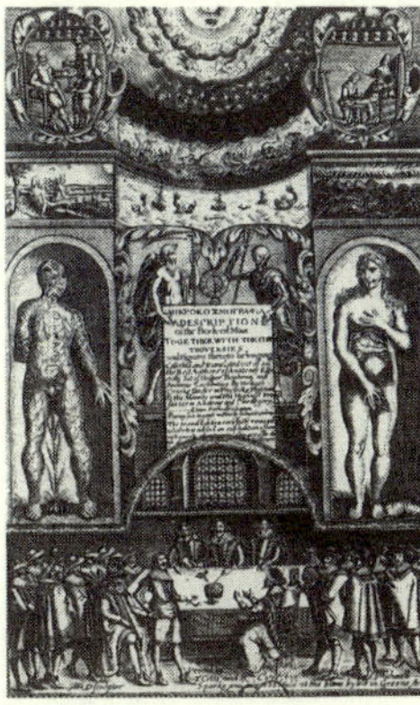

Der menschliche Körper als Mikrokosmos: Die antike Vorstellung wird auf diesem Titelblatt von Helkiah Crookes *Microcosmographia* (1631) im Licht der modernen Anatomie und Medizin aktualisiert.

Der Humanismus selbst hat ja vielfältige Bezüge zu dem, was Marie Boas die »Scientific Renaissance« des Zeitraums von 1450 bis 1630 nennt: Er regt nicht nur durch neue Editionen der naturkundlichen Klassiker der Antike die wissenschaftliche Diskussion an; seine innerweltliche Orientierung ermuntert zu jener »Entdeckung der Welt und des Menschen« (Jacob Burckhardt in Anschluß an Jules Michelet), die auch eine naturwissenschaftliche ist. Die großen Naturwissenschaftler unserer Epoche – die Astronomen Tycho Brahe, Kopernikus, Giordano Bruno (er verbringt einige fruchtbare Schaffensjahre um 1580 in London), Galilei, Kepler oder William Gilbert, die Chemiker, Physiker und Mediziner Paracelsus, Andreas Vesalius, William Harvey oder Robert Boyle – sind ja auch Humanisten. Für sie alle tritt neben die Autorität der Heiligen Schrift und die klassischen Autoritäten nun auch die Autorität der Selbsterfahrung und des Buchs der Natur als weitere Formen der Offenbarung des göttlichen Geistes. Auch dies führt zu Widersprüchen, zwingt zu schwierigen und instabilen Synkretismen und schwächte damit jeglichen Anspruch auf absolute Autorität und Wahrheit ab.

Kopernikanische und andere Wenden

Der frühneuzeitliche Aufschwung der Naturwissenschaften, der das Bild des Kosmos, der Erde und des Menschen völlig verändert, die Erde aus dem Mittelpunkt rückt (»Kopernikanische Wende«), das Abendland mit neuen Welten im Westen konfrontiert und die überschaubare Ordnung der vier Elemente und Körpersäfte auflöst, reagiert auf neue ökonomische Bedürfnisse und eröffnet diesen seinerseits neue Möglichkeiten. Selbst so theoretische Wissenschaften wie die Astronomie oder die Mathematik sind auf die praktischen Bedürfnisse einer expandierenden Ökonomie bezogen, ermöglichen sie doch genauere Methoden der Kartographie, der Navigation, der Zeitmessung oder der Buchhaltung: Nützlichkeit ist die Devise, und selbst Marlowes *Doctor Faustus* (um 1594) will nicht einfach wissen, was die Welt im Innersten zusammenhält, sondern er will auch dieses Wissen in nützliche *projects* umsetzen und damit Macht für sich und die Fürsten, in deren Dienst er sich stellt, gewinnen.

Die Begründung moderner Naturwissenschaft – und ein erstes Opfer

Unter dem Diktat der Nützlichkeit, des Nutzens für die Gesellschaft, steht auch die Wissenschaftsprogrammatik Francis Bacons (1561–1626). Der Jurist und Staatsmann, der – ein erster Märtyrer moderner Wissenschaft! – an einer Erkältung stirbt, die er sich beim Versuch, Fleisch durch Gefrieren haltbar zu machen, geholt hat, legt 1605 dem neuen König Jakob I. sein Programm eines *Advancement of Learning* vor, in dessen Zentrum die Naturwissenschaften und ihre praktischen Anwendungsmöglichkeiten stehen. Es ist gedacht als erster Teil eines ins Enzyklopädische zielenden, systematischen Projekts einer Neubegründung der Wissenschaften, der *Great Instauration*, das jedoch unvollendet bleibt. Die ausgeführten Teile reichen freilich aus, Bacon als den großen Vordenker der modernen Naturwissenschaft auszuweisen, dessen Anregungen in der *Royal Society* der Restaurationszeit ebenso weiterwirken wie im französischen Enzyklopädismus des 18. Jahrhunderts und darüber hinaus.

Induktion und Idolenkritik

Modern ist seine Wissenschaftskonzeption insofern, als sie den humanistischen Rekurs auf die antiken Autoritäten durch die Beobachtung der Phänomene selbst, also durch ein empirisch-experimentelles Vorgehen ersetzt, und die Deduktion von Gesetzen aus vorgegebenen Prinzipien durch deren Induktion aus Beobachtungen. Dieser neue Weg der Beobachtung und der Induktion sei bisher nicht beschritten worden, weil die verschiedensten *idols*, d.h. die Wahrheit verstellende Vorannahmen, von ihm ablenkten. Solche »Idole« sind z.B. ein Denken, das in seinem eigenen Bedürfnis nach Ordnung überall Analogien wie etwa die zwischen dem Mikro- und dem Makrokosmos nachweisen will; Denksysteme wie die Astrologie und die Magie, die sich selbst immer nur bestätigen wollen; das Vertrauen in nicht hinterfragte philosophische Systeme oder mangelnde Skepsis der Sprache gegenüber, die ja unsere Vorstellungen mindestens ebenso stark präge, wie sie bloßes Mitteilungsmedium für diese Vorstellungen sei. In dieser Idolenkritik, die vieles an moderner Ideologie- und Sprachkritik vorwegnimmt, liegt Bacons wesentliche wissenschaftstheoretische Leistung, und diese beinhaltet einen entscheidenden Bruch mit humanistischen Denktraditionen. Wo Ascham noch einschärfte, »Ye know not what hurt you do to learning, that care not for words but for matter«, dreht er den Spieß um und bezeichnet es als »the first distemper of learning, when men study words and not matter«. Gegenüber dem humanistischen Glauben an die Kraft der Rhetorik und der Poesie leitete er aus wissenschaftstheoretischen Motivationen heraus ein Programm der Reinigung der Sprache von allem selbstgefälligen Schmuck, von aller Mehrdeutigkeit und Metaphorik ein, das die *Royal Society* dann zu ihrem offiziellen Programm erheben wird.

Wie neu ist das »Neue Atlantis«?

Vergleichen wir Morus' *Utopia* mit Bacons utopischem Entwurf des *New Atlantis* (1627), so fällt ein entscheidender Unterschied sofort ins Auge: Ist die Differenz zwischen der realen und der utopischen Welt bei Morus eine der gesellschaftlichen Verfaßtheit, so ist sie bei Bacon allein eine des wissenschaftlichen und technischen Entwicklungsstandes. Bacons Wissenschaftsakademie fungiert als Staat im Staate, der sich von seinen Herrschaftsstrukturen und seiner Organisation her nicht wesentlich vom jakobäischen Staat unterscheidet, in dem Bacon schreibt. Wissenschaft kommt damit auch nicht die Funktion zu, diesen Staat zu transformieren, sondern allein, ihm durch nützliche, seine Produktivkraft steigernde Entdeckungen oder Erfindungen zu dienen. Ja, die Organisation der Akademie selbst stellt keine Alternative zu den hierarchischen Strukturen des Feudalstaates und der Bischofskirche dar, sondern reproduziert in verschärfter Form diese Strukturen und die sie legitimierenden Mythen und Rituale. Ihnen widmet Bacon entschieden mehr Raum als den wissenschaftlichen Projekten selbst. Die mythischen Ursprünge dieser »Order of Society«, die zeitenthobene Unwandelbarkeit ihrer Prinzipien und Organisationsformen, die Hierarchie der Berufungen, die Distanz zum Alltagsleben der Gesellschaft, die elaborierten Riten, in denen sie sich selbst feiert und machtvoll darstellt – dies alles gibt ihr die Würde und geheimnisvolle Weihe eines geistlichen oder Ritterordens, dessen Autorität nicht mehr hinterfragbar ist. Es setzt sie der Gefahr aus, selbst zum Idol zu werden, und die Statik der Konstruktion dieses zeitenthobenen Ordens gerät in einen merkwürdigen und problematischen Widerspruch zur Dynamik des Wissenschaftsprozesses und der gesellschaftlichen und ökonomischen Prozesse, denen »Salomon's House« doch dienen soll.

Ein Wissenschaftlerorden

Wissenschaft wird hier, im Gegensatz zu Morus' sozialkritischen Intentionen, auch insofern schon politisch neutralisiert bzw. affirmativ, als sie ausschließlich als Naturwissenschaft und deren technologische Anwendung gefaßt wird. Gemeinsam sollen sie dem »effecting of all things possible«, der Realisierung alles Realisierbaren, dienen. Der utopische, auf eine radikale Umformung der bestehenden Gesellschaft zielende Impetus bleibt bei Bacons Wissenschaftsutopie weitgehend auf der Strecke; die Utopie droht hier schon zur Science Fiction zu verkommen.

Dabei hatte der frühe Bacon durchaus noch den Glauben an die utopischen Möglichkeiten von Vernunft und Wissenschaft geteilt, wie er für den in England bestimmenden calvinistischen Protestantismus charakteristisch ist. Der Bacon des wissenschaftstheoretischen Fragments »Valerius Terminus« und des *Advancement of Learning* ist noch Puritaner genug, um sich von wissenschaftlicher Forschung, Lehre und Anwendung nichts Geringeres zu erhoffen als »a restitution and reinvesting (in great part) of man to the sovereignty and power [...] which he had in his first state of creation«. Die Folgen des Sündenfalls, der nicht in der Erkenntnis an sich bestand, sondern im hybrishaften Streben nach der Erkenntnis Gottes, können und sollen durch den gottgefälligen innerweltlichen Gebrauch der Vernunft aufgehoben werden. Oder, um es mit dem Puritaner Milton zu sagen: Auf das *Paradise Lost* folgt das *Paradise Regained*, und dies nicht erst in einer fernen Zukunft. Das Neue Eden wird als unmittelbar bevorstehend erhofft, und die neue Astronomie und Kosmologie, der Aufbruch zu den neuen Welten jenseits der Meere und die ökonomische und industrielle Expansion im Gefolge der wissenschaftlichen Entdeckungen wurden als Zeichen des anbrechenden Millennium gelesen.

Das Schiff des Wissens auf dem Titelblatt von Bacons *Instauratio Magna* durchsegelt die Säulen des Herkules in der Meerenge von Gibraltar, die in der Antike die Grenze der Welt markierten. Die lateinische Bildunterschrift – Daniel 12,4: »Many shall pass to and fro, and science shall be increased« – bezieht die Prophezeiung des Alten Testaments auf die Gegenwart wissenschaftlicher Revolution und ökonomischer Expansion.

Solche Ideen, die Joachim von Fiores mittelalterliche Endzeitvision eines Dritten und Tausendjährigen Reichs im Zeichen der religiösen Reformation, der ökonomischen Expansion und des wissenschaftlichen und technischen Fortschritts aktualisieren, gewinnen im Vorfeld und Verlauf der puritanischen Revolution eine neue politische Dringlichkeit. Diesem Kontext ist Miltons Pamphlet »Of Education« (1644) ebenso verpflichtet wie noch Gerrard Winstanleys *The Law of Freedom in a Platform* (1652).

Während Bacon, 1621 vom Oberhaus aus allen Ämtern gestürzt, mit *New Atlantis* um die Gunst der Stuartherrscher warb und um seine Rehabilitierung rang, also peinlich die strenge staats- und kirchenpolitische Zensur beachtete, schreibt Winstanley in einer Situation, in der der Zusammenbruch des Zensursystems und die Durchsetzung religiöser Toleranz in Bürgerkrieg und Revolution zu einer Explosion radikaler Diskurse geführt haben, in der bislang marginalisierte Gruppen unmittelbar an das Zentrum der Macht appellieren konnten. *The Law of Freedom* braucht sich daher auch nicht mehr der Morusschen und Baconschen Form der utopischen Reiseerzählung zu bedienen, sondern kann als nicht-fiktionaler Verfassungsentwurf an Cromwell und das englische Volk adressiert werden.

Puritanische Allgemeinbildung

Im Rahmen der propagierten radikal-demokratischen und »kommunistischen« Neuordnung der Gesellschaft kommt Bildung und Wissenschaft eine entscheidende Rolle zu – allerdings nicht, wie bei Bacon, in Form einer abgeschlossenen Wissenschaftlerkaste, sondern als allen offenes Bildungssystem, an dessen Sabbatsakademie jeder gleichzeitig Lernender *und* Lehrer ist, soweit er von seiner Berufspraxis her über »experimental knowledge in the things which are« verfügte. Was Winstanley projektiert, ist Allgemeinbildung im doppelten Wortsinn: sowohl allgemein zugänglich, ja allgemein verpflichtend, als auch alle Wissensdisziplinen, nicht nur die naturwissenschaftlichen, umfassend.

Im Gegensatz zu Bacon, der theologische Fragen ganz ausdrücklich aus seinem Wissenschaftsprojekt ausklammert, wendet Winstanley die Bacon-

Experimentelle Religion

schen Zentralbegriffe von *experience* and *experiment* auch auf diese an. Jeder Gläubige verfüge in seiner eigenen Glaubenserfahrung über ein »practial knowledge of God« und sei darum aufgefordert, »to preach the truth, as it was in Jesus, purely and experimentally«. Was sich hier in der predigerhaften Diskursform und in den biblischen Metaphern und Anspielungen so religiös gibt, ist freilich eine Befreiungstheologie, in der puritanische Erleuchtung bereits in rationalistische Aufklärung umgeschlagen ist. Indem Winstanley die Naturerkenntnis und Selbsterfahrung mit Gotteserkenntnis gleichsetzt, reduziert er theologische Wahrheit auf die innerweltlichen, natürlichen Wahrheiten der Selbst- und Welterfahrung. In seinen berühmtesten und am häufigsten zitierten Worten:

> To know the secrets of nature is to know the works of God; and to know the works of God within the creation is to know God himself, for God dwells in every visible work of body. (...)

Eine solche Säkularisierung des Religösen bzw. humanistisch-aufklärerische Vergöttlichung des Menschen in seiner Welt paßt so wenig ins gängige Bild des 17. Jahrhunderts und des Puritanismus, daß dieser modernste der utopischen Entwürfe unseres Zeitraums in keiner der Standardliteraturgeschichten, ja nicht einmal in historischen Darstellungen der Utopie auch nur erwähnt wird. Die Verdrängung setzte jedoch schon früher ein: Schon die neuen Bildungs- und Wissenschaftsinstitutionen der Zeit nach dem Commonwealth knüpfen nicht bei ihm, sondern bei den politisch neutralisierten Vorstellungen Bacons an. Die *Royal Society* sieht sich selbst als Einlösung des Baconschen Akademiegedankens und expurgiert in ihrer Selbstdarstellung durch Bischof Sprat säuberlich alle Traditionszusammenhänge mit den puritanisch-millennistischen Erwartungen einer durch Wissenschaft befreiten Gesellschaft, und selbst die puritanischen *Dissenting Academies* trennen sorgfältig Religion und praktisches Weltwissen, inneres Licht und instrumentale Vernunft.

»Royal Society« und »Dissenting Academies«

Die Bilanzierung des Verlusts

Es wäre nun gewiß eine *terrible simplification*, wollte man den Aufbruch zur wissenschaftlichen und technologischen Modernisierung Englands allein auf das Konto des radikalen Puritanismus verbuchen. Zutreffend ist jedoch, daß die Kehrseite dieses Prozesses, der Verlust an transzendentaler Geborgenheit, wie sie die vertrauten, bildkräftigen Vorstellungen von der Sphärenmusik und dem harmonischen Tanz der Planeten um die Erde, von der *chain of being* und den Analogien zwischen Kosmos, Staat und Mensch noch zu bieten vermochten, am eindringlichsten von anglikanischen Schriftstellern eingeklagt wird. Hookers *via media* des anglikanischen Kompromisses und Ausgleichs zwischen den christlichen Konfessionen, sein Entwurf der *Laws of Ecclesiastical Politie* (1593–1597), ist eine einzige beredte Beschwörung der alten Ordnungsvorstellungen, in denen der Mensch sein Maß und seine Grenze und damit sich selbst fand, und gleichzeitig eine einzige Serie von Abwehrgesten: gegen eine puritanische Verabsolutierung des inneren Lichts jedes einzelnen Gläubigen, das sich den exegetischen Traditionen und Institutionen der Kirche nicht mehr verpflichtet sieht; gegen die Auflösung der alten, auf Charisma, Hierarchie und Harmonie gegründeten Ordnungen von Staat und Kirche durch ein neues politisches Denken, das Partikularinteres-

Die anglikanische »via media«

John Banister, einer der bekanntesten Anatomen und Chirurgen der elisabethanischen Zeit, beim Anatomieunterricht in der Barber Surgeons' Hall (1531)

sen und Interessengegensätze in Rechnung stellt, deren Ausgleich immer neu erkämpft werden muß; gegen eine Wissenschaft, die in ihrer Beschränkung auf die materielle Wirklichkeit zum Atheismus führe.

Die Kehrseite der »new philosophy«

Befreiung aus alten Bindungen erscheint hier durchgehend als Verlust an Sinnfülle und bergender Sicherheit, und niemand hat diesen Verlust bewegender bilanziert als der Dichter – und spätere anglikanische Geistliche – John Donne (1572–1631). In zwei elegischen Jahrestagsgedichten nimmt er den Tod der jungen Tochter seines Gönners zum Anlaß, der Dinge Unbestand, insbesondere aber den Untergang der vertrauten Weltordnung im Zeichen einer »new philosophy«, der neuen Wissenschaft von der Welt und vom Menschen, zu beklagen.

Handelt das erste Jahrestagsgedicht, *An Anatomy of the World* (1611), von der Verlorenheit des Menschen in den sich weitenden und unübersichtlicher werdenden Horizonten der neuen Kosmologie, so zeigt das zweite, *Of the Progress of the Soul* (1612), daß auch die neue religiöse und philosophische Selbsterforschung des Menschen und die neue medizinische und anatomische Wissenschaft nicht zu neuen Sicherheiten, sondern nur zu einer tiefen Verunsicherung des Menschen über sein eigenes Wesen und seinen Status zwischen Körper und Geist geführt haben. Beides sind Krisengedichte, die den Übergang vom Mittelalter in die Neuzeit als Trauma darstellen, an dessen anderem Ende kein neues, durch subjektive Glaubensgewißheit und Wissenschaft wiederzugewinnendes Paradies sichtbar wird:

> And new Philosophy calls all in doubt
> [...]
> 'Tis all in pieces, all coherence gone,
> All just supply, and all relation.

Kann ein Wissenschaftler noch glauben?

Und Donne ist kein isolierter Einzelfall. Auch der fromme Protestant und in Holland, Frankreich und Italien ausgebildete Arzt Sir Thomas Browne (1605–82) bilanziert in seiner *Religio Medici* (um 1635 geschrieben, 1642 veröffentlicht) als Ergebnis theologischer Spekulation, religiöser Introspektion und wissenschaftlich-anatomischer Forschung zum Wesen des Menschen und insbesondere zum Leid-Seele Problem nur ein abgrundtief gewordenes und damit umso beunruhigenderes Unwissen: »Thus we are men, and we know not how.« (s.u. S. 91f.) Vor allem aber das Drama der Zeit stellt in herausgehobenen Schlüsselfiguren immer wieder diese Kehrseite einer fortschreitenden Erforschung des Menschen und der Welt, das Umschlagen von Wissenszuwachs in Verunsicherung dar: Marlowes Doctor Faustus ist, wie so viele Wissenschaftler der Frühen Neuzeit, in der sich Wissenschaft erst allmählich von magischen Vorstellungen und Praktiken emanzipiert, ja von ihnen noch entscheidend bestimmt und motiviert wird, Magier und Wissenschaftler in einem. Seine hochfliegenden Hoffnungen auf eine umfassende Einsicht in die materiellen und geistigen Zusammenhänge der Welt und auf eine sich daraus ergebende totale Naturbeherrschung verkommen schnell zu eindruckheischendem Spektakel an Fürstenhöfen und schlagen dann in religiöse Verzweiflung um. Und für Hamlet – zwar weder Magier noch Wissenschaftler, aber wie Faustus dem freieren und kühneren Denken, das von Wittenberg ausging, verbunden – verkehrt sich der Traum der Renaissance von der Würde und den unbegrenzten Möglichkeiten des Menschen in die Erfahrung der Nichtigkeit des Menschen und seiner Welt:

Faustus –

– und Hamlet

> I have of late – but wherefore I know not – lost all my mirth, forgone all custom of exercises; and indeed it goes so heavily with my disposition that this goodly frame, the earth, seems to me a sterile promontory; this most excellent canopy the air, look you, this brave o'erhanging firmament, this majestical roof fretted with golden fire – why, it appeareth no other thing to me than a foul and pestilent congregation of vapours. What a piece of work is man! How noble in reason! how infinite in faculties! in form and moving, how express and admirable! in action, how like an angel! in apprehension, how like a god! the beauty of the world! the paragon of animals! And yet, to me, what is this quintessence of dust? (II,ii)

Der humanistische Diskurs von der Schönheit der Welt und der Würde des Menschen erscheint hier nur noch im ironischen Zitat; was Hamlet bleibt, ist der Rückfall in einen mittelalterlichen Diskurs der Nichtigkeit aller Dinge.

Weder humanistischem Philosophieren und Neuer Wissenschaft noch der protestantischen Reform des theologischen Denkens ist es gelungen, einen neuen Konsensus, einen neuen Bezugsrahmen sicherer Normen, zu begründen. Nicht nur ließen sich diese drei Haupttendenzen, trotz vielfältiger Überschneidungen, nicht bruchlos miteinander harmonisieren; sie waren auch in sich vielfältig gebrochen. So war ja das anglikanische *Settlement* einer Kirche calvinistischer Theologie und katholischer Formen des Ritus und der Kirchenorganisation zunächst zwar ein integrationsfähiger Kompromiß, trug jedoch von Anfang an den Sprengstoff tiefgreifender Konflikte in sich.

Anglikanische Reformation: der Kompromiß als Sprengstoff

Glaubenssicherheit und die beruhigte Festigkeit einer widerspruchsfreien Weltsicht sind in einer solchen Situation nur um den Preis intellektueller Askese zu haben; ansonsten bleiben nur pragmatische Erwägungen der *policy*, ein forcierter Dogmatismus oder eine allseitige Skepsis als Auswege offen. John Donne führt dies in seiner dritten Satire, »Of Religion«, vor. Im ersten Teil dieser Satire läßt er die gängigen Positionen zwischen Katholizismus, Protestantismus und philosophischer Skepsis Revue passieren, um sie nacheinander als sicheren Existenzgrund zu verwerfen. Die Lösung dieses Dilemmas, die Donne im zweiten Teil vorschlägt, erscheint uns als eine spezifisch moderne: Mißtraue allen Autoritäten, denn die Berufung auf sie wird beim Jüngsten Gericht nicht fruchten! Vor allem aber: Das Ringen um die eigene, subjektive Wahrheit ist entscheidend, nicht der immer nur scheinhafte Besitz absoluter religiöser Wahrheit:

Suchen, nicht finden!

Be busy to seek her (...);
doubt wisely, in strange way
To stand inquiring right, is not to stray;
To sleep, or run wrong is.

Es ist diese Haltung des Fragens, des Nachfragens und Hinterfragens, des zweifelnden Ringens um die Wahrheit der eigenen Erfahrung, die hinter dem steht, was uns an der Literatur der Frühen Neuzeit in England noch lebendig und unmittelbar zugänglich ist – den Gedichten eines Donne, George Herbert und Andrew Marvell, der Prosa eines Morus, Bacon, Thomas Browne und Milton, dem Drama der Elisabethaner und Jakobäer.

Literatur als Institution und Medium

An der Schwelle zum literarischen Markt

Eine Geschichte der Literatur, die nach deren gesellschaftlichen Funktionen fragt, hat bei den materialen Gegebenheiten der Textproduktion, -distribution und -rezeption und bei den institutionellen Rahmenbedingungen anzusetzen. Das beginnt schon bei der unterschiedlichen Größenordnung des potentiellen Leserpublikums, also derer, die *literature* im elisabethanischen Wortsinn der Lesefähigkeit haben. Nach optimistischen Hochrechnungen waren das zur Zeit Shakespeares allenfalls eine Million, also etwa ein Viertel der Gesamtbevölkerung. Diese Zahl mag aus heutiger Sicht bescheiden klingen; im historischen Kontext der Frühen Neuzeit reflektiert sie jedoch das erstaunliche Bildungsengagement der Tudorgesellschaft, mit dem sie ein Netz kommunaler Elementarschulen *(petty schools)* und öffentlich oder privat gestifteter Lateinschulen *(grammar schools)* aufgebaut hatte. Andererseits verweist diese Zahl auf die besondere Bedeutung nicht-schriftlicher Textdistribution für die überwältigende Mehrzahl der Bevölkerung, die an literarischer Kommunikation nur teilhaben kann, wenn diese mündlich vorgetragen wird. Balladen, *broadsides* und *chapbooks* (billige Einblattdrucke bzw. Heftchen), wie sie der fliegende Balladenhändler Autolycus in Shakespeares *Winter's Tale* (IV, iii) marktschreierisch vertreibt, dienen ihr zur Erbauung und Unterhaltung, und Predigten und Theateraufführungen sind die wichtigen »Massenmedien«, über die allein breite Bevölkerungsschichten religiös und politisch beeinflußt werden können.

Eine Million Leser

Der Zugang zur Literatur hängt allerdings nicht allein von der Lesefähigkeit des Publikums ab, sondern hat eine entscheidende Schranke auch in der Zugänglichkeit von Büchern. Die noch junge Drucktechnik mit beweglichen Lettern macht zwar Bücher nun zu einem sehr viel breiter streuenden Medium als die Handschriften des Mittelalters, doch ist der Preis eines gedruckten Buchs noch immer so hoch, daß sein Besitz nur den vermögenderen Bevölkerungsschichten vorbehalten bleibt. Eine Prachtausgabe der Bibel etwa kostet den Jahresverdienst eines Schulmeisters. Zudem hält sich die Buchproduktion noch in bescheidenen Grenzen: Sie steigt zwar zwischen

Auch das gedruckte Buch – ein Luxusgut

1500 und 1630 von jährlich 45 auf 460 Titel, aber was ist das schon im Vergleich zu 57.869 Titeln im England von 1988! Und dabei ist noch zu bedenken, daß nur ein Bruchteil dieser Titel »literarisch« im engeren modernen Wortsinn waren: Was dominiert, sind religiöse Traktate und Polemiken oder allgemeine Sachprosa.

Unter solchen Rahmenbedingungen kann natürlich noch kein literarischer Markt entstehen, der ein freies Schriftstellertum ökonomisch tragen könnte. Der Entwicklung eines literarischen Markts freier Berufsschriftsteller, wie er sich erst im 18. Jahrhundert herauskristallisieren wird, stehen ja auch die häufigen und oft drastischen Zensurmaßnahmen des Staates und die Abwesenheit jeglichen Urheberrechtsschutzes entgegen. Allein das Theater kann in seiner privatkapitalistischen Organisation als Aktiengesellschaft die Basis für den Lebensunterhalt eines Autors abgeben. Die jeweils zwei bis fünf *companies*, die in London miteinander konkurrieren, entwickeln einen so großen Bedarf an immer neuen Stücken, daß dieser nur durch Berufsautoren – oft in Personalunion mit Berufsschauspielern – gedeckt werden kann. In diese Marktlücke drängen daher auch die sog. *University Wits* (George Saintsbury) – akademisch gebildete Söhne mitteloser oder wenig begüterter Familien und daher ohne gesicherte Stellung in der Gesellschaft – und literarisch begabte Angehörige der niederen *gentry*. Die Karrieren eines Robert Greene, Thomas Lodge und Thomas Nashe, eines Marlowe, Shakespeare und Jonson geben beredte Beispiele für die Chancen und Risiken dieser Frühform eines literarischen Markts ab.

Nicholas Hilliards Miniatur eines anonymen jungen Manns (um 1588) zeigt den Höfling in der eleganten Pose des schmachtenden Liebhabers, wie er uns in der petrarkistischen Dichtung begegnet.

Dichtung dagegen ist kein lukratives Geschäft und wird auch nicht unter einer ökonomischen Perspektive gesehen. Dichtung gilt vielmehr als Nebenbeschäftigung des Gentleman und Hofmanns, Teil der idealen Lebensform eines allseits gebildeten und berufsmäßige Spezialisierung verachtenden *uomo universale*. Ihr gesellschaftlicher Ort ist der Hof. Dort wird sie jedoch keineswegs als eine interesselose Kunstübung um ihrer selbst willen gepflegt. Sie dient vielmehr dem Autor dazu, die Aufmerksamkeit des Souveräns bzw. eines adligen Patrons auf sich zu lenken und damit seine Karriere und Machtposition auszubauen. Als Teil des höfischen Rollenspiels, der ritualisierten höfischen Selbstdarstellung folgt sie daher auch den Spielregeln und Normen höfischen Verhaltens: der raffiniert kalkulierten Zurschaustellung der eigenen Vorzüge, die durch eine bewußte *sprezzatura* (Lässigkeit) verdeckt und gedämpft werden muß, des eleganten Ornaments und der Indirektheit und Verstellung. Diesem Spielcharakter würde es widersprechen, die eigenen Gedichte in Druck zu geben und sich damit dem Verdacht des Berufsliteratentums oder ökonomischer Motivationen auszusetzen. Dieses *»stigma of print«* (J.W. Saunders) gilt für die *courtly makers* am Hof Heinrichs VIII. ebenso wie noch für die dichtenden Höflinge Elisabeths und die *Cavalier Poets* der Stuarts, deren Lieder, Sonette und Gedichtzyklen in Hofkreisen als Manuskripte zirkulieren und nur beiläufig ihren Weg in den Druck finden.

Einflußreiche Patrone wie die Sidneys oder der Earl of Essex sind rar geworden nach dem Zusammenbruch des alten Hochadels und seiner traditionellen *households*, und wenn die neue Hocharistokratie unter den Tudors und Stuarts allmählich beginnt, ein kulturelles Selbstverständnis und ein Gefühl für die Verpflichtung zum Mäzenatentum zu entwickeln, konkurriert bereits eine explodierende Zahl von *University Wits* um ihre Gunst. Viele von ihnen sehen sich desillusioniert in eine Außenseiterposition abgedrängt und kritisieren von dieser aus in scharfen Satiren und Pamphleten den Hof, den Adel und die Kirche. So entsteht ein subversives Potential von literarischen *malcontents,* dem die Obrigkeit nur mit Mühe durch verschärfte Zensurmaßnahmen – etwa dem Verbot von Satiren – beikommt.

Auch das Theater ist auf königliches oder aristokratisches Patronat angewiesen, wobei auch hier nicht ökonomische Interessen im Vordergrund stehen. Das Patronat sichert den Schauspieltruppen vielmehr gesellschaftlichen Schutz und Status. Ohne diesen wären sie der ständigen Gefahr ausgesetzt, von der Obrigkeit als stellungslose Vagabunden und Gaukler verfolgt zu werden, die sie ja vor der Professionalisierung des Theaters waren. Und auch für sie ist der Druck ihrer Texte nebensächlich. Der aufgeführte Text ist ihnen das Eigentliche, und für die Zwecke der Aufführung reichen handschriftlich kopierte Rollen- und Souffleurbücher. Der nachträgliche Druck wird von den Dramatikern in den meisten Fällen auch nicht autorisiert; Shakespeare z.B. überwacht kaum je die Drucklegung seiner Werke. Theaterstücke gelten ja als eine viel zu ephemere und niedere Gattung, als daß sie als vollgültige poetische »Werke« betrachtet würden. Wenn Ben Jonson 1616 seine gesammelten Dramen als seine *Works* in einer sorgfältig edierten Folio-Ausgabe herausbringt, wird er daher auch von vielen Zeitgenossen ob dieses überzogenen Anspruchs mild belächelt. Dennoch trägt diese Folio-Ausgabe dazu bei, dem Drama einen höheren Rang literarischer Respektabilität zu sichern, wie die posthume erste Folio-Ausgabe von *Mr. William Shakespeares Comedies, Histories, & Tragedies* (1623) in ihrer aufwendigen Ausstattung belegt.

Titelblatt zu Jonsons *Works*, gestochen von William Hole: Eine Allegorie der dramatischen Kunst, der hier ein Triumphbogen gesetzt wird.

Das Titelblatt der First Folio mit Martin Droeshouts Kupferstich, das einzige Bildnis Shakespeares neben der Grabbüste, das einen gewissen Anspruch auf Lebensnähe erheben kann. Droeshout war allerdings erst fünfzehn Jahre alt, als Shakespeare starb.

Poetik: Von Normen und Formen

Die Literatur als kommunikatives Subsystem der Gesellschaft war vor allem von drei gesellschaftlichen Institutionen abhängig, die auf unterschiedliche, aber oft auch konzertierte Weise ihre kulturellen – und damit immer auch politischen – Normen literarisch vermittelt sehen wollten: dem Hof, den Schulen und der Kirche. Dem Hof und der Kirche geht es bei ihren Kontroll- und Zensurmaßnahmen vor allem um politische und religiöse Orthodoxie; darüber hinaus fördert der Hof aber auch bestimmte Geschmacksnormen ästhetischer Verfeinerung und allegorischer Bedeutungsfülle. Sidney schreibt *auch* als Hofmann, wenn er in seiner *Defence of Poesie* (1595 posthum veröffentlicht, aber bereits 1579–80 geschrieben) die zeitgenössische englische Literatur mit wenigen Ausnahmen als barbarisch verwildert beklagt und dem zeitgenössischen Theater Regellosigkeit, Mangel an »decency« und »discretion«, »scurrility, unworthy of any chaste ears« und Tölpelhaftigkeit vorwirft – alles Normen, die gleichzeitig ständische und ästhetische sind. Und ebenso versuchen die Schulen, die Literatur auf die Nachahmung antiker Muster zu verpflichten und an rhetorische Normen zu binden, wenn sie nicht ohnehin gelehrtes Schrifttum und moralische Traktate so sehr privilegieren, daß sie die zeitgenössische Dichtung nach ihren Maßstäben der Gelehrsamkeit und der moralischen Erbauung pauschal verwerfen.

Höfische Normen

Die entschiedensten Kritiker der zeitgenössischen Literatur gehören jedoch dem puritanischen Flügel der Anglikanischen Kirche an. In puritanischer Sicht sind Dichtung und Fiktion in sich schon problematisch, da sie von der Lektüre des Buchs der Wahrheit, der Bibel, und von nützlichem Tun nur ablenken können. Fiktion gilt ihnen als Lüge und leerer Zeitvertreib und ist damit in sich schon sündig. Darüber hinaus böten die Lügenmärchen der Dichtung und des Theaters in ihren oft erotischen Stoffen der verderbten Phantasie sinnlich-sündigen Anreiz und nährten sie in ihrer geistigen Freizügigkeit Zweifel an der Wahrheit des Christentums und der Verbindlichkeit christlicher Moral. Vor allem das Theater ist ihnen eine immoralische Anstalt. Es gilt ihnen als Unruheherd und Schule der Laster, als *A Schoole of Abuse* (so der Titel von Stephen Gossons berühmtem Pamphlet von 1579), und Verteidigungsschriften von Dramatikern, wie etwa Thomas Heywoods *Apology for Actors* (1612), die darauf hinweisen, daß die Bühne Laster nur vorführe, um sie zu bestrafen und so vor ihnen zu warnen, verfangen hier nur sehr bedingt. Sie unterstellen ja eine moralische Wohlanständigkeit und ideologische Angepaßtheit des Theaters, die offensichtlich kontrafaktisch ist. Daß die elisabethanischen Theater alle südlich der Themse, also außerhalb der City und ihrer Jurisdiktion erbaut werden mußten, kann als Sieg der Theaterfeindschaft der starken puritanischen Fraktion innerhalb des Magistrats gelten, und mit den Unruhen des Bürgerkriegs und der puritanischen Mehrheit im Parlament werden sie dann auch von 1642 bis zur Restauration ganz geschlossen bleiben.

Das Theater als immoralische Anstalt

Zensur und Pressefreiheit

Ein solch rigoroses Beschneiden der Freiheit öffentlicher Kommunikation ist jedoch weder für den Puritanismus in seiner Gänze noch für ihn allein typisch. Schließlich sehen sich puritanische Pamphletisten selbst immer wieder drastischen Verfolgungen und Zensurmaßnahmen ausgesetzt, und schließlich stammt die einschneidenste Verteidigung der Dichtung und des Theaters von einem der ihren – von Sidney, dem Gosson seine *Schoole of Abuse* gewidmet hatte und dem er in seiner *Defence of Poesie* antwortet. Noch eklatanter ist das Beispiel des Puritaners John Milton, der 1644 in seiner »Speech for the Liberty of Unlicensed Printing«, der *Areopagitica*, der presbyterianischen Mehrheit im Parlament die Ironie ihrer Position vorwarf, die darin bestehe, daß sie selbst sich nun jener Vorzensur aller zu druckenden Schriften bedient, die sie vorher der Römischen Inquisition und der *Star Chamber* William Lauds vorgeworfen hatte. Ein Buch zu töten, noch ehe es geboren ist, sei schlimmer als Mord: »who kills a man kills a reasonable creature, God's image; but he who destroys a good book, kills reason itself, kills the image of God, as it were in the eye.« Anstelle von Kontrollmaßnahmen setzt Milton auf einen freien Markt der Meinungen, auf dem sich »our richest merchandise, Truth« letztendlich durchsetzen wird. Es ist in einem puritanischen Pamphlet also, daß zum ersten Mal die modernen liberalen Prinzipien der Pressefreiheit ausformuliert werden, die nicht mehr von erzwungener Einheit des Denkens ausgehen, sondern von einer progressiven Konsensusbildung, die auf ihrer Suche nach Wahrheit auch durch Irrtümer und Umwege befördert wird.

Verteidigung der Dichtkunst

Nicht das geringste Verdienst des elisabethanischen Puritanismus um die Entwicklung der englischen Literatur besteht ironischerweise darin, daß seine radikale Fiktionskritik Apologien provoziert, die wesentlich zur Entwicklung einer Theorie literarischer Kommunikation und damit zur Legitimation von Dichtung beiträgt. Sidneys *Defence of Poesie* ist hier vor allem zu nennen, die auch deshalb zu so einschneidenden Neuansätzen kommen kann, weil sie von einem Puritaner *und* Hofmann, einem biblisch ebenso wie klassisch und im italienischen Neuplatonismus Gebildeten stammt.

Sidneys Auseinandersetzung mit den Puritanern ist auch eine mit den klassischen Autoritäten Aristoteles und Platon. Wie diese, sieht er den Poeten als einen *maker* und sein Tun als das der *imitation*. Als Macher gleiche der Dichter dem Schöpfergott, dem »heavenly maker«. In dieser Überhöhung des Dichters zum *alter deus*, zum prophetischen Künder göttlicher Wahrheit, der als »first light-giver to ignorance« selbst dem Philosophen und dem Geschichtsschreiber noch zeitlich und rangmäßig vorausschreitet, argumentiert Sidney in platonischen eher als aristotelischen Denkfiguren. Er verläßt aber platonische Denkbahnen an dem Punkt, an dem Platon die Dichtung als scheinhaft abwertet. An diesem Punkt fällt Sidneys Kritik an Platon mit seiner Zurückweisung puritanischer Angriffe auf die Dichtkunst zusammen und nähert sich dabei den neuplatonischen Argumenten der florentinischen Schule um Ficino an. Der Dichter sei kein Lügner, denn seine Fiktionen wollen gar nicht vordergründig geglaubt werden: »the poet, he nothing affirms and therefore never lieth«. Seine *imitation* sei auch nicht eine Nachahmung der bestehenden Wirklichkeit, sondern sie sei eine Projektion des Ideals selbst: »Her [Nature's] world is brazen [= ›erzen‹], the poets only deliver a golden.«

Didaxe und »delight«

Sidneys *Defence* ist das Manifest einer erfolgreichen literarischen Revolution (Alan Sinfield), das Programm für eine patriotische, protestantische, klassizistische Hofdichtung. Sie versucht, den protestantisch-humanistischen Nachdruck auf die didaktische Funktion der Dichtkunst mit der ästhetischen Kategorie des *delight* zu verbinden – eines *delight*, das die Fähigkeit der Dichtung noch erhöht, »to move men to take goodness in hand«. Da dieses Gute jedoch in politischen Begriffen der Loyalität gegenüber dem Monarchen, dem Staat und der Kirche definiert wird, dient auch diese ästhetisch vermittelte Didaxe weiterhin politischen Zielen.

Sidney geht in seiner *Defence of Poesie* beiläufig auch auf das Drama ein. Ansonsten aber vollzieht sich die einzigartige Blüte des elisabethanischen Theaters weitgehend in einem theoretischen Vakuum. Während das französische Theater der klassischen Periode sich im Kontext ausführlicher Diskus-

Klassizistische Normen und theatralischer Wildwuchs

sionen über die ästhetischen Normen und sozialen Funktionen des Dramas entwickelt, ist die elisabethanische Theaterblüte eher ein Wildwuchs. Klassizisten wie Sidney mögen darüber beredt Klage führen, und humanistische Gelehrte mögen die strengen aristotelischen Gattungsregeln der italienischen und französischen Renaissance-Poetiken den Dramatikern vorhalten und anempfehlen: Diese fahren weiter fort, komische und tragische Elemente in einem Stück nebeneinanderzustellen, auf eine systematische Fünf-Akt-Gliederung zu verzichten oder die »Drei Einheiten« von Raum, Zeit und Handlung zu mißachten. Aus heutiger Sicht war dies jedoch eher ein Vor- als ein Nachteil, denn gerade diese Unbekümmertheit um Regeln und Normen erlaubte eine Freiheit des Experimentierens, die der elisabethanischen Dramatik ihre lebendige Vielfalt gab. Sie ist damit formal ebenso offen wie in ihrer gesellschaftlichen Position zwischen einvernahmtem Medium herrschender Ideologie und Unruheherd subversiv-karnevalesker Umtriebe.

»public« vs. »private theatres«

Die hier beschriebene Situation gilt uneingeschränkt allerdings nur für die *public theatres* der elisabethanischen Zeit, deren Publikum sich aus allen Schichten der Gesellschaft rekrutierte, also für Dramatiker wie Marlowe und Shakespeare. In dem Maß nämlich, in dem das Theater stärker in den Bann der Hofkultur gerät und dann ab der Jahrhundertwende in *private theatres* sich zur Veranstaltung für eine gesellschaftliche Elite verengt, nehmen auch die programmatischen Äußerungen von Dramatikern über ihre Kunst und ein Bewußtsein für die Notwendigkeit von Regeln und Normen zu. Dies kündigte sich schon in den allegorischen Hofkomödien John Lylys (um 1554–1606) aus den achtziger und frühen neunziger Jahren an, die in ihren Prologen und Epilogen immer wieder über ihre höfische Funktion unterhaltsamer Belehrung oder idealisierender Huldigung reflektieren und ihre potpourrihafte Gattungsmischung schuldbewußt mit dem Hinweis auf die ebenfalls chaotischen Zeitläufe eines wirtschaftlichen und gesellschaftlichen Umbruchs entschuldigten: »If we present a mingle-mangle our fault is to be excused, because the whole world is become a Hodge-podge« (*Midas*, 1592).

Der eigentliche Antipode Marlowes und Shakespeares in dieser Hinsicht ist jedoch Ben Jonson. Während von Shakespeare keinerlei programmatische Äußerungen zu seinem Theaterschaffen überliefert sind, wenn man einmal vom Prolog zu *Henry V* und von binnenfiktionalen Thematisierungen des Theaters etwa im Zusammenhang mit dem Handwerkerspiel im *Midsummer Night's Dream* oder dem Spiel im Spiel im *Hamlet* absieht, versieht der Klassizist Jonson alle seine Komödien mit ausführlichen programmatischen Prologen oder, wie im Fall von *Every Man Out of His Humour* (1599), sogar mit kritischen Rahmendialogen, in denen er seine eigenen Stücke an den klassizistischen Normen für Drama, Komödie und Satire mißt oder sie in die Pflicht einer konservativen Gesellschaftskritik nimmt. Darüber hinaus hat er in seiner Sammlung von Notizen und Gemeinplätzen *Timber, or Discoveries* (1640–41 posthum veröffentlicht) eine antiken Quellen folgende Poetik und Dramentheorie vorgelegt. Hier werden klassizistische Normen gesetzt, die schon auf die gesellschaftliche und formale Normierung des Theaters in der Restaurationszeit vorausweisen.

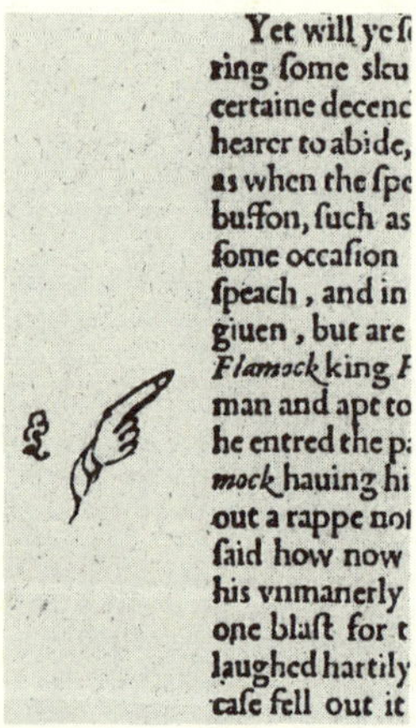
Yet will ye ſ
ring ſome slcu
certaine decenc
hearer to abide,
as when the ſpe
buffon, ſuch as
ſome occaſion
ſpeach, and in
giuen, but are
Flamockking
man and apt to
he entred the p
mock hauing hi
out a rappe no
ſaid how now
his vnmanerly
one blaſt for t
laughed hartily
caſe fell out it

Ausschnitt einer Seite aus Ben Jonsons persönlichem Exemplar von Puttenhams *Arte of English Poesie*; die hinweisende Hand stammt von Jonson selbst.

Man könnte diesen Prozeß als einen der Disziplinierung bzw. Selbstdisziplinierung beschreiben, und solche Prozesse lassen sich nicht nur im Bereich des Dramas und Theaters beobachten, sondern auch auf Ebenen jenseits der einzelnen Gattungen. Nehmen wir zum Beispiel die Rhetorik! Sie war im humanistischen Bildungswesen neu in den Mittelpunkt gerückt worden, und eine rhetorische Ausbildung gehörte so sehr zum Rüstzeug des Dichters oder Dramatikers, daß im 16. Jahrhundert die Poetik oder Dichtungstheorie noch weitgehend mit der Rhetorik zusammenfiel. George Puttenhams *The Arte of English Poesie* (1589), die wohl einflußreichste elisabethanische Poetik, ist auf weite Strecken hin eine rhetorische Lehre der *dispositio* (Aufbau, Gliederung) und des Ornats von Texten. Als höchstes Stilideal wird dabei in der humanistischen Rhetorik die *copia*, die abwechslungsreiche Fülle, gelehrt. Poetische und rhetorische Eloquenz erfüllen sich im reichen sprachlichem Ornat der Tropen und Figuren, in variierenden Wiederholungen, Amplifikationen oder Digressionen.

Rhetorik und Poetik

Bei allen stilistischen Unterschieden zwischen der hochartifiziellen »euphuistischen« Prosa Lylys, der burlesk vielstimmigen Pamphlete von Nashe, der »gezuckerten« Werbungsrhetorik der Sonettdichter, dem Bombast der Nachahmer Senecas, der »mighty line« Marlowes oder der subtil abgestuften Verskunst Shakespeares haben diese doch eines gemeinsam – einen sprachlichen Überschwang, der sich demonstrativ zur Schau stellt. Stilistische Einheitlichkeit, sprachliche Ökonomie oder Funktionalität der Mittel gelten gegenüber diesem Prinzip überbordender Fülle wenig, und die Vielfalt der Idiome, die in dieser sprachhistorischen Übergangsperiode nebeneinander existieren und in die literarischen Texte eingehen – vom gelehrten Griechisch und Latein über das modische Italienisch und ein mit *inkhorn terms* gespicktes Humanistenenglisch bis hin zur drastischen Umgangssprache von Gaunern und Marktweibern – kommt dem noch entgegen.

Sprachlicher Überschwang

Auch hier setzt jedoch eine Gegenbewegung ein. »Orthoepisten« versuchen, die Überfremdung des Englischen einzudämmen und schriftsprachliche Standards der Korrektheit durchzusetzen; Dramatiker wie Shakespeare und Jonson stellen rhetorischen Schwulst und neologistische Affektiertheit parodistisch bloß, und die Rhetorik selbst rückt Prinzipien der Funktionalität und der Angemessenheit *(decorum)* neu in den Vordergrund.

Wichtiger jedoch ist noch, daß sich in den Rhetoriken der Jahrhundertwende ein tiefgreifender Wandel in der Auffassung von Stil abzeichnete: In älteren Formulierungen, die sich durchaus auch noch bei Puttenham finden, wird Stil als der sprachliche Ornat verstanden, der Schmuck der Rede durch rhetorische Figuren, also als etwas der Rede Äußerliches, ihr in einem letzten Arbeitsgang Zugegebenes. Für Stil in diesem Sinn gilt dann: Je geblümter, desto besser und schöner. Daneben tritt nun aber, ebenfalls mit Rückgriff auf antike Quellen, eine andere Konzeption von Stil, die diesen an eine der Rede vorgängige Kategorie bindet, der persönlichen Eigenart des Sprechers. Stil in diesem Sinn ist dann, um wieder Puttenham zu zitieren, »the image of man (*mentis character*)«. Dies heißt für fiktionale Texte, daß Stil nicht mehr selbstzweckhaftes Ornament sein kann, sondern in den Dienst der Charakterisierung des fiktiven Sprechers genommen wird. In den Worten des Dramatikers Ben Jonson: »Language most shows a man: speak, that I may see thee«. In dieser modernen Auffassung von Stil, die schon auf Buffons berühmtes Diktum aus dem 18. Jahrhundert vorausverweist, »Le style est l'homme même«, wird Stil zu einer funktionalen Kategorie individueller Selbstdarstellung und bleibt damit immer an das Maß der einzelnen Person gebunden. Für die Literatur eröffnen sich hier Entwicklungsperspektiven, die gleichzeitig auf rhetorische Mäßigung und auf stilistische Individualisierung, und damit auf eine »realistischere« Wirklichkeitsnachahmung abzielen.

Stilwandel

Rhetorisch mäßigend, wenn nicht gar antirhetorisch, wirkt schließlich auch ein neuer Typ von Rhetorik, der seit den achtziger Jahren von Frankreich importiert wird, die Rhetorik des Calvinisten Petrus Ramus. Der Ramismus, zu dessen Anhängern in England auch Sidney gehört, löst die Rhe-

Neue Rhetorik

torik als eigenständige Disziplin auf, indem er zwei ihrer drei Hauptsparten, die *inventio* (die Lehre vom Finden von Argumenten) und die *dispositio*, völlig in eine Argumentationslogik überführt, und die dritte, die für den stilistischen Ornat zuständige *elocutio*, die in traditionellen Rhetoriken immer den Löwenanteil ausmachte, kaum der Rede wert findet. Seine Rhetorik ist damit eher eine Theorie des sachgemäßen, sachlichen und logischen als des gefälligen und durch seine Form beeindruckenden Redens, und als solche bestärkt sie jene Tendenzen eines *plain style*, wie sie sich vor allem in der puritanischen Predigt und in der neuen wissenschaftlichen Sachprosa durchzusetzen beginnen.

»plain style«

Realprosa und Weltaneignung

Entgegen einem weit verbreiteten Vorurteil ist Prosa nicht etwas, das der Dichtung entwicklungsgeschichtlich vorausgeht und ihr im ästhetischen Rang nachsteht. Erst ein entwickelter Stand des literarischen Systems machte vielmehr in der frühneuenglischen Literatur eine kunstvolle Prosa als Medium der Weltaneignung möglich. Und von einem humanistischen Verständnis her gehört sie zum Kernbereich der Literatur, auch wenn sie als nicht-fiktionale und prosaische am Rande eines späteren, engeren Literaturverständnisses angesiedelt ist und in Literaturgeschichten meist in einen Anhang relegiert wird.

Angesichts der Fülle der Texte und Gattungen – Predigt und Pamphlet, Historiographie, Biographie, Autobiographie und Brief, Traktat und Polemik usw. usw. – werden wir zwei Gattungen der »Realprosa« exemplarisch herausgreifen, die dieses Prädikat in besonders sinnfälliger Weise verdienen: den Reisebericht und den Essay. Beide stehen in funktionalem Zusammenhang mit jenem empirischen und offeneren Zugang zur Wirklichkeit, wie er für das Denken der Frühen Neuzeit wegweisend ist; beide sind thematisch auf die rasanten Veränderungen der Erfahrung des Selbst, der physikalischen Realität und der gesellschaftlichen und ökonomischen Wirklichkeit bezogen; und beide sind zwar keine völlig neuen Gattungen, kommen aber doch gerade in unserem Zeitalter als Gattung zu sich und schaffen für die ganze Neuzeit modellbildende Muster.

Die Vertextung der Neuen Welt

Englische »ventures« in Übersee

England war aufgrund innerer Schwierigkeiten spät in den Wettlauf um die Erschließung, Ausbeutung und Inbesitznahme der »neuen« Welten im Süden, Osten und Westen eingetreten. Während die katholischen Rivalen bereits im späten 15. Jahrhundert den Grund für ihre Kolonialreiche gelegt hatten, wendet sich die Londoner *Company* of *Merchant Adventurers* erst in der Mitte des 16. Jahrhunderts dem Überseehandel, der Erschließung neuer Ressourcen und Märkte, und dem inoffiziellen Kaperkrieg gegen die reich mit Gold und Silber beladenen spanischen und portugiesischen Galeonen zu. *Adventures* oder *ventures* sind diese Unternehmungen nicht nur im Sinn der Gefahren, die auf unbekannten Meeren und von gut gerüsteten Gegnern drohen; sie sind es auch im ökonomischen Sinn eines nie sicher zu kalkulierenden Investitionsrisikos, auf das sich die Aktionäre – darunter meist auch die Krone – bei diesen privatkapitalistisch organisierten Projekten einlassen. (Noch in Shakespeares *Merchant of Venice* schwingt dieser reiche Doppelsinn von romantischer Aventiure und ökonomischem Risiko bei der leitmotivischen Verwendung des Worts *venture* immer mit.)

Früher Kolonialismus

Gerade weil diese Kaperfahrten ökonomisch so lukrativ sind, dauert es eine geraume Weile, bis man von solch sporadischen und improvisierten Einzelaktionen zu den aufwendigeren Versuchen übergeht, feste Stützpunkte an den fernen Küsten zu etablieren und Kolonien, *plantations*, zu gründen. Trotz dabei auftretender Schwierigkeiten schreitet jedoch vom frühen 17. Jahrhundert an der Ausbau englischer Kolonialmacht in »both Inds«, dem ursprünglichen Indien im Osten und dem auf dem Westweg dahin entdeckten »Westindien« Amerika, kontinuierlich voran, und das Commonwealth der Jahrhundertmitte ist bereits eine imperialistische Macht mit Kolonien in Nordamerika und auf den Bermudas und Barbados, mit Handelskontoren in Bengalen und Madras und einem florierenden Sklavenhandel zwischen Schwarzafrika und Nordamerika.

Welche Rolle spielen nun Texte in diesem historischen Prozeß? Zunächst bedarf es zur aussichtsreichen Verfolgung dieser primär macht- und handelspolitischen Ziele genauerer und zuverlässigerer Reisebeschreibungen als jene, über die das Mittelalter verfügte. Die einem Sir John Mandeville zugeschriebenen und aus älteren Quellen geschöpften *Travels* aus dem 14. Jahrhundert, die unbekümmert Faktisches mit Phantastischem mischten und von bemerkenswerter geographischer Vagheit waren, reichen da offensichtlich nicht mehr hin. Um hier zu größerer Zuverlässigkeit zu gelangen, bedarf es

Gerhard Mercators berühmte Weltkarte von 1569. Eine solche Karte neueren Typs hat Shakespeares Maria in *Twelfth Night* im Sinn, wenn sie Malvolios Gesicht mit »the new map with the augmentation of the Indies« vergleicht (III, ii).

nicht nur der Trennung des empirisch Beobachteten von phantastischen Erfindungen, sagenhaft Überliefertem und nur vom Hörensagen Bekanntem; es bedarf auch einer differenzierteren Sprache, das beobachtete Fremde darzustellen, also einer neuen, »realistischeren«, d.h. sich detailliert auf die neuen Realitäten einlassenden Prosakunst. Die wichtigste englische Sammlung solcher Reiseberichte stammt aus den Jahren unmittelbar nach dem Armada-Sieg, nämlich die 1589 erschienenen und von 1598 bis 1600 auf drei große Foliobände erweiterten *Principal Navigations, Voyages, Traffiques and Discoveries of the English Nation* des Geistlichen Richard Hakluyt (1552–1616), die 1615 in Samuel Purchas' *Hakluytus Posthumus, or Purchas his Pilgrims* eine ergänzende Fortsetzung finden.

Das Prosaepos der modernen englischen Nation

Gerade in solchen Kompilationen wird eine weitere Funktion der frühneuzeitlichen Reiseberichte deutlich: Sie dienen nicht nur der Information, sondern mindestens ebenso der Propaganda, der Motivation zur großen nationalen Anstrengung, durch *discoveries* und *plantations* das Reich des – protestantischen – Gottes und seines englischen Monarchen zu erweitern und zu stärken. Denn diese Entdeckungsfahrten sind ja noch nicht die Forschungsreisen des 18. Jahrhunderts, die, zumindest vorgeblich, eine selbstzweckhafte Mehrung des systematischen Wissens über die Länder und Völker verfolgen: Wissen und Information steht hier noch in einer ganz unmittelbaren Zweckrelation zur Bewältigung der praktischen Probleme der Navigation und Landnahme. Um dazu motivieren zu können, müssen die Reiseberichte diese Probleme als lösbar und als lösenswert darstellen, müssen sie das Fremde als beherrschbar und beherrschenswert beschreiben. Diese propagandistisch motivierende Funktion stellt schon ein zeitgenössischer Dichter, Michael Drayton, in seiner Ode »To the Virginian Voyage« (1606) in einer abschließenden Huldigung an Hakluyt heraus –

> Thy voyages attend,
> Industrious Hackluit,
> Whose reading shall inflame
> Men to seek fame –,

und noch der viktorianische Historiker J.A. Froude feiert im Brustton patriotisch-imperialistischer Überzeugung die Hakluytsche Sammlung als »the prose epic of the modern English nation«.

Liest man die englischen Reiseberichte in der Hakluytschen Sammlung in ihrer chronologischen Folge, dann fällt auf, wie sich im Verlaufe des 16. Jahrhunderts die Texte von oft anonymen und subjektlosen, Distanzen, klimatische Verhältnisse und besondere nautische Vorkommnisse kurz notierenden Logbuch-Eintragungen (*rutters*) zu einlässigen Reiseberichten entwickeln, in denen ein identifizierbares und im Text selbst sich kundgebendes Subjekt erzählt, beschreibt und reflektiert und sich dabei einer differenzierten, detailliert auf die fremde Wirklichkeit eingehenden Prosa von literarischem Anspruch bedient. Man kann damit an diesen Texten auch die Herausbildung einer spezifisch frühneuzeitlichen Subjektivität studieren – eine Subjektivität, die sich gerade an der Auseinandersetzung mit dem immer gleichzeitig lockenden und bedrohlichen Fremden formt, die andererseits aber immer noch eine von oft widersprüchlichen pragmatischen Zwecken bestimmte Gruppenidentität bleibt und noch nicht die um innere Geschlossenheit und Kohärenz ringende moderne Individualität des Subjekts.

Das Subjekt und die Erfahrung des Fremden

Aus dem Textmeer der etwa fünfeinhalb Millionen Wörter, die die Sammlungen von Hakluyt und Purchas ausmachen, müssen hier zwei Tropfen genügen, diese besondere Qualität der Vertextung der Neuen Welt zu veranschaulichen. Beide Beispiele handeln von der Begegnung mit den Menschen der Neuen Welt, einer besonders verunsichernden Erfahrung, weil sie von den unterschiedlichsten mythischen Erwartungen – die *savages* als Satansgeschöpfe, als verfluchte Nachfahren Kains oder Chams, als Tiere, Halbmenschen oder aber als Menschen im Zustand paradiesischer Unschuld – vorgeprägt war.

Drake und die Indianer

Francis Drake, in der distanzierten dritten Person über seine Erfahrungen berichtend, beschreibt die Indianer Kaliforniens in einer, angesichts solcher mythischer Vorprägungen, erstaunlich sachlichen Art und Weise, die Verteufelung ebenso wie Idealisierung meidet. Sein Blick auf sie ist der des Kolonisators, der ihre Eigenart studiert, um die Möglichkeiten und Chancen der Herrschaft über sie abschätzen zu können. Nichts wird durch herabsetzende Beiwörter abgewertet; andererseits versucht er aber auch nirgendwo, in ihre Vorstellungswelt oder Sprache einzudringen: Ihr Kazike ist ihm einfach ihr »king«, so als gäbe es keinen Abgrund zwischen ihrer beider Kulturen und Sprachen. Ein solcher wird eher von den Indianern wahrgenommen, denn Drake widerfährt hier, was schon Columbus widerfahren war – und was Shakespeare im *Tempest* den betrunkenen Seeleuten durch Caliban widerfahren läßt: »they supposed us to be gods, and would not be persuaded to the contrary«. Sicher eine peinliche Erfahrung für den frommen Protestanten Drake, der überall hin mit dem puritanischen Hausbuch, John Foxes *Actes and Monuments* (1563), dem Martyrologium der englischen Reformation, reist! Sicher aber auch ein willkommenes Mißverständnis, sichert es doch dem Kolonisatoren von vornherein günstige Autoritätsverhältnisse! Die Eingeborenen brauchen dann auch gar nicht erobert zu werden: Sie selbst bitten Drake ausdrücklich darum, »that he would take their province into his hand, and become their king.« Der Landnahme in Namen der Königin und der symbolischen Taufe zum *Nova Albion* steht damit nichts mehr im Wege. Die ganze Erzählung ist darauf ausgerichtet, diese Besitzergreifung so einfach und legitim wie möglich erscheinen zu lassen und die Eingeborenen als wertvolle zukünftige Untertanen darzustellen.

Sir Walter Ralegh (um 1554–1618), Förderer Hakluyts und unermüdlicher Propagandist und Propagator kolonialistischer Unternehmungen, segelt 1595 auf der Suche nach dem legendären El Dorado über dreihundert Meilen den Orinoco-Fluß hinauf. Sein Bericht darüber, *The Discoverie of the Large, Rich, and Beautifull Empire of Guiana*, will Elisabeth und ihre Amtsträger davon zu überzeugen, daß er hier »a better Indies for her Majesty than the King of Spain hath any« gefunden habe. Dem dient die Häufung immer neuer praktischer, ökonomischer, politischer und religiöser Argumente für dieses Projekt ebensosehr, wie es die leuchtenden Farben der Schilderung Guyanas und die spannende Erzählung der Schwierigkeiten und Schwierigkeitsbewältigungen tun.

Arkadien in der Neuen Welt

Das Bild der Landschaft, das Ralegh malt, trägt deutlich arkadische Züge. Es ist Paradies und Verheißenes Land in einem, und seine friedfertigen Bewohner ernähren sich wie vor dem Sündenfall von dem, was die Natur in üppigem Überfluß von selbst hervorbringt. Sie sind auch keine ungeschlachten Wilden, sondern von schöner Gestalt und kultivierten, wenn auch fremden Manieren. Raleghs Erzählstrategie zielt offensichtlich darauf ab, die Differenz zur englischen Landschaft und zu englischen Vorstellungen menschlicher Schönheit so weit wie möglich herunterzuspielen bzw. sie im Sinn utopischer Idealität zu verklären. Dies ist nur ein Beispiel für das, was diese Texte durchgehend belegen: Auch der auf die empirische Realität

Die Zeichnungen, die der englische Maler John White im Auftrag Raleghs 1585/6 in Virginia anfertigte, gehören zu den frühesten Darstellungen der Bewohner der Neuen Welt, die von einem professionellen Künstler vor Ort festgehalten wurden. Theodor de Brys vorzügliche Serie von Stichen nach Whites Zeichnungen wurde in ganz Europa bekannt; sie idealisieren allerdings Whites erstaunlich realistische Portraits.

gerichtete Blick projiziert Vorerwartungen und konstituiert damit erst die wahrgenommene Realität.

Projektion und Selbstreflexion

Die Vertextung der Neuen Welt zeigt die engen Grenzen »objektiven« Wahrnehmens auf: Jedes Wahrnehmen des Fremden erscheint vorstrukturiert durch die Erwartungen und Interessen, die Normen und Wirklichkeitspostulate des Wahrnehmenden. Das gilt immer und allgemein, hat aber bei der frühneuzeitlichen Begegnung mit den fremden Kulturen besonders einschneidende Konsequenzen. Diese Begegnung wurde zum archimedischen Punkt abendländischer Selbstreflexion, und sie ist es bis zu unserer Gegenwart geblieben. Was diese »proto-anthropologischen« Texte als Problem aufwerfen, ist nichts Geringeres als die Frage nach dem Verhältnis von Natur und Kultur, oder, auf gut Elisabethanisch, von *nature* und *nurture*: die Frage, ob der Naturzustand ein Leben in paradiesischer Unschuld und sinnlicher Daseinsfülle sei oder aber, wie Thomas Hobbes im *Leviathan* (1651) unterstellt, »solitary, poor, nasty, brutish, and short«; ein Goldenes Zeitalter, dem gegenüber die europäische Kultur als spätzeitlicher Niedergang erscheint, oder aber animalische Primitivität und sündige Triebverfallenheit, die kultureller Verfeinerung und Disziplinierung bedürfen. In den Reiseberichten aus der Neuen Welt finden sich beide Versionen, ja stehen sie oft in unüberbrückter Widersprüchlichkeit nebeneinander. Und sie können nebeneinander stehen, weil sie beide der kolonialistischen Argumentation dienen – der Edle Wilde, weil er sich leicht in abendländische Kultur integrieren läßt, der Böse Wilde, weil er zivilisatorischer Disziplinierung bedarf.

Der Edle und der Böse Wilde

Da diese europäisch-überseeische Begegnung in so spektakulärer Weise so einschneidende Fragen aufwirft, bleibt ihre Thematisierung auch nicht der Realprosa von Reiseberichten vorbehalten. Sie dringt vielmehr in alle Gattungen ein und verleiht klassischen Mythen wie denen des Goldenen Zeitalters, Arkadiens oder der Insel Atlantis und den christlichen Mythen des Paradieses und des Verheissenen Landes eine neue Dringlichkeit. Utopischer Glanz aus der Neuen Welt fällt nicht nur auf die Utopie, die oft im Kontext der Entdeckungsreisen angesiedelt ist, sondern auch auf die Pastorale, das

Epithalamium, ja selbst auf Miltons Epos vom *Paradise Lost* und *Regained*. John Donne, der selbst zweimal bei Expeditionen nach Cádiz und auf die Azoren mitgesegelt ist, aktualisiert mit dem Diskurs der *discoveries* seine Liebesdichtung über die konventionelle petrarkistische Seefahrtsallegorie hinaus. In »The Good Morrow« verwerfen so die Liebenden um des »little room« ihrer selbstversunkenen Zweisamkeit willen die ganze große Welt bis hin zu den fernsten Horizonten der Neuen Welten. In der neunzehnten seiner Liebeselegien, »To His Mistress, Going to Bed«, bringt dies Donne in einer besonders gewagten Wendung der Metapher auf den erotischen Begriff – hier wird die Geliebte selbst zur Neuen Welt, die es zu entdecken, erforschen, in Besitz nehmen gilt:

Erotische Entdeckungen

> Licence my roving hands, and let them go,
> Before, behind, between, above, below.
> O my America, my new found land,
> My kingdom, safeliest when with one man manned,
> My mine of precious stones, my empery,
> How blessed I am in this discovering thee!

Der Essay und die politische Weltklugheit

Auch Francis Bacon geht in seinen wissenschaftsprogrammatischen Schriften mehrmals auf die Entdeckung und Kolonisierung der Neuen Welt ein und widmet ihnen den Essay »Of Plantations« seiner *Essays or Counsels, Civil and Moral* (1625). Hier geht es ihm freilich nicht um den möglichen Erkenntnisgewinn, sondern – charakteristisch für seine Essays – um praktisch-pragmatische Aspekte der Gründung überseeischer Kolonien. Er kann dabei schon die Lehre aus den schmerzlich gewonnenen Erfahrungen einer ganzen Reihe gescheiterter englischer Kolonisierungsprojekte ziehen: Kolonisiere vor allem unbesiedeltes, jungfräuliches Land, damit es Dir nicht ergeht wie den englischen Siedlern im alles andere als jungfräulichen Virginia! Hoffe nicht auf schnellen Gewinn, sondern entwickle planvoll die Ressourcen des Siedlungsgebiets! Herrsche dort mit strenger Hand über die Siedler, aber behandle die *savages* »justly and graciously, with sufficient guard nevertheless«! – dies sind einige der »Counsels, Civil and Moral«, die Bacon zu geben weiß. Als »zivile« oder »politische«, und das heißt im Frühneuenglischen immer auch »weltkluge«, Ratschläge sind sie durchaus treffsicher und beherzigenswert; vergleicht man jedoch Bacons Ausführungen mit den weit ausholenden und kultur- und selbstkritisch einschneidenden Reflexionen Montaignes zu diesem Thema in dessen Essay »Über die Kannibalen«, so wirken sie enttäuschend eng und pragmatisch.

Francis Bacon, Philosoph, Jurist und Essayist, im vollen Ornat seiner öffentlichen Rolle als Kanzler des Reichs

Überhaupt wird jeder Leser der Essays Bacons, der von der Lektüre derer Montaignes herkommt und sich aufgrund der selben Gattungsbezeichnungen auch dasselbe erwartet, enttäuscht sein. Bacon hatte zwar von Montaignes *Essais* (1580/88, engl. Übersetzung 1603) den Gattungsbegriff und Titel entlehnt, als er 1597 seine erste Sammlung der *Essays* herausbrachte und damit den Begriff auch in England einbürgerte, aber kaum mehr. Er zitiert auch in seinen Essays nur ein einziges Mal den großen Franzosen, und in einer geplanten Widmungsschrift an Prinz Heinrich (1612) betont er, daß seine eigenen Vorbilder in der Antike liegen: »The word is late [neu], but the thing is ancient; for Seneca's Epistles to Lucilius, if you mark them well, are but Essays; that is, dispersed meditations«. Relativiert Montaigne in immer

Montaigne und Bacon

neuen perspektivischen Abschattungen seines Gegenstands herkömmliche Anschauungs- und Bewertungsschemata, ohne neue Normen setzen zu wollen, und wird er sich dabei selbst immer wieder zum eigentlichen Gegenstand seiner essayistischen Reflexion, so entwirft Bacon in unpersönlicher Distanziertheit allgemeingültige Maximen weltklugen Verhaltens. Die rückhaltlose Selbstbefragung und Selbsthinterfragung, die Montaigne zum Muster moderner Subjektivität gemacht haben, findet sich auch außerhalb von Bacons Essays in der zeitgenössischen englischen Literatur kaum – weder im Essay noch in der zeitgenössischen Brief-, Tagebuch- und Memoirenliteratur einer Dorothy Osborne oder eines Lord Herbert of Cherbury. Selbst Samuel Pepys berühmtes *Diary*, 1660, also unmittelbar nach unserem Zeitraum einsetzend, ist weniger nach innen gewandt als auf die äußere, die gesellschaftliche Welt gerichtet, die er als Karrierist genau beobachtet.

Maximen weltklugen Verhaltens

Gemeinsam ist den beiden großen Essayisten der Frühen Neuzeit jedoch der Ausgangspunkt – das unvoreingenommene Beobachten menschlichen Verhaltens, sei dieses nun privat oder politisch. Im Ausgehen von *observations*, einem Schlüsselwort in Bacons Essays, liegt der spezifisch moderne Ansatz dieser Gattung, deren Name »Essay«, d.h. »Versuch«, ja schon programmatisch jene Offenheit gegenüber der Erfahrungswirklichkeit herausstellt, die auch den naturwissenschaftlichen Versuch, das Experiment, kennzeichnet. Die essayistische Denkform ist damit eine tentative, spekulative. Hierin liegt der innere Zusammenhang zwischen Bacons Wissenschaftsprogrammatik und seinen Essays. Hier wie dort fragt er nach dem Verhältnis von Ursache und Wirkung und geht auch nicht davon aus, wie der Mensch sein soll, sondern wie er wirklich ist.

Essay – Versuch – Experiment

In dieser Haltung weltkluger *policy*, die selbst Verstellung, Ausflüchte und Intrigen in Hinblick auf das angestrebte Handlungsziel rechtfertigt (vgl. »Of Truth«, »Of Simulation and Dissimulation«, »Of Cunning«), fließen Bacons eigene staatsmännische Erfahrungen mit Einflüssen der Staatsphilosophie Machiavellis zusammen, die ja auch moralische Imperative in pragmatisch bestimmte Verhaltensregulative auflöst. Selbst wenn Bacon von emotional aufgeladenen privaten Themen handelt, wie etwa in »Of Marriage and Single Life«, »Of Love« and »Of Friendship«, bleibt sein Stil von einer emotional unterkühlten, die traditionellen idealisierenden Diskurse unterlaufenden Nüchternheit, und auch die religiöse Beziehung zwischen Mensch und Gott, rückt er ausschließlich in eine politisch-soziale Perspektive. Nicht, was ihm die Bindung an Gott bedeutet, steht zur Debatte, sondern allein der Nutzen religiöser Einheit für das Gemeinwesen.

Stil und Denkform

Nicht nur thematisch und in der Intention, auch stilistisch und strukturell stellen die Essays Bacons ein Kontrastmodell zu denen Montaignes dar. Bei Montaigne dominieren eine kunstvoll kolloquiale Diktion und ein assoziatives Umkreisen seines Gegenstands, das die Bewegung des Denkens selbst vorführt, den Prozeß betont und nicht das Resultat; Bacons Darstellungsweise drängt dagegen zu sentenzenhafter Pointierung und systematisch gegliedertem Aufbau. Oft setzen sie mit einer pointierten Definition ein – »Revenge is a kind of wild justice« (»Of Revenge«) – oder, wie im Essay »Of Truth«, mit einem verblüffenden *medias in res*: »*What is Truth?* said jesting Pilate, and would not stay for an answer.« Ihre epigrammatische Prägnanz und ihre ausgewogenen, maßvollen und immer logisch funktionalen syntaktischen Symmetrien und Antithesen bedeuten in der Geschichte der englischen Kunstprosa eine Neuorientierung am schlichteren Stil der philosophischen Schriften Senecas, gegenüber den von den frühen Humanisten bewunderten, ausladenden und syntaktisch verschachtelten Perioden Ciceros. Der klar gegliederte Dreischritt, der dem Essay »Of Studies« seine syntaktische und argumentative Form gibt, mag dies belegen:

> Studies serve for delight, for ornament, and for ability. [...] To spend too much time in studies is sloth; to use them too much for ornament is affectation; to make judgement wholly by their rules is the humour of scholars. [...] Some books are to be tasted, others to be swallowed, and some few to be chewed and digested [...].

Bacons Rationalität spiegelt sich in der Transparenz der syntaktischen Ordnung, und die Schlichtheit der Perioden, der Wortwahl und der Metaphern reflektiert sein didaktisches Bemühen, sich dem Leser unmittelbar verständlich zu machen.

Ein Emblem als Titelblatt der *Religio Medici*: Den von der Klippe Stürzenden hält die rettende Hand Gottes. Die lateinische Inschrift verdeutlicht den Sinn: »Vom Himmel kommt Rettung«.

Bacons *Essays* sind damit ein prominentes Beispiel für jenen *plain style*, der im 17. Jahrhundert den manierierten Prosastil pedantischer Gelehrtheit und die Wortverliebtheit des Euphuismus abzulösen begann. Auch dies ist ein Prozeß der Modernisierung, doch wieder sollte man sich diesen Prozeß nicht als einen linearen vorstellen, der zielstrebig von Bacon zur *Royal Society* und ihrem Programm einer wissenschaftlich klaren, metaphernlos eindeutigen Sprache geführt hätte. Schon der englische Autor, der dem Geist Montaignescher Essayistik am nächsten steht, Sir Thomas Browne (1602–1682), wich deutlich von dieser Linie ab. Seine *Religio Medici* (1642–1643) ist zwar die Schrift eines Naturwissenschaftlers, eines praktizierenden Arztes, der in Oxford und auf dem Kontinent Medizin studiert hatte; ihr Stil jedoch erinnert mehr an die komplexe Metapherndichte und kühne Syntax der *Metaphysical Poets* (s. u. S. 103–107) als an den *plain style* des modernen wissenschaftlichen Diskurses.

Der Titel, »Die Religion des Arztes«, zwingt in paradoxer Spannung die beiden gegenläufigen Koordinaten im Denken Thomas Brownes zusammen, die Theologie und die Naturwissenschaft. Sie in Einklang, oder zumindest in einen gewissen Ausgleich miteinander zu bringen, ist das Anliegen der Bekenntnisschrift des Fünfundzwanzigjährigen. Was ihn in seinem »Versuch« einer persönlichen Standortbestimmung mit den Essays des sehr viel weltlicheren und religiös eher desinteressierten Montaigne verbindet, sind eine Haltung gelassener Toleranz und die Bereitschaft zu ehrlicher Selbsterforschung. Das eine ist die Bedingung des anderen, denn eine selbstkritische Skepsis den eigenen Einstellungen gegenüber verbietet von vornherein doktrinären Fanatismus: »I could never divide my self from any man upon the difference of an opinion, or be angry with his judgement for not agreeing with me in that from which perhaps within a few days I should dissent my self.« Wie Montaigne ist er sich selbst der zentrale Gegenstand seiner Reflexion, und dies nicht aus Egoismus, sondern weil jeder Mensch ein Mikrokosmos der Welt ist, als »Amphibium« von Körper und Geist an allen Wirklichkeitsbereichen teilhat und daher die Selbsterforschung den unmittelbarsten und vollständigsten Zugang zur wunderbaren Vielfalt der Welt erschließt:

Der Essay als Kosmographie und Anatomie des Selbst

> We carry with us the wonders we seek without us: there is all Africa and her prodigies in us; we are that bold and adventurous piece of Nature, which he that studies wisely learns in a compendium what others labour at in a divided piece and endless volume.

Die fünfundsiebzig Kurzessays, die diesen Versuch einer Selbstorientierung ausmachen, entfalten daher eine »Cosmography of myself« oder, in einer ebenfalls an die moderne Naturwissenschaft anknüpfenden Metapher, »the true Anatomy of my self«. Es ist diese subjektive Empirie des eigenen Ich, die seine Prosa zur Realprosa macht, zu Reiseberichten ins »innere« Afrika, und sie uns in Verbindung bringen läßt mit den neuen Diskursen der »beobachtenden Vernunft« (Sergio Moravia). Die naturwissenschaftlichen Realien selbst, die in Brownes Reflexionen eingehen, werden dagegen eher entrealisiert: Sie sind ihm nicht naturwissenschaftlich bedeutsam, sondern als Hieroglyphen metaphysischer Wahrheiten. Wenn er z.B. die »strange and mystical transmigrations« der Seidenraupe als Emblem, ja Chiffre der Auferstehung von den Toten liest, steht er noch ganz in jenem Denken in Analogien, das Bacon der Frühen Neuzeit austreiben wollte.

Zwischen Analogiedenken und beobachtender Vernunft

Nirgendwo aber ist Browne dogmatisch, weder als Naturwissenschaftler noch als Gottsucher. Nach sorgfältigem Abwägen der anatomischen und biologischen Befunde läßt er skeptisch die Frage offen, ob nun die Seele gänzlich anorganisch sei, und in die vertracktesten Probleme theologischer Spekulation stürzt er sich mit einer argumentativen Lust, die nicht auf Problemlösung aus ist, sondern ihre Erfüllung in der Hingabe an das Geheimnis findet: »I love to lose my self in a mystery, to pursue my Reason to an *O altitudo*!« In einer Zeit, in der auf dem Festland der Dreißigjährige Krieg tobt und in England sich die konfessionellen und politischen Spannungen zum Bürgerkrieg zuspitzen, ist seine Stimme die eines einsamen Rufers der Toleranz und Konzilianz, und noch die Aufklärer erkannten über alle Unterschiede im Denk- und Sprachstil hinweg Thomas Browne als einen der ihren. (Werner v. Koppenfels)

Das beredte Ich: Poetische Rollenspiele

Literaturgeschichte schreiben heißt auch, Geschichten erzählen. Und da bei Geschichten immer Werte und Normen auf dem Spiel stehen, heißt Literaturgeschichte schreiben immer auch werten, und sei es auch nur implizit durch die Auswahl der Texte und Autoren, durch ihre Gewichtung oder die besondere Perspektivierung, die sie im Rahmen von Geschichten des Aufstiegs oder Niedergangs erhalten.

Die Umwertung aller Werke

Die Lyrik unseres Zeitraums gibt dafür ein Paradebeispiel ab. Blickt man etwa in Francis Turner Palgraves erzviktorianische Gedichtanthologie *The Golden Treasury* (1861), die bis weit ins 20. Jahrhundert hinein das maßgebende Hausbuch englischer Lyrik blieb, fällt sofort auf, wie sehr hier ein bestimmter Typ von elisabethanischer Lyrik dominiert – die Lyrik eines *Merry Old England*, in der Nachtigallen schlagen und Schäfer einander ihr Liebesleid klagen, gekünstelt simpel im Ton oder aber geziert mit allen Kunstblumen der Rhetorik. Vieles von dem, was Palgrave hier als mustergültig für die englische Renaissancedichtung herausstellt, wird dann einige Gelehrtengenerationen später, etwa in C.S. Lewis' Band der *Oxford History of English Literature* (1954), als »mausgraue« Pedanterie oder poetischer Leerlauf abgewertet. Andererseits gibt es eine Gruppe von Dichtern der spätelisabethanischen und Stuart-Zeit, die bei Palgrave noch kaum vorkommen, in modernen Literaturgeschichten und Anthologien jedoch eine Schlüsselposition einnehmen: *Metaphysical Poets* wie John Donne und Thomas Carew. Seit ihrer philologischen Erschließung durch den Literaturhistoriker H.J.C. Grierson in der Anthologie *Metaphysical Lyrics and Poems* (1921), vor allem aber seit der Dichter-Kritiker T.S. Eliot in einem vielbeachteten Essay, »The Metaphysical Poets« (ebenfalls 1921), sie als die letzte große Dichterschule vor dem Einsetzen einer fatalen, weil Sinne, Gefühl und Verstand trennenden *dissociation of sensibility* entdeckt und sie damit zu Vorläufern modernistischer Dichtungspraxis befördert hat, stellen sie die Klassiker der elisabethanischen Lyrik so sehr in den Schatten, daß die Literaturwissenschaft erst in jüngster Zeit wieder tragfähige Zugänge zu ihr findet.

Zeitgenössische Konstruktionen der Dichtungsgeschichte

Die englische Renaissance ist nicht nur eine Blütezeit der Lyrik, sondern auch der Musik. Komponisten wie William Byrd, John Dowland, Thomas Morley und Orlando Gibbons vertonen Lautenlieder und Madrigale und demonstrieren damit den engen Zusammenhang von Lyrik und Musik, der den Elisabethanern noch ganz selbstverständlich ist.

Schon die Poetiken des 16. Jahrhundert hatten in ihrem Bemühen um die Legitimierung und die Hebung des Standards einer volkssprachlichen Nationalliteratur erste Entwürfe zur Geschichte der englischen Dichtung vorgelegt – nicht ohne ihr damit gleichzeitig auch Entwicklungsperspektiven für die Zukunft vorzuzeichnen. Wenn Richard Tottel 1557 sein *Miscellany* veröffentlicht, will er mit dieser späten Drucklegung von Gedichten Surreys und Wyatts den Beweis erbringen, daß »our tongue is able to do as praiseworthily as the rest« (d.h. das Lateinische oder Italienische), und will er die zeitgenössischen englischen Dichter dazu anregen, durch das Studium dieser Vorbilder aus der Zeit Heinrichs VIII. ihre Gedichte von aller »swinelike grossness« zu reinigen. Auch für Puttenham in den späten achtziger Jahren ist diese »new company of courtly makers«, die gegen Ende der Herrschaft Heinrichs hervorgetreten war, Auftakt und Vorbild der neuen englischen Nationaldichtung. *Seine* Geschichte hat jedoch bereits ihr patriotisch-tudortreues Happy-End in einer neuen »crew of courtly makers« unter Elisabeth gefunden.

Sidney dagegen, den Puttenham als einen der Herausragendsten unter ihnen nennt, sieht dies in seiner *Defence of Poesie* wesentlich pessimistischer: Für ihn ist das England der achtziger Jahre immer noch den Dichtern eine harte Stiefmutter, und von der englischen Dichtung nach Chaucer läßt er nur die »many things tasting of a noble birth, and worthy of a noble mind« in Surreys Gedichten, einige »beautiful parts« im *Mirror for Magistrates* und, mit Vorbehalten, Spensers *Shepheardes Calender* gelten. Nicht nur, daß sie es versäume, wie es einer reformierten Muse anstünde, zum öffentlichen und privaten Nutzen »the immortal goodness of that God who giveth us hands to write and wits to conceive« zu preisen; auch als profaner Liebeslyrik ermangele es ihr an »forcibleness or *Energeia*«, an Bewegtheit und Überzeugungskraft:

> But truly many of such writings as come under the bannner of unresistible love, if I were a mistress, would never persuade me they were in love; so coldly they apply fiery speeches, as men that had rather read lovers' writings, and so caught up certain swelling phrases [...], than that in truth they feel those passions [...].

»Energeia« und Originalität

Für Sidney steht die zeitgenössische englische Dichtung ganz offensichtlich noch nicht an einem End- und Gipfelpunkt, sondern erst am Anfang. Alles ist erst noch zu tun: Vor allem ist sie aus der humanistischen Praxis einer schulmäßigen *imitation* kanonisierter Vorbilder zu befreien und mit der Kraft lebendig erfahrener Gedanken zu erfüllen. Es ist kein ganz müßiges Denkspiel sich zu fragen, wie sich Sidney etwa John Donnes »Songs and Sonets« (erstmals als Sammlung 1633 veröffentlicht) im Licht dieser Programmatik der *Defence of Poesie* dargestellt hätten. Thomas Carew jedenfalls sieht sie deutlich als Einlösung dieser Forderung nach größerer Originalität und Kraft des Gedankens. In seiner »Elegy upon the Death of Doctor Donne, Dean of Paul's« (1633) feiert er diesen in eben solchen Begriffen:

> The Muses' garden with Pedantic weeds
> O'erspread, was purg'd by thee; the lazy seeds
> Of servile imitation thrown away
> And fresh invention planted. [...]
>
> Thou hast [...] opened us a mine
> Of rich and pregnant fancy, drawn a line
> Of masculine expression [...].

Der Dialog mit Petrarca

Holbeins Portrait Sir Thomas Wyatts

Ausgangspunkt all dieser zeitgenössischen Konstruktionen einer nationalen Dichtungsgeschichte sind die *courtly makers* unter Heinrich VIII. Der dichtungsgeschichtliche Neuansatz fällt für sie zusammen mit dem kirchenpolitischen und nationalhistorischen, wie auch die Entfaltung der englischen Dichtung in der Folgezeit ganz in Begriffen höfischer, protestantischer und nationaler Kulturpolitik beschrieben wird. So sieht Puttenham Wyatt und Surrey geradezu als »Reformatoren«, und ihre Reform liegt für ihn darin, daß sie durch die Rezeption der italienischen Dichtung der Renaissance die englische Dichtung von volkstümlicher und mittelalterlicher Barbarei gereinigt und sie auf ein europäisches Niveau gehoben haben.

Ein älteres Paradigma der Literaturgeschichtsschreibung studierte diese Rezeption in der positivistischen Manier eines Nachweises von Quellen und Einflüssen und kam damit zu einer überwiegend negativen Bewertung: Wo wären denn Originalität und individuell-persönlicher Ausdruck in Gedichten, die wieder und wieder »*Petrarch's* long deceased woes« (Sidney, *Astrophel and Stella*, 15) plagiieren? Ein solcher Ansatz verfehlt jedoch seinen Gegenstand doppelt: Er projiziert in anachronistischer Weise romantische und nach-romantische Maßstäbe von Originalität und individuellem Selbstausdruck auf eine Dichtung, die im Horizont einer humanistischen Poetik der *imitation,* der Nachahmung bewunderter Vorbilder, entstanden ist. Und zweitens verkennt er, daß *imitation* nicht einfach passives Beeinflußtsein bedeutet, sondern einen aktiven Dialog mit dem Vorbild, das von veränderten Voraussetzungen her neu variiert, perspektiviert, relativiert, ja sogar kritisiert werden kann. Eine neuere Betrachtungsweise rückt daher diesen intertextuellen Dialog, den die englischen Sonettdichter des 16. Jahrhunderts mit Petrarcas *Canzoniere* (1356–60 entstanden, Druck 1470) und seinen Nachfolgern führten, in den Mittelpunkt und fragt nach Differenzen und deren Funktion, wo die Quellen- und Einflußforschung allein die Identität des Übernommenen herausarbeitete.

Der Umbau des Sonetts

Solche Differenzen ergeben sich schon aus der Unterschiedlichkeit der Sprachsysteme des Italienischen und des Englischen. Das Italienische mit seinen vollklingenden Endsilben ist eine reimreiche Sprache, und daher kann Petrarca ohne große Reimnöte die vierzehn Verse seiner Sonette mit nur vier Reimen bestreiten. Das von ihm am häufigsten verwendete Reimschema ist: *abba abba cdc cdc.* Wyatt hält im Wesentlichen an dieser Struktur fest – freilich mit einer bezeichnenden Variante im zweiten Terzett, das er häufig mit einem Paarreim (*concluding couplet*) schließt: *abba abba cdc cdd.* Surrey dagegen löst sich von dieser allzu strengen Reimdisziplin und schafft damit eine Form, die zur Standardform des englischen Sonetts werden sollte und auch von Shakespeare übernommen wird: *abab cdcd efef gg.*

Auf jedes Reimwort muß nun nur noch *ein* Reim gefunden werden, und das eröffnet im reimärmeren Englischen größere Spielräume in der sprachlich-argumentativen Auffüllung des Schemas. Gleichzeitig bedingt diese Änderung eine tiefgreifende Umstrukturierung der Sonettform. Die Folge von Oktave und Sextett, die bei Petrarca oft als semantischer Gegensatz mit einer argumentativen »Volta« zwischen Oktave und Sestett ausgebildet war, wird nun zu einer in drei Quartetten ansteigenden Struktur, die im abschließenden *couplet* gipfelt. Das englische Sonett ist damit im Allgemeinen stärker endpointiert als das eher balancierte italienische, und diese Endpointierung läßt das *concluding couplet* oft zu einer überraschenden Wendung des Gedankens in sein Gegenteil oder zu einer sentenzenhaft zugespitzten Schlußfolgerung werden.

Ein Beispiel mag dies belegen. *Canzoniere* CCCX (»Zefiro torna«) ist eine Frühlingsklage, in der der Sprecher dem neuerwachenden Leben im Frühling seine immer wieder neu aufbrechende Trauer um die tote Laura gegenüberstellt. Die Oktave beschreibt im mythologisch überhöhten Bildern die Heiterkeit und sinnliche Fülle der Natur im Frühling. Die Volta kommt im ersten Vers des Sextetts, in dem der Sprecher sich seinem eigenen Schmerz zuwendet: Ihm kehrt nicht das Leben zurück, sondern sein Leid, und dieses verkehrt ihm die heitere Natur in eine Wüstenei. Surrey nimmt Petrarcas Motiv in seinem Sonett »The soote season, that bud and bloom forth brings« auf, verändert aber völlig die Proportionen: Zwölf Verse lang schildert er detailreich anschaulich die frühsommerliche Natur, um dann erst im Schluß-*couplet* sich selbst ins Spiel zu bringen:

Holbeins Gemälde des fünfundzwanzigjährigen Henry Howard, Earl of Surrey (um 1542)

> And thus I see, among these pleasant things,
> Each care decays, and yet my sorrow springs.

Surreys *imitation* unterscheidet sich jedoch auch durch eine andere Besetzung der beiden semantischen Felder »Natur« und »Ich« von ihrer Vorlage. Surrey verzichtet auf jegliche mythologische Einkleidung, die Petrarcas Frühlingslandschaft eine visionäre Dimension verliehen hatte, und bietet statt dessen eine breit ausschwingende Reihung empirischer Beobachtungen zur heimischen Flora und Fauna im Frühjahr. Er übersetzt also nicht nur von einer Sprache in die andere, sondern auch von einer Anschauungsform in die andere, von der idealisierenden mythologischen Vision in die Empirie der heimisch-englischen Natur. Und in vergleichbarer Weise transformiert er auch den Sprecher in seinem Bezug zur Geliebten auf ein alltäglicheres Maß herunter: Während Petrarca um die ihm in den Himmel entrückte Laura trauert, bleibt bei Surrey das Liebesleid unspezifiziert auf eine irdische Geliebte gerichtet.

Die Veränderung der Liebeskonzeption

Hier schon sehen wir, daß der Dialog mit Petrarca mehr ist als die Aneignung und Anverwandlung einer Gedichtform. Er ist die Auseinandersetzung mit einer bestimmten Liebesphilosophie und dem sie umschreibenden erotischen Diskurs. Die Dame ist in diesem petrarkistischen Liebessystem die unnahbare Herrin, ein Kultobjekt geistiger und körperlicher Idealität, der gegenüber sich das Begehren des Liebenden zum reinen Verehren läutern muß. Dahinter steht der platonische Imperativ der Sublimation des Körperlichen ins Geistige: Der Liebende, mit seinem leidenschaftlichen Begehren ringend, muß lernen, die körperliche Schönheit der Geliebten als Ausdruck ihrer inneren Vollkommenheit, ihres Geistes und ihrer keuschen Tugend, zu verehren. Wie die Florentiner Neuplatoniker des 15. und 16. Jahrhunderts – Ficino, vor allem aber Castiglione im 4. Buch des *Cortegiano* – verdeutlichen, wird damit die Werbung um die Dame letztendlich zu einer Werbung um das göttliche Prinzip in ihr. Das ist für den Liebenden, aus dessen Perspektive allein dieses Werbungsszenario entworfen wird, eine harte Disziplin, um die er in einem ständigen Kampf widerstreitender Gefühle und Stimmungen ringt. Diesem inneren Widerstreit entspricht das widersprüchliche Bild der Dame als grausam abweisende Tyrannin und holder Engel, und beides, die widersprüchliche Introspektion und Projektion, verdichtet sich immer wieder zu Oxymora eines eisigen Feuers der Leidenschaft, bitterer Süße des Liebesschmerzes oder grausamer Schönheit der Dame.

Von den ganz anderen Voraussetzungen des englischen 16. Jahrhunderts her können diese Liebeskonzeption, ihr Motivbestand und ihre diskursiven Formen nicht einfach übernommen werden. Zwei Momente spielen dabei eine entscheidende Rolle: der Protestantismus, dem eine solche Verabsolutierung der Liebe fremd sein muß, und, seit der Jahrhundertmitte, die Königin auf dem Thron, die dem petrarkistischen Werbungsspiel immer auch eine politische Note gibt.

Wieder soll dies ein Beispiel veranschaulichen. Es geht aus von *Canzoniere* CXC (»Una candida cerva«), einer Jagdallegorie. Dem Sprecher erscheint, wie in einer Vision, Laura als weiße Hindin: Die Oktave beschreibt ihr Erscheinen in morgendlicher Frühlingslandschaft; im Sextett entschwindet die Unnahbare dem Jäger, der traumbefangen in einen Bach fällt. Unberührbar ist sie, weil sie, wie die Aufschrift auf ihrem Halsband verrät, Caesar geweiht ist. Die visionäre Überhöhung der Szene und die religiöse Symbolik legen eine Lesart nahe, die Laura als gottgeweiht und bereits dem Tode vermählt erscheinen läßt.

Eine Jagdszene vor dem Nonesuch-Palast Heinrichs VIII.

Die Umdeutung der Bilder

Nichts von diesen spirituellen und religiösen Bezügen ist in Wyatts Bearbeitung, »Whoso list to hunt«, eingegangen. Die Dame im Bild der Hindin ist keine Geheiligte mehr, sondern eher eine Kokette, der viele Jäger nachstellen. Wyatts Jagd ist vergeblich, nicht weil die Hindin bereits Gott gehörte, sondern weil sie einem anderen, einem gesellschaftlich Höherstehenden gehört, wie das *couplet*, die Inschrift des Halsbands zitierend, in einer überraschenden Schlußpointe deutlich macht:

»*Noli me tangere,* for Caesar's I am,
And wild for to hold though I seem tame.»

Ob man dies nun, wie einige Kommentatoren, biographisch auf Wyatts bewundernde Umwerbung Anne Boleyns, die bereits Heinrich VIII. bestimmt war, bezieht oder nicht, die entmythologisierende Tendenz ist klar. Die petrarkistische Werbung wird hier zu einem höfischen Spiel säkularisiert, das immer auch ein Spiel um Geltung und Macht ist. Die Projektion des petrarkistisch-platonischen Modells in die Welt des englischen Hofes legt hier die Differenz zwischen dem Ideal und der Wirklichkeit bloß. Der »political Petrarchism« (Leonard Forster) der späteren elisabethanischen Dichter dagegen, in dem die Monarchin zur Laura stilisiert wird und die um Gunst und Ämter rivalisierenden Höflinge, ein Ralegh etwa oder ein Essex, sich zu Petrarcas stilisieren, versucht diese Differenz idealisierend zu überspielen.

Im Ansatz ist schon Wyatts Umdeutung der petrarkistischen Jagdallegorie eine kritische Distanznahme zum Petrarkismus, eine Palinodie, ein Abgesang auf ihn. Hier schon zeichnet sich eine antipetrarkistische Linie innerhalb der englischen Petrarca-Rezeption ab, die um die Jahrhundertwende, zur Zeit der intensivsten Auseinandersetzung mit dem petrarkistischen Sonett, noch deutlicher hervortreten wird. Spensers Jagdallegorie aus den neunziger Jahren, »Like as a huntsman after weary chase« (*Amoretti*, 62), belegt dies durch die überraschende Wendung, die sie diesem Motiv gibt: In dem Moment, in dem der liebende Jäger erschöpft die aussichtslose Jagd aufgibt, nähert sich ihm die geliebte, gejagde Hindin freiwillig. Nun kann am Ende die Vereinigung stehen, da die Dame von Spensers Sonetten nicht mehr die unnahbar Entrückte der petrarkistischen Tradition ist, sondern eine Frau, die sich freiwillig dem Liebenden schenkt, wenn dieser ihr ihre Freiheit läßt. Dies ist zwar nicht Anti-Petrarkismus im Sinn einer parodistisch-kritischen Herabsetzung der platonischen Liebeskonzeption und ihrer Rhetorik, aber doch eine »anglikanische Taufe« der petrarkistischen Muse: Liebe läutert hier nicht mehr durch ihre Unerfüllbarkeit, sondern erscheint in all ihren Aspekten – auch den körperlichen – in der christlichen Ehe als ihrem Ziel geheiligt.

Vom Einzelsonett zu Sonettzyklen

Die Petrarca-Rezeption erfolgt in zwei Wellen. Die erste, noch zur Zeit Heinrichs VIII., begnügt sich mit Übersetzungen oder *imitations* einzelner Sonette des *Canzoniere* durch Wyatt und Surrey und bleibt, abgesehen von der Publikation in *Tottel's Miscellany*, ohne größere Folgen oder Wirkungen. Die zweite Welle setzt unabhängig davon in den achtziger Jahren ein und steigerte sich bis zur Jahrhundertwende zu einer wahren Sonettmode, an der Höflinge ebenso teilhaben wie Literaten aus dem Milieu der *University Wits*. Nicht mehr einzelne Sonette werden nun übersetzt, imitiert oder adaptiert, sondern man strebt nun danach, das Modell des Sonett*zyklus* ins Englische zu übertragen. Es kommt zu einer Flut von Sonettzyklen, von denen wir hier nur jene drei kurz vorstellen, die sich in einem besonders interessanten Dialog mit Petrarca befinden – die Sidneys, Spensers und Shakespeares.

Sir Philip Sidney, der Inbegriff des protestantischen Hofmanns, Ritters, Humanisten und Dichter, gemalt von einem unbekannten Künstler

Was sie alle von Petrarca übernehmen, ist ein peripetienreiches Handlungsschema der Werbung mit einem Sprecher-Protagonisten, der deutlich autobiographische Züge trägt. Dieses Handlungsschema strebt freilich nicht nach der Geschlossenheit und Folgerichtigkeit einer Dramen- oder Romanhandlung, sondern dient eher als lockeres Ordnungsgerüst für die ständig wechselnden Situationen, Positionen und Stimmungen des erotischen Szenarios. Und ebensowenig sind die Figuren dieses Werbungsspiels als stimmige und in sich geschlossene fiktionale Personen konzipiert; ihre Subjektivität ist vielmehr eine offene, labile und widersprüchliche. Die Sonettzyklen der Renaissance als Romane in Sonettform zu lesen, wie das viktorianische Kritiker oft getan haben, ist daher ein ebenso irreführendes Mißverständnis wie die romantische Identifikation des Sprechers mit dem Autor der Sonettzyklen. Trotz aller autobiographischer Bezüge sind auch Shakespeares Sonette nicht »the key with which Shakespeare unlocked his heart« (William Wordsworth). Erkenntnisfördernder ist es dagegen, auch den Sprecher der Sonette als eine dramatische Fiktion aufzufassen, eine Rolle des Autors, und nicht als autobiographisches Subjekt einer fortgesetzten Konfession.

Die Zweiteilung des *Canzoniere* in Gedichte »In Vita« und »In Morte di Madonna Laura« und das ihr zugrundeliegende Handlungsschema einer Werbung über den Tod hinaus, bei der sich Liebesschmerz zur Trauerarbeit läutert, wird von den englischen Petrarkisten nicht übernommen. So ist zwar auch den Liebenden in Sidneys *Astrophel and Stella* (1591 posthum veröffentlicht) keine Vereinigung beschieden, aber auch keine geistige Vereinigung jenseits der Schwelle des Todes. Der Zyklus bricht vielmehr, ganz unpetrarkistisch, mit der Entfremdung der Liebenden ab. Ihre Liebe ist von vornherein nicht, wie bei Petrarca, ihre ganze Welt; sie ist eingebettet in das gesellschaftliche Leben der Zeit, das Astrophel, wie Sidney Hofmann, Diplomat, Soldat, Humanist, Dichter und Liebender in einem, in vielfältiger Weise bindet und fordert. Die Selbstvergessenheit des absolut Liebenden wäre demgegenüber pflichtvergessene Verantwortungslosigkeit. Zudem hat Astrophel damit zu ringen, daß das platonische Liebesideal immer wieder an der Realität eines nicht bezähmbaren und als Schmach erfahrenen Begehrens scheitert. Calvin und Castiglione ringen in Astrophels Brust, und die Dramatik dieses inneren Widerstreits teilt sich dem Leser in erregten Sprachgesten mit, in einem dramatisch unmittelbaren Sprechen aus konkreten Situationen heraus, in spontanen dialogischen Wendungen an die Geliebte oder an Umstehende und in wiederholten Beteuerungen der Aufrichtigkeit.

Calvin und Castiglione im Widerstreit

Es ist ein *energisches* Sprechen, das in Einklang steht mit Sidneys *energeia*-Ideal aus der *Defence of Poesie* (s.o. S. 93). Es gibt den alten Topoi der petrarkistischen Liebesrhetorik eine neue, aus der Erfahrung und der geistreichen *inventio* geschöpfte Individualität und Originalität oder überspielt sie in prägnantem *plain style*. Denn Sidney ist nicht nur die petrarkistische Liebeskonzeption problematisch geworden, sondern mit ihr auch die Stereotypik ihres Diskurses. In einer Reihe von Sonetten lehnt er ausdrücklich die geborgte Rhetorik der Petrarkisten ab, ihre »phrases fine« (III), ihre »dictionary's method« (XV), den »curious frame« ihrer Allegorien (XXVIII), und setzt dagegen ein spontanes Sprechen aus der unmittelbaren Erfahrung seiner Liebe heraus. Das programmatische erste Sonett der Sammlung, »Loving in truth«, führt dies eindrucksvoll vor: Astrophels Versuch, seine Liebe mit den Worten früherer Dichter auszudrücken, endet in einer Schreibkrise, aus der ihn erst im letzten Vers der Appell der Muse rettet: »›Foole,‹ said my Muse to me, ›look in thy heart and write.‹« Der Appell, in sein Herz zu blicken und nicht in die Gedichtbände der Petrarkisten, um dort seine In-

»look in thy heart and write«

spiration zu schöpfen, könnte leicht als Programm romantischer Unmittelbarkeit der Selbstaussage mißverstanden werden. Einer solchen Lesart entginge aber die ironisch sich selbst unterminierende Doppelbödigkeit dieses und anderer Sonette Sidneys: Der Appell, aus der Erfahrung und nicht aus der Belesenheit heraus zu schreiben, ist selbst ein petrarkistischer Topos, ebenso wie die Vorstellung, daß die Geliebte im Herzen des Liebenden ihren Sitz hat. Noch die Absage an den Petrarkismus ist daher von diesem inspiriert, wie ja auch Astrophels Beredtheit ständig vom Glanz und Reichtum des petrarkistischen Diskurses zehrt, auch wenn er ihn nur zitiert, um ihn zu verwerfen. Gerade in dieser Spannung zwischen dem anzitierten *eloquent style* der Petrarkisten und dem eigenen *plain style* ist aber jene gedankliche und sprachliche Energie begründet, die uns Sidneys Sonette so modern erscheinen lassen.

Palinodie auf die petrarkistische Liebe

Sidneys *Astrophel und Stella* führt die petrarkistische Liebesbeziehung in die Krise, und zwei seiner Sonette, die außerhalb des Zyklus stehen, pointieren dies zur Palinodie auf die Liebe, zu einer Palinodie aus dem Geiste Calvins:

> Leave me, O love which reachest but to dust,
> And thou, my mind, aspire to higher things.

Ein Sonettzyklus mit Happy-End im Ehesakrament

Wird bei Sidney der Konflikt zwischen dem protestantischen Ethos und dem petrarkistischen Ideal ganz zugunsten des Religiösen gelöst, so bricht ein Konflikt dieser Art in Spensers *Amoretti* (1595) gar nicht erst auf. Dies ist schon in den unterschiedlichen Voraussetzungen ihres Denkens begründet. Spensers Anglikanismus kann mit dem christlichen Neuplatonismus der Florentiner Schule verschmelzen, wo Sidneys Puritanismus heftige Gegenreaktionen auslöst. Das christliche Ehesakrament, »the knot, that ever shall remain« (VI), ist in den *Amoretti* von Anfang an das Ziel der Liebeswerbung, und ihm nähern sich die Liebenden ohne die heftige Oszillation der Gefühle zwischen Hoffnung und Verzweiflung, Entzücken und Schmerz, Aufschwung und Resignation der petrarkistischen Liebe durchleiden zu müssen. Zwar stellen sich ihnen Widerstände in den Weg, Verleumdungen, vorübergehende Trennungen, doch sind dies nur Prüfungen, die ihre Liebe läutern und vertiefen. Sie ist eingebettet in den natürlichen Kreislauf der Jahreszeiten und erhält durch den Bezug auf kirchliche Festtage auch seine übernatürliche Weihe. Und am Ende des Reifungsprozesses steht keine Sublimation, die den Körper zurückließe, sondern die leibseelische Vereinigung der Liebenden. Dem ruhigen Gang der Ereignisse entsprechen die ruhigen Sprachgesten und der ruhige Darstellungsmodus: Sidneys Astrophel spricht erregt aus einer dramatischen Situation heraus, Spensers Liebender meist im abgeklärten Rückblick auf vergangene Situationen oder Ereignisse. Sidney ist der Dramatiker, Spenser der Epiker unter ihnen beiden. (Klaus Bartenschlager)

Der Dramatiker als Sonettdichter

Und was wird aus der Form des Sonettzyklus, wenn sich ihm ein wirklicher Dramatiker, Shakespeare, annimmt? Seine *Sonnets*, 1609 unautorisiert veröffentlicht, verändern zunächst schon einmal das petrarkistische Handlungsschema radikaler noch als die Sidneys und Spensers. Das zentrale Paar sind bei ihm zwei Männer, nicht ein Mann und eine Frau, und darüber hinaus kommen bei ihm noch zwei weitere Figuren ins Spiel, ein Dichter-Rivale und eine »Dark Lady« von sinnlicher Anziehungskraft und zweifelhafter Moral. In Analogie zum Drama könnte man hier von Haupt- und Nebenhandlungen sprechen. Man muß sich dabei aber bewußt bleiben, daß diese Handlungsstränge nicht mit der Folgerichtigkeit eines dramatischen

Henry Wriothesley, 3rd Earl of Southampton, gemalt von John de Critz d. Ä. Er könnte das Vorbild für den aristokratischen Freund der Sonette sein und der »Only Begetter«, dem der Verleger Thomas Thorpe den Zyklus 1609 widmet. Shakespeare hatte ihm schon seine frühen Versepyllien *Venus and Adonis* (1593) und *The Rape of Lucrece* (1594) gewidmet. – Das Gemälde gedenkt Southamptons Haft im Tower nach der Essex-Revolte (1601), in die er verwickelt war. Am Vorabend der Revolte hatten die Verschwörer eine Aufführung von Shakespeares *Richard II* veranlaßt, in dem ja auch ein Monarch zur Abdankung gezwungen wird.

plot entfaltet werden, sondern eher lockere und oft diffus bleibende thematische Gruppierungen von Sonetten darstellen. Da die Anordnung der Sonette im Zyklus nicht autorisiert ist, bleibt zusätzlich vieles im Dunkeln – und dies auch nach langen, mit Heftigkeit und müßigem Scharfsinn geführten Forschungsdiskussionen. Müßig war dieser Scharfsinn vor allem schon deshalb, weil der Reiz des Mediums Sonettzyklus ja gerade in der Offenheit und Mehrdeutigkeit der Verknüpfung liegt.

Die Analogie zum Drama hat ihre Grenze schon darin, daß auch bei Shakespeare nur *eine* Figur spricht, der Liebende, und alle anderen Figuren nur Projektionen seines Diskurses sind. Auch Shakespeares Sprecher trägt autobiographische Züge: Er ist jenseits der Lebensmitte, ein Dichter, der von der Gunst seines Patrons und seines Publikums abhängig ist. Sein Patron, ein junger, schöner Aristokrat, ist der Hauptadressat, und die Beziehung zwischen ihm und dem Dichter bildet die zentrale Fluchtlinie des Zyklus, die durch die Beziehung zu den anderen Figuren perspektivisch erweitert und durchkreuzt wird.

Es ist dies eine Beziehung über Standesschranken und Altersgrenzen hinweg, eine Freundschaftsbeziehung, die durch den platonisch-petrarkistischen Sprachduktus eine intim homo-erotische Färbung erhält. Wie der petrarkistische Liebende seine Dame, so entrückt auch hier der Dichter den geliebten Freund in die Sphäre des Vollkommenen. Das emotionale Drama mit all seinen Gefühlsumschwüngen ergibt sich einerseits aus dem Leiden des Dichters an seiner gesellschaftlichen Abhängigkeit und Unterlegenheit, andererseits aus der schwankenden Loyalität des Freundes, der ihn vernachlässigt und kränkt, sich auf den Dichterrivalen einläßt und sich von den Reizen der Geliebten des Dichters, der »Dark Lady« gefangennehmen läßt. Die »marriage of true minds«, deren Unwandelbarkeit das 116. Sonett feiert, stellt zwar das Ziel dieses Prozesses der Prüfung und Sublimimierung dar, erscheint aber als ein Ideal, das immer wieder neu erstrebt werden muß.

Wie in Spensers *Mutability Cantos* ist auch hier die typisch frühneuzeitliche Erfahrung sich beschleunigender Zeitabläufe, eines zunehmenden Unbestands aller Dinge, der Ausgangspunkt für eine immer neu ansetzende Meditation über Vergänglichkeit und Zeitverfallenheit einerseits und die Transzendenz zeitenthobener Dauer andererseits. Die gefährdete Schönheit des Freundes provoziert den Dichter zu bewegten und beredten Protesten gegen das Zerstörungswerk der Zeit und zur Suche nach Rettung davor. Die ersten siebzehn Sonette, die *procreation sonnets*, appellieren an den Freund, Nachkommen zu zeugen, um in diesen das Bild seiner Schönheit über die Zeiten zu retten. Schon das 18. Sonett (»Shall I compare thee to a summer's day?«) hebt jedoch die Argumentation auf eine andere, eine metapoetische Ebene. Nur im Gedicht, das die Schönheit des Geliebten preist, kann diese Bestand haben, ist sie dem zerstörerischen Zugriff der Zeit entzogen:

> So long as men can breathe or eyes can see,
> So long lives this, and this gives life to thee.

Überwindung der Zeit

Aber auch dieser alte horazische Topos der Dichtung als *monumentum aere perennius* ist noch nicht die letzte Antwort. Diese wird erst sehr viel später erreicht und heißt dann: die geläuterte Intensität der Liebeserfahrung selbst. In der Sprache des bereits zitierten 116. Sonetts: »Love's not Time's fool«, denn

> Love alters not with his brief hours and weeks,
> But bears it out even to the edge of doom.

Überwindung der Zeit in den Nachkommen, in Huldigungsgedichten und in der Unwandelbarkeit des liebenden Gedenkens – das sind die drei Antworten der Sonette. Von einem christlichen Jenseits, in dem die Liebenden auf ewig vereint wären, ist nirgends die Rede in diesem Zyklus; die einzigen Ewigkeiten, die Shakespeares Liebende kennen, sind von ihnen selbst gemacht und einander geschenkt.

Antipetrarkismus und Parodie

Wenn Shakespeares *Sonnets* im Druck erscheinen, ist die Sonettmode schon *passé*. Wie alle Modeerscheinungen geht auch diese am Verschleiß durch Überproduktion zugrunde. Zur Endphase eines solchen Verschleißprozesses gehört auch das Umkippen der Konvention in die Parodie. Sie findet sich schon in Shakespeares Zyklus, am instruktivsten im 130. Sonett, »My mistress' eyes are nothing like the sun«. Es baut auf der petrarkistischen Konvention des Schönheitskatalogs auf, in dem die körperlichen Reize der Geliebten Punkt für Punkt aufgezählt und durch standardisierte hyperbolische Vergleiche – Augen strahlend wie die Sonne, Lippen rot wie Korallen usw. – gefeiert werden. Shakespeare nimmt diese Topoi jedoch nur auf, um sie für seine »Dark Lady« abzulehnen. Man könnte nun zunächst meinen, daß damit der Dame, ihrer inneren Verkommenheit entsprechend, alle äußere Schönheit abgesprochen werden soll. Dieses Mißverständnis rückt jedoch die überraschende Schlußpointe des *couplet* zurecht:

> And yet, by heaven, I think my love as rare
> As any she belied with false compare.
> [Wie irgendeine Sie, irgendeine Dame, die in verlogenen
> Vergleichen mißrepräsentiert wird]

Das Sonett ist damit nicht Kritik an der Dame, sondern eine parodistische Kritik an den wirklichkeitsfremden Topoi des petrarkistischen Damenpreises, die den Diskurs, den sie zitiert, als unangemessen verabschieden will.

Als Form des erotischen Diskurses hat das Sonett nach der Jahrhundertwende offensichtlich ausgespielt. Nur eine Füllung mit ganz neuen thematischen Materialen konnte es der zum Klischee herabgesunkenen petrarkistischen Rhetorik entreißen, und die sporadischen Wiederbelebungsversuche der Sonettform im 17. Jahrhundert wählen genau diesen Weg. Was als authentische Sprachform des Leidens an der Liebe nicht mehr glaubwürdig ist, gewinnt ein neues Überzeugungsvermögen als Medium des religiösen Diskurses bei Donne und Milton und des autobiographischen und politischen Diskurses bei Milton.

Die Erneuerung des Sonetts aus dem Geist religiöser Erfahrung

John Donnes »Holy Sonetts« oder »Divine Meditations« übertragen nicht nur die metrische Form des Sonetts ins Geistliche, sondern auch die Situation des petrarkistischen Liebenden. Aus der Werbung des Liebenden um die entrückte Dame wird hier das sehnsüchtige Verlangen der Seele nach Gott. Und wie der Liebhaber der Sonette leidet auch der Gottessucher an seiner eigenen Unwürdigkeit, oszillieren auch seine Gefühle zwischen spiritueller Verzweiflung und der Erfahrung der Gnade, und verdichten sich die Widersprüche seiner Situation zu Oxymora, hier zu den theologisch-mystischen Oxymora des Todes, der das eigentliche Leben bedeutet, oder der Schuld, die Voraussetzung der Gnade ist. In einem Sonett wie »Batter my heart, three-personed God« wird auf diese Weise ständig der religiöse Diskurs vom erotischen überlagert, der dessen metaphorisches Modell abgibt. Mit einem Witz, den die spätere Literaturkritik »metaphysisch« nennen wird, verdreht hier Donne die konventionelle Werbungssituation zum Gebet, zur Bitte, um Vergewaltigung – »for I [...] never shall be [...] chaste, except You ravish me« –, und noch die topischen Metaphern der Liebesdichtung, etwa die

Ein zeitgenössischer Stich des Massakers der Waldenser

Metapher von der Liebe als Krieg, werden hier zum Bild des Ringens der Seele um Heilsgewißheit und Rechtfertigung. Hatte sich der petrarkistische erotische Diskurs immer mehr mit christlichen und neuplatonischen Bildern metaphorisch angereichert, so wird nun dieser theologisch überhöhte erotische Diskurs auf den geistlichen zurückprojiziert.

Die Sonette Miltons, zu verschiedenen Zeiten seines Lebens geschrieben, stehen jenseits dieser Traditionszusammenhänge. Trotz ihrer strengen italienischen Sonettform liegen sie thematisch weit ab von der petrarkistischen Liebesproblematik: Die Themen seiner Sonette sind öffentlicher und damit ist auch ihr Stil deklamatorischer. Selbst seine autobiographischen Sonette – etwa das zu seinem vierundzwanzigsten Geburtstag oder das »On His Blindness« – sind weniger intime Selbstaussage als öffentliche Selbstdarstellung in seiner Rolle als Dichter, der einen Auftrag zu erfüllen hat. Mehr noch gilt das für die Sonette, in denen Milton politisch Partei ergreift. In dem Sonett »On the Late Massacre in Piemont« z.B. ruft er mit der Sprachgewalt eines alttestamentarischen Propheten den Zorn Gottes auf die Verfolger der Waldenser herab, nachdem er vorher schon in seinem öffentlichen Amt als Lateinsekretär des Commonwealth Protestnoten gegen das Massaker dieser Puritaner *avant la lettre* durch den katholischen Herzog von Savoyen (1655) verfaßt hat. Unter dem Druck seiner politisch-religiösen Rolle als Dichter-Vates verwandelte sich ihm das Sonett, jene hochartifizielle Form des erotischen Diskurses, zu einer aufs Äußerste konzentrierten Miniatur-Ode, feierlich in ihren hymnischen Apostrophen, wuchtig in ihren eschatologischen Bildern und von einer deklamatorischen Energie, die den weit gespannten Satzbau über die Versgrenzen und die gliedernden Einschnitte des Sonetts hinausdrängen läßt.

Das Sonett als Medium politischer Parteinahme

Mit dieser radikalen Neufunktionalisierung des Sonetts ist – vorerst – ein Endpunkt in der Geschichte des englischen Sonetts erreicht, die mit Wyatt und Surrey eingesetzt hatte. Erst die Romantiker werden dann wieder den Mut aufbringen, sich dieser schwierigen und leicht ins Gekünstelte abgleitenden Form zu stellen. Ihr Anknüpfungspunkt wird dabei eher Milton als die elisabethanisch-petrarkistische Tradition sein – das Sonett als Form äußerster Verdichtung und Intensität und nicht als Spielfeld witziger Variation und Invention.

Metaphysical Poetry

Die Literaturgeschichtsschreibung bedient sich immer wieder Begriffe, die erst im Nachhinein geprägt wurden, kohärenz- und sinnstiftender Konstruktionen, die den beschriebenen Autoren selbst noch nicht zur Verfügung standen. Nicht einmal Wordsworth, Coleridge, Shelley, Byron und Keats wußten, daß sie »Romantiker« waren, und noch weniger wußten Donne und Marvell, Herbert und Crashaw, daß sie einer Schule angehörten, der *Metaphysical Poetry*. Wie hätten sie das auch wissen sollen, wo doch die Begriffsfügung »metaphysical poets« erst eineinhalb Jahrhunderte später, in Dr. Johnsons »Life of Abraham Cowley« (1779), zum ersten Mal auftauchte! Auch uns will zunächst nur schwer einleuchten, was an den Gedichten der sog. *Metaphysical Poets* so »metaphysisch« sein soll. Für ihre Liebesdichtung scheint eine solche Charakterisierung geradezu abwegig, ist sie doch von einer Sinnlichkeit und oft von einer physischen Drastik, die mit der sublimen Metaphysik der petrarkistischen Liebe polemisch bricht. Aber auch für ihre religiöse Dichtung scheint sie wenig treffsicher zu sein, da diese nicht zu den metaphysischen Sicherheiten der mittelalterlichen Scholastik zurückkehrt, sondern inständig fragt und um die Wahrheit der inneren Erfahrung von Gnade ringt.

Was ist »metaphysisch« an den »Metaphysical Poets«?

Um hier Barrieren aus dem Weg zu räumen, müssen wir einen kurzen Blick auf die Vorgeschichte dieser Begriffsprägung werfen. Dabei wird schnell deutlich, daß Donne und seine »Schüler« von Anfang an immer nur in abwertender Absicht mit Metaphysik in Zusammenhang gebracht wurden. Schon der zeitgenössische Dichter William Drummond of Hawthornden charakterisiert ihre Dichtung als befangen in »*Metaphysical* Ideas, and *Scholastical* Quidditics«, um damit ihre hermetisch-dunkle Bildersprache als Abfall von klassischer Klarheit zu brandmarken. Ganz in diesem Sinn wirft dann auch John Dryden 1693 Donne vor: »He affects the metaphysics [...] and perplexes the minds of the fair sex with nice speculations of philosophy [...].« Das »Metaphysische« an Donnes Dichtung erscheint hier als bloße Affektiertheit, zudem als eine in der Liebeslyrik völlig unangebrachte, in der der Dichter seinen Witz und Scharfsinn zur Schau stellen will, indem er haarspalterische metaphysische, philosophische und theologische Spekulationen ins Spiel des erotischen Diskurses bringt. Auf den – negativen – Begriff wird dieser Vorwurf schließlich von Dr. Johnson gebracht: »the metaphysical poets were men of learning, and to show their learning was their whole endeavour«. Aus der Perspektive eines klassizistischen Konzepts von *wit*, der sich im Aufdecken neuer, aber immer natürlich naheliegender Ähnlichkeiten bewährt, stellte sich ihm der »metaphysische« *wit* als unnatürlich, disfunktional, abstrus und forciert dar: »The most heterogeneous ideas are yoked by violence together; nature and art are ransacked for illustrations, comparisons, and allusions [...].«

Begriffsgeschichte

Dies ist, bei aller abwertenden Tendenz, eine recht genaue Beschreibung

Metaphysische »conceits«

der Bildstruktur dieser Dichtung – eine Beschreibung dessen, was im frühen 17. Jahrhundert *conceit* (von ital. *concetto*) hieß. Im *conceit* gehen in möglichst pointierter Zuspitzung zwei möglichst weit auseinanderliegende Wirklichkeitsbereiche eine möglichst überraschende metaphorische Verbindung ein. Magie und Alchemie, Logik und Mathematik, die neuen Naturwissenschaften und eben auch die Theologie und Metaphysik werden hier in ihren oft entlegensten Wissensbeständen geplündert, um verblüffend neue und verblüffend zutreffende *conceits* zu bilden. Das heißt aber auch, daß diese Wissenssysteme selbst nicht mehr verbindlich genommen, sondern zu Bildspendern eines metaphorischen Spiels degradiert werden. Gerade darin, daß die Metaphysik hier zum Spielmaterial unter anderen wird, liegt der anti-metaphysische Ansatz, die frühneuzeitliche Modernität der *Metaphysical Poetry.*

Stilgeschichtlich stellt sich das dar als ein Bruch mit der ornamentalen, transparenten, konventionalisierten Bildlichkeit der elisabethanischen Lyrik eines Spenser. Hier wird kein konventionelles Jagdbild, keine topische Seefahrtsallegorie mehr in detailfreudiger Breite entfaltet, sondern es werden in einer äußersten Verdichtung, die Dunkelheit und Rätsel eher sucht als meidet, die voneinander getrennten Liebenden mit den beiden Schenkeln eines Zirkels (Donne: »A Valediction: Forbidding Mourning«) oder die Vereinigung der Liebenden mit der Projektion des Globus auf die Scheibe eines Astrolabs verglichen (Marvell: »The Definition of Love«). Und wenn, wie etwa in Donnes »Air and Angels«, ein *conceit* breiter ausgesponnen wird, dann nur, um einem bestimmten Bildbereich – hier die scholastische Vorstellung vom Leib aus Luft, mit dem Engel den Menschen sichtbar werden können – immer neue und subtilere Analogiebezüge zur Liebeserfahrung, dem Verhältnis von Körper und Seele in der erotischen Vereinigung, abzuringen.

Der neue Stil: »strong lined«

Die Zeitgenossen nennen diesen neuen Stil *strong lined* und stellen damit seine semantische Dichte und energische Rhythmik als die wesentliche Differenz zum vorausgehenden Stil heraus. *Strong lined* sind für sie aber nicht nur die Gedichte der *Metaphysical Poets*, der sogenannten *School of Donne*, sondern auch die an klassischen Vorbildern orientierten Gedichte Ben Jonsons und seiner Nachfolger, der sogenannten *School of Jonson.* Was diese beiden Schulen jenseits des Unterschieds zwischen gewollter Dunkelheit und klassischer Klarheit gemeinsam haben, ist eine neue Argumentationsdichte und eine neue Nachdrücklichkeit des Sprechens, die sich auch in impulsiven umgangssprachlichen Wendungen und Gesten äußert. Die theoretische Legitimation für diesen neuen Stil lag schon in Sidneys Konzept eines energiegeladenen Sprechens und in der Rezeption der ramistischen Logik (s.o. S. 83f. u. 93).

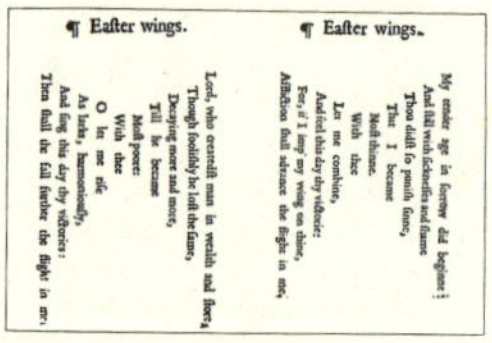

In George Herberts »Easter Wings« drängt der metaphysische *wit* hin zum Figurengedicht, dessen typographische Form den Inhalt – hier das Abnehmen und Wachsen der Gnade Gottes im Menschen und das Flügelpaar eines Engels – figuriert.

Viele der *Metaphysical Poems* sind aus einer konkreten Situation heraus gesprochen und appellieren nachdrücklich an ein Gegenüber. John Donnes »The Flea« etwa setzt das intime Beisammensein der Liebenden voraus. »Mark but this flea«, wendet sich der Sprecher an seine Geliebte, um dann aus der Mischung ihrer beider Blut im Floh, der sie beißt, ein ingeniöses Argument für den Liebesvollzug zu entwickeln. Zahlreiche der Gedichte setzen mit ähnlich impulsiven, ja dramatischen Sprachgesten ein, die oft auch die Erwartung eines poetisch gehobenen Sprachstils effektvoll unterlaufen: »Busy old fool, unruly sun« (Donne: »The Sun Rising«); »Had we but world enough and time« (Marvell: »To His Coy Mistress«). Dieselbe dramatische Qualität zeichnet auch die religiöse Dichtung aus: Sie ist ein bewegtes Ringen mit Gott und ein Ringen um Gnade, ein innerer Dialog oder ein Dialog mit

Gott. »I struck the board, and cried, No more«, bäumt sich erregt und beredt der Sprecher in George Herberts »The Collar« gegen die Forderungen des Glaubens auf, bis ihn dann der Anruf Gottes erreicht, »Child«, und er sich mit einem schlichten »My Lord« in die Liebe Gottes fügt. Und selbst Gedichte, die eher kontemplativ sind, gehen immer von einer konkreten Situation aus – »I saw Eternity the other night« (Henry Vaughan: »The World«) – und loten diese dann in sich vertiefenden Meditationen aus.

Die *Metaphysical Poets* sind die Zeitgenossen der großen elisabethanischen und jakobäischen Dramatiker, und ihre Gedichte haben daher wohl nicht zufällig jene dialogische Bewegtheit und jene stilistische Gespanntheit zwischen poetischer Bilderfülle und kolloquialer Sprachenergie, wie sie die dramatische Rede im Versdrama eines Shakespeare oder Webster auszeichnet. Auch die *conceits* werden nicht einfach als selbstzweckhafte Kabinettstückchen der Findigkeit und Spitzfindigkeit präsentiert; sie dienen vielmehr immer als Argument in einem dramatischen Umstimmungs- oder Überredungsvorgang, und wir als Leser erleben in dramatischer Unmittelbarkeit die Denkanstrengung mit, den Prozeß witziger Analogiefindung, mit dem der Sprecher sein *conceit* durchspielt.

Nehmen wir als ein prominentes Beispiel Donnes »Canonization«! Es wendet sich in einer Reihe energischer Sprachgesten an ein Gegenüber, einen Freund etwa, der dem Sprecher Vorhaltungen wegen seiner ruinösen und allesverzehrenden Liebesleidenschaft gemacht hat, und beginnt mit einem dramatischen Auftakt: »For Godsake hold your tongue, and let me love«. Mit dieser sehr weltlichen und prosaischen Argumentation kontrastiert das religiöse Motiv, das erstmals im Titel »Die Heiligsprechung« anklingt. Der Liebende präsentiert sich und seine Geliebte als Heilige und gewinnt diesem *conceit* immer neue Aspekte und Analogien ab: Sie sind Heilige, weil sie um eines höchsten Gutes willen der Welt und allen weltlichen Ambitionen entsa-

John Donne (um 1595) als melancholischer Liebender mit offenem Kragen und breitkrempigem, schiefsitzendem Hut – konventionellen Zeichen des von seiner Liebe Umgetriebenen

John Donne im Leichentuch (1631). So ließ er sich, wie Izaak Walton in seinem *Life of Donne* (1640) erzählt, auf seinem Sterbelager zeichnen – die Augen geschlossen und den Blick gegen Osten gewendet, »from whence he expected the Second Coming of his and our Saviour Jesus«.

Die Sakralisierung des Erotischen

gen; ihr Tod bedeutet Auferstehung und neues Leben; ihre Vereinigung, die aus zwei Personen eine macht, ist ein religiöses Mysterium; sie werden zu Heiligen der Liebe erhoben und von späteren Liebenden in Hymnen und Gebeten als Vorbilder vollkommener Weltflucht und Hingabe angerufen. Nun war es, wie wir gesehen haben, keineswegs neu und unkonventionell, religiöse Bilder im erotischen Diskurs zu verwenden. Neu jedoch ist, *was* hier an der Liebe bzw. welche Art von Liebe hier mit religiösen Metaphern geheiligt wird. War in der petrarkistischen Konvention allein die Sublimation der Liebe ins Geistige religiös überhöht worden, so wird nun in einer ans Blasphemische grenzenden Wendung dieser Bildersprache die Liebe auch als körperlich-sexuelle Erfahrung geheiligt. Das zentrale *pun* (Wortspiel) dieses Gedichts, »We die and rise the same, and prove/Mysterious by this love«, verklammert das religiöse Geheimnis von Tod und Auferstehung mit dem Orgasmus (»die«) und neu erwachender Lust (»rise«).

In dieser neuen Liebeskonzeption, in der auch das körperliche Begehren, die Sexualität, als heiliges Mysterium erscheint, liegt das provozierend Neue an der Liebesdichtung der *Metaphysical Poets* – provozierend vor allem, weil diese Heiligung des Fleisches sich nicht mehr, wie etwa bei Spenser, dem Sakrament der Ehe verdankt. Ausdrücklich gegen die neuplatonische Spiritualisierung der Liebe gewandt, argumentiert Donne in »Love's Growth«: »Love's not so pure, and abstract, as they use/To say, which have no Mistresse but their Muse.« Und in »The Extasie« insistiert er auf der untrennbaren Einheit der seelischen und körperlichen Liebeserfahrung: »Love's mysteries in souls do grow,/ But yet the body is his book«.

Emblematisches Titelblatt des *Silex Scintillans*: Die Hand Gottes hält einen Donnerkeil, der gerade ein Herz aus Stein getroffen hat, aus dem nun Flammen aufsteigen und Tränen herniedertropfen. Der emblematischen Konvention entsprechend, verdeutlicht ein anschließender lateinischer Vers diesen Sinn.

Das Sprechersubjekt der *Metaphysical Poetry* ist nicht nur von geistreichem Scharfsinn, es bringt auch in den impulsiven Sprachgesten und den *conceits*, die Abstraktes mit Materiellem und Körperlichem zusammenzwingen, den Körper, seine Sinne und seine Sinnlichkeit, in neuer, emphatischer Weise in den lyrischen Diskurs ein. Dies gilt für die religiöse Dichtung in gleicher Weise wie für die Liebesdichtung. Ihre bewegende Kraft besteht gerade darin, daß sie soviel ins Spiel bringt, was nicht in sich religiös, geistig oder geistlich ist. Die Gedichte in George Herberts *The Temple* z.B. sind gesättigt mit *concetto*-haften Bildern aus dem alltäglichen Leben eines Haushalts, und selbst dort, wo sie, wie etwa in »Vanity« oder »The Pearl«, die materielle Welt der Naturwissenschaften bzw. die gesellschaftlichen Welten der Universitäten und des Hofes verwerfen, setzen sie sich doch in engagierter Ausführlichkeit mit ihnen auseinander. Dies verbindet in recht überraschender Weise die religiöse Dichtung Herberts mit der Liebeslyrik Donnes, von dem Herbert ansonsten eine Programmatik des schlichten Worts trennt. Richard Crashaws (1612–1649) religiöse und ästhetische Sensibilität wiederum ist zwar sehr verschieden von der Herberts, auch wenn er mit dem Titel seines wichtigsten Gedichtbandes, *Steps to the Temple* (1646 und 1652), deutlich auf dessen Sammlung geistlicher Gedichte anspielt. Auch seine barock-katholische Sensibilität drängt jedoch hin auf eine Verkörperlichung, ja Verfleischlichung der Präsentation religiöser Erfahrung. In Gedichten wie »The Flaming Heart« oder »Hymn to Saint Theresa« stellt er die mystischen Entrückungen und Verzückungen der spanischen Karmeliternonne mit einer sinnlichen Inbrunst dar, die sie zum geistlichen Pendant von Donnes erotischer »Extasie« macht und die zeitgenössische erotische Dichtung der *Cavaliers* als geradezu fleischlos erscheinen läßt.

Eine solche gegenreformatorische Versinnlichung und Erotisierung des Religiösen liegt freilich weit ab von heimisch-englischen Traditionen. Crashaws Inspirationsquellen sind die kontinentaleuropäische Emblematik, die

Die Erotisierung des Religiösen

neulateinische Dichtung der Jesuiten, Giambattista Marinos Concettismus und die barocke Bildkunst eines Bernini. Aber auch ein religiöser Dichter wie Henry Vaughan (1621–1695), der sich im Vorwort zur zweiten Auflage seiner Gedichtsammlung *Silex Scintillans (Der funkensprühende Flintstein*; 1650 und 1655) ganz ausdrücklich als Nachfolger, als »pious convert«, des maßvolleren *wit* George Herberts bezeichnet und dem alle barocke Sinnlichkeit religiöser Andacht und Erbauung fernliegt, verliert sich in diesen »Sacred Poems and Private Ejaculations« nie in anämische Abstraktionen. Selbst die hermetischen Vorstellungen geheimer Korrespondenzen zwischen Natur und Übernatur, die den Waliser und Zwillingsbruder eines Magiers und Alchemisten faszinieren, werden von ihm immer in konkrete Anschaulichkeit übersetzt, in subjektiver Ergriffenheit zur persönlichen Erfahrung gemacht und in einer gestenreichen, körpernahen Sprache dargeboten. Wenn es ihm als Neuplatoniker auch vor allem um die »Bright *shoots* of everlastingness« ging (»The Retreat«), so wurde ihm doch »this fleshly dress«, durch das der göttliche Lichtglanz hindurchscheint, nicht zum bloßen Schleier, der hinweggezogen werden müßte, sondern zum sinnlich erfahrbaren Träger von Bedeutung.

Erzählte Welt: Geschichten, Geschichte und Mythos

Auf dem Weg zum Roman?

Das Epos als Gipfel der Gattungspyramide

Das Selbstbild einer Epoche unterscheidet sich oft erheblich von dem Bild, das sich spätere Epochen von ihr machen. Während unser Bild der elisabethanischen Literatur ganz im Zeichen von Lyrik und Dramatik steht, stellten innerhalb des Literatursystems der Zeit selbst nicht diese, sondern das Epos, die umfangreiche Verserzählung, den Gipfel der Gattungspyramide und damit das höchste Ziel dichterischer Ambition dar. Darin sahen sich die Dichter und Theoretiker ja auch durch die besondere Stellung der Epen Homers und Vergils in der Antike, der Artusepik im Mittelalter und der neuen Epik der kontinentaleuropäischen Renaissance (Ariosts *Orlando Furioso*, Tassos *La Gerusalemme Liberata)* bestätigt. Und auch hier bringt der moderne Leser bei seinem Rückblick auf die Erzählkunst der englischen Renaissance eine ganz andere Perspektive ins Spiel: Er sucht nach frühneuzeitlichen Vorformen des erfolgreichsten narrativen Genres der Neuzeit, des Romans, und dieses Suchraster privilegiert gerade jene proto-realistischen Erzählgattungen wie die Schelmen- und Schurkenliteratur der *jest books*, *coney-catching pamphlets* und der Pikareske, die den Zeitgenossen wiederum wenig galten. Die ambitioniertesten epischen Versdichtungen dagegen, Spensers allegorische Ritterromanze *The Faerie Queene* und Miltons Bibelepen *Paradise Lost* und *Paradise Regained*, oder Sidneys höfischer »Schäferroman« *Arcadia* und Lylys Prosaromanze *Euphues* erscheinen in dieser Perspektive eher als Abwege und Sackgassen und werden im Wesentlichen nur noch von professionellen Lesern, von Dozenten und Studenten der englischen Literaturgeschichte, zur Kenntnis genommen.

Einfache Formen

Ein teleologisches Darstellungsschema, das zu zeigen versuchte, wie sich aus einfachen, dem mündlichen Erzählen nahestehenden narrativen Kurzformen durch deren Aneinanderreihung, Integration und Einbettung in ein kohärentes und plausibles gesellschaftliches Umfeld allmählich die romanähnlichen Strukturen des pikaresken Erzählens ausbilden, ein Darstellungsschema also, an dessen Ende etwa Thomas Nashes *The Unfortunate Traveller* (1594) oder Thomas Deloneys *Jack of Newberie* (um 1596/7) als unmittelbare »Antecedents of the English Novel« (Margaret Schlauch) stünden, verzerrt und verkürzt den Entwicklungsgang der elisabethanischen Erzählkunst jedoch in mehrfacher Weise.

»Jest books« und »coney-catching pamphlets«

Dies beginnt schon bei der Chronologie: Zwar gehen die *jest books*, wie etwa John Rastells *A Hundred Merry Tales* (1525), auf die frühe Tudorzeit und auf spätmittelalterliche Schwankbücher zurück, doch ist die Gattung noch um und nach der Jahrhundertwende recht lebendig. Die Blüte der *coney-catching pamphlets* fällt vollends zusammen mit dem, was sie nach dem teleologischen Schema eigentlich vorbereiten sollten. Die interessantesten unter ihnen, die Greenes – *A Notable Discovery of Cozenage* oder *The Black Book's Messenger* –, stammen alle aus den frühen neunziger Jahren. Sie führen den Leser in die Londoner Unterwelt, in der *rogues* und *vagabonds* darauf lauern, reiche und reichlich naive junge Erben aus der Provinz als ihre *coneys* (»Karnickel«) durch listige Betrügereien auszunehmen. Diese Gaunerstücke werden mit einer erzählerischen Lust und mit einer Freude am Witz der Schurken erzählt, die die vorgeschobene Absicht der Warnung und der moralischen Mißbilligung ständig unterlaufen. Was sich hier andeutet, ist eine Identifikation des Autors mit dem *coney-catcher,* denn schließlich sind beide ungeschützte Außenseiter der Gesellschaft, die von ihrem Witz und ihren Fiktionen leben. In dieser Sicht des *rogue* als sympathischem *antihero* sind wir in der Tat schon nahe am Picaro und seinem gewitzten Kampf ums Überleben in einer ihm feindlichen Umwelt, wie ihn Nashe, von spanischen Mustern inspiriert, in seinem »glücklosen Reisenden« Jack Wilton den elisabethanischen Lesern alsbald vorstellen sollte. Dabei darf aber nicht übersehen werden, daß doch die erzählerische Organisation dieser Pamphlete – ihre Reihung von Gaunerstücken mit ständig wechselnden Protagonisten – sich stark unterscheidet vom pikaresken Erzählmodell und natürlich noch stärker von jener epischen Integration, die man von einem Roman erwartet.

»Rogue« und Picaro

Ein teleologisch auf den Roman hinführendes Darstellungsschema verkürzt aber auch, weil es die modellbildende Rolle tradierter Gattungen hochliterarischen Erzählens verdrängt. Frühneuzeitliches Erzählen in England tastet sich nicht nur an den realitätsbezogenen, prosaischen und den eigenen Kunstanspruch herunterspielenden Roman heran; es ringt auch um die Aneignung stilisiert artifizieller Erzählmuster der Antike, des Mittelalters und der kontinentaleuropäischen Renaissance. An seinem Ende steht bezeichnenderweise nicht der Roman, der ja erst im 18. Jahrhundert als Gattung zu sich kommen wird, sondern Miltons »getauftes« Epos. Nicht im Bezug auf den Roman, sondern im Rückbezug auf die Epentradition erschließt sich uns das Neue an *Paradise Lost*, und nämliches gilt für die *Faerie Queene* und die Artusepik, die Ritterromanze und die Allegorie, für Sidneys *Arcadia* und die Schäferromane Sannazaros und Montemayors, für Lylys *Eupheus* oder Thomas Lodges *Rosalynde* (1590) und die Romanze und Novelle. Die Modernisierungsansätze, die bei diesen Übertragungsversuchen tradierter Erzählmodelle in die veränderte historische Situation des Englands der Tudor- und Stuartzeit zutage treten, äußern sich häufig als Brüche, als innere Widersprüche, als zentrifugale Tendenzen innerhalb des einzelnen Werks.

Rückbezüge

Elisabeths England als Feenreich

Ein solcher Bruch ist in Spensers *Faerie Queene*, dem ehrgeizigsten aller elisabethanischen Erzählgedichte, schon der Abbruch des Textes. Das Werk bleibt, nach drei Büchern, die 1590 erscheinen, und drei weiteren sechs Jahre später, ein Fragment. Was laut Auskunft des Dichters in seinem erläuternden Brief an Ralegh auf die zwölf Bücher der *Aeneis* oder gar die vierundzwanzig der *Ilias* und der *Odyssee* angegelegt war, bricht nach der Hälfte bzw. einem Viertel ab. Und es bricht nicht etwa ab, weil Krankheit oder Tod dem Autor die Feder aus der Hand genommen hätten, sondern weil sich der utopische Traum vom Artusrittertum und vom Feenreich Glorianas immer weniger mit der Realität von Elisabeths England zur Deckung bringen ließ, je mehr sich Spenser diese Realität im Verlauf der neunziger Jahre verdüsterte.

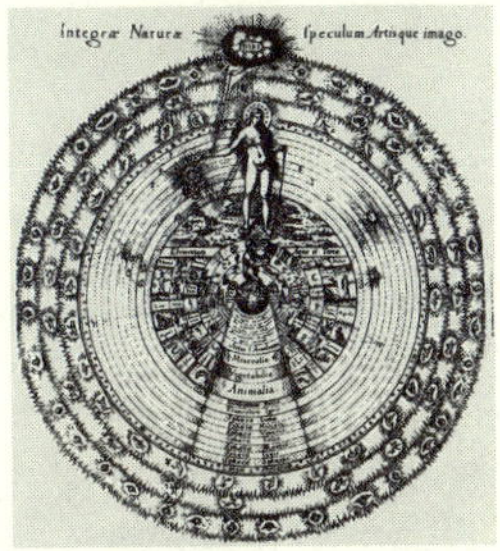

Die politische Ordnung ist Abbild der hierarchischen Ordnung des Kosmos. Die Illustration aus Robert Fludds enzyklopädischer *Utriusque Cosmi Historia* (1617/19) zeigt die als Frau personifizierte Natur an einer Kette, die von Gottes Hand gehalten wird. Sie selbst hält an einer Kette den Menschen als »Affen der Natur«, der den Globus vermißt.

Es war als Apotheose politischer Ordnung, sozialer Harmonie und religiöser und geistiger Einheit geplant, als ein in allegorische Erzählungen gekleidetes *courtesy book*, das dazu dienen sollte, »to fashion a gentleman or noble person in virtuous and gentle discipline« (Brief an Ralegh), als ein zweites *Libro del Cortegiano*, das den Hof und seine Monarchin als Quelle aller Tugend feiert, als das große nationale Epos, das den Tudor-Staat und die anglikanische Reformation verklärend legitimiert, ein Epos, zu dem sich Spenser, Vergil gleich, nach der Pastoraldichtung des *Shepheardes Calender* (1579) aufschwang. War der *Calender* noch von religiösem Zwist und der Korruption in allen Ständen erfüllt, so sollte nun der strahlende Sieg der protestantischen Sache über die finsteren Machenschaften des päpstlichen Rom gefeiert und Elisabeths England als wiedergekehrtes Artusreich, als zweites augustäisches Rom beschworen werden. Wie dieser Plan sich, sozusagen unter der Hand, durch immer stärkere Einbrüche von Chaotischem und Irrationalem, von Depraviertheit und Korruption in sein Gegenteil zu verkehren droht, wie gegenüber der Verklärung des Hofes die Kritik am Abfall von höfischen und ritterlichen Normen immer mehr in den Vordergrund rückt: das ist uns die eigentlich spannende Geschichte der *Faerie Queene* und nicht das Schema der »twelve private moral virtues, as Aristotle hath devised«, zusammen mit all den allegorischen Geschichten, die Spenser daraus spinnt.

Das gefürchtete Gegenbild zu Ordnung und *degree*: Das Chaos. Hier in einem Emblem Geoffrey Whitneys (1586)

Er setzt hier eine Erzählmaschine in Gang, die potentiell unendlich viele Geschichten, eine »unendliche Geschichte«, generieren kann. Der Fan moderner Fantasy, der unersättliche Leser Tolkiens oder Michael Endes, wird sich hier leicht zurechtfinden, denn Spenser führt ihn in der geliebten maßlosen Breite in eine ihm vertraute Welt von Aventiuren suchenden Rittern, holden Feen, gefangenen Jungfrauen, tückischen Magiern, feuerspeienden Drachen, verzauberten Bäumen und Burgen und anderen Wundern. An zwölf aufeinanderfolgenden Tagen schickt nach dem Erzählplan die Feenkönigin jeweils einen ihrer Ritter auf Aventiurefahrt gegen das Böse in der Welt, wobei Prinz Arthur, von einer Traumvision des Feenreichs umgetrieben, immer wieder in besonders kritischen Situationen rettend eingreifen muß. Am Ende sollte dann ein Fest am Hofe der Feenkönigin stehen, das diese mit Arthur und den heimgekehrten Helden vereinigt.

Allegorisches Erzählen

Dieses narrative Spiel bleibt jedoch bei aller Freude am bunten Wechsel der Schauplätze, Situationen und Figuren, bei aller Lust am sinnlich vergegenwärtigten Detail und liebevoll ausgemalten Bild nicht Selbstzweck. Es will vielmehr, wie Spenser an Ralegh schreibt, als »a continued allegory or dark conceit« gelesen werden. Jeder der Aventiurehelden personifiziert eine der (angeblich) aristotelischen Tugenden, wobei der Verlauf der Aventiure ihm selbst und dem Leser das Wesen und den Wert dieser Tugend in der Begegnung mit dem entsprechenden Laster bzw. mit falsch verstandenen Ausprägungen dieser Tugend allmählich bewußt macht. So verkörpern der Redcross Knight die »Holiness« (I), Sir Guyon die »Temperance« (II), Britomart und Belphoebe die »Chastity« (III), Triamond und Cambell die »Friendship« (IV), Artegall die »Justice« (V) und Sir Calidore das, was als Klimax dieses höfischen Epos gedacht ist, die höfische Kardinaltugend der »Courtesy« (VI). Prinz Arthur schließlich verkörpert »Magnificence«, hier wohl im Sinne von *magnanimity* (›Großherzigkeit‹), jene Tugend, die alle anderen Tugenden einschließe und die »perfection of all the rest« sei.

Politische Lesarten: Elisabeth und ihre Widersacher

Über diese allgemein moralphilosophische Allegorese hinausgehend deutet Spenser in seinem Erläuterungsbrief jedoch noch eine weitere Lektüre-Ebene an, eine politische und nationalgeschichtliche. Für die Feenkönigin Gloriana buchstabiert er dies aus: »In that Faery Queen I mean glory in my general intention, but in my particular I conceive the most excellent and glorious person of our sovereign the Queen.« Der Theorie der beiden Körper des Monarchen folgend (s.o. S. 55) erscheint sie jedoch nicht nur in ihrer öffentlichen Rolle als Herrscherin im Bild Glorianas, sondern in ihrer privaten Eigenschaft als »most virtuous and beautiful Lady« auch in anderen Personifikationen wie Belphoebe, Britomart und Mercilla. Ihr ist ja auch das Werk gewidmet, und sie wird sich für die ersten drei Bücher mit einer bescheidenen Pension bedanken. Dem zeitgenössischen Leser eröffnete sich damit allenthalben die Möglichkeit politisch-allegorischer Lesarten, denn er verfügte ja über das nötige Kontextwissen und die emblematischen und ikonographischen Codes, die dieses »dark conceit« zu seiner Dechiffrierung voraussetzt. Manche davon, wie die des 1. Buchs, sind ja auch deutlich genug: Der Redcross Knight ist nicht nur ganz allgemein »Holiness«, sondern spezifischer auch die Anglikanische Kirche, deren eine und reine Wahrheit er in der schwer geprüften Jungfrau Una verteidigt. Seine Gegenspieler sind dabei der Erzzauberer Archimago, der wie der römische Papst in heuchlerischem Ränkespiel die Rolle des Knight als Verteidiger der göttlichen Wahrheit beansprucht, und die zweigesichtige und doppelzüngige Duessa, die die Römisch-Katholische Kirche verkörpert und im 5. Buch noch pointierter die Rolle Maria Stuarts übernehmen wird (V, ix).

Anonymes Portrait Edmund Spensers im Pembroke College, Cambridge. Auf seine Studienzeit in Pembroke Hall (1569–1576) gehen seine ersten poetischen Versuche zurück.

Dieses 5. Buch, der eminent politischen Tugend der Gerechtigkeit gewidmet, legt eine politische Allegorese besonders nahe, auch wenn viele der Bezüge mehrdeutig und dunkel bleiben. Hinter dem Kampf Artegalls um Gerechtigkeit scheinen die innen- und außenpolitischen Ziele jenes militanten Protestantismus auf, dem sich Spenser in seinen politischen und Patronatsbeziehungen mit Leicester, Grey, Sidney, Ralegh und Essex verbunden hat. Diese bedrängen immer wieder Elisabeth, als Verteidigerin des anglikanischen Glaubens gegen die katholischen Feinde eine militantere Rolle zu spielen, d.h. in Irland hart gegen die Aufständischen durchzugreifen und in Frankreich und den Niederlanden entschlossen einzugreifen. Solche Aspirationen mochten in den achtziger Jahren, als Spenser die Arbeit an der *Faerie Queene* schon aufgenommen hatte, noch Aussicht auf Erfolg haben. Zehn Jahre später jedoch, als Elisabeth schon längst Lord Greys Regime der harten Hand in Irland das Vertrauen entzogen hat, als Sidneys Heldentod in den Niederlanden (1586) schon zur patriotischen Legende entrückt, Leicester tot (1588) und Ralegh in Ungnade gefallen ist (1592), hat eine solche heroische Vision der Rolle Elisabeths angesichts ihrer unsicher schwankenden und auf Ausgleich bedachten Politik keine Basis mehr. Das düstere, ominös offene Ende dieses Buchs mit seinem beunruhigenden Bild zweier dämonischer

Hexen mit hundertzüngigem Ungeheuer kann als Niederschlag dieser Desillusionierung gesehen werden.

Vision und Desillusionierung

The Faerie Queene ist gleichzeitig das Monument einer nationalpolitischen Vision und ein Dokument der Desillusionierung. Dieser Widerspruch verschärft sich noch im klimaktischen 6. Buch: Der im Zeichen der »Courtesy« erwartete Umschwung von der Düsterkeit des 5. Buchs findet nicht statt. Die Welt des Hofes, eigentlich Trägerin der spezifisch höfischen Tugend der »Courtesy«, erscheint in den Klauen des »Blatant Beast«, der allegorischen Verkörperung von Verleumdung, Mißgunst und Intrige und damit aller Perversionen höfischer Werte, und Sir Calidores Kampf dagegen bleibt letztendlich erfolglos. Es ist dies auch das einzige Buch, in dem Elisabeth ohne allegorische Repräsentanten bleibt, und dies obwohl gerade in diesem Buch der Hof das thematische Zentrum bildet. Und ebenso bezeichnend ist, daß Calidore »Courtesy« nicht am Hofe findet, sondern auf dem Lande, in der pastoralen Idylle Melibœes und Pastorellas. Hier verlassen wir die Welt des höfischen Epos und treten wir ein in die ganz andere Welt der griechischen Schäferromanze. In dieser Welt tritt dann auch Spenser selbst in dem den Zeitgenossen bereits vertrauten Schäferkostüm Colin Clouts auf – ein Dichter, der sich seiner öffentlichen Rolle nicht mehr sicher ist.

Die Anatomie des ›Wit‹

The Faerie Queene trennt mehr als die bloße Vers- und Strophenform vom späteren Roman: Entscheidendere Unterschiede sind die restaurative Verwendung der mittelalterlichen Konvention von Artusepik, Ritterromanze, Feenmärchen und Allegorie, die nostalgische Transposition der Gegenwart in eine idealisierte Vergangenheit, die ständigen Einbrüche des Wunderbaren, die dem Aufbau einer empirisch plausiblen fiktionalen Welt entgegenstehen, und der hohe Stand und der öffentliche Status der Protagonisten. All dies gilt nicht für einen Erzähltext, der schon mehr als eine Dekade vor der *Faerie Queene* erschienen ist und stilbildend für eine wichtige Traditionslinie der spätelisabethanischen Prosa- und Erzählkunst wird, John Lylys (1554–1606) *Euphues* (1578). Hier wird in Prosa erzählt, und was erzählt wird, ist die private Geschichte eines Konflikts von Freundschaft und Liebe. Diese Geschichte spielt zudem, trotz der griechischen und italienischen Namen der Protagonisten und Schauplätze in der zeitgenössischen Welt modischer Aristokraten und *wits*, die hier weder ins Pastorale noch ins Ritterliche stilisiert wird: Hinter Athen und Neapel verbergen sich ganz handgreiflich Oxford und London, und in der Fortsetzung, *Euphues and his England* (1580) wird konsequenterweise diese Verschlüsselung des Wirklichkeitsbezugs ganz aufgegeben.

Ein elisabethanischer Roman?

Also doch ein elisabethanischer Roman *avant la lettre*? Bei genauerem Hinsehen zerrinnen jedoch bald solche Hoffnungen der Vorgeschichtsforscher des Romans. Schon die Prosa ist alles andere als prosaisch, alles andere als ein flexibles, der Umgangssprache nahestehendes Medium zur Darstellung der empirischen Wirklichkeit in ihrer Konkretheit und Kontingenz. Lylys Prosa stilisiert Sprache nicht weniger als die *poetic diction* der Spenser-Stanze, auch wenn hier die artifiziellen Muster keine metrischen, sondern rhetorische sind. Lyly führt dabei den Ciceronianismus der humanistischen Schulrhetorik an seine äußerste Grenze der Manieriertheit. Ständige Alliterationen, Parallelismen und Antithesen, Chiasmen und *catenae* machen aus dieser Prosa ein künstlich abgezirkeltes Ballett der Wörter, und weit ausgesponnene und weit hergeholte Vergleiche und Vergleichsreihen sollen stän-

»Euphuism«

dig den *wit* des Autors unter Beweis stellen. Dieser *wit* ist als rhetorische *tour de force* eine rein sprachliche Angelegenheit und hat nichts mit Einsicht in Wirklichkeit zu tun. Selbst wenn dabei Kenntnisse aus der antiken Geschichte, aus der Naturgeschichte oder dem Handwerkswesen ins metaphorische Spiel gebracht werden, dienen solche Elemente der empirischen Wirklichkeit nur als Spielmaterial rhetorischer Artistik.

»Wit« als Sprachform und Thema

Wit ist nicht nur die Sprachform des *Euphues*; er ist auch, wie der Untertitel, *The Anatomy of Wit*, deutlich macht, das Thema. Und als Thema wird diese Form des *wit* durchaus auch kontrovers diskutiert und durch die Kontrastierung mit *wisdom* selbstkritisch relativiert. Der eigene *wit* erscheint selbst als eine der beklagten Ausgeburten übertriebener Studien, wie der Erzähler einräumt: »I have ever thought so superstitiously of wit, that I fear I have committed Idolatry against wisdom.«

Nicht nur auf der Ebene des Diskurses, der nur die eine Stimme einer hypertrophen Rhetorik kennt, liegt *Euphues* quer zu allen Tendenzen eines realistischen, die »Vielstimmigkeit« (Michail Bachtin) des Romans vorbereitenden Erzählens. Auch die Geschichte, der Konflikt zwischen Freundschaft und Liebe, hat hier eine andere Funktion als das Plot eines Romans. Euphues spannt seinem Freund Philautus die Verlobte Lucilla aus, um dann selbst von ihr betrogen zu werden, was schließlich die beiden Freunde im gemeinsamen Unglück und in der gemeinsamen Klage über die Treulosigkeit der Frauen zurückläßt: Dies ist eine Geschichte, für die es antike Vorbilder gibt und die auch in der italienischen Novellistik der Renaissance – etwa in Boccaccios *Decamerone* (X,viii) – wiederholt durchgespielt worden ist und die mit ihrem Konflikt zwischen einem ciceronischem Ideal klarer und beständiger Freundesliebe und der Irrationalität des sexuellen Begehrens auch Shakespeare fesseln sollte. Die frühe Komödie *The Two Gentlemen of Verona* (um 1592/93) und die Sonette legen davon Zeugnis ab. Es ist auch eine Geschichte, aus der Romane gemacht sein könnten. Lyly erzählt sie jedoch nicht um ihrer selbst willen, um der psychologischen Irrungen und Wirrungen der Charaktere willen, sondern benützt sie als bloßes »Spalier« (C.S. Lewis), an dem er die Blüten seiner rhetorischen Kunst hochranken lassen kann, als »Aufhänger« für lange Reden und *débats* über Freundschaft und Liebe, Männer- und Frauentreue, *nature* und *nurture*, *wit* und *wisdom*. So erstarrt seine Erzählung zu einem Kompendium von Musterreden über die Standardthemen humanistischer Bildungsschriften. Erzählung ist sie nur beiläufig. Was sie wirklich ist, benennt sie präzise im Untertitel: eine *anatomy*, die ins Enzyklopädische strebende, systematische Aufgliederung eines Problembereichs, wie sie die Humanisten, bis hin zu Burtons *Anatomy of Melancholy*, so schätzen.

Erzählung als Rahmen für Debatten

Aufruhr in Arkadien

Dem modernen Leser sinkt bei Texten, die sich in schäferlichem Kostüm präsentieren, leicht das Herz. Die Konventionen der Pastoraldichtung sind uns ferngerückt, und wir haben Mühe zu verstehen, warum der Traum eines arkadischen Schäferdaseins die Literatur der Renaissance so in ihren Bann geschlagen hat. Da ist ja nicht allein die Schäferdichtung im engeren Sinn, inspiriert von antiken Mustern wie vor allen den Eklogen Theokrits und Vergils, die in der elisabethanischen Lyrik eine wichtige Rolle spielt und in Spensers Eklogen-Zyklus *The Shepheardes Calender* (1579) und noch in Miltons pastoraler Elegie *Lycidas* (1637) bedeutende Werke der Epoche her-

Träume von Arkadien

Colin Clout, der pastorale »Held« von Spensers *Shepheardes Calender*, erscheint in dieser Illustration der Erstausgabe von 1579 in einer traurigen Winterlandschaft, die seinem Liebesschmerz entspricht. Zu seinen Füßen liegt die im Gram zerbrochene Hirtenflöte, hier ein heimischer Dudelsack.

vorbringt. Auch auf der Bühne hält die Schäferei bald Einzug: Nicht nur Lylys Hofkomödien, John Fletchers »pastoral tragic-comedy« *The Faithful Shepherdess* (um 1608/9) oder Miltons Maskenspiel *Comus* (1634), also alles Stücke, die für ein exklusives und damit künstlichen Stilisierungen aufgeschlossenes Publikum bestimmt sind, bedienen sich der pastoralen Konvention; selbst ein »Volksdramatiker« wie Shakespeare entführt seine Zuschauer in *As You Like It* (vor 1599) oder *The Winter's Tale* (1611) in arkadische Gefilde. Und schließlich zieht auch die Erzählkunst immer wieder das Schäfergewand an: Hier regen spätantike Muster, vor allem Longus' bukolische Erzählung von *Daphnis und Chloe*, zunächst kontinentaleuropäische Nachahmungen an, Sannazaros *Arcadia* (1501–4 erschienen) etwa oder Montemayors *Siete libros de la Diana* (1559). Diese wurden dann auch für das englische Erzählen modellbildend, sei es für einzelne Episoden wie der pastoralen Idylle des 6. Buches der *Faerie Queene* oder noch der Schilderung des paradiesischen Glücks Adams und Evas in *Paradise Lost* (Buch IV und V), sei es für durchgehend pastoral stilisierte »Schäferromane«, oder besser »Schäferromanzen«, wie Sidneys *Arcadia* oder Lodges *Rosalynde*, der Hauptquelle für Shakespeares *As You Like It*.

Pastorale: affirmativ oder kritisch?

Um Zugang zu diesem Enthusiasmus der Renaissance für die pastorale Konvention zu finden, muß man sich von Vorstellungen freimachen, daß es sich hierbei nur um ein tändelndes Spiel oder um eskapistische Wunschträume von einem unkomplizierten Leben reinen Sinnenglücks handelte. Schon die gebrochene Perspektivik des pastoralen Weltentwurfs verweist darüber hinaus: Er präsentiert zwar Arkadien in der Innenansicht, ist jedoch aus der realen Gegenwelt heraus entworfen, die daher in der pastoralen Fiktion auch immer wieder als Hof- und Stadtwelt kontrastiv beschworen wird. Das »Et in Arcadia Ego« gilt gerade nicht für den Dichter der Pastorale. Trotz der räumlichen Versetzung in eine arkadische Ideallandschaft und der zeitlichen in ein Goldenes oder paradiesisches Zeitalter ist diese alternative Welt auf das Hier und Jetzt bezogen. Dieser Bezug kann affirmativ verklärend sein; oft aber ist er kritisch, indem, wie z.B. im 6. Buch von Spensers *Faerie Queene*, die Hofwelt am idealen Maßstab der arkadischen Welt gemessen und als korrupt verworfen wird. Die Hirtendichtung kann damit sowohl als Medium der Hofkritik als auch der Projektion höfischer

Normen dienen. Sie ist daher immer auch ein politisches Medium, und diese Funktion wurde nicht erst in der Renaissance entdeckt, sondern war schon im klassischen Muster von Vergils Eklogen angelegt, die deutlich politisch akzentuiert waren. Spenser, der in den zwölf Monatseklogen seines *Shepheardes Calender* ja auch nicht nur Schäferliebe und Schäferleid besingt, sondern in jenen Eklogen, die er »moral« nennt, seine Hirten auch aktuelle kirchen- und staatspolitische Probleme diskutieren läßt, kann sich damit auf eine klassische Tradition berufen und zudem noch auf die biblische Metapher vom »Seelenhirten« zurückgreifen.

Der pastorale Raum als utopische Projektion –

Über solche pointierte Wirklichkeitsbezüge hinaus diente die Fiktion eines arkadischen Goldenen Zeitalters den englischen Humanisten und Dichtern als ein Projektionsraum für ihre utopischen Visionen idealer Menschlichkeit und Zwischenmenschlichkeit. Dies rückt die Pastorale in die funktionale Nähe der philosophischen, staats- und bildungstheoretischen Diskurse der Zeit. Die überschaubare, auf das Wesentliche hin abstrahierte Schäferwelt ermöglicht es, wie in einer experimentellen Versuchsanordnung, einem Simulationsmodell, ethische Normen des privaten und öffentlichen Verhaltens auf die Probe zu stellen und zu erläutern, ohne dabei von zufälligen Nebenumständen, wie sie eine realistischere Fiktion mit sich brächte, abgelenkt zu werden. Sidneys *Arcadia* ist dafür vor allem in ihrer überarbeiteten, dieses didaktische Moment noch stärker herausstellenden Fassung, *The Countess of Pembroke's Arcadia,* die 1593 posthum von seiner Schwester herausgegeben wurde, das herausragende Beispiel. Während die erst 1907 wiederentdeckte sogenannte *Old Arcadia* noch stärker der Lust am Fabulieren frönte, treten hier in langen Monologen und *débats* die großen ethischen Fragen in den Vordergrund und wird eindringlich der Rahmen einer kosmischen Ordnung beschworen, den menschliche Leidenschaft immer wieder gefährdet und verletzt. Einige dieser Themen, Liebe und Freundschaft etwa, oder *nature* und *nurture*, decken sich mit denen im *Euphues*. Sidneys protestantisch-humanistischer Ernst drängt aber darüber hinaus zu Themen, die für das Menschenbild und die Staatsform des reformierten Tudor-England religiös begründete Normen setzen: die Kontrolle der Leidenschaft durch die Vernunft, das rechte Verhältnis zwischen *vita contemplativa* und *vita activa*, das Leben nach dem Tode, das Problem des Selbstmords, die Verwerflichkeit des Atheismus, die Verpflichtung des Herrschers auf Gerechtigkeit und seines Volks auf Gehorsam.

– als Simulationsmodell

– und als Rahmen für Debatten

THE COVNTESSE OF PEMBROKES ARCADIA,

WRITTEN BY SIR PHILIPPE SIDNEI.

LONDON
Printed for William Ponsonbie.
Anno Domini, 1590.

Titelblatt der unvollständigen Erstausgabe von 1590

Der pastorale Text ist eigentlich ein im Sinne Jurij Lotmans »sujetloser« Text, ein handlungsloser Text: Die Idealität Arkadiens und seiner Bewohner schließt ja einschneidende Situationsveränderungen aus und kann nur die wiederkehrenden Rituale von Liebesspiel und Sängerwettstreit, von müheloser Schäferarbeit und Festen kennen. Da gibt es eigentlich nichts zu erzählen, nur zu beschreiben oder zu besingen. Wenn Sidney dagegen erzählt, wo noch Sannazaro nur eine statische Welt arkadischen Seinsglücks gemalt hatte, wenn er sogar so lebhaft und abwechslungsreich erzählt, daß sein *Arcadia* immer wieder als Roman bezeichnet worden ist, dann gelingt ihm dies formal dadurch, daß er zwei Gattungsmodelle aufeinander projiziert: Er dynamisiert die Pastorale zur ereignisreichen Erzählung, indem er in sein Arkadien das bewegte Treiben der Romanze einbrechen ließ. Diese geht auf den spätantiken »Roman« zurück, vor allem auf Heliodors *Äthiopische Abenteuer*, und ihre Erzählschemata – Trennung und Wiederzusammenführung von Liebenden oder Familien nach langen und weite Räume umspannenden Irrfahrten, Fährnissen und Prüfungen – prägen mittelalterliches und frühneuzeitliches Erzählen ebenso wie die elisabethanische Komödie. Diese

Eine schäferlich kostümierte Hofgesellschaft tritt auch in der April-Ekloge von Edmund Spensers *Shepheardes Calender*, »bestimmt zu Ehr und Preis unser allergnädigsten Herrscherin«, auf: Königin Elisabeth mit musizierenden Hofdamen.

Pastorale und Romanze

strukturelle Transformation der sujetlosen Pastorale zur spannungs- und konfliktreichen pastoralen Romanze ist jedoch nur die formale Seite einer funktionalen Neuorientierung: Die Ideale des arkadischen Raums und ihr Verhältnis zur Wirklichkeit werden dadurch zum problematischen Vorwurf dieser Erzählungen.

Der Einbruch romanesker Wirrungen in die pastorale Idylle zeigt sich schon daran, daß die Hauptakteure von Sidneys *Arcadia*, wie übrigens auch die von Shakespeares *As You Like It*, gar keine Schäfer sind. Es sind vielmehr Aristokraten, die es nach Arkadien verschlagen hat und die dorthin ihre Probleme mitbringen. König Basilius zieht sich mit seiner Gemahlin Gynecia und seinen beiden Töchtern Philoclea und Pamela auf ein Orakel hin von der politischen Verantwortung nach Arkadien zurück. Dort strandet nach einem Schiffbruch auch ein Freundespaar, Pyrocles, Prinz von Mazedonien, und Musidorus, Herzog von Thessalien. Die beiden verlieben sich in die beiden Prinzessinnen und verkleiden sich dann, um ihnen nahezukommen – Musidorus als Schäfer, und Pyrocles als Amazonin. Das Imbroglio der Verwechslungen, Mißverständnisse und Konflikte, das sich daraus ergibt, erinnert vielfach an Situationen in Shakespeares Komödien, vor allem an das Ausspielen verwirrend androgyner Reize in der transvestitischen Verkleidung. Ihren Höhepunkt erreichen diese erotischen Irrungen, wenn die Amazonin Cleophila alias Pyrocles zum dreifachen Objekt des Begehrens wird – Philocleas, die ihre Zuneigung zur vermeintlichen Frau als verstörenden Zauber erfährt; Gynecias, die den Geschlechtertausch alsbald durchschaut; des greisen Basilius, der sie ebenfalls in ehebrecherischer, wenn auch verfehlter Leidenschaft verfolgt. Das ist zwar von komödienhafter Absurdität, gleichzeitig aber werden diese transgressiven Neigungen auch als Ausdruck einer gestörten Kontrolle der Leidenschaften durch die Vernunft tragisch ernst genommen.

Komik und Tragik

Sidneys Arkadien ist im Privaten zerrissen von Leidenschaften und zwischenmenschlichen Entfremdungen und im Politischen bedroht von Krieg und Bürgerkrieg. Basilius' mangelnder Trieb- und Affektkontrolle entspricht auf dieser politischen Ebene seine mangelnde politische Autorität. Als Herrscher, der das ihm von Gott anvertraute Amt verrät, macht er sich ebenso schuldig wie als Ehebrecher. Dieses Motiv des Herrschers, der abdankt oder

Politik in Arkadien

sich in ein kontemplatives Leben zurückzieht, beschäftigt die elisabethanische und jakobäische Literatur von einer der frühesten englischen Tragödien, Nortons und Sackvilles *Gorboduc* (1561), bis hin zum Spätwerk Shakespeares, zu *Measure for Measure* (um 1604), *King Lear* (1604/5) und *The Tempest* (1611). Es reflektiert das tiefsitzende politische Trauma eines Machtvakuums, das durch die Umstrittenheit der Tudor-Dynastie, die nachkommenlose Jungfräulichkeit der Königin und schließlich durch die philosophisch-kontemplativen Neigungen Jakobs I. immer neu genährt wurde.

Die pastorale Erzählung als Bildungsroman

Auf der politischen Ebene ist *Arcadia* damit ein Fürstenspiegel, auf der privaten Ebene ein Bildungsprogramm. Dieser Aspekt wird in der überarbeiteten Fassung noch stärker konturiert, wo nicht nur die Prinzen einen Erziehungsprozeß durchlaufen, sondern auch die beiden Prinzessinnen in harten Prüfungen als Gefangene der atheistischen Cecropia und ihres lüsternen Sohns ihre Tugend bewahren und reifen müssen. Was als bloßes »trifle«, als improvisiertes Divertissement für die Schwestern und einige Freunde begonnen hatte, weitet sich so zu einem der einflußreichsten Normenbücher seiner Zeit. Sein Erfolg verdankte sich freilich sicher nicht nur dem hohen moralisch-didaktischen Anspruch, sondern auch der sorgfältig ausgearbeiteten literarischen Form: dem eleganten rhetorischen Stil, der als *Arcadianism* schon von den Zeitgenossen als Gegenmodell zum überfrachteten *Euphuism* (s.o. S. 111) geschätzt wurde; dem klassizistischen, dramennahen Aufbau in fünf »books or acts«, die, durch Verseklogen voneinander abgehoben, die Fülle der Episoden und Handlungsstränge gliedern und bändigen; den eingestreuten Liedern, die dem Werk den doppelten Reiz eines Prosimetron geben; der Balance von Komik und Ernst, die der Erzähler mit leichter Hand aufrecht erhält; der geschickten Verbindung philosophischer *débats* mit romaneskem Handlungsreichtum und pastoraler Idyllik. In dem Maß jedoch, in dem ein bürgerliches Ethos sich als geschmacksbestimmend gegenüber dem aristokratischen in der Literatur durchsetzte, verblaßte der Ruhm der *Arcadia*. In dem Maß, in dem das romaneske Erzählen der frühen Neuzeit nur noch aus der Perspektive einer Vorgeschichte des Romans wahrgenommen wurde, erwies sich die *Arcadia* als unlesbar oder zumindest ungenießbar. Für Walpole strapazierte sie selbst »the patience of a young virgin in love«, Hazlitt war sie »one of the greatest monuments of the abuse of intellectual power upon record« und selbst T.S. Eliot, ansonsten ein origineller Kritiker der englischen Renaissanceliteratur, verdammte sie als »a monument of dullness«. Als Roman gelesen, mag die *Arcadia* so erscheinen; in einer angemesseneren Perspektive erweist sie sich jedoch als kühner Wurf.

Abkehr vom »Euphuism«

Ein »monument of dullness«?

Satyr und Picaro in England

Zwischen Sidneys *Arcadia* und dem Roman des 18. Jahrhunderts lassen sich immerhin punktuelle Berührungen festmachen: Die Titelheldin von Richardsons *Pamela* trägt wohl nicht zufällig den Namen von Sidneys Prinzessin, muß sie doch wie diese als Gefangene ihre keusche Tugend bewähren und bewahren. Die elisabethanische Prosaerzählung jedoch, für die von der neueren Literaturgeschichtsschreibung am häufigsten und am nachdrücklichsten die moderne Gattungsbezeichnung einer *novel,* und nicht mehr einer *romance*, reklamiert wird, Thomas Nashes (1567–1601) *The Unfortunate Traveller, or The Life of Jack Wilton* (1594), überlebte ihre Entstehungszeit zunächst nicht und sollte erst in unserem Jahrhundert als »Roman« ihre Urständ feiern.

Diese jüngste Karriere des *Unfortunate Traveller* verdankt sich vor allem seiner Distanz zur Hofwelt, deren heroisch-ritterliche und petrarkistisch-galanten Rituale hier nur noch in der burlesk gebrochenen Perspektive eines gewitzten Pagen und in der historischen Distanzierung in die Zeit Heinrichs VIII. aufscheinen. Außerdem haben wir durch unsere Erfahrungen mit modernen und postmodernen Kunstpraktiken gelernt, auch Nashes Darstellungs- und Sprachstil neu zu schätzen – einen Stil, den Nashe mit anderen *University Wits* teilt, aber brillanter als alle anderen beherrscht. Es ist dies ein betont heterogener Stil, der vielstimmig und mehrsprachig die disparate Vielfalt der Diskurse seiner Zeit ausspielt und sie damit alle relativiert. In burleskem Sprachübermut läßt er das rhetorisch überzogenste Pathos oder den geschraubtesten Gelehrtenschwulst in die niedrigsten Niederungen des Vulgären abstürzen oder bläht er Triviales und Unflätiges zu rhetorischem Bombast auf; in parodistischem Zitat aller Gattungen und Diskurse läßt er Schlachtenbeschreibung und Schwank, Reisebericht und blutrünstige Novelle, literaturkritisches Traktat und petrarkistisches Sonett, Predigt und Polemik einander abwechseln und durchkreuzen. *Copy* im doppelten Wortsinn des Frühneuenglischen ist das Prinzip dieses Stils: *copiousness* als Sprachfülle und Sprachlust und »Kopie« als zitierende, travestierende oder persiflierende *imitatio* bestimmen ihn. *Gallimaufry* (›Haschee‹) nennt Nashe selbst diesen Karneval der Sprachen, Stile und Gattungen. Diese küchenhumoristische Metapher, mit der elisabethanische Klassizisten die Regellosigkeit der heimischen Literaturproduktion gegeißelt hatten – hier wird sie zum Programm.

Elisabethanische Postmoderne?

Unter den Bedingungen eines solchen Stils kann und soll sich ja auch nicht jene kohärente Weltsicht und jenes geschlossene Charakterbild formen, das man bei einem Roman erwartet. Wieder ist es daher sinnvoller, auch *The Unfortunate Traveller* nicht aus der Roman-Perspektive zu betrachten, sondern im Horizont zeitgenössischer Gattungen. Die Gattung, die sich hier vor allem anbietet, ist die, für deren Meisterschaft sich Nashe als »Young Juvenal, that biting Satirist« (Robert Greene) bei seinen Zeitgenossen vor allem einen Namen gemacht hatte: die Satire. In zwei Papierkriegen – gegen den anonymen puritanischen Kritiker der Staatskirche »Martin Marprelate« (›Prälatenruin‹) und gegen den als Puritaner und Pedanten verspotteten Gelehrten Gabriel Harvey – erregt er die Aufmerksamkeit nicht nur der literarischen Öffentlichkeit, sondern auch der Obrigkeit. Wenn die bischöflichen Kirchenbehörden 1599 angesichts der steigenden Flut und zunehmenden Galligkeit und Drastik der Pasquillen den Druck weiterer Satiren verbietet und alle greifbaren satirischen (und obszönen) Schriften verbrennen lassen, sind auch die Nashes dabei.

Ein elisabethanischer Juvenal

Die heftigen Spannungen und Transformationsprozesse der Tudor-Zeit hatten immer wieder die Satiriker auf den Plan gerufen. Von John Skeltons (um 1460–1529) Hof- und Bischofssatiren unter Heinrich VII. und VIII. über Wyatt und Spenser führt eine durchgehende Traditionslinie der Verssatire bis hin zu den spätelisabethanischen Satiredichtern Thomas Lodge, Donne, Joseph Hall, Marston und Jonson, und auch das Druckverbot für Satiren kann die Spottlust oder den bitteren Ingrimm nur in ein anderes Medium, das Theater, abdrängen. Zunächst war die Tudor-Verssatire ganz von den mittelalterlichen Modellen des aggressiven und vulgären *flyting* bestimmter Personen oder des predigtnah ernsten, allgemeiner gehaltenen und oft allegorischen *complaint* über die Verderbtheit der Welt bestimmt. Seit den dreißiger Jahren jedoch, einsetzend mit Wyatt, lenkt die Neuorientierung an der antiken Literatur die Aufmerksamkeit auf antike Vorbilder, vor allem auf die Verssatiren von Juvenal und Horaz. Dabei wird vor allem die *saeva indigna-*

Entwicklungsperspektiven der Satire

tio, die »wilde Entrüstung« Juvenals, bestimmend und nicht der elegant-urbane Spott des Horaz über die Torheiten der Gesellschaft. Für die Elisabethaner leitet sich – in falscher Etymologie – der Begriff der Satire vom Satyr her, einem geifernden halbmenschlichen, halbtierischen Waldwesen, und entsprechend sehen sie die Rolle des Satirikers als die eines von wildschäumendem Grimm ergriffenen Geißlers menschlicher Bosheit und Verbrechen.

Satire und Satyr

»Jung-Juvenal« Nashe schreibt jedoch keine Verssatiren, sondern satirische Prosapamphlete und wählt und perfektioniert damit jenes flexiblere Medium der Satire, das für die bissige und prompt reagierende Attacke geeigneter ist als die immer etwas »akademische« Übung der *imitatio* klassischer Muster. In der Struktur greifen diese satirischen Pamphlete oft auf die Organisationsschemata des mittelalterlichen *complaint* zurück. Nashes brillantestes und erfolgreichstes Pamphlet, *Pierce Penniless, His Supplication to the Divell* (1592) spielt schon im Namen dessen, der hier mit juvenalischer und rabelaisischer Sprachgewalt Klage beim Teufel über die Torheiten und Laster seiner Zeit führt, auf William Langlands allegorisches Traumgedicht aus dem 14. Jh., *Piers Plowman*, an. Und wie dieser bedient er sich des Schemas der Sieben Todsünden als strukturelles Gerüst, erweitert dies aber durch zahlreiche scheingelehrte Digressionen, satirische Charakterportraits, skurrile Anekdoten, Tierfabeln und Huldigungen an bewunderte Vorbilder wie Morus, Ascham, Sidney und Spenser. Ständige Brüche, Abbrüche und Neuansätze kennzeichnen den Aufbau des Pamphlets, seines »paper-monster«, wie er es ironisch selbstkritisch nennt. In dieser offenen und überbordenden Struktur verweisen uns solche Texte auf den wahren etymologischen Sinn des Worts »Satire«, nämlich *satura* als die übervoll mit verschiedensten Früchten gefüllte Schale – also, wieder küchenmetaphorisch, eine Art von *gallimaufry.*

Satire und »satura«

Schon in *Pierce Pennilesse* schafft sich Nashe eine fiktive Sprecherfigur, aus der er die Welt in distanzierender Perspektive darstellt: den armen Schlucker Pierce, der sich als Literat sein karges Brot verdienen muß, erbost über das arrogante Wesen neureicher Emporkömmlinge, das philiströse und sektiererische Gehabe der Puritaner und die dünkelhafte Pedanterie der Gelehrten vom Schlag eines Harvey. Scheint hier hinter der Satirikermaske noch deutlich das autobiographische Ich des Autors durch, so geht Nashe im *Unfortunate Traveller* einen entscheidenden Schritt in der Fiktionsbildung weiter: Das Sprecher-Ich, der Page Jack Wilton, ist deutlich vom Autor abgesetzt und hat auch seine eigene Geschichte, die er als Ich-Erzähler berichtet. Damit wird die Satire, die als klassische Verssatire und *complaint* »sujetlos« war, konsequent in einen narrativen Text überführt. Modell dieser »Narrativierung« der Satire könnte dabei die antike varronische oder menippeische Satire gewesen sein, die sich ja auch schon fiktiver oder phantastischer Handlungen – im *Ikaromenippos* etwa der Luftreise – zur Perspektivierung und Veranschaulichung ihrer satirischen Weltsicht bedient hatte.

Menippeische Satire

Auch dem *Unfortunate Traveller* liegt eine Reise als Handlungsschema zugrunde – allerdings keine phantastische, sondern eine an der Route der *Grand Tour* orientierte Reise durch Deutschland und Italien. Dabei tritt freilich Jack Wilton nicht als Bildungsreisender auf; dazu müßte er ja eine Standesperson sein und planvoll die Sehenswürdigkeiten aufsuchen. Er dagegen läßt sich, dem Zufall und dem Glück ausgeliefert, treiben und kommt damit mit den Höhen und Tiefen der Gesellschaft und mit den wechselvollen Zeitläufen in Berührung, die ihm immer neuen Anlaß zum Staunen und zur satirischen Entrüstung geben. In dieser Hinsicht entspricht Jack Wiltons Reise der des Picaro der spanischen Schelmenromane, dessen erstes Muster, der anonyme *Lazarillo de Tormes* (1554) seit 1576 in einer englischen Übersetzung vorliegt. Bei allen Unterschieden – der Picaro ist ein bindungsloser Außenseiter der Gesellschaft, während Jack Wilton immer als *retainer* in gesicherten aristokratischen Diensten steht, und Lazarillos Irrfahrten bewegen sich in engen Kreisen um Salamanca und Toledo, wo Jack auf seiner *Grand Tour* Europa bereist – kann Jack als englischer Picaro gesehen werden: Er ist gewitzt wie dieser, fungiert als Wahrnehmungszentrum für ein satirisches Panorama der Welt und authentisiert als Ich-Erzähler mit seinem lebhaft mündlichen Sprachduktus die Erzählung seiner Abenteuer.

Thomas Coryates *Crudities* (1611), der Bericht seiner Europarundreise, wurde modellbildend für die *Grand Tour* des 17. und 18. Jahrhunderts. Das Titelblatt schildert die Fährnisse, denen Coryate auf seiner Reise ausgesetzt war – sie reichen von der stürmischen Überfahrt über den Kanal (A) bis zu den Nachstellungen venezianischer Kurtisanen (E/F) und eines Rabbi, der sich gegen Bekehrungsversuche mit dem Messer wehrt (G). Auf das Portrait des Autors, von Personifikationen Frankreichs und Italiens gerahmt, spuckt Deutschland.

Dennoch sind weder der spanische Picaro noch Nashes glückloser Reisender in sich geschlossene und stimmige Figuren wie man sie in den Charakteren eines realistischen Romans geboten bekommt. Je nach satirisch-rhetorischer Absicht erscheint Jack naiv oder schlau, großmäulig oder lakonisch, gelehrt oder ungebildet, amoralisch oder auf konservative Normen pochend. Am Anfang tritt er uns als schwadronierender, vor seinen Mit-Pagen sich brüstender Ruhmredner seiner eigenen Schelmenstreiche im Feldlager vor Térouanne (1513) entgegen. Bald schlüpft er dann in die Rolle eines burlesken Chronisten einer Schweißfieber-Epidemie in England (1517), der Schlacht von Marignano (1515) und der Niederschlagung des Anabaptistenregimes in Münster (1535), die Nashe zum Anlaß für eine heftige Attacke auf die Puritaner in England nimmt.

Die Begegnung mit dem Earl of Surrey, dem glänzenden Hofmann und Sonettdichter, leitet eine neue Erzählphase ein: die episodische Schilderung seiner *Grand Tour* von Rotterdam bis Rom, auf der der Page im Gefolge des Grafen bedeutende Zeitgenossen trifft – Erasmus und Thomas Morus in Rotterdam, Luther in Wittenberg, den berühmt-berüchtigten Magier Cornelius Agrippa am Kaiserhof (an dem ja schon Marlowes Doctor Faustus sich mit seinen Zauberkunststücken hervorgetan hatte) und in Venedig Pietro Aretino, Nashes bewundertes Vorbild. In Italien, wo Surrey in einem parodistisch verfremdeten Minneturnier seine Dame Geraldine verherrlicht, bildet Jacks handfestes Liebesabenteuer mit Diamante einen wirkungsvollen ironischen Kontrast zum petrarkistischen Werbungsritual seines Herrn. »My master beat the bush and kept a coil and a prattling, but I caught the bird«: so das anti-petrarkistische Fazit dieser Episode. Ihre Erlebnisse in Venedig und Rom führen uns schließlich in die Welt der italienischen Novellen und der blutrünstigen elisabethanischen Rachetragödien und bestätigen damit das englische Bild Italiens als eines Schauplatzes raffinierter Laster, machiavellistischer Intrigen und katholischer Idolatrie und Korruption. Demgegenüber nimmt Jack, der »historiographer of my own misfortunes«, die Sehenswürdigkeiten der Ewigen Stadt nur sehr respektlos zur Kenntnis: »I was at Pontius Pilate's house and pissed against it.«

Es sind diese »lebenspraktische, antiromantische Skepsis« (Werner von Koppenfels) und die vielschichtige Weltfülle, die uns Nashes *Unfortunate Traveller* auf dem Weg zum Roman erscheinen lassen, zu jenem »comic epicpoem in prose«, als das Fielding im Vorwort zu *Joseph Andrews* (1742) seine eigenen »comic romances« bezeichnen wird. Die dominante Stilform dieser »komischen Prosaepik« ist bei Nashe wie bei Fielding die Burleske, das *mock heroic*, die parodistische Überhöhung des Alltäglichen und Niedrigen ins Heroische und Hohe. Gerade in dem Maße jedoch, in dem das »bürgerliche« Individuum Jack Wilton sich ernst zu nehmen vorgibt, indem er sich burlesk zum König und Heros aller Pagen stilisiert, wird dies als ironische Selbstvergrößerung deutlich. Auch hierin, in diesem Festhalten an Standeshierarchien, das dem Privatmann nur eine komisch geborgte Größe zugesteht und ihn

Burleske

noch nicht zum Romanhelden qualifiziert, erweist sich der Konservativismus des Satirikers Nashe.

Das getaufte Epos

Der zweiundsechzigjährige John Milton in einem Stich von William Faithorne, der Miltons *History of Britain* (1670) als Frontispiz vorangestellt ist.

Unser Überblick über die Formen des elisabethanischen Erzählens hat eines gezeigt: Die Texte, in einem relativ engen Zeitraum entstanden, reagieren zwar aufeinander, lassen sich jedoch nicht in ein lineares Entwicklungsschema bringen – und schon gar nicht in eines, das geradlinig zum Roman hinführte. Dieser Mangel an Kontinuität der Entwicklung – oder, positiv gewendet, diese Offenheit des Experimentierens mit tradierten Erzählmodellen – zeigt sich auch darin, daß unter den Stuarts und in den Wirren der religionspolitischen Auseinandersetzungen der Jahrhundertmitte, d.h. im Zeichen einer klassizistisch orientierten Hofkultur und eines Fiktionen abholden Puritanismus, auch diese Experimente abbrechen. Mit einer großen Ausnahme allerdings: John Miltons (1608–74) Bibelepen *Paradise Lost* (1667/74) und *Paradise Regained* (1671). Diese liegen zwar mit ihren Erscheinungsdaten in der Restaurationszeit und damit jenseits unserer Periodengrenze, doch gehen erste Pläne dazu schon auf die Zeit vor dem Bürgerkrieg, auf die Jahre 1639/40 zurück. Zu unserer Epoche des Humanismus und der Renaissance gehören sie auch in ihrem Ringen um die Wiedergewinnung der epischen Großform und in ihren politisch-biographischen Zusammenhängen mit dem puritanischen Projekt eines wiederzugewinnenden Gottesreichs auf englischem Boden. Ihr Autor, erblindet (seit 1651/2) und durch die Restauration ins politische Abseits gestellt, war das Relikt einer früheren Zeit, einer gescheiterten Hoffnung.

Das Epos und das Rad des Vergil

Wie kein anderer Dichter seiner Zeit sah Milton sein Dichtertum als Beruf und Berufung – als Beruf, zu dem es einer gründlichen »handwerklichen« Ausbildung und einer umfassenden theologischen und literarischen Bildung bedarf; als Berufung, die nicht nur die göttliche Gabe der Inspiration und des Genies bedeutet, sondern auch öffentliche Verantwortung. Das Epos als die öffentliche Gattung schlechthin, als »the tale of a tribe« und als »poem including history«, wie ein anderer verspäteter Epiker, Ezra Pound, es in unserem Jahrhundert nennen sollte, stellt sich ihm daher früh schon als die höchste ästhetische, politische und religiöse Verpflichtung seines dichterischen Schaffens dar. Im Epos sollte sich das »Rad des Vergil«, das sich in der *Aeneis* zum nationalen Mythos aufschwang, auch in seinem Werk, wie schon in dem Spensers, vollenden. Das Epos sollte zudem endgültig beweisen, daß das Englische den klassischen Sprachen und dem Italienischen ebenbürtig ist. Und es sollte, wie er in einer autobiographischen Passage seines Traktats über *The Reason of Church Government* (1642) schreibt, »God's almightiness« verherrlichen, seinen Landsleuten lebendige *exempla* einer spezifisch christlichen Heroik vor Augen stellen und damit den »general relapses of kingdoms and states from justice and God's true worship« entgegenwirken.

Schwierige Themenfindung

Angesichts dieses hohen Anspruchs an sein eigenes Werk fällt ihm die Themenwahl nicht leicht. Stoff eines Epos können ja nicht erfundene oder private Geschichten sein, sondern ist die Geschichte eines Volkes, das sich im Erzählen dieser Geschichte des eigenen Ursprungs und seiner nationalen Identität und Größe versichert. Eine solche Geschichte ist von ihrer Form und Funktion her notwendig mythisch, und dies nicht nur, weil sie Götter als den Ursprung stiftende und die Entwicklung lenkende Instanzen ins Spiel bringt. Sie ist mythisch auch, weil sie auf dem verbindlichen Konsensus der jeweiligen Gemeinschaft gründet. Wo aber eine solche mythische Verbindlichkeit hernehmen in einem England und Europa, die von religiösen und politischen Konflikten zerrissen sind? Gerade diese Voraussetzung des Epos ist ja nicht mehr gegeben, und der Roman des 18. Jahrhunderts kann mit seinem Rückzug aus Geschichte und Mythos in die Privatheit der »bürgerlichen Epopöe« als Antwort auf dieses Dilemma gesehen werden.

Von der Nationalgeschichte zur Heilsgeschichte

Milton denkt zunächst an Themen aus der englischen Nationalgeschichte, und hier vor allem, wie schon vor ihm Spenser, an König Artus. Auch König Artus ist jedoch kein verbürgter Mythos, sondern eine bloße Legende, wie sich Milton in seinen Studien zur Frühgeschichte Englands bewußt macht. Und dem Puritaner Milton, dem Legenden und Allegorien im Ruch katholischer Trugbilder stehen, taugt allein ein Mythos, der gleichzeitig verbürgte historische Wahrheit ist. Diese Bedingung kann für ihn letztendlich nur die biblische Geschichte als Heilsgeschichte der Menschheit erfüllen. Da dieses Thema in seinen allumfassenden Dimensionen selbst in der Großform des Epos kaum erzählerisch zu bewältigen ist, gilt es, eine bestimmte Situation als Brennpunkt zu wählen, in dem sich die ganze Heilsgeschichte von der Erschaffung der Welt bis zum Jüngsten Gericht und zum Anbruch des Gottesreichs auf Erden bündeln läßt. Der alttestamentarische Mythos vom Sündenfall und der Vertreibung aus dem Paradies, zu dem Milton schon um 1640 Entwürfe für eine biblische Tragödie, »Adam Unparadized«, ausgearbeitet hat, entspricht genau diesen Anforderungen: Er setzt als seine Vorgeschichte die Erschaffung der Welt und den Engelsturz, der den Fall Adams und Evas präfiguriert, voraus, und er impliziert als seine Nachgeschichte die Heilstat Christi und die endzeitliche Wiedergewinnung des Paradieses.

Milton ist nicht der erste Dichter der Frühen Neuzeit, der eine solche Neubelebung des antiken Epos aus dem Geist des biblischen Mythos versucht hat; Italiener, Franzosen und Niederländer sind ihm hierin schon vorausgegangen. Miltons Bezugstexte sind jedoch nicht diese neueren religiösen Epen, sondern die antiken heroischen Epen, vor allem die *Aeneis* Vergils, und die heroische Epen- und Romanzendichtung der Renaissance, vor allem Ariosts *Orlando Furioso* (1532) und Tassos *Gerusalemme Liberata* (1580). Vom ersten Vers an tritt Milton mit ihnen in einen Dialog ein:

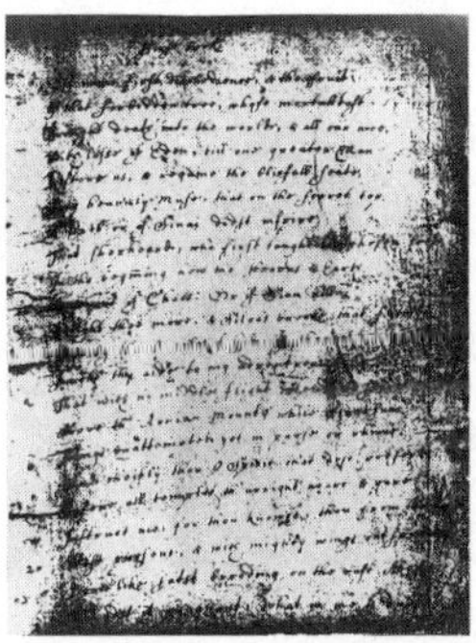

Manuskript des Beginns von *Paradise Lost*

> Of man's first disobedience, and the fruit
> Of that forbidden tree, whose mortal taste
> Brought death into the world, and all our woe,
> With loss of Eden, till one greater man
> Restore us, and regain the blissful seat,
> Sing heavenly Muse [...]

Vergil als Folie

Wie Vergils so beginnt auch Miltons Epos mit Themennennung und Musenanruf, doch wo Vergil mit »Arma virumque cano« Heroisches und Martialisches ankündigt, führt Milton in das Heilsgeschehen des verlorenen und wiedergewonnenen Paradieses ein. Der weltgeschichtliche Bogen, den Vergil von Trojas Fall bis zur Gründung Roms schlägt, findet hier sofort sein heilsgeschichtliches Korrelat, und an die Stelle von Vergils *einem* Helden Aeneas treten hier von Anfang an *zwei* – der sündig gewordene Mensch Adam und »one greater man«, Christus. Und Vergils Epos wird auch weiterhin die bestimmende Vergleichs- und Kontrastfolie bleiben: An seinem hohen Sprachduktus orientiert sich Miltons Blankvers, dem weit gespannte Perioden, mythologische Verweise, klangvoll-suggestive Namenlisten oder episch ausgesponnene Vergleiche poetischen Glanz verleihen. Wie Vergil – und Homer – beginnt auch Milton *in medias res*, mit dem Sturz der Engel, und liefert dann in Reden und Erzählungen die Vorgeschichte der Revolte

Satans (Buch V u. VI) und der Erschaffung der Welt (Buch VII u. VIII) nach; wie dieser erzählt er seine Geschichte in zwölf Büchern, ruft er immer wieder die Muse an, wechselt er die Schauplätze und ergeht er sich in breit angelegten Schlachtenbeschreibungen.

Dabei ist Miltons Epos gleichzeitig *imitatio* und Kontrafaktur des klassischen Musters: Milton zitiert Verfahren und Strukturen, um die Differenz zwischen dem antiken und dem modernen christlichen Epos auszuspielen. Dies gibt *Paradise Lost* einen Grad an Selbstreflektiertheit, der dem antiken Epos fremd war. Milton meldet sich in den großen Prooemien zu Buch I, III, VII und IX immer wieder zu Wort und thematisiert explizit seinen Anspruch der Überbietung des antiken Epos und der heroischen Romanzendichtung. Seine Inspirationsquelle seien nicht mehr die heidnischen Musen des Parnaß, sondern der Heilige Geist und Urania, die Muse der Astronomie und damit der göttlichen Weltenharmonie; sein Thema seien nicht erfundene Fabeln von heroischen Großtaten, sondern die verbürgte Wahrheit der Heilsgeschichte und die unmartialische »fortitude of patience« christlicher Tugend, und dies sei ein »higher argument«, ein würdigeres Thema, als Trojas Fall oder ritterliche Schlachten.

Das religiöse Epos als Meta-Epos

Solche programmatischen Auseinandersetzungen mit der epischen Tradition machen *Paradise Lost* zu einem »Meta-Epos«, einem Epos über das Epos und seine Geschichte, ja im Ansatz zu einem Anti-Epos. Und da sich auch der Roman in der kritischen Absetzung von Epos und Romanze konstituieren wird, kann man hierin eine analoge Modernisierungstendenz sehen. Eine solche liegt auch im Einbruch des Subjektiven in das Epos: Milton bringt sich auch als Person ein – als blinder Dichter, der auf seine innere Vision angewiesen ist, an seiner Aufgabe zu verzweifeln droht und mit seinem Alter, seiner gesellschaftlichen Isolation und der Ungunst der Zeit für hohe Dichtung ringt.

Kompositionsprinzipien

Wie die *Aeneis* ist auch *Paradise Lost* zweigliedrig im Aufbau. Dabei ergeben sich axialsymmetrische Entsprechungen um die Mittelachse der rückblickenden Bücher V–VIII, die Gottes Schöpfermacht und seinen gütigen Heilsplan feiern. Wir wollen dies in cinem tabellarischen Überblick (G.K. Hunter) veranschaulichen:

↓	↑
I: Dic gefallenen }	{ XII: Die gefallene
II: Engel }	{ XI: Menschheit
III: Himmel/Satan	X: Himmel/Satan
IV: Paradies	IX: Paradies
V: Rückblick auf }	{ VIII: Rückblick auf
VI: Engelsrevolte }	{ VII: Erschaffung der Welt

Die einander entsprechenden Bücher stehen dabei immer auch in einem Kontrastverhältnis zueinander: Der Sturz der Engel ist irreversibel, während der der Menschheit erst die Voraussetzung für Christi Heilstat darstellt; der Plan Satans, die Menschheit zu verderben, wird durch das Opfer Christi in sein Gegenteil verkehrt; die Rebellion der Engel kontrastiert als anarchisches Moment mit der göttlichen Harmonie des Universums. In diesen Gegensätzen schlägt sich strukturell das zentrale theologische Paradox der *felix culpa* nieder, des Sündenfalls als einer Schuld, die die Güte Gottes herausfordert und damit das Heil des Menschen vollendet. Die Tragödie des »Adam Unparadized« ist damit auch eine Göttliche Komödie, und in dieser Einsicht erfüllt sich der Vorsatz des epischen Sängers »[to] justify the ways of God to men« (I, 26).

Theodizee der» felix culpa«

Dogmatisch ist diese Theodizee durchaus orthodox. Milton war offensichtlich darum bemüht, kontroverse Fragen wie die des Verhältnisses von Gnade und guten Werken oder von göttlicher Vorbestimmung und menschlicher Freiheit so zu behandeln, daß sich daran kein neuer konfessioneller Zwist entfachen soll. Sein Epos ist damit »katholisch« im ursprünglichen Wortsinn eines umfassenden Konsensus. Katholisch in diesem nicht-konfessionellen Sinn ist auch sein Weltbild, das sich weder auf das platonische Modell einer Sphärenharmonie noch auf die Himmelsmechanik der *New Science* festlegt, sondern geozentrische und heliozentrische Vorstellungen miteinander verknüpft. Trotz dieses Versuchs, seiner epischen *Summa theologica (et scientifica)* eine breite Basis des Konsensus zu geben, zeichnen sich doch Akzentuierungen ab, die wir mit Miltons Puritanismus in Zusammenhang bringen können.

Weltbild zwischen alt und neu

Dies beginnt mit der Darstellung Satans, des dritten Helden dieses Epos neben Christus und Adam. Vor allem in den ersten beiden Büchern wird sein Aufbegehren und seine bei aller Erniedrigung unerschütterliche Energie so bewegend und eindrucksvoll gestaltet, daß dagegen die himmlischen Gestalten blaß und wenig mitreißend erscheinen. Der Romantiker William Blake wird sich das in einem Aphorismus aus *The Marriage of Heaven and Hell* tiefenpsychologisch erklären: »The reason Milton wrote in fetters when he wrote of Angels & God, and at liberty when of Devils & Hell, is because he was a true Poet and of the Devil's party without knowing it.« Dies sagt sicher mehr aus über Blakes antinomische Theologie als über Miltons Theodizee und mehr über romantische Identifikation und Einfühlung als über puritanischen Rigorismus, doch ist nachvollziehbar, daß den puritanischen Rebellen Milton, der ja schließlich die Hinrichtung Karls I. gutgeheißen und gerechtfertigt hat, die Revolte Satans gegen Gott, trotz aller unterschiedlicher Voraussetzungen und Bewertung, in besonderer Weise bewegt hat. Die satanische Energie und Dynamik wird zwar als irregeleitete und zerstörerische verurteilt, gleichzeitig jedoch – im Höhenflug von Satans Rhetorik etwa oder in den hinreißenden Schilderungen seiner Superman-gleichen Flüge durch das All – unserem Staunen dargeboten: ein zutiefst ambivalentes Symbol jenes frühneuzeitlichen Modernisierungsschubs, den Miltons Puritanismus gleichzeitig vorantreibt und verwirft.

Blake führte seinen Dialog mit Milton auch mit Zeichenstift und Pinsel. Sein Aquarell »Satan Calling up His Legions« (1808) – vgl. dazu *Paradise Lost*, I, 299–303 – zeigt einen Satan, der eher Mitleid als Furcht erregt und dessen »Legionen« auf eine kleine Schar zusammengeschrumpft sind. Es ist ein tragischer Satan, der sich seines Scheiterns bereits bewußt ist.

Ein zweiter Aspekt ist die Anthropomorphisierung und damit auch Psychologisierung der Darstellung Gottvaters und Christi. Wenn der Gottessohn hier schon im vierten Vers des ganzen Epos als »greater man« angesprochen wird, ist dies bei aller Bemühung Miltons um Orthodoxie nicht frei von jener arianischen Häresie der reinen Menschlichkeit Christi, mit der sich Milton in seinen Prosaschriften identifizierte. Das Kurzepos in vier Büchern, *Paradise Regained,* setzt Christus dann als Menschen den Versuchungen Satans in der Wüste aus. Wenn er dabei, im Gegensatz zu Adam und Eva in *Paradise Lost,* besteht, so erweist sich dabei seine Göttlichkeit wiederum allein in seinem Status als »greater man«, vollkommen und frei von allem Makel gefallenen Menschseins. Selbst Gottvater, über allen Zweifel seines Gottseins erhaben, wird schon dadurch, daß Milton die Kühnheit hat, ihn über seine unerforschlichen Ratschlüsse ausführlich räsonieren zu lassen, zu einer anthropomorphen Figur. Er kommt uns vor wie ein Puritaner, der gewissenhaft seine Motive und Absichten auf ihre Lauterkeit hin prüft – oder wie eine Romanfigur, deren psychologische Inwendigkeit hier vorweggenommen zu sein scheint.

Anthropomorphisierung und Psychologisierung

Heilsgeschehen ist für den Puritaner Milton ein Geschehen, das sich im Herzen des Menschen vollzieht. Diesen Akzent setzt bereits das Prooemium zum ersten Buch, wo »the upright heart and pure«, und nicht irgendein

Verinnerlichtes Heilsgeschehen

kultisches Gebäude, als Wohnstatt des göttlichen Geistes herausgestellt wird. In dieser Verinnerlichung der Erfahrung des Heiligen unterscheidet sich ja gerade der Puritanismus vom Katholizismus und auch von der anglikanischen Kirche. Dem entspricht, daß Adam am Ende des Epos vom Erzengel Michael über seine Verzweiflung ob des verlorenen Paradieses mit der Aussicht auf ein neues, innerliches Paradies hinweggetröstet wird: »thou shalt possess/A paradise within thee, happier far«. (XII, 586f) Und dieses wiedergewonnene Paradies wartet nicht erst im Jenseits auf den Menschen, sondern ist in der gefallenen Wirklichkeit bereits zu verwirklichen und bereitet damit das Gottesreich auf Erden vor. »The world was all before them« (XII, 646): Dies ist die optimistische Perspektive, mit der der Erzähler das gefallene Paar entläßt, auf daß sie die Welt und sich selbst aktiv verändern und damit dem Gottesreich der Freiheit und der Gerechtigkeit zum Durchbruch verhelfen. »The world was all before them«: Das ist auch die optimistische Devise der Modernisierungsprozesse in der Frühen Neuzeit, die die alten feudalen und klerikalen Strukturen und die alten Wissenssysteme aufbrechen und durch offenere, dynamisierte und stärker auf das Individuum bezogene zu ersetzen sich anschicken.

Inszenierte Wirklichkeit: Weltenbühne und Bühnenwelten

Ein Welttheater made in England

Anonymes Portrait eines Einundzwanzigjährigen im Corpus Christi College, Cambridge – dem College, an dem Christopher Marlowe studierte. Ihn stellt es angeblich auch dar.

Ein kleines Gedankenexperiment genügt: Um wieviel ärmer wären die Theaterrepertoires der Welt auch heute noch, wenn sie ohne die Stücke auskommen müßten, die im relativ kurzen Zeitraum eines halben Jahrhunderts, auf einer peripheren Insel Europas und in einer nach heutigen Begriffen mittelgroßen Stadt uraufgeführt wurden, also ohne die Stücke eines Marlowe oder Shakespeare, Ben Jonson oder John Ford? Daß sie Teil des Welttheaters, der Weltliteratur geworden sind, ist unbestreitbar und bestätigt jeder Blick in die Theaterprogramme nicht nur West- und Osteuropas. Warum aber dem so ist, warum gerade unter den besonderen Umständen des frühneuzeitlichen Englands eine Dramatik von so zeitüberdauernder und grenzenüberschreitender Wirkung entstehen konnte, ist alles andere als unumstritten.

Die alte Antwort darauf, die des Genies, das als Genie »not of an age, but for all time« sei (Jonson über Shakespeare), überzeugt nicht mehr so recht, weil sie mehr Fragen aufwirft als beantwortet: Warum dann dieses gehäufte Auftreten von Genies zu diesem Zeitpunkt, und warum dann wenden sie sich ausgerechnet dem Theater als ihrem Medium zu? Man muß also wohl doch die historische Situation mitberücksichtigen, die es diesen Autoren ermöglichte, auf der Bühne Probleme darzustellen, die uns heute noch angehen, und sie so darzustellen, daß wir heute noch davon berührt und bewegt werden.

Ausgangspunkt unserer Überlegungen dazu ist die Frühe Neuzeit als »Vorgeschichte des Fortschritts« (Horst Breuer). Die säkularisierenden Tendenzen der Renaissance, das humanistische Interesse am Menschen in seinen innerweltlichen und gesellschaftlichen Bindungen und die Verinnerlichung der Erfahrung des Heiligen durch die Reformation warfen Probleme auf, die, noch nicht aufgearbeitet, auch noch unsere sind. Und diese Modernisierungstendenzen fanden gerade im Theater ihr ideales Medium: Es stellt den Menschen auf der Bühne aus – den Menschen in seinem problematisch gewordenen Ort im Kosmos, in seinen konflikthaften Interaktionen mit anderen Menschen und den gesellschaftlichen Ordnungen, in seiner Reflexion auf sich selbst, in seiner Körperlichkeit und der Innerlichkeit seiner Gedanken, Emotionen und Motivationen. Marlowes Faustus und Shakespeares Hamlet, die beiden zu abendländischen Mythen gewordenen Helden des elisabethanischen Theaters, konnten gerade deshalb zu Mythen werden, weil sie die krisenhaften Verunsicherungen dieses Umbruchs und Aufbruchs verkörpern.

Vorgeschichte des Fortschritts

War das mittelalterliche Theater (s.o. S. 24f.) noch ganz in die klerikalen Ordnungen der Kirche und die ständischen Ordnungen der Handwerkergilden eingebunden und damit auch auf einen statischen Konsensus über den Heilsweg der Menschheit und des Menschen festgelegt, so entwickelt sich das Theater der Frühen Neuzeit in dem Maß, in dem es zu einer profanen Veranstaltung wird, zum öffentlichen Forum der widerstreitenden ökonomischen, gesellschaftlichen, politischen und religiösen Interessen in der Gesellschaft. Wie widerstreitend diese waren, haben wir gezeigt, und die Politik des *Elizabethan Compromise*, das immer prekäre Ausbalancieren dieser rivalisierenden Interessen und Orientierungen, eröffnete dem Theater neue Freiräume für seine fiktionalen Repräsentationen dieser Autoritäts- und Interessenskonflikte.

Theater, Truppen –

Den entscheidenden Einschnitt markieren hier die mittleren siebziger Jahre, in denen mit *The Rose* und *The Theatre* die ersten Theaterzweckbauten entstehen. Hiermit wird das Theater zu einer relativ autonomen Institution, die sich von der Kirche, den Bankettsälen der Höfe und Paläste und den Aulen der Schulen und Universitäten als den traditionellen Aufführungsorten ablöst und ausgrenzt. Diese neue Autonomie verdankt es der privatkapitalistischen Organisation und der Professionalisierung der Schauspielertruppen, mit denen sie teilhat an der dynamischen Entwicklung und Ausdifferenzierung der frühbürgerlichen Gesellschaft. Bald rivalisieren mehrere Truppen in London miteinander, aus denen sich dann in den neunziger Jahren unter der Protektion und Kontrolle des politischen Establishment zwei Truppen herausschälen, die die Londoner Szene bis zur Schließung der Theater 1642 beherrschen sollen – die *Chamberlain's Men* (ab 1603 *King's Men*), für die Shakespeare schrieb, spielte und als Teilhaber fungierte, und die *Admiral's Men*, geleitet vom Theater-Entrepreneur Philip Henslowe, dessen *Diary* unsere wichtigste Quelle für den elisabethanischen Theaterbetrieb darstellt. Die erheblichen Investitionen der *shareholding companies* in den Theaterbau und den Unterhalt der Truppen konnten sich nur lohnen, weil diese Theater ganz wörtlich *public theatres* waren: Schaubühnen für eine breite Öffentlichkeit, die in Scharen und häufig zu den Theatern südlich der Themse strömten, wo ihnen in schnellem Wechsel immer neue Stücke angeboten wurden. Das berühmteste dieser Theater, das *Globe*, faßte annähernd 3000 Zuschauer, und diese rekrutierten sich – mit Ausnahme entschiedener Puritaner – aus allen Ständen der Gesellschaft, von den Handwerkslehrlingen bis zum Hochadel.

– und Zuschauer

Dieser breiten gesellschaftlichen Basis versuchen die Dramatiker mit Stükken gerecht zu werden, die dem sehr unterschiedlichen Bildungsstand und den divergierenden ästhetischen Erwartungen der *groundlings* im billigen Stehparkett oder der belesenen Bürger und Aristokraten auf den Galerien in gleicher Weise entsprechen. Dies macht gerade die besondere Qualität der

Stücke Kyds und Marlowes, Shakespeares und Ben Jonsons aus: Sie sind gleichzeitig volkstümlich und von raffiniertem Kunstanspruch, spektakulär und intellektuell fordernd, unterhaltsam und die Probleme der Zeit anpakkend. Dieser ästhetisch-dramaturgischen Vielfalt, die sich auch im Modulationsreichtum des Blankverses und im Nebeneinander von Vers und Prosa, von Ernst und Komik zeigt, entspricht die Perspektivenvielfalt, mit der sie die divergierenden ideologischen Standpunkte der Zuschauer aufnehmen und verhandeln. Das englische Renaissancetheater ist damit in der Tat schon eine moralische Anstalt, freilich nicht im Sinn einer Indoktrination, sondern einer Problematisierung von Normen. Was dabei auf dem Spiel steht, sind vor allem die moralischen Regulative für die innerweltlichen Aspirationen des Menschen, wie schon Marlowes Tragödienschaffen belegt – das Begehren nach Besitz (*The Jew of Malta*), nach Macht (*Tamburlaine*) und nach Wissen (*Doctor Faustus*). Shakespeare wird dem noch das Begehren nach Liebe, bei Marlowe eher ein Nebenmotiv, hinzufügen.

Die Lebendigkeit dieses Theaters verdankt sich auch dem lebendigen Kontakt mit dem Publikum. Es ist nicht durch eine unsichtbare Wand vom fiktiven Bühnengeschehen getrennt, sondern umdrängt die weit ins Auditorium vorspringende Plattformbühne von drei Seiten so dicht, daß die Spieler auf der Bühne gar nicht umhinkönnen, die Präsenz der Zuschauer in ihr Spiel einzubeziehen. Hier trennen kein Vorhang, kein Proszeniumsbogen, keine künstliche Beleuchtung die theatralische Fiktion von der Wirklichkeit des Theaters und seiner Zuschauer. Was Brecht in seinem Programm eines

Bild unten: Eine neuere Rekonstruktion des zweiten *Globe Theatre* (1614). Das erste *Globe* war 1613 während einer Aufführung von Shakespeares *Henry VIII* abgebrannt. Wie Sir Henry Wootton in einem Brief berichtet, kam dabei niemand zu Schaden: »only one man had his breeches set on fire, that would perhaps have broiled him, if he had not by the benefit of a provident wit put it out with bottle ale«. Das neue *Globe*, nun mit einem Ziegeldach anstelle des feuergefährlichen Strohdachs gedeckt, stand bis 1644.

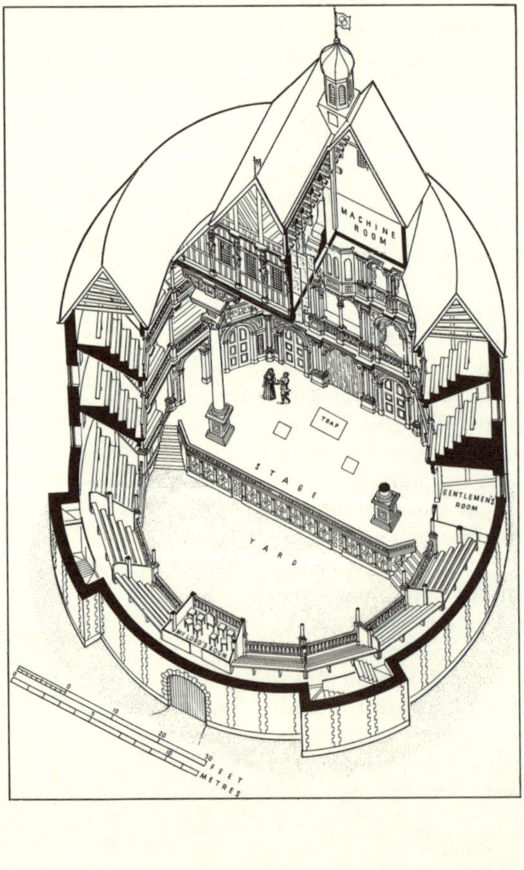

Publikumskontakt, nicht Illusion

episches Theaters, das seine Theaterhaftigkeit dem Publikum gegenüber bloßlegt, gegenüber einem »realistischen« Illusionstheater durchzusetzen versuchte – hier ist es schon Wirklichkeit! Improvisierendes Spiel und Aus-der-Rolle-Fallen, Prologe, Epiloge, Monologe *ad spectatores* und *asides*, komisches Spiel über die Rampe hinweg und illusionsdurchbrechende Anachronismen und Anspielungen: dies sind nur einige der markantesten Formen der Kontaktpflege mit dem Publikum, die hinter der fiktiven Rolle den realen Schauspieler sichtbar werden läßt. Dieses Spiel ist »Vorführung« im doppelten Wortsinn – vorgeführte Fiktion und das offen gezeigte Vorführen dieser Fiktion.

Thematisierung des Theaters im Theater

Das ist kein naives Theater, sondern ein Theater, das sich der eigenen Scheinhaftigkeit bewußt ist und diese auch bewußt macht. Ben Jonson zum Beispiel läßt im Rahmenspiel zu *Every Man Out of His Humour* fiktive Zuschauer und Kritiker anhand des vorgeführten Stücks Wesen und Funktion der Komödie erörtern. Die Schauspielertruppe, die in Shakespeares *Hamlet* auftritt, wird zum Anlaß ausführlicher Diskussionen über ein natürlicheres Schauspielern und über die neuen Kindertruppen der *private theatres*, und die Handwerker im *Midsummer Night's Dream* führen in der komischen Selbstüberschätzung ihres schauspielerischen Vermögens die Prinzipien und Konventionen theatralischer Mimesis vor. Und jedes der zahlreichen »Spiele im Spiel« in den Rachetragödien und Komödien, jedes Rahmenspiel das – wie in Shakespeares *Taming of the Shrew* oder Francis Beaumonts *Knight of the Burning Pestle* – die Aufführungssituation thematisiert, ja jede Belauschungsszene treibt durch die Potenzierung der Fiktion und die Spiegelung der Zuschauer im Auditorium in den Zuschauern auf der Bühne dieses Bewußtsein der Fiktionalität hervor. Verstärkt wird dies noch durch häufige Metaphern, die auf das Theater verweisen und so, gemäß Jacques' Devise aus *As You Like It* (II, vii), nach der »All the world's a stage«, das gesellschaftliche Rollenspiel mit dem theatralischen kurzschließen. Pirandellos Metatheater und die moderne soziologische Rollentheorie scheinen hier gar nicht mehr so weit entfernt!

Die theatralische Fiktion wird hier auch deshalb immer schon verfremdet, weil sie nicht – wie etwa das klassizistische oder das realistische Theater – auf einer einheitlichen und in sich geschlossenen Dramaturgie beruht, sondern unterschiedliche Konventionen der Fiktionsbildung nebeneinanderstellt. Ihre bis zum Mittelalter zurückgehende Vorgeschichte, die reiche Fülle unterschiedlicher Traditionen theatralischen Spiels, hat sich ihr eingeschrieben, und dies nicht in synthetischer Harmonisierung, sondern in spannungsreichem Nebeneinander. So wird das große weltgeschichtliche Panorama der mittelalterlichen *Mystery Plays* in den weite Zeiträume überspannenden Zyklen des elisabethanischen *History Play* aufgenommen. Die Reduzierung auf ein nationalgeschichtliches Format bedeutet dabei zwar eine entscheidende Säkularisierung, doch wird auch hier Geschichte noch in die heilsgeschichtliche Perspektive providentieller Fügung gestellt. Und wie die Mysterienspiele bezieht auch das elisabethanische Theater das Publikums mit ein und stellt es neben den hohen Ernst das burleske Gaudium.

Die spätmittelalterlichen *Morality Plays* gehören ebenso zum lebendigen Erbe des elisabethanischen Theaters. Sie stellen einen abstrakten Repräsentanten der Menschheit, *Everyman* oder *Mankind,* in die Entscheidungssituation zwischen Gut und Böse, verkörpert in allegorischen Personifikationen von Tugenden und Lastern, von guten und bösen Ratgebern, von Engeln und Teufeln. Marlowe zitiert in seinem *Doctor Faustus* diese Tradition des allegorischen Spiels, wenn er seinen tragischen Helden mit Teufeln, guten und

Bild auf gegenüberliegender Seite: Das einzige elisabethanische Theater, von dem wir eine einigermaßen verläßliche und detaillierte zeitgenössische Abbildung haben, ist das *Swan Theatre* (zwischen 1594 und 1596 erbaut). Die Zeichnung stammt von dem holländischen Besucher Johannes de Witt, der in seinem Begleitbrief von einem Fassungsvermögen von dreitausend Zuschauern spricht. Die *Chamberlain's Men* zogen im Herbst 1596 hier ein. Da de Witts Zeichnung aus diesem Jahr stammt, könnten die Schauspieler auf der Bühne zu Shakespeares Company gehören.

Dieser Stich aus der Restaurationszeit (um 1662) bietet die früheste veröffentlichte Darstellung von Shakespeare-Charakteren – Sir John Falstaff und Mistress Quickly aus *Henry IV, Henry V* und *The Merry Wives of Windsor*. Die Bühnenbeleuchtung spiegelt bereits die Gepflogenheit der *private theatres* und der Restaurationsbühnen wider.

bösen Engeln, einem Aufzug der Sieben Todsünden oder einem »Old Man« als der Stimme des mahnenden Gewissens konfrontiert. Auf einer strukturellen Ebene scheint die Folie des Moralitätendramas aber auch in elisabethanischen Stücken durch, die ganz auf allegorische Personifikationen verzichten. Das »Moralitätendreieck« des Helden zwischen Gut und Böse wird, säkularisiert und entallegorisiert, auch im Geschichtsdrama aufgenommen: Von Thomas Nortons und Thomas Sackvilles *Gorboduc* (1561) bis zu Shakespeares *Richard II* und *Henry IV* muß sich die Herrscherfigur zwischen guten und schlechten Ratgebern entscheiden. Auch die tragischen Helden sind in diesen Zwiespalt gestellt, sei dieser nun in Kontrastfiguren verkörpert – Goneril und Regan vs. Cordelia, Edmund vs. Edgar im *King Lear* etwa – oder aber zum inneren Widerstreit von Gewissen und Begehren, von Vernunft und Leidenschaft internalisiert. In den Vertretern des Bösen – etwa Jago im *Othello* oder Don John in *Much Ado About Nothing* – können sich dabei zwei Darstellungsmodi überkreuzen: Sie sind gleichzeitig plausibel charakterisierte Personen und allegorische Personifikationen des Bösen, Abkömmlinge der Inkarnation aller Laster in den Moralitäten und Interludien, des *Vice*.

Komödie und Karneval

Noch weiter zurück als das christliche Welttheater der *Mystery* und *Morality Plays* reichen Formen des volkstümlichen Mimus, die auf heidnische Ursprünge zurückgehen, aber – oft in christlicher Überformung – noch im England der Tudorzeit lebendig sind und so das elisabethanische Theater mit einer anthropologischen Tiefendimension und einer anarchisch-plebejischen Perspektive bereichern. In karnevalesken Parodien kirchlicher und staatlicher Herrschaft beschwören sie eine »Verkehrte Welt«, in der verdrängte Vitalität und Sinnlichkeit über die Mächte der Disziplinierung siegen und der Unsinn gegenüber den verordneten Sinnsystemen seine subversiven Urständ feiert. Auch tief im Volksbrauchtum verwurzelte jahreszeitliche Riten wie die Maispiele und -tänze, zu denen man aus Stadt und Dorf in die freie, neu sich belebende Natur zieht, oder die Sonnwendfeiern, die dieser Nacht besondere magische Kräfte zuschreiben, spielen sinnliche Fülle gegen Kargheit und Triebkontrolle, überbordende Lebendigkeit gegen tödliche Starre, den Körper gegen den Geist, die Natur gegen die Kultur aus. Auf solche quasi-theatralische Traditionen des volkstümlichen Mimus spielen einige elisabethanische Stücke schon in ihren Titeln an – Shakespeare's *Midsummer Night's Dream* und *Twelfth Night* etwa, oder Ben Jonsons *Bartholomew Fair* (1614). Sie schreiben sich aber auch den Stücken selbst ein: ihrer Raumbewegung von Stadt und Hof in einen grünen Naturraum, wie etwa im *Midsummer Night's Dream* oder in *As You Like It*; ihren karnevalesken Umtrieben und Wirren, in denen sich Verklemmungen lockern, irregeleitete Gefühle neu orientieren und die Welt sich wieder ins Lot spielt; ihren Narren, Clowns, Tölpeln und ausgelassenen Zechern – etwa »Sir Toby and the lighter people« in *Twelfth Night*, Falstaff in *Henry IV* oder Ursula in *Bartholomew Fair* –, die eine groteske Gegenwelt zu den sublimeren Konfusionen der Aristokraten errichten. Ja, auch das Theater selbst ist eine gesellschaftliche Veranstaltung, die solchem Karnevalsbrauchtum und anarchischem Gemeinschaftserlebnis gar nicht so fern steht. Daher wird es auch immer von der Obrigkeit als Brutstätte von Aufruhr und Ausschreitungen beargwöhnt und vom puritanischen Magistrat aus der Stadt ans Südufer der Themse verbannt, wo es neben Bärhatzarenen und ähnlichen Stätten volkstümlicher Belustigung angesiedelt ist.

Theater in anrüchiger Nachbarschaft

Aus solch anrüchiger und potentiell immer auch subversiver Nachbarschaft versucht sich das elisabethanische Theater auch dadurch zu lösen, daß

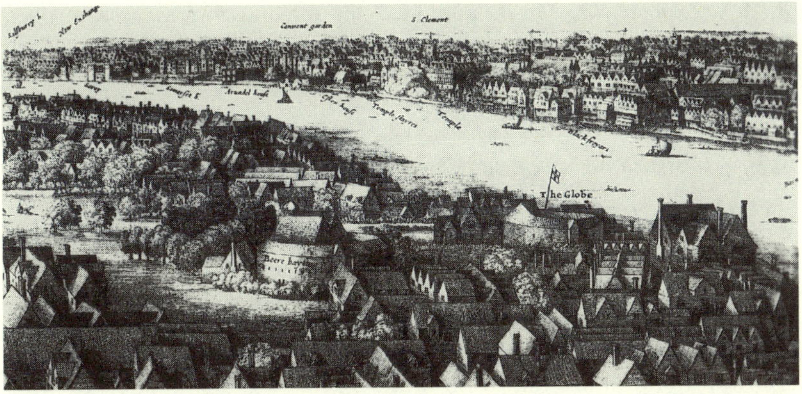

Auf diesem Ausschnitt eines London-Panoramas des böhmischen Kupferstechers Wenzel Hollar von 1647 erkennt man die Theatergebäude an der South Bank. Bezeichnend für die Symbiose von Bärhatzarenen und Theatern ist die Beschriftung des *Globe* und des *Beere bayting* vertauscht.

es Anschluß an das humanistische Bildungsprogramm sucht und sich durch die Nachahmung antiker Klassiker Dignität geben will. Der gesellschaftliche Ort dieser Bestrebungen sind die Lateinschulen, die *Inns of Court* und die Universitäten, wo Schüler, Chorknaben und Studenten die Komödien Terenz' und Plautus' oder die Tragödien Senecas studieren und übersetzen, aufführen und adaptieren. Schon eine frühe Tragödie wie Thomas Prestons *Cambyses* (1569) ist nicht nur als Volkstheater der Moralitätentradition verpflichtet, sondern strebt in seiner Stoffwahl aus der antiken Geschichte, seinem anspruchsheischenden Prolog, seiner bombastischen, mit mythologischen Anspielungen gespickten Rhetorik nach Höherem. Sein Titelheld, eines der ersten großen Tyrannenportraits des englischen Renaissancetheaters, ist *noch* der rasende Wüterich Herodes der Mysterienspiele und gleichzeitig *schon* ein von Machtrausch zerstörter klassischer Tragödienheld. Noch entschiedener strebt *Gorboduc,* die erste Blankverstragödie mit einer lateinisch markierten Fünfakteinteilung, nach klassischer Würde und Regularität, und wird dafür dann auch von Sidney ein Sonderlob erhalten. Thomas Kyds *Spanish Tragedy* (s.u. S. 138) aktiviert den ganzen Apparat klassischer Dramaturgie und folgt in der Darstellung starker Gemütsbewegungen und großer Leidenschaften dem Vorbild Senecas. Freilich zeichnet sich auch bei Kyd gleichzeitig als gegenläufige, anti-klassizistische Tendenz ab, daß die leidenschaftlichen Greueltaten nicht nur in der rhetorischen Spiegelung erregter Berichte dargestellt, sondern gelegentlich auch auf offener Bühne mit schockierender Direktheit vorgeführt werden – eine Tendenz, die der Schaulust des Publikums mit reißerischen Effekten entgegenkommt und dem englischen Drama bis hin zu den raffinierten Verbrechen der jakobäischen Tragödie Websters und Fords eine körperliche Drastik verleiht, die Senecas klassisch gedämpfter, rein verbaler Blutrünstigkeit fremd war.

Theater an Schulen und Universitäten

Klassizistische Normen vs. Volkstheater

Auch die Komödie bekennt sich früh schon zu den antiken Vorbildern – oder legt zumindest Lippenbekenntnisse zu ihrem *decorum* und ihren Ansprüchen unterhaltsamer Belehrung ab. Es sind die Handlungsmuster und Figurenkonstellationen der lateinischen Komödie, die die handlungsarmen *débat*-Strukturen der frühen *Interludes* in die komödiantischen Verwicklungen von Nicholas Udalls *Ralph Roister Doister* (um 1552) überführen helfen. Noch Shakespeares wohl erste Komödie, *The Comedy of Errors* (um 1590–93), ist ohne Plautus' *Menaechmi*, deren Zwillingsmotiv sie doppelt, undenkbar. Aber wie die Tragödie bricht auch die Komödie immer wieder aus den Bahnen der lateinischen Muster aus, hier ins farcenhafte Rüpelspiel, in den Zauber von Musik und Lied, in romantisch-romanesken Überschwang der Liebe, in eine »green world« (Northrop Frye) jenseits der Normierungen von Stadt und Hof.

Weltgeschichte im »wooden O«

Das »Wooden O« des *Globe Theatre* in einer vor Ort gezeichneten Skizze Wenzel Hollars

Im Prolog zu *Henry V* apostrophiert Shakespeare sein Theater als »wooden O«, als roh gezimmerte Rundarena: Wie, so fragt er, auf einem solchen schlichten Schaugerüst die beiden Königreiche England und Frankreich und ihre Heere und Heroen vor Agincourt glaubhaft und würdig darstellen? Und seine Antwort darauf ist der Appell an die »imaginary forces« seines Publikums, das in seiner Phantasie die wenigen Statisten zu Heeren aufschwellen und die Länder und Zeiten überbrücken muß. Hier entlastet keine plausibilisierende Einheit von Raum, Zeit und Handlung, wie sie die Klassizisten einforderten, die Imaginationskraft des Publikums, das ja auch nicht illusioniert werden soll, sondern selbst an der Illusionsbildung kritisch und kreativ mitwirken muß.

Im Ansatz ist das ernste elisabethanische Drama immer Geschichtsdrama, indem es Figuren öffentlichen Standes in historischen Situationen agieren läßt. Selbst Othellos und Desdemonas tragische Entfremdung vollzieht sich in einem historischen und politischen Umfeld, das in die private Tragödie der Leidenschaft hineinwirkt. Die wenigen *domestic tragedies* wie der anonyme *Arden of Feversham* (1592), Thomas Heywoods (um 1574–1641) *A Woman Killed with Kindness* (1603) oder Fords *'Tis Pity She's a Whore* (1633), die ganz in jener Welt bürgerlicher Privatheit spielen, in die uns der Roman und das bürgerliche Trauerspiel im 18. Jahrhundert führen werden, fallen dagegen noch wenig ins Gewicht. Trotz dieser generellen historischen und politischen Dimension gibt es jedoch schon im zeitgenössischen Gattungsbewußtsein die recht prägnante Ausgrenzung eines bestimmten Typs von Drama, das sich in besonderer Weise der Darstellung von Geschichte widmet, das *chronicle* oder *history play.*

Historienzyklen

So bietet etwa die erste Folio-Ausgabe der Werke Shakespeares (1623) die sechsunddreißig Dramen in den drei Rubriken von Komödie, Historie und Tragödie dar. Die Abteilung der Historien besteht aus den zehn Stücken, die von der englischen Nationalgeschichte handeln, und ordnet diese nicht nach der Chronologie ihres Entstehens, sondern in der historischen Reihenfolge der dargestellten Herrscher an. Diese Anordnung betont den geschichtlichen Zusammenhang, die Teleologie des Tudor-Mythos (s.o. S. 60), die ja auch in den Stücken immer wieder thematisiert wird. Im Zentrum stehen die Lancaster-Tetralogie – *Richard II, 1/2 Henry IV* und *Henry V* – und die York-Tetralogie – *1/2/3 Henry VI* und *Richard III; King John* und *Henry VIII* erscheinen dabei als Vor- bzw. Nachspiel der beiden Tetralogien. Was diese zehn Stücke von den Tragödien unterscheidet, ist nicht einfach das Thema der eigenen nationalen Vorgeschichte, sondern die unterschiedliche Fokussierung: Steht in den Tragödien der Protagonist im Zentrum, so wird in den Historien gerade die Interdependenz von Herrscherindividuum und politischen Strukturen thematisch. Menschliches Fehlverhalten wird hier immer auch in seinen politischen Bedingungen und Folgen gezeigt, und das Ringen des Individuums um Identität ist immer auch ein Ringen um politische Autorität und nationale Identität.

Entwicklungen

Man hat daher, oft mit einem patriotischen Unter- oder Brustton, England als den eigentlichen, den heimlichen Helden der Historien bezeichnet. Darin ist manches Wahre, doch muß man mit Blick auf die einzelnen Stücke und die Entwicklung des Genres differenzieren. Es trifft vor allem zu für die frühen *chronicle plays*, in denen angesichts einer wenig strukturierten, allein dem Faden der Chronologie folgenden Episodenreihung und angesichts einer verwirrenden Vielzahl von Charakteren die Herrscherfigur sich noch kaum vom panoramischen Bilderbogen der Geschichte und Geschichten lösen und in den Vordergrund spielen kann. Shakespeares drei Teile von *Henry VI* (1590–92) sind noch stark diesem Typ verpflichtet: Heinrichs Schwäche wird kaum psychologisch ausgeleuchtet oder als persönliche Tragik gedeutet, sondern allein als politisch-konstitutionelles Problem diskutiert, als »Weak King Dilemma« (Michael Manheim) eines unfähigen aber doch legitimen Königs, und in seinen katastrophalen Auswirkungen für das Gemeinwesen dargestellt. *Richard II* (um 1595) wie auch Marlowes *Edward II* (1594) handeln ebenfalls von schwachen Königen, doch nun schon mit sehr viel stärkerem psychologischem Interesse an ihrer Schwäche und Labilität, ihren Sehnsüchten und Selbsttäuschungen. Sie verkörpern damit schon den moderneren Typ des *history play*, in dem der Fall der Mächtigen nicht mehr nur ein politisches Menetekel ist, sondern auch eine persönliche Tragödie, die unsere Anteilnahme erweckt.

Emblem-Sammlungen der Zeit wie Geoffrey Whitneys *A Choice of Emblemes* (1586) oder Francis Quarles' *Emblems* (1635) boten den Dichtern und Dramatikern ein Repertoire figurativer Bedeutungen. In Henry Peachams Emblem aus *Minerva Britanna* (1612) verweist der Brunnen, der nur durch ständiges Schöpfen des Wassers rein bleibt, darauf, daß auch nur ein ständig geübter Geist zu klaren Einsichten kommt. In einem Emblem in Lady Drurys Andachtszimmer in Hardwick House bedeutet dagegen dasselbe Bild, daß Selbsterniedrigung allein die Seele mit Gnade füllen kann.

Aber auch diese tragödiennäheren Historien veranschaulichen die Lage der Nation vom niederen Volk über die rivalisierenden Adelsfraktionen bis hinauf zum König in einer »epischen« Breite, die den Rahmen einer Tragödie sprengen würde. Sie entfalten dabei ein breites Panorama der Schauplätze, das von den Kaschemmen bis zum Hof, von London bis in die fernsten Winkel des Reiches, von England bis Frankreich reicht, und überspannen in Zeitsprüngen oder zeitlichen Verdichtungen ganze Generationenfolgen. Chorische Figuren deuten das Geschehen immer wieder in einer politischen Perspektive und fragen nach der Legitimation von Macht, nach dem Recht auf Usurpation und Rebellion, danach, ob Geschichte göttliches Strafgericht und göttlicher Heilsplan ist oder bloße mechanische Zyklik des ewig sich drehenden Rads der Fortuna oder aber innerweltlicher Kausalnexus von Taten und ihren Folgen. Dabei bedienen sich die Historien immer auch emblematischer Verdeutlichungstechniken, die den Tragödien eher fremd sind. Die Szene II,v von *3 Henry VI* etwa konfrontiert Heinrich, auf seinem zum Maulwurfhaufen reduzierten Feldherrnhügel meditierend, mit einem Sohn, der seinen Vater, und einem Vater, der seinen Sohn getötet hat, und demonstriert damit ihm und den Zuschauern das Widernatürliche eines in sich zerfallenen Reichs. Emblematisch verdeutlichend wirkt auch die Wiederkehr symbolkräftiger Schauplätze wie etwa des Gartens, der als Abbild des paradiesischen Garten Eden und eines ideal geordneten und hierarchisch gestuften Gemeinwesens immer wieder das Gegenbild zum politischen Chaos beschwört. Und ebenso stellen wiederkehrende emblematische Gesten und metaphorische Leitmotive immer wieder den politischen Gesamtzusammenhang und seine Wertigkeiten heraus. Ein besonders eindrucksvolles Beispiel stellt dafür *Richard II* dar, in dem die Gegenläufigkeit von Richards Fall und Bolingbrokes Aufstieg sowohl in sprachlichen Bildern der Waage, eines Brunnens mit zwei Eimern und des Sonnenlaufs verdeutlicht wird, als auch in Gesten des Kniens oder des Herabsteigens, wie etwa in der klimaktischen Szene III,ii in Flint Castle.

Auch dort, wo die Herrscherfigur sehr zentral gesetzt wird, steht doch vor allem die politische Dimension ihres Denkens und Handelns im Vordergrund. So ist zwar *Henry IV* in gewisser Hinsicht die elisabethanisch-theatralische Entsprechung eines Bildungsromans, der den Entwicklungsweg Prince

Tragödie vs. Historie

Hals darstellt, doch bleiben auch hier selbst die persönlichen Bindungen zu Falstaff und seinen Kumpanen in die politische Thematik der Qualifikation eines idealen Herrschers integriert. Die Überwindung der Welt Falstaffs erst läßt ihn zum verantwortlichen Regenten reifen, als den ihn dann *Henry V* – nicht ohne ironisch relativierende Untertöne! – in der Manier eines dramatisierten Fürstenspiels präsentiert. Dies gilt auch für *Richard III* (um 1591), das das Gegenbild des idealen Herrschers, den gerissenen Usurpator und skrupellosen Tyrannen vorführt. Wie der *Vice* der Moralitäten hat er, zunächst wenigstens, alle Fäden in der Hand und beeindruckt uns durch die schiere Virtuosität seiner Verstellungskünste und den mitreißenden Gusto, mit dem er immer raffiniertere Schachzüge ersinnt und sich dazu applaudiert. Sein Tod jedoch ist der eines bloßen Schurken und Tyrannen; er läßt uns als solcher kalt und entbehrt der persönlichen Tragik. Ganz anders dagegen das Ende des Tragödienhelden Macbeths, wie Richard ein Usurpator und Tyrann! Indem er uns bis zuletzt Einblick in sein Inneres gewährt, nehmen wir in einer Weise Anteil an der Disintegration seines Charakters, die weit über das politische Interesse an der Korruption politischer Autorität hinausschießt.

Rechnungen, die nicht mehr aufgehen

Shakespeares Historien machen politische Rechnungen auf, die nicht mehr aufgehen. Bolingbroke, der zukünftige Heinrich IV., hat gegenüber Richard II. gleichzeitig recht und unrecht, und selbst die Verstoßung Falstaffs durch Prince Hal erscheint nicht nur als notwendiger Schritt zu königlicher Reife und Verantwortung, sondern auch als Verdrängung vitaler Sinnenfülle und Gemeinschaftserfahrung. Allenthalben brechen unauflösbare Wertwidersprüche auf, driften private Bindungen und Staatsraison, Macht und Legitimation der Macht, Sympathielenkung und normativer Horizont auseinander. Gerade das macht sie zu spannenden Dramen, die auch abgelöst von ihrem unmittelbaren historischen Bezug auf den Tudorstaat lebendig geblieben sind. Als »Mirrors of Elizabethan Policy« (Lily B. Campbell) sind sie zwar nur noch von Literaturhistorikern zu lesen, als »Mirrors of Policy« jedoch fesseln sie auch heute noch die Theatermacher und das Publikum.

Als Spiegel der bedrängenden Legitimationsprobleme und Interessenskonflikte im spätelisabethanischen England konnten die *history plays* vor allem deshalb schon fungieren, weil sie deren unmittelbare Vorgeschichte darstellen. Darin lag aber auch eine entscheidende Schranke: Die Spiegelung der Gegenwart in der Vergangenheit war so direkt und so unmittelbar einsichtig, daß diese Gattung wiederholt die Obrigkeit auf den Plan rief und immer mit Zensurmaßnahmen rechnen mußte. Ein aus größerer Distanz reflektierender Spiegel war hier unverfänglicher und erlaubte größere Freiheit. Gelehrte Dramatiker wie Jonson und Chapman fanden ihn, gelenkt von humanistischen Interessen, in der antiken Geschichte, und ihr wandte sich auch Shakespeare nach *Henry IV* (um 1597) zu.

Römerdramen

Die Römerdramen Shakespeares – und auch die Ben Jonsons (*Sejanus his Fall*, 1603; *Catiline*, 1611) – sind tragödiennäher als die englischen Geschichtsdramen. Dies liegt schon an den anders gearteten Quellen: nicht mehr die eher annalistisch erzählenden und auf ein über-individuelles Panorama der Nationalgeschichte abzielenden Tudor-Historiographen (s.o. S. 59f.), sondern Plutarchs *Parallelbiographien* griechischer und römischer Staatsmänner, die in einzelnen »Lebensbildern« deren individuelle Charakteristik bis in die verborgensten Winkel des Seelischen hinein ausleuchten. Damit steht auch in Shakespeares *Roman Plays* das große Individuum in der Zwiespältigkeit seiner Stärken und Schwächen und in der Ambivalenz seiner Motivationen im Mittelpunkt – jedoch nicht, und darin liegt der Zu-

Henry Peachams zeitgenössische Zeichnung (1594/5) zu Shakespeares früher Römertragödie *Titus Andronicus* zeigt »Tamora pleadinge for her sonnes going to execution«. Sie belegt, daß elisabethanische Schauspieler, entgegen einer weit verbreiteten Ansicht, nicht immer im Kostüm ihrer Zeit agierten. Hier stehen vielmehr in unbekümmertem Anachronismus, der die historische Differenz gleichzeitig akzentuiert und aufhebt, Römertoga und Lorbeerkranz des Titus neben den eher elisabethanischen Kostümen Tamoras und der Soldaten.

sammenhang mit den *history plays,* als private Person, sondern immer auch in seinem Konflikt mit staatlichen Ordnungen und rivalisierenden gesellschaftlichen Gruppen. Selbst Caesars und Brutus' Beziehungen zu ihren Frauen, selbst Coriolans' Bindung an seine Mutter, selbst Antonys Verfallenheit an den Zauber Cleopatras machen Geschichte oder spiegeln politisches im privaten Verhalten.

Antike Geschichte, schon von den Humanisten zum zentralen Exempel politischer Erörterungen erhoben, wird den elisabethanischen Dramatikern zu einem Experimentierfeld, auf dem sie in modellhafter Überschaubarkeit die Probleme der Legitimation von Autorität und des Verhältnisses von Individuum und öffentlicher Rolle durchspielen. Die Darstellung dieser Problematik, die ja auch die der Historien war, kann hier schärfer und radikaler sein, weil die historische Differenz zwischen der englischen Monarchie und den antiken Oligarchien zeitgenössische Bezüge nicht mehr einklagbar macht. Wenn Shakespeare diese historische Differenz durch eine betonte Stilisierung der Figuren und Situationen ins »Antikische« von Römertugend und Römergröße akzentuiert, so hat das nicht nur mit humanistischer Überhöhung der Antike zu tun, wie sie ja Shakespeare fortlaufend mehr untergräbt, sondern dient auch der Distanzierung dieser brisanten (Spreng-)Stoffe.

Antike Sprengstoffe

Die einschneidendere Radikalität des Frageansatzes zeigt sich schon darin, daß es hier nicht mehr nur um den Konflikt von Dynastien innerhalb des einen feudalen Systems geht. Was auf dem Spiel steht, sind vielmehr zwei Staatsformen, die Republik und das Kaiserreich (*Julius Caesar*), oder zwei Welten, Rom und der »Orient« (*Antony and Cleopatra*). Auch die Rolle des Volks ist eine politisch bedeutsamere als in den Historien: Sowohl *Julius Caesar* als auch *Coriolanus* setzen ein mit einer Konfrontation zwischen dem Volk und der Obrigkeit, und vor allem im zweiten Stück läßt sich die aufsässige Stimme des Volkes, mit dem es seine berechtigten Bedürfnisse einklagt, nicht mehr einfach als die eines manipulierbaren und chaotischen *rabble* (Pöbel) denunzieren. Und am Schluß wird zwar auch in den Römerdramen die politische Ordnung wiederhergestellt, doch ist nun die optimistische Zukunftsperspektive, die die Historien am Ende »Tudor-mythisch« eröffneten, einer tiefgreifenden Desillusionierung gewichen. In *Troilus and Cressida* schließlich, das, vom Prolog an, den hehren Trojanischen Krieg zum bloßen »quarrel« heruntertransformiert, zum Streit um »a whore and a cuckold« (II,iii), hat diese Desillusionierung schon das ganze Stück erfaßt und zersetzt es mit einer satirischen Säure, die alles Appellieren an Werte und Normen in subjektive Meinungen oder interessegesteuerte Vorwände auf-

Satire und Desillusionierung

löst. Auch in diesen Dramatisierungen von Geschichte gehen also die Rechnungen nicht mehr auf, und diese Offenheit hat sich gegenüber den Historien noch verschärft. Für diese Stoffe standen von vornherein keine orthodoxen Rechenregeln wie die des Tudor-Mythos mehr bereit, und sie wurden schon im historiographischen und moralistischen Diskurs der Humanisten äußerst kontrovers diskutiert. In dieser radikalen Ambivalenz der Wertung, die das Werten selbst thematisiert und problematisiert, nähern sie sich den sog. *Problem Plays* (s.u. S. 147f.) an – wie sie Spaltprodukte eines Zerfalls konsensusfähiger Werte, den wir uns »jakobäisch« zu nennen angewöhnt haben, obwohl er schon früher eingesetzt hatte.

Tragische Fälle

Fortuna und der Fall der Mächtigen

Noch dem späten Mittelalter war die Tragödie eine narrative Gattung, die exemplarische Erzählung vom Aufstieg und Fall der Mächtigen. Blicken wir in die einflußreichste Sammlung solcher Erzählungen, Boccaccios *De casibus virorum illustrium (Über den Fall berühmter Männer,* 1356–1373), das im englischen Mittelalter schon Chaucer in seiner »Monk's Tale« und John Lydgate in *The Fall of Princes* nachgeahmt hatten, so stellen wir schnell fest, daß diese *de casibus*-Tragödien nicht auf einer einheitlichen Konzeption des Tragischen beruhen. Ihnen allen ist zwar der Fall hoher Standespersonen gemeinsam, doch sind diese »Fälle« ganz unterschiedlich motiviert: Einige von ihnen – und besonders deutlich beim gänzlich unverschuldeten Sturz ins Unglück – demonstrieren allein die Allmacht der launischen und irrational unberechenbaren Fortuna, deren Rad sich unaufhaltsam dreht und damit den Menschen auf den Gipfel seines Glücks und seiner Macht hebt, um ihn dann ebenso mechanisch wieder ins Elend zu stürzen. Andere dagegen deuten dieses Schema christlich und stellen den tragischen Fall als göttliche Strafe für Verbrechen oder sündige Leidenschaften dar. Und ein dritter Typ schließlich zielt bereits auf eine innerweltliche Analyse der Kausal- und Folgezusammenhänge von Fehlverhalten ab.

Auch in den frühneuzeitlichen Tragödien von Kyd und Marlowe bis Ford ist noch viel von *fortune*, von der undurchschaubaren und unentrinnbaren

Die Göttin Fortuna als »triple-turned whore« mit ihrem Rad. Die Illustration zu Lydgates *Siege of Troy* (um 1450) stellt auch den Dichter selbst dar, wie er die »tragischen Fälle« aufschreibt.

Macht von *fate* und den *stars* die Rede, doch zeichnet sich als eine Entwicklungs- und Modernisierungsperspektive ab, daß das reine Fatum als Begründungsinstanz des tragischen Leids zurückgedrängt wird. Dies zeigt sich innerhalb von Shakespeares Werk im Schritt von *Henry VI* zu *Richard II* ebenso wie in der Entwicklung der Tragödie selbst. Scheitern z.B. die Liebenden in *Romeo and Juliet* (um 1595) als »star-crossed lovers« und werden sie die schuldlosen Opfer einer fatalen Verkettung von Umständen und Zufällen, so ist die tragische Entfremdung des Liebespaars in *Othello* (um 1602–1604) weder allein Werk des Schicksals oder Zufalls noch der diabolischen Ränke der *Vice*-Figur Iago, sondern ist in ihnen selbst und in ihrer Situation angelegt. Was sich jedoch bis hin zur jakobäischen Tragödie nicht ändern wird, ist, daß die tragischen Helden sich gleichzeitig als eigenverantwortlich agierende Individuen, als »Fortune's fools« (*Romeo and Juliet*, III,i) und als gelenkt von jener göttlichen Providenz verstehen, die, wie Hamlet meint (V,ii), selbst »in the fall of a sparrow« sei. Das gilt, bei allen Unterschieden der theologischen Konzeption von Gott, den Göttern und dem Schicksal, für einen frühen Tragödienhelden wie Marlowes *Tamburlaine* (vor 1587) ebenso wie noch für Fords Giovanni in *'Tis Pity She's a Whore* (1633). Die Doppelperspektivik von Selbstbestimmung und Fremdbestimmtheit mag einer philosophischen Nachprüfung als unstimmig und konfus erscheinen, doch sind es gerade diese Widersprüche im Selbstverständnis der tragischen Helden, die ihrem Ringen um Einsicht dramatische Spannung und existentielle Wahrheit und Tiefe geben. Mit jedem dieser tragischen Fälle wird damit erneut die Frage aufgeworfen, was die Ordnung der Welt und das Leben des einzelnen bestimmt.

Schicksal und Selbstverantwortung

In dem Maße, in dem die elisabethanische Tragödie sich als moralische Anstalt begreift, rückt die bloße Fortuna-Deutung in den Hintergrund und die Darstellung von Lastern und Verbrechen in den Vordergrund. Wenn ein Puritaner wie Philip Stubbes in seiner *Anatomie of Abuses* (1583) die Tragödie als Schule der Laster abzuwerten versuchte, weil sie allein von »anger, wrath, immunity, cruelty, injury, incest, murther, & such like« handle, lag die orthodoxe Antwort auf der Hand: Die Darstellung solcher Laster diene als warnendes Schreckbild, da sie ja immer deren schreckliches Ende auf den Fuß folgen lasse. Dabei werden vor allem zwei moralische Bewertungsschemata geltend gemacht: die Hybris, mit der sich der tragische Held in seinem Machstreben oder seiner Wissensbegierde über die Götter zu erheben versucht, und die Verfallenheit an Leidenschaften, die diese der Kontrolle durch die Vernunft entzieht. Sowohl als »Overreacher« (Harry Levin über Marlowes Helden) als auch als »Slave of Passion« (Lily B. Campbell über Shakespeares Helden) verstößt der tragische Protagonist gegen die göttliche Seinsordnung der *chain of being* (s.o. S. 66f.), indem er dieses hierarchische Gefüge anmaßend nach oben durchbrechen will bzw. absinkt zum vernunftslosen und allein von seinen Trieben bestimmten Tier.

»Overreachers« und »Slaves of Passion«

So schematisch dies klingt, so wenig schematisch verfahren die Tragödien selbst. Entscheidend ist dabei schon, daß in der Darstellung des Normenbruchs die moralische Didaxe und die Sympathielenkung einander oft durchkreuzen. Marlowes Faustus wird zwar mit dem ganzen allegorisch-didaktischen Apparat der alten *Moralities* ob der Hybris seines Strebens nach grenzenlosem Wissen abgeurteilt, doch läßt ihn der Dramatiker seine Aspirationen in so hinreißenden Versen beschwören und gewährt er uns so tiefe Einblicke in den inneren Zweispalt seines Helden, daß wir nicht umhinkönnen, mit ihm zu fühlen und zu leiden. Noch der Schlußmonolog, »Now hast thou but one bare hour to live«, stürzt uns, trotz der moralisch und theolo-

Moral und Sympathie im Widerstreit

Eine zeitgenössische Darstellung Tamerlans – vermutlich mit den Gesichtszügen Edward Alleyns, des Schauspielers der Erstaufführung von Marlowes *Tamburlaine*.

Das Titelblatt der sechsten Auflage zeigt den Magier bei der Teufelsbeschwörung.

gisch orthodoxen Selbstverurteilung des verzweifelten Helden, durch die bewegten Sprachgesten, die kühnen Bilder der Auflösung seiner Identität, den Sog der immer rascher verstreichenden Zeit noch einmal in die Identifikation mit dem Teufelsbündler. Ähnliches geschieht in *Tamburlaine*: Zu glanzvoll beschwört der Welteneroberer seine Visionen von Machtfülle und Schönheit, als daß wir seinen Tod, der dem grenzenlosen Streben eine letzte Schranke setzt, allein als die gerechte Strafe für seine tyrannischen Frevel sehen könnten. Auch Shakespeares Usurpator und Tyrann Macbeth, dem solche visionären Höhenflüge versagt sind, schreckt uns nicht nur als ein Exempel der zerstörerischen Macht des Bösen im Menschen und in der Gesellschaft, sondern weckt durch die faszinierende Darstellung der komplexen und widersprüchlichen Prozesse, die in seinem Bewußtsein ablaufen, unsere bestürzte Anteilnahme. In späteren jakobäischen Tragödien schließlich, für das exklusivere Publikum der *private theatres* bestimmt und dessen *haut goût* für extreme Transgressionen widerspiegelnd, öffnet sich die Schere zwischen Normsetzung und Sympathielenkung noch weiter: Noch die inzestuöse Leidenschaft Giovannis und Annabellas in *'Tis Pity She's a Whore* wird gleichzeitig nachdrücklich verurteilt und in ihrer Unbedingtheit und Intensität unserem Mitgefühl, ja unserer Bewunderung dargeboten.

Ein zentrales Mittel der Sympathielenkung ist der Monolog. Dient er in der frühelisabethanischen Tragödie vor allem der Information des Publikums über die Pläne und Absichten einer Figur, so wird er in Marlowes *Doctor Faustus* schon zum Medium der Selbstdarstellung des tragischen Helden in der Innerlichkeit seiner Reflexionen und Gefühle. Eine solche Innenschau engagiert das Zuschauerinteresse für eine Figur und schafft Verständnis auch für ihre transgressiven Motivationen. Von Kyd und Marlowe bis zum Shakespeare der großen Tragödien durchläuft dabei der Monolog auch einen Strukturwandel seiner Rhetorik, der ihn als Medium der Selbstaussage noch unmittelbarer und damit noch persuasiver macht: Wirken frühere Monologe wie vorgetragene Reden mit einem im voraus schon durchdachten rhetorischen Aufbau, so wird nun dem Zuhörer der Eindruck vermittelt, die Genese und Entfaltung der Gefühle und Gedanken gleichzeitig mit deren spontaner Versprachlichung unmittelbar mitzuerleben. (Wolfgang Clemen) Die großen Monologe eines Brutus und Hamlet, eines Lear and Macbeth gestalten sich daher als ein bewegtes Sprechen aus der Situation und dem Andrang der Emotionen und Gedanken heraus, als innere Zwiesprache der Figur mit sich selbst, in der sich die widersprüchlichsten Empfindungen durchkreuzen. Der Akt der Versprachlichung selbst wird hier zum Spiegel eines inneren Dramas: die Art und Weise, wie eine Figur spricht, um Worte und Bilder ringt, im Satz abbricht, den Blankvers sprengt, erregt ausruft oder verstummt, wird zum Indiz von unbewußten oder verdrängten Begierden, Hoffnungen, Ängsten und Zweifeln. Denken wir an Hamlet oder Macbeth, dann denken wir zunächst an die Serie ihrer Monologe, die das Stück interpunktieren und ihm eine Fluchtlinie der Reflexion geben. Und

Tragische Monologe

diese Fluchtlinie verdichtet sich meist gegen Ende zu: Im Bewußtsein der Ausweglosigkeit seiner Situation, in der Gefährdetheit seiner Identität, in der fortschreitenden Isolation, in die der tragische Held hineingeht, drängt es ihn zur monologischen Selbstbefragung, die dem Zuschauer noch einmal erfahrbar macht, daß die Zerstörung des Helden auch die Zerstörung eines groß und komplex angelegten Charakters ist, die Zerstörung von beeindruckenden Intensitäten des Gefühls und der Leidenschaft und einer moralischen Sensibilität, die sich dem inneren Abgrund hellsichtig gestellt hat.

Dieser Zwiespalt, in den der Zuschauer gestürzt wird, ergibt sich jedoch

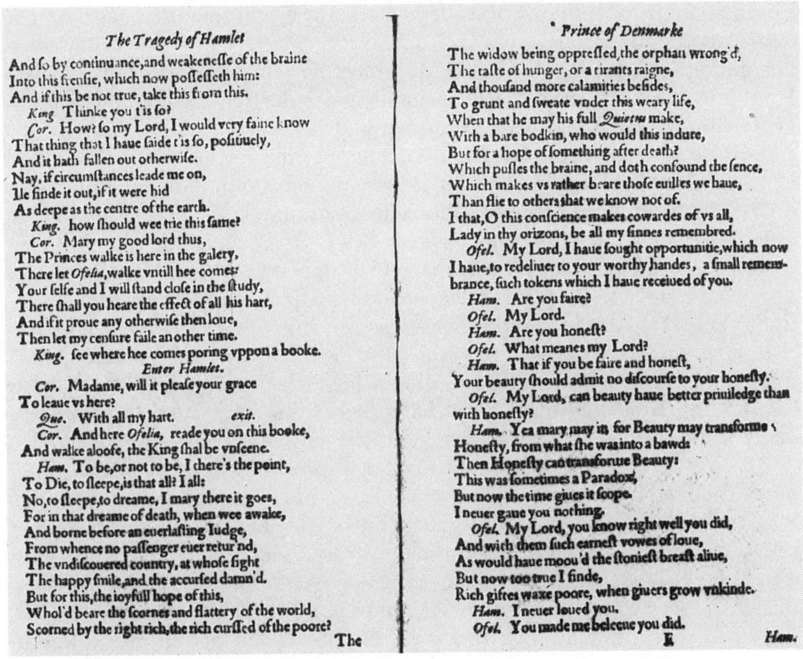

The Tragedy of Hamlet

And ſo by continuance,and weakeneſſe of the braine
Into this frenſie, which now poſſeſſeth him:
And if this be not true, take this from this.
King Thinke you t'is ſo?
Cor. How? ſo my Lord, I would very faine know
That thing that I haue ſaide t'is ſo, poſitiuely,
And it hath fallen out otherwiſe.
Nay, if circumſtances leade me on,
Ile finde it out,if it were hid
As deepe as the centre of the earth.
King. how ſhould wee trie this ſame?
Cor. Mary my good lord thus,
The Princes walke is here in the galery,
There let *Ofelia*,walke vntill hee comes:
Your ſelfe and I will ſtand cloſe in the ſtudy,
There ſhall you heare the effect of all his hart,
And if it proue any otherwiſe then loue,
Then let my cenſure faile an other time.
King. ſee where hee comes poring vppon a booke.
Enter Hamlet.
Cor. Madame, will it pleaſe your grace
To leaue vs here?
Que. With all my hart. *exit.*
Cor. And here *Ofelia*, reade you on this booke,
And walke aloofe, the King ſhal be vnſeene.
Ham. To be,or not to be, I there's the point,
To Die, to ſleepe,is that all? I all:
No,to ſleepe,to dreame, I mary there it goes,
For in that dreame of death, when wee awake,
And borne before an euerlaſting Iudge,
From whence no paſſenger euer retur'nd,
The vndiſcouered country, at whoſe ſight
The happy ſmile,and the accurſed damn'd.
But for this,the ioyfull hope of this,
Whol'd beare the ſcornes and flattery of the world,
Scorned by the right rich,the rich curſſed of the poore?
The

Prince of Denmarke

The widow being oppreſſed,the orphan wrong'd,
The taſte of hunger, or a tirants raigne,
And thouſand more calamities beſides,
To grunt and ſweate vnder this weary life,
When that he may his full *Quietus* make,
With a bare bodkin, who would this indure,
But for a hope of ſomething after death?
Which puſles the braine, and doth confound the ſence,
Which makes vs rather beare thoſe euilles we haue,
Than flie to others that we know not of.
I that,O this conſcience makes cowardes of vs all,
Lady in thy orizons, be all my ſinnes remembred.
Ofel. My Lord, I haue ſought opportunitie,which now I haue,to redeliuer to your worthy handes, a ſmall remembrance, ſuch tokens which I haue receiued of you.
Ham. Are you faire?
Ofel. My Lord.
Ham. Are you honeſt?
Ofel. What meanes my Lord?
Ham. That if you be faire and honeſt,
Your beauty ſhould admit no diſcourſe to your honeſty.
Ofel. My Lord, can beauty haue better priuiledge than with honeſty?
Ham. Yea mary may it; for Beauty may transforme Honeſty, from what ſhe was into a bawd:
Then Honeſty can transforme Beauty:
This was ſometimes a Paradox,
But now the time giues it ſcope.
I neuer gaue you nothing.
Ofel. My Lord, you know right well you did,
And with them ſuch earneſt vowes of loue,
As would haue moou'd the ſtonieſt breaſt aliue,
But now too true I finde,
Rich giftes waxe poore, when giuers grow vnkinde.
Ham. I neuer loued you.
Ofel. You made me beleeue you did.
E Ham.

Nur zwei Exemplare dieser Erstausgabe des *Hamlet* sind auf uns gekommen; sie befinden sich heute in der British Library, London und in der Huntington Library, San Marino, Kalifornien. Die verstümmelte Form, in der in diesem Quartbändchen Hamlets berühmtester Monolog wiedergegeben wird, ist charakteristisch für die sog. »bad quartos«, die auf unautorisierte Aufführungsmitschriften zurückgehen und vermutlich bei Tourneen verkleinerter Schauspielertruppen in der Provinz verwendet wurden.

Ambivalenz der Normen

nicht nur aus der beschriebenen Spannung von Normensetzung und Sympathielenkung. Es sind vielmehr die Normen selbst in sich schon ambivalent. Wo die alte christliche Moralistik in *ambition, honour* oder *glory*, in *curiosity, desire* oder *passion* nur sündhafte, die göttlichen Ordnungen des Kosmos und der Gesellschaft gefährdende Triebe sah, erscheinen diese nun aus der innerweltlichen Orientierung des Renaissance-Humanismus auch als Trieb*kräfte*, als positive Energien, die den Menschen auszeichnen und in denen er sich in dieser Welt verwirklicht. *Virtue* heißt nun eben nicht mehr nur ›Tugend‹, sondern auch ›Wirkmächtigkeit‹, *virtù* im Sinne Machiavellis. Während z.B. Arthur Brooke in seiner *Tragical History of Romeus and Juliet* (1562) den italienischen Novellenstoff allein als abschreckendes moralisches Exempel der gerechten Strafe für ungezügelte Leidenschaften und Ungehorsam gegenüber den Eltern nachzuerzählen wußte, beschwört Shakespeare in seiner Liebestragödie mit der ganzen Suggestivkraft seiner Poesie und Dramaturgie diese Leidenschaft auch als eine beglückende, Körper und Seelen verschmelzende Steigerung menschlicher Erfahrungsmöglichkeit.

Rachetragödien und tragische Rächer

Wie kein anderer Tragödientyp der Zeit kann gerade der beliebteste, die *Revenge Tragedy*, diese historisch bedingte Ambivalenz der Normen belegen; ihr Erfolg beruht gerade darauf, daß sie eine Norm ins Zentrum rückt, die problematisch geworden ist.

Rache als Recht und Verbrechen

Wenn Bacon in seinem Essay »Of Revenge« (1625) die Rache als »a kind of wild justice« definiert, ordnet er sie einer archaischeren Gesellschaft zu, wie sie der moderne Staat, der in seinen Rechtsinstitutionen die richterliche Gewalt für sich monopolisiert, gerade überwunden hat. Die Rache ist den

Elisabethanern verbunden mit dem Bürgerkriegstrauma des *War of the Roses*, in dem die rivalisierenden Adelssippen einander in selbstzerfleischender und staatszersetzender Rache dezimiert hatten. Dem frühneuzeitlichen Staat gilt daher die private Blutrache als einer der schwerwiegendsten Angriffe auf die gesellschaftliche Ordnung, und er kann sich dabei auch auf die christliche Moralphilosophie berufen, nach der die Rache Gott vorbehalten ist oder eben ihm selbst als dem irdischen Sachwalter Gottes. Mit dieser offiziellen Sicht konkurrieren jedoch in bestimmten Gesellschaftsgruppen erheblich davon abweichende positive Bewertungsschemata, die sich zum Teil noch vom Recht auf Blutrache in einer Sippengesellschaft herleiten oder aber vom modernen kontinentaleuropäischen Duell- und Ehrenkodex beeinflußt sind. Das Auseinanderklaffen dieser Normen macht jede einzelne Rachetat zu einem vielschichtigen ethischen Problem, das sich je nach Anlaß und Ausführung der Rache ganz unterschiedlich darstellt und den Rächer selbst zu einer schillernden, gleichzeitig Sympathie und Abscheu erweckenden und bis zum Wahnsinn in sich gebrochenen Figur werden läßt.

The Spanish Tragedie:
OR,
Hieronimo is mad againe.

Containing the lamentable end of *Don Horatio*, and *Belimperia*; with the pittifull death of *Hieronimo*.

Newly corrected, amended, and enlarged with new Additions of the *Painters* part, and others, as it hath of late been diuers times acted.

LONDON,
Printed by W. White, for I. White and T. Langley, and are to be sold at their Shop ouer against the Sarazens head without New-gate. 1615.

Ein früher Comicstrip: Eine Szene aus *The Spanish Tragedy* (II, iv/v) als Titelblatt der Ausgabe von 1615

Thomas Kyds *Spanish Tragedy* aus den mittleren achtziger Jahren ist hier modellbildend bis hin zur jakobäischen Tragödie. Hieronimo, dem zentralen Rächer dieses Stücks, ist es aufgegeben, die brutale Ermordung seines Sohnes selbst zu rächen, da eine gerichtliche Verurteilung und Sühne der Untat durch die politischen Umstände ausgeschlossen ist. Er ist dabei in ein kompliziertes Netz von Intrigen und Gegenintrigen, von Rache und Gegenrache, verstrickt, das ihm ein Höchstmaß an Verschlagenheit und geschickt kalkulierender *policy* abverlangt. Spannend wie diese Handlungsverwicklungen und Hieronimos schwieriger und langwieriger Weg zur erfolgreichen Rache sind, so steht doch im Mittelpunkt seine innere Entwicklung vom trauernden Vater, dem sein Verlust und die Aussichtslosigkeit seiner Lage den Verstand rauben, zum raffiniert seine Möglichkeiten nutzenden Intriganten; vom gerechten Richter, der er ja von Amts wegen ist, zum grausamen Rächer, der sich am Ende selbst richtet. Daß ihm auf diesem Weg die Zuschauer bis zum Ende ihre Sympathie nicht entziehen, hat mehrere Gründe: In der von machiavellistischem Intrigantentum beherrschten Hofwelt Spaniens erscheint es als unausweichlich, daß sich auch der Gerechte der Mittel raffiniertester *policy* bedient. Hieronimos große Monologe und Reden machen dies eindrucksvoll deutlich und lassen dabei die Kontamination seines Charakters durch die Korruptheit der Welt, in der er agieren muß, als einen Selbstentfremdungsprozeß von tragischer Notwendigkeit erscheinen. Zudem bieten die chorischen Zwischenakt-Dialoge zwischen dem Geist Andreas und der personifizierten »Revenge« eine Bewertungsperspektive, die streng zwischen Hieronimos gerechter Rache und den diabolischen Racheintrigen seiner Gegenspieler unterscheidet. Dennoch bleibt Hieronimos Rache-Ethos ambivalent, und diese Ambivalenz geht wie ein Riß durch viele seine Reden: So überantwortet Hieronimo im großen Monolog der Szene III,xiii mit dem lateinischen Bibelzitat »Vindicta mihi!« (Römer 12,19) die Rache zunächst den Göttern, um dann aber alsbald den Entschluß zur heimtückischen Rache zu fassen. Damit erscheint er in einer bis zum Ende durchgehaltenen Doppelperspektive gleichzeitig als Frevler, der sich in seiner Hybris das göttliche Privileg auf Rache anmaßt, und als gerechtfertigtes Werkzeug göttlicher Rache.

Rache und »policy«

Shakespeares Dialog mit Kyd

Das Kydsche Modell wird in den folgenden Dekaden in mehr als zwei Dutzend Rachetragödien aufgegriffen und variiert. Die bedeutendste unter ihnen ist Shakespeares *Hamlet* (um 1600), der mit der *Spanish Tragedy* in einem vielschichtigen Dialog steht. Anstelle des Vaters, der den Sohn rächt, tritt hier der Sohn als Rächer des Vaters auf. Auch der zur Rache mahnende Geist wird übernommen, nun aber nicht mehr als chorische Figur, sondern in die Handlung selbst hineingenommen. Wie Hieronimo muß sich auch Hamlet erst durch Beweismittel der Identität des Mörders versichern, bevor er dann mit den Schwierigkeiten der Planung und Ausführung der Rache ringen kann. In beiden Stücken inszeniert dabei der Rächer ein Spiel im Spiel; wo Hieronimo dieses aber dem Vollzug der Rache selbst dient, ist es Hamlet das Mittel zur Überführung des Mörders. Und ebenso wird auch das Motiv des Wahnsinns variiert, indem Hieronimos echter Wahnsinn der Ausdruck einer tiefgehenden Zerrüttung seiner Identität ist, während Hamlets Wahnsinn, seine »antic disposition« (I,v), Teil seines Verstellungsspiels ist, mit dem er seine Gegner verwirrt und unter dem Deckmantel der Narrheit die Wahrheit enthüllen kann.

Echter und gespielter Wahnsinn

Diese und weitere Motivzitate weisen *Hamlet* jedoch nicht als bloßes Remake der *Spanish Tragedy* aus, sondern pointieren Shakespeares Neuansatz. Bei ihm ist nicht mehr die Rache das eigentliche Thema, vielmehr wird seinem Helden der Racheauftrag zum Auslöser einer sehr viel weiterreichenden Erschütterung seines Selbstbildes, seiner familiären, erotischen und freundschaftlichen Bindungen, seiner öffentlichen Rolle, ja seines Platzes im Kosmos von Natur und Übernatur. Während Hieronimo vor allem mit den praktischen Problemen eines Rächers zu ringen hatte, ringt Hamlet vor allem mit sich selbst. Sein sprichwörtlich gewordenes Zögern ergibt sich nicht nur daraus, daß er zuerst sich seines Racheauftrages versichern und dann den richtigen Zeitpunkt für eine effektive und öffentliche Inszenierung seiner Rache abwarten muß, sondern vor allem auch daraus, daß er sich über sich selbst und die Motivation und Wirkungen seiner Tat klarwerden muß, bevor er handeln kann.

Diese Internalisierung der Racheproblematik und damit auch der Problematik jeden Handelns forciert Shakespeare schon dadurch, daß er Hamlet nach dem elisabethanischen Bild des Melancholikers formt. Das heißt eben, daß Hamlet nicht nur zu trübsinniger Niedergeschlagenheit neigt, sondern zu selbstkritischer Introspektion, zu einem scharfen und beweglichen Geist, der unter die Oberfläche der gesellschaftlichen Fassade dringt, und zu einer rückhaltlosen Skepsis gegenüber allen an ihn herangetragenen Sinnangeboten. Auch die Verlagerung des Schauplatzes von den für die Rachetragödie konventionellen mittelmeerischen Räumen ins nordeuropäische Dänemark ist in diesem Zusammenhang bedeutsam: Die Extrovertiertheit schnell entfachter und heiß lodernder Leidenschaften wird damit, zeitgenössischen Nationalitätenstereotypen entsprechend, zu einem nach innen gewandten Sinnen verdüstert. Und an die Stelle der machiavellistischen *policy*, die ja als besonders im katholischen Italien und Spanien beheimatet gesehen wurde und das Erklärungsmodell für die raffinierten Intrigen, den dekadenten Amoralismus und die Korruption der Welt der Rachetragödien abgab, tritt nun als thematisches Zentrum das protestantische Ethos einer religiösen Selbstbefragung und einer Überprüfung der Grundlagen des Glaubens an ein Jenseits, eine göttliche Ordnung der Gesellschaft und des Kosmos und die Freiheit bzw. Vorbestimmtheit menschlichen Handelns.

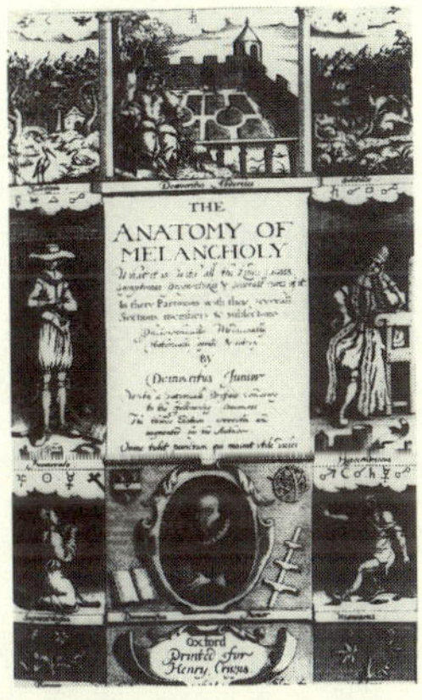

Die große *summa melancholica* des jakobäischen Zeitalters: Robert Burtons *Anatomy of Melancholy* (1621). Das emblematische Titelblatt der erweiterten Ausgabe von 1628 zeigt in seinen einzelnen Feldern die verschiedenen Formen und Aspekte der Melancholie und den Autor als zweiten Demokrit.

Mit dieser Ausweitung der Racheproblematik ist *Hamlet* zu einem Stück geworden, das auch jenseits der elisabethanischen Debatte um Recht und Unrecht der Rache verständlich blieb und über die Jahrhunderte hinweg bei den unterschiedlichsten Zuschauern und Lesern die tiefe Resonanz einer Begegnung mit den eigenen Fragen und Zweifeln auslösen konnte. Vor allem in Deutschland wurde der melancholische Dänenprinz von Goethe bis Hei-

Hamlet und kein Ende

ner Müller zur Projektionsfigur für das problematische Verhältnis des poetischen Träumers oder intellektuellen Denkers zur Tat, zur politischen Welt des Handelns und der Macht. Dies, ebenso wie die zahlreichen freudianischen Analysen des erotischen Familienszenarios im *Hamlet*, mögen anachronistische Fehlinterpretationen sein. Sie belegen jedoch die fortdauernde Suggestivkraft dieses frühneuzeitlichen Stücks, das, wie nur noch Marlowes *Doctor Faustus*, einen Helden zum Zentrum hat, der zum Mythos der Neuzeit geworden ist. Und diese Suggestivkraft gründet nicht zuletzt im änigmatischen Wesen des Helden, der, sozusagen die Mona Lisa unter den Dramenfiguren, sich selbst und uns ein Rätsel bleibt.

Jakobäische Rachetragödien

Die jakobäischen Rachetragödien erscheinen im Vergleich dazu vordergründiger. Viele von ihnen versuchen zwar, herausgefordert auch durch die illusionistischeren Darstellungsmittel der *private theatres* und durch den sensationslüsternen Geschmack ihres exklusiven Publikums, die elisabethanischen Muster an heimtückischen Verbrechen, blutrünstigen Schauereffekten, grellen Kontrasten und raffinierten Perversionen zu überbieten, doch verliert dabei das innere Ringen des Rächers mit seinem Auftrag an Gewicht. Die meisten jakobäischen Rächerfiguren sind nicht mehr durch jenen Zwiespalt von moralischen Skrupeln und Racheinstinkten ausgezeichnet, der Kyds Hieronimo, John Marstons (um 1575–1634) Antonio in *Antonio's Revenge* (1599) oder Shakespeares Hamlet zu so vielschichtigen Figuren macht: Sie sind vielmehr von Anfang an als Schurken konzipiert, und ihre Entwicklung kann damit nur eine Steigerung in sadistische Grausamkeiten hinein sein. Cyril Tourneurs (um 1575–1626) Vindice aus *The Revenger's Tragedy* (1607) tritt zwar als scharfer Satiriker höfischer Korruption an, doch erweist sich das im weiteren Verlauf als Ausdruck derselben Zerstörungswut, die ihn zum diabolischen Intriganten und Rächer macht. Figuren wie Vindice, die sich vom zynischen *malcontent* zum machiavellistischen Monstrum entwickeln, nötigen dem Zuschauer kein Mitempfinden mehr ab, sondern allein noch ein fasziniertes Staunen ob der schieren Energie ihrer Aggressionen, der Virtuosität ihrer Intrigen und der Unerschütterlichkeit, mit der sie ihren Weg bis hin zur Selbstzerstörung gehen.

Vom zynischen »malcontent« zum machiavellistischen Monstrum

Die Kehrseite einer solchen Diabolisierung des Rächers bieten *Revenge Tragedies*, die den Verzicht auf Rache als exemplarisches Verhalten herausstellen. Der Held lernt hier, seine Leidenschaften zu überwinden, und ringt sich zu stoischer Vernünftigkeit und Ergebenheit in sein Schicksal oder zu christlichem Vertrauen auf einen rächenden und gerechten Gott durch. Tourneurs *The Atheist's Tragedy* (1611) führt dies an Charlemont vor, dessen teuflischer Gegenspieler, der Atheist D'Amville, sich ohne sein Zutun schließlich selbst zerstört. Chor und Held sind sich einig: »Attend with patience the success of things,/But leave revenge unto the King of Kings« (II,vi), und »patience is the honest man's revenge« (V,ii). Solch plakativ moralische Lösungen des Problems vermeidet zwar John Webster (um 1578 – um 1632) in *The White Devil* (um 1609–1612) und *The Duchess of Malfi* (um 1612/13), doch stehen hier nicht mehr die Rächer Flamineo und Bosola im Mittelpunkt, sondern die Titelheldinnen, die durch ihre transgressiven Leidenschaften zum Spielball der Intrigen und Gegenintrigen werden. In einer Liebestragödie wie John Fords *'Tis Pity She's a Whore* (1633) wird schließlich das Rachemotiv ganz in die Nebenhandlung verdrängt und dient nur noch dazu, dem Stück zu einem effektvoll reißerischen Ende zu verhelfen. Die immer auch politische Problematik der Rache ist damit vollends dem eher privaten Interesse an extremen Liebesleidenschaften und den Ambivalenzen des Erotischen gewichen. Auch hierin zeigt sich, daß das Theater

Stoischer Racheverzicht

in der Stuart-Zeit immer weniger beansprucht, öffentliches Forum politischer Interessenkonflikte zu sein, und daß es sich in dem Maße aus der politischen Öffentlichkeit ausgrenzt, in dem sich in dieser die Konflikte zum Bürgerkrieg zuspitzen.

Zwei Komödientraditionen

Die zeitgenössische Reflexion darüber, was eine Komödie ausmacht, läuft auf zwei recht unterschiedliche Bestimmungen hinaus. Die erste bezieht sich auf ihr *plot*, das gerade umgekehrt verlaufe wie das einer Tragödie und mit einem *happy ending* abschließe. So tritt in der Expositionsszene des *Midsummer Night's Dream* Egeus auf und führt Klage gegen seine Tochter Hermia, die Demetrius heiraten soll, aber in Lysander verliebt ist. Er ruft das Gesetz an, nach dem sie sich entweder dem Willen des Vaters beugen oder den Tod bzw. ein Leben im Kloster erleiden muß. Am Ende des Stücks, nach vielen Irrungen und Wirrungen, kriegt Hermia ihren geliebten Lysander und Demetrius seine Helena. Die junge Generation hat damit über die alte gesiegt, die Liebe über das Gesetz und die Widerstände der Gesellschaft. Lange davor schon, in der Szene III,ii, kündet der Kobold Puck, der Geist komischer Wirrnisse, diesen Sieg an, indem er das alte »country proverb« zitiert, daß

Der große Schweizer Maler Heinrich Füssli widmete dem *Midsummer Night's Dream* einen Zyklus von Gemälden, die vor allem die unheimlichen Seiten dieser Feenkomödie betonen. »Titania Awakes« (1793/94) bezieht sich auf die Szene IV, i.

> Jack shall have Jill,
> Nought shall go ill;
> The man shall have his mare again, and all shall be well.

Diese Vorstellung, daß Komödien von Liebeswirren handeln, die glücklich in der Vereinigung der Liebenden und in der Aussöhnung von Eltern und Kindern enden, ist natürlich weder Shakespeares noch eine elisabethanische Erfindung. Schon die »Neue Komödien« der Antike kannte dieses übergreifende Handlungsschema, vor allem aber war es auch das Handlungsschema des spätantiken »Romans« und der mittelalterlichen Romanzen, deren Stoffe und Strukturen in der elisabethanischen Erzählliteratur vielfach aufgegriffen wurden. Wir nennen daher diese Konzeption von Komödie eine »romantische« oder, um Verwechslungen mit der späteren Periode auszuschließen, eine »romaneske«.

Wenn Ben Jonson (1572/3–1637) in seiner Komödie *Every Man Out of His Humour* (1598) in Rahmendialogen die zwei Zuschauer Mitis und Cordatus über das Wesen der Komödie räsonieren läßt, zeigt er anhand von Mitis' Verwunderung darüber, daß die Komödie, der sie beiwohnen, nicht seinen Erwartungen entspricht, wie sehr dieses romaneske Komödienmodell bestimmend war. Mitis' Einwand ist,

Ben Jonson: Sohn eines Geistlichen, Schüler der Westminster School, Maurer, Söldner in Flandern, wie Shakespeare Schauspieler und Dramatiker. Hier nach einem Gemälde von Abraham van Blyenberch.

> [t]hat the argument of his comedy might have been of some other nature, as of a duke to be in love with a countess, and that countess to be in love with the duke's son, and the son to love the lady's waiting-maid; some such cross-wooing, with a clown to their servingman [...] (III,i) –

kurzum, daß das Stück keine romaneske Komödie ist, wie sie Shakespeare in den neunziger Jahren so popularisiert hatte. Statt dessen sei es »near, and familiarly allied to the time«, d.h. gehe es auf die aktuellen Zeitläufte und die gesellschaftliche Wirklichkeit ein. Cordatus, »the author's friend« und sein Sprachrohr, rechtfertigt dies mit Rekurs auf eine ganz andere, eine antike Konzeption von Komödie, für die er als Gewährsmann Cicero anführt,

> who would have a comedy to be *imitatio vitae*, *speculum consuetudinis*, *imago veritatis* [eine Nachahmung des Lebens, ein Spiegel der Sitten, ein Bild der Wahrheit]; a thing throughout pleasant and ridiculous, and accommodated to the correction of manners.

Romaneske vs. satirische Komödie

Komödie wird hier als ein satirisches Genre definiert, dessen *plot* so beschaffen sein muß, daß es immer wieder zu Situationen kommt, die das Fehlverhalten von Figuren sichtbar machen. Wo in der romanesken Komödie das Lachen *mit* den Figuren, die heitere Lust am Überschwang ihrer Gefühle, am findigen Witz, mit dem sie die Schwierigkeiten überwinden, und am Glück, das sie schließlich finden bzw. einander bereiten, im Vordergrund steht, dominiert in der satirischen Komödie das Lachen *über* die Figuren, das Verlachen ihrer Schwächen – ihrer harmlosen Torheiten, aber auch ihrer gravierenderen Laster. Die komische Figur ist hier kein liebenswertes Muster geglückter Menschlichkeit, sondern weicht von bestimmten gesellschaftlichen Normen ab. Ihr Verlachen dient der »correction of manners«, indem der Normabweicher durch seine Ridikülisierung aus der Gesellschaft ausgegrenzt, oder aber zur Einsicht gebracht und damit in die Gesellschaft integriert wird.

Wir wollen diesen Gegensatz von romanesken und satirischen Komödien, der die Formen des komischen Spiels auf dem Theater der Tudor- und Stuartzeit bestimmt, in modellhafter Exemplarik am Unterschied zwischen den Komödien Shakespeares und denen Ben Jonsons verdeutlichen. Dieser generische Unterschied erweist sich dabei auch als historische Differenz, wie die Erscheinungsdaten unserer Hauptbeispiele schon belegen: *As You Like It* (vor 1599) und *Twelfth Night* (vor 1601) sind spätelisabethanisch, *Volpone* (1605/6) und *The Alchemist* (1610) frühjakobäisch – ein weiterer Beleg für die Verdüsterung des gesellschaftlichen und geistigen Klimas, für die zunehmende Desillusionierung und Bitterkeit im Übergang von den Tudors zu den Stuarts.

Volpone beim Morgengebet an seine Schätze – hier in einer Jugendstil-Illustration Aubrey Beardsleys (1897). Die Eingangsszene der Komödie wird von Beardsley auf den blasphemischen Begriff einer Verehrung des Goldes als *summum bonum* gebracht.

Shakespeares Komödien entführen den Zuschauer in ferne, südliche Gefilde von romanzenhaftem Glanz, nach Athen etwa (*A Midsummer Night's Dream*) oder Sizilien (*Much Ado About Nothing*), in den Ardennerwald (*As You Like It*) oder nach Illyrien (*Twelfth Night*). Mit der einzigen Ausnahme der *Merry Wives of Windsor* vermeidet Shakespeare den unmittelbaren Wirklichkeitsbezug auf das zeitgenössische London und England. Jonson dagegen sucht diesen bewußt; seine Fiktionen sind im Hier und Jetzt der Zuschauer angesiedelt. »Our scene is London«, heißt es programmatisch im Prolog zum *Alchemist*. Selbst ein Stück wie *Volpone*, das in Venedig spielt, verdeutlicht auf vielfältige Weise, daß die mittelmeerische Hafenstadt eine Metapher für das frühkapitalistische London ist. Von Shakespeares Venedig im *Merchant of Venice* (um 1596–98) unterscheidet sich seines ja schon darin, daß es hier keine romantische Insel Belmont als harmonischen Gegenpol und Fluchtraum gibt.

Was Shakespeares Komödie bewegt, ist die Liebe. Ihre Haupthandlung besteht darin, daß Liebespaare gegen äußere Widerstände und innere Verwirrungen zu sich und zueinander finden. Jonsons Komödie dagegen bewegt das Geld. Nach ihm allein streben sowohl Volpone und die Erbschleicher als auch der Alchemist Subtle und seine Klientel. Wo neben diesen ökonomischen Intrigen erotische überhaupt eine Rolle spielen, wirkt das – wie etwa bei Celia und Bonario im *Volpone* – wie das knappe Anzitieren einer Komödienkonvention, das gerade deren Verabschiedung verdeutlichen soll. Und wenn Shakespeares Liebende sich verstellen oder verkleiden – und vor allem seine Heldinnen wechseln gern ihr Geschlecht oder ihren Stand –, bringt sie das ihren Geliebten näher, läßt sie es heilsam verwirrende Gefühlsbereiche jenseits der gesellschaftlichen Normierungen von Geschlecht und Stand erproben – und bietet es dem Zuschauer die apart androgynen Reize eines Knabenschauspielers, der eine junge Dame spielt, die ihrerseits in die Hosen- oder Dienerrolle schlüpft. Die virtuosen Verstellungskünste Volpones dagegen, der mit seiner gemimten Krankheit zum Tode die Erbschleicher anlockt und ihnen immer neue Geschenke entlockt, oder der Schwindel alchemistischer Goldgewinnung, den Subtle und seine Gehilfen so brillant inszenieren, dienen allein der Bereicherung der Intriganten und funktionieren auch nur, weil ihre Opfer ebenso von Habgier umgetrieben sind wie sie selbst.

Geflecht der Handlungsstränge

Das *main plot* spaltet sich in beiden Stücken Jonsons in mehrere parallel laufende Intrigenstränge gegen die verschiedenen Erbschleicher bzw. Investoren in die alchemistischen Projekte auf. Zusammen demonstrieren diese, daß die Gier nach dem schnellen Geld alle Stände der frühkapitalistischen Gesellschaft in gleicher Weise ergriffen hat. Auch Shakespeares *plots* gestalten sich als Geflecht von Haupt-, Neben- und Parallelhandlungen, doch führen diese *unterschiedliche* Facetten der Liebe und der Selbsttäuschung vor. In *Twelfth Night* etwa sind dies Orsinos schmachtende Liebesposen, in denen er sich und Olivia zu den Helden eines petrarkistischen Sonettzyklus stilisiert, Sir Andrew Aguecheeks tölpelhafte Werbung um Olivia und ihr Geld, die Selbstverliebtheit des puritanischen Hofmeisters Malvolio, der sich von seiner Herrin begehrt wähnt, Olivias auf falschen Voraussetzungen beruhende Leidenschaft für den Pagen Cesario (alias Viola) und Sir Toby Belchs sinnliches Einverständnis mit Maria – dies alles neben jenen romantischen Liebesbeziehungen, die am Schluß triumphieren und Gefühl und Witz, Sinnlichkeit und Seelenbande zu einer glücklichen Synthese bringen.

Komödienpersonal

Diese Unterschiede in der Struktur der Komödienhandlung bei Shakespeare und Jonson hängen eng zusammen mit den Unterschieden im Komödienpersonal. Bei Shakespeare rekrutiert es sich aus überwiegend sympathisch gezeichneten Figuren, deren positives Wesen meist schon durch euphonisch klangvolle, romantische Namen – Rosalind und Orlando, Viola, Olivia und Orsino – angedeutet wird. Bei Jonson dagegen beherrschen von Habgier getriebenen Schurken oder Toren die Szene, und ihre Laster werden dabei immer schon durch satirisch sprechende Namen auf den Begriff gebracht: Im *Volpone* etwa bilden sie das Fabelparadigma gerissener oder widerwärtiger, aasfressender Tiere (Volpone der Fuchs, Mosca die Fliege, Voltore der Geier usw.). Ihr Name legt sie auf einen bestimmten Charakterzug fest. Sie sind *humours,* wie Jonson in der Sprache der antiken Humoralpathologie programmatisch erklärt – Charaktere, in denen die Körpersäfte nicht harmonisch gemischt sind, sondern einer so vorherrscht, daß er zum unkontrollierbaren Trieb wird. Nur eine Radikalkur der satirischen Verspottung konnte sie in Jonsons frühen Komödien – *Every Man in His Humour* (1598) und *Every Man out of His Humour* (1599) – noch davon purgieren. In seinen jakobäischen Komödien jedoch haben diese Triebe eine solche kriminelle Energie angenommen, daß ihre Träger unheilbar erscheinen und nur noch durch öffentliche Bloßstellung, Entmachtung und Ausschluß aus der Gesellschaft unschädlich gemacht werden können. Die Intriganten Volpone und Subtle spielen dabei eine Doppelrolle: Sie sind gleichzeitig Subjekt und Objekt der Satire. Einerseits dienen Jonson ihre Intrigen dazu, die humoralpathologischen Deformationen ihrer Intrigenopfer satirisch bloßzulegen, andererseits werden sie selbst, umgetrieben von ihrem *humour* verschlagener Habgier, als betrogene Betrüger unserem Verlachen preisgegeben.

Richard Tarlton († 1588) war nicht nur der berühmteste Bühnennarr, sondern auch der beliebteste Schauspieler seiner Zeit. Shakespeares Yorick im *Hamlet* ist wohl eine postume Huldigung an ihn. Noch Shakespeares Narrendarsteller, der eher clowneske William Kemp (Dogberry, Bottom, Falstaff) und der elegante und versatile Robert Armin (Touchstone, Feste), wurden an ihm gemessen.

William Kemp trennte sich 1600 von Shakespeares Truppe – wohl auch, weil seine überschäumende *vis comica* sich nicht in das Ensemblespiel fügen wollte. Mit einem neuntägigen Moriskentanz von London nach Norwich erregte er im Jahr nach der Trennung neues Aufsehen; seinen eigenen Bericht dazu schmückt dieses Titelblatt von *Kemps Nine Days Wonder*.

Das Intrigenspiel der Täuschungen erfüllt hier also die satirische Funktion der Bloßstellung von Charakterdeformationen und Lastern, während das komödiantische Spiel der Täuschungen, Verwirrungen und Verwechslungen in Shakespeares Komödien den Figuren – wie auch dem amüsierten Publikum – ihre Torheiten, närrischen Verstiegenheiten und Selbsttäuschungen vor Augen führt. Diese erweisen sich auch nicht als unheilbare Deformationen; die Figuren werden vielmehr über die komischen Imbroglios zu Selbsterkenntnis und Einsicht und damit zu einer beglückenden Balance der Gefühle geführt. Dabei kommt den Heldinnen eine ebenso zentrale Position zu wie bei Jonson den brillant intrigierenden Schurken. Die Frauen, in den Tragödien meist die leidenden Opfer oder in besonderer Weise getrieben von unkontrollierten und zerstörerischen Leidenschaften – hier haben sie das Heft in der Hand und lösen mit spielerischem, selbstironischem Witz und mit romantischem Gefühlsüberschwang die Männer aus ihren Verklemmungen und Posen.

Neben den Komödienheldinnen stellen in Shakespeares Komödien der Jahrhundertwende die Narren die normativen Schlüsselfiguren dar. Sie sind nicht mehr die unfreiwillig komischen Tölpel, die *clowns* oder *fools natural* der frühen Komödien, wie etwa Speed und Launce in *The Two Gentlemen of Verona* (um 1592/3), die Handwerker im *Midsummer Night's Dream* oder Launcelot Gobbo im *Merchant of Venice*, sondern sind professionelle Hofnarren, *fools artificial* und *wise fools*, die ihr Narrenwesen als geistreiche Kunstübung der Wortverdreherei, der paradoxen Verkehrung der Perspektiven und Werte, der Parodie und des Lieds betreiben. Touchstone in *As You Like It* kann damit in der Tat als jener kritische »Prüfstein« für idealistisch verstiegene Attitüden oder pastorale Schwärmerei fungieren, als den ihn sein Name ausweist, und Feste in *Twelfth Night* ist sowohl die Verkörperung des Geist der Komödie als Fest, als auch der, der die Zuschauer aus der romantischen Komödienwelt wieder in den Alltag zurückführt, in dem der Regen »raineth every day«. Wie anders dagegen die Hofnarren, die Volpone sich hält! Nano (der Zwerg), Castrone (der Kastrat) und Androgyno (der Hermaphrodit) sind monströse Kreaturen, die emblematisch die monströse Perversität ihres Herrn und seiner Welt verdeutlichen – einer Welt, in der das tote Gold mehr gilt als alles Lebende.

Entsprechend unterschiedlich fallen auch die Komödienschlüsse aus: Shakespeares Komödien klingen aus mit einer Feier der glücklichen Vereinigung von zwei oder mehr Paaren und der Versöhnung der gesellschaftlichen Konflikte und Widersprüche, mit Musik, Lied, Tanz oder heiteren Gesprächen über die bevorstehenden Hochzeiten; Jonsons Komödien dagegen enden vor Gericht mit der strengen Verurteilung und Bestrafung der Schuldigen. *The Alchemist* geht hier sogar noch einen Schritt weiter als *Volpone*: Subtle entkommt am Ende. Das Stück entläßt damit die Zuschauer mit grimmigem Wirklichkeitsverweis in ein London, in dem Habgier und Gaunerei in den verschiedensten Masken immer noch ihr Unwesen treiben. Aber auch Shakespeares *happy endings* sind nicht ungetrübt, sondern verdüstern sich deutlich in den letzten Regierungsjahren Elisabeths. Schon die strenge Verurteilung des Juden Shylock im *Merchant of Venice* (IV,1) wirft einen langen und tiefen Schatten auf die mondbeglänzte Zaubernacht von Belmont, in der die Liebenden und Freunde ihr Glück feiern. In *As You Like It* schließt sich der bittere Melancholiker Jacques selbst aus und bleibt in hofkritischer Distanz im Wald zurück, und in *Twelfth Night* steigt Malvolio mit einem unversöhnlichen »I'll be reveng'd on the whole pack of you!« (V,i) aus dem *happy ending* aus. Hier nähert sich Shakespeares romantische

Verdüsterte Happy-Ends

Komödie der satirischen Komödie Jonsons an, wie ja Malvolio überhaupt, von seinem sprechenden Namen bis zu seiner puritanisch-heuchlerischen Spielverderberei, wie das Zitat einer düsteren Jonson-Figur in der helleren Komödienwelt Shakespeares erscheint. Freilich markiert auch hier das Zitat noch die Differenz: Selbst Malvolio wird nicht nur satirisch abgeurteilt, sondern erweckt auch unser Mitgefühl.

In solchen anti-romantischen Kontrastfiguren und Kontrastperspektiven relativiert Shakespeare immer wieder die heitere Spielwelt seiner Komödien und legt damit ihren Kunstcharakter, ihre Fiktionalität bloß. In seinen letzten Komödien, den sogenannten *romances* oder »Märchendramen« *Pericles* (um 1606/8), *Cymbeline* (um 1609/10), *The Winter's Tale* (um 1610/11) und *The Tempest* (1611/12), betont er diesen Kunstcharakter noch weiter. Die reicheren illusionistischen Möglichkeiten der *private theatres* nutzend, bringt er Magie und Übernatürliches ins Spiel, verdichtet er die alten Romanzenmotive von Trennung und Wiedervereinigung, von Verfehlung und Vergebung ins Archetypische und Mythische und läßt er innerhalb eines märchenhaften, Harmonie und Versöhnung garantierenden Rahmens die Figuren punktuell die Grenze zum tragischen Chaos überschreiten. Das führt noch weiter weg vom satirischen Realismus Jonson und nähert die Komödie der allegorisch-emblematischen Form der *court masque*, des höfischen Maskenspiels an. Daß dies jedoch nicht den Verzicht auf kritischen Wirklichkeitsbezug bedeuten muß, haben wir anhand des *Tempest* schon gezeigt (s.o. S. 70), der in der Form eines Zaubermärchens die utopischen Dimensionen des Humanismus, die Entdeckung und Kolonisierung neuer Welten, den Traum von der wissenschaftlichen oder magischen Beherrschung von Mensch und Materie und die Legitimationsprobleme politischer Autorität modellhaft durchspielt.

Franz Marcs Caliban-Figurine (1913) zum *Tempest* macht die Kehrseite des utopischen Traums sichtbar. Caliban als rasender, zerstörungswütender Dämon – oder als gequälte und entsetzte Kreatur?

»Citizen Comedies«

Für die weitere Entwicklung der englischen Komödie im 17. Jahrhundert bleibt jedoch eher das Modell Ben Jonsons bestimmend. Die *Citizen Comedies* eines Thomas Middleton (1570–1627) oder eines Philip Massinger (1583–1640) handeln von Standesschranken überschreitenden Geld- und Heiratstransaktionen und grundieren die erotischen Verwicklungen mit den ökonomischen Interessen der *rising gentry* und eines Adels in Finanznöten. Aber nicht nur in dieser sozialen Absenkung des Personals von den romantischen Aristokraten Shakespeares zum Handel und Gewerbe treibenden Bürgertum, zu schlauen Arrivisten, biederen Handwerkern und dem neuen Lumpenproletariat eines aus den Nähten platzenden London, und nicht nur in der satirischen Typenkomik, in der dieses schwärende Leben einer mit neuer Intensität werkelnden und dem Geld nachjagenden Metropole dargestellt wird, bleibt das Modell Jonsons bestimmend. Auch seine Bemühungen um eine klassizistisch reinere Komödienform, die die ausschweifenden räumlichen und zeitlichen Dimensionen und die Mischung von Komik und Tragik, von Romantik und Posse bändigen soll, wird bis hin zur *Restoration Comedy* stilbildend bleiben. Sein Verdikt über den Rivalen, »that Shakespeare wanted art«, wird lange nachwirken und einer kreativen Rezeption im Wege stehen.

Tragical-comical-historical-pastoral

Experiment und Formenreichtum

Polonius' Registerarie elisabethanischer Dramengattungen und ihrer Mischformen (*Hamlet*, II,ii), der wir unseren Titel entlehnt haben, macht ironisch deutlich, daß alle klassizistischen Versuche, den experimentierfreudigen Formenreichtum des englischen Renaissancetheaters säuberlich zu etikettieren, in hilfloser Pedanterie enden müssen. Nicht nur, daß solche Versuche wenig fruchten, da jede ihrer Unterteilungen immer weiterer Unterteilungen bedarf; sie sind sogar kontra-produktiv, da sie gerade das verfehlen, was die spannungsreiche Vitalität dieses Theaters ausmacht – seine bewußten Konfusionen aller Gattungen, seine kühnen Verschränkungen von Hohem und Niedrigem, von Alltagsprosa und glanzvollem Vers, von Farce und sublimer Tragödie, von grotesker Körperlichkeit und geistreichem Witz, von Profanem und Heiligem ...

Gattungsmischungen

Selbst die erschütterndsten Tragödien haben ihre Narren, Tölpel und Rüpel, ihre burlesken, grotesken oder farcenhaften Auftritte. Und wenn man über diese »Bastardisierung« der Gattungen – so die abschätzige Metapher Sidneys und anderer – auch geteilter Meinung sein kann, was etwa Prestons *Cambyses* oder noch Marlowes *Doctor Faustus* betrifft, so wäre doch ganz unbestreitbar *King Lear* ohne den Narren und ohne den gespielten Wahnsinn Edgars weniger erschütternd. Ihre Narrenreden und ihr groteskes Spiel, die das Unterste zuoberst kehren, stellen nicht einfach einen komischen Kontrast zum tragischen Leidensweg Lears dar, sondern tragen dazu bei, seine Selbsttäuschungen aufzulösen, führen den ans Herrschen Gewohnten zur Solidarität mit dem »unaccommodated man«, der in seiner Schutzlosigkeit nicht mehr ist als »a poor, bare, forked animal« (III,iv), und lassen die Disintegration seines Ich im Wahnsinn zu einer regenerativen Selbsterfahrung werden. Und selbst komische Nebenszenen wie die des betrunkenen Pförtners im *Macbeth* (II,iii) oder die der Totengräber im *Hamlet* (V,i) sind mehr als bloßes *comic relief* zum entspannenden Amüsement der *groundlings* im Stehparkett. Die Groteske nach dem Horror der Ermordung Duncans und dem Wahnsinn und Selbstmord Ophelias vertieft noch das Bild einer Welt, die aus den Fugen geraten ist, und der soziale Perspektivenwechsel bezieht das tragische Geschehen auf eine plebejische Wirklichkeitserfahrung, in der der Tod als der große *leveller* alle Standesunterschiede einebnet.

Tragödie und Satire

Die satirischen Kommentare der Totengräber stehen nicht isoliert da im *Hamlet.* Auch der Titelheld selbst, der Melancholiker in der Narrenmaske seiner »antic disposition«, reduziert immer wieder in karnevalesker Weise die Prätentionen der Mächtigen auf das allgemein menschliche Maß kreatürlicher Körperlichkeit und Hinfälligkeit. Hamlet ist jedoch keineswegs die einzige Tragödienfigur der Zeit, die mit ihren satirischen Kommentaren das Decorum der Tragödie immer wieder durchbricht und die Tragödie als Gattung der Satire annähert. Die Helden solcher *satirical tragedies* oder *tragical satires,* die sich ab der Jahrhundertwende häufen, haben oft Hamlets desillusionierten Blick und geistreichen Witz des Melancholikers oder sind *malcontents*, die die Laster einer Gesellschaft verspotten, die sie ausschließt. John Marston, der sich nach dem Satireverbot der Bischöfe (s.o. S. 117) der Bühne zuwendet, schafft im Titelhelden von *Antonio's Revenge* einen in dieser Hinsicht Hamlet sehr ähnlichen Rächer-Satiriker, und auch John Websters Flamineo in *The White Devil* und Bosola in *The Duchess of Malfi* gehören diesem Typ an. Und schließlich wendet sich auch Shakespeare in seinem jakobäischen Spätwerk diesen *tragical satires* zu: *Troilus and Cressida* (um 1603) ist nicht die Liebestragödie um Cressidas Untreue und Troilus' Schmerz, die man vom Titel her eigentlich erwarten würde. Nicht sie geben den Ton an, sondern Spötter wie Thersites und die satirisch zu eitlen und streitsüchtigen Schwadroneuren reduzierten Helden des Trojanischen Kriegs.

In solchen Stücken wird dem Zuschauer konsequent jener gesicherte Werthorizont entzogen, den eine feste Gattungsmatrix immer auch impliziert. Die

Instabilität der Gattung reflektiert das Instabil-Gewordensein aller Werte und Normen, die als immer subjektive relativiert und als interessenbedingte in Frage gestellt werden. Dies vollzieht sich im Bereich der Komödie ebenso wie in dem der Tragödie.

Tragikomödien

Zwei Haupttypen tragischer Überformung der Komödie treten dabei auf. Der erste versucht sich mit Rekurs auf Aristoteles' Hinweis auf Tragödien mit glücklichem Ausgang klassizistisch zu legitimieren und folgt italienischen Vorbildern eines gemischten Dramas, in denen die Handlung bis an den Rand der tragischen Katastrophe geführt wird, die dann im letzten Augenblick abgewendet wird. Die Tragikomödien, die Francis Beaumont (1584–1616) und John Fletcher (1579–1625) zwischen 1606 und 1613 gemeinsam schreiben, erreichen hier das höchste Raffinement in der Manipulation der Publikumserwartung und in der Inszenierung überraschender Peripetien. Das Böse, in das sich die Protagonisten in *Philaster* (um 1609) oder *A King and No King* (1611) tragisch verstricken, erweist sich dabei im Nachhinein als bloßer Schein: Der Vorwurf des Treuebruchs Arethusas mit Bellario bricht zusammen, sobald offenbar wird, daß »er« eine adlige Dame in Männerkleidern ist; und bei König Arbaces, der seine Schwester liebt, bleibt das Inzest-Tabu unverletzt, denn es erweist sich, daß er weder der König noch sie seine Schwester ist. Solche Tragikomödien sind ein raffiniertes Spiel mit dem Feuer des Bösen und Skandalösen, das das exklusive Publikum der *private theatres* und der *Inns of Court* fasziniert haben mag. Bei allem Vexierspiel von Gut und Böse bleibt dabei jedoch das moralische Koordinatensystem selbst intakt, zumal ja die Gattungserwartung und deutliche *clues*, die das Denouement vorbereiten, dem Zuschauer eine saubere Lösung ohne Problemrückstände garantieren.

Problemstücke

Ganz anders verhält es sich beim zweiten Typ, jenen Stücken, die viktorianische Kritiker als *dark comedies* abwerteten und die dann zu Beginn unseres Jahrhunderts, unter dem Eindruck der »Problemstücke« Ibsens und Shaws, als *problem plays* in eine verständnisförderndere Perspektive gerückt wurden. Das herausragende Paradigma dafür ist Shakespeares *Measure for Measure* (1604). Ein *problem play* ist es schon insofern, als problematisch bleibt,

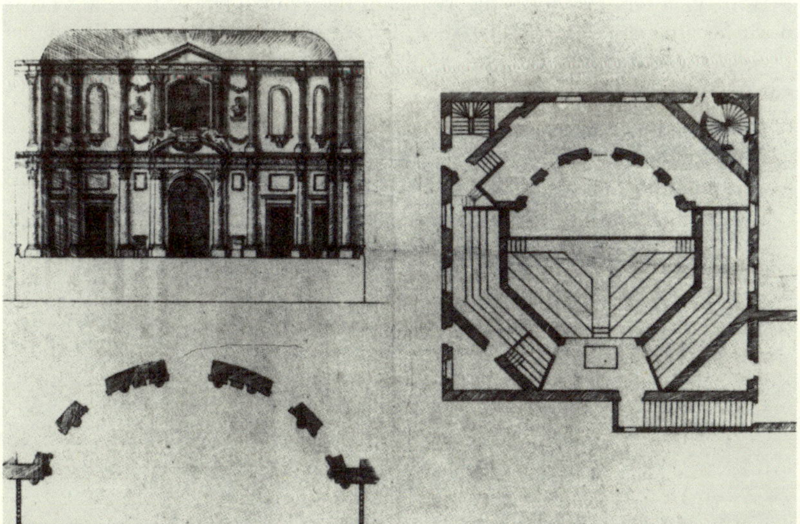

Der Plan des *Cockpit-at-Court Theatre* im Palast von Whitehall (um 1632), von Inigo Jones entworfen, zeigt den Einfluß des palladianischen Stils auf die neue Theaterarchitektur der *private theatres*.

welcher Gattung es eigentlich angehört. Das Happy End, in dem drei Paare sich die Hände reichen, wirkt in vielfacher Weise zu forciert, zu sehr als Zitat der Konventionen eines Komödienschlusses, um das Stück wirklich zur Komödie zu machen. Die tragischen Wertkonflikte und -ambivalenzen, in die sich die Hauptfiguren gestürzt sehen, werden mit zu engagiertem Ernst dargestellt, als daß ihre komödienhafte Auflösung durch die listigen *deus ex machina*-Interventionen des verkleideten Herzogs überzeugen könnte. Das breite stilistische Spektrum, das von der Groteske der Bordell- und Gefängniswelt bis zur sakralen Weihe der *débats* über Sünde und Sühne, Gerechtigkeit und Gnade reicht, entzieht im schnellen Wechsel der Stillagen der Komödie ebenso wie der Tragödie den Boden. *Problem play* ist *Measure for Measure* aber auch wegen der Verwickeltheit der dargestellten Probleme und weil die Lösung der dabei aufbrechenden Wertkonflikte dem Zuschauer überantwortet wird. Zum Problem geraten dem Zuschauer diese Wertkonflikte, weil einander ausschließende Positionen mit der gleichen dramatischen Persuasivkraft präsentiert werden (Ernst Schanzer): Die moralische Anarchie der Bordellwelt wird mit einer *vis comica* dargestellt, die ihre subversive Vitalität gegenüber der sich verschärfenden Kontrolle der Obrigkeit im Recht erscheinen läßt. Der als Mönch verkleidete Herzog Vincentio ist gleichzeitig der alles sehende und lenkende Stellvertreter Gottes auf Erden, ein fehlbarer Mensch in seinem Schwanken zwischen Milde und Strenge und ein trickreicher Intrigant. Isabellas hohes Keuschheitsideal erscheint innerhalb des allgemeinen Sittenverfalls als bewundernswert, wird dann aber als inhumaner Rigorismus und egoistische Selbstbewahrung problematisch.

Problematisierung und Modernisierung

Wozu diese komplexen Verschränkungen unvereinbarer Werte den Zuschauer anregen, ist nicht mehr, bestimmte Wertungen nur nachzuvollziehen, sondern das Werten selbst, seine Begründetheit in vorgegebenen puritanischen, anglikanischen oder humanistischen, aristokratischen oder plebejischen, männlichen oder weiblichen Wertnormierungen zu bedenken. In dieser Problematisierung des Wertens sind freilich nicht nur die als *problem plays* geltenden Dramen Shakespeares »Problemstücke«, sondern vielmehr alle Dramen der Frühen Neuzeit, die heute noch zum lebendigen Theaterrepertoire gehören. Denn was die Texte aus der Frühen Neuzeit, die uns heute noch faszinieren, gemeinsam haben, ist gerade diese produktive Kraft der Problematisierung, und in ihr entdeckt die Moderne immer wieder ihre eigene Vorgeschichte.

VON DER RESTAURATION ZUR VORROMANTIK

Periodisierung

Problematik von Epochenbezeichnungen

Da die Epochenetikettierungen für das 18. Jahrhundert sich nur selten auf die Namen von Herrschern oder Regierenden beziehen – allenfalls könnte man von einer »Ära Walpole« oder einem »Jahrhundert der Hannoveraner« sprechen –, beinhalten sie bereits interpretative Aussagen, die erklärungsbedürftig sind. Bezeichnungen wie »Zeitalter der Vernunft« und »Zeitalter der Aufklärung« vermitteln einen Eindruck von Harmonie, Stabilität und Ordnung, der sich schnell ins Gegenteil verkehrt, wenn man sich die vehementen Angriffe der großen Satiriker auf gesellschaftliche Unvernunft, Dummheit und politische Spaltungstendenzen vergegenwärtigt. Swifts *A Modest Proposal* etwa, in dem die Schlachtung und Zubereitung von schmackhaften Babys zur Linderung der Not in Irland empfohlen wird, ist die wohl gnadenloseste Verdammung einer verrückten Geisteshaltung, die sich dennoch als Stimme von Vernunft und Mäßigung ausgeben kann. Daß für das Fällen von Bäumen in einer Avenue und den Diebstahl von Sixpence die Todesstrafe verhängt wurde, so wie auch barbarische Gesetze gegen Vagantentum zum Vollzug kamen, deutet aus heutiger Sicht nur sehr bedingt auf eine »aufgeklärte Gesellschaft« mit optimistischem Menschenbild. Der Schmutz der Städte, die vielen, in Hogarths Stich »Beer Street and Gin Lane« unnachahmlich festgehaltenen Ginshops, die verheerenden Pocken- und Grippeepidemien und der Übergang eines leidlich prosperierenden freien Bauernstands *(yeomanry)* in ein ausbeuterisches Pachtsystem haben in großen Teilen der Bevölkerung ein Klima des Mangels und der Verelendung geschaffen. Allein die Tatsache, daß nach zeitgenössischen Schätzungen um 1700 über die Hälfte der 5,5 Millionen Einwohner Englands unterhalb des Existenzminimums lebten und damit von Fürsorge abhingen, läßt den ebenfalls gebräuchlichen Begriff »Zeitalter der Eleganz« nur noch wenig repräsentativ erscheinen, sobald die vornehme Gesellschaft Londons verlassen wird. Jede Kategorisierung einer Epoche kann somit nur sehr relative Tendenzen anzeigen, zu denen oft genug auch das Gegenteil gedacht werden muß.

Selbsteinschätzung einer Epoche

Dennoch erfüllen Periodisierungen eine wesentliche Verständnisfunktion, da sie – wie auch immer idealisierend – das Neue vor der Folie der vorausgegangenen und nachfolgenden Ära stärker konturieren, als dies ein auf historische Kontinuität ausgerichtetes Literaturverständnis erlauben würde. Auch können sie etwas von der Eigeneinschätzung einer jeweiligen Epoche mitteilen und werden so selbst zu Erklärungsbestandteilen von Geschichte und Literaturgeschichte. Gesellschaftliches Konsensbedürfnis etwa wird durch Harmonie- und Vernunftpostulate abgedeckt *(The Age of Compromise)*. In England waren durch die Restauration der Stuart-Monarchie 1660 Bürgerkrieg und blutiger Glaubensstreit beendet und eine neue Epoche eingeleitet,

William Hogarth, »Beer Street & Gin Lane« (1751)

deren mühsam ausbalanciertes Konfliktpotential durch die *Glorious Revolution* von 1688/89 weitgehend entschärft wurde. Mit der Festschreibung der konstitutionellen Monarchie und eines parlamentarischen Systems von nur begrenzt auseinanderstrebenden Interessengruppen war eine breite Plattform geschaffen, die fast alle relevanten Gruppen vorbehaltlos akzeptierten; Ausnahmen bildeten einzig die *non-jurors*, die den Treueeid verweigerten, und radikale Anhänger von Jakob II., die auf eine Wiederherstellung der Verhältnisse von vor 1688 sannen. Insgesamt aber galten Fanatismus und Sektierertum einerseits, absolutistischer Machtanspruch und höfischer »Sittenverfall« andererseits als bekämpfenswerte Relikte einer vergangenen Epoche. Gegen sie wurden nun Vernunft, Toleranz, Empirie, Aufklärung und Common sense als einzig gesellschaftsverträgliche, mitunter auch polemische Leitwerte gesetzt. Jede willkürliche Absonderung von der Revolutionsvereinbarung bedeutete fortan den Versuch der »Fraktionierung«, ein Begriff, der seit Cromwell schreckliche Visionen beschwor, da er Spaltung, Aufruhr und gewaltsame Umwälzung anzeigte.

»Klassizismus«

Es sind vor allem zwei Epochenbegriffe, die das Wunschbild einer Zeitenwende, aber auch einen entscheidenden Topos für die Verbindung von Ästhetik und gesellschaftlicher Normensetzung signalhaft verdeutlichen: Klassizismus *(Neoclassicism)* und Augustan Age. In der Besinnung auf antike Humanitätsideale sowie einen Begriff von ästhetischer Konformität, die durch moralische Einsicht und sittliche Erkenntnis gedeckt war (Horaz' »docere et delectare«), verstanden die Dichter die klassischen Vorgaben als Garanten gegen Maßlosigkeit und den *false wit* einer ungezügelten Phantasie. Die Regelhaftigkeit der Formgestaltung sollte das Pendant zu einer geregelten Gesellschaft sein, deren hierarchische Teile nicht durch- und gegeneinander, sondern im Bewußtsein ihrer wechselseitigen Notwendigkeit existierten. Zudem bestand die Vorstellung von einer universalen Ordnungshaftigkeit. Deren Gesetze waren freilich nicht metaphysisch verborgen, vielmehr konnten sie von der um Maß und Proportion bemühten Dichtung aufgespürt und in ihr ausgedrückt werden.

Wie so häufig im 18. Jahrhundert besitzt das kulturelle Selbstverständnis eine weitergehende Leitfunktion für Lebensstil und soziale Existenzgestaltung. Das Gentleman-Ideal, eine an höfische Gesprächsnormen angelehnte Konversationskultur sowie die Aneignung von Geschmack besaßen ihre klassizistisch orientierte Geltung im politischen Kräftespiel zwischen Gentry und Hochadel, aber auch in ihrer späteren Assimilation durch das nonkonformistische Handelsbürgertum. In der Literatur hat der Klassizismus nie jene formale Strenge angestrebt, wie sie der Regelpoetik französischer Vorbilder zu eigen war. Vielmehr herrscht ein toleranter, der Theorienbildung eher abgeneigter Pragmatismus, der für Ausgewogenheit, Vernunft und Mäßigung stehen soll. Im Vordergrund stand weniger ein rigide gehandhabter formaler Systemcharakter als vielmehr der Glaube, daß die behandelten Gegenstände (Natur, Gesellschaft) eine innere Ordnung besaßen, die von der Dichtung mittels Analogie, Parallelismus und Antithetik einzig »übersetzt« zu werden brauchte.

Symmetrie und perfekte Proportion: Die »georgianische Architektur« (1714–1810)

Erst in der zweiten Hälfte des 18. Jahrhunderts verliert der Klassizismus durch wachsende Psychologisierung und Moralisierung der Gattungen seine Verbindlichkeit als universaler Orientierungsmaßstab für eine objektiv vernünftige Weltordnung. Sentimentalismus und Imaginationskult gewinnen nun an Bedeutung. Doch handelt es sich auch hier um einen Ablöseprozeß, der sich keineswegs in harten Brüchen, vielmehr in differenzierter Angleichung an neue Horizonte vollzieht. Am besten läßt sich dies an der Shakespeare-Rezeption nachvollziehen. Bereits Addison und Steele wenden sich gegen die starre Urteilsnorm einer *poetic justice* und betonen die allen Regeln übergeordnete Wirkung, die Shakespeare auf die Imagination und die moralische Urteilskraft des Betrachters ausübt. Dr. Johnsons nicht weniger undogmatischer Klassizismus erlaubt es immerhin, daß Shakespeares Dramen als imaginativer Ausdruck von Natur gerühmt werden. Auch wenn hier Natur noch als Projektion vorgegebener Ordnungen erscheint, läßt sie sich in keine präskriptiven Gattungsschemata mehr pressen. Regel- und Wirkungsästhetik, oft als Gegensätze behandelt, waren ineinander transformierbar geworden.

»Augustan Age«

Obgleich Alexander Pope und seine Zeitgenossen als die prototypisch »augusteischen« Dichter gelten, wird das Augustan Age zuweilen von der Restauration bis zur Vorromantik ausgedehnt. In seinem *Astraea Redux* hatte John Dryden den wiedereingesetzten Karl II. als neuen Augustus Caesar begrüßt und ein Goldenes Zeitalter prophezeit – eine Sicht, die David Hume aus dem sicheren Abstand von 1757 als unangemessene Idealisierung eines absolutistischen Herrschers zurückweisen konnte. Die Erwartung an den jeweiligen König, daß unter seiner Regentschaft ein blühendes Gemeinwesen entstehe, in dem die Schönen Künste unter der Patronage des Monarchen gefördert und sich in Zirkeln von Gleichgesinnten harmonisch entwikkeln würden, ist zum Standardtopos vieler Jahrzehnte nach Dryden geworden. Vor allem unter der Stuart-Königin Anna und dem fast zeitgleichen Tory-Ministerium von Harley/St. John (1710–14) kam die Idee einer Versöhnung von Macht und Literatur gleichsam zu sich selbst. In Swifts politischen Verteidigungsschriften, aber auch bei Pope, ist sie im nachhinein zur unwiederbringlichen Geschichtskonstellation propagandistisch stilisiert, ja mythisiert worden. Seitdem blieb die Wiederkehr einer augusteischen Epoche ein Ideal, an dem Regierende und Herrscher gemessen und zu gering befunden wurden. So richtet sich Popes »Epistle to Augustus« in Form eines römischen

Sir Robert Walpole (links) im Gespräch mit dem Speaker des House of Commons, einem politisch Verbündeten. Stich von A. Fogg ca. 1730

Lobgesangs direkt an Georg II., doch entsteht daraus ein Schmäh- und Klagegedicht. Die Unverdientheit des Lobs (»Praise undeserv'd is scandal in disguise«) resultiert hier gerade aus der Diskrepanz zwischen dem römischen Vorbild und einem König, dessen Patronage den Hofschranzen und Lohnschreibern aus dem verkommenen Londoner Grub-Street-Bezirk gilt. Wenn Samuel Johnson in der Verssatire »London« die dritte Satire Juvenals imitiert, in der der Sprecher von der sündigen Metropole auf das Land flieht (so wie Pope vor den Schmeißfliegen der Schreiberlinge in seine private Grotte in Twickenham flüchtete), ist das augusteische Modell bereits aufgegeben: Ein England, das politisch von der allgemein als korrupt geltenden Walpole-Regierung und literarisch von Grub Street repräsentiert wird, verdient nur noch mit dem Rom des Kulturzerfalls verglichen zu werden. Juvenals zornig rückwärtsgewandter Blick beeinflußt in der Tat immer mehr, was als »Düsternis der Tory-Satiriker« (L. Bredvold) bezeichnet wurde – das Bewußtsein vom Ende einer Epoche, die ein homogenes Idealverständnis einer sozialen, politischen und künstlerischen Blütezeit in sich trug.

Der Topos der Zeitenwende ist freilich mehr dem satirischen Pathos geschuldet, als daß er historische Prozesse adäquat beschreiben könnte. Schon die These, daß der Klassizismus als Kunstform einer ausgesprochen aristokratischen Schicht dem bürgerlichen Roman und bürgerlichen Drama weichen mußte, ist in dieser Formulierung ebensowenig haltbar wie jede dichotome Gegenüberstellung von Adel und Bürgertum. Es macht geradezu ein Spezifikum der englischen Entwicklung aus, daß die unterschiedlichen sozialen und politischen Triebkräfte in oft widersprüchlichen, von der List der Geschichte geleiteten Prozessen zu Allianzen fanden und der so herausgebildete Interessenausgleich eine Fülle wechselseitiger Angleichungen, Mischtendenzen und Entgrenzungen bedingte. Erst so konnte das Paradox entstehen, daß eine hierarchisch strukturierte, vom konservativen Grundbesitz beherrschte Gesellschaft eine im europäischen Maßstab vorbildhafte politische Mündigkeit und Dynamik der sozialen Umschichtung ermöglichte. Ein historischer Exkurs vermag die Gründe hierfür zu verdeutlichen.

Dr. Johnson und sein Biograph Boswell in Edinburgh. Stich von Thomas Rowlandson

Vor der »Glorious Revolution«

Die *Glorious Revolution* von 1688, die prospektiv eine Reihe bürgerlicher Errungenschaften ermöglichen sollte, war in ihrem Kern die verfassungsmäßige Festschreibung des Kräfteverhältnisses zwischen der Krone und dem vom Adel dominierten Parlament. Schon 1660 wies die Monarchie ein unübersehbar konstitutionelles Element auf: Dem König war es verwehrt, über Abgabenerhebungen eigenmächtig zu befinden, zudem mußte er Entscheidungen über kirchliche Angelegenheiten an das Kavaliersparlament abgeben. Diese oligarchisch zusammengesetzte Körperschaft setzte den Indulgenzerklärungen von Karl II. die Testakte von 1673 entgegen, der zufolge jeder Amtsträger den kirchlichen Suprematseid auf den Anglikanismus zu leisten hatte. Vornehmlich als Resultat der unglücklichen Frankreich-Orientierung des Königs und einer absolutistisch geprägten Außenpolitik kam es zu einer ersten Annäherung von Anglikanismus und Dissent, vertreten in den parlamentarischen Adelsfraktionen von Whigs und Tories. Als Tories galten jene, die am unmittelbaren Erbrecht der Dynastie und am göttlichen Königsrecht festhielten, somit den Thronanspruch von James von York bestätigt wissen wollten. Die Whigs als anfangs noch radikale und z. T. republikanische Anhänger der Urvertragslehre lehnten dagegen das Prinzip der Gehorsamspflicht ab.

Als der 1685 auf den Thron gelangte Jakob II. durch eine bedenkenlose Katholisierungspolitik (Entbindung katholischer Amtsträger von der Testakte) die Angst vor einer Gegenreformation und einer papistischen Ver-

Der Rye-House-Plot: Gegner von Charles verschwören sich 1683 zum Königsmord. Der Frosch und die Maus sind vermutlich Monmouth und Wilhelm von Oranien.

schwörung schürte, brach der Gegensatz zwischen Whigs *(country party)* und Tories *(court party)* noch einmal auf, bevor sie sich gegen die antikonstitutionell agierende Krone verbanden (sehr zur Verlegenheit der Tories, die argumentierten, daß Jakob durch seine Desertion selbst abgedankt habe). Wilhelm III. von Oranien wurde nach England gerufen und die unblutige Wiederherstellung des rechtmäßigen Zustands als »glorreiche Revolution« deklariert. »Glorreich« war sie nicht zuletzt deshalb, weil eine Konsolidierung des politischen Prozesses ohne nochmaligen Bürgerkrieg und unter konstruktivem Einbezug der Krone gelang.

Nach der »Glorious Revolution«

Die auf naturrechtlicher Vertragslehre basierenden Revolutionsprinzipien bedeuteten einen Sieg der whiggistischen Staatslehre über ein monarchisch-unitarisches Staatsideal. Die unblutige »Umwälzung« zog bezeichnenderweise nur sehr wenige Gesetzesänderungen nach sich. Die Toleranzakte von 1689 zeigt in ihrer pragmatischen Kompromißlösung beispielhaft die gesellschaftlich-politischen Konstellationen auf, die weit ins 18. Jahrhundert reichen sollten. Zwar wurden in ihr die Rechtsnachteile für die Dissenter nicht aufgehoben, doch waren die nonkonformistischen Glaubensgemeinschaften als quasi-private Vereinigungen zumindest geduldet und konnten ihrer Religionsausübung ungehindert nachkommen. Dieser rechtlich zugebilligte Freiraum hat – vor allem in der Publizistik, in Roman und Drama – die Herausbildung einer »literarischen Öffentlichkeit« (Habermas) gefördert, die trotz fehlender parlamentarischer Repräsentation ein politisches Vakuum auszufüllen half und ein weite Teile der Gesellschaft einbeziehendes Forum schuf. Auch wenn der Adel bis zur Wahlrechtsreform von 1832 die politische Vormacht besaß, als deren Ausweis der Grundbesitz galt, kam es gerade zwischen Whig-Aristokraten und wohlhabendem Handelsbürgertum zu zahllosen Verflechtungen, bedingt durch die Primogenitur, die die jüngeren Söhne aus adeliger Familie bürgerliche *professions* ergreifen ließ, sowie durch Einheirat und Wahrnehmung von Handelsinteressen auch seitens der Gentry.

»Das Paradies der Spekulanten« (1720): Auch Georg I. und seine Vertrauten waren in die South Sea Bubble verwickelt.

Diese graduelle Vermischung gesellschaftlicher Machtinteressen hat in der Auseinandersetzung zwischen *landed interests* und *moneyed interests* in den ersten Jahrzehnten des 18. Jahrhunderts nochmals ein Konfliktpotential hervorgerufen, nachdem die Steuern zur Finanzierung des Spanischen Erbfolgekriegs vor allem dem Grundbesitz auferlegt worden waren. Der niedere Landadel, mit der Hochkirche eng verbunden, betrachtete sich als Wahrer eines beständigen, in sich selbst ruhenden Gesellschaftsstandes, während das Geld künstlichen Schwankungen und undurchschaubaren Spekulationen ausgeliefert sei. Gerade nach den Gründungen der Bank of England (1694), der Börse (1698) und der großen Handelsunternehmungen sind der Börsenhändler, der Spekulant und der »Projektemacher« *(projector)* zu Hauptantagonisten des Landadels geworden. Swift, der als *Old Whig* die Revolutionsprinzipien durchaus anerkannte, hat sich mit am schärfsten gegen die *New Whigs* einer Profitoligarchie gewendet: »We have been Fighting to raise the Wealth and Grandeur of a particular Family; to enrich Usurers and Stockjobbers; and to cultivate the pernicious Designs of a Faction, by destroying the Landed-Interests«. Für einen Schock sorgte auch unter den Literaten jener Zeit die sog. »South Sea Bubble«. 1711 war unter dem gemäßigten Tory Robert Harley die halbstaatliche South Sea Company gegründet worden, die den Handel im Südatlantik (v.a. mit Sklaven) beförderte. Swift investierte in sie ebenso wie Newton und Arbuthnot. Nachdem 1717 durch Übernahme von Lotterieanleihen, Prämienhandel und betrügerische Finanzmanipulationen die Aktien um ein Vielfaches ihres Nennwerts angestiegen waren, drängte sich der Vergleich mit einer um das Vielfache ihres Volumens dehnbare Blase (»bubble«) auf. Als sie platzte und die Aktien auf ein Drittel ihres Nennwerts zusammenschrumpften, wurde South Sea zum Symbol für Aufstieg und Fall, Hybris und Katastrophe, Inflation und Deflation. Mit der im *Act of Settlement* von 1701 geregelten Anwartschaft des Hauses Hannover und mit der Regierung Walpoles ist dem hier noch einmal aufgebrochenen Gegensatz zwischen Land- und Finanzinteressen auf längere Sicht die Grundlage entzogen, auch wenn er in der Tory-Satire noch für letzte scharfe Rückzugsgefechte sorgt.

»South Sea Bubble«

Angleichung von Verhaltensnormen

Soziale Mobilität, gesellschaftliche Funktionsdifferenzierung bei der Herausbildung eines Staats- und Parteienapparats sowie die relative Durchlässigkeit der Klassenschranken zwischen Adel und Handelsbürgertum haben zu einer Verständigung über Verhaltensnormen geführt, die auch in der Literatur zum Ausdruck kommt. Sie ist sowohl inhaltlicher wie formaler Natur. Dem bürgerlichen Roman gelingt der Sprung ins Milieu des Landadels mit der gleichen Selbstverständlichkeit, mit der Richardsons Pamela nach ihrer Verehelichung adelige Verkehrsformen adaptiert. Fieldings *Tom Jones* ist mit seinen ironischen Rhetoriksignalen, seiner auktorialen Allwissenheit und der quasi-absolutistischen Kontrolle des Erzählers über sein Material so sehr dem Epos angeglichen, daß die Romanform ein wenig wie Toms niedere Findlingsherkunft erscheint, die sich am Ende doch noch als von aristokratischer Abstammung herausstellt. Bis weit in das Jahrhundert hinein haben klassizistische Gattungsmuster als Schreibvorbilder für »bürgerliche« Autoren gedient, wenn auch mit Psychologie und moralischer Präskriptivik angereichert. Umgekehrt wurden empfindsame Tendenzen, wie sie in bürgerlichen Schichten kultiviert wurden, durchaus auch von der Aristokratie als Legitimationsausweis erhabenen Empfindens vereinnahmt. Als ästhetisch noch keineswegs autonomes Medium vermittelt die Literatur im 18. Jahrhundert gesellschaftliche Erfahrung, zugleich aber wirkt sie auch selbst erfahrungsprägend als aktives Instrument politischer Selbstbehauptung.

Henry Fielding. Porträt von William Hogarth

Entstehung von »literarischer Öffentlichkeit«

Literatur als Teil des öffentlichen Diskurses

Die Schriftstellerei, stellte Defoe 1725 fest, sei ein sehr beträchtlicher Zweig des englischen Handels geworden: »The Booksellers are the master Manufacturers or Employers«. Bezeichnenderweise setzt sich sein *Essay Upon Literature* nicht mit ästhetischen Problemen, sondern mit der Technik der Buchproduktion auseinander. Defoes Verständnis von Literatur als einem *trade*, einer Ware zur Belebung des ökonomischen Marktes, deutet auf einen grundlegenden Wandel im Verständnis literarischer Tätigkeit im nachrevolutionären England. War einst eine vom Hof geförderte bzw. in Auftrag gegebene Literatur allein für eine repräsentative Öffentlichkeit bestimmt, so wandelt sich gegen Ende des 18. Jahrhunderts die Literatur zu einer Form des öffentlichen Diskurses, in dem politische, religiöse und ethische Problemstellungen kontrovers verhandelt werden. Kunst ist in diesem Verständnis weder autonome Sphäre noch eigenständige Institution, die allein den von ihr entwickelten Zielsetzungen folgt; dies wird nirgendwo deutlicher als in der Anbindung klassizistischer Ästhetik an allgemeine Prämissen gesellschaftlicher und sogar naturwissenschaftlich-universaler Ordnungssysteme. Religion, Szientistik, Philosophie, Politik und Literatur sind keine voneinander getrennten Bereiche, sondern werden im Diskurs der Satire, des Romans, des Lehrgedichts, des Pamphlets etc. zusammengeführt. Führende augusteische Schriftsteller wie Defoe, Swift, Addison, Steele, Prior und Gay ergriffen Partei im politischen Tagesgeschäft und betätigten sich publizistisch, um der von ihnen vertretenen Sache Gehör zu verschaffen. Sie taten dies nicht als Autoren, die ihren »guten Namen« einem Zweck leihen, vielmehr war die Zweckbestimmtheit bereits Teil der von der Literatur eingenommenen Funktion als polemisches, didaktisches, propagandistisches oder satirisch angreifendes Medium. Defoe hatte immerhin über 500 Schriften – meist Pamphlete und Journale – verfaßt, bevor er im 59. Lebensjahr *Robinson Crusoe* als eine von sechzehn Publikationen innerhalb desselben Jahres herausbrachte – der Roman war hierbei nur eine von mehreren Möglichkeiten (wenn auch die anschaulichste), aktuelle Zeitfragen publik zu erörtern. Unter Defoes vielfältigen Druckerzeugnissen finden sich ein Familienratgeber, *The Family Instructor*, das als häusliches Etikette-Handbuch in Dialogform eingerichtet ist, sowie ein *Essay on Projects*, in dem Verbesserungsvorschläge für das Bank-, Versicherungs- und Schuldenwesen gemacht werden. Die Zeitschrift *The Review* mit Abhandlungen über Politik und Kommerz publizierte Defoe fast im Alleingang von 1704 bis 1713, bis die einstmals whiggistische Tendenz des Blattes aus Opportunitätserwägungen heraus mehrfach korrigiert wurde. Jonathan Swift wiederum gab im Auftrag der Politiker Harley und St. John die Zeitschrift *The Examiner* (1710) heraus, verklärte in *The Four Last Years of the Queen* das gemäßigte Tory-Ministerium von 1710 bis 1714, setzte sich im *Proposal for Correcting the English Tongue* für eine korrekte, unaffektierte Sprach- und Konversationskultur ein und verfaßte Predigten, Pasquille, Pamphlete, Spottgedichte *(The Legion Club)*, bevor er mit den *Drapier's Letters* unmittelbar in eine brisante politische Kontroverse zwischen England und Irland eingriff und dabei zum Boykott einer von London oktroyierten Münze aufrief.

Literarische Öffentlichkeit und »public opinion«

In *Strukturwandel der Öffentlichkeit* hat Jürgen Habermas beispielhaft die Herausbildung einer »literarischen Öffentlichkeit« am englischen Modell dargestellt. Das öffentliche Räsonnement vollziehe sich im 18. Jahrhundert

»unter Absehung von allen sozial und politisch präformierten Rängen« nach den Regeln der Vernünftigkeit und des besseren Arguments. Die Privatleute verständigten sich eben nicht nur qua Menschen über ihre Subjektivität, sondern möchten qua Eigentümer die öffentliche Gewalt in ihren gemeinsamen Interessen bestimmen. So sei ein »ständig sich erweiternder vorparlamentarischer Hof« entstanden, der es ermöglicht, daß die im Parlament unterlegene Minderheit in die Öffentlichkeit ausweichen und an das Publikum appellieren könne – man denke etwa an die höchst anspruchsvolle literarische Opposition von Pope, Swift, Bolingbroke, Gay und Fielding im ersten Regierungsjahrzehnt von Premier Walpole. Erst gegen Ende des Jahrhunderts verlagert sich der öffentliche Diskurs von der Literatur im engeren Sinn auch auf neue Tageszeitungen wie die *Times*, auf Vereine und politische *pressure groups*.

Die sehr hohe Auffassung vom Leistungsvermögen der Literatur innerhalb des öffentlichen Räsonnements verleiht ihr auch eine »öffentliche Stimme«, die sich ihres Auftrags, ihrer rhetorischen Mittel und der Lesererwartung sicher ist. Auch dort, wo Literatur unter dem Mantel von Authentizität fiktive Geschichten erzählt, bildet sie eine Plattform und ein Forum der politischen Auseinandersetzung. Der gesellschaftliche Bezug ist ihr nicht als bloß immanentes Bedingungsmerkmal beigegeben, sondern gehört zu ihrem Wesen als einem Beeinflussungsorgan der *public opinion*. Allzu vereinfachend, aber in der Tendenz zutreffend haben Kritiker darauf hingewiesen, daß der augusteische Dichter dem Dilemma künstlerischer Identitätskrise und Isolation entkommen konnte, während die Pathologie späterer Autoren wie Collins, Smart und Cowper bereits auf einen unheilbaren Bruch zwischen Künstler und Gesellschaft verweise.

Mäzenatentum

Die Zuwendung zur Literatur als einer Form des öffentlichen Diskurses ist nicht vom soziokulturellen Wandel und den allgemeinen Bedingungen zu trennen, unter denen die Schriftsteller ihre Tätigkeit ausübten. In der Restaurationsepoche waren es nicht zuletzt die adeligen Mäzene, die kulturelle Zentren schufen und den Schriftstellern eine nicht zu unterschätzende Freiheit innerhalb eines nicht in Frage gestellten Normensystems gewährten. So büßte der Hof allmählich seine bestimmende Stellung als Mittelpunkt der Auftragsvergabe ein. Drydens Gönner war noch der Earl of Dorset, ein Höfling und *man about town*, der auch die Dramatiker Wycherley und Congreve unterstützte. Mit Charles Montague (dem ersten Earl of Halifax), selbst literarisch produktiv und überdies Präsident der Royal Society, betrat der Prototyp eines Patrons die Szene, der den aufklärerischen Kurs eines Addison und Steele ermutigte und mit deren Essays einen Typ von Literatur förderte, der gewöhnlich dem »aufsteigenden Bürgertum« zugeordnet wird. Das Beispiel zeigt, wie soziale Etikettierungen immer fragwürdiger werden, sobald ihnen der Charakter von Ausschließlichkeit zugemessen wird.

Politischer Streit

Die zahlreichen Wahlkämpfe zu Beginn des 18. Jahrhunderts hatten zur Folge, daß sich die politischen Fraktionen – die noch keine Parteien im modernen Sinne waren – eine breitere politische Legitimation in der öffentlichen Meinung zu verschaffen suchten. Diese *public opinion* konnte sich nun in der veröffentlichten Parteinahme für eine der rivalisierenden politischen Richtungen entwickeln und war dementsprechend heftig umkämpft. Ein übriges hatte die 1695 angeordnete Aufhebung des *Licensing Act*, der regierungsamtlichen Vorzensur, getan, die erst die rechtliche Voraussetzung für die Entfaltung einer breiten Publizistik schuf; einzig die Gesetze gegen Verleumdung *(Libel Laws)*, die auch gegen den Drucker einer Schmähschrift angewandt werden konnten, stellten eine Bedrohung v. a. für die Satiriker dar.

So entstanden Zeitschriften, die nicht mehr nur für die Klientel aristokratischer Magnaten und zur Verbreitung der Hofmeinung geschrieben waren. Vielmehr wurde eine Parität der Informierten angestrebt, eine von Hierarchisierungen weitgehend freie Beurteilungsinstanz. 1702 erfolgte die Gründung der Zeitung *The Daily Courant*, und bereits 1724 gingen in London drei Tageszeitungen und dreizehn weitere Journale in Druck, die ein- bis dreimal wöchentlich erschienen. Die Presse war wohl noch keine Macht eigenen Rechts, noch keine vierte Gewalt, doch bewährte sie sich als Multiplikator von Meinungen und in der Austragung von Kontroversen. Sie beförderte die Diskussion in Clubs und Kaffeehäusern und war damit auch stilbildend für einen aufgeklärten, toleranten Gesprächston, der das Dekorum in der Öffentlichkeit wahrte. Die Kaffeehäuser bildeten dabei Zentren des geistigen und gesellschaftlichen Lebens in der Hauptstadt und fungierten als parteilich ausgerichtete Meinungsbörsen, in denen Wochenschriften wie *The Spectator* mit großem Erfolg zirkulierten. Berühmt geworden sind Will's Coffee House und St. James's Coffee House, in denen auch Literaten wie Congreve, Addison und Pope verkehrten. Daneben etablierten sich Clubs wie der whiggistische Kit-Cat Club, der auch die Patronage von Bühnen übernahm, und der noch bekanntere Scriblerus Club, in dem die größten satirischen Geister der Epoche (Pope, Gay, Swift, Congreve) zusammenkamen und sich eine Lächerlichmachung von »all false tastes in learning« – also jeglicher Form von Inkompetenz und Geschmacksverirrung – vornahmen. Auch wenn der Scriblerus Club vornehmlich toryistisch geprägt war, machte der spielerische Wettbewerb um eine möglichst täuschende Mimikry von Dummheit alle darin verkehrenden Schriftsteller, gleich welcher politischen Ausrichtung, zu Verbündeten.

Kaffeehaus zu Beginn des 18. Jahrhunderts: Entstehungsort einer literarischen Öffentlichkeit

Clubs und Kaffeehäuser

Neben dem persönlichen Mäzenatentum für klassizistische Literaturformen, die gewöhnlich dem nonkonformistischen Bürgertum verschlossen blieben, bildete sich allmählich ein Buchmarkt heraus, der nach rein kommerziellen Regeln funktionierte und von Autoren wie Pope und Swift für den Verfall literarischer Standards verantwortlich gemacht wurde. Zwar standen dahinter noch immer Patronate, da bis ca. 1740 ein völlig freier Absatzmarkt sich auf dem Buchsektor kaum entwickeln konnte, doch wuchs die Auffassung, daß Schreiben eine durchaus lukrative Betätigung sein konnte (auch wenn Grub Street, der Bezirk der Lohnschreiber in der City of London, synonym für geistige und materielle Verarmung stand). Unter den Hannoveraner Königen und unter Walpoles stabiler Herrschaft entfiel auch die Notwendigkeit parteipolitischer Patronage; dies erklärt, warum Walpole geradezu als Monster der Korruption und Kulturfeindlichkeit gezeichnet wurde.

Bezirk der armen Poeten: Sweedon's Passage, Grub Street

Daß ein geistiges Produkt auch eine Ware ist, eingebunden in ein Kosten-Preis-Kalkül, bedeutete für die Schriftsteller eine Erfahrung, die sie – je nach politischer Einstellung – als kulturelles Verfallssymptom oder als Schreibansporn empfanden. Man spürte, daß mit den veränderten Produktionsbedingungen auch das ästhetische Regelsystem einem neuen, vom Publikumsgeschmack unmittelbar abhängigen Einfluß ausgesetzt sein würde.

Kommerzieller Buchmarkt

Leihbüchereien

Die beiden Faktoren, die eine Anonymisierung des Literaturbetriebs und eine ungeahnte Ausweitung der Lesegewohnheiten bewirkten, waren das Subskriptionswesen sowie (um 1740) die Ausbreitung von *circulating libraries*, die vom Reverend Samuel Faucourt, einem nonkonformistischen Geistlichen, ins Leben gerufen wurden. Da der Preis für einen dreibändigen Roman ein ganzes Wochensalär betragen konnte, bedeutete der von der Leihbücherei erhobene Jahresbeitrag von einer Guinea einen gewaltigen Le-

Francis Nobles Circulating Library in Covent Garden

seantrieb gerade für die niederen Stände. Zu den privaten Bibliotheken der Adeligen kamen nunmehr auch die öffentlichen, was für die Literatur ein rapides Anwachsen ihrer Distribution und Zirkulation mit sich brachte. Die externen Faktoren beschleunigten auch eine fortschreitende Nivellierung des Adressatenbezugs: Die oft scharfe Trennlinie zwischen den die einzelnen Gattungstypen rezipierenden Gruppen wurde immer fließender, d.h. die Literatur bildete sich als ein autonomer Bereich heraus, der nicht mehr an eine Zielgruppe innerhalb einer streng hierarchisierten Leserschaft gebunden war.

Sozialprestige des Autors

Vor allem der Roman, das »bürgerliche Epos«, setzte diese neuen Formen des Literaturmarktes voraus. Ein Romancier mußte schon – wie Fielding mit seinem *comic epic in prose* – auf durch antike Autoren beglaubigte Ästhetikmuster zurückgreifen, um der Patronage für würdig befunden zu werden. Doch auch ohne Gönner stieg in der zweiten Jahrhunderthälfte das Sozialprestige des Romanautors zusammen mit der Erweiterung der Leserschaft und seiner wachsenden ökonomischen Sicherheit. Zu Jahrhundertbeginn betrug der Anteil von fiktiver Prosa an der gesamten literarischen Produktion sieben Prozent, nach 1740 etwa zwanzig und in den letzten drei Jahrzehnten fast vierzig Prozent. Fieldings Verleger, Andrew Miller, hinterließ das riesige Vermögen von £ 100.000, und ein Laurence Sterne wurde in seinen erfolgreichsten Zeiten in den Londoner Salons und Zirkeln wie ein Star hofiert.

Leserschaft

Die Ausweitung des Publikums durch die Romanliteratur zerstörte die klassizistische Idealvorstellung von einem quasi-persönlichen Dialogverhältnis zwischen Dichter und ebenso gebildetem Rezipienten. Noch 1750 bemerkte Dr. Johnson in *The Rambler*, Romane würden für die gedanklich Trägen verfaßt, »chiefly for the young, the ignorant, and the idle ... They are the entertainment of minds unfurnished with ideas ... not fixed by principles ... not informed by experience.« Darüber hinaus verdankte sich der Aufstieg des Romans zweifellos auch einer ständig wachsenden weiblichen Leserschaft. So wendet sich Sterne in seinen zahlreichen Anreden direkt an »Jenny«, »Madam« und »Julia«. Frauen konnten dem Roman als einem »picture of real life and manners« (so die gängige Bezeichnung) mehr abgewinnen als den ihrer privaten Wirklichkeit entrückten Romanzen über unbesiegbare Heldenfiguren. Gerade in Dissenterkreisen war die soziale Orthodoxie einer patriarchalischen Gesellschaft weit weniger ausgeprägt, so daß im Rollenverhalten der Geschlechter ein neuer Zug weiblicher Selbstbehauptung deutlich wurde – Defoes *Moll Flanders* und *Roxana* legen davon Zeugnis ab. Vor allem aber im Briefroman gerät jene Sphäre in den Mittelpunkt, der auch *realiter* eine immer größere Bedeutung zuwuchs: der häusliche Bereich. Da nämlich die Zubereitung von Nahrungsmitteln immer mehr auf Fabrikationsbetriebe verlagert und die Manufaktur aus dem Familienbetrieb herausgelöst wurde, beschränkte sich der private Bezirk zunehmend auf familiäre Intimität und Muße *(leisure)*, eine unabdingbare Voraussetzung für die Lektüre vielbändiger Romane. Die Privatheit des Leseakts korrespondierte mit der Privatheit des Schreibens, so wie es in den Briefromanen dargestellt wurde.

Frauen als Autoren

Aphra Behn war eine der ersten Autorinnen, die (nach einem Wort von Virginia Woolf) bewiesen, daß »Geld durch Schreiben gemacht werden konnte«. Mit *Oronooko; or, The Royal Slave* (1688) schrieb die überaus produktive Dramatikerin und Romanautorin über einen edlen Wilden, einen afrikanischen Prinzen, den weiße Plantagenbesitzer versklaven und hinrichten. Um die Vorbildhaftigkeit der italienischen *novella* zu unterstreichen, gab sie ihrem relativ kurzen Werk die Bezeichnung *novel*. Um die Mitte des 18. Jahrhunderts war es dann vor allem Sarah Fielding, die mit ihrem didaktischen *conduct book, The Governess; or, The Little Female Academy*, und ihrer fiktionalen Historienbeschreibung *The Lives of Cleopatra and Octavia* ebenso großen Erfolg erzielte wie Charlotte Lennox mit *The Female Quixote* (1752), einer Romanzenparodie über eine weltabgewandte Frau, deren Kopf voller Rittergeschichten und höfischer Liebescodes ist. Doch erst mit Harriet Lees *The Errors of Innocence* (1786) und Mary Wollstonecrafts *The Wrongs of Woman; or Maria* (1791) liegen zwei Werke vor, die zu Vorläufern einer spezifischen Frauenliteratur reklamiert werden können.

Traktate und Manuale

Die expandierende Romanproduktion verdeckt freilich die Tatsache, daß Predigten und religiöse Traktatliteratur bis weit ins 19. Jahrhundert den größten Anteil aller Druckerzeugnisse ausmachten. Der Hauptgrund dafür liegt in der Eingängigkeit einer Kanzelsprache, die Ornat und Affektiertheit

Samuel Richardson liest in seiner Grotte aus *Sir Charles Grandison*.

Portrait Dr. Johnson

ablehnt – »proper words in proper places«, wie Swift, selbst ein Prediger, das Ideal beschrieb. Dr. Johnson sah in der Predigt eine geradezu klassische Form nationaler Literatur: Die *sermons* von Tillotson, Atterbury, Clarke erfüllten auf vollkommene Weise die Forderung in Glanvills *Essay Concerning Preaching* nach klarer, durchsichtiger Argumentation, die den Appell an die Vernunft mit dem Bedürfnis nach Belehrung verknüpft.

Eine zweite bedeutsame Domäne der Buchproduktion betraf den gesamten Bereich der *self-education*, also der Lexika, Grammatiken, Nachschlagewerke und Manuale. 1728 veröffentlichte Ephraim Chambers seine *Cyclopaedia*, die es bis 1746 auf fünf Auflagen brachte, und 1755 erschien Dr. Johnsons *English Dictionary*, das auch eine Fülle von Begriffen aus Technik und Naturwissenschaften aufnahm und dessen einleitender Essay über Sprache und Sprachgebrauch zu einem bedeutenden Dokument des Sprachverständnisses der Epoche geworden ist. Der Optimismus, der im aufklärerischen Postulat von der Perfektionierung menschlichen Wissens steckt, findet seinen Ausdruck in einer unübersehbaren Fülle von Handbüchern zur Kunst der Rede und des Lesens, von Verhaltensrichtlinien und Anweisungen zur Logik und Ethik in pragmatischen Situationen, von popularisierenden Einführungen in die Astronomie, Geographie, Geometrie und Geschichte. Diese Gebrauchsliteratur kann keineswegs von der Schönen Literatur abgelöst betrachtet werden: Allein Werke wie *Robinson Crusoe* und *Gulliver's Travels* sind nicht nur mit Bezügen zu praktischem Wissen geradezu angefüllt, in ihrem schnörkellosen Duktus stellen sie selbst eine Art von ökonomischer bzw. ethisch-satirischer »Gebrauchsliteratur« zum öffentlichen Nutzen dar.

Samuel Pepys

Tagebuch

Auch private Mitteilungsformen wurden veröffentlichungsfähig und veröffentlichungswürdig, wie die bedeutende Tagebuch- und Briefliteratur von 1660 bis 1800 belegt. Puritanische Seelentagebücher stellten eine Bilanz religiöser Anfechtungen und Glaubensanstrengungen im Alltag auf. Ein ungewöhnlich lebendiges Bild vom kulturellen und sozialen Leben Londons in der Restaurationsepoche liefert Samuel Pepys' *Diary*, das der Autor dem Magdalen College in Cambridge vermachte. Pepys war Sekretär im britischen Staatsamt und begrüßte die Monarchie wegen der wiedergewonnenen Stabilität der Gesellschaft. Die Einmaligkeit seines Tagebuchs besteht in der perfekten Symbiose von Privatem und Öffentlichem. Pepys ist penibler Chronist seiner Epoche mit einer Vorliebe für Genauigkeit und Symmetrie, die seinen Eintragungen eine große Ökonomie verleiht. Andererseits scheint durch die Aufzeichnungen ein Verlangen nach Genuß und leidenschaftlicher Selbstveräußerung, die ihn auch über seine Amouren und Ehezwistigkeiten berichten läßt. Es gelingt ihm so eine Balance zwischen Distanz und Beteiligtsein, trockener Chronistensprache und stilistischer Eleganz, Wohlanständigkeit und lüsterner Erotik (»Vor dem Einschlafen vorgestellt, ich hätte es mit der Königin«, 16.7. 1663).

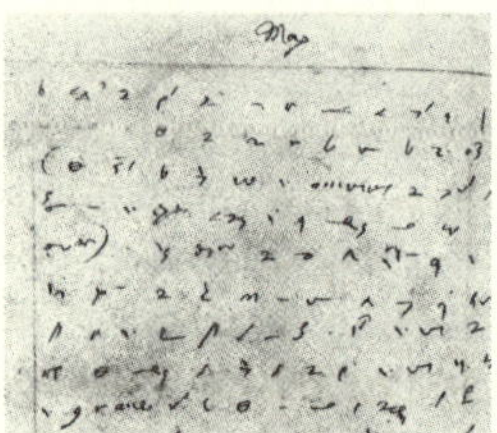

Letzte Seite von Pepys Tagebuch

Briefliteratur

Abgesehen von den formalen Episteln, die von Beginn an für die Veröffentlichung bestimmt waren, bildete sich eine Form der Korrespondenz heraus, die private Aussprache mit publikationsreifem Bericht über allgemeine Begebenheiten verband. Diese *familiar letters* demonstrieren auf beeindrukkende Weise, wie im 18. Jahrhundert selbst die persönliche Mitteilung eine über alles Persönliche hinausreichende Verbindlichkeit erlangen konnte. Die Briefe von Lady Mary Wortley Montague aus der Türkei, wo ihr Mann als Gesandter tätig war, sind voll von witzig-scharfsinnigen Beobachtungen orientalischer Lebensgewohnheiten und liefern einen selbstironischen, oft maliziösen Einblick in ihre Ehe wie auch in das Rollenverhalten der vornehmen englischen Gesellschaft. Oft belehrend *(educational)* dagegen die Briefe des Staatsmanns und Diplomaten Lord Chesterfield an seinen unehelichen Sohn, seinen Enkel und den jungen Lord Huntingdon. Ganz in der Tradition der *conduct books*, im Tonfall jedoch souveräner und in realistischer Einschätzung menschlicher Schwächen, gibt er Anleitungen, wie kalkulierte Gefühlskontrolle, Disziplin, Selbstbeherrschung und die Gefälligkeit gedanklichen Ausdrucks zum gesellschaftlichen Erfolg führen können. Die Moralität ist auf einen Code des angemessenen Stils gebracht, und kaum anderswo wird so deutlich, welche substantielle Rolle in der augusteischen Epoche äußere, ja veräußerlichte Formen spielen: »Style is the dress of thoughts«. In der zweiten Jahrhunderthälfte ist es Horace Walpole, der Sohn des Premiers Sir Robert, der der Briefliteratur zu einem quasi-autonomen Status verhilft, indem er weniger die persönliche Aussprache sucht, als mit fast monomaner Energie eine Art innere Bühne mit Ereignissen füllt und in dreitausend Briefen eine anekdotenreiche Komödie gestaltet, die sozialhistorisch unschätzbare Impressionen aus der Welt der vornehmen Whigs liefert.

Das Jahrhundert der Leserin: Lektüre bei Kerzenlicht

Verbrecherbiographien

Jene Teile aus der Unterschicht, die bei einem noch hohen Anteil an Analphabeten des Lesens überhaupt mächtig waren, rezipierten *broadside ballads, chapbooks,* Verbrecherbiographien und Beichten von Piraten, Schurken und Huren. Der ab 1764 erscheinende *Newgate Calendar* unterhielt die Massen mit moralisierenden Berichten über jeweils aktuelle Schwerverbrechen – und wenn auch in der öffentlichen Meinung eine heimliche Sympathie für Sozialrebellen und kriminelle Rächer bestand, so war es doch unabdingbar, daß in den Berichten die Unterwelt als abschreckende Gegenwelt erschien und der Gesetzesbrecher nur im Zustand reuiger Zerknirschung Sympathien auf sich lenken durfte. Auch hier hat ein nach tradierten Gattungsregeln »unliterarisches« Genre das Muster in literarischen Auseinandersetzungen mit Verbrechern und Verbrechertum geliefert: Defoes *Moll Flanders*, Lillos *The London Merchant* und Fieldings *Jonathan Wild* sind dafür nur die prominentesten Beispiele.

Newton, die »Neue Naturwissenschaft« und das philosophische Zeitalter

Literatur und Naturwissenschaft

Noch unter Dr. Johnson repräsentierten die szientistischen Wissenschaften »any art or species of knowledge« und waren damit noch nicht zur hochspezialisierten, exakten Naturwissenschaft verengt. Der erst später auftretende Konflikt zwischen dem visionären Anspruch des Künstlers und der analytischen Methode des Naturwissenschaftlers, zwischen »schöpferischer Intuition« und »Mechanik«, war zu Newtons Zeit noch weitgehend unbekannt. Die gültigsten Belege für das Interesse von Dichtern an astronomischen und mathematischen Forschungen liefern James Thomson mit »To the Memory of Newton«, Blackmores Gedicht *Creation* sowie Popes berühmtes Couplet, wonach Newton im wörtlichen Sinn »Enlightenment« (Erleuchtung/Aufklärung) gebracht hat: »Nature, and Nature's Laws lay hid in Night:/God said, *Let Newton be!* and All was *Light*«. Die 1662 gegründete Royal Society zählte zu ihren Mitgliedern auch Literaten, und viele der wissenschaftlichen Erkenntnisse wurden im 18. Jahrhundert in den Künsten zum Anlaß über generalisierbare Aussagen über den Zustand der Welt gemacht. Die Verwandtschaft zwischen dem Ordnungssystem klassizistischer Ästhetik und dem wissenschaftlichen Hang zu Klassifikationen, Zergliederungen und Analogiebildungen ist dabei unverkennbar. Das Wissen um das Funktionieren von Naturerscheinungen stärkte nur noch den Glauben an eine dem Universum innewohnende Vernünftigkeit. Wenn Newton in den *Opticks* (1704) nachwies, daß helles Licht eine Mischung aus vielen Farben sei und der Regenbogen durch Brechung und Reflexion der Sonnenstrahlen erklärt werden könne, so hat er damit das poetische Interesse an Licht und Farben eher noch verstärkt: Die Schönheit der Natur war nicht mehr etwas Unverstandenes, sondern enthüllte dem Menschen ihr innerstes Organisationsprinzip. Erst gegen Ende des Jahrhunderts brandmarkte William Blake Bacon, Newton und Locke als Vertreter eines materialistischen Denkens, das im Gegensatz zur Spiritualität eines Milton und Shakespeare stehe.

Wissenschaft und Religion

So sehr im Rückblick Isaac Newton als die das Jahrhundert beherrschende Gestalt im Bereich der Naturwissenschaften erscheint, so sehr haben auch andere Wissenschaftler das Profil der Epoche geprägt. Eine von Bacon in *New Atlantis* vorgetragene Idee, das Wissen vieler in einer Institution zu bündeln, wurde ab 1645 vom »Invisible College« realisiert, das sich allwöchentlich traf und 1662 die Patronage von König Karl II. erhielt; seitdem hat es als Royal Society of London die Forschungen in den »natural sciences« gefördert. Wenn Swift noch zu Beginn des 18. Jahrhunderts die *virtuosi* und *mechanics* attackiert, die in unsinnigen Experimenten den gottgegebenen Lauf der Dinge zu korrigieren versuchten, so trifft er damit sicherlich Auswüchse einer spekulativen Wissenschaft, wie sie sich im 17. Jahrhundert herausgebildet hat. Doch entsprach es mehr dem Geist der Epoche, wenn der Physiker und Chemiker Robert Boyle bei seinen Angriffen auf Descartes in *The Usefulnesse of Experimental Natural Philosophy* (1663) die Verträglichkeit von Religion und Naturwissenschaften hervorhob und damit das sog. »physiko-theologische Argument« vorwegnahm, das zu Newtons Zeit zum bestimmenden Weltmodell avancierte.

Ob es James Bradleys Entdeckungen zur Aberration des Lichts waren (1728), oder Edmund Halleys frühe meteorologische Karten, oder William Dampiers hydrographische Überblicke über ferne Küsten, oder George Grahams astronomische Instrumente wie das tragbare Planetarium von 1700: in fast allen Fällen berührte sich die Astronomie mit der Mathematik und sollte die göttliche Weisheit bei der perfekten Einrichtung der Welt bezeugen. Gleichzeitig dienten die Ergebnisse dazu, die navigatorischen Bedingungen zu verbessern und damit eine Ausweitung des Handels zu ermöglichen.

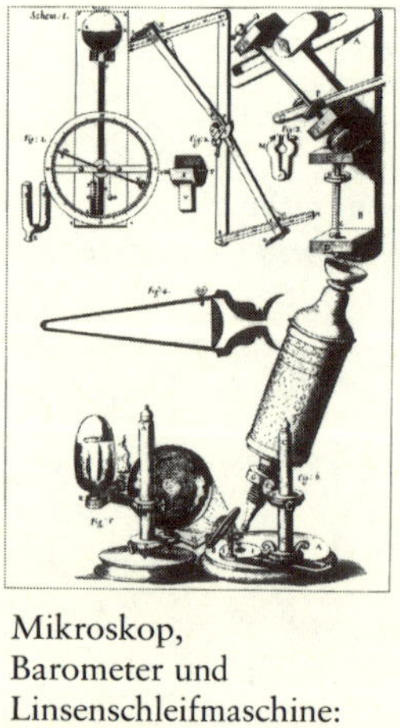

Mikroskop, Barometer und Linsenschleifmaschine: Abbildung aus Hookes »Micrographia« (1665)

Sir Isaac Newton, als erster Engländer auf Grund naturwissenschaftlicher Leistungen von Königin Anna 1705 zum Ritter geschlagen und von Addison »the Miracle of the present Age« genannt, verband am vollkommensten empirische Beobachtung mit mathematischer Präzision und philosophischem Denken. In den *Philosophiae Naturalis Principia Mathematica* deduziert er mathematische Formeln von Bewegungen von Körpern, ob dem Lauf der Gestirne am Himmel oder dem Fall eines einfachen Steines, um daraus wieder Präzisionsberechnungen bei weiteren Bewegungen (der Gezeiten, der Kometen und beim Licht) anzustellen. Statt also allgemeine a-priori-Annahmen systemhaft zu setzen und daraus Folgerungen für einzelne Erscheinungen abzuleiten, ließ sich Newton erst von den Resultaten der Beobachtung und des Experiments zur generellen Theorienbildung führen: »For whatever is not deduced from the phenomena is to be called an hypothesis; and hypotheses ... have no place in experimental philosophy.« Darin liegt der

Ursprung aller empirischen Erfahrungswissenschaften, und wenn auch Newton und Locke sich einzig bei der Gründung des Board of Trade persönlich begegnet sind, verbindet sie eine tiefreichende gemeinsame Auffassung, so wenn Newton für die Farben feststellt, daß es sich um keine Qualität *per se*, sondern um ein Perzeptionsphänomen handle, wobei eine »sensation« für die eine oder andere Farbe hervorgerufen werde.

Empirie

Physico-Theology

In Newtons Auffassung bewiesen die gesetzmäßigen Relationen und die von ihm errechneten physikalischen Eigenschaften die Macht und Weisheit des Schöpfers, der eine rationale Ordnung und damit auch Schönheit in die Welt gebracht hat. Daß Gott in allem, auch dem unendlichen Raum, und zu jeder Zeit existiere und daß die natürliche Materie nach seinem Willen gestaltet sei, deutete auf den bewußten Gestaltungswillen eines »großen Uhrmachers«, der das Getriebe des Universums nach auch dem Menschen einsehbaren Regeln in Gang hält. Als Thomas Derham 1713 seine einflußreiche *Physico-Theology*, eine Sammlung von Vorträgen zu Ehren Robert Boyles, veröffentlichte, kam darin die Newtonsche Auffassung von Natur als einem System objektiver Vernünftigkeit zur Geltung. Derhams »Demonstration of the Being and Attributes of God, from the Works of Creation« (so der Untertitel) wurde zu Recht als ein naturwissenschaftliches Handbuch sowohl für Geistliche als auch für Dichter bezeichnet. *Nature* und *reason*, zwei Kernbegriffe des englischen Klassizismus, durchdrangen als Begründungskonzepte gleichermaßen eine an Regeln orientierte Ästhetik wie die Theorie einer authentischen, ihre Konflikte ausbalancierenden Vertragsgesellschaft. Die noch aus dem Mittelalter übernommene Idee einer hierarchischen *chain of being*, in der der Mensch einen mittleren Platz einnahm, hatte zwar auch in den Naturwissenschaften noch eine begrenzte Geltung, doch wurde sie immer mehr von der Auffassung eines harmonischen Interessenausgleichs überlagert. Gottes Plan manifestierte sich im entlegensten Planeten ebenso wie im winzigsten Insekt, und es lag am Menschen, den Gesetzen der Natur zu folgen, indem er deren Ordnungsprinzipien herausfand und sie zum Maßstab für sein Verhalten machte.

Natur und Vernunft

Der enge Zusammenhang zwischen naturwissenschaftlicher, gesellschaftlicher, theologischer und ästhetischer Orientierung ging mit der Herausbildung von – im modernen Sinn – exakten Naturwissenschaften und einer die Industrielle Revolution befördernden Technikentwicklung verloren. Bezeichnenderweise verlagerte sich gegen Ende des 18. Jahrhunderts das Interesse von den physikalisch-mathematischen Wissenschaften und der Astronomie hin zur Biologie und Mineralogie, damit zur peniblen Erfassung der unzähligen Pflanzen, Tiere und Mineralien, die in privaten Kabinetten aufbewahrt wurden. Nicht mehr der teleologische Nachweis von Ordnung in der Natur, sondern das Bemühen, in die Natur überhaupt erst eine menschliche Ordnung zu bringen, bestimmte nun das wissenschaftliche Verfahren.

John Locke

Das gesamte 18. Jahrhundert war von einem engen Konnex zwischen Naturwissenschaften, Literatur und Philosophie bestimmt. Wenn John Locke sich als Newtons »Geselle« betrachtete, so spielt er sowohl auf die systematische Gründlichkeit an, die ihn das Vorbild gelehrt hat, als auch auf den rigorosen Empirismus der Newtonschen Methodik. Im *Essay Concerning Human Understanding* (1690) schuf John Locke die Grundlage seiner empirischen Lehre von Materie und sinnlicher Erfahrung. Ihr Ausgangspunkt besteht darin, daß es keine angeborenen Ideen *(innate ideas)* gebe, d.h. es existieren keine Prinzipien vor ihrer Wahrnehmung durch uns. Der Geist des Menschen bilde gleichsam ein leeres Blatt, auf das die Eindrücke im Verlauf des Erfahrungsgewinns eingezeichet werden:

Experiment mit einem Vogel an der Luftpumpe (ca. 1767)

> Let us then suppose the Mind to be, as we say, white Paper, void of all Characters, without any *Ideas*; How comes it to be furnished? Whence comes it by that vast store, which the busy and boundless Fancy of Man has painted on it, with an almost endless variety? Whence has it all the materials of Reason and Knowledge? To this I answer, in one word, From *Experience*: In that, all our Knowledge is founded; and from that it ultimately derives it self. Our Observation employ'd either about *external, sensible Objects; or about the internal Operations of our Minds, perceived and reflected on by our selves, is that, which supplies our Understandings with all the materials of thinking.*

Wohl mögen die Eindrücke nicht sehr zuverlässig sein, doch nur über sie ist dem Menschen ein Zugang zum Leben gegeben. Lockes mit Anekdoten und Reflexionen durchsetzter Essay gilt heute als philosophischer Text, hat jedoch auf die Literatur der Zeit vor allem einen wahrnehmungspsychologischen Einfluß ausgeübt.

George Berkeley

Während Locke postuliert, daß geistige Ideen durch »Kräfte« in äußerlichen Gegenständen verursacht werden, leugnet George Berkeley in seiner Theorie des Immaterialismus den Einfluß von nicht denkender Materie auf den Gang der Ideen. In *The Principles of Human Knowledge* (1710) argumentiert er, daß das, was dem Geist unzugänglich bleibt, nicht existieren könne. Berkeleys Brückenschlag zur Theologie ließ ihn nach Vorannahmen über die Beschaffenheit Gottes suchen, die alle Menschen anerkennen könnten: Die Sinneswahrnehmungen erfolgten über den »mind« durch einen unmittelbaren Akt Gottes.

Earl of Shaftesbury

Wo Locke bei der Geburt eine *tabula rasa* voraussetzt, entdeckt Shaftesbury in seinen *Characteristics of Men, Manners, Opinions, Times* (1711) einen »moral sense«, der Begeisterung für uneigennützige Tugend und für die Schönheit von Gottes Schöpfung wecke. In seiner Vorstellung vom Zusammenwirken von Toleranz, Tugend und Geschmack geht Shaftesbury über rein philosophische Konzepte hinaus und gelangt in die Nähe praktischer Verhaltensethik; das Individuum sei nämlich mit Gaben ausgestattet, die es intuitiv zwischen richtigem und falschem Tun unterscheiden lassen. Zudem stellt Shaftesbury in seiner Anschauung von der virtuellen Vollkommenheit der Natur eine enge Verbindung zwischen dem ethischen Kriterium des Wahren und dem ästhetischen Kriterium des Wohlgefälligen her, die an Keats' »Beauty is Truth, Truth Beauty« gemahnt: »What is BEAUTIFUL is *Harmonious* and *Proportionable*; what is Harmonious and Proportionable, is TRUE; and what is at once both *Beautiful* and *True*, is, of consequence, *Agreeable* and GOOD«.

David Hume

David Hume ist in *An Enquiry concerning Human Understanding* (1739) wie kein anderer englischer Philosoph seiner Zeit auf den Mechanismus des Denkens selbst eingegangen, indem er aufzeigte, daß Ursache und Wirkung auf eine Denkmethode und auf bestimmte Muster der Assoziation und Gegenüberstellung reduziert werden können. Die Psychologisierung des ethischen und ästhetischen Urteils und die Leugnung einer substantiellen menschlichen Identität verboten Hume sowohl einen unbedingten Vernunftglauben als auch den Glauben an ewige Wahrheiten, wie sie von den Religionen verkündet werden. Bis über den Tod hinaus wurde er deshalb als »Atheist« denunziert. Sein Grab mußte sogar vor möglichen Schändungen durch orthodoxe Gegner geschützt werden – ein untrügliches Zeichen für die Sprengkraft von Humes Philosophie, die wohl am engsten mit der der französischen Enzyklopädisten in Zusammenhang gebracht werden muß.

Versdichtung

Imitation und Parodie

Die Alten und die Modernen: Swifts Battle of the Books

In seiner Prosaschrift *The Battle of the Books* (begonnen 1697) ergreift Jonathan Swift Partei in einem Disput, der als *Querelle des anciens et des modernes* schon Jahre zuvor französische Literaten wie Boileau, La Fontaine und Racine engagiert hatte. Während die Verteidiger antiker Literatur die Verbindlichkeit klassischer Traditionen postulieren, stehen auf der Gegenseite die Vertreter einer modernen Geschmackskultur, die die Überlegenheit der Gegenwart nicht zuletzt vom naturwissenschaftlich-technischen Fortschritt ableiten. Auch wenn der Streit in England mit mehr satirischer Schärfe und weniger ideologischer Grundsätzlichkeit als auf dem Kontinent ausgetragen wird, kann in ihm aus heutiger Sicht ein Vorläufer der stets neu entflammenden Modernisierungsdebatte um die »zwei Kulturen« gesehen werden: Die eine Kultur ist die der »großen Tradition« im humanistisch-geistesgeschichtlichen Kontinuum, die andere Kultur setzt einen auf Gegenwart und Zukunft orientierten Fortschrittsoptimismus voraus, dem die Idee einer sich ständig perfektionierenden Geschichte zugrunde liegt.

Den Anlaß für die *Battle* gab Swifts Mentor Sir William Temple mit seiner Behauptung von der Überlegenheit antiker Autoren in der Prosaliteratur (mit

Aesop und Phalaris als Kronzeugen), worauf ein gewisser William Wotton mit einer leidenschaftlichen Verteidigung des modernen Zeitalters antwortete. In klar erkennbarer Parodie von Hobbes' Leviathan-Vision eines Bürgerkriegs entwirft Swift das komische Prosaepos des Kampfs zwischen Büchern, bei dem die törichten *Moderns* allein durch ihre aufgeblähte Körperfülle daran gehindert werden, die *Ancients* von der Parnassusspitze zu stoßen. Am bekanntesten ist die bezeichnenderweise auf Aesop basierende Fabel von der Biene und der Spinne geworden, die das poetologische Programm der augusteischen Schriftsteller auf bildhaft prägnante Weise umreißt: Die fleißige Biene hält sich an die Natur, von der sie »sweetness and light« (sittliche Vervollkommnung und Erleuchtung) bezieht, während die Spinne aus ihren Eingeweiden (»the Guts of *Modern* Brains«) Gift und Schmutz herauspressen muß, da sie auf keinen Traditionsbestand zurückgreifen kann.

Antike als normativer Hintergrund

Hinter dem Streit steht eine Geschichtskonzeption, die die Vorstellung verwirft, daß die Menschheit »aus sich heraus« zu unbegrenztem Fortschritt gelangt. Wie in Berkeleys *Essay* und in Popes *Essay on Criticism* deutlich wird, besitzt die Orientierung an Vorbildern der klassischen Antike auch eine gesellschaftspolitische Dimension, die nach Anschauung der Tory-Satiriker unter der Walpole-Regierung immer mehr an Geltung zu verlieren drohte. Was von ihnen oft sehr allgemein als »corruption of morals and manners« beklagt wurde, beschreibt innerhalb einer sich immer mehr nach funktionalen Zweckkriterien ausrichtenden Politikauffassung die Opferung von tradierten Bindungen zugunsten eines – in ihren Augen zügellosen – Individualismus und einer »egoistischen« Originalitätssucht. Das Konzept der *imitatio naturae* betonte in diesem Zusammenhang den Vorbildcharakter der mit Beharrungskräften ausgestatteten Natur, auch der gesellschaftlichen, die es mit dem Medium der Kunst zu versöhnen gelte.

Übersetzung von Klassikern

Übersetzung und Imitation der Klassiker behaupten im klassizistischen Kanon eine herausgehobene Stellung, die in ihrer Bedeutung kaum zu überschätzen ist. Im Verständnis späterer Inspirationsästhetik mögen es nicht viel mehr als Nachdichtungen und Fingerübungen gewesen sein, doch der augusteische Dichter sah in ihnen Prüfsteine, an denen sich die besten Vertreter einer Epoche erst zu bewähren hatten. So schrieb Samuel Garth seinem Schüler Pope: »The best of the modern poets in all languages are those that have nearest copied the ancients.« Nicht nur, daß das heroische Epos die Spitze in der Hierarchie der Gattungen einnahm und damit Drydens *Virgil* (1697) und Popes *Iliad* (1715–20) als Übersetzungen eine monumentale kulturelle Integrationsleistung darstellten, die jede originale Dichtung zwangsläufig auf den zweiten Platz verweisen mußte (im übrigen wurde sie auch weit höher dotiert und von einem größeren Subskribentenkreis gefördert). Die »Bewährung« an den klassischen Vorbildern war vielmehr auch ein Versuch, das poetische Naturgenie etwa eines Homer in die geschliffene *poetic diction* klassizistischer Stilnormen einzubinden. Dem kunstfeindlichen Regime der Hannoveraner-Könige und eines Walpole sollte implizit die Botschaft vermittelt werden, wie einzig im Bereich der Künste eine zweite klassische Epoche erwuchs, während die Politik durch Korruption und Eigennutz jegliche Vorbildfunktion verlor.

Popes Horaz-Imitationen

Dieser Bezug zwischen klassischem Ideal und seiner zeitgenössischen Depravierung wird in den Imitationen noch offensichtlicher. Zwar sind Rochesters und Oldhams Horaz-Imitationen weitgehend unselbständige Nachdichtungen in zeitgenössischer Spracheinkleidung, doch können gerade Popes *Imitations of Horace* (1733–38) exemplarisch zeigen, welche Möglichkeiten der Innovation in der produktiven Aneignung und Variierung steckten. Horaz' *Saturae* bilden Vorbild und Anreiz zur eigenständigen satirischen Kommentierung aktueller Zeiterscheinungen, wobei der Rückverweis auf die allgemein anerkannte Autorität der imitierten Texte Pope gegen den Vorwurf der Verleumdung schützen sollte. Diese Strategie wird geschickt genutzt, um zwar Themen und Rollenaufteilung der Vorlage zu übernehmen, Horaz' eher »freundlichen« Ton jedoch mit dem verletzenderen Angriffsstil der pathetischen Satire Juvenals zu durchsetzen. So warnt bei Lucilius und Horaz der vermeintlich wohlmeinende Freund den Dichter vor den Gefahren persönlicher Schmähung und rät zu Diskretion und Panegyrik. Pope nimmt diese Dialogsituation zwischen der *persona* des Satirikers und ihrem *adversarius* (Gegner) auf und füllt sie mit aktuellen Bezügen derart an, daß der Ratgeber als legalistisch argumentierender Opportunist, der kompromißlose Satiriker hingegen in der heroischen Stilisierung des tragischen Kämpfers erscheint. Die Imitationen geraten so zu Auseinandersetzungen in der Tradition der *apologiae*, also von Verteidigungen satirischen Schreibens. Indem Pope jedoch die Rechtfertigung von Satire aus den moralisch verkommenen Zuständen bezieht, die keine andere Wahl mehr ließen, schlägt die Apologie in satirischen Angriff um. Die Fesseln der Imitation erlauben es dem augusteischen Dichter, sich erst eigentlich frei zu bewegen.

Die ihrer Locke beraubte Belinda wird von Freunden getröstet. Stich von M. van der Gucht für die Zweitausgabe von *The Rape of the Lock*

Komisches Heldenepos: Popes The Rape of the Lock

Als Pope 1712 die erste Fassung seines komischen Heldenepos *The Rape of the Lock* veröffentlichte, war der Boden für dieses parodistische Genre mit Boileaus *Le lutrin* (*Das Chorpult*, 1674–83) und Sir Samuel Garths *Dispensary* (*Die Armenapotheke*, 1699) bereits vorbereitet. Wie so häufig in der augusteischen Periode wurde eine ernsthafte Gattung, deren Voraussetzungen – wie hier die einer mythisch-heroischen Geschichtsauffassung – obsolet geworden waren, mit parodistischen, satirischen und komischen Elementen angereichert. Das Ergebnis ist ebenso komplex wie schillernd: Neben dem Eingeständnis, daß in einer Welt trivialisierter, oberflächlicher Verhaltensregeln das Pathos des heroischen Epos unangemessen ist, wird in der gekonnt-eleganten Handhabung epischer Parodienmuster doch auch wieder eine Bestätigung dieser Welt geliefert.

1714 fügte Pope in einer zweiten Fassung, diesmal mit fünf statt zwei Cantos, die zarten Sylphen bei, deren Ätherik das Zerbrechliche des Werkes unterstreicht, und gestaltete den Besuch des Gnomen Umbriel in der Höhle der Göttin Spleen zu einer Miltonschen Reise in die Unterwelt, wo die Gerüche der feinen Gesellschaft die natürlichen Instinkte beleidigen. Als schließlich in einer letzten Fassung (1717) Clarissa dem Gedicht eine Moral im Sinne der Befolgung von *good sense* beigibt, war der ursprünglich private Anlaß zu dem komischen Epos bereits längst vergessen: Zwei aristokratische Familien, wie Pope katholischen Glaubens, hatten sich verfeindet, nachdem Lord Peter von Miss Arabella Fermors Haar eine Locke abgeschnitten hatte. Pope wurde als Schiedsrichter gebeten, den Streit mit einer Dichtung zu schlichten, was mit der parodistischen Episierung des trivialen Vorfalls geschah.

Domestizierung des Epos

Das eigentlich Neue von *The Rape of the Lock* liegt darin, daß es das Heldenepos domestiziert und mit der Hauptfigur Belinda in eine weiblich geprägte Rokokosphäre verlagert. Damit findet die große Auseinandersetzung nicht mehr zwischen feindlichen Kriegsparteien, sondern zwischen den Geschlechtern statt. Sie wird gleichsam zu einer Schlacht im Boudoir und gewinnt die Ausmaße einer Miniatur. Dadurch aber, daß das epische Vorbild in die galante Welt der Salons übertragen wird, entsteht eine Diskrepanz der Proportionen. Noch der unbedeutendste Gegenstand wird zu heroischer

Satirisches Porträt von Alexander Pope (1729)

Größe erhoben, während umgekehrt epische Maßstäbe auf die Größenordnung eines Toilettentischs minimiert sind. Triviale Betätigungen erscheinen in der Hyperbolik des *mock-heroic epic* als militärische Operationen, die Haarnadel bekommt eine Ahnentafel, die Kosmetika werden zu Waffen, das Kartenspiel gerät zum heldenhaften Wettkampf, der Reifrock ist mal analog zum homerischen Schild des Helden, mal zum Schutzwall einer belagerten Stadt gesetzt. Der Lockenraub selbst gemahnt an den Raub der Helena, und wenn am mythopoetischen Ende die Locke auf Jupiters Geheiß als Sternbild im nächtlichen Firmament verschwindet, ist die Bagatelle in kosmische Dimensionen entrückt.

Ohne Frage entlarvt Pope die Prätentionen, albernen Posen und schalen Vergnügungen der aristokratischen Gesellschaft, ihre Heuchelei in der Sexualität und ihre eitlen Scheinwerte. Doch bleibt es bei einer Kritik, die ihre spitz-eleganten Waffen von eben dieser Gesellschaft bezieht: Mimikry, geistreiche Anspielung, *double entendre*, Kultivierung des Trivialen. Auch in seiner Parodierung adelt das Epos als höchste aller Gattungen seine Gegenstände und Figuren, allen voran Belinda, deren »heldinnenhafte« Schönheit ihre kokette Eitelkeit vergessen macht (»*Belinda* smil'd, and all the World was gay«). Pope bewegt sich auf einer ständigen Gratwanderung zwischen Bewunderung für alles Artifizielle und einer ebenso epochentypischen Befürwortung einfacher Lebensformen, wie sie in der Antike propagiert worden waren.

Das Zeugma als Stilprinzip

Die Dialektik von *The Rape of the Lock* zeigt sich in der sanften Ironisierung aristokratischer Verkehrsformen, die in ihrer ästhetischen Geltung aber gleichzeitig anerkannt werden. Das diminutive Verfahren scheint im Benehmenskodex der Rokokogesellschaft bereits angelegt, die den schönen Schein, das Grazile und Zerbrechliche zelebriert. Auffallendstes Stilmittel und zugleich Strukturprinzip des komischen Versepos ist dabei das Zeugma, das ein Verb in eigentlicher und übertragener Bedeutung auf untergeordnete Satzteile bezieht: »Thou, great *Anna*! to whom three Realms obey,/Dost sometimes Counsel take – and sometimes Tea«. Im sexuellen Bereich (»Or stain her honour, or her new brocade«) verbindet die Figur des Zeugmas arkadische Unschuld mit latenter Gewalt, die mehr als nur einen Schatten der Bedrohung in die heitere Atmosphäre wirft. *The Rape of the Lock* handelt vom Krieg zwischen den Geschlechtern, in dem zwar niemand stirbt, in dem die Eroberungen jedoch nicht kampflos vollzogen werden – der Lockenraub symbolisiert nicht zuletzt eine Vergewaltigung. Was bei Pope den ersten Anschein einer heiter-unproblematischen Welt vermittelt, ist in Wahrheit Ergebnis einer prekären Balance, bei der das gesellschaftliche Dekorum einer ständig gefühlten Gefährdung durch eine aggressive Triebstruktur ausgesetzt ist.

Pastoraldichtung und Lehrgedicht

Überindividuelle Geschmacksnormen

Die klassizistische Dichtung stützte sich in hohem Maße auf sanktionierte Gattungen, deren Strukturschemata oft schon von der Antike her vorgegeben waren und von den Dichtern je nach Anlaß und individuellem Talent unterschiedlich ausgefüllt wurden. Dahinter stand der Grundsatz von der Beständigkeit ästhetischer Ausdrucksformen, ein Grundsatz, der homolog zur Beständigkeit menschlicher Natur angelegt war. Für ein Dichtungsverständnis, das in der Nachfolge der Romantik Lyrik als unmittelbare Kundgabe eines spontanen Überfließens von Gefühlen begreift, müssen überindividuelle Traditionsgebundenheit und die Anbindung an feste Geschmacksnormen unüberwindbare Rezeptionsbarrieren bedeuten. So nahm Pope in seinen vier *Pastorals* von 1709 die Eklogen Vergils zum Anlaß, um eine künstliche, ganz von virtuoser Sprach- und Metrikbeherrschung geprägte Bukolik nachzubilden. Der Einwand, nichts darin entspreche einer wirklichen Landschaft, geht an der Intention der Verse vorbei: Sie sind bewußt literarischer Entwurf, um von einer Harmonie zu künden, die den Menschen in den idealen Kontext von Geselligkeit und schönem Schein stellt; noch die Schweinehirten besitzen die Anmut von Höflingen. Pope konnte Ambrose Philips' *Pastorals*, die eine größere »Natürlichkeit« aufwiesen und deshalb besonders in whiggistischen Kreisen geschätzt waren, nur mit Spott überziehen, da eine Schäferdichtung, die nicht mehr als ästhetisches Kunstprodukt ausgewiesen war, eine völlig falsche Echtheit herstellen mußte. Parodie und Burleske, darunter John Gays *The Shepherd's Week* (1714), verwiesen bereits auf die Verbrauchtheit der Pastoraldichtung, die als zeitenthobener Eklogenlobpreis eines in die Idylle versetzten Gesellschaftsspiels keine Aussagerelevanz mehr für sich beanspruchen konnte.

»Poetic diction« und gesellschaftliche Harmonie

Die künstlerische Darstellung von Natur ist im Klassizismus stets mit Vorstellungen von einer geglückten, d.h. in ihren Teilen sich zum Ganzen fügenden Gesellschaft verbunden. In der Natur drückte sich eine göttliche Ordnung aus, die der Mensch immer neu für sich entdecken mußte. Während die Großstadt von Handel, Industrie und Finanz – also vornehmlich whiggistischen Domänen – geprägt war, galt das Land als die beständige, von immer gleichen Gesetzen bestimmte Existenzform, die zu einem einfachen, kontemplativen Leben einlud. Daher die reflexive Versenkung in die Harmonie und Ordnungskraft des Landlebens mit seinen festen Riten und jahreszeitlichen Abläufen, die die Dichtung in der Nachfolge von Vergils *Georgica* bestimmt. Ursprünglichkeit und zivilisatorische Leistung werden darin zu komplementären Normbestimmungen eines ausgesprochen national geprägten Gesellschaftsverständnisses. Die *poetic diction* bildete den unmittelbaren Ausdruck dieser Spannung, trafen in ihr doch Ökonomie und Symmetrie mit einer von der Alltagssprache abgehobenen Künstlichkeit zusammen.

Popes Windsor Forest

Popes *Windsor Forest* (1713) vermag wie kaum ein anderes Gedicht zu verdeutlichen, wie im frühen 18. Jahrhundert die Beschreibung von Natur im Analogieverfahren zu einem Aussagemodell historisch-politischer Erfahrung wird. Bereits ein Jahr vor Pope hatte William Diaper mit *Dryades; or, the Nymphs Prophecy* den Blick auf einen »locus amoenus« ebenfalls mit belehrend moralischen und patriotischen Betrachtungen versehen. Als schon etablierte Vorbilder dienten Diaper und Pope Edmund Wallers Versbericht *On St. James's Park, as lately improved by his Majesty* und John Denhams Reflexionsgedicht *Cooper's Hill* (1642), die beide von der Wahrnehmung topographischer Besonderheiten zur generalisierenden Didaxe über die Bedeutung des Erschauten gelangen. *Windsor Forest* bedient sich des üblichen Lexikons aus der Pastorallyrik und vergilischer Topoi, aber auch heraldischer Motive aus der Ritterdichtung. Die natürliche Schönheit des Waldes und der nahen Themse wird so in Bildern vom paradiesischen Arkadien konventionalisiert und als geglückter Mikrokosmos der ganzen Nation propagandistisch verfügbar gemacht: Dies alles dient der Feier der herrschenden Dynastie unter Königin Anna, der toryistischen Friedenspolitik, die zum Frieden von Utrecht und zu territorial begünstigten Handelsrechten mit den westindischen Territorien führte, sowie des Beginns einer Jahrtausende währenden *pax Britannica*. Der Lobpreis der mit Diana verglichenen Stuart-Herrscherin und das traditionelle Stuart-Emblem der Eiche machen aus

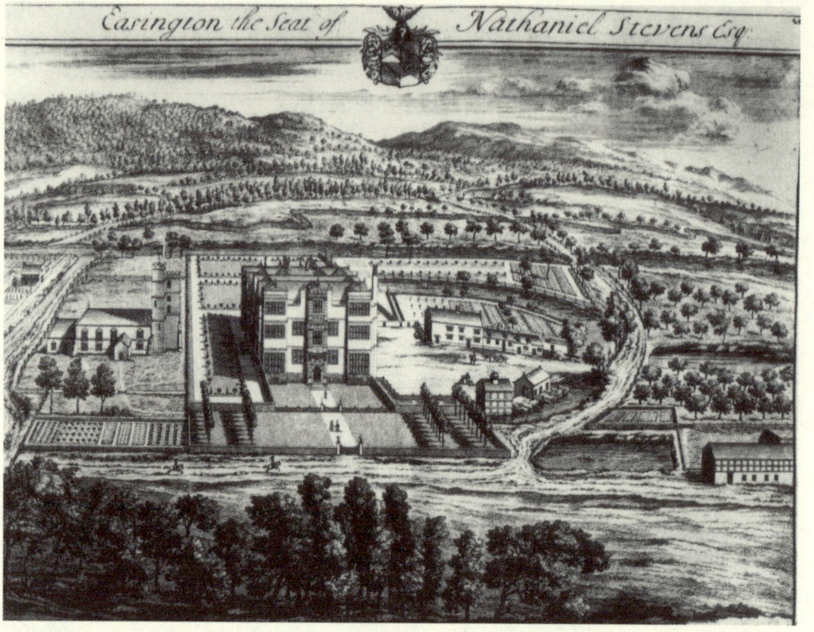

Kleineres Country House in Gloucestershire zur Zeit Popes (1709)

Windsor Forest ein implizit gegen die Hannoveraner gerichtetes Gedicht, in dem idealisierend-religiöse Überhöhungen von Staat und Merkantilismus von jakobitischen Glaubenssätzen oft nur schwer zu trennen sind. Wie auch in szientistischen Gedichten der Epoche wird der Einfluß von Natur und Wissenschaft auf Englands Weltstellung gerühmt, da sein gemäßigtes Klima fast frei von heftigen Stürmen sei und es als handelsabhängiges, vom Meer umschlossenes Land zur Entwicklung technischer Navigationshilfen beitrug. Windsor Forest als Königssitz gerät zum synekdochisch erweiterten Modell einer naturgegebenen universellen Ordnung:

> Here Hills and Vales, the Woodland and the Plain,
> Here Earth and Water seem to strive again,
> Not *Chaos*-like together crush'd and bruis'd,
> But as the World, harmoniously confus'd:
> Where Order in Variety we see,
> And where, tho' all things differ, all agree.

Die hier zum Ausdruck gelangende *concordia discors* (Ganzheit im Widerspruch, Einheit im Unterschied) deutet auf eine rational sanktionierte Welt, für die die Harmonie von Windsor als topographischer Ausschnitt einsteht. Nur in den Jagdszenen – auch sie zunächst Sinnbild gleichgewichtsstiftender Auseinandersetzung – mischen sich immer wieder Eindrücke von Gewalt, Störung und Zerbrechlichkeit, die die Gefährdung der Balance spürbar machen.

Lehrgedicht: Popes Essay on Criticism

Der didaktische Impetus augusteischer Dichtung kommt im Lehrgedicht am unverhülltesten zum Ausdruck. Popes *Essay on Criticism* von 1711 ist als poetologisches Manifest des Klassizismus insofern bemerkenswert, als er die Regelbestimmtheit von Literatur, die die ordnende Harmonie der Natur zur Geltung bringt (»Nature Methodiz'd«), keineswegs zur orthodoxen Maxime erklärt, sondern der Vernunft und dem *good sense* überläßt. Die Poetik entwickelt sich damit vom verpflichtenden Regelsystem zum moralphilosophischen Diskurs, der Halbbildung und Verstöße gegen den Geschmack mit christlichen Begriffen aus der Erbsündenlehre belegt. *An Essay on Man*, dem Freund und Politiker Henry St. John (Viscount Bolingbroke) gewidmet, ist ein universalistischer Versuch, in die »Wildnis« menschlicher Natur Ordnung zu bringen, die Frage nach der Stellung des Menschen in der Seinsordnung des Universums neu zu stellen und im toryistischen Sinne eines hierarchischen Gesellschaftsmodells traditionell zu beantworten. In einem typischen Versuch der Harmonisierung von Extrempositionen weist Pope dem Menschen eine mittlere Position zu, wobei der vermeintlich optimistische Leitspruch »Whatever is, is right« auch als stoisches Sich-Fügen in Leid und menschliche Unzulänglichkeiten verstanden werden kann. Glück vermag nur durch Regulierung der Leidenschaften und den Verzicht auf Stolz erzielt zu werden – eine Botschaft, die auch die konservative anthropologische Kernaussage der großen augusteischen Satiren durchzieht. Da die Welt nach einem dem Menschen unbekannten göttlichen Plan gelenkt wird, könne Gottes Wille nur über die *second causes* der natürlichen Gesetze erschlossen werden. Dieser Zweifel am Offenbarungsglauben hat Pope zu seiner Zeit den Vorwurf des Deismus, ja sogar des Unglaubens eingebracht. Doch wäre es falsch, einzig auf die theologische bzw. logische Stringenz von Popes Argumentation abzuheben. *An Essay on Man* ist die Verdichtung eines aus vielen Denktraditionen gespeisten Weltbildes in einer Fülle bestechender Aphorismen, Epigrammen, Maximen und rhetorischen Antithesen, die dem Lehrgedicht eine formal brillante Prägnanz verleihen. Es ist gerade diese Formbestimmtheit, die in ihrer eleganten Selbstverständlichkeit die Widersprüche auflöst und eine Perspektive des »vernünftigen Realismus« eröffnet:

Popes An Essay on Man

Know then thyself, presume not God to scan;
The proper study of Mankind is Man.
Plac'd on this isthmus of a middle state,
A being darkly wise, and rudely great.

Als der holländische Arzt Bernard Mandeville 1714/1723 sein satirisches Lehrgedicht *The Fable of the Bees; or, Private Vices, Publick Benefits* veröffentlichte, war dies bereits die um einen philosophischen Prosakommentar erweiterte Fassung eines in Knittelversen geschriebenen Poems *The Grumbling Hive*. Es ist das wichtigste Dokument eines skeptischen, von der Idee des Eigeninteresses geleiteten anthropologischen Realismus. Von der Philosophie Pierre Bayles und den Maximen des Merkantilismus sichtlich beeinflußt, handelt die Fabel von der Notwendigkeit, über die Welt so zu schreiben, wie sie ist, und nicht, wie sie sein sollte. Der in der Fabel entwickelte Nützlichkeitsgedanke steht dabei in krassem Widerspruch zu Shaftesburys idealistischer Lehre von Motiven wie Benevolenz und Mitleid, die nach Mandeville doch nur verdeckter Eigenliebe entspringen. Der Bienenstock (d.h. die Gesellschaft) sei nicht *eo ipso* Sinnbild einer vernünftigen Naturordnung, sondern funktioniere nur dann, wenn seine Bewohner ihren natürlichen Instinkten und einer Portion Eigennutz folgten: »Thus every Part was full of Vice,/ Yet the whole Man a Paradise«. Die libertäre Orientierung der Handelspolitik, die Mandevilles mechanistischer Selbstregulierung von Tugend und Laster, gesellschaftlichen Machtkontrollen und inneren Impulsen unterliegt, hat die klassische Nationalökonomie eines Adam Smith *(An Enquiry into the Nature and Causes of the Wealth of the Nations)* maßgeblich beeinflußt, auch wenn bei Smith der ordnenden Korrektur eines zunächst unkontrollierten *checks-and-balances*-Systems das Wort geredet wird.

Mandevilles The Fable of the Bees

Vom Klassizismus zur Vorromantik

James Thomson

Obgleich mit Wordsworths »Preface« zu den *Lyrical Ballads* allgemein die große Wende in der englischen Dichtungstradition assoziiert wird, war der Übergang von einer klassizistisch inspirierten Lyrik zur romantischen Naturdichtung alles andere als abrupt. Im Gegenteil, die Annäherung von zwei auf den ersten Blick konträren Konzeptionen vollzog sich über mehrere Jahrzehnte und in vielfachen Verschränkungen. So ist James Thomsons *The Seasons* ein Blankverspoem, das in der Tradition der Vergilschen *Georgica* die Landschaftsbeschreibung mit moralisch-didaktischen Maximen verknüpft, die dem klassizistischen Lehrgedicht nahekommen: Der jahreszeitliche Ablauf läßt Gottes Willen sichtbar werden, den in der Natur zu erkunden dem Menschen als Aufgabe gestellt ist. Die ländliche Idylle fördert den Hang zu Einfachheit und Harmonie, die sowohl in ihrer kosmischen Gesetzhaftigkeit als auch in der Stärkung des Shaftesburyschen Benevolenz-Gedankens gesehen werden. Daneben wird – wie auch in *Windsor Forest* – die weltumfassende Handelstätigkeit der Briten, also einschließlich Thomsons schottischer Heimat, in patriotischen Tönen gepriesen. *The Seasons* (auf das sich Haydns Oratorium stützt) ist mit seinen schmuckreichen Epitheta, seinen Latinismen, seinen Pflanzenkatalogen und Personifikationen der *poetic diction* des klassizistisch-pastoralen Jahreszeiten-Gedichts verpflichtet, und doch enthält es auch Momente, die mit der Darstellung einer wilden, ungebändigten Natur und mit suggestiv gestalteten atmosphärischen Details wie Licht, Farben und Töne neue Gestaltungsmöglichkeiten andeuten.

Edward Young

Edward Youngs *Night Thoughts on Life, Death, and Immortality* (1742) ist nicht weniger den klassizistischen Konventionen verpflichtet, als es in Form eines *memento-mori*-Gedichts mehrere Todesfälle in der Familie zum Anlaß nimmt, um zunehmend predigthaft über die Vergänglichkeit des Seins und die Notwendigkeit des Glaubens zu meditieren; darin folgt es auch dem Traditionsstrang der puritanischen *funeral elegy* in der Nachfolge Miltons. Die Spruchweisheiten und eine abstrakte, allzu eng auf eine »Botschaft« ausgerichtete Argumentation vermitteln den Eindruck, der persönliche Schmerz werde einzig als Vorwand zur Erlangung von Heilsgewißheit eingesetzt. Doch evoziert Young auch eine melancholische Atmosphäre von schlafloser Nacht, Grabesdüsternis und Todeselend, die starke Züge von Empfindsamkeit trägt und in den fehlenden Proportionen bereits ein Zerfließen klassizistischer Formstrenge ankündigt. Ähnlich rücken auch in den kontemplativen Oden von William Collins subjektive Stimmungen in den Vordergrund, auch wenn »Mitleid«, »Angst« und »Leidenschaften« noch in rhetorisch-klassizistischen Stilkonventionen beschworen werden (»Ah Fear! Ah frantic Fear! I see, I see thee near.«). In »Ode to Evening« wird das Stimmungserlebnis bereits so sehr als Ausfluß sinnlicher Wahrnehmung gefaßt, daß pastorale und bukolische Stilisierungen eher die zeitliche Generalisierbarkeit des Erlebens betonen, als daß sie noch eine ausschließlich künstliche Gegenwelt zur subjektiven Erfahrung bilden könnten.

Thomas Gray

Eine noch markantere Verschiebung vom Allgemeinen der unter dem Eindruck des Naturerlebens angestellten Reflexionen zu einer Szenerie, die auch in die Innenwelt des Betrachters einstimmt, leistet Thomas Grays *Elegy Written in a Country Church-Yard* (1750), das als eines der größten und bekanntesten englischen Gedichte kanonisiert ist. Es betont die Dämmerung als einen elegischen Zwischenmoment in einem Prozeß des Übergangs, der auch als Übergang von Natur als Sinnbild kosmischer Ordnung zu einem auf einer subjektiven Einfühlungsästhetik basierenden Naturbegriff gekenn-

Die Entdeckung der freien Landschaft in Malerei und Dichtung: Gainsboroughs »Mr and Mrs Andrews« (ca. 1750)

zeichnet ist. Und auch anders als im klassizistischen Lobpreis des einfachen Lebens steht hier der einfache, anonyme Bauer im Vordergrund, der sich in seiner privaten Idylle von der Welt der Politik und Geselligkeit absetzt. Die klassizistisch-regelpoetische Ständeklausel, die auch noch die bäuerlichen Figuren in Bukolik und Idylle adelte, ist hier zugunsten einer Sentimentalisierung des Todes aufgehoben – wobei der Tod, den auch der Dichter für sich ausmalt, als der große Gleichmacher fungiert. In der anschaulichen Bildhaftigkeit und ihrem suggestiven Klang bewirkt die *Elegy* eine emotionale Einbeziehung des Lesers in eine wirkungsästhetisch intensivierte Stimmungshaftigkeit, die auf melancholische Weise das Vergängliche von Natur in den Mittelpunkt rückt. Gray, der 1768 eine Professur für Geschichte erhielt, hat – so mit der den englisch-walisischen Konflikt thematisierenden Ode »The Bard« – ein historisches Interesse verfolgt, das epochentypisch wurde. Die Loslösung der Dichtung aus überzeitlich-universaler Geltung und ihre Verzeitlichung menschlicher Erfahrungsbereiche verweisen auf eine Tendenz, die immer stärker einen Abschied vom Klassizismus signalisiert.

»Funde« alter Dichtungen: Macpherson und Percy

Großen Einfluß auf Gray hat vermutlich die Veröffentlichung der *Fragments of Ancient Poetry, collected in the Highlands of Scotland, and Translated from the Galic or Erse Language* (1760) ausgeübt, in der (wirklichen oder vermeintlichen) Übersetzung des schottischen Bauernsohns James Macpherson. Die Heldendichtungen vom Kampf des Schottenkönigs Fingal gegen Wikinger und Iren, die auf das Werk eines gälischen Barden namens Ossian zurückgehen sollen, lösten zwar eine heftige Kontroverse über ihre Echtheit aus, da Macpherson die Originale nicht vorzeigen konnte. Gleichzeitig aber wurden sie in ganz Europa mit Begeisterung aufgenommen: Hier lag das Werk eines Originalgenies vor, dessen »primitive« und doch auch wieder sublime Dichtung zwischen Homer und der mündlichen Rede einfacher Leute aus den Highlands situiert werden konnte. Eine an Metaphern überreiche *poetic diction* alterniert mit der Ursprünglichkeit rhythmischer Wiederholung von einprägsamen Phrasen, mit »authentisch« wirkenden Lücken in der Erzählung und einer an der Bibel geschulten Einfachheit. Daß Macpherson den keltischen Sagenschatz wohl ziemlich bedenkenlos geplündert hat, ist nur zweitrangig angesichts des Appells dieser heldenhaften Schwulstdichtung an den Zeitgeschmack. Ein zufälliger Fund, hier eines Balladenmanuskripts, steht auch am Ursprung von Thomas Percys Anthologie *Reliques of Ancient English Poetry* (1765), die schottische und englische Volksballaden und Versromanzen aus der Artusepik vereint. Die Sammlung reflektiert ein neues, präromantisches Interesse an ursprünglicher Bardendichtung, doch durfte – wie zahlreiche Glättungen und Tilgungen beweisen – diese Ursprünglichkeit nicht mit einem aus dem Klassizismus stammenden Gefühl für Dekorum in Widerstreit geraten.

Robert Burns

Robert Burns

Als 1603 das schottische Königshaus nach London zog, war damit auch eine genuin schottische Dichtungstradition, wie sie sich am Hof entwickelt hatte, beendet. Zwar entstand im Scots, dem schottischen Dialekt, ein umfangreiches Liedgut, das später von Robert Burns aus erhaltenen Varianten kombiniert und der Vergessenheit entrissen werden sollte. Doch nachdem in der Folge der *Glorious Revolution* englische Staatsminister Londons Politik in Schottland durchsetzten und 1707 das schottische Parlament nach Bildung einer »Union« mit England zu existieren aufhörte, wurde Englisch zur beherrschenden Sprache auch in der Literatur. Dies ging so weit, daß David Hume von einem englischen Freund alle Scottizismen aus seinem philosophischen Werk tilgen ließ. Scots sank zum Idiom der Unterklassen und diente allenfalls der eitlen Zurschaustellung eines bodenständigen Patriotismus durch die sogenannten *literati*, einem Klüngel in Edinburgh.

Vorgänger

Sieht man von der Lyrik Allan Ramsays im ersten Drittel des Jahrhunderts ab, haben sich erst ab 1750 Voraussetzungen gebildet, die die Dichtung einem steril gewordenen Regionalismus entrissen. Konventionen des englischen Klassizismus, Dialektformen und literarische Elemente des älteren Scots wurden darin zu einer spannungsreichen Diktion verschmolzen. So schrieb der früh verstorbene Robert Fergusson (1750–74) außergewöhnlich deftige Gedichte über das Großstadtleben in Auld Reekie (Edinburgh), deren ungeschminkte Darstellung von Klassengegensätzen und *low-life*-Vergnügungen gerade durch die Mischung aus Sprachdisziplin und vitaler Ausdrucksweise ihre komische Wirkung entfaltete. Zum berühmtesten schottischen Lyriker überhaupt avancierte jedoch Robert Burns, der, obgleich als Sohn eines verarmten Kleinbauern aus Ayrshire geboren, eine literarische Bildung genoß, die das sentimentalisierte Image eines naiven Bauernpoeten Lügen strafte. Spätestens seit Macphersons Ossian war gerade unter den Gebildeten ein Kult natürlicher Einfachheit und »primitiver« Emotionalität entstanden, dem Burns allenfalls eine geborgte Attitüde lieh. Seine große Leistung aber bestand gerade darin, wie er das Kolloquiale mit formalem Schreibstil, das Sentiment mit dem Satirischen dergestalt verband, daß die Eindrücke des anarchisch Sinnlichen und gesellschaftskritischer Reflektiertheit miteinander verschmolzen. In diesem komplexen, widersprüchlichen Prozeß trafen sich so völlig unterschiedliche Einflüsse wie die von Burns hochgeschätzte Verssatire Popes, der sentimentale Roman von Mackenzie und die *folk tales* von Ayrshire. Sie bewirken eine Geschmeidigkeit in der Anverwandlung des Stils an Stimmungen und Haltungen, wie sie im Erzählgedicht »Tam O'Shanter« am sinnfälligsten zum Ausdruck kommt: von der freudigen Schilderung enthemmter Kneipengeselligkeit über die Evokation des grotesk Unheimlichen bis hin zur ironisierten Moralbelehrung im Kanzelton. Dem verhärteten und gegenüber seinen rigorosen Ansprüchen versagenden Kalvinismus der »Auld Lichts« erteilt Burns im dramatischen Monolog »Holy Willie's Prayer« eine satirische Absage: Der scheinheilige, von seiner göttlichen Auserwähltheit überzeugte Sprecher enthüllt ungewollt die

Einflüsse und Stilvirtuosität

Tam O'Shanter in der Schänke. Lavierte Federzeichnung von George Cruikshank d. J.

Heuchelei seines Glaubens, wenn er auch noch Gott zum Kumpanen seiner sittlichen Unvollkommenheit macht. In seinen politischen Gedichten von zum Teil radikaldemokratischer Stoßrichtung zeigt sich Burns von Thomas Paine und den Freiheitsidealen der Französischen Revolution beeinflußt. Bezeichnend für das schottische Geschichtsverständnis jener Zeit ist aber auch, daß hin und wieder eine rückwärtsgewandte Idealisierung der »guten alten Zeit« unter Jakob II. durchscheint – also vor *Glorious Revolution*, Union und Zusammenbruch feudaler Sozialstrukturen auf dem Lande (R. Camerer spricht von »jakobinischem Gedankengut in jakobitischer Verkleidung«). Auch in Deutschland populär geworden ist das von Freiligrath 1843 übersetzte »A'That and A'That« (»Trotz alledem«) mit seinen starken Anklängen an Kants und Rousseaus Forderung nach Befreiung aus den Fesseln geistiger Unmündigkeit und fraglos hingenommener Institutionen. Wenn Burns von einer Kultgemeinde zum schottischen Heimatdichter verniedlicht wurde, leugnet das ebenso seine Versiertheit in »hohen« Dichtungsformen wie der epigrammatischen Epistel und Verssatire, wie es auch die subversive Kraft und gegen puritanisches Muckertum gerichtete Sinnenfreude seiner Liebes- und Klagelieder zu entschärfen sucht.

»Credulity, Superstition, and Fanatism. A Medley«. Kupferstich von William Hogarth (1762)

Romanentwicklung

Einfluß subliterarischer Gattungsformen

Der Roman des 18. Jahrhunderts hat sich abseits vom klassizistischen System der Gattungen in enger Abhängigkeit von zunächst außerliterarischen Ausdruckskonventionen entwickelt: dem Tagebuch, der Autobiographie und dem Brief, dazu den Hauszuchtbüchern, den Verbrecherbiographien und Reiseberichten. Was einst als »umgangssprachliches Redematerial« (Tynjanov) galt, sich also jenseits ästhetisch verbindlicher Formregeln entwickelte, hat im Lauf seiner fiktionalen Umgestaltung zu neuen Möglichkeiten fiktionaler Wirklichkeitserfassung verholfen. So waren es vornehmlich Modelle des *practical writing*, die das Hauptsubstrat des Romans bildeten. Die in der theoretischen Diskussion von der *novel* scharf abgegrenzte heroische *romance* mit ihrer gestelzten Sprache und ihrem weitgehend höfisch bestimmten Figurenrepertoire, die nach französischem Muster überlieferte Novelle, der historisch-galante und der pikareske Roman: sie alle wirkten als traditionelle Vorbildmuster zwar noch nach (v.a. in den Motiven von Gefahr und Bewährung), doch konnten sie nicht mehr bruchlos an die neuen Erzählkonventionen des 18. Jahrhunderts anknüpfen. Sowohl der fiktionsfeindliche Puritanismus als auch die klassizistische Ästhetik hatten ihre Fortentwicklung angehalten, so daß von ihnen nur noch ein Reservoir von frei verfügbaren Kompositionsschemata übrigblieb (z.B. die lockere Episodenreihung und *low-life*-Perspektive des Schelmenromans, wie sie in Defoes *Moll Flanders* wiederkehrt, oder die Handlungsstruktur der Romanze mit ihren Stationen von Abenteuer, Prüfung und Bewährung). So müßig es in Anbetracht bedeutender Beispiele elisabethanischer Erzählprosa ist, den Beginn des Romans exakt datieren zu wollen, so sinnvoll ist es doch, die Ursprünge des *modernen* Romans, wie er in unverminderter Popularität bis heute konsumiert wird, mit Defoe, Sterne und Richardson zu verbinden.

Veröffentlichung privater Schreibformen

Die allmähliche Literarisierung von vormals subliterarischen Ausdrucksmustern hat sich freilich auch unabhängig vom Roman vollzogen. Selbst so »private« Schreibformen wie Tagebuch und Briefe waren publikationsfähig und somit »öffentlich« geworden, sobald sie für sich eine allgemeine Verbindlichkeit der Beobachtung und der didaktischen Anschauung bzw. eine Vorbildhaftigkeit des sozialen Meinungsaustauschs beanspruchen durften (vgl. S. 160f. u. 182f.). Damit ist eine sozialgeschichtlich höchst bedeutsame Umkehrung markiert: Während nämlich die Geltung überindividueller Normen abnimmt – und noch am reinsten in der klassizistischen Versdichtung bewahrt bleibt –, gerät der laut Definition »eingegrenzte« Bereich des Privaten zum Vorbildmuster für Gesellschaftliches. Dieser schrittweise Prozeß hat sich von Anfang an der religiösen und moralischen Legitimation versichert. So wurden puritanische Seelentagebücher *(spiritual autobiographies)* von ihren Verfassern im größeren Kreis von Familienmitgliedern und Freunden vorgelesen, ja untereinander ausgetauscht und sogar veröffentlicht, sobald ein besonders eindringliches Exemplum vorlag, wie sündhaften Versuchungen tugendhaft zu widerstehen sei. Auch enthielten sie durchaus stilisierte Rahmenvorgaben einer modellhaft angelegten Erzählfolge, die das, was sich faktisch in einem Leben ereignet hat, auf seine zentrale Sinngebung hin auswählt, interpretiert und in gewisser Weise »verfälscht«. Diese Vorgaben orientieren sich am traditionellen Bekehrungsschema von Ungehorsam, Strafe, Einsicht, Reue und Versöhnung, wie es etwa in Defoes Romanen als moralisch-didaktisches Gerüst wiederkehrt.

Vergegenwärtigung des individuellen »Selbst«

Wenn die Entwicklung des modernen Romans ursächlich mit der Heraufkunft des »bürgerlichen Individualismus« verknüpft worden ist, so handelt es sich hierbei um ein schlagwortartiges Erklärungsmodell, das als erstes die Rezeption der Gattung durch ein weitgehend bürgerliches Publikum anführen kann. Die oft langwierige Lektüre erzwang den Rückzug in die Privatsphäre und damit auch eine Beanspruchung individueller Phantasie. Doch sind dies mehr äußerliche Voraussetzungen einer sozialpsychologischen Entwicklung, die bis in die Gegenstände des Romans (Verständigung über Ziele bürgerlicher Existenz) und die Art ihrer ästhetischen Bewältigung verfolgbar ist. In ihrem Kern liegt nicht weniger als die neuzeitliche Formung von Subjektivität und personaler Identität – jene Vergegenwärtigung des Selbst, wie sie eine philosophische Definition aus dem 17. Jahrhundert mustergültig ausdrückt: »That which in a person is really and intrinsically *he*; a permanent subject of succession and varying states of consciousness« (*O.E.D., s.v.* »self«). Während in ständisch gegliederten Sozialordnungen weitgehend noch eine »Traditionslenkung« vorherrscht, die den einzelnen in ein schon vorgegebenes Kontinuum der Generationenfolge und geschichtlicher Erfahrungsvorgaben stellt, hat sich im Zusammentreffen humanistischen und protestantischen Ideenguts eine neuartige Besinnung auf die Leistungsfähigkeit des Individuums herausgebildet. Es wird zum handelnden, selbsttätigen Subjekt, das sich über seine Bewußtwerdung auch zum Objekt der Selbsterkenntnis macht. Erst mit wachsender »Innenlenkung« rückt das Selbst in den Mittelpunkt des Erlebens und erfährt sich vor dem Horizont wahlweiser Möglichkeiten seiner Existenzgestaltung. Um Heilsgewißheit zu erlangen, ist es dem einzelnen aufgegeben, sowohl in seine Seele zu blicken und sein Inneres zu erkunden, als auch die Welt nach positiven Zeichen seiner Gottgefälligkeit zu erforschen. Der Roman ist literarisches Dokument dieser Erkundung des Ich über seine Stellung in der Welt, einer frühen Verbindung von Psychologie und Wirklichkeitsbeobachtung.

John Bunyan

Ein frühes Beispiel jener »Selbstbesinnung des Problemsubjekts« (W. Iser) ist John Bunyans *The Pilgrim's Progress*, das sein Autor von 1661 bis 1672 im Gefängnis verfaßte, wo er wegen Übertretung des Predigtverbots saß. Bunyan hatte bereits mit *Grace Abounding to the Chief of Sinners; or, a Brief and Faithful Relation to the Exceeding Mercy of God in Christ to his poor Servant John Bunyan* (1666) ein Seelentagebuch vorgelegt, das sein religiöses Erweckungserlebnis nach einer Phase psychischer Wirrungen schildert. Nach Art der Psychomachia kämpfen dabei Gott und Satan um seine Seele, stets begleitet von Bibelworten der Erbauung oder Verdammnis. Die schonungslose Selbsterfahrung wird in *The Pilgrim's Progress* allegorisch mit bildhaften Topoi des Reisemotivs verknüpft: Der Pilger Christian gelangt erst nach allerlei Gefährdungen und Anfechtungen (wie dem »Sumpf der Verzagtheit«, dem »Jahrmarkt der Eitelkeiten« oder der »Burg des Zweifels«) ans Ziel des göttlichen Heils. Der »progress« ist dabei ganz eschatologisch als Fortschreiten auf dem Weg zu Gott verstanden, wobei der Erwählte die Welt und sich selbst immer wieder nach Beweisen göttlicher Gewogenheit überprüft. Bei Christian wird die Exemplarik menschlicher *conditio* noch unübersehbar über alles individuelle Erleben gestellt, und doch gewinnt gerade die Traumvision von Aufbruch und Heilsweg des Christenmenschen durch die ständig geforderte Vergewisserung des Subjekts eine konkrete Geltung für den einzelnen, so daß *The Pilgrim's Progress* als zitatengesättigtes Erbauungsbuch noch bis ins 20. Jahrhundert in vielen englischen Haushalten zu finden war.

Frontispiz der dritten Auflage von Bunyans *The Pilgrim's Progress*

Leben als Text

Wenn die Reflexivität von Tagebuch, Brief und Autobiographie mit am Ursprung des Romans steht, so hat dieser dabei etwas höchst Paradoxes zu realisieren: das Leben als fortlaufenden, im Moment der Entstehung noch unabgeschlossenen Text. Hier liegt der Unterschied zu all den Chroniken, Tatenbüchern, *Memoirs* und heroischen *Lives*, die den einzelnen in den Zusammenhang einer schon abgeschlossenen Historie stellen. Nunmehr aber sieht sich das Subjekt mit einer Vielzahl von möglichen und variablen Geschichten *(stories)* konfrontiert, deren Kontextdeutung offensteht und von ihm erst noch zu leisten ist. Erst so können auch sie zur fertigen »Geschichte« *(history)* werden – ein Begriff, der zuweilen synonym für den Roman, für private Lebensbeschreibung, aber auch eine Erzählung benutzt wird.

Eine solche Entwicklung bedingt zwei wesentliche Wandlungen im Verständnis des historischen Subjekts, die für die Romangenese grundlegend sind. Zum einen tritt das Ich sich selbst gegenüber und verschafft sich eine Identität als reflektierende Instanz. Nur so kann es die jeweils gegenwärtigen Momente des Erlebens, die noch ungeordnet und undurchschaubar sind, in eine einheitliche Perspektive bringen. Daß ein solches Verfahren schon sehr früh auch wieder Probleme aufgeben konnte, sobald die ordnende Sinngebung durch zu viele Fragen nach der jeweiligen Bedeutung von Ereignissen gestört wurde, beweist Sternes *Tristram Shandy* mit seinen Exkursen, Digressionen und zeitlichen Verschachtelungen.

Anschein von Authentizität

Zum anderen ist allein die Tatsache, daß ein im Sprechakt notwendig gegenwärtiges Ich von sich und seiner Umwelt berichtet, ein unabweisbarer Beleg für Zuverlässigkeit und Echtheit der Erzählung. Es entsteht so zumindest die Fiktion von Authentizität. Der geläufige Kunstgriff, einen Nachlaßverwalter oder Herausgeber im Vorwort einzuschalten, war sicherlich zweckdienlich, um puritanische Vorbehalte gegen die »Lüge« literarischer Erfindungen zu entkräften. Eine noch viel stärkere Realitätsbeglaubigung liefert jedoch der Einbezug der Nah-Welt, wie sie der Blick des Erzählers unmittelbar erfaßt. Der oft erwähnte »Realismus« des Defoeschen Romans erklärt sich daraus, daß auch Alltägliches ins Sehfeld rückt und der Beschreibung für wert erachtet wird. So scheint Robinsons penible Inventarisierung seiner Umwelt in der Gegenstandserfassung von Autobiographie und Tagebuch bereits vorweggenommen. Der Blick ist stets ein interessierter: Die Dinge werden nicht gesehen, »wie sie sind«, sondern in ihrer Bedeutung für künftiges Handeln erkannt.

Der Wirklichkeitsanspruch – manifest auch in der Wirkung, die eine äußere Realität auf das Subjekt ausübt – verlangt nach einer immer größeren Konzentration auf Details, so daß die Beschreibung auch quantitative Auswirkungen hat. Im Nachwort des nicht zufällig umfangreichsten Romans der englischen Literatur, *Clarissa Harlowe*, schreibt Richardson, es habe häufig eine Notwendigkeit zur Ausführlichkeit und minuziösen Genauigkeit bestanden, um den Eindruck von Wahrscheinlichkeit zu erhalten, der für eine Geschichte notwendig sei, welche sich eine Darstellung des wirklichen Lebens vorgenommen habe.

»Wahrscheinlichkeit«

Der von Richardson benutzte Terminus der »probability« – verwandt der ebenso häufig angeführten *vraisemblance* – ist ein Schlüsselbegriff in der Romanentwicklung. Während in den kalvinistischen Seelentagebüchern die Tatsachentreue zugleich moralisches Kriterium für Wahrheitsliebe war, wird schon bei Defoe die faktische Teilnahme am Geschehen vom Erzähler relativiert. So schreibt der fiktive Chronist »H.F.« (die Initialen stehen vermutlich für Defoes Onkel Henry Foe) im *Journal of the Plague Year*: »I cou'd give a great many such Stories as these, diverting enough, which in the long Course of that Dismal Year, I met with, that is heard of, and which are very certain to be true, or very near the Truth; that is to say, true in General, for no Man could at such a Time, learn all the Particulars.« Bereits die Formulierung verrät, auf welch schmalem Grat von *true history* und *feigned story (fiction)* sich die frühe Romanliteratur bewegen wird. So postuliert auch Robinson, alle Verdächtigungen einer erfundenen Geschichte seien »scandalous in design, and false in fact«, doch lenkt er dann geschickt ein, daß es keine Einzelheit in der erfundenen Geschichte gebe, die nicht ihre wohlbegründete Entsprechung in der tatsächlich stattgefundenen Geschichte besitze. Der Roman entnimmt zwar wichtige Bestandteile aus der Realität, doch wird sein »Realismus« immer mehr zu einem literarischen Verfahren, um nahezulegen, daß sich eine Geschichte so oder ähnlich hätte ereignen können. In

Gulliver's Travels kann Swift bereits ein ironisches Verwirrspiel mit der Verläßlichkeit des als Gullivers »Cousin Sympson« vorgestellten Verlegers und der Glaubwürdigkeit des fiktiven Erzählers anstellen (»There is an Air of Truth apparent through the whole«) – bestes Indiz dafür, wie die Wahrheitsliebe des Romans wiederum Gegenstand satirischer Relativierung werden konnte.

Daniel Defoe: Moralisches Exempel und die Abenteuergeschichte

Daniel Defoe (von N. van der Gucht, 1706)

Daniel Defoe stammte aus einer Londoner Dissenter-Familie von Gewerbetreibenden. Sein Werdegang mutet angesichts des ständigen Auf und Ab selbst wie ein fiktiver Bericht über Fehlschläge, Bewährungen und abenteuerliche Umschwünge an: Er begann als Strumpfhändler, diente als Soldat in der putschenden Armee des Duke of Monmouth, meldete 1692 als Kaufmann Konkurs an, tauchte unter, avancierte drei Jahre später zum Steuereinnehmer und Aufseher über die staatliche Lotterie, erwarb eine Ziegelei und zeigte sich dem gemäßigt konservativen Premier Robert Harley erkenntlich, indem er als Agent durch die Provinz reiste, um die politische Stimmung im Lande auszukundschaften. Seine journalistische Tätigkeit für *The Review* prägte seinen Sinn für faktenorientierte Beobachtung und die aktuelle Vermittlung von Geschehnissen, die er mit praktischen Ratschlägen oder moralischen Einsichten verband. Der Schritt von der journalistischen Reportage zum Roman war zunächst ein eher gradueller, indem nun die Fiktion eines anschaulichen »Tatsachenberichts« geschaffen wurde, den ein Ich-Erzähler und ein Herausgeber beglaubigten.

Das Bemerkenswerte an Defoes Romanen ist, daß ihrer sachlich-unprätentiösen Art der Beschreibung, dem Verzicht auf »Atmosphäre« und Ausleuchtung des Innenlebens sowie dem schmucklosen Stil jede ästhetische Anstrengung zu fehlen scheint. Der Ton ist oft beiläufig, und selbst in Passagen persönlicher Kundgabe, wie in Eingeständnissen von Schuld und Reue, herrscht ein konventioneller und unproblematischer Duktus. Der Handlungsaufbau ist dem der *conversion narratives* (Bekehrungsgeschichten), pikaresken Abenteuerromanen und Reiseerlebnissen angeglichen. Die sehr unterschiedlichen Schauplätze und Milieus wiederum, die von Londoner Brutstätten des Verbrechens über die gehobene Gesellschaft des englischen Landadels bis hin zu exotischen Inseln in Übersee reichen, appellieren eher an das Sensationsbedürfnis des Publikums, als daß sie rein imaginäre Räume öffneten, die die Phantasie beflügeln. Trotz dieser offensichtlichen Begrenzungen sind Defoes Erzählwerke erste Höhepunkte der Romankunst. Sie erstellen ein empirisch ausgewiesenes Universum, durch das sich die Figuren in all ihren ökonomischen Zwängen und moralischen Nöten bewegen müssen, um das Glücksversprechen einzuholen, das nach puritanischer Anschauung am Ende ihrer Anstrengungen wartet.

Captain Singleton

Captain Singleton (1720) führt die Hauptfigur zusammen mit einer Gruppe Meuterer durch Afrika, später mit Piraten über den Pazifik, bis sie schließlich zu einem geregelten Leben in England zurückkehrt. *Colonel Jacque* (1720) erweitert den geographischen Aktionsradius noch um einige Länder mehr, nur um den Titelhelden – einen Dieb – nach all den Anfechtungen und Abenteuern wie einen verlorenen Sohn zu Reichtum und sozialem Ansehen heimzuholen. Auch *The Life and Strange Surprising Adventures of Robinson Crusoe* (1719) scheint zunächst ganz dem Schema zeitgenössischer Tatsachenschilderungen, Reiseberichte und Bekehrungsgeschichten zu folgen. Zumindest zwei Quellen dienten Defoe als Vorbild:

Robinson Crusoe
Quellen

»Robinson rettet seine Habe aus dem Schiff«. Illustration von 1726

William Dampiers vierbändige *A New Voyage Round the World* (1696–1709) und die Erzählung eines Robert Knox über seine neunzehnjährige Gefangenschaft auf Ceylon (1681). Doch gewinnt bei Defoe die Abenteuergeschichte eines auf eine einsame Insel verschlagenen Mannes, der nicht nur einen Überlebenskampf führt, sondern die Insel »kolonisiert« und den Wilden Freitag zum Christentum bekehrt, eine unübersehbar archetypische Dimension. Unter beinahe laborartigen Bedingungen wird der zivilisatorische Prozeß auf 28 Jahre komprimiert und nacherzählt, der Roman liefert aber zugleich einen minutiösen Bericht von der Leistungsfähigkeit des einzelnen, sobald Gottvertrauen, *common sense* und zivilisatorischer Optimismus zusammenfinden. *Robinson Crusoe* ist somit auf unterschiedliche Weise »kodiert«: als unverwechselbar einmalige Geschichte eines Individuums und als exemplarische Fiktion, als früher Triumph erzählerischer Imagination und als moralischer oder ökonomischer Traktat. Um die Erzählung möglichst plausibel und lebensnah zu gestalten, bedient sich Defoe des *circumstantial evidence* von faktischen Detailangaben, doch läßt er Robinson in der Tradition der Heilszeichendeutung auch immer wieder nach dem Sinn seines Schicksals forschen. Empirie und Suche nach Heilsgewißheit, pragmatischer Erlebnisbericht und historische Allegorie gehen damit eine unauflösliche Verbindung ein.

Doppelte Codierung

Die doppelte Struktur der Erzählanlage bestimmt den Roman bereits an seinem Anfang. Die Ausgangssituation könnte in jedem Seelentagebuch auftreten: Ein junger Mann schlägt den Rat des Vaters in den Wind, verläßt das Zuhause und verstößt damit gegen die im Puritanismus geforderte Gehorsamspflicht des Sohnes, nach den Hauszuchtbüchern eine der Hauptvoraussetzungen der Familienreligion. In vielfältigen Stationen der Anfechtung und Bewährung muß er daraufhin beweisen, daß er sein Verhalten bereut und imstande ist, ein gottgefälliges Leben zu führen. Dieses Abfolgeschema von Ungehorsam, Strafe, Einsicht und Reue wird freilich dadurch relativiert, daß Robinsons »Sünde« erst die Herausbildung seines Selbst ermöglicht, indem er die Herausforderung offener Lebensmöglichkeiten annimmt. Die »middle station of life«, die ihm der Vater als Perspektive anempfiehlt, würde den Verbleib in einer gottgegebenen Sozialhierarchie voraussetzen, während Robinsons dynamische Unruhe erst der eigentliche Anstoß ist, sich auch in extremen Lebenssituationen zu bewähren und neue Horizonte zu erschließen.

Sozialhistorische Bedeutung und poetische Umsetzung

Man hat Robinson den klassischen *homo oeconomicus* genannt, ein Vorbild für den kapitalistischen Entrepreneur und Kolonisator. Im weiteren Sinne einer zweckbestimmten, auf Selbsthilfe und Initiative angelegten Haltung trifft dies zu, doch als Prototyp des frühkapitalistischen Kaufmanns *(merchant adventurer)* ist Robinson bereits ein Anachronismus; schon zu Defoes Zeit wurden die großen Überseeunternehmungen von England aus geleitet, während in *Robinson Crusoe* unternehmerische Planung und deren Durchführung noch beispielhaft vereint sind. Und wenn der Held gleichzeitig zum Handwerker, Landbesteller, Töpfer, Schiffbauer, Jäger und Viehzüchter wird, so gehorcht er in der Entfaltung universaler Talente eher einer vorzivilisatorischen Notlage, als daß er zu einer repräsentativen Gestalt für eine sich verstärkt arbeitsteilig entwickelnden Gesellschaft werden könnte. Marxistische Kritiker haben die Versöhnung von Kopf und Hand sowie die Überwindung des Expertentums freilich auch als utopische Vision verstanden. Das zentrale Thema in *Robinson Crusoe* ist jedoch das der Bewährung und des Triumphs menschlicher Arbeitskraft über alle Widerstände der Natur, die Trägheit zeitlicher Dauer und emotionale Blockaden. Wie sehr er in Kategorien des kaufmännischen Soll und Haben denkt, zeigt der kalkulatorische, von Affektbeherrschung getragene Ton seiner Bestandsaufnahme zu Beginn seines Inseldaseins:

EVIL	GOOD
I am cast upon a horrible desolate island, void of all hope of recovery.	But I am alive, and not drown'd as all my ship's company was.
I am singl'd out and separated, as it were, from all the world to be miserable.	But I am singl'd out too from all the ship's crew to be spar'd from death; and He that miraculously sav'd me from death, can deliver me from this condition.
I am divided from mankind, a solitaire, one banish'd from humane society.	But I am not starv'd and perishing on a barren place, affording no sustenance.

Robinsons Behandlung des Eingeborenen Freitag als Zivilisationsobjekt ist der Beginn vom Traum einer patriarchalisch regierten Kolonie, in der die Bewohner zur Mehrung irdischer Güter und zum Beweis der Gottgefälligkeit eingesetzt werden. In den *Farther Adventures* gerät Robinsons innere Dynamik freilich immer mehr zum Pathos des ziellos umherirrenden Wanderers und führt damit zum Ausgangspunkt zurück, als die Abenteuerlust mehr in ihren sündhaften Aspekten als in ihrem ökonomischen Antriebsschub gesehen wurde.

Robinson Crusoe

Es macht die Größe von *Robinson Crusoe* aus, daß Intensität und Welthaltigkeit der Beschreibungsmomente weit über den religiösen und sozialpolitischen Horizont hinausreichen. Die Zeichenhaftigkeit des Geschilderten kann sich somit vom allegorischen Sinnbezug hin zur vornehmlich poetischen Bedeutung verschieben. Wenn etwa Robinson in einer – von Virginia Woolf bewunderten – Passage sich erinnert, er habe von seinen Kameraden keine Spuren mehr entdeckt, »except three of their hats, one cap, and two shoes that were not fellows«, dann wird die faktische Information zu einer bewegend existentiellen. Mehr noch, als wenn Robinson vom Weinkrampf geschüttelt wird, enthüllt sich in der lapidaren Mitteilung der herangespülten Gegenstände die Unendlichkeit seiner Verlorenheit, verstärkt durch die Beschreibung des von Schaum und Gischt vernebelten Bootes in weiter Ferne. Die Fiktion entläßt das Individuum bereits in eine Welt der unentschiedenen Deutungen und schickt es auf die Suche nach Gewißheiten, die nicht mehr unmittelbar vorgegeben sind.

Robinsonaden

Es war vor allem die exemplarische Lektion von der erzieherischen Würde der Handarbeit, die im 18. und 19. Jahrhundert die Rezeption von *Robinson Crusoe* bestimmte und weitere Robinsonaden nach sich zog. Da bei Defoe Arbeit nicht nur als Konkretum, sondern als universale Wertgröße von ethischer Dimension verstanden wird, hat der Roman die didaktische, moralische und ökonomische Theorie eines Rousseau, Carlyle, Marx, Samuel Smiles *(Self-Help)* und Morris beeinflußt. Campe, Wezel und der Herbat-Schüler Ziller integrierten *Robinson* in die Diskussion über pädagogische Zielvorstellungen ihrer Zeit, indem sie Robinsons Abenteuer vor dem bürgerlichen Verständnishorizont von Familie und Hausgemeinschaft neu erzählten.

Moll Flanders

Moll Flanders (1721) ist die episodenhafte Lebensbeichte einer im Newgate-Gefängnis geborenen Diebin und Prostituierten, die nach zahlreichen

Irrungen und einer Strafverbannung nach Virginia mit ihrem fünften Mann, einem bekehrten Wegelagerer, ein anständiges, reich begütertes Leben beginnt. Stärker noch als in *Robinson Crusoe* scheint der moralische Erbauungsanspruch des Romans in eklatantem Widerspruch zur Faszination zu stehen, die die fabulierfreudig ausgeschmückte Darstellung erotischer und krimineller Sündenfälle auf den Leser ausübt. Das hat dazu geführt, daß Kritiker in der vitalen Heldin eine Opportunistin, ja Heuchlerin sahen; so stiehlt sie in einer virtuos gestalteten Szene einem Kind das Halsband, um anschließend moralisierend den unaufmerksamen Eltern die Schuld anzulasten. Auch der Ausgang der Geschichte läßt indirekt den Schluß zu, daß unrecht Gut durchaus gedeihen kann und wahre Reue erst aus materieller Saturiertheit erwächst. Diese Unentschiedenheiten mögen auf die erzählerische Sorglosigkeit Defoes zurückgeführt werden, der die ethische Beurteilung der Ich-Erzählerin noch nicht in perspektivischer Trennung von Rollenfigur und Autor vornimmt. So verbleiben die *diversion* der Gesellschaftsschilderung und die *instruction* der Bekehrungsgeschichte in unauflösbarer Spannung. Diese Spannung vermag freilich auch etwas von den Zwängen und Inkonsequenzen zu vermitteln, die in einer auf Eigennutz aufgebauten Gesellschaft herrschen, solange das Individuum auf seinem Willen zum Überleben und seinem Bedürfnis nach materieller Sicherheit besteht. Molls Welt ist geprägt von den Mechanismen des Tauschs, in die sie auch noch ihre Beziehungen zu Männern einbringt; während bei Richardson Liebe zum Inbegriff des emotiv gefaßten Gleichheitspostulats wird, könnte sie Moll Flanders nur im Wege stehen: »I had been tricked once by that cheat called love, but the game was over; I was resolved now to be married or nothing, and to be well married or not at all.« In der Bilanz des Lebens siegt bei Defoe die Notwendigkeit über das Sentiment und einen rigoros gesetzten Moralkodex.

Roxana

In *The fortunate mistress Roxana* (1724) findet die karrierebewußte Heldin zu einer selbstbewußten Erkenntnis ihrer Überlegenheit, die sie eine Liebesheirat von sich weisen läßt. Was bei Defoe häufig als moralische und narrative Unstimmigkeit erscheint, wird in *Roxana*, stärker noch als in *Moll Flanders*, zur illusionslosen Bestandsaufnahme weiblicher Selbstbehauptung in einer von Eigensucht beherrschten Welt.

Richardson und der Briefroman

Etwa ein Fünftel der Prosaliteratur des 18. Jahrhunderts bestand aus Briefromanen *(epistolary novels)*, und schon vor Richardson waren Dutzende davon erschienen. Meist handelte es sich um verspielte *letters of gallantry*, die in unübersehbarer Stilisierung den Briefaustausch mit einer Geschichte über Liebeswerben und Zurückweisung verbanden, oder es waren romanzenhafte *novellas* wie etwa Aphra Behns *Love Letters between a Noble-Man and His Sister*. Im Verständnis der Epoche konnte der Brief zweierlei darstellen: sowohl private Kommunikation als auch formale Einkleidung eines Textes, der von vornherein für die Publikation gedacht war. Wenn eine Satire, ein Traktat oder ein Reisebericht als »Letter from ... to ...« erschien, so war dies eher ein Kunstgriff, um über den namentlich genannten Adressaten einen persönlicheren Zugang auch zur Schar der potentiellen Rezipienten zu ermöglichen. Zudem erschien der Akt des Schreibens nicht als planlose Beschäftigung, sondern war in seiner Hinwendung auf einen Empfänger als zweckbestimmt und zielgerichtet legitimiert.

Samuel Richardson (1750)

Daß aber auch Briefe von intimerem Gehalt *(familiar letters)* dank ihrer Erbaulichkeit und moralischen Leitbildfunktion einem öffentlich sanktionierten Verhaltenskodex gehorchen können, zeigen die zahlreichen Handbücher jener Zeit, in denen Briefmodelle für alle Wechselfälle des Lebens zur Nachahmung erstellt wurden. Der 50jährige Richardson selbst hat, nach einer Karriere vom Lehrling zum selbständigen Drucker und Verleger, solche Sammlungen von Musterbriefen verfaßt und veröffentlicht. Um ihnen einen inneren Zusammenhang zu verleihen, erfand er eine zentrale Frauenfigur, die den in ihrer Mehrzahl weiblichen Lesern zur Identifikation diente. Auch hatte Richardson erkannt, daß der Drang zu Reflexion und Selbstaussprache in der prekären Phase zwischen Verliebtheit und Heirat am stärksten war und so von den Briefstellern verläßliche Verhaltensregeln erwartet wurden. Die Briefe enthielten Anleitungen für situationsadäquates Benehmen, gaben Ratschläge, wie eine unglückliche Affäre taktvoll zu beenden sei, oder führten vor, wie spontane Gefühle in kontrollierte Sprache umgesetzt werden konnten. Zunächst als moraldidaktische Schreibvorgabe gedacht, gerieten diese Musterbriefe bald auch zur Unterhaltungslektüre und wurden immer mehr auf ihre fiktiven Verfasser und Adressaten hin konkretisiert. So finden sich in Richardsons Sammlung bereits ganz spezifische Situations- und Erzählbeispiele wie »A Young Woman in Town to her Sister in the Country, recounting her narrow Escape from the Snare the Day Before«.

Mr. B. entwendet Pamelas ersten Brief und liest ihn (Francis Hayman und Hubert Gravelot).

Kompositions-techniken

Die Zusammenfassung fiktiver Briefe zu einem Roman verlangte nach einer Fülle neuer Kompositions- und Perspektivtechniken, die von Richardson – in *Clarissa* mehr noch als in *Pamela* – meisterhaft facettiert gehandhabt wurden. Da eine auktoriale Kommentierung mit Ausnahme der Fußnoten und Anmerkungen fehlt, mußten die für den Leser notwendigen Informationen und Erklärungen in die Briefe selbst integriert werden, ohne daß dabei ihre Glaubwürdigkeit als spontane Form der Kommunikation übermäßig strapaziert werden durfte. Durch die Spiegelung in den jeweils subjektiv gefärbten Sichtweisen der Korrespondenten können zumindest die zentralen Figuren eine Fülle von Charakterattributen erhalten, die sie relativ komplex erscheinen lassen. So ist Lovelace in *Clarissa* zwar der traditionelle Wüstling *(rake)*, aber auch ein Mann von Stolz, der neben sadistischem Herrschaftsstreben Großmut und Generosität entwickelt.

Die Zeit im Briefroman

Im Schreibakt selbst nähert sich beim Briefroman die erzählte Zeit immer mehr der Erzählzeit. Was gerade eben geschah, wird unmittelbar in die emotionale Verfassung des Schreibenden aufgenommen, so daß eine Mischung aus spontanem Gefühl und fortdauernder Reflexion über die Bedeutung des Erlebten entsteht. Richardson, der damit Elemente des Bewußtseinsromans vorwegnimmt, spricht selbst von »Familiar Letters, written as it were, to the *Moment*, while the Heart is agitated by Hopes and Fears, on Events undecided...« Diese außerordentlich enge Verknüpfung zwischen noch unabgeschlossenen Ereignissen und den durch sie in den Figuren ausgelösten Reaktionen steht am Ursprung der vielgerühmten Psychologie bei Richardson. Im Leser bildet sich ein Gespür für all die Gefährdungen, wenn Handeln und Schreiben, intimes Erleben und gedanklicher Nachvollzug aufeinandertreffen: wie daraus eine Empfindlichkeit für Nuancen erwächst, wie Planungen spannungsvoll durchkreuzt und Gefühle von gesellschaftlichen Konventionen konterkariert werden.

Pamela: *Tugend als Tauschobjekt*

Für die eigentliche Konfliktkonstellation in Richardsons Erstlingswerk *Pamela* (1740) läßt sich ein sozialpsychologisch ausdeutbarer Rückbezug zur Privatheit und Intimität der erzählten Geschichte herstellen. Die fünfzehnjährige Titelheldin, ein aus verarmter Familie stammendes Dienstmädchen, setzt den skrupellosen Nachstellungen ihres Hausherrn, des Landedelmannes »Mr. B«, sowohl ihre sittlichen Gefühle als auch eine unübertreffbare

Intensität der brieflichen Selbsterforschung entgegen. Den Lohn der Tugend (*Pamela; or, Virtue Rewarded*, wie der volle Titel lautet) findet sie in der reuevollen Umkehr des sozial weit über ihr stehenden Adeligen, der ihre Briefe entdeckt, in echter Liebe entflammt und sie heiratet. In einem mühsamen, doch letztlich siegreichen Prozeß des Tauschs erwirbt sie Status und Vermögen als verdiente Gegenleistung für Gefühl und bessere Moral. Die Überlegenheit des puritanischen Bürgertums über den Adel ist damit doppelt besiegelt: Gegen kaltes erotisches Rollenspiel setzt es aufrechtes Sentiment, gegen Zügellosigkeit eine skrupulöse, durch *delicacy* und *sensibility* veredelte Sittlichkeit. Der resolute Tory Richardson verfolgt keineswegs eine Umwälzung sozialer Hierarchien, die durchaus ihre Geltung bewahren sollen, solange sie für Personen von Anstand und Tüchtigkeit derart durchlässig bleiben wie für Pamela. Tugend erscheint damit als Arbeitsleistung, mit deren Hilfe die gesellschaftliche *chain of being* überwunden wird.

Dadurch jedoch, daß die gesellschaftliche Konfliktproblematik mit der Geschlechterdifferenz untrennbar verknüpft ist, erhalten Pamelas tugendhafte Verweigerung und der oberflächlich kalkulierte Einsatz ihrer Unschuld die Aura eines »puritanischen Striptease« (Watt). D.H. Lawrence spricht gar polemisch von einem »underclothing excitement«, wie in *Pamela* männliche Strategien durch weibliche Entgegenkommens- und Verzögerungstaktiken zugleich bestätigt und durchkreuzt werden. Doch so sehr die fetischistische Verehrung der »Reinheit« in der Frau das Vorbild für den trivialen Traum von versteckter Sexualität und sozialem Aufstieg lieferte, so sehr ist Pamelas Handeln doch noch in die subjektive Überzeugung von der Selbstlosigkeit ihres Tuns und in einen Tugendidealismus eingebunden, ohne die es auch keine Belohnung gäbe. Noch fern aller modernen psychoanalytischen Diagnosen nannte Richardsons Freund Aaron Hill die Heldin »a salutary *Angel*, in *Sodom*«, der strikt nach den Vorschriften von Hauszucht- und Erbauungsbüchern *(conduct books)* agiert. In dieser Hinsicht ist *Pamela* stärker eine

Pamela wehrt sich gegen einen Kuß (Joseph Highmore).

didaktisch durchdrungene Romanze denn tiefenpsychologische Studie, auch wenn der Roman profunde Einsichten in die Zusammenhänge zwischen sozialer Hierarchisierung, gesellschaftlichem Sittenkodex und erotischer Antriebskraft liefert. Daß er die Privatsphäre vornehmlich dem weiblichen Geschlecht überantwortet, ist dabei unbestritten Ausdruck realer Verhältnisse. Es verrät aber auch die gesteigerte Legitimation, die das Private als Enklave bürgerlicher Existenz im Verlauf des 18. Jahrhunderts erfährt.

Shamela

Richardsons erbaulicher Ton – der Autor selbst legte Wert darauf, »nie im Leben in Gesellschaft einer sündhaften Frau« gewesen zu sein – hat nur ein Jahr nach Veröffentlichung von *Pamela* Henry Fielding zur witzigen Burleske *Shamela* angestiftet, in der die Tugend phonetisch zur »vartue« vulgarisiert und von der verfolgten Unschuld auf dem Altar moralischer Zweckmäßigkeit geopfert wird. In *Joseph Andrews* schließlich wird Pamelas Bruder, ein junger Bediensteter, zum Objekt weiblicher Begierde, der er sich mit karikaturistisch übertriebener Keuschheit zu entziehen versucht. Es ist Fieldings ironische Replik auf die Änderungen in der sozialen »Seinskette«, die das puritanische Bürgertum mit den Waffen der Moral bewirken will. Auch Clelands *Memoirs of a Woman of Pleasure*, besser noch als *Fanny Hill* bekannt und gerichtsnotorisch geworden, kann insofern als »Anti-Pamela« gelten, als der Autor weibliche Lust durch die Macht der Liebe adelt und ihr ein ebenso glückliches Ende verheißt wie Richardson der weiblichen Tugend.

Clarissa: *Der Zwang der Konventionen*

Clarissa; or, The History of a Young Lady (1747–48) enthält knapp unter eine Million Wörter und gilt nicht nur als längster englischer Roman, sondern auch als einer der am wenigsten rezipierten. Würde man ihn, so Dr. Johnson, allein wegen seiner Geschichte lesen, würde die Ungeduld so sehr gereizt, daß man sich erhängen müßte. Doch zählt bei Richardson das äußere Geschehen nur wenig und die Subjektivierung des Geschehens im Denken und Fühlen eines Charakters fast alles. In *Clarissa* ist die aus einer arriviertreichen Bürgerfamilie stammende Heldin sozial weit höher angesiedelt als Pamela; gerade dadurch ist der Geschlechterkampf von den Kolportageelementen des Cinderella-Motivs befreit. Richardson kann sich ganz auf die psychischen Mechanismen der Figuren konzentrieren, die als Korrespondenten komplementär einander zugeordnet sind. Was wie eine melodramatische Konstellation von unbezwingbarer Tugend und abgrundtiefem Laster anmutet, wenn Clarissa nach ihrer Vergewaltigung durch den dämonischen Lovelace die Ehe verweigert und in moralischer Überlegenheit den Tod erwartet, wird zu einem subtil-minutiösen Erzähldiskurs über Clarissas tragisches Gefangensein zwischen der Gefühlskälte ihrer großbürgerlichen Familie und dem alle Konventionen verspottenden Sexualanspruch des Libertins. Mag ihre seelische Reinheit vom Autor auch als gängiges Attribut der Frau eingesetzt sein, so wird sie im Verlauf des Romans zum christlich interpretierten Symbol von Freiheit, mit der Clarissa gegen die Zwänge der Umwelt ihre personale Unversehrtheit setzt. Freilich tut sie das um den Preis verdrängter Erotik. Richardsons Romane mit ihren weiblichen Zentralfiguren stehen am Ursprung einer langen Reihe trivialer Geschichten, in der nur die Wahlfreiheit echter Liebe von Statusschranken und den Fesseln männlicher Besitzgier zu erlösen vermag. Sie haben aber auch einen unübersehbaren Einfluß auf die gesamteuropäische Herausbildung von Empfindsamkeit und den universalen Tugendbegriff der Aufklärung ausgeübt, von Diderot und Rousseau über Lessing bis hin zu Goethe.

Sir Charles Grandison

In *Sir Charles Grandison* (1753–54), Richardsons letztem Briefroman, steht ein männliches Vorbild an moralischem Verhalten im Mittelpunkt. In der didaktisierenden Tradition der *conduct books* verkörpert er die wahre

Gattenliebe und eine Benevolenz, die auf alle übergeht, die mit ihm in Berührung kommen. Auf eine statische Exemplarik angelegt, stellt Grandison in vielem ein doktrinäres Gegenbild zu Fieldings toleranterem Konzept des *good man* dar: Die Frivolität der Gesellschaft in Liebes- und Ehedingen ist ihm fremd, und da Güte und intellektuelles Verständnis bereits vollkommen in ihm eingezeichnet sind, kann kaum eine dramatische Entwicklung stattfinden. Wenn Jane Austen und George Eliot dennoch den Roman hoch einschätzten, so liegt dies an der Ernsthaftigkeit und Kompromißlosigkeit, mit denen er einen Modellfall des moralischen Helden vorstellt.

Fieldings »comic epic poem in prose«

Richardson und Fielding

Henry Fieldings Romankunst trägt im Vergleich zu der von Richardson komplementäre bis antithetische Züge; nicht umsonst werden beide Autoren (die einander nicht sehr schätzten) oft in einem Atemzug genannt, sobald das breite Spektrum der englischen Romanentwicklung im 18. Jahrhundert abgesteckt werden soll. Während Richardson einer kleinbürgerlichen Familie entstammte, nur eine geringe Schulbildung genoß und erst sehr spät als Autodidakt zu schriftstellerischem Erfolg gelangte, kam Fielding aus einer Familie mit adeligem und militärischem Hintergrund (wenn auch verarmt), ging in Eton zur Schule, wo er eine klassische Ausbildung erhielt, wandte sich dann dem Theaterbereich zu und frequentierte Londons Künstlerkreise; später betätigte er sich als Friedensrichter und gewann in dieser Funktion Einblick in unterschiedlichste Gesellschaftsschichten. Die Biographien der beiden Schriftsteller geben bereits Hinweise auf ihre diametral entgegengesetzten Auffassungen von Leistungsfähigkeit und Struktur des Romans. Bei Richardson herrscht eine vornehmlich von Frauen vorgenommene Selbsterforschung von Emotionen vor, sie geschieht im privaten Raum bürgerlicher Intimität, der Ton ist ernsthaft und vom Sentiment getragen. Bei Fielding hingegen überwiegt eine ausgesprochen männliche Form der Auseinandersetzung mit der Außenwelt, sie vollzieht sich in öffentlichen Bereichen (selbst private Liebesnester sind nicht vor der Anwesenheit von Nebenbuhlern sicher), der Ton ist ironisch, gesellig und von aristokratischer Souveränität. Der Moralbegriff ist bei dem einen von puritanischer Unerbittlichkeit, beim anderen von der Toleranz eines aufgeklärten Anglikanertums geprägt. Erwerb von Menschenkenntnis erfolgt bei Richardson in der minutiösen Beobachtung von Gefühlsreaktionen, bei Fielding in einem handlungsreichen Lernprozeß, der nicht nur den Helden, sondern auch den Leser dazu zwingt, im Verhalten der Figuren zwischen Täuschung und wahrer Identität zu unterscheiden.

Der Roman als Bühne

Die Welthaltigkeit, die inszenierten Konflikte und das distanziert entwickelte Rollenspiel in Fieldings Romanen erinnern an die Bühne, also gerade jene künstlerische Darstellungsform, die den Puritanern als Hort der Unmoral äußerst suspekt war. Bevor der bei Fielding und seinen Schriftstellerfreunden gründlich gehaßte Premier Walpole 1737 mit der *Licensing Act* die Theaterzensur einführte, hatte Fielding eine Reihe von Komödien, Satiren, Farcen, Parodien und Opernlibretti verfaßt, von denen *Tom Thumb* als Parodie auf die heroische Tragödie am bekanntesten wurde. In dieser »Tragödie der Tragödien« werden die heroischen Taten und bombastischen Reden eines Däumlings monströs übersteigert, bis ihn am Schluß versehentlich eine Kuh verspeist. Parodistische und burleske Elemente stehen in *Jonathan Wild* (1743) im Dienst einer beißenden Prosasatire. In der Nachfolge von Plutarch und Sueton vergleicht diese »Neuauflage« der großen Biographien und Heldenepen einen historischen Verbrecher mit den wahrhaft Großen der Weltgeschichte und feiert seine Missetaten als Zeichen seiner Bedeutung. Wenn *Jonathan Wild* über die ironischen Verkehrungen des *mock-heroic* hinaus zu einer Auseinandersetzung mit der aktuellen Politik gelangt, so liegt das an der unmißverständlichen Identifikation des »great man« Robert Walpole mit einem Gangster und der Schlußfolgerung, daß Tugend in Zeiten der Korruption nur als Schwäche aufgefaßt werden kann.

Der Roman in der klassizistischen Begründung

Fieldings herausragende Stellung in der Romanliteratur des 18. Jahrhunderts hängt maßgeblich damit zusammen, daß er die Schreibpraxis mit einer theoretischen Fundierung des Romans dergestalt verknüpft, daß fiktives Geschehen und poetologische Reflexion in wechselseitige Kommentierung treten. Mit der Traditionsanbindung durch epenparodistische Elemente versucht er als einer der ersten eine gattungspoetologische Legitimation, die nicht auf subliterarische Zweckformen wie Brief, Tagebuch etc. zurückzugreifen braucht, sondern den Roman als kompositorische Kunstform in die Nachfolge des antiken Epos stellt. Fieldings Begründungsstrategie, wie sie am reinsten im Vorwort zu *Joseph Andrews* (1742) zum Ausdruck kommt, erreicht zweierlei. Zum einen vermag die klassizistische Terminologie den Roman in das hergebrachte System der literarischen Gattungen einzuordnen und ihm damit gesellschaftliche Anerkennung als vollwertigem künstlerischen Ausdruck zu verschaffen. Gerade im Klassizismus bedeutete eine solche Einordnung in ein ausbalanciertes Regelgefüge von verbindlich definierten Genres eine gleichzeitige Sanktionierung der Einzeltexte. Nicht umsonst war *Tom Jones* (1749) einer der ersten Romane überhaupt, die einem adeligen Mäzen, dem Lord Lyttelton, gewidmet waren. Wenn sich andererseits der Autor von *Tom Jones* mit einem Gastwirt vergleicht, der auf seiner Speisekarte für jeden Geschmack etwas anbietet, also eine gemischte Kost für eine gemischte Leserschaft, so war damit auch eine Liberalisierung der traditionellen klassischen Literaturformen zugunsten einer neuen Gattung verbunden.

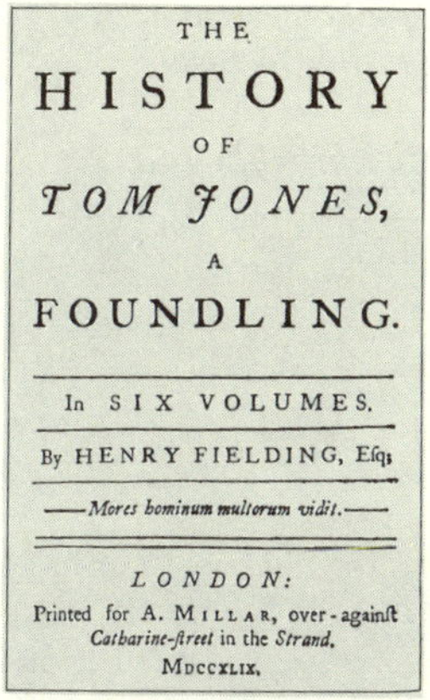
THE
HISTORY
OF
TOM JONES,
A
FOUNDLING.
In SIX VOLUMES.
By HENRY FIELDING, Esq;
—*Mores hominum multorum vidit.*—
LONDON:
Printed for A. MILLAR, over-against *Catharine-street* in the *Strand*.
MDCCXLIX.

Titel der Erstausgabe von *Tom Jones*

Fieldings Konzept des »comic epic poem in prose«

Der Widerspruch konnte gelöst werden, weil Fielding mit dem Konzept eines komisch-realistischen Romans an eine vermeintlich existierende, später verlorengegangene komische Epik Homers anknüpfte; mit seinen 18 Büchern hält *Tom Jones* ganz bewußt die Mitte zwischen den 12 Gesängen der *Aeneis* und den 24 der *Ilias*. Das Epos und die Komödie fanden damit in dem von Fielding so bezeichneten »comic epic poem in prose« zueinander. Man hat in diesem Zusammenhang von einer Demokratisierung des Epos und einer Unabhängigkeitserklärung des Romans als einer den tradierten Genres ebenbürtigen Kunstform gesprochen.

Das Bild, das der Roman von der Gesellschaft zeichnet, sollte glaubhaft sein, indem es auch Personen von *lower manners* darstellt und ein breites Panorama mit einer Fülle unterschiedlicher Schauplätze entfaltet. Der erhabene Ton der Romanze sollte einer distanzierten Komik weichen, die in den Roman die noch bis ins 19. und 20. Jahrhundert reichende Tradition der *comedy of manners* einführte (Jane Austen, Thackeray u.a.). Anders aber als die satirischen und parodistischen Schreibformen sollte sich der Roman nahe an die menschliche Erfahrungswirklichkeit halten und mit seiner Darstellung von »Natur« möglichst viele Lebensbereiche schildern. Die bloß amüsanten Disparatheiten der Burleske waren dabei möglichst zu vermeiden; wenn schon zwischen epischem Stil und beschriebenem Gegenstand eine komische Inkongruenz auftritt, so eher zu dem Zweck, Ideal und reale Erfahrungswelt aneinander zu messen und ein grundsätzliches, wenn auch pragmatisches Verständnis der unvollkommenen Natur des Menschen zu gewinnen.

»Come, Joey,« said she, »tell me truly, who is the happy girl whose eyes have made a conquest of you?« Illustration zu *Joseph Andrews*

Natürlichkeit vs. Affektiertheit: Tom Jones

Illustration zu *Tom Jones*

Bei Fielding treten viele der Figuren mit ihren typischen Schwächen auf, zu denen vor allem Heuchelei, Eitelkeit, Egozentrik und Verstellung zählen. Die moralische Profilierung zwingt dabei zu exemplarischem Vorgehen: »I declare here once for all, I describe not men, but manners; not an individual, but a species.« Da freilich die Natur den Menschen zum Gutsein bestimmt, ist alles andere nur Abweichung, die korrigierbar ist und von einem eher versöhnlichen Humor bereits verziehen erscheint. Fieldings Charaktere sind aus diesem Grund in ihren Eigenschaften »gemischt«, aber keineswegs komplex. Ein so leuchtendes Beispiel des selbstlosen Christen wie Parson Adams in *Joseph Andrews* besitzt dennoch naive, ja lächerlich weltfremde Züge, die ihn gerade wegen seiner Unkenntnis der Menschennatur zur verspotteten Komödiengestalt machen. Joseph Andrews selbst ist ein sympathischer Simpel, der – obgleich als Figur dem pikaresken Roman entlehnt – keineswegs den moralisch illusionslosen Durchblick des traditionellen Schelmen besitzt. Der Gutsbesitzer Allworthy in *Tom Jones* mag zwar, wie der Erzähler beteuert, die Spitze des Hügels repräsentieren, von der man nur schwer wieder herunterkommt, doch verstößt er in moralischer Blindheit seinen Ziehsohn Tom zugunsten des heuchlerischen Blifil, dessen Maske er nicht durchschaut. Tom Jones schließlich als gutgelaunter, hochherziger Held besitzt eine natürliche Spontaneität, die selbst noch seine erotischen »Verfehlungen« und seine mangelnde Umsicht zu Bestandteilen einer aufgeklärten Gefühlsethik machen; Tugendhaftigkeit wird damit von der puritanischen Selbstgefälligkeit und vom dogmatischen Keuschheitsideal abgetrennt und in ein tolerantes Konzept von Benevolenz und naturkindhafter Sympathie überführt. Fielding setzt dabei in seiner optimistischen Aufgeklärtheit einen klassenübergreifenden Moralbegriff voraus, der ihn sowohl den opportunistischen Egoismus des aufstrebenden Bürgertums als auch die heuchlerische Affektiertheit des Londoner Hofadels kritisieren läßt. Dem in der Realität nur selten zu beobachtenden Ideal, daß sozialer Rang und moralische Integrität einhergehen, trägt Fielding mit einer melodramatischen Fügung Rechnung: Tom ist zwar als Findling in seiner gesellschaftlichen Herkunft undefiniert, doch stellt sich zu guter Letzt heraus, daß sein Adel des Herzens auch genealogisch gut begründet ist. So wie bei Richardson die bürgerliche Heldin ihren adeligen Liebhaber mit der Reinheit ihrer Gefühle beschämt, so wird bei Fielding der bürgerliche Held durch unwahrscheinliche Zufälle in seiner Menschlichkeit geadelt. Der Roman, über weite Strecken an der Schilderung von »Natur« interessiert, kehrt an seinem Ende zur Romanze zurück. Zugleich aber findet das klassizistische Weltbild seine Bestätigung: Ordnung, Symmetrie und Versöhnung sind emblematisch eingesetzte Zeichen für ein providentielles Walten, das sich die aufgeklärte Vernunft zum Maßstab menschlichen Handelns nimmt.

Der auktoriale Erzähler

Der auktoriale Erzähler erscheint dabei als personifiziertes Sprachrohr dieser Vernunft. Er kommentiert und deutet das Geschehen in ironischen oder humorigen Reflexionen, er lenkt die Reaktionen auf Personen und Handlung, nimmt in olympischer Allwissenheit eine episch-distanzierte Erzählperspektive ein und verbindet sie mit der moralischen Autorität des wohlmeinenden Pädagogen. Zum Leser (»my good Reader«) entwickelt er ein freundlich belehrendes Verhältnis, das nicht frei ist von Gönnerhaftigkeit, sich aber von der satirischen Einvernahme des »dear, gentle reader« durch Swift grundlegend unterscheidet. Dank der Trennung der im Ich-Roman vereinten Positionen der Zentralfigur und des Erzählers kommt nun der Erzählvorgang selbst in den Blick: wie bewußt nämlich aus der Fülle der Ereignisse ausgewählt und das Geschehen in sorgsam ausbalancierten Parallelen und Kontrasten durchkomponiert wird. Trotz der Kalkuliertheit der Intrigenstruktur ist der Eindruck nicht der einer schematischen Schwarzweißzeichnung. Vielmehr herrscht eine tolerante Anerkennung von Komplementärem: »For what demonstrates the Beauty and Excellence of any thing but its Reverse?«

Die Figur des Erzählers erlaubt eine Fülle intertextueller Verweise, von biblischen Anspielungen bis zu quixotischen Situationen in *Joseph Andrews*. In ihrer Nähe zur kanonisierten Literatur tragen solche Referenzen normensetzenden Charakter. Selbst eine so epenparodistische Beschreibung wie Parson Adams homerischer Gladiatorenkampf gegen eine Meute Jagdhunde steht in einer Reihe mit jenen zahlreichen Genreparodien, die im englischen Klassizismus eine versierte, keineswegs abwertende Auseinandersetzung mit der Gattung selbst führten.

Gesellschaftspanorama

Die pikareske Weltoffenheit von *Joseph Andrews* und die exemplarische Dreiteilung von *Tom Jones* in Leben auf dem Adelsgut, Reisen auf Landstraßen und feine Londoner Gesellschaft erlauben eine panoramische Sicht auf weite Gesellschaftsausschnitte um 1740 bis 1750. ›High Life‹ und ›low life‹ sind so umfassend dargestellt, wie es einem Romancier der Epoche nur möglich war. Selbst noch eine Kutschenfahrt (in *Joseph Andrews*) liefert eine querschnitthafte Typengalerie, während andere Szenen die Charaktere im Sinne der Ständesatire entindividualisieren. Diese Breite fehlt in Fieldings Spätwerk *Amelia* (1751). Mit seinem erbaulichen Lobpreis der tugendhaften Ehefrau steht es einerseits dem empfindsamen Roman nahe, andererseits weist es als psychosoziales Sittengemälde düstere und bedrückende Züge auf, indem die Isolation der Heldin als bittere Konsequenz männlicher Schwäche und Triebhaftigkeit geschildert wird. Die an Amelia gerügte Unentschiedenheit im Einsatz der Erzählmittel kann auch als unmittelbarer Reflex einer Zeitenwende gesehen werden: Die klassizistische Einheit der Formbestimmung, die aus *Tom Jones* ein Werk strukturaler Ausgeglichenheit macht, weicht einem *mixtum compositum* aus unterschiedlichen Stilen, Stimmungslagen und Genreelementen. Damit ist *Amelia* der *domestic novel* des 19. Jahrhunderts näher als desselben Autors *Joseph Andrews*.

Amelia

Sterne und der »sentimentale Roman«

Laurence Sterne in freundlichem Gespräch mit dem Tod. Gemälde von Thomas Patch (1766)

Als 1760 die ersten beiden Bände von *Tristram Shandy* veröffentlicht wurden, rückte Laurence Sterne – ein nicht nur gelehrter, sondern überaus sinnenfreudiger anglikanischer Landpfarrer aus Yorkshire – so sehr in den Mittelpunkt literarischen Ruhms, daß er sogar einige Monate in vornehmen Londoner Salons verkehrte. Er, den Voltaire den »zweiten Rabelais von England« nannte, hatte dann aber mit den in Toulouse entstandenen Fortsetzungen des Romans weit weniger Erfolg und geriet gar in finanzielle Schwierigkeiten. Wenn das Erzählwerk in seiner Chronologie am Ende sechs Jahre vor seinen Anfang zurückfällt, so bleiben doch alle Vermutungen über einen vorzeitig erzwungenen Abschluß reine Spekulation. Denn *Tristram Shandy* fehlt von vornherein die Richtung hin auf ein genau definiertes Ziel, ja es würde dem Eindruck der Unendlichkeit von Welt und der Unwägbarkeiten des Lebens widersprechen, wenn er einen auf das Ende zielenden Spannungsbogen besäße. Schon der Beginn verweigert sich jeder handlungslenkenden Orientierung: Zwar verspricht das autobiographische Ich, seine Geschichte »ab ovo« zu erzählen, doch gelangt es über deren Ursprünge nur mit wenigen Ausnahmen hinaus und schließt etwa die Schilderung des Tages der Geburt des Helden erst im vierten Buch ab.

Bedingungen von Ich-Erkenntnis in Tristram Shandy

Diese Abwesenheit von äußerem Handlungsaufbau und sichtbarer Plotstruktur scheint auf den ersten Blick Resultat einer amorphen Formstruktur zu sein, doch gewinnt sie ihre innere Logik aus der natürlichen Inkonsistenz menschlichen Erlebens und Fühlens. Das Ich ist nicht mehr eingebettet in einen objektiv vorgegebenen Geschichtsentwurf; vielmehr ist es zurückverwiesen auf seine Erkenntnisbedingungen, die ein Subjekt überhaupt erst konstituieren. So wird auch die erzählerische Ich-Form selbst wieder interpretativ gemacht, weil die Ereignisse, die Tristram im Zusammenhang mit seinem Leben zu berichten weiß, alle möglichen Formen der Deutung, der Sinngebung und Verstehensprobleme durchlaufen. Daher das Verweilen bei eher zufällig-trivialen Vorkommnissen, die ständigen Schwankungen der Stimmungslagen, die exzentrischen Abschweifungen und komisch-grotesken Verwicklungen. *Tristram Shandy* verkehrt konsequent die in historischen Erfahrungssätzen niedergelegte Typik eines Lebenslaufs: Die Vita läuft nicht mehr unter bereits vorentschiedenen Bedingungen ab, die eine abgeschlossene Identität voraussetzen müßten. Vielmehr speist sich das Lebensmaterial aus einer schieren Unendlichkeit von Eindrücken und Geschichten, deren jeweilige Relevanz von den Erkenntnisbedingungen sowie der emotionalen Verfassung des Subjekts abhängig ist.

Erzählstruktur

Illustration zu *Tristram Shandy* (Stich von William Hogarth)

Sternes Roman macht damit auch die Mechanismen des Erzählens deutlich. Erzählte Zeit und Erzählzeit klaffen so sehr auseinander, daß die Erkenntnis, ein Tag aus einem Leben erfordere ein ganzes Jahr für seine Wiedergabe, bereits die Zeitproblematik eines *Ulysses* zu antizipieren scheint. Allein der »Zeugungsunfall« gleich auf der ersten Seite ist mit dem Aufziehen einer Uhr verbunden, was sodann die uneinholbare Diskrepanz zwischen erlebter und gemessener Zeit zum komisch-paradoxen Angelpunkt des Romans erhebt. Später kann der Leser den Lärm, den Onkel Toby im oberen Stockwerk macht, nur dann verstehen, wenn er Onkel Toby selbst mit all seinen Beweggründen und biographischen Eigenheiten versteht. Tristram liefert so die Geschichte von Tobys Wunde, während dieser oben darauf wartet, daß sein Neffe bei ihm eintrifft. Das Leben erscheint nicht länger als Kontinuum, sondern als ein vom Bewußtsein und von Empfindungen geknüpftes Knäuel pseudologisch gesponnener Situationsfäden.

Man hat zur Erklärung der Erzählstruktur von *Tristram Shandy* die Assoziationspsychologie von Locke herangezogen, der an einer Stelle von Sterne selbst als Zeuge zitiert wird. Menschliche Kommunikation erschiene demnach in ihrer Kontingenz, da entweder die vom Subjekt getroffenen Zuordnungen oder die von den Gegenständen selbst herrührenden Vorstellungen nicht mehr in ihrer allgemeinen Verbindlichkeit darstellbar seien. Onkel Toby assoziiert selbst noch seine Amouren mit den Festungsbauten in Flandern, so wie auch Tristrams Leben als eine Kette von Zufälligkeiten erscheint, die erst im Erzählvorgang verknüpft werden. Sternes skurrile Kombinatorik ist freilich weit mehr als bloße Illustration einer These Lockes: Sie ist die humoristische Anerkennung einer Welt, die in ihren vielfachen funktionalen Differenzierungen in undurchschaubar verschlungene Einzelsysteme (Wissenschaft, Politik, Recht, Privates) nicht mehr eine einheitliche Kausalität für ihr Funktionieren beanspruchen darf.

»Empfindsamkeit«

Die erstaunliche »Modernität« des Sterneschen Romans mit seinen Zeitverschiebungen, Strukturparodien und autoreflexiven Konventionsbrüchen verdankt sich einer durchweg zeitgenössischen Haltung, der des Sentimentalismus. Lessing hat für »sentimental« die Bezeichnung »empfindsam« vorgeschlagen. Damit soll die Fähigkeit beschrieben werden, auch durch triviale Ereignisse neugierig gemacht und innerlich angerührt zu werden, ein Zartgefühl, das – um authentisch zu wirken – ständig neuer Anlässe und Steigerungen bedarf. Es wirkt als Schutz gegen die intellektuelle Kälte des Expertentums, soll aber genug an »Witz« besitzen, der die Ergriffenheit vor bloßer Rührseligkeit bewahrt. Die so entstehende Offenheit für die Vielfalt menschlicher Existenz – nicht nur für ihre biographische »Hauptroute«, sondern auch die Abzweigungen, Unterbrechungen und absurden Verbindungslinien – ist im Roman selbst mit dem wirkungsästhetisch bedeutsamen Etikett »Shandyismus« versehen: »True *Shandyism*, think what you will against it, opens the heart and lungs, and like all those affections which partake of its nature, it forces the blood and other vital fluids of the body to run freely thro' its channels; and makes the wheel of life run long and chearfully round« (IV, 32).

Sentimental Journey

Mit der *Sentimental Journey through France and Italy* (1768) hat sich Sterne dem Reisebericht als einem kongenialen Medium für Eindrücke, Beobachtungen und Reflexionen zugewandt. Die lockere Struktur steht hier nicht mehr in spannungsvollem Gegensatz zur Zielgerichtetheit einer Lebensgeschichte, vielmehr ist sie unmittelbarer Ausdruck des Momenthaften und subjektiv Zufälligen, dem die Empfindsamkeit unterliegt. Die Literarisierung der Reisebeschreibung – weg von der Faktizität des bloßen *account* – konnte erst einsetzen, als die empirisch registrierte Landschaft weit weniger interessierte als die kuriosen Begebenheiten am Rande, die dialoghaft gestalteten Zufallsbekanntschaften, die Vignetten und planlos aufgenommenen Einzelheiten. So wie Sterne im *Tristram* den Historiographen nicht auf eine gerade Strecke schicken, sondern ihn nach rechts und links blicken lassen möchte, so sollen auch in der *Sentimental Journey* Liebe oder Mitleid den Reisenden von seinem Wege locken. Untrennbar ist nun das Fahren mit emotionaler Er-fahrung verbunden, was in ganz Europa eine Begeisterung für Empfindsamkeit und das Entdecken fremder Regionen auslöste. Sie ließen im Innern der Menschen auch die *terra incognita* der eigenen Einbildungskraft entdecken.

Romanentwicklung 1750–1800

Das Tal Coalbrookdale in Shropshire mit dem ersten englischen Hochofen. Gemälde von William Williams (1777)

Fielding, Sterne und Richardson haben die Vielgestaltigkeit des englischen Romans unter Beweis gestellt, gleichzeitig aber auch – jeder auf eine andere Weise – Modellbeispiele des Erzählens geschaffen, die eine unverwechselbare Einmaligkeit aufweisen. In den letzten Jahrzehnten des 18. Jahrhunderts, einer auch von den Zeitgenossen empfundenen Epochenschwelle, herrscht im Bereich des Romans eher eine Unsicherheit im Gattungsverständnis, die sich in einer Vielzahl von mehr unterschwelligen Entwicklungen und in formalen Synthesen manifestiert. Die pikaresken Reiseelemente in Fielding wirken noch bei Smollett und Goldsmith nach, werden jedoch durch die perspektivische Relativierung des Briefromans *(Humphrey Clinker)* und Merkmalen eines allegorischen Sentimentalismus *(The Vicar of Wakefield)* gleichzeitig in eine neue Richtung gelenkt. Der moralisierenden *novel of sensibility* wird ein ereignisreicher Abenteuerplot beigegeben, der sie für melodramatische Bühnenadaptionen geeignet macht. Der Schauerroman vermischt die Stile von Romanze, historischer Tragödie und Sentimentalismus, um die wilde äußere Natur in Relation zur inneren Natur der Handelnden zu setzen. Moralische Schaubilder, Szenarien und pittoreske Milieus, wie sie bei Smollett hier und da auftreten, antizipieren Scotts historische Romane; nicht nur literarische Stile, sondern die Kunstmedien insgesamt suchten eine synkretistische Verschmelzung. In Maria Edgeworths um die Jahrhundertwende verfaßten sozialkritischen Milieustudien der Landaristokratie in Irland schließlich deuten sich gesellschaftsreformerische Tendenzen an, wie sie erst im Gefolge der Französischen Revolution denkbar wurden.

Beschleunigung von Erfahrungswandel

Man kann in all den Wandlungsfaktoren einen Abschied von augusteischen Werten und Denkhaltungen sowie einen Reflex auf wachsende Differenzierungstendenzen innerhalb der Gesellschaft sehen. Die nahende Industrialisierung und die Umstellung von der handwerklichen zur maschinellen Technik bewirkten auch eine Umschichtung der Klassenstruktur. Die Landbevölkerung wurde auf Grund der von den Besitzern vorgenommenen Rationalisierungen in Massen in die großen Städte getrieben, der Wettbewerb auf dem Arbeitsmarkt und die Formen der Bedürfnisbefriedigung bedingten eine bis dahin unbekannte soziale Durchlässigkeit, trotz der aus heutiger Sicht rigiden Statuszugehörigkeiten. Die Wirklichkeit war nicht mehr auf ein von zeitlichen Brüchen unangetastetes Weltmodell von absoluter Vernünftigkeit bezogen, sondern nun den Erfahrungen von Beschleunigung, Zeitenwandel und Fragmentierung der Gegenwart in unterschiedliche Erlebnisbereiche unterworfen. Der Einfluß subjektiver Faktoren auf die Gestaltung bürgerlicher Existenz hatte nicht allein eine wachsende Intimisierung von Privatheit zur Folge, sondern auch eine Öffentlichmachung dieser Privatheit als der moralisch, ökonomisch und sozial sinnvollsten Organisation der Lebensformen. Auf all diese unterschiedlichen Faktoren antwortet der englische Roman noch unentschieden und vorläufig, bevor er dann im 19. Jahrhundert zu neuen Formen der Realitätsdarstellung finden wird.

Tobias Smollett

Tobias Smollett nimmt in der Reihe der bedeutenden Romanautoren des 18. Jahrhunderts einen festen Platz ein, obgleich er nicht zu den Gründern und Erneuerern des Genres zählen kann. Seine Werke bestechen weder durch einen persönlich geprägten Erzählstil noch durch einen thematischen Zusammenhang, der – wie bei den Romanen eines Sterne oder Richardson – eine Verbindung zu philosophisch-kulturellen Grundtendenzen der Epoche herstellt. Gerade aber diese Abwesenheit einer experimentellen Haltung und das Fehlen eines sich selbst problematisch werdenden Formbewußtseins haben dazu beigetragen, daß sich der Roman als populäre Gattung stabilisierte und sich auf jene Eigenschaften besann, die ihm im 19. Jahrhundert seine so ungemein erfolgreiche Stellung verschafften: Welthaltigkeit, Beobachtungsgabe und Handlungsfülle. Smolletts Fabulierfreude trägt stark konventionelle Züge, und doch hat sie auch wegweisende Bedeutung für die unprätentiöse, reflexionslose Erzählhaltung, wie sie später mit der mißverständlichen Bezeichnung »realistisch« belegt wurde.

Roderick Random und die Bauerntölpel

Smolletts Lebensweg ist so reich an unterschiedlichen Stationen, daß er die Struktur der Abenteuergeschichte vorzuprägen scheint. Aus dem niederen schottischen Adel stammend, machte er sich als *wit* nach London auf, diente nach Abfassung erfolgloser Tragödien als Schiffsarzt in der Kriegsmarine, heiratete eine Kreolin und wandte sich in finanzieller Notlage der lukrativen Romanform zu. Sein erstes Werk, *The Adventures of Roderick Random* (1748), ein Jahr vor *Tom Jones* erschienen, ist eine Mischung aus Schelmen- und Liebesroman, die eine solche Fülle von überraschenden Situationen, sensationellen Wendungen und immer neuen Charakteren besitzt, daß dem Leser kaum Zeit zum Verweilen bleibt. Das Hauptaugenmerk liegt auf der reinen Handlung, der die Exemplarik früherer romanhafter Lebensgeschichten ausgetrieben ist. Weder die Darstellung psychologischer Antriebskräfte noch moralische Deutungen hemmen den Beschreibungsfluß, der sich primär an Aktion, Reaktion und Auswirkung orientiert. Zwar liefern die Abenteuer immer wieder Anschauungsmaterial für Heuchelei und Brutalität, doch erstellt Smolletts pikaresker Plot nicht mehr die umfassende Sicht einer von bösen Zufällen getriebenen Welt; wenn der Titelfigur am Schluß Gerechtigkeit widerfährt, hat sich der Schelm endgültig zur sentimentalen Figur gewandelt. Smollett selbst bezeichnete den Roman als ein »large diffused picture«, in dem der Held einzig die Aufmerksamkeit anzieht und die lose verbundenen Ereignisse in seiner Person verknüpft.

Tobias Smollett

The Adventures of Peregrine Pickle (1751) ist ein von Smollett sorgfältig recherchierter Reiseroman, der den Helden, einen verantwortungslosen Lebemann, auf den Weg moralischer Reform schickt, ohne daß der Umschlag in seiner inneren Entwicklung eine Entsprechung fände. Erst *Humphrey Clinker* (1771), kurz vor Smolletts Tod erschienen, faßt die bislang bekannten Bestandteile von Romanen – Briefe, pikareske Abenteuergeschichten, Reisebericht und Biographie – zu einer differenzierten Synthese zusammen. Erzähltechnik und Thema gehen eine funktionale Verbindung ein: Geschildert wird die Reise der Familie von Matthew Bramble, für den der wiederholte Ortswechsel einen therapeutischen Ausweg aus seiner hypochondrischen Verfassung bedeutet. Dieser Prozeß ist in den brieflichen Berichten von fünf in Temperament und Alter unterschiedlichen Korrespondenten wiedergegeben, die die Ereignisse aus ihrer jeweils subjektiven Perspektive schildern. Die vom Leser zu leistende Zusammenschau und Interpretation der Sichtweisen nähern sich dabei einem (freilich fiktiven) Eindruck von »Objektivität«, sobald die Erzählstränge an ihren Schnittpunkten zusammengeführt sind. Realität – ob die heitere Kleinstadtatmosphäre von Bath oder die verwirrende Vielfalt der englischen Hauptstadt – erscheint als Addition sehr verschiedenartiger Beobachtungen, die sich zu einem gesellschaftlichen Panorama der Epoche fügen.

Oliver Goldsmith

Wie Sternes *Tristram Shandy* wird auch Goldsmiths *The Vicar of Wakefield* dem empfindsamen Roman zugerechnet, doch ist bei ihm die Diskrepanz zwischen Gefühl und Lebenssituation nicht mehr nur humorvoll, sondern »tragisch« in einem belehrend-christlichen Sinn dargestellt. Es ist die Geschichte des Landpfarrers Dr. Primrose, eines edlen, wenn auch naiven Familienvaters, den ein von ihm undurchschautes Schicksal in die Katastrophe von Bankrott und Schuldgefängnis treibt, bis durch die Intervention eines *deus ex machina* sich doch noch alles zum Positiven wendet. Das Strukturschema des Romans besteht aus der Verletzung einer pastoralen Familienidylle durch den Einbruch einer korrupten Wirklichkeit und der Wiederherstellung der Idylle durch die patriarchalische Verkörperung eines hilfreichen *deus ex machina* und die Wiedereingliederung des Bösewichts in die Gemeinschaft der Guten. So sehr Primroses Leiden in seiner tragischen Ironie aufscheint, weil der Held allzu unbeirrt an idealen Welten festhält, so sehr ist es auch als Exempel konzipiert, wenn er etwa den Gefängnisaufenthalt nutzt, um Schuldnern und Tagedieben erbauliche Lektionen zu erteilen. Sein Unglück ist damit vollkommen in den göttlichen Heilsplan eingebaut, die Hiobsgeschichte von unablässigen Schicksalsschlägen vermag den christlich motivierten Optimismus zwar zu erschüttern, nicht aber letztlich zu zerstören. *The Vicar of Wakefield* steht damit unentschieden zwischen aktualisierter biblischer Allegorie und realistischer Unglücksbeschreibung, zwischen homiletischer Erbaulichkeit und sentimentaler Romanze. Die Einlösung der poetischen Gerechtigkeit nach einer Wanderung durch ein Tal der Leiden gemahnt an die *domestic melodramas*, wie sie im 19. Jahrhundert die Bühnen beherrschen sollten.

Goldsmiths Roman kann als Archetyp des ländlichen Hausväter- und Haushaltungsromans gelten, wie er sich nachfolgend als eigenständiges Sub-

»The Man of Feeling« von Thomas Rowlandson

genre herausgebildet hat. Alles in ihm konzentriert sich auf den privaten Wirkungskreis der Familie, der eine Welt des Verrats und der »adversity« (Mißgeschick), des falschen Aufstiegsstrebens und finanziellen Machtmißbrauchs gegenübergestellt wird. Empfindsamkeit definiert sich nicht mehr in ihren auch egozentrischen und isolierenden Eigenschaften, vielmehr ist sie nun die eigentliche emotionale Erfüllung. In *Dichtung und Wahrheit* rühmt Goethe die typisch englische Verbindung bürgerlicher Sphäre in all ihren idyllischen Aspekten mit der Erfahrungswelt, was nichts anderes bedeutet, als daß Goldsmith die Versammlung der Familie um »a chearful fire-side« zum nur mild ironisierten Modell gesellschaftlicher Erfüllung zu gestalten verstand.

Henry Mackenzie

Henry Mackenzies *The Man of Feeling* (1771), eine nur notdürftig zum Roman verknüpfte Sammlung von Episoden aus einem angeblich lückenhaft überlieferten Manuskript, ist eine Art Handbuch des Sentimentalismus genannt worden. Im elegischen Ton des melancholischen *pastoral* werden nicht allein die edlen Taten von Mr. Harley, dem Titelhelden, geschildert. Zentrales »Thema« ist die Bestätigung eines in sich kreisenden Gefühls, dessen Intensität sich in der Anzahl der vergossenen Tränen äußert. Weil das wahrhaft Authentische schon längst ausgesprochen ist, muß die Herzenskultivierung in der Erregung über die eigene Güte zum Ausdruck kommen: »On words it could never rely; it reigned in the throb of my heart.« Der Sentimentalismus, verknüpft mit den Kriterien der *benevolence* und *sympathy*, ist zur säkularen Religion des Gefühlskults verfeinert, dessen Ideal des selbstlosedlen Menschen nur noch vordergründig ein Beispiel christlicher Großmut abgibt. In seinem Außenseitertum ist der den schlimmsten Gaunereien ausgelieferte Mr. Harley ein Ästhet des Gefühls, der vor allem der Gerührtheit über die eigene Rührung folgt. Die »moral sense«-Philosophie mündet folgerichtig in die Einsamkeit des Todes, den der von einem Schützling angesteckte Held in den Armen seiner Angebeteten erwartet.

Mackenzies *The Man of the World* (1773) ist so augenfällig auf moralischen Gegensätzen, unwahrscheinlichen Situationen und tränenauslösenden Familienkonstellationen aufgebaut, daß der moralische Intuitionismus der Shaftesbury-Schule völlig nach außen in eine melodramatische Demonstration von Unschuld und Laster verkehrt ist. Mit seinen emotional wirkungskräftigen Tableaus, die eine in ihren Katastrophen undurchschaubare Welt nur noch in ein Oppositionsschema von Gut und Böse aufteilen, nimmt der Roman bereits Formen des populären Entertainment vorweg, wie sie für das 19. Jahrhundert typisch werden.

Henry Brooke

Henry Brookes *The Fool of Quality; or, The History of Henry Earl of Moreland* (1766–70) ähnelt einer traktatartigen Essaysammlung. Ähnlich wie bei Mackenzie wird die Herausbildung einer neuen Sensibilität auf Rousseaus Theorie natürlicher Erziehung zurückgeführt. Das Werk gewinnt an Interesse dadurch, daß der Autor – einst mit Swift und Pope befreundet – einen stark idealisierten adeligen Helden vorstellt, in seiner Botschaft aber den Adel des Herzens propagiert, das – wie der Titel ausdrückt – einen höheren Rang als der Verstand einnimmt. Damit ist in einer von Klassengegensätzen und Privilegien beherrschten Gesellschaft eine Reduktion aufs allgemein Menschliche *(reductio ad humanum)* vorgenommen, die in ihrem sozialen Optimismus mit dem bürgerlichen Gleichheitsanspruch einhergeht.

Fanny Burney

Auch Fanny (Frances) Burneys *Evelina; or, The History of a Young Lady's Entrance into the World* (1778) benutzt eine sentimentalisierte, dem Aufstieg der Heldin hinderliche Familienkonstellation sowie die melodramatischen Gegensätze zwischen unschuldigem Land und verderbter Stadt, Wüstling und idealem Gatten. Doch wird bei ihr die unmittelbare Erfahrung, wie sie der Erlebnisbericht vermittelt, durch die Distanz ironisch gemildert, mit der die unerfahrene Heldin (eine *ingénue*) sich der Sozialisierung durch die elegante Londoner Gesellschaft unterwirft. Fanny Burney geht es dabei nicht um die Entlarvung eines hohlen Regelsystems, sondern um die Vermittlung von Etikette und Lebensregeln an ihre vornehmlich weibliche Leserschaft. Die sozialen und moralischen Codes einer patriarchalisch geprägten Gesellschaft werden zwar nicht angetastet, doch verliert die Orthodoxie durch die humorvolle Schilderung eines Lernprozesses. So nimmt auch *Evelina* romangeschichtlich eine Zwischenstellung ein: Als öffentliches Belehrungsvehikel für moralisch-soziales Rollenverhalten ist der Roman ein fiktionalisiertes *conduct book* herkömmlicher Prägung, in seiner unsentimentalen Trennung von Innenschau und Außensicht dient er als Vorbild für Jane Austens Erzähltechnik.

Satire

Klassizismus als das »Zeitalter der Satire«

Das Jahrhundert zwischen 1650 und 1750 wird allgemein als das goldene Zeitalter der englischen Satire betrachtet. So fragwürdig es auch ist, von einer Gattung auf ein ihr förderliches »Klima« zu schließen, so steckt doch bereits in der Vorstellung von Literatur als Form eines öffentlichen Diskurses ein inhärentes Wesensmerkmal satirischer Schreibart. Als offensive Beeinflussungsliteratur besitzt sie verhaltensmoralischen Tendenzcharakter und verfolgt ihre didaktischen Ziele (Defoes »The End of Satyr is Reformation«) mit strategisch-rhetorischem Kalkül. Ihre Mittel der Verzerrung, Reduktion und Amplifikation sind nicht selbstzweckhaft zum ästhetischen Vergnügen eingesetzt, sondern werden ganz der Verstärkung der Tendenz dienlich gemacht. Auch wenn die ihr unterliegende Norm nur in den seltensten Fällen thematisch expliziert wird, besitzt Satire eine unverrückbar normative Vorstellung von Gesellschaft, Politik und literarischer Funktionsbestimmung. Damit ist sie von einer Festigkeit der Weltsicht durchdrungen, die keine Relativierung durch Subjektives erlaubt. Die Affinität zum Normensystem des Klassizismus erscheint so weitaus größer, als die vermeintlich anarchische Tendenz der Satire zur *tabula rasa* zunächst vermuten läßt. Auch ist es kein Zufall, daß gerade der Verstoß des einzelnen oder von Gruppen gegen allgemein gültige Regeln zur Zielscheibe satirischer Kritik wird, und sehr viel weniger die Zumutungen der Gesellschaft gegenüber dem Individuum. Zu den attackierten Torheiten und Lastern gehören Stolz, Hybris, Regellosigkeit, Pedanterie und Dummheit – also Eigenschaften, bei denen sich das Subjekt aufbläht und zu lächerlichen Prätentionen aufläuft. Die wenigen Figuren bei Pope und Swift, die ein nachahmenswertes Verhaltensmodell verkörpern, sind hingegen von fast abstrakter Positivität und als gesellschaftliche Außenseiter gezeichnet: Lord Munodi in *Gulliver's Travels*, der Man of Ross in den horazischen Imitationen.

Zeitgebundenheit von Satire

Satire ist in hohem Maße von der Bereitschaft des Lesers abhängig, sie im intendierten Sinne ihres Autors zu verstehen. So kann die in ihr angelegte Wirkungsabsicht in der Folgezeit leicht verlorengehen, weil ihre unmittelbare Aktualität nicht mehr vorhanden ist. Die ungewöhnlich starke *topicality* ist denn auch eines der größten Hindernisse, auf die der moderne Leser bei der

Der König von Brobdingnag und Gulliver. Dieser 1803 entstandene Druck von James Gillray zeigt den zwergenhaften Napoleon, damals Konsul von Frankreich, der vom mächtigen Georg III. unter die Lupe genommen wird.

Rezeption augusteischer Literatur stößt; oft hilft nur ein umfangreicher kritischer Apparat, den Zeitbezug und damit den satirischen Angriff überhaupt zu verstehen. Ein Text erschließt sich *als Satire* somit erst in seiner Hinwendung zum zeitspezifischen Denk- und Erfahrungshorizont. Bekanntes Beispiel ist der Streit zwischen den »Stumpfendern« (Katholiken) und »Spitzendern« (Protestanten) über das richtige Aufschlagen des Eies, was einen veritablen Religionskrieg auslöst *(Gulliver's Travels)*; das Ei steht dabei für die eucharistische Transsubstantiationslehre als dem eigentlichen Grund der Kontroverse. Als Gulliver den kaiserlichen Palast durch Urinieren vor den Flammen rettet, versteckt sich dahinter eine Rechtfertigung der politisch umstrittenen Geheimverhandlungen, die die Tories mit Frankreich zur Beendigung des spanischen Erbfolgekrieges führten. Wenn schließlich im dritten Buch der Georg I. nachgebildete König die Magnetsteuerung der Insel Laputa dazu nutzt, um Aufstände auf Balnibari zu ersticken, so ist dies ein deutlicher Hinweis auf die Wood-Affäre, als den Iren eine wertlose Halfpence-Münze von England aufgezwungen werden sollte. Zwar können solche Passagen auch als allgemeine satirische Attacken auf Haarspalterei, moralische Pingeligkeit und politische Unterdrückung gelesen werden, doch gewinnen sie Schärfe und Stoßkraft erst in ihrer historischen Spezifik, die sie über eine allgemeine Satire *(satura generalis)* hinaushebt.

Auch können Ironiesignale als ernsthafte Aussagen mißverstanden werden. So blieb das Pamphlet *The Shortest Way with Dissenters* (1702), in dem Defoe einen Vertreter der anglikanischen Hochkirche die gnadenlose Verfolgung religiöser Abweichler vorschlagen läßt, anfangs als satirische Fiktion unerkannt und wurde von den darin Attackierten wörtlich aufgenommen – was zur Folge hatte, daß Defoe an den Pranger gestellt und eingekerkert wurde, nachdem seine Autorschaft publik und die wahre Intention aufgedeckt worden war. Swift wiederum ist ein Meister der Doppelstrategie, um als anonymer Urheber »aufrührerischer« Schriften der Bestrafung zu entgehen, von den anvisierten Rezipienten aber dennoch in seiner Schreibidentität

Defoe am Pranger außerhalb des Newgate-Gefängnisses. Das Erlebnis inspirierte ihn zur »Hymne an den Pranger« (1704).

erkannt zu werden *(Bickerstaff Papers, The Drapier's Letters)*. Bereits der taktische Modus der Vermittlung der satirischen Absicht verweist so auf einen Typus von Literatur, der erst im öffentlichen Raum seine volle Wirkung entfalten kann.

Schocktaktiken

Um den Leser zu läutern, muß Satire das Böse, das im Zentrum steht, in den Randbereich von Verachtung, Lächerlichkeit und moralischer Verwerflichkeit ausgrenzen. Der Satiriker setzt sich dabei dem Risiko aus, daß die Mittel seiner Schocktaktik als eigentliche »Aussage« oder als persönliche Obsession mißverstanden werden. Doch bestätigen gerade die satirischen Verletzungen von Maß, Norm und gutem Geschmack deren unbegrenzte Geltung. Je mehr eine Gesellschaft auf verfeinertem Umgang, auf geglätteten Kompromißformeln und einer Angst vor offenen Antagonismen aufgebaut ist, um so schwerer wiegt die satirische Diskriminierung. In diesem Sinne ist der »radikale« Swift ein prototypisch augusteischer Autor. Ob zur Rettung der ökonomischen Lage Irlands ein Kannibalismusvorschlag unterbreitet wird *(A Modest Proposal)*, ob Schockbilder von ekelhaft vergrößerten Hautporen, von riesigen Ratten und stinkenden Kreaturen gezeichnet werden *(Gulliver's Travels)*, ob sich der Geist des Lohnschreibers als in den Kopf gestiegene Winde erweist *(A Tale of a Tub)* oder die im religiösen und politischen Enthusiasmus gebildeten Visionen als sexuelle Erregungszustände auftreten *(A Mechanical Operation of the Spirit)*: stets bildet die Reduktion auf Obszönes oder Skandalöses ein moralisches Regulativ, das menschliche Anmaßung und Borniertheit an der gesellschaftlichen Übereinkunft über Geschmack und Schicklichkeit zerbrechen läßt. So endet die seltsame Lehrmethode in der »School of Mathematics« (*Gulliver's Travels*, III.v.) damit, daß den Studenten die auf leeren Magen eingenommenen Oblaten mit aufgeschriebenen Erkenntnisformeln nicht ins Gehirn steigen, sondern erbrochen werden.

Selbstbescheidung als Norm

Bei aller »Radikalität« ihrer Mittel geht es der augusteischen Satire nicht um eine Umwälzung bestehender Werte, sondern um die Herstellung einer auf Konsens, Kompromiß und soziale Bescheidung aufgebauten Gesellschaft, die von antiken Tugenden geleitet wird und die die »Exzesse« der Vergangenheit (Bürgerkrieg, Absolutismus) meidet. Eingefordert wird eine Vernunfthaltung, welche sich im politischen wie im privaten Bereich gegen Illusionen über menschliche Perfektion wappnet. So sind die *new men*, die *moderns* und ökonomischen *projectors* besonders geeignete Zielscheiben, da sie gewachsene Bindungen zugunsten illusionärer Versprechungen und undurchschaubarer Transaktionen zu ersetzen drohen. In Swifts Gedichttrilogie »The Lady's Dressing Room«, »Cassinus and Peter« und »Strephon and Chloe« idealisieren die dort auftretenden jungen romantischen Liebhaber die physische Vollkommenheit ihrer Nymphen und verfallen in Desillusion, Zynismus und Wahnsinn, als sie entdecken, daß die reinen Jungfrauen mit Namen aus Romanze und Pastorallyrik nur in ihrer verklärenden Phantasie existierten und in Wirklichkeit Geschlechtswesen mit allen dazugehörigen Eigenschaften sind. Ähnlich auch Gulliver, der sich nach der Begegnung mit den vollkommenen Pferden, den Houyhnhnms, am Schluß in einen Pferdestall verkriecht, weil er Frau und Familie, also seinesgleichen, buchstäblich nicht mehr riechen kann. Nirgendwo werden die Aporien des Vernunftbegriffs deutlicher: In der lächerlichen Anbetung einer idealen Vernunft erscheint Gulliver erst recht unvernünftig. In seinem Vollkommenheitswahn wird er somit selbst zum Objekt von Satire, die den Menschen nicht radikal ändern, sondern »korrigieren« will.

Satire von Butler bis Pope

Satire als eine in Wesen und Zielrichtung *praktische Literatur* handelt von öffentlichen, allgemein einsehbaren Erscheinungen. Die subjektive Wirklichkeit des einzelnen tritt in ihr allenfalls als moderner Individualitätswahn auf. Was in seinen Eigenschaften dem Gemeinwohl entgegengesetzt ist, gilt als spalterisch, als »visionär« und spekulativ, als aufgebläht und ohne *publick Spirit*. Gerade die puritanische Revolution mit ihrem starken Hang zur Bekenntnishaftigkeit hatte nach augusteischer Auffassung gelehrt, daß es Grundwahrheiten gibt, die nicht einer allgemein verbindlichen Konformität entzogen werden dürfen. Von daher begründet sich die lange Tradition der antipuritanischen Satire, die mit Samuel Butlers *Hudibras* (1663–78) einen ersten Höhepunkt erreicht. Mit den Mitteln der Epenburleske und der Romanzenparodie denunziert Butler das »Heldentum« der Presbyterianer und Independenten als selbstsüchtige Narretei auf dem Niveau einer bäuerlichen Posse. Das antiklimaktische Verfahren der Niederburleske enthüllt einen wesentlichen Zug augusteischer Denkweise: Sobald eine normativ geregelte Realität der subjektiven Einbildung und Deutungswillkür ausgesetzt ist, entsteht eine Verzerrung von Wirklichkeit, die durch den Zerrspiegel der Satire wieder zurechtgerückt werden kann. Mit seinen vorwärtstreibenden achtsilbigen Couplets, den zahlreichen Hyperbeln und witzigen Concetti erzielt *Hudibras* eine Fülle grotesker Wirkungen, die in William Hogarths zwölf Stichen (1725) adäquat verbildlicht wurden. Die hudibrastische Puritanersatire hat noch bis ins 18. Jahrhundert gewirkt und die ironische Kasuistik von Matthew Priors *Alma: or, The Progress of the Mind* (1718) über den Sitz der Seele beeinflußt.

Samuel Butler

Sehr viel näher an seinem Nachfolger Pope als an Samuel Butler ist John Drydens hochburleske Satire zu situieren, die ihre niederen Gegenstände in erhabenem Stil behandelt. Inhärente Norm wäre hier das Beharren des Dichters auf der Würde einer rhetorischen Ordnungskraft, die ihre Ideale der Regelstrenge, der stilistischen Disziplin und einer ausgefeilten Symmetrie an

Illustration von 1716 zu *Hudibras*: Die vom Rumpf-Parlament enttäuschte Bevölkerung verbrennt Hudibras *in effigie*.

unangemessenen Objekten erprobt. Dryden verhilft damit auch der Satire zu ihrer Anerkennung als historisch nobilitierter Gattung, die längst nicht mehr – gemäß ihrer ursprünglichen Definition – eine »Schlachtschüssel« ist. Mit *Discourse Concerning the Original and Progress of Satire* (1693) wird Satire vielmehr in den poetologischen Kanon klassischer Vorbilder zurückgeholt, wo sie in der Epistel, im Vers, im Epitaph etc. auftrat.

John Dryden

In der im *heroic couplet* verfaßten Verssatire *Absalom and Achitophel* (1681), einer Auftragsarbeit für den König, bringt Dryden Monmouths Versuch einer Rebellion gegen seinen Vater Karl II. (den Bruder des späteren Jakob II.) in Bezug zur alttestamentarischen Geschichte von der Rebellion Absaloms gegen König David. So wie dort Achitophel der eigentliche Drahtzieher ist, fungiert bei Dryden der whiggistische Earl of Shaftesbury als ein satanischer Spalter, dessen Miltonsches Format ihn nur noch gefährlicher macht. Dank seiner allegorischen Einkleidung und epischen Distanz kann sich *Absalom and Achitophel* davon freihalten, in den Dienst der Tagespropaganda und zur persönlichen Schmähschrift zu geraten.

In den nur 217 Versen von *MacFlecknoe; or, A Satire on the True Blue Protestant Poet, T.S.* (1682) antizipiert Dryden die zentralen Themen von Popes *The Dunciad*. Sein einstiger Freund und nachmaliger politischer Gegner Thomas Shadwell, ein den Whigs zugeneigter Komödienverfasser, avanciert in der Würdigung der Dichterkollegen zum zwergenhaften König von Dummheit und Stumpfsinn; wie sein Vater Flecknoe herrscht er über »all the Realms of *Non-sense* absolute«. Dadurch, daß die Hauptfigur in eine Fülle hochliterarischer Analogien gestellt wird, enthüllt sich erst recht ihre eigene geistige Hohlheit und ihre Zugehörigkeit zum Milieu der massenproduzierenden Lohnschreiber, die sich im Londoner Theater- und Bordellviertel angesiedelt haben. Die mockheroische Übertreibung läßt freilich nicht nur die Inkongruenz zwischen Scheinhöhe der Handlungsebene und Kleinheit der Figuren, zwischen Anmaßung und Leere deutlich werden. Indirekt liefert sie auch einen Rückverweis auf die klassizistische Normvorstellung der Angemessenheit von Stil und Gegenstand – eine Normvorstellung, die die Satire aufbricht, um den Verfall von Normen anzuprangern.

Popes The Dunciad

Alexander Popes *The Dunciad* (1728/29, 1742/43) bezieht ihren Titel aus der Bezeichnung »dunce«, wie sie Dryden in *MacFlecknoe* in Anspielung auf die verächtliche Dummkopf-Kennzeichnung des mittelalterlichen Philosophen Duns Scotus durch die Humanisten benutzt hatte. Popes großes *mock-heroic poem* in vier Teilen war ursprünglich aus einer gemeinsamen Idee der Scriblerus-Clubmitglieder erwachsen, die »hehren Produkte von Grub Street nach dem Muster moderner Kritik« zu loben. Die topographische Herkunftsbezeichnung verweist auf Gossenliteraten und Lohnschreiber, die sich im 17. Jahrhundert in der Nähe des Londoner Bezirks Moorfields ansiedelten und Auftragsprodukte für ihre Auftraggeber aus dem kommerziellen Mittelstand verfertigten. Das Druckerzeugnis war damit als profitable Ware entdeckt, die auch ihre Inhalte nach den Marktgesetzen von Angebot und Nachfrage ausrichten mußte. Ganz ähnlich wie Swift in *A Tale of a Tub* sieht Pope in der Heraufkunft der Lohnschreiber einen Verfall der Schreibmoral, der wiederum geistige Konfusion, die Korruption politischer Sitten und am Ende gar den Untergang der Zivilisation nach sich zieht. Strukturprinzip des satirischen Versepos ist demnach die Synekdoche, eine Ausweitung des Gegenstands vom lästigen Symptom (Pope sprach von »Insekten«, die er sich vom Hals schaffen wollte) bis hin zur umfassenden Weltkatastrophe, ganz im Sinne der epidemischen Ausbreitung von Dummheit vom lokalen Krankheitsherd auf die gesamte Gesellschaft.

Grub Street

Titelseite von Alexander Popes *The Dunciad*

In der Nachfolge von Erasmus' *Encomium Moriae* (1509) beinhaltet die *Dunciad* einen Lobpreis aller Torheiten, die in unfreiwillig übersteigertem Pathos in den Bereich des Erhabenen gerückt werden, von wo aus sie um so tiefer in die Niederungen der Lächerlichkeit abstürzen können. Diese formale Strategie des *Bathos* (des Stilprinzips der Hochburleske) findet ihre Entsprechung im Hochmut der Schreiberlinge, die Tauchwettbewerbe im stinkenden Fleetgraben veranstalten und um die Wette urinieren. In einer brillanten Parodie auf die Restauration des trojanischen Reichs in Vergils *Aeneis* scharen sich die Vertreter literarischer Langeweile um ihren neuen Herrscher, für den (in der zweiten Fassung) der eitel-opportunistische Whig-Propagandist Colley Cibber Modell stand, und marschieren im Festaufzug die Route des Lord Mayor von der City nach Westminster, dem topographischen Bereich von Palast und Regierung. In Anlehnung an Satans Versprechen in Miltons *Paradise Lost*, die Dunkelheit im Universum wiederherzustellen, werden im letzten Buch der *Dunciad* die Visionen vom Triumph der Göttin Dulness zur breit angelegten Phantasmagorie. Die Schlußverse liefern ein düsteres Finale, das das grotesk-absurde Spektakel einer kosmischen Katastrophe beschwört:

> *Religion* blushing veils her sacred fires,
> And unawares *Morality* expires.
> Nor *public* Flame, nor *private*, dares to shine;
> Nor *human* Spark is left, nor Glimpse *divine*!
> Lo! thy dread Empire, CHAOS! is restor'd;
> Light dies before thy uncreating word:
> Thy hand, great Anarch! lets the curtain fall;
> And Universal Darkness buries All. (Iv. 649–56)

Gesellschaftliches Chaos und poetische Vollkommenheit

The Dunciad fällt ein vernichtendes Urteil über den politischen und kulturellen Niedergang Britanniens unter der Regierung Walpoles und der Herrschaft von Georg I. und Georg II. (»Still Dunce the second reigns like Dunce the first«, wie es in der Version von 1729 heißt). Der absoluten Negativität des Schlusses wird freilich durch die Eleganz und Flexibilität der Verse, den kühnen Bilderreichtum und die geschliffenen Antithesen ein normsetzendes Modell des dichterischen Ideals entgegengestellt. Wenn *The Dunciad* trotz der Katastrophe von einem heldenhaften Sieg über Dummheit, Häßlichkeit und Chaos kündet, so dank des inhärenten Triumphs von Popes überlegener Formgestaltung, die aus dem *mock-heroic epic* doch noch ein wahres Epos macht und die Parodie als wahrhaft originäre Dichtung adelt.

Swifts Prosasatiren

Die »persona«

Ein Großteil von Swifts Satiren ist dadurch charakterisiert, daß der fiktive Sprecher sich aus einer bestimmten Redesituation heraus selbst entlarvt, ohne daß der Autor als direkter Kommentator eingeschaltet werden müßte. Swift gelangt so ohne Umwege zur inneren Logik von Irrtum, Unvernunft und Wahnsinn, die sich rhetorisch immer auch hinter Halbwahrheiten und verdrehten Vernunftargumenten verbergen. Die vorgeschaltete Redefigur der *persona* geht zurück auf »Impersonationen« in den rhetorischen Schulen der Antike: Das Hineinschlüpfen in die Denkweise einer fremden Person vermag aufzudecken, welchen Rechtfertigungsstrategien Laster und Torheiten ihre Existenz verdanken. Bei Swift wird die *persona* häufig zu einem fiktiven *projector*, der den attackierten Sachverhalt in spekulativen Vorschlägen und Zukunftsentwürfen logisch so sehr auf die Spitze treibt, bis er ad absurdum geführt ist. Swifts Satiren beziehen damit auch die sprachlichen Täuschungen ein, von denen Unvernunft ihren Ausgang nimmt. Durch die Auflösung starrer Argumentationszuordnungen im bloßen Für und Wider wird dem Leser – der (in Swifts Worten) im satirischen Spiegel alles andere, nur nicht sich selbst sieht – jeder sichere Halt genommen. Ein solches Relativierungsverfahren vereitelt die Suche nach Sündenböcken und verhindert eine vorschnelle Festlegung auf ein Ideal, dessen angestrebte Verwirklichung den a priori unvollkommenen Menschen in noch größere Torheiten stürzen würde. Durch das Wechseln von Masken kann Swift auch ein kleines »Drama« von Position und Gegenposition gestalten, das unmittelbar in die Realität eingreift, so wenn er in den *Bickerstaff Papers* den Tod des Astrologen Partridge durch einen anderen Astrologen weissagen läßt und damit eine widersprüchliche Logik erzielt, als Partridge seine gute Gesundheit beteuert.

Jonathan Swift. Porträt von Charles Jervas

A Tale of a Tub, Swifts erste große Prosasatire, lebt ganz von der Folgerichtigkeit des Paradoxes, das die Redeweise der anonymen *persona*, eines Lohnschreibers aus Grub Street, charakterisiert und gleichzeitig die absurden Voraussetzungen seiner Rede bloßlegt. Die Verwirrung, die dadurch entsteht, daß der Leser zwischen dem fiktiven Sprecher und dem realen Verfasser oft nur schwer unterscheiden kann, hat dazu geführt, daß Zeitgenossen (darunter Königin Anna) das Werk als blasphemisch und subversiv mißverstanden. Swift, der als anglikanischer Geistlicher auf eine Beförderung nach London hoffte, hat sich als Dean der Dubliner Diözese St. Patrick's zeitlebens verbannt gefühlt und sein Schicksal nicht zuletzt den Fehldeutungen angelastet, denen eine formal radikale (wenn auch inhaltlich konservative) Satire ausgeliefert ist.

Eine Tonne wird von Seeleuten zur Ablenkung von Walen benutzt. Aus: *A Tale of a Tub*

A Tale of a Tub rekurriert deutlich auf Themen der antipuritanischen Satire des 17. Jahrhunderts. Bevor die angekündigte Geschichte – die religiöse Allegorie der drei Brüder Martin, Jack und Peter – überhaupt beginnt, ist bereits ein Drittel des Buches durch Vorreden, Einleitungen und Widmungen verbraucht, und die nachfolgenden Digressionen, »Verbesserungen«, scholastischen Auslegungen und hydraartigen Anmerkungen schaffen ein Bild »moderner« Formlosigkeit, die nie zum Ende kommen kann, weil sie auch keinen Anfang kennt. So wie Peter, der Katholik, den vom Vater ererbten Mantel mit immer neuen Borten besetzt und Jack, der Puritaner, das Gewebe aufreißt, kann auch der Lohnschreiber nichts an seinem angestammten Platz belassen. Einzig Martin, der Anglikaner, steuert einen mittleren, bewahrenden Kurs, der weder nach Perfektion strebt noch das Erreichte durch Spaltung und Zerrissenheit aufs Spiel setzt.

Reduktion von Geistigem auf Materielles

Ein in der *Tale* erprobter Kunstgriff Swifts ist die Verbindung von geistigen Prozessen mit dem Physisch-Materiellen. Die *persona* erklärt als ihr Ziel, die Ideen der gesamten Menschheit genau auf dieselbe Länge, Breite und Höhe ihrer eigenen Gedanken zu bringen. Da gemäß der Äolisten alles nur dem Wind seinen Ursprung verdanke, sind Wörter nur Wind oder auch nur Blähungen, die nach oben steigen. Die Zweckabsicht *(finis)* eines Buches liege in dessen Ende *(finis)*, also dem Index. Kraft dieser Nivellierungen wird die Sprache zu einem raffinierten Codesystem, in das ständig neue spekulative Bedeutungen getragen werden. Die *Tale* ist eine Absage an die eifernden Puritaner und glücksversprechenden Perfektibilisten, die die Natur nach ihren Vorstellungen zurechtrücken und in den Leerlauf von endlosen mechanischen Systemen überführen. Hinter dem brillanten Spiel mit Paradoxa und Ironien verbirgt sich die normative Vorstellung einer von Gott geregelten und potentiell vernünftigen Welt, die einzig durch die Täuschungen, Anmaßungen und Egoismen des modernen Menschen ver-rückt wird.

Gulliver's Travels: *die vier Teile*

Die rhetorischen und metaphorischen Relativierungen der *Tale* sind in *Gulliver's Travels* einer Relativierung durch Größenmaßstäbe gewichen. Die »Einheit« der vier Bücher verdankt sich keiner erzählerischen Entwicklung wie im Roman, sondern den satirisch genutzten Oppositionen und Entsprechungen der jeweiligen Situationen, die in einen »Reisebericht« eingebunden sind. Swift selbst sprach von einer »Serie satirischer Traktate«, die eher episodenhaft zusammengefügt sind. Kohärenz wird dabei durch thematische Schwerpunkte und den ständigen Vergleich von Proportionen gestiftet. Nachdem Gulliver in Brobdingnag, dem Reich der Riesen, gelandet ist, ruft er aus: »Undoubtedly, Philosophers are in the Right when they tell us, that nothing is great or little otherwise than by Comparison« (II.i.5.). Dieser Relativismus wird im Buch zur Verfahrensweise, um den menschlichen Anspruch auf Absolutheit zu konterkarieren und die Realitätswahrnehmung einer perspektivischen Verformung zu unterziehen. Zudem wird der Größenvergleich in einen ständigen Systemvergleich überführt. Newtons Mathematisierung von Ethik und Politik ist damit wörtlich genommen und in die satirische Szene integriert.

Die fliegende Insel Laputa in Swifts *Gulliver's Travels* III., Kap. 2

Bei der Zeitreise nach Lilliput, einem wie durch ein umgedrehtes Fernrohr wahrgenommenen Miniaturstaat nach englischem Vorbild, werden die großen Staatsaktionen, Intrigen und politischen Konflikte durch die *reductio* zum lächerlichen Kinderspiel. In Brobdingnag, dem Land der Riesen, verkehrt sich der Blick zur mikroskopisch vergrößerten Wahrnehmung menschlicher Physis, deren Ekelhaftigkeit von Swift freilich gerade nicht zum Pendant moralischer Verkommenheit gemacht wird. In Umkehrung des ersten Buches erscheint nun der Philosophen-König, der an Swifts Mentor Sir William Temple erinnert, als Verkörperung der satirischen Norm, während Gulliver im falschen Enkomium (Lobpreis) die korrupte Verfassungswirklichkeit Englands verteidigt und in einer Rede von eindringlicher Grausamkeit dem König die Vorteile des Schießpulvers darlegt. Das dritte Buch liefert ein ganzes Panorama von Spielarten der Wissenschaftshybris und politischer Machtgelüste. Wenn dieser Teil gemeinhin als schwächster gilt, weil es ihm an erzählerischem Zusammenhang fehlt, so ist er im Sinne der »satura« (ursprünglich »Schlachtschüssel«) gleichzeitig der reichste: Die Themenpalette reicht von den absurden Experimenten der *virtuosi* in der großen Akademie, einer Persiflage auf die Royal Society (1660) und die Theoreme Bacons und der Neuen Wissenschaft, über eine abstoßende Demonstration des Unsterblichkeitswahns bei Gullivers Begegnung mit den ewig lebenden Struldbruggs bis hin zur Beschwörung antiker Heroen, die die Beschränktheit zeitgenössischer Zustände vor Augen führen sollen.

Gulliver bei den Yahoos

Der eigentliche Prüfstein für das Verständnis von *Gulliver's Travels* ist freilich das vierte Buch, Gullivers Reise zu den weisen Pferden, den Houyhnhnms, und zu den Yahoos. Thackeray nannte es »filthy in word, filthy in thought, furious, raging, obscene.« Es jedoch als End- und Höhepunkt von Swifts »Misanthropie« zu bezeichnen, verbietet sich schon angesichts der Tatsache, daß es noch vor dem dritten Buch entstand. Während die »weiche Schule« in der Swift-Kritik Gulliver zwischen den beiden Polen der bestialischen Yahoos und der idealen Pferde der Houyhnhnms ansiedelt, Swift den Menschen also zwischen Triebhaftigkeit und absoluter Vernunft situieren läßt, versteht die »harte Schule« die Houyhnhnms als ideale Norm, die Gulliver blind gegenüber seinesgleichen macht. Inzwischen hat sich die Auffassung durchgesetzt, daß Swift mit einem »theriophilen Paradox« – nämlich der absurden These von der Überlegenheit des Tieres – Gulliver in ein moralisches Koordinatensystem einspannte, zum Beweis, daß der

Mensch kein Vernunftwesen *(animal rationale)* ist, sondern im besten Falle zur Vernunft fähig *(rationis capax)*.

Daß das perspektivische Arrangement von *Gulliver's Travels* so beeindruckend funktioniert, liegt an Swifts einzigartigem Vermögen, Mittel der empirischen Beglaubigung (präzise Maßangaben, authentische Details), wie sie in der dokumentarischen Reiseliteratur gängig waren, mit den phantastischen Elementen der ebenso populären imaginären Reisen zu verbinden. Die spätere Karriere der ersten drei Teile als Kinderbuch mag wohl den satirischen Zeitbezug in den Hintergrund gedrängt haben, sie bestätigt aber das imaginative Verfahren und die Fabulierfreude, mit denen Swift seinen satirischen Attacken zur Wirkung verhilft.

Bild- und Verssatire nach Swift

William Hogarth

William Hogarths Bildsatiren stehen in weit größerer Nähe zu Swift, Pope und Fielding (den er neben Richardson persönlich kannte) als zu den eleganten Porträtmalern seiner Zeit. Der Sohn eines armen Lehrers wandte sich entschieden gegen den Kult der »alten Meister«, der die Phantasiearmut der Gegenwart verdecken sollte, und gegen künstlerischen Akademismus. Auf oft drastische Weise verspottete er in seinen »modern moral subjects« soziale Prätentionen und brachte das Elend auf Londons Straßen zur exemplarischen Darstellung. Schon ein früher Druck, *Masquerades and Operas* (1724), attackiert die heruntergekommene, heuchlerische Geschmackskultur der Aristokratie. *A Harlot's Progress* (1731) und *A Rake's Progress* (1733), beides dramatische Bildgeschichten, decken die tiefe Kluft zwischen moralischem Anspruch und Lebensführung, zwischen pseudoaristokratischem Dekorum des Bürgertums und niedriger Gesinnung auf; darin wirken sie wie verdeutlichende Illustrationen zum humoristischen Verfahren Fieldings. *Marriage à la Mode* (1745) schließlich ist eine soziale Parabel von der Hochzeit zwischen einem verarmten Adeligen und der Tochter eines reichen Bür-

William Hogarth: »Marriage à la Mode« (1745). Hogarths Bilderfolgen zu Themen der Moral (Moral Pictures) begründeten die englische Genremalerei.

gers; kaum je ist der Sieg des Geldes über das »Herz« erbarmungsloser festgehalten worden. Hogarths späte Werke befassen sich mit dem Elend der Gingassen (*Beer Street* und *Gin Lane*, 1751) und den demagogischen Auswüchsen von Wahlkämpfen (die *Election*-Serie von 1754–61). Fielding hat im »Preface« zu *Joseph Andrews* das eigene Gattungsverständnis mit Hogarths Kunst in einen analogen Zusammenhang gebracht: »Now what Caricatura is in painting, Burlesque is in writing.« Und wie Fielding hat Hogarth das England der Wirtshäuser, Dorfplätze und Elendsquartiere zum Schauplatz seiner Kunst gemacht, der er mit preisgünstigen Gravuren, von ihm selbst angefertigt und verteilt, zum Erfolg verhalf.

Samuel Johnson

Mit Samuel Johnson erreichte die augusteische Satire ihren letzten Höhepunkt, bevor sie mit Charles Churchills *The Rosciad* (1761) – einer in *heroic couplets* verfaßten Attacke auf zeitgenössische Schauspieler wie David Garrick – in virtuos beherrschtes Epigonentum abfiel. In der Verssatire *London* (1738) bezieht sich Johnson auf die »tragische« Satire Juvenals, im Gegensatz zur »komischen« Satire des Horaz. Die Großstadt erscheint darin als eine Stätte der Verderbtheit, in der Talent und Integrität vernichtet werden, während das ruhige, beständige Landleben eine von Korruption und Sittenlosigkeit freie Vergangenheit beschwört. Anders als bei Pope (der *London* schätzte) herrscht bei Johnson eine didaktische Strenge und eine auf Dignität bedachte Beredsamkeit, die Juvenals *saeva indignatio* zur philosophischen Haltung des ernsthaften Satirikers stilisiert. *The Vanity of Human Wishes* (1749), eine Imitation der zehnten Juvenalschen Satura, behandelt die Vergeblichkeit von Macht, Wissen, Schönheit und hoher Lebenserwartung für die menschliche Existenz. Mit der rhetorischen Autorität eines Kanzelredners geißelt Johnson illusionäre Glücks- und Erfolgsversprechungen und lenkt erst am Ende mit der tröstlichen Versicherung ein, daß allein im Vertrauen auf Gott existentieller Sinn entsteht. Johnsons Neubehandlung des Vanitas-Themas zielt nicht mehr nur auf menschliche Schwächen, die am Beispiel zeitgenössischer Personen und aktueller Fehlentwicklungen verspottet werden. Vielmehr spricht die *satura generalis* ein Schlußwort über die Unabänderlichkeit eines widrigen Daseins und verweist damit den didaktischen Appell zur Besserung in den theologischen Bereich.

Moralische Wochenschriften

Die moralischen Wochenschriften *(periodical essays)* von Joseph Addison und Richard Steele haben wie keine andere literarische und publizistische Form jener Epoche den sozialen Interessenausgleich gefördert. Der Grundstock für ein weitgehend freies Zeitschriftenwesen war schon im 17. Jahrhundert mit der Aufhebung der königlichen Zensur durch die Puritaner (1641) sowie den Wegfall der regierungsamtlichen Vorzensur (1695) gelegt. Frühe Periodika erschienen, wenn auch noch in unregelmäßiger Folge, bereits gegen Ende des 17. Jahrhunderts in Gestalt von Frage-und-Antwort-Dialogen, formalen Episteln, Charaktersketchen und literarischen Genrebildern des Großstadtlebens.

Defoes Review

Daniel Defoes *Review* (1704–13) behandelte allwöchentlich politische, ökonomische und historische Fragen in eher leitartikelhafter Manier, wobei der Autor es geschickt verstand, sein Dissentertum und merkantiles Denken als Ergebnis abgewogener Vernunft und gemäßigter

Richard Steeles Haus in Hampstead Road, wo 1712 auch Addison zu Gast war. Gemälde von Constable

Steeles Tatler

Gesinnung zu präsentieren. Doch erst mit Steeles *Tatler*-Essays, die vom April 1709 bis Januar 1711 dreimal wöchentlich im Folio-Halbformat erschienen, wurde das Spektrum auch auf Modefragen (»The Case of the Petticoat«) und kulturelle Themen – vor allem solche des Theaters und der Oper – ausgeweitet. Berühmt geworden ist dabei ein Angriff auf die Zügellosigkeit der Restaurationskomödie, v.a. Wycherleys *The Country Wife*, in der der Zynismus eines überlebten Kavaliersideals ausgemacht und verurteilt wurde. Wichtigstes Forum der Periodika bildeten die Kaffeehäuser: Dort lagen sie nicht nur aus, auch so mancher Klatsch *(tatle)*, aber auch ernsthaftere Anregungen fanden von dort Eingang in die Essays.

The Spectator

Nachdem Steeles unverhohlen whiggistische Anschauung sich unter der Tory-Regierung von Harley und St. John (1710–14) als Hypothek erwies, gründete er mit seinem Schul- und Studienfreund Addison den als politisch neutral geltenden *Spectator*. Zwischen März 1711 und Dezember 1712 (mit einer nochmals kurzfristigen Belebung 1714) erschien in wochentäglicher Folge und in der damals respektablen Auflage von ca. 10000 Exemplaren eine Zeitschrift, deren sozialgeschichtliche Repräsentanz, aber auch subtil unaufdringliche Beeinflussung einen Modellfall für den Kompromißgeist jener Zeit darstellen – nach Boswell »one of the happiest inventions of modern times... truly of British origin.«

Der Club

Schon von der zweiten Folge an gruppiert sich um den diskret-humorvollen Mr Spectator ein Club von Personen, die dank der Ausdifferenziertheit ihrer Herkunft, der politischen Anschauungen und der Charaktermerkmale eine Gesellschaft *en miniature* bilden: Sir Roger de Coverly als Repräsentant des liebenswert altmodischen Tory-Landedelmannes; Sir Andrew Freeport als der energische Prototyp des whiggistischen Kaufmanns, dessen Maxime »A Penny saved is a Penny got« lautet; Kapitän Sentry als der gutmütige Soldat, der ins zivile Leben entlassen wurde; Will Honeycomb als Modekenner und »man of Town«. Gerade zu einer Zeit, da der politische Streit um den von den Tories geforderten Frieden mit Frankreich hohe Wellen schlug, propagierte der *Spectator* eine Harmonisierung gesellschaftlicher Konflikte in der toleranten, ja freundschaftlichen Gesprächskultur des Clubs (der in den späteren Ausgaben freilich immer seltener zusammentritt). Dieser Anschein politischer Neutralität erweist sich freilich gerade angesichts der raffinierten Porträtierung von Sir Roger als einem gutmütig-sympathischen, letztlich aber einflußlosen Mann der Vergangenheit doch wieder als gewiefte whiggistische Taktik.

Unterhaltung und Belehrung

In einer Epoche, da die Religion normative Verhaltensregelungen nicht mehr allgemein verbindlich durchzusetzen vermag und somit praktische Orientierungshilfen ihre Stelle einnehmen, füllt der *Spectator* mit seinem Vorsatz unterhaltsamer Belehrung eine wesentliche Lücke. Sein Ziel ist »to enliven Morality with Wit, and to temper Wit with Morality«, also einen pragmatischen, »latitudinarischen« Mittelkurs zwischen der moralischen Unverbindlichkeit des Restaurationszynismus und der Intoleranz puritanischer Sittenstrenge zu steuern. Statt von einem eisernen göttlichen Gesetz erscheint die Welt von einer providentiellen Vernunft regiert, und ganz im aufklärerischen Vertrauen auf die Perfektibilität und natürliche Sittlichkeit des Menschen wird eine unaufdringliche Belehrung angestrebt, wie man auf kürzestem Weg zu Glück und einem »improvement of mind« gelangen könne. Die Diktion ist von gehobener Kolloquialität und begreift in ihrer diskreten Vertraulichkeit alle vernünftig gesinnten Leser als ernstgenommene Konversationspartner ein, gemäß Addisons Devise »Human Nature is the same in all reasonable Creatures«. Nach dem Kritiker A.R. Humphreys liegt das Neue gerade in der Normalität, einem weitumfassenden Spektrum des »quicquid agunt homines«, wie es das erste Motto des *Spectator* ausdrückt. Und mag auch heute manches, was über weibliche Modetorheiten zu lesen steht, einen patronisierenden Humor verraten, so herrscht doch ein soziabler Ton, der – trotz Club – die Frauen nicht ausgrenzt, sondern ihrem Streben nach kultureller Emanzipation entgegenkommt.

Themen

Neben der Popularisierung wissenschaftlicher Ergebnisse – etwa in den Essays über Newtons *Opticks* und das Mikroskop – und neben seinem Ehrgeiz, die großen Philosophen aus den Bibliotheken zu befreien und sie für die Kaffeehäuser zu entdecken, hatte der *Spectator* ganz wesentlichen Anteil an der literaturkritischen Debatte, die er nicht nur vermittelnd begleitet, sondern auch durch Anstöße belebt. So etwa wird in Addisons *Chevy-Chase*-Essays der schmucklose Balladenstil wiederentdeckt und Milton in den Rang eines englischen Vergil erhoben. Schließlich erfolgt die vorsichtige Abkehr von einem rigiden Regelsystem hin zu ersten Ansätzen einer Wirkungsästhetik in den elf Beiträgen über »The pleasures of the imagination«, die von Lockes Ideenlehre inspiriert sind. Bei aller Heterogenität der Themen – vom Schoßhund bis zum religiösen Epos – herrscht doch auch eine Tendenz zu ihrer gleichmäßig eingängigen Behandlung, die hohe und niedere Gegenstände auf die mittlere Ebene eines kultiviert-geselligen Konversationsdiskurses zwingt.

Johnsons The Rambler

Die Tradition der essayistischen Wochenschriften wurde von Samuel Johnson mit *The Rambler* (1750–2) weitergeführt, der die nicht minder weit gestreuten Themen mit einer philosophisch-moralischen Ernsthaftigkeit sowie allgemeinen Erörterungen über die Begrenztheit menschlichen Strebens beschwerte. Der Sprachduktus des »Johnsonese« ist gewählter, abstrakter und anspielungsreicher – damit aber auch »literarischer« gegenüber dem gesellig wirkenden Gesprächston des *Spectator*.

Goldsmiths The Bee

Oliver Goldsmith wiederum zeigte in seiner Wochenschrift *The Bee* die Welt als buntes und vergnügliches Schauspiel, dessen Unzulänglichkeiten der

Essayist mit benevolentem Interesse begegnet. Die Biene verweist sowohl auf eine Fülle von Themen und Standpunkten, die vom jeweils eingenommenen Ort der Betrachtung abhängen, als auch auf das Vermögen, aus ihnen Honig zu saugen. Ironischer verfährt Goldsmith in seiner Essayserie *The Citizen of the World*, die in Anlehnung an Montesquieus *Lettres Persanes* eine fiktive Sammlung von Briefen darstellt, in denen ein Chinese gegenüber seinem Freund in Peking die englischen Zustände aus seiner Sicht schildert und damit für den europäischen Leser kritisch verfremdet.

Oliver Goldsmith

Das Restaurationsdrama

Das heroische Drama

Die Theatersituation um 1660

Obgleich während des puritanischen Interregnums die englischen Bühnen unbespielt blieben, war die Zeit bis 1660 doch nicht völlig von der Theaterentwicklung abgeschnitten. Die Schauspieler, als Schurken und Vagabunden außerhalb des gesetzlichen Schutzes gestellt, traten in privaten Häusern, in *tennis courts* und Gaststätten auf, um besonders komische Szenen *(drolls)* aus Stücken aufzuführen, die schon vor dem allgemeinen Verbot populär gewesen waren. Einer der wichtigsten Wahrer von Kontinuität war William Davenant: Als Nachfolger von Ben Jonson hatte der mutmaßliche Sohn von Shakespeare die höfischen Maskenspiele unter Karl I. eingerichtet und während des Interregnums 1656 das musikalische Spektakel *The Siege of Rhodes* aufgeführt. Dieses heroische Drama markiert nicht nur den Beginn der »Oper« in England, sondern auch die Einführung von prachtvoll gemalten Flachkulissen vor den Proszeniumstüren. 1660 wurde Davenant und Thomas Killigrew vom König eine Lizenz für die Etablierung von Theatern verliehen, die ihnen eine einmalige Monopolstellung verlieh; bis weit ins 19. Jahrhundert galt die Trennung zwischen *patent theatres*, die für das ernsthafte Drama zuständig waren, und dem *illegitimate theatre* für populäres Entertainment mit vorgeschriebenem Musikanteil. Das Duke's in Lincoln's Inn Fields war nicht nur das erste Theater, das eine bewegliche Kulissenbühne besaß, deren Doppelkulissen ungewohnte Durchblicke und dreidimensionale Effekte erlaubten. Auf seinen Brettern spielte den weiblichen Part eine Schauspielerin: dies war eine Neuerung, die wiederum nicht ohne Rückwirkungen auf die zentralen Frauenrollen in der bald entstehenden *comedy of manners* bleiben sollte.

Restoration Drama

Die allgemeine Bezeichnung *Restoration Drama* für die gesamte Dramenproduktion nach 1660 ist insofern irreführend, als zu Beginn der Wiederherstellung der Stuart-Dynastie zunächst auf vorrevolutionäre, meist jakobäische Erfolgsstücke zurückgegriffen werden mußte und am Ende der historischen Restaurationsepoche die für sie typischen Dramenformen noch mindestens über zwanzig Jahre, also bis ins erste Jahrzehnt des 18. Jahrhunderts, weiterexistierten. Es ist nicht die einzige Verallgemeinerung, was die Theatersituation jener Zeit betrifft. So wird das Publikum oft als bloße Ansammlung aristokratischer Müßiggänger beschrieben, die sich zusammen mit losen Ladies an moralisch zweideutigen Komödiensituationen ergötzten. Zwar verhinderte der hohe Eintrittspreis von ein bis zwei Shilling den Theaterbesuch durch die niederen Stände, so daß im Vergleich zur elisabethanischen und späteren viktorianischen Epoche das Zuschauerspektrum nicht besonders breit war. Zudem war das Theater weitgehend unter der mäzenatischen Protektion des Stuart-Hofes und des toryistisch gesinnten Adels. Dennoch gehörten zu den Besuchern auch wohlhabende Bürger und deren Dienstpersonal. Ein zweites Mißverständnis beruht auf einer ausschließlichen Identifikation von Restaurationsdrama und *comedy of manners*, so als hätten sich keine anderen Genres herausgebildet. Dies gilt nicht einmal für den Bereich der Komödie, wo mit der Intrigenkomödie nach spanischem Vorbild, mit derben *commedia dell'arte*-Possen, mit Stücken in der Nachfolge von Jonsons *comedy of humours* sowie den Tragikomödien eines Dryden auch weitere Typen erfolgreich waren.

Das »heroic play«: Dryden und Otway

Numerisch am häufigsten vertreten waren »Opern« – Schwulststücke mit Musik- und Liedbegleitung – und das schon 1663 von Davenant so bezeichnete *heroic play*, das auch bei Frauen wegen seiner Verteidigung von Liebe und Ehre hoch im Kurs stand; der Titel von Davenants *Love and Honour* ist Programm. Bis 1676 wurde die heroische Tragödie nach dem Vorbild Corneilles in *heroic couplets* verfaßt, später dann, mit Drydens *All For Love*, im Blankvers. In ihrer ultramonarchistischen Gesinnung ist sie die höfische Dramengattung *par excellence*, die – in der damaligen Dichtungstheorie nicht unumstritten – eine übergroße Stilisierungstendenz im hohen Deklamationston und der idealisierenden Figurenzeichnung aufweist. Um das Dekorum zu wahren, fehlten alle »niederen« komischen Elemente. Die von Thomas Rymer geforderte *poetical justice* verlangte, daß der heroische Held (anders als der tragische) am Ende der göttlich sanktionierten Belohnung zugeführt wurde. Seine absolute Vorbildhaftigkeit verbot einen inneren Zwiespalt, so daß die Konflikte von äußeren Zufälligkeiten ausgelöst wurden. Exotische Schauplätze enthoben die Stücke jeglichen Anspruchs auf Wiedererkennung von Wirklichkeit und verliehen ihnen eine geschichtsträchtige Aura, die es erlaubte, privates und nationales Schicksal auf einer Ebene abzuhandeln. Die streng geometrisch angelegte Figurenkonstellation umfaßte meist ein heroisches Liebespaar, das an der Erfüllung seines Glücks zunächst durch Rivalen oder die Zugehörigkeit zu unterschiedlichen Lagern gehindert wird. Der Zwiespalt zwischen Liebe und Ehre ist zwar auf emotional wirkungsträchtige Entscheidungssituationen angelegt, doch in seiner schematischen Abwickelung und der analysierenden Erörterung der Gefühle sind die heroischen Tragödien eher von gedanklicher Abstraktion auf antithetische Grundkonflikte bestimmt. Die bombastischen Bilder erweisen sich weniger als symbolische Verdichtungen denn als kühl ersonnene Hyperbolik. Wenn Drydens zehnaktiges *The Conquest of Granada by the Spaniards* (1670–71) aus den vielen Produktionen der Zeit herausragt, so nicht wegen seiner Abweichung vom Schema, sondern wegen seiner virtuosen Einlösung der Konventionen. In *The Conquest* ist es ein hektischer Frontenwechsel zwischen Liebe und Ehre, der jegliche Kohärenz der Fabel sprengt. Zusammengehalten wird das Stück gerade durch ein manisches Hasten von einer heldenhaften Tat zur nächsten, durch Sprachbombast *(rant)* und exotisch verkleidetes Pathos. In der Unmöglichkeit, die heldischen Ideale sinnfällig innerhalb eines einsehbaren Konflikts darzustellen, wird deutlich, wie sehr sowohl das Heroische als auch das Tragische in einer mit bürgerlichen Werten durchzogenen Gesellschaft an Geltung verloren haben. Dryden selbst stellt in der Verteidigung des Epilogs fest, daß in einem so skeptischen Zeitalter wie seinem nichts mehr unbesehen von den Alten übernommen werde und er selbst nicht in der Kunst rückwärts gehen wolle, wo doch Künste und Wissenschaften fortschreiten.

Drydens berühmtestes Stück *All for Love: or, The World Well Lost* (1677), eine Neubearbeitung der letzten zweieinhalb Akte von Shakespeares *Antony and Cleopatra*, löst den Konflikt zwischen Liebe und Treue nicht in eine Vielzahl von Einzelsituationen auf, sondern konzentriert ihn auf Antonys Schwanken zwischen seiner Leidenschaft für Cleopatra, die ihn ihrerseits mit seinem Jugendfreund eifersüchtig macht, und seinen Pflichten gegenüber Familie und Vaterland. Da die private Option nicht mehr so leicht entscheidbar scheint wie in den meisten *heroic plays* der Epoche, ist hier auch die Sprache von allzu großem Schwulst und patriotischer Phraseologie befreit.

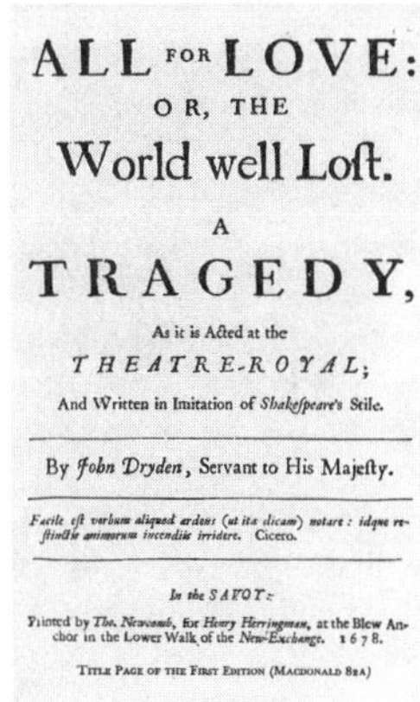
ALL FOR LOVE:
OR, THE
World well Lost.
A
TRAGEDY,
As it is Acted at the
THEATRE-ROYAL;
And Written in Imitation of *Shakespeare's* Stile.

By *John Dryden*, Servant to His Majesty.

Facile est verbum aliquod ardens (ut ita dicam) notare: idque restinctis animorum incendiis irridere. Cicero.

In the SAVOY:
Printed by *Tho. Newcomb*, for *Henry Herringman*, at the Blew Anchor in the Lower Walk of the *New-Exchange*. 1678.

TITLE PAGE OF THE FIRST EDITION (MACDONALD 82A)

Titelseite zur Erstausgabe von Drydens *All For Love*

Die allmähliche Verlagerung des Schwerpunkts auf »allgemein Menschliches« wie persönlichen Verrat, Freundschaftsverpflichtung und die Rettung aus einer unauflöslichen Verstrickung läßt Thomas Otways *Venice Preserv'd; or, A Plot Discovered* (1682) wieder in die Nähe ursprünglicher Tragödienkonzeptionen rücken. Dies ist um so bemerkenswerter, als die thematische Parallele zur Verschwörung der Katholiken gegen Karl II. eine holzschnittartige Schwarz-Weiß-Behandlung nach Art des *heroic play* nahegelegt hätte. Indem Otway von der heldenhaften Stilisierung seiner Figuren Abstand nimmt, kann er sie in ihrer wiedergewonnenen Menschlichkeit mit einer Gefühlshaltigkeit ausstatten, die das formalisierte Liebe-Ehre-Schema aufbricht und Humanität »sich innerlich verwirklichen« läßt (Habermas). Die sonst übliche Selbstdarstellung der Monarchie weicht einer Privatisierung des Konflikts, die statt vorbehaltloser Bewunderung für die Protagonisten Sympathie und Mitleid einklagt. *Venice Preserv'd* ist noch weit vom sentimentalen Drama entfernt, doch entfernt es sich ebenso deutlich vom Kodex der heroischen Tragödie, die kaum Variationen erlaubt und mit der nachlassenden politischen Bedeutung der Krone ihre Legitimation verliert.

Die Restaurationskomödie

Entwicklung

Die Restaurationskomödie (*Restoration Comedy*, auch als *comedy of manners* im Sinne komisch wirkender Sittenschilderung bezeichnet) scheint im Rückblick aus einem homogenen Korpus von Stücken zu bestehen, die kaum gravierende Unterscheidungsmerkmale aufweisen. Dabei wird jedoch übersehen, daß sie sich über mehr als 50 Jahre hinweg gerade deshalb durchzusetzen vermochte, weil sie keineswegs nur an ein zynisches Publikum aus dem Hochadel gerichtet war. Zwar war die Leitbildfunktion der Restaurationskomödie in der Darstellung gesellschaftlicher Verhaltensmuster zweifellos aristokratisch orientiert, doch zeigte sich ihr Strukturgerüst auch offen für eine Auseinandersetzung mit der heraufziehenden sentimentalen Komödie, deren erste Beispiele sich zeitlich mit den Dramen von Congreve und Farquhar überschnitten. So ist es ein weiter Weg von den Dialoggefechten des Doppelpaares in Drydens *Marriage à la Mode* (1672) bis zur Empfindsamkeit des Liebesabenteurers in Farquhars *The Beaux' Stratagem* (1707).

Themen und dramatischer Konflikt

Die Themen der Restaurationskomödie umspannen die illusionslos gesehenen Verknüpfungen zwischen Sex, Liebe, Ehe und Geld, die stets gefährdete Balance zwischen emotionalem Impuls und sozial regulierter Verhaltenskontrolle, die richtige und falsche Anwendung von *wit* und *affectation* sowie den Funktionsmechanismus zwischenmenschlichen Rollenspiels. »Ehre« und »guter Ruf«, die Grundvoraussetzungen des heroischen Dramas, werden oft als heuchlerisch benutzte Einsätze in einem Spiel entlarvt, bei dem die Triebfedern aus der Befriedigung sexueller Gier und der raffinierten Überlistung von Nebenbuhlern bestehen. Die Figuren- und Plotkonstellation weist dabei einige stets wiederkehrende Muster auf: Ein junges »gay couple«

William Hogarth: »Lachendes Publikum« (1733)

ficht mit den Waffen des *wit* einen Liebeskampf aus, bei dem die Frau durch eine geschickte Mischung aus erotischen Verführungstaktiken und Unnachgiebigkeit den seiner ungehemmten Libido gehorchenden Wüstling *(rake)* in die »Kapitulation« der Ehe treibt. Die dramatische Zuspitzung erwächst aus einer spürbaren Verschärfung des Konflikts zwischen Keuschheitsmythos und einem kaum verhüllten Wunsch nach ebenso weiblicher wie männlicher Bedürfnisbefriedigung, was so erst die vielen Doppeldeutigkeiten, anzüglichen Anspielungen und unerwarteten »turns« bedingt. Die umworbenen Frauen müssen die Erfüllung sexueller Erwartungen zumindest als im Bereich des Möglichen erscheinen lassen, während die eheunwilligen Männer dazu gebracht werden müssen, für den Erfolg ihrer Werbung mit einer Garantieverpflichtung zur Ehe aufzukommen. Auch wenn damit die institutionelle Moral vordergründig wieder hergestellt erscheint, ist die Wandlung des Libertins nicht durch die Liebe der Frau, sondern durch seinen Wunsch nach ökonomischer Sicherheit nach Aushandlung eines Ehevertrags bedingt, und auch die romantische Forderung nach Liebesbezeugungen in der Ehe wird zugunsten gesellschaftlicher Contenance eingeschränkt: »Good *Mirabell*, don't let us be familiar or fond, nor kiss before Folks... Let us never Visit together, nor go to a Play together, but let us be very strange and well bred. Let us be as strange as if we had been marry'd a great while; and as well bred as if we were not marry'd at all« (Congreve, *The Way of the World*).

Wycherley

Eine andere Konstellation sieht ein verheiratetes Paar vor, das sich zur Untreue entschließt und mit einem jungen Paar Kreuzverbindungen eingeht, die freilich an Eifersuchtsgefühlen scheitern. Das Schema von Intrige, Tausch und Wiederherstellung von Ordnung wird in Wycherleys *The Plain Dealer* (1676) besonders deutlich. Manly entdeckt, daß seine Geliebte Olivia heimlich einen Modegecken geheiratet und sein Geld entwendet hat, worauf er sie mit Hilfe eines Pagen – in Wirklichkeit einer verkleideten Bewunderin – zurückzugewinnen sucht. Die Basisstrukturen der Restaurationskomödie setzen somit ein sehr begrenztes Repertoire von Plotentwicklungen voraus und legen auch eine relativ konstante Personenkonfiguration fest, die typologische Ähnlichkeiten mit den »humour«-Vorbildern bei Ben Jonson aufweist: das geistreich-unmoralische Paar, den albernen *fop* (Modegecken), die fallengelassene Mätresse, einen mitleidlos gehörnten Ehemann (der spießige *cit*) sowie bejahrte Lüstlinge beiderlei Geschlechts, die den Jungen beim Spiel der Liebe nacheifern und sich dabei lächerlich machen. Neben dem Altersgegensatz herrschen in der Restaurationskomödie noch weitere Oppositionen, von denen die zwischen Stadt und Land die wohl markanteste ist. Nur im urbanen Milieu können sich Geist und geschliffene Umgangsformen entfalten, während das Landleben als unzumutbare Alternative dargestellt ist. In Wycherleys *The Country Wife* (1675), das unmittelbar im Londoner Theaterbereich angesiedelt ist, gibt die schlichte Titelfigur alles andere als ein Modell für verfeinerte Verhaltensstandards ab. In Sir John Vanbrughs *The Relapse* (1696) spricht schon der Name von Sir Tunbelly Clumsy für eine aus der Sicht des Hofmanns unerträgliche Ungehobeltheit. Erst in Farquhars *The Beaux' Stratagem* findet mit Dorindas Verteidigung des Landlebens eine Umorientierung statt, die die künstlich-affektierte Sphäre der Stadt gegen den »natürlichen« Lebensbereich des Ländlichen tauscht.

Da das Spiel der Liebe mit den Waffen des Geistes entschieden wird, treten an die Stelle moralischer Kriterien die Schlagfertigkeit und die Geschicklichkeit im Umgang mit dem sprachlichen Florett. Den tölpelhaften *witless* und den prätentiösen *witwouds* sind die *truewits* gegenübergestellt, die auch

Szenen aus Farquhars *The Recruiting Officer*, I, i und *The Beaux' Stratagem*, IV, i

beim erotischen Vergnügen Scharfblick, geistige Überlegenheit und Urteilskraft beweisen und sich keinen falschen Illusionen über die menschliche Natur hingeben; Mirabell und Fainall in Congreves *The Way of the World* sind wohl die prominentesten Vertreter dieses Typs. Während die *truewits* unter Aufbietung einer starken Ich-Leistung auch prekäre Situationen mit Eleganz, Grazie und Witz meistern und gerade die beiläufig-leichte Konversation perfekt beherrschen, spekuliert der *witwoud* auf Anerkennung der guten Gesellschaft durch krampfhafte Befolgung ihrer Höflichkeitsnormen. Zusammen mit den *gulls* (Tölpeln) und den *fops* – letztere vertreten durch ihren Prototyp Sir Fopling Futter in Ethereges *The Man of Mode* (1676) – neigen die falschen *wits* zur *affectation*, einer manierierten Geziertheit, die sich in der Konversation gesellschaftliche Tugenden anmaßt, welche ihr auf der Beziehungsebene nicht zukommen.

Congreve

Etherege

Die bedenkenlose Jagd der Protagonisten nach sexuellem Genuß auch außerhalb legalisierter Beziehungen hat der Restaurationskomödie seit jeher den Vorwurf der Unmoral eingebracht. Macaulay äußerte sich wohl am schroffsten: »... in truth this part of our literature is a disgrace to our language and our national character« (1850). Liebe und Sexualität entspringen weniger einer schamhaft geschützten Intimität, sondern sind auch in den sprachlichen Vergleichsbildern öffentlichen Aktivitäten wie der Jagd und dem Glücksspiel angenähert. Die Stimulanz ergibt sich nicht aus der Überschreitung der moralischen Schranke, sondern aus dem intellektuellen Reiz der Gefühlsbeherrschung, dem Durchschauen von Täuschungen und der Souveränität im Einsatz von Genußfähigkeit. Dominant in Ethereges *The Man of Mode* etwa setzt seinen sexuellen Appetit deutlich als Machtmittel ein, um andere zu beherrschen und zu überlisten, während er darauf achtet, nicht selbst zum Opfer seiner Triebhaftigkeit zu werden. Wenn in der ersten empfindsamen Komödie, Colley Cibbers *Love's Last Shift* (1696), der Wüstling Reue darüber empfindet, daß die Frau, die ihn verführt, in Wirklichkeit seine von ihm einst verstoßene Ehefrau ist, so macht Vanbrugh in seiner

Cibber

Colley Cibber als Lord Foppington in Vanbrughs *The Relapse*

burlesken Parodie auf Cibber, *The Relapse*, deutlich, daß auch die standhafteste Frau vor Verlockungen nicht sicher sein kann und ihr Mann keineswegs gegen einen Rückfall in die Untreue gefeit ist. In ihrem sittlichen Realismus ist die Restaurationskomödie »moralischer«, als es ihre schlüpfrigen Innuendoes und absichtlich herbeigeführten Zweideutigkeiten nahelegen. Sie wappnet gegen die Illusionen blinder emotionaler Zuneigung und nimmt die ewige Dauer einer Liebe nicht als selbstverständlich an. Und wenn auch die Frau am Ende Garantien für ihre sexuelle Bereitschaft einfordert, so bedingt doch auch ihre wirtschaftliche Unabhängigkeit innerhalb der Adelsgesellschaft eine größere emanzipatorische Freiheit, das Spiel der Liebe als gleichberechtigte, oft gar überlegene Partnerin mitzuspielen. In der letzten Phase der Restaurationskomödie freilich schleichen sich Zweifel an der Rechtmäßigkeit von Libertinage und Ehebruch ein, so wenn in John Vanbrughs *The Provok'd Wife* (1697) die Untreue gar nicht erst vollzogen wird oder in Farquhars *The Beaux' Stratagem* die sexuelle Intrige dazu dient, eine echte Liebe zu gewinnen. Diese wachsende Domestizierung des Trieblebens ist bereits weit entfernt von der libertinistischen Philosophie in Wycherleys *The Country Wife*, wo der Betrug leichtgläubiger Ehemänner geradezu zur positiven Lebensaufgabe des Helden gehört. Das Motiv der *love-chase* dient nun nicht mehr der Absicherung emotionalen Überschwangs durch bewußte Promiskuität, sondern soll die wahren Gefühle zwischen den liebenden Parteien vorbereiten helfen. Das »Thou shalt not be found out« in den Anfängen der Restaurationskomödie wird zur Aufforderung, die Bedingungen für eine bleibende Beziehung als Möglichkeit authentischer Selbsterfahrung herauszufinden. So wurde Congreves *The Way of the World* die ernsthafteste Restaurationskomödie genannt, da Mirabells Libertinage nur die komplementäre Seite seines humanen Charakters ist.

Libertinage und Gefühl

Kaum eine Dramengattung lebt so sehr von der Affinität des Lebens zum Bühnenhaften wie die Restaurationskomödie. Ihre Lust an maskenhaften Verkleidungen, erotischen Listen und taktischem Spiel bestimmt ihre Intrigenstruktur und macht die Protagonisten zu finessenreichen Mitspielern. Die wahrhaft schlechten Darsteller sind dabei jene, die am leichtesten der Selbsttäuschung über ihre schauspielerischen Überzeugungsqualitäten unterliegen; die besten, die die zwischengeschlechtliche Kommunikation von Höflichkeit und Liebeswerben am geschicktesten beherrschen. Daraus erwächst eine Tendenz zur Selbstinszenierung, zur Angleichung der Verhaltensstilisierung an detailliert vorgegebene Regieanweisungen, die den Kampf der Geschlechter als typisiertes Rollenspiel vorgeben.

Colliers Polemik

Als 1698 Jeremy Colliers Kampfschrift *A Short View of the Immorality and Profaneness of the English Stage* erschien, war der Boden für eine Attacke gegen die Sittenwidrigkeit der Restaurationskomödie durch zahlreiche Gesellschaften zur Reform der Sitten und zur Verbreitung christlicher Tugenden sowie durch eine nachhaltig fortwirkende puritanische Theaterfeindlichkeit bereitet. Für sich genommen ist Colliers Polemik ein nicht sehr origineller, ressentimentgeladener Angriff auf schmutzige Redewendungen, Flüche, antiklerikale Tendenzen und die Stilisierung von Wüstlingen zu positiven Helden. Bezeichnend ist freilich, daß Collier als *non-juror* dem hochtoryistischen Kreis der Revolutionsgegner entstammte, daß aber auch ein so »aufgeklärter« Autor wie Richard Steele mit Colliers Thesen sympathisierte und seine Komödien von Zoten und jeglichem Anflug von Unmoral reinigte. Wie so oft in der Epoche sind die soziologischen Gründe für einen Funktionswandel der Literatur mehrschichtig: Die wirkungsästhetischen Vorbehalte gegen die Restaurationskomödie kamen aus den unterschiedlichsten politischen und religiösen Lagern, doch ist allen gemein, daß sie auf der Bühne empfindsame Tugendtendenzen förderten, die von der sentimentalen Komödie und dem bürgerlichen Trauerspiel aufgenommen wurden.

Die Sentimentalisierung von Komödie und Tragödie

Es ist zum Gemeinplatz jeder Dramengeschichte geworden, daß im 18. Jahrhundert die technischen Entwicklungen im Bühnenbereich und der wachsende Status von Schauspielern und Theaterleitern nicht mit ähnlich großen Fortschritten in der Produktion herausragender Dramen einhergingen. Sieht man von den zahlreichen Burlesken, Farcen und Spektakeln ab, so hat bei den als anspruchsvoll konzipierten Stücken der klassizistische Regelkanon eher eine Geschraubtheit der pathetischen Deklamation und eine rigide Plotmechanik gefördert. So konnten weder die Verstragödien eines James Thomson, noch John Gays *The Captives* (1724) oder Thomas Grays klassizistisches Dramenfragment *Aggrippina* (1742–46) den Ruhm ihrer Verfasser mehren. Das Postulat der *poetical justice*, 1678 von Thomas Rymer aufgestellt, sah eine automatische Koppelung von Schuld und Strafe beziehungsweise Tugend und Belohnung vor, was dem in den Dramen vermittelten Weltbild eine mechanistische Grundlage von Ursache und Wirkung verlieh. Am radikalsten entfernt sich von der »gerechten Lösung« John Gay in *The Beggar's Opera* (1728), wenn er am Schluß den Bettlerdichter als *deus ex machina* auf die Bühne schickt und ihn verfügen läßt, daß Macheath nicht gehängt wird, sondern zu seiner Polly zurückkehren darf. Auch Addisons klassizistische Verstragödie *Cato* (1713), die ansonsten die drei Einheiten der französischen Vorbilder strikt wahrt und das Handlungsgewicht auf Haupt- und Staatsaktionen legt, weicht vom Prinzip dramatischer Gerechtigkeit mit dem Selbstmord des idealen Titelhelden ab, was zu einer heftigen Kontroverse mit dem Kritiker John Dennis führte. Dabei war es Addison darauf angekommen, mit einem eher wirkungspsychologisch motivierten Ausgang auf die Gefährdung des Gemeinwohls zu verweisen, sollten die Spannungen zwischen Whigs und Tories noch weiter wachsen.

Poetische Gerechtigkeit

Gays *The Beggar's Opera* ist ein in jeder Hinsicht bemerkenswertes Stück, da es auch eine Kommentierung der zeitgenössischen Theatersituation liefert und in seiner parodistischen Struktur bereits die Wendung gegen eine klassizistische Dramenpoetik enthält. Gay, ein politisch konservativer Günstling der adeligen Queensberrys und ein Vertrauter Swifts und Popes, war als wenig erfolgreicher Verfasser klassizistischer Versdichtungen darauf angewiesen, sich als Stückeschreiber auf dem expandierenden kommerziellen Literaturmarkt zu behaupten. Der Zwang zum Erfolg zwingt nicht nur den Bettlerpoeten innerhalb des Stücks zu zahlreichen Zugeständnissen an den herrschenden Literaturgeschmack, so wenn er das Pathos der italienischen Oper parodiert, er hat auch Gay dazu veranlaßt, eine Vielzahl populärer Melodien in sein Stück einzubauen und die Geschmacksnivellierung seiner Zeit auf aktuelle politische Entwicklungen unter Walpole zurückzuführen. Mit 63 Aufführungen triumphierte somit eine musikalische Komödie, die eine eher desillusionierte Sicht auf die gesellschaftliche Macht von Profit und

Gays The Beggar's Opera

Hogarths Persiflage auf *The Beggar's Opera* (Aufführung im Lincoln's Inn Fields Theatre, 1728)

Erfolg vermittelt und Begriffe wie »Moral«, »Ehre« und »Anstand« auch für kriminelles Handeln opportun macht. Hehlerei, Schurkerei und viele andere Formen unehrlichen Gewerbes erweisen sich bei Gay nicht als individuelle Vergehen, sondern als gesellschaftlich sanktionierte Geschäftsmethoden, die einen Gangster wie Peachum als ehrbaren Bürger erscheinen lassen, der vor allem seine Tochter Polly günstig verheiraten möchte. Captain Macheath wiederum, der einer Straßenräuberbande vorsteht und Polly heimlich ehelicht, vertritt einen Vulgäraristokratismus, indem er als »edler« Räuber gerade gegen die bürgerliche Doppelmoral und den Opportunismus der Peachums angeht und sich seine Unabhängigkeit bewahrt. Die zynische Dialektik von Gays Stück, in dem auch noch die Moral käuflich ist, hat Bert Brecht zur *Dreigroschenoper* inspiriert; was an dieser freilich als besonders »brechtisch« erscheint – der historisch und klassentypologisch abgeleitete Charakter der Helden und die Illusionsdurchbrechungen –, ist in *The Beggar's Opera* bereits bravourös vorweggenommen.

Sentimentalisierung von Tragödie und Komödie

Eine der folgenreichsten Entwicklungen in der dramatischen Literatur des 18. Jahrhunderts ist die Sentimentalisierung von Tragödie und Komödie, die beide Genres immer stärker einander anglich und dem daraus sich entwickelnden bürgerlichen Trauerspiel die Fallhöhe, der moralisch-empfindsamen Komödie den Charakter »niederen Gelächters« nahm. Im Vorwort zu *The Conscious Lovers* (1723) spricht denn auch Steele von einer »joy too exquisite for laughter«, und im Epilog liefert er gleichsam die Summe der neuen Komödienauffassung:

'Tis yours with breeding to refine the age,
To chasten wit, and moralize the stage,
Ye modest, wise and good, ye fair, ye brave,
Tonight the champion of your virtues save;
Redeem from long contempt the comic name,
And judge politely for your country's fame.

Tugendbeweis und Reuedarstellung besitzen im Drama der Zeit eine didaktische Erbauungsfunktion, die weit höher als die respektlose Verspottung von Lastern veranschlagt wurde. Die dramatische Gerechtigkeit am Schluß eines Stückes erschien nicht mehr als mechanistisch eingesetzte Belohnung oder Bestrafung, vielmehr mußten sowohl das glückliche als auch das traurige Ende Rührung und Mitgefühl vermitteln, die wiederum eine didaktische Wirkung zu erzielen hatten. Die Ständeklausel wurde zugunsten eines Konzepts ersetzt, das den moralischen Adel und die Vertrautheit der gezeigten Lebensumstände betonte; während so der Aristokrat dem ihm in der Sittenkomödie zugewiesenen Libertinismus entsagt und sich dem ethischen Idealismus bürgerlicher Tugendlehre zuwendet, erlebt der Bürger seine Nobilierung in der Größe tugendhafter Gefühle. Dem liegt die Anschauung vom moralischen Sentiment als Wurzel allen tätigen Wohlwollens zugrunde, wie es in den Schriften des Earl of Shaftesbury und seines Schülers Francis Hutcheson propagiert wurde. Die Tugend gehört demnach zur inneren Zweckbestimmung des Menschen und entscheidet darüber, ob er dem angeborenen *moral sense* und seiner natürlichen *benevolence*-Veranlagung folgen und somit glücklich werden will. Das sympathetische Verständnis für vorbildhafte Bühnenfiguren vermag dabei moralisches Verhalten stärker zu erwecken als das höhnische Verlachen negativ gezeichneter Personen.

Der Tugendbeweis

Der wirkungspsychologische Aspekt bedingt ein Wiedererkennen der im Theater dargestellten Lebenssphäre, die vornehmlich als häuslich-private erscheint. So nannte Lillo *The London Merchant* (1731) ein »moral tale in private life«, in dem auf Haupt- und Staatsaktionen verzichtet und statt dessen die »private woes« des bürgerlichen Milieus behandelt würden.

Privatsphäre

Die patriarchalische Kleinfamilie und die in ihr herrschende Gefühlsdynamik setzen nun die Wertmaßstäbe natürlicher Ordnung, die entweder von außen (der schlechten Gesellschaft, dem bösen Schurken wie in Edward Moores *The Gamester*) oder durch Nichtbefolgung des inneren *moral sense* (wie in *The London Merchant*) gefährdet wird. Die Privatsphäre dient so als Erfahrungs- und Identifikationsbereich, gleichzeitig aber liefert sie den normativen Hintergrund für Verhaltensregulierungen, die vom Kokettieren der Restaurationskomödie mit der Unmoral weit entfernt sind.

»Sentiment«

Der Sentiment-Begriff der sentimentalen Komödie hat zwar im Lauf des Jahrhunderts auch jene Bedeutung des Gefühlsschwulstes erhalten, wie sie durch die *comédie larmoyante* vorgegeben wurde, doch war damit zunächst – ganz im Sinne Shaftesburys – die emotionale Fähigkeit gemeint, ethische Werte positiv aufzugreifen und in das Gefühlsleben zu integrieren. In der Bühnensprache wiederum bedeutete *sentiment* den reichen Einsatz einprägsamer Sentenzen, lehrhafter Maximen und moralisch ausgewiesener Reflexionen.

Gilt Colley Cibbers *Love's Last Shift* (1696) auch als erste sentimentale Komödie, so hat doch Richard Steeles *The Conscious Lovers* (1722) das Theater für viele Jahre als »school of morality« installiert. In Fieldings *Joseph Andrews* bemerkt Parson Adams, daß es das einzige Stück sei, das sich für einen Christenmenschen eigne, denn es enthalte fast so feierliche Dinge wie eine Predigt. Eine für das *domestic drama* des 19. Jahrhunderts entscheidende Verknüpfung von Tugend und Empfindung mit der Sphäre des Weiblichen gelingt dem Shakespeare-Herausgeber und Hofdichter Nicholas Rowe mit seinen privaten Schicksalsdramen *Jane Shore* und *Lady Grey*, die in ihrer Vertretung des »feminine interest« und in Abkehr vom männlichen Sexualkodex der Restaurationsdramen auch *she-tragedies* genannt wurden. Erstmals einen ehrsamen Kaufmann im Mittelpunkt hat

Lillos The London Merchant

Lillos bürgerliches Trauerspiel *The London Merchant; or, The History of George Barnwell.* Daß Thorowgood als Vertreter seines Standes nicht nur eine derart prominente Rolle ausfüllt, sondern zudem die Gesinnung des Stückes wie kein anderer repräsentiert, liegt sicherlich auch am Prestigegewinn des Kaufmannsstandes durch den rapide expandierenden Welthandel, die merkantilistische Wirtschaftspolitik Walpoles und die kaufmännische Ausbildung von nicht erbberechtigten Söhnen aus dem Adel. Nach kalvinistischer Lehre war der erfolgreiche Kaufmann zudem auch guter Christ, da sich an ihm die Zeichen der Auserwähltheit am sichtbarsten manifestierten. Die Geschichte von George Barnwell, einem Gehilfen von Thorowgood, der in die Schlingen der skrupellosen Kurtisane Millwood gerät und von ihr zum Mord an seinem Onkel angestiftet wird, basiert auf einer alten Straßenballade, die in ihrer moritatenhaften Schilderung von Untat und Reue an frühe Verbrecherbiographien gemahnt. Was Lillos Stück aus der Dramenliteratur der Epoche heraushebt, ist weniger die exemplarische Tendenz des Geschehensablaufs als die »tragische« Bedingtheit eines Einzelfalls, der den reinen Tor voll guter Vorsätze zum Verbrecher macht. Der erzielte Effekt ist der der Rührung, die auch noch Barnwell in seinem Mitleid mit sich selbst ergreift. Diese Auflösung des Konflikts im allseitigen moralischen Wohlgefallen unterscheidet das Trauerspiel von der Tragödie und verweist bereits auf das Melodrama im 19. Jahrhundert.

Richard B. Sheridan

Goldsmith und Sheridan

Die beiden Dramatiker, die in der zweiten Hälfte des 18. Jahrhunderts gegen die »bastard tragedy« des sentimentalen Dramas und gegen das weinerliche Lustspiel eine modifizierte Dramenkonzeption setzten, waren Goldsmith und Sheridan. Sie verzichteten auf eine zur Schau gestellte Tugendhaftigkeit, doch indem sie *wit* und *moral judgement* (Urteilskraft) eng verbanden, erteilten sie auch der *comedy of manners* früherer Zeiten eine Absage. In *An Essay on Theatre* (1772) spricht sich Goldsmith für den Typ des witzig-unterhaltsamen Lustspiels aus, den er »laughing, and even low comedy« nennt: Die empfindsame Diktion ist darin zugunsten einer Komik zurückgedrängt, die – im Gegensatz zu Steeles »joy too exquisite for laughter« – dem Zuschauer das Lachen nicht mehr abgewöhnen sollte. In der Widmung von *She Stoops to Conquer* an Dr. Johnson erklärt denn auch Goldsmith, daß das Unternehmen einer nicht bloß sentimentalen Komödie sehr gefährlich sei. Die gefällig entwickelte Intrige seines Stücks folgt traditionellen Lustspielmotiven von der Zähmung eines jugendlichen Helden in einer heiteren, letztlich problemfreien Welt. Sheridans *The Rivals* bedient sich des Doppelspiels, des Betrugs und der Verstellung, um das Thema von Sein und Schein in unsentimentaler Manier abzuhandeln; die bekannteste Figur ist freilich Mrs. Malaprop geworden, deren sprachliche Fehlleistungen im Gebrauch von Wörtern lateinischen Ursprungs nicht allein in die Geschichte der englischen Literatur, sondern auch in die des englischen Humors eingegangen ist. In *A School for Scandal* schließlich werden die Heuchelei von mechanisch eingesetzten *sentiments* und die Sucht nach Skandalen dergestalt parodiert, daß die dem Stück immanente Alternative von *good nature*, sanfter Ironie und freundlicher Geselligkeit um so deutlicher hervortreten können. Sheridan wendet sich ebenso gegen den Klatsch der Lästerschule (im Stil der Restaurationskomödie) wie gegen das leere Moralisieren des empfindsamen Dramas, und er erzielt in dieser Auseinandersetzung mit den beiden wichtigsten Dramentendenzen der vorausgegangenen hundert Jahre noch einmal einen Triumph der Komödie, bevor sich das neue Jahrhundert der Farce und der Burleske zuwendet.

Mrs. Siddon als tragische Muse. Bild von Joshua Reynolds (1784)

ROMANTIK UND VIKTORIANISCHE ZEIT

Modernisierung und Literatur im 19. Jahrhundert

Beschleunigung des sozialen Wandels um 1800

In der Geschichte der englischen, der europäischen, ja der okzidentalen Zivilisation bildet die Zeit um 1800 einen tiefen Einschnitt. Seit die Französische und die industrielle Revolution am Ende des 18. Jahrhunderts statische, feudale Ordnungen endgültig auflösten, stand das Leben im Zeichen raschen, sich beschleunigenden Wandels. Dieser Wandel war nicht ziellos. Alle Veränderungs- und Reformanstrengungen im England des 19. Jahrhunderts zielten darauf ab, durch die Vermehrung des Wissens, durch dessen technische und ökonomische Anwendung, durch verbesserte Bildungsinstitutionen (Gründung der Universität London 1836, Einführung der allgemeinen Schulpflicht 1870) und vor allem durch die Befreiung des Individuums von politischer und religiöser Bevormundung die Voraussetzungen für einen modernen, effizienten Nationalstaat zu schaffen, in dem sich das freie Spiel der Kräfte ungehindert entfalten sollte. Problematisch blieb indes, welche Rolle Literatur und Kultur in diesem Modernisierungsprozeß spielen sollten. Sie

Die Universität London. Aus *The World's Metropolis*, 1857, von T.H. Shepherd

übernahmen häufig die Aufgabe, jene unübersehbaren Sinnverluste und sozialen Verwerfungen, die der Modernisierungsprozeß trotz aller sonstigen, vor allem materiellen Fortschritte nun einmal mit sich brachte, zu erkunden, mitzuteilen, zu kritisieren oder mit Hilfe schöner Gegenbilder auszugleichen. Die große Mehrheit des englischen Wirtschaftsbürgertums des 19. Jahrhunderts bezog seine Stärke allerdings aus der Fähigkeit, das Prinzip des einträglichen Freihandels mit moralisch-religiösen Überzeugungen protestantischen Zuschnitts verbinden zu können.

Sofern Geschichtsschreiber es gewagt haben, das gesamte 19. Jahrhundert oder größere Teile davon einem einheitlichen Bezugspunkt zuzuordnen, haben sie in der Regel jene Tatsache des beschleunigten Wandels selbst und der ihn vorantreibenden Ursachen hervorgehoben. »Age of revolution«, »age of science«, »age of improvement«, »industry and empire« lauten einschlägige Formulierungen, die den Zusammenhang von Verwissenschaftlichung, Säkularisierung, Industrialisierung, Demokratisierung und sozialem Wandel ins Blickfeld rücken. Bisherige Erfahrungen taugen nicht mehr, die Zukunft vorauszusehen. Was bisher nur Traum war, wie die rasche Überbrückung großer Entfernungen oder das Fliegen, wird jetzt plötzlich zur alltäglichen Erfahrung. Die Brüder Montgolfier erfanden das Ballonfliegen (1787), 1830 wurde die Eisenbahnlinie Manchester-Liverpool eröffnet, über den Krimkrieg (1854) konnte schon per Telegraph und Photographie berichtet werden.

Verzeitlichung und Vergeschichtlichung

Derart rasante Veränderungen der Erfahrung von Raum und Zeit hatten zur Folge, daß das gesamte Wirklichkeitsverhältnis verzeitlicht wurde und die Zukunft den Charakter eines offenen Möglichkeitsraumes annahm. Diese Zukunftsorientierung, die inhaltlich in der Regel die Form des Fortschrittsglaubens annahm (*progress*), ging Hand in Hand mit einer bislang nicht bekannten Vergangenheitsorientierung. Die Entdeckung der Geschichte – Geschichte im Sinne eines einmaligen, unumkehrbaren Vorganges – hing ursächlich mit der Erfahrung der zeitlichen Beschleunigung zusammen. Entsprechend wurden Zeitdiagnose (Thomas Carlyle, »Signs of the Times«, 1829) und Geschichtsforschung zu notwendigen Mitteln der Weltorientierung. Kein Wunder deshalb, daß das England des 19. Jahrhunderts dic beiden großen, bis heute nachwirkenden Theorien des Wandels, Marxens dialektischen Materialismus und Darwins Evolutionslehre (*On the Origin of Species*, 1859), hervorbrachte.

Die entscheidenden Anstöße für die Demokratisierung und Rationalisierung der englischen Gesellschaft gingen von der Französischen und insbesondere von der industriellen Revolution aus. Der liberale Führer der whiggistischen Opposition im englischen Parlament, Charles James Fox, erklärte kurz nach dem Fall der Bastille, die Französische Revolution sei »das größte und beste Ereignis, das in der Welt geschehen ist«. Ähnlich dachte William Godwin, der Verfasser des Werkes *Enquiry concerning Political Justice* (1793). Ganz in der Manier der Aufklärungsphilosophie ist der ehemalige Dissenter Godwin von der angeborenen Güte des Menschen überzeugt. Was die Menschen daran hindere, ihr Glück zu ergreifen und die Stimme der Vernunft in wohltätiges Handeln umzusetzen, sei ein verwerfliches System tyrannischer Potentaten und Institutionen. Vernunft und Wahrheit werden sich aber letzten Endes durchsetzen. Sehr viel konkreter, aber im gleichen Geiste agitierte der aufrührerische Quäker Thomas Paine, der sich schon am Kampf um die amerikanische Unabhängigkeit beteiligt hatte, für die französische Republik, darüber hinaus für die Emanzipation der Frau und die Abschaffung der Sklaverei.

Fox als Sansculotte (3. März 1793). Karikatur von James Gillray

Negative Reaktionen auf die Französische Revolution

Die sofortige revolutionäre Durchsetzung einer naturrechtlichen Konstruktion, nämlich der republikanischen Prinzipien der Freiheit und der Gleichheit, stieß im aristokratisch geprägten Parlamentarismus Englands auf erbitterten Widerstand führender Politiker und Denker. Änderungen und Anpassungen an veränderte soziale und politische Bedingungen sollten organisch wachsen, auf dem Wege der Reform herbeigeführt werden, nicht aber durch einen blutigen politischen Umsturz wie in Frankreich, der dort zeitweise zur Herrschaft der Guillotine geführt hatte. Das politische Denken des englischen Konservatismus entsteht in unmittelbarer Auseinandersetzung mit Theorie und abschreckender Praxis der Französischen Revolution. Schon 1790 veröffentlichte der Politiker und Literat Edmund Burke das überaus einflußreiche Werk *Reflections on the Revolution in France*, in dem er sich scharf gegen das abstrakt-geometrische Systemdenken fanatischer Intellektueller wandte, deren nicht durch Erfahrung und Tradition gezügelte Vernunft nur der Errichtung neuer Tyranneien den Boden bereite. In seiner mit satirischem Ingrimm geschriebenen Geschichte der Französischen Revolution entwirft Carlyle das abschreckende Bild einer schlecht regierten, verwirrten Nation, die schließlich dem Monster Robespierre ausgeliefert gewesen sei. Während des Krieges mit Frankreich (1793–1815) und noch in den zwanziger Jahren tat die englische Regierung alles, um das Überspringen des revolutionären Funkens nach England zu verhindern. Zeitweise wurde sogar die Habeaskorpusakte aufgehoben. Höhepunkt dieser Eindämmungspolitik war wohl die gewaltsame Auflösung einer großen Protestversammlung bei Manchester (»The Peterloo Massacre«, 1819), die elf Menschenleben forderte.

Der Demokratisierungsvorgang konnte durch solche Maßnahmen nur verzögert, nicht aber verhindert werden. Die auf dem Kontinent mit Recht bewunderte Weisheit britischer Politik bestand darin, dem Drang des neuen Industriebürgertums und der Arbeiterschaft nach politischer Mitbestimmung jeweils gerade noch rechtzeitig stattgegeben zu haben. Auch andere benachteiligte Gruppen profitierten von dieser Bereitschaft zur Reform. 1829 erhielten Katholiken das Wahlrecht und Zugang zu Ämtern, 1833 wurde im gesamten britischen Reich die Sklaverei abgeschafft. 1832 wurde durch die große Reform Bill das Wahlsystem den neuen Verhältnissen angepaßt, allerdings unter Ausschluß der Arbeiter. Die durch die Auflösung veralteter, unrepräsentativer Wahlkreise (u.a. der *rotten boroughs*) freigewordenen 143 Parlamentssitze gingen zu einem beträchtlichen Teil an die neuen Industriestädte. Weitere Reform Bills (1867, 1884) weiteten das Wahlrecht mit wenigen Ausnahmen auf alle erwachsenen Männer aus.

Die große Reform Bill von 1832

Hinter diesen Änderungen des politischen Systems standen also nicht nur ideelle, sondern auch soziale Kräfte, die durch den Industrialisierungsvorgang entfesselt worden waren. Industrialisierung bedeutet zunächst, daß die Wachstumsraten in der Textilbranche seit den achtziger Jahren des 18. Jahrhunderts durch den gezielten, in Fabriken konzentrierten Einsatz von Maschinen für das Spinnen und Weben (Dampfwebstuhl) enorm anstiegen. Ein komplexes System von Ursachen und Wechselwirkungen zwischen Wirtschaft, Politik, Technologie und ökonomischer Theorie (Laisser-faire) sorgte dafür, daß die so in Gang gekommene Bewegung anhielt und durch die Verbesserung der Kohle- und Stahlgewinnung im Zusammenhang mit dem Eisenbahnbau noch weiter beschleunigt wurde. Bevölkerungsexplosion durch verbesserte medizinische Betreuung, Einziehung von Gemeindeland zugunsten einer effizienten Landwirtschaft (*enclosures*) mit der damit verbundenen Freisetzung von Arbeitskräften, aufklärerisches *improvement*-Denken, enorme Gewinne auf Grund eines riesigen, politisch abgesicherten

Die industrielle Revolution

Exportmarktes, Kapitalanhäufung: all diese Faktoren sorgten dafür, daß der Industrialisierungsvorgang eine außerordentliche Dynamik entfaltete.

Die soziale Bewegung

Allerdings war für diese Produktivitätssteigerung, deren Auswirkungen das gesellschaftliche Leben Englands grundlegend veränderten, ein hoher sozialer Preis zu entrichten. Überteuerte Lebensmittel zum Schutze der Landwirtschaft, Schwankungen des Marktes und schlimme Arbeits- und Lebensbedingungen in den frühkapitalistischen Produktionszentren des Nordens sorgten für zahlreiche soziale Konflikte. Der Versuch der Chartistenbewegung, durch die Forderung nach freien, geheimen, allgemeinen Wahlen für die Probleme der neu entstandenen Klasse der Industriearbeiterschaft eine politische Lösung zu finden, scheiterte mehrfach am Widerstand des Parlaments (1839, 1842). Die andauernde Hochkonjunktur in der »goldenen« mittviktorianischen Zeit (1850–1875) ließ die sozialen Probleme eine Weile in den Hintergrund treten, bis sie dann während der langen Wirtschaftsflaute 1870–1895 wieder verstärkt hervorbrachen. Eine Lösung erhofften aber jetzt viele von sozialistischen Programmen und Organisationen (Gründung der Fabian Society, 1884, Independent Labour Party, 1893, Labour Party, 1899) – ein Symptom dafür, daß der fortschrittsgläubige Liberalismus als vorherrschende Wirtschafts- und Denkform am Ende des 19. Jahrhunderts gerade für jene Intellektuellen, die zu den Wortführern der kulturellen »Moderne« um 1900 gehören, an seine Grenzen gestoßen war. Noch vor dem Tode der Königin Viktoria (1901) setzt jene Übergangszeit (1880–1910) des Debattierens, der Verunsicherung und des Verwerfens von überkommenen Normen ein, die man »Vormoderne« nennen kann.

Der wirtschaftliche, soziale, politische und geistige Wandel, den man heute mit dem umfassenden Konzept der »Modernisierung« erfaßt, löste in

Das Eisenbahnviadukt von Stockport, Cheshire, um 1850. Eine typische industrielle Szene im Norden Englands

der englischen Gesellschaft und Kultur zahlreiche Spannungen, Widersprüche und Einsprüche aus. Von ihnen legt die Literatur nicht nur Zeugnis ab, sie entdeckt und formuliert sie auch zuallererst. Die raschen Veränderungen führten dazu, daß das vertraute Kontinuum der Erfahrung von Raum und Zeit durchbrochen wurde. Allenthalben wird deshalb im Denken (Carlyle) und in der Literatur (Dickens, Clare, Hardy, Scott) die alte gegen die neue Zeit, die Wärme traditioneller Kultur gegen die Kälte und Zerrissenheit des Neuen ausgespielt. Dem entspricht in Schriftstellerkreisen ein Raumbewußtsein, das London nicht nur als glanzvollen Mittelpunkt der Monarchie und des Gewerbes, sondern auch und vor allem als bedrohliches, unüberschaubares Labyrinth begreift, dem man das friedvolle, idyllische Landleben entgegensetzt. In den Regionalromanen und Melodramen der Zeit nehmen Kindheit, Landleben oder Oasen traditioneller Kultur häufig die Qualität eines Fluchtraumes an, der Schutz gewähren soll vor den Anforderungen einer entfesselten, urbanisierten Gesellschaft. Im Denken und Gefühlsleben der Zeit übernimmt diese kompensatorische Leistung oft auch ein verklärtes Bild des Mittelalters.

Gesellschaftliche und kulturelle Spannungen im 19. Jahrhundert

Verwissenschaftlichung, Arbeitsteilung, individuelle Entscheidungsmöglichkeiten und kommerzieller Wettbewerb zerspalten auch Gesellschaft und Kultur des 19. Jahrhunderts in charakteristische Gegensätze, die teils neu sind, teils schon vorhandene verschärfen. Nicht nur stehen sich Besitzbürger und Arbeiter wie zwei Nationen gegenüber, auch Bürger und Künstler (Fin de siècle), Künstler und Wissenschaftler, für die Masse schreibende Autoren und anspruchsvolle Künstler bilden zunehmend eigene Gruppen und Mentalitäten, zwischen denen Verständigungsschwierigkeiten entstehen. Zumal die Spannungen zwischen Wissenschaft und Religion führen bei zahlreichen Gläubigen in der zweiten Jahrhunderthälfte zu Identitätskrisen, die u.a. in autobiographischen Romanen (z.B. Samuel Butler, *The Way of All Flesh*, postum 1903 veröffentlicht) verarbeitet werden. Darwins Evolutionslehre, die ja keine prinzipielle Grenze zwischen Mensch und Tier mehr zuläßt und durch die ungeheure zeitliche Erstreckung des Evolutionsgeschehens eine anthropozentrische Sicht des Kosmos zurücknimmt, schien vielen die biblischen Grundlagen des christlichen Glaubens zu zerstören.

Auf weitere bestimmende Gegensätze, die erst im 19. Jahrhundert entstehen oder ihre theoretisch begründete Gestalt erhalten, kann hier nur hingewiesen werden. Moral und Kunst, bis ins 18. Jahrhundert stets aufeinander bezogen, werden zwar in der viktorianischen Zeit (Dickens, G. Eliot) noch einmal zusammengeführt, treten aber – nach Vorspielen in der Romantik (Keats, Poe) – im Ästhetizismus des Jahrhundertendes entschieden auseinander. Hatte die philosophische Ästhetik die Kunst schon im Laufe des 18. Jahrhunderts als eigenständigen Spiel- und Wahrnehmungsraum abgegrenzt und gerechtfertigt, so unterscheiden Künstler und Theoretiker des 19. Jahrhunderts zunehmend zwischen Kunst und bürgerlicher Kultur oder Massenware. Dies hängt mit der Entstehung des voll ausgebildeten literarischen Marktes um 1800 zusammen, der den freien, nicht mehr von einem Mäzen gesicherten Schriftsteller mehr und mehr zwang, die Wünsche von Publikum und Verlegern zu berücksichtigen oder zu verwerfen. George Gissings Roman *New Grub Street* (1891) ist ein sehr bewegendes Beispiel für diesen Konflikt. Auch im Bereich des politischen Denkens bilden sich unter dem Druck unterschiedlicher gesellschaftlicher Interessen neue, miteinander rivalisierende Positionen heraus. Als Antwort auf den Siegeszug des Liberalismus in Politik und Wirtschaft, der beim englischen Bürgertum eine Verbindung von protestantischer Moral, Benthamschem Utilitarismus und Laisser-

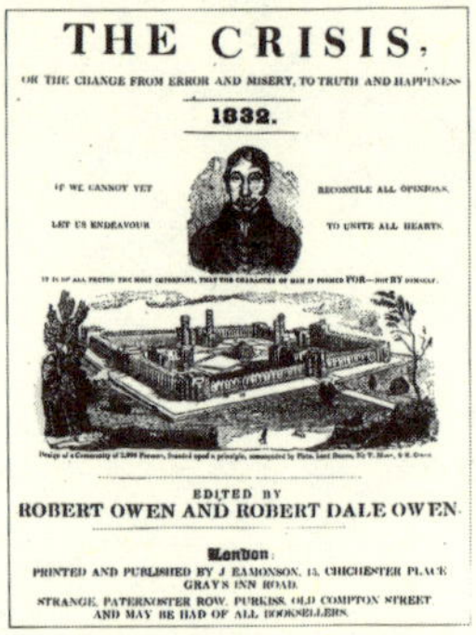

Titelblatt von Robert Owens Zeitschrift *The Crisis* (1832). Die Abbildung zeigt Steedman Whitwells architektonischen Entwurf für eine 2000 Personen umfassende utopische Gemeinschaft.

faire darstellte, entstand der konservative Anglo-Katholizismus und der englische Sozialismus. Die liberale Entgrenzung und zugleich Erstarrung der anglikanischen Hochkirche förderte bei Kardinal Newman die Besinnung auf die Autorität der apostolischen Tradition und die Wichtigkeit des Ritus. Das einflußreiche anglo-katholische Oxford Movement entstand. Im Zusammenhang mit der sich herausbildenden Arbeiterbewegung gibt es utopisch-frühsozialistische Überlegungen und Experimente, die auf die Überwindung der Wettbewerbsgesellschaft abzielen. Robert Owen verwandelt die Fabrik New Lanark in ein Vorbild arbeitgeberischer Fürsorge und legt in der Schrift *A New View of Society* (1812–14) seine Überzeugung dar, daß schlimme Lebensverhältnisse und eine verfehlte Erziehung die Wurzeln allen Übels seien, die es zu beseitigen gelte. Schließlich ist die Entstehung der zwei Kulturen, das Auseinanderbrechen von Natur- und Geisteswissenschaften, wissenschaftlicher und literarischer Kultur, wie man es im 19. Jahrhundert auch in England beobachten kann, ein grundlegender Vorgang mit weitreichenden Folgen für das Selbstverständnis der Literaten. Wenn M. Arnold in *Culture and Anarchy* (1869) und anderswo die Begegnung mit schöpferischer Literatur und Literaturkritik als Ausweg aus der Orientierungskrise seiner Zeit anbietet, innere Bildung also an die Stelle materialistischen Nützlichkeitsdenkens setzen möchte, so betont etwa T.H. Huxley mit Recht, daß jede Bildungsreform, welche die überragende Bedeutung naturwissenschaftlichen Wissens für eine moderne Gesellschaft mißachte, vom Ansatz her verfehlt sei. Das Monopol, dem Menschen zu einem Verständnis seiner selbst zu verhelfen, wurde der Literaturkritik freilich weniger von den klassischen Naturwissenschaften als vielmehr von der sich im 19. Jahrhundert herausbildenden Wissenschaft von der Gesellschaft (Soziologie) streitig gemacht.

Es ist nun wichtig zu sehen, daß die Literaturepochen der Romantik und des Viktorianismus je eigene, aber eng verwandte Formen der symbolischen Auseinandersetzung mit diesen vom Modernisierungsprozeß erzeugten Spannungen sind. Dabei definiert sich die ästhetische Modernität im weiteren Sinne, die jetzt entsteht, in starkem Maße durch die Reibung zwischen individualistisch geprägten Kulturschöpfungen und gesellschaftlicher Wirklichkeit. Die literarische Kultur ist nicht nur wie bisher ein Ausdruck der vorherrschenden Gesellschaftsschicht und Weltauffassung, sondern auch und vor allem deren entschiedener Widerpart und Alternative. So ergreifen in der

Romantik

Romantik die Prinzipien der Individualität und der Gleichheit auch Gegenstand und Ausdrucksweise der Poesie, allerdings mit dem Unterschied, daß der Individualismus als ausdrücklich poetischer, nicht als ökonomischer und abstrakter gefaßt wird. Dieses Poetische verbindet sich bei den Romantikern mit Natur und Landschaft, weil sie den Inbegriff der gesellschaftlichen Modernisierung, die Metropole London, als Ort der Entfremdung und der Wahrnehmungsstörungen erleben. Ähnlich scharf ist die Abgrenzung zum Prinzip der Rationalisierung. Die Poesie des 18. Jahrhunderts, beispielsweise James Thomsons *The Seasons* (1726–30), hatte Newtons *new science* der mechanischen Welterklärung noch gefeiert. Mechanik und Kausalität sind für die Romantiker dagegen unzureichende Erkenntnisquellen, weil die bloße Analyse keinen Zugang zum verborgenen Leben des Geistes und seiner Werte erlaube. Dazu bedarf es vielmehr der schöpferischen Imagination und des symbolischen Sehens, der imaginativen Durchdringung des Individuellen und Konkreten. Die literarische Minderheitenkultur der Jahre 1798–1832, genannt Romantik, versteht sich mithin, indem sie die an bestimmten Regeln orientierte Literatur des Klassizismus verwirft, zugleich als Alternative zum vorherrschenden szientifischen Paradigma und zur bürgerlichen Lebenswelt.

Ihre politische Ausrichtung ist keineswegs einheitlich. Sie reicht von konservativ-religiösen (Coleridge und Wordsworth in ihrer Spätphase) bis zu ausgesprochen radikalen und revolutionären (Shelley, Byron) Positionen.

Viktorianismus

In den 30er Jahren setzt in Politik (Reformen, Regierungsantritt von Königin Viktoria 1837) und Kultur eine neue Phase ein, die nur schwer von der Romantik abzugrenzen ist. In der Lyrik beispielsweise gibt es keine Reaktion gegen Wordsworth und Keats, man vermeidet es auch, sich auf die zeitgenössische Alltagsrealität einzulassen. Dies trifft allerdings nicht auf die beherrschende Gattung der Zeit zu, den realistischen Roman, der sich bei Dickens, Thackeray und Mrs. Gaskell in moralischer und humanitärer Gesinnung mit den Nachtseiten – soziales Elend, Egoismus, Materialismus, Entfremdung – der werdenden Industriegesellschaft auseinandersetzt. Gleichwohl ist die Absage an die Gesellschaft bis in die 80er Jahre, dem Beginn der Vormoderne, nicht grundsätzlicher Art. Man hält sie für reformfähig und strebt im übrigen eine Versöhnung zwischen Realismus (*novel*) und Idealismus (*romance*), Religion und Wissenschaft, Moral und Ästhetik, Individuum und Gesellschaft an. In den glanzvollen Jahren der mittviktorianischen Zeit (1850–1870) gelingt es noch einmal, durch die Strategie des Kompromisses, die vom Modernisierungsprozeß entfesselten Fliehkräfte politisch, kulturell und literarisch – man denke an G. Eliots *Middlemarch* (1871–72) – zu bändigen. Ernsthaftigkeit und ausgeprägtes moralisches Bewußtsein, das freilich leicht in Heuchelei umschlägt, gehören sicherlich zu den kennzeichnenden Merkmalen dieser viktorianischen Epoche, die politisch und offiziell erst mit dem Tode der Königin Viktoria (1901) zu Ende ist. In literarischer und politischer Hinsicht ist die Haltung der Viktorianer insgesamt weniger revolutionär als die der Romantiker. Abgesehen von der Gewöhnung an den neuen poetischen Stil dürfte es nicht zuletzt damit zusammenhängen, daß die weitgehende Isolation der romantischen Künstler vom Publikum – Blake, Shelley und Keats zum Beispiel wurden nur von sehr wenigen zeitgenössischen Lesern wahrgenommen – in der viktorianischen Zeit einer stärkeren wechselseitigen Bezogenheit Platz machte. In besonderem Maße trifft dies auf den Poeta laureatus Alfred Lord Tennyson zu.

Der Crystal Palace wurde von Sir Joseph Praxton für die Weltausstellung von 1851 entworfen. Er bestand aus Gußeisen und Glas.

Die Literatur der Romantik

Die Besonderheit der englischen Romantik

Epochale Geschlossenheit nimmt mit der zeitlichen Entfernung zu. Die zwischen dem Erscheinen der programmatischen, von Wordsworth und Coleridge herausgegebenen *Lyrical Ballads* (1798) und dem Tode Walter Scotts (1832) geschriebene Literatur brauchte recht lange, bis sie auch in der englischen Literaturgeschichtsschreibung dem zusammenfassenden Begriff Romantik unterstellt wurde. Die Gründe dafür liegen im besonderen Charakter der englischen Romantik. Im Unterschied zu Deutschland, wo die Brüder Schlegel mit dem Begriff des Romantischen eine ganze Programmatik verbanden, hatte das Wort in England zunächst keine herausgehobene Stellung oder gar einheitsstiftende Aufgabe. Wie schon im 18. Jahrhundert bezog sich das Adjektiv *romantic*, sofern es überhaupt benutzt wurde, auf eine wilde, erhabene oder auch friedliche, weltabgewandte Landschaft, wie man sie in der Romanzenliteratur finden konnte. Zeitgenössische Kritiker legten klassi-

Unterschiede zu Deutschland

zistische, aus dem 18. Jahrhundert ererbte Maßstäbe an, vor denen die neuen Dichter nicht bestehen konnten. Man mokierte sich über die Cockney School (Hazlitt, Hunt), die Lake Poets (Wordsworth, Coleridge) und die Satanic School (Byron, Shelley). Den Rang einer alle Bereiche der Kultur, einschließlich der Musik und der Naturwissenschaft, beherrschenden Bewegung erlangte die englische Romantik im Gegensatz zu Deutschland nicht. Traditionelle Gesellschaft, aufklärerische Werte und moderne, realistische Erzählweise der Romane von Jane Austen etwa lassen nicht ahnen, daß gleichzeitig Wordsworth, Coleridge, Keats und Shelley romantische Lyrik schufen, die das Poesieverständnis des 19. Jahrhunderts beherrschte und bis heute nachwirkt.

Mangelnde Geschlossenheit drückt sich auch in offenen Grenzen zur Zukunft und Vergangenheit hin aus. So wie die Romantik entscheidend das Gesicht der englischen Literatur bis in die Moderne hinein prägt, so übernimmt und verwandelt sie mit dem Sentimentalismus, der Vorliebe fürs Vergangene, Exotische und Primitive, einschließlich gesellschaftlicher Randgruppen, für die Landschaft und das einsam meditierende Subjekt Einstellungen und Erfahrungsbereiche, die schon die Literatur des 18. Jahrhunderts erschlossen hatte. Gewiß wirkt sich hier ein Fluchtimpuls aus, auch humanitäres Mitgefühl für den einfachen Menschen, mehr noch aber das Bestreben, den schmerzhaften Trennungserfahrungen einer sich beschleunigt verweltlichenden, industrialisierenden und verstädternden Welt imaginative Gegenbilder freundlicher Natur-Mensch-Beziehungen entgegenzustellen und so Identitätskrisen zu beheben.

Trotz derartiger Kontinuitäten und Spannungen ist es gleichwohl richtig, wenn man, in der Rückschau und im Banne der außerordentlich intensiven

»Boney receiving an Account of the Battle of Vittoria or the Little Emperor in a Great Passion.« Der berühmte Karikaturist George Cruikshank griff, wie andere Schriftsteller oder Karikaturisten der Zeit auch, das Napoleon-Motiv häufig auf.

Wirkungsgeschichte der Romantiker, Dichter wie Wordsworth, Coleridge, Keats, Shelley und Byron zu den Hauptakteuren der englischen Kultur im ersten Drittel des vorigen Jahrhunderts erklärt. Auch wenn diese sich gegenseitig teilweise kritisierten und erhebliche Unterschiede etwa zwischen Byron und Wordsworth bestehen, so sind sie doch die Schöpfer einer unverwechselbar neuen, zugleich revolutionären und antirevolutionären Literatur. Dies wohl deshalb, weil die Revolution, sowohl die politische (Frankreich) als auch die ökonomische, ihr gemeinsamer Erfahrungshintergrund ist. Mit Ausnahme von Walter Scott hegten alle romantischen Dichter zeitweise starke Sympathien für die Ideale der Französischen Revolution und die Agitation der *radicals* in England. Die Enttäuschung über den schrecklichen Verlauf dieser Revolution und die militärischen Auseinandersetzungen mit Frankreich bewirken bei Wordsworth und Coleridge eine Hinwendung zu konservativen und patriotischen Positionen, auch den Rückzug in die heilende Natur, nicht aber die Abkehr vom Individualismus. So ist die Entfesselung des poetischen Individuums, die Erforschung des eigenen Ichs, der Kult des Subjektiven und Irrationalen, die Freisetzung der Imagination die große und bleibende Leistung des romantischen Gedichts. Zu einem beträchtlichen Teil betreibt die englische Romantik die Verinnerlichung konkreter politischer Hoffnungen, welche der Verlauf der Französischen Revolution enttäuschte. Indem das Individuum kraft seiner Imagination Natur (Gott) und Mensch versöhnt, schafft es im Bewußtsein sich selbst sein Paradies.

Die Entfesselung des poetischen Individuums

Wege zur Romantik

In vieler Hinsicht ist die englische Romantik das natürliche Ergebnis einer Entwicklung, die schon am Beginn des 18. Jahrhunderts einsetzt. Sowohl die theoretischen Äußerungen als auch die schöne Literatur sind in England weit flexibler und offener als in Frankreich, wo der Neoklassizismus, gestützt von einer absolutistischen oder autoritären politischen Ordnung, bis zum Abgang Napoleons ein recht starres, dogmatisches System von Regeln bildete, das dann plötzlich zusammenbrach.

Neoklassizistische Regelpoetik

Die dogmatische Richtung des Neoklassizismus schränkt die Aufgaben der Kunst auf bloße Versinnlichungs- und Veranschaulichungsleistungen ein. Erzählung oder Gedicht sollen lediglich eine moralische oder intellektuelle Wahrheit einkleiden, um im Dienste der angestrebten Belehrung auch Sinne und Gemüt des Empfängers anzusprechen. Vom Künstler wird also erwartet, daß er die Wirkung seiner literarischen Mitteilung genau berechnet und auf der Grundlage dieses Urteils dann seine Mittel auswählt und einsetzt. Wie das im einzelnen zu geschehen hat, schreiben weniger die subjektive Empfindung, die Phantasie oder die Erfahrung vor, sondern vor allem die an den klassischen Meistern Aristoteles, Homer, Vergil, Juvenal, Horaz usw. gewonnenen Regeln.

Shakespeare und die neue Poetik

Die Kurzschlüssigkeit dieser rationalistischen und rhetorisch-pragmatischen Kunstauffassung wurde den englischen Kritikern am Beispiel Shakespeares rasch bewußt. Obwohl von Alexander Pope die bekannte neoklassizistische Empfehlung »Learn hence for ancient rules a just esteem; / To copy nature is to copy them« (*Essay on Criticism*, 1711) stammt, warnt er zugleich vor engstirnigen Kritikern und ihren »langweiligen Rezepten« für das Abfassen von Gedichten. Shakespeare hatte sich weder um antike Modelle gekümmert noch die von Corneille geforderten drei Einheiten des Raumes, der Zeit und der Handlung eingehalten. In seinem »Preface to Shakespeare« (1765) preist Samuel Johnson deshalb Shakespeare als »Dichter der Natur« (»poet of nature«), der seinem Publikum den Spiegel vorhalte und diesem mit Recht zutraue, daß es die dramatische Fiktion des Schauspiels, die frei über Raum und Zeit verfügen darf, nicht mit der Wirklichkeit verwechselt. Ebensowenig vereinbar mit einem engen klassizistischen Verständnis von Kunst ist es, wenn Joseph Addison (1712) und Edmund Burke (1757) die Neuheit oder das grenzenlos-schrecklich Erhabene von Naturszenen – die vom Sturm aufgewühlte See – als Quelle ästhetischen Genusses rechtfertigen.

Die neue Gefühlssprache

Diesem theoretischen Toleranzspielraum – von Auflösungserscheinungen kann man eigentlich nicht reden – des aufklärerischen Neoklassizismus in England entsprechen literarische Formen, die schon sehr früh den Ausdruck von Empfindungen pflegen und gegen die »langweiligen« Reden und die »oberflächliche« Eleganz der höfischen Kultur das Primitive, das Natürliche und das Spontane hervorkehren. Unter diesen literarischen Neuerungen, die schließlich in der Romantik aufgingen, sind vor allem der sentimentale Briefroman (Richardson und Nachfolger), der Schauerroman, die Nacht- und Todesdichtung (E. Young, *The Complaint, or, Night Thoughts on Life, Death and Immortality*, 1742–45), die Naturdichtung und die Volksballade zu nennen. Durchweg tasten diese Formen nach einer Gefühlssprache, die rhetorische Schemata, Abstraktionen, klassische Floskeln, stereotype Umschreibungen (*poetic diction*) und stillschweigende Darstellungsverbote überwinden soll, um Person und Situation authentisch Ausdruck zu geben.

Briefroman

Am entschiedensten und weitesten dringt der neue bürgerliche Roman in bisher unvermessenes Terrain vor. Völlig unbelastet von klassischen Vorbildern stellt Samuel Richardson im Briefroman *Pamela, or Virtue Rewarded* (1740–41) die Ängste und moralischen Überlegungen der von ihrem Herrn bedrängten Briefeschreiberin Pamela in spontaner, ungekünstelter Sprache dar:

> I can hardly write; yet, as I can do nothing else, I know not how to forbear! – I cannot hold my pen – How crooked and trembling the lines! – I must leave off till I can get quieter fingers! – Why should the guiltless tremble so, when the guilty can possess their minds in peace?

Dieser ans Mitgefühl des fiktiven und realen Lesers appellierende Briefauszug hat sich weitgehend aus dem Korsett rationaler und rhetorischer Satzordnungen befreit. Dramatisch-gefühlvolle Prosa dieser Art gehörte bald auch zum Repertoire des Schauerromans. Wichtig ist vor allem, daß die Briefeschreiberin das Geschehen nicht rückblickend zusammenfaßt, sondern die Abfolge ihres Schreckzustandes und der von ihm ausgelösten Gedanken Augenblick für Augenblick zu vergegenwärtigen sucht. Eben diese Technik wird dem Erlebnischarakter des Vorgangs gerecht.

Edward Youngs Night Thoughts

Daß Angst und Verzweiflung die vernünftige Selbstkontrolle des Sprechers bedrohen und im Angsttraum tatsächlich hinwegspülen, ist der Gegenstand des folgenden Textes. Er stammt aus dem für die Zeit ganz außergewöhnlichen Gedicht *Night Thoughts* des melancholischen Landgeistlichen Edward Young:

> From short (as usual) and disturb'd repose
> I wake: how happy they who wake no more!
> Yet that were vain, if dreams infest the grave.
> I wake, emerging from a sea of dreams
> Tumultuous; where my wreck'd desponding thought,
> From wave to wave of fancied misery,
> At random drove, her helm of reason lost;
>
> (Aus »Introduction«)

Freilich lassen die geordnete Syntax und die gelegentlichen Klischees (»helm of reason«) wenig davon spüren, daß die Gedanken im Traumgeschehen ungesteuert dahintreiben sollen.

Derartig gefühlvolle Selbstdarstellungen des bürgerlichen Subjekts erfüllen verschiedene Aufgaben. Richardson spielt Pamelas empfindsame, tränenreiche Tugendhaftigkeit gegen aristokratisches Fehlverhalten aus, Young erkundet mit der Nacht der Melancholie eine seelische Befindlichkeit, welche von der Aufklärung verdrängt wurde. Die hymnische Naturlyrik von Thomson (*The Seasons*) schließlich feiert die Ordnung der Natur als Zeichen für die Weisheit des Schöpfergottes und den Fortschritt einer Wissenschaft, die jetzt der Natur ihre Geheimnisse zu entlocken weiß.

Antworten auf die Modernisierung. Poetischer Individualismus, Natur als Ersatzreligion, Imagination

Romantischer Individualismus

Weder der Gefühlsausdruck noch die Naturbeobachtung der vorromantischen Lyrik können sich indes von Stereotypen, allgemeinen Sehweisen und Sprachmustern gänzlich loslösen. Die subjektive Entgrenzung auch der Sprache leisten erst die Romantiker. Die von ihnen geprägte Epoche ist politisch und literarisch das Zeitalter des Individualismus. Während sich das Individuum bürgerliche Freiheitsrechte erkämpft, suchen die romantischen Dichter im eigenen Selbst, seiner Imagination und seinem Gefühl, die Quelle von Ordnung und Glück. Das klassizistische Konzept der festen Ordnung und der Einfügung des einzelnen in diese allgemein als gültig anerkannte hierarchische Kultur wird aufgegeben. Solche romantische Selbstbezogenheit löst freilich auch eine Bewußtseins- bzw. Orientierungskrise aus. Die Lyrik bildet deshalb oft den Weg von der Krise zu ihrer Lösung ab, einer Lösung, die man von der vergeistigten Natur oder der Kunst erwartet (vgl. z. B. Wordsworths »Resolution and Independence«).

Politischer und poetischer Individualismus

Politischer und poetischer Individualismus verweisen zwar aufeinander, sind aber nicht dasselbe. Poetische Individualität begnügt und verwirklicht sich nicht mit der Ausübung eines naturrechtlich verbürgten Wahlrechts. Eine bloß mechanische, geometrische Gleichheit genügt nicht. Die Gesichtslosigkeit und Austauschbarkeit des von feudalen Banden befreiten Bürgers ist vielen Romantikern zu abstrakt und zu mechanisch. Was das Besondere und das Menschliche des Individuums ausmacht, ist vielmehr die individuelle menschliche Seele. Der Sinn der natürlichen Existenz ist es deshalb, der eigenen Individualität, der eigenen Seele zu folgen. Dies kann, wie etwa bei De Quincey und deutschen Autoren, zu literarischer Exzentrik führen. Typischer ist aber etwas anderes: Poetische Individualität verwirklicht sich für die Romantiker in einem meditativen, harmonischen, nicht von den Zwängen der Handlungswelt und ihren Rationalitätserwartungen geprägten Verhältnis zur Natur in einer Situation der Einsamkeit. Kunst, die diesem Selbstverständnis entspringt, ist der natürliche Ausdruck der Seele des Künstlers, der in genußhafter Selbstbezogenheit existiert, nicht aber handelt.

Das große Vorbild dieses romantischen Individualismus ist Rousseau, der in seinen *Bekenntnissen* (1765–70 geschrieben) mit beispiellosem Selbstbewußtsein aus der Tradition der Regelpoetik ausschert:

> Ich beginne ein Unternehmen, das bis heute beispiellos ist und dessen Ausführung keine Nachahmer finden wird. Ich will meinen Mitgeschöpfen einen Menschen in seiner ganzen Naturwahrheit zeigen; und dieser Mensch werde ich selbst sein.

> Ich allein. Ich fühle mein Herz, und ich kenne die Menschen. Ich gleiche keinem von allen, die ich gesehen habe; [...] Wenn ich auch nicht besser bin, so bin ich doch anders.

Das Ich des Dichters – man denke an Wordsworths Selbstdarstellung in *The Prelude* (1805/1850) oder Byrons *Childe Harold's Pilgrimage* (1812/1816/1818) – rückt in den Mittelpunkt als Quelle der Wahrheit und als authentische Figur. Erkenntnis über sich selbst und andere bezieht das Ich aus dem Herzen, nicht aus der Vernunft. Der Ausdruck der Dichterpersönlichkeit läßt sich mit der Nachahmung konventioneller Reden und Vorbilder nicht vereinbaren. Es ist deshalb verständlich, wenn die romantischen Theoretiker zwischen der Person des Dichters und seiner Dichtung kaum unterscheiden. In der expressiven Ausdruckskunst der Romantik verschiebt sich der Schwerpunkt des Interesses von der Machart des Werkes auf die Person des Dichters, dessen Sprache Menschen verbinden und der sich abzeichnenden Professionalisierung und Zersplitterung der Kultur entgegenwirken soll.

Ausdruckskunst

Daß natürliche Existenz des Individuums Einsamkeit und meditative Versenkung abseits des entfremdenden Getriebes der Gesellschaft bedeutet, läßt sich an Rousseaus Text *Träumereien eines einsamen Spaziergängers* (1782) ablesen:

> Kam der Abend heran, so verließ ich die Höhe der Insel und setzte mich gern an dem sandigen Ufer des Sees in irgendeinen verborgenen Winkel. Dann wurden meine Sinne durch das Geräusch der Wellen und durch die Bewegung des Wassers gefesselt, das jede andere Bewegung in meiner Seele zum Schweigen brachte, und ich überließ mich meiner angenehmen Träumerei, bei der mich oft die Nacht überraschte, ehe ich es gewahr wurde. Das hin und her fließende Wasser, sein unaufhörliches, von Zeit zu Zeit aber verstärktes Rauschen, das mein Auge und Ohr unablässig betäubte, ersetzte die durch meine Träumerei erloschene innere Seelenbewegung,

Flußszene, Abendwirkung 1796–97. Aus dem Skizzenbuch 37 von J.M.W. Turner. Das Aquarell sucht mit Licht- und Schatteneffekten die Abendstimmung einzufangen. Turners romantische Stimmungskunst war bahnbrechend. Wasser- und Seemotive, die er immer wieder malte, waren für sie besonders geeignet.

und dies war hinreichend, mich mein Dasein mit Vergnügen spüren zu lassen, ohne die Mühe des Denkens zu haben. Von Zeit zu Zeit entstand in mir eine schwache und kurze Betrachtung über die Unstetigkeit alles Irdischen, deren Bild mir die Oberfläche des Wassers darbot, bald aber verwischten sich auch diese leichten Eindrücke in der einförmigen Bewegung, in die ich gewiegt wurde und die ohne alle tätige Beihilfe meiner Seele mich dermaßen fesselte, daß, wenn die Stunde des Aufbruchs rief oder das verabredete Signal ertönte, ich mich nicht ohne Anstrengung loszureißen vermochte.

Das Vorbild Rousseau

(Aus »Fünfter Spaziergang«)

Offensichtlich verliert sich das Ich, das glückhaft und zurückgezogen bei sich selbst ist, im Anblick des hin und her spielenden Wassers in die Zeitlosigkeit des unbewußten Ichs. Man kann und muß also nicht nur von Narzißmus, sondern auch von Regression sprechen. Rousseau überläßt sich dem Strom der Träumereien, die aus dem Unbewußten aufsteigen. Die Bewegung des Wassers versetzt ihn in die Situation des Kleinkindes, das nur unter Schmerzen und Widerwillen dem Realitätsprinzip zugeführt werden kann. Er geht auf im Genuß der Gegenwart. Der beengende Druck des zivilisatorischen Realitätsprinzips ist aufgehoben. Nur in Momenten wachen Bewußtseins interpretiert der Betrachter das Wasserspiel als Emblem der mangelnden Festigkeit und Stetigkeit der Welt, als Zeichen ihrer Zeitverhaftetheit.

Regression

Der poetische Individualismus Rousseauscher Herkunft enthüllt in seinem offenkundigen Narzißmus freilich auch seine ganze Paradoxie. Das beim Anblick der Natur in den Frieden des Zeitlosen und Unbewußten zurückfallende Ich verliert nämlich in diesem Vorgang eben jene volle menschliche Identität, die es gegen die Gesellschaft so betont hervorkehrt. Regression bis hin zum Todeswunsch ist ein häufiges Motiv der romantischen Literatur (z.B. bei Keats).

Von solchen sich bei Rousseau ankündigenden Gefahren der entschiedenen Selbstbezüglichkeit des Individuums ist Wordsworths Gedicht »I wandered lonely as a cloud« (1804, veröffentlicht 1807) ein gutes Stück entfernt. Hier die erste Strophe:

I wandered lonely as a cloud
That floats on high o'er vales and hills,
When all at once I saw a crowd,
A host, of golden daffodils;
Beside the lake, beneath the trees,
Fluttering and dancing in the breeze.

Glücksmoment, Einsamkeit, Natur

Gleichwohl ist auch bei Wordsworth der Augenblick des Glücks des mit sich selbst und der Natur übereinstimmenden Ichs die Wirkung eines Naturerlebnisses in der Einsamkeit einer gesellschaftsfernen Situation. Hier wie dort löst eine Bewegungserfahrung – die tanzenden Osterglocken am Seeufer, die tanzenden Wellen des Sees – im Bewußtsein des Betrachters eine jede Normalität sprengende Reaktion aus. Das Gemüt des Dichters fühlt sich wie bei einer Bekehrung bereichert. Hier wie dort ist die Einsamkeit des Beschauers die Voraussetzung der Offenheit und Empfänglichkeit des Herzens. Und schließlich: hier wie dort beansprucht in diesen poetischen Naturtexten weniger die Natur als vielmehr das Erleben des Subjekts, der private Mensch, das ganze Interesse. Naturdichtung handelt nicht von der Natur, sondern von der Beziehung zwischen Mensch und Natur.

Dabei zeigt sich, daß der Dichter bei aller passiven Empfänglichkeit für

Die aktive Phantasie des Dichters verwandelt die Natur

natürliche Schönheit im Gegensatz zu Rousseau auch aktiv ist. Was sein Herz bewegt, hat seine Phantasie erst in die Naturszene hineingelegt. Die metaphysische Hyperbolik der zweiten Strophe, wo die Blumenmenge mit der Schar der Gestirne am Himmel verglichen wird, entfernt den Text weit vom Realismus einer topographischen Beschreibung. Die Seele, die Imagination des Dichters entdeckt in der banalen Alltäglichkeit ein Reich der Ewigkeit. Dieses Unendliche gilt nicht nur in zeitlicher, sondern auch in räumlicher Hinsicht. Die Reihe der Osterglocken nimmt kein Ende, die Fülle, die in den Blick gerät, ist im Grunde nicht zu zählen. Die metaphorische Sprache der Imagination versöhnt, was in Wirklichkeit sich fremd oder gleichgültig gegenübersteht. So wie der Dichter wie eine Wolke dahintreibt, tanzen die Osterglocken in Wellen vor Fröhlichkeit. Das Gedicht, als gezielter Erinnerungsakt angelegt, dient der Selbstheilung und belegt, wie das Individuum erst als poetisches sein eigentliches Menschsein gewinnt. Dieses Menschsein kommt in einer Sprache zu sich selbst, die konventionelle Formeln meidet und es versteht, alltägliche Wörter und Sachverhalte durch metaphorische Übertragungen, durch Reimbindungen, Wiederholungen und rhythmische Geschmeidigkeit in einen poetisch höchst wirksamen Zusammenhang zu bringen.

Die Religion der Natur. Der Protest gegen die Modernisierung

Grundlage jeder Modernisierung ist die Säkularisierung. Die Welt und das Handeln werden nicht mehr auf Religion und Metaphysik, sondern auf rationale Prinzipien bezogen. Wissenschaftler des 18. Jahrhunderts betrachteten den Kosmos und den menschlichen Leib häufig als Maschine, deren Funktionsweise rational völlig durchsichtig sei. Dies bedeutet, daß Mensch, Natur und Kosmos jeglichen Zauber, jegliches Geheimnis einbüßen. Eben hier setzt der romantische Protest an. Die um 1800 in Europa verbreitete Religion der Natur will besagen, daß die Romantik in der Zusammenschau von Poesie und Religion dem durch die Modernisierung vorangetriebenen Entzauberungsprozeß Widerstand entgegensetzt, ihn wieder kraft der Imagination zu korrigieren, wenn nicht gar rückgängig zu machen sucht. Rationalismus und instrumentelles Denken einerseits und literarische Gefühls- und Symbolwelt andererseits treten zum ersten Mal in aller Schärfe als Gegensätze in Erscheinung.

Wordsworth on Helvellyn (1842). Portrait von Benjamin Robert Haydon

Sofern man nicht, wie Wordsworth und Coleridge in ihrer Spätphase, zum orthodoxen Christentum zurückkehrt, überträgt man religiöse Vorstellungen und Empfindungen auf die Natur und die Literatur. Diese gegen die bloß zerstörerische Metaphysikkritik gerichtete Erscheinungsform der Säkularisierung ist für die Romantik von grundlegender Bedeutung. Man hat z.B. nachweisen können, daß das mythisch-heilsgeschichtliche Schema von Einheit mit Gott (Natur), Trennung von Gott (Natur) und Wiederherstellung der Einheit die romantische Literatur, einschließlich philosophischer Entwürfe, entscheidend prägt. Die Leistung der Versöhnung übernimmt aber jetzt die Imagination des Dichters, der als Barde und Prophet deshalb im romantischen Denken eine herausragende Stellung erhält. Dem szientifischen Naturalismus wird also ein remythisierter Naturalismus oder naturalistischer Mythos entgegengesetzt, der das Paradigma der (toten) Maschine durch die Leitvorstellung des organisch-geistigen Lebens ersetzen möchte. Coleridge etwa spielt die schöpferische Vitalität gegen die mechanistische Philosophie aus und betont mit den Mystikern, daß die »Erzeugnisse der bloß reflektierenden Urteilskraft vom Tode gezeichnet« seien (»that all the products of the mere *reflective* faculty partook of DEATH«; *Biographia Literaria*, chap. 9). Mechanistisches Denken und Mathematik verdinglichten die Natur zur toten Sache. Eben deshalb betont das soeben betrachtete

Wordsworth-Gedicht die Vitalität und den tänzerischen Gleichklang von Mensch und Natur vor einem metaphysischen Hintergrund.

Quellen der romantischen Religion der Natur

Die romantische Religion der Natur wird aus vielen Quellen gespeist. Seit den Überlegungen Montaignes über die Wilden hatte eine primitivistische Denkströmung, die sich im 18. Jahrhundert durch das Erlebnis freizügiger Südseekulturen (Tahiti) verstärkte, die Überlegenheit der Natur, des Primitiven, über die Kultur erwogen oder gar behauptet. Rousseau theoretisierte diese Richtung in anspruchsvollerer Weise, als es in dem Schlagwort »Zurück zur Natur« zum Ausdruck kommt. Für den Sentimentalismus war die Landschaft ein Resonanzboden empfindsamer Selbstbetrachtung. Schließlich brachte die Physikotheologie eine entschiedene Aufwertung der Natur mit sich, indem sie die Natur als Buch des Schöpfergottes zu entziffern lehrte.

Säkularisierung und Ästhetik des Erhabenen

Die gewaltige, grenzenlose Natur, das brodelnde Meer, die Alpen – die romantischen Gegenstände schlechthin – wurden allerdings erst mit der Ästhetik des Erhabenen darstellungs- und genußfähig. Der neuzeitliche Wiederentdecker dieser Ästhetik ist Edmund Burke (*A Philosophical Enquiry into the Origin of our Ideas of the Sublime and Beautiful*, 1757). Aus sicherer Entfernung ruft die Gegenwart unendlicher Macht oder Größe im erschütterten Gemüt des Betrachters eine Mischung aus Lust und Unlust hervor, eine Ehrfurcht vor der Idee des Erhabenen. Für die Romantiker sind die Alpen die sinnliche Entsprechung jener Idee des Erhabenen. Sie besingen die majestätische Bergwelt als Embleme Gottes, der für Burke der eigentliche Auslöser und Inbegriff des Erhabenen ist. Das 1802 von Coleridge veröffentlichte Gedicht »Hymn before Sun-rise, in the Vale of Chamouni« wählt die Gattung der Hymne deshalb mit Bedacht. Die Wahl einer Gattung, die selbst ein Säkularisierungsprodukt ist, verweist schon auf die Zwischenstellung des Coleridgeschen Mont-Blanc-Gedichts zwischen religiöser und profaner Rede. An die Sturzbäche, an die Gletscher, an die Fichtenwälder, an die Vögel ergeht die Forderung, den Lobpreis Gottes zu singen. Wiederholt wird aber auch gesagt, daß der Berg ehrfurcht-, ja furchtgebietend sei. Macht und

Touristen auf einem Gletscher oberhalb Chamonix, karikiert von George Cruikshank (1821). Das Tal von Chamonix und der Mont Blanc bilden eine erhabene Szenerie, die in Gedichten von Coleridge, Shelley und Wordsworth besungen wurde.

Göttlichkeit des Berges, welche die anbetende Haltung des Betrachters herausfordern und wie durch Zauber den Morgenstern anzuhalten vermögen, verwandeln ihn in eine Erscheinungsform des Erhabenen:

Hast thou a charm to stay the morning-star
In his steep course? So long he seems to pause
On thy bald awful head, O sovran Blanc,
The Arve and Arveiron at thy base
Rave ceaselessly; but thou, most awful Form!
Risest from forth thy silent sea of pines,
How silently! [...] (Z. 1–7)

Imagination vs. Rationalisierung

Neben und mit dem poetischen Individualismus und dem Naturkult ist vor allem die romantische Auffassung und Verwendung der *Imagination* als Gegenbewegung zum Rationalisierungsvorgang der neuzeitlichen Modernisierung zu verstehen. In der Hierarchie der menschlichen Fähigkeiten tritt die Imagination an die Spitze und verdrängt die Vernunft der Aufklärung aus ihrer beherrschenden Position. Die Imagination bildet die Welt nicht einfach nach, sondern ist eine Wahrnehmungsweise, die im Akt der Wahrnehmung und Vorstellung die äußere Welt nach einer inneren Vision um- und neugestaltet. Eben diese schöpferische Um- und Neugestaltung ist das Entscheidende. Im 18. Jahrhundert war die Phantasie lediglich ein Instrument der Erinnerung und der Ausschmückung. Sie beschränkte sich darauf, einmal wahrgenommene und gespeicherte Bilder wieder aufzufinden und zur Veranschaulichung rational begründeter Wahrheiten zu verwenden.

Die Leistung dieser romantischen Imagination ist dreifacher Art. Sie verbindet unterschiedliche Bestandteile zu einer organischen Einheit, sie entdeckt hinter der sichtbaren Oberfläche der Welt eine verborgene, tiefere Wirklichkeit und Wahrheit, und sie verwandelt – zumindest für Coleridge – die kalte Welt nach Maßgabe der geistigen Vision des Dichters.

William Blake

Dieses visionäre Element ist bei William Blake so ausgeprägt, daß die Zeitgenossen seine Bilder und Gedichte für die Machwerke eines Wahnsinnigen halten. Wordsworth teilt dieses Urteil, schränkt es aber auch ein: »There was no doubt that this poor man was mad, but there is something in the madness of this man which interests me more than the sanity of Lord Byron [...]«. Blake berichtet von sich selbst, daß seine alltäglichen Wahrnehmungen ständig von Visionen begleitet und überlagert waren. Im Sonnenaufgang erblickt er z.B. nicht nur die Wiederkehr des Lichts, sondern auch einen Jubelchor von Engeln. Natur und Welt sind also lediglich Zeichen, Tore zum Himmel, zur ewigen Welt des Jenseits, der Blakes eigentliches Interesse gilt. Eben diese Spiritualisierung der Natur ist ein Werk der Imagination, die in Blakes antirationalistischer Weltsicht, seiner privaten Mythologie und seiner explorativen Art der Bildverwendung eine Schlüsselrolle spielt. Ästhetisch, politisch und religiös rebelliert der Dissenter Blake gegen die Herrschaft der aufklärerischen Ordnung. Politisch der radikalen Linken zugehörig, wendet sich der aus einfachen Verhältnissen stammende Londoner und gelernte Kupferstecher gegen den fernen, übermächtigen Gott der Anglikaner und des Deismus. Aufgrund seiner Lektüre der Mystiker (Böhme, Swedenborg), der Bibel und Miltons unterstellt er, daß die ursprüngliche Einheit von Gott und Mensch durch den Sündenfall nicht völlig zerstört wurde. Gott ist vielmehr in der menschlichen Imagination anwesend: »Man is All Imagination. God is Man & exists in us & we in him« (*Annotations to Berkeleys's »Siris«*, ca. 1820). Der Mensch, in dem Gott ohnehin schon wohnt, wehrt sich gegen die starre, gesetzesmäßige, verletzende Ordnung, in die er nach Blake durch das

Blake, *The Ancient of Days*, Titelbild zu *Europe: A Prophecy* (1794). Die Parodie zeigt, wie sich Urizen über die gefallene Welt beugt und ihre Grenzen mit einem Zirkel markiert.

Königtum, die Hochkirche und das Newtonsche Weltbild gezwängt wird. In dem späten prophetischen Werk *Jerusalem* (1804–20) heißt es:

> [...] O Divine Spirit, sustain me on thy wings,
> That I may awake Albion from his long & cold repose;
> For Bacon & Newton, sheath'd in dismal steel, their terrors hang
> Like iron scourges over Albion: Reasonings like vast Serpents
> Infold around my limbs, bruising my minute articulations.
> (*Jerusalem*, chap. I, plate 15, Z. 9–13)

Der Schornsteinfeger leidet unter der Macht von Eltern, die ihn in die Zwangsjacke herrschender Institutionen und Diskurse (»God & his Priest & King«, in »The Chimney Sweeper«) stecken.

James Gillray, William Pitt als Schmarotzer, 20. Dezember 1791

Blakes Poesie plädiert, indem sie Spannungen zwischen Vernunft und Intuition, Gesetz und Leidenschaft, Unterdrückung und Freiheit erkundet, für die Freisetzung der Imagination und des Begehrens. Der Protest des Dichters gegen die Übermacht der Verbotsmaschinerie – deren realer historischer Hintergrund die harte Eindämmungspolitik des konservativen Premiers Pitt war – bedeutet etwa in dem prophetischen Prosagedicht *The Marriage of Heaven and Hell* (ca. 1790–93), daß er aus Gründen der Verdeutlichung seiner Botschaft weitgehend die Partei der Energie, der Leidenschaft, d.h. des Teufels, ergreift. Der dialektische Grundansatz der Blakeschen Weltanschauung, wonach Fortschritt nur durch das Widerspiel von Gegensätzen (»Without Contraries is no progression. Attraction and Repulsion, Reason and Energy, Love and Hate, are necessary to Human existence.« *The Marriage of Heaven and Hell*, plate 3) möglich ist, würde dies eigentlich ausschließen. Aber die Partei Gottes, die Partei der Vernunft und des Guten, der Gesetze und der Verbote, war bislang allein anerkannt. Von daher erklärt sich der herausfordernde Witz der höllischen Sprichwörter (»Proverbs of Hell«):

> The road of excess leads to the palace of wisdom.
> Prudence is a rich, ugly old maid courted by Incapacity.
> He who desires but acts not, breeds pestilence.
> (*The Marriage of Heaven and Hell*, plate 7)

Den Schluß des großen Prosagedichts *The Marriage of Heaven and Hell*, das sich am besten als Einführung in Blakes Denken eignet, bildet der Chor an die Freiheit. Der Chor besingt die sich in der politischen Revolution manifestierende Regeneration der Welt.

Blakes Privatmythologie

Blakes Denken nimmt in manchem Einsichten der Lebensphilosophie Nietzsches und der Freudschen Psychoanalyse vorweg. Der Zugang zu ihm wird allerdings durch eine schwierige Privatmythologie erschwert, in die Blake seine eigenwillige Deutung des kosmischen Konflikts, der sich im Individuum wiederholt, einkleidet. Poetisch scheint diese Privatmythologie, die sich bei einiger Mühe durchaus entziffern läßt, eher von zweifelhaftem Wert. Blake allerdings ist davon überzeugt, daß eine den erhabenen geistigen Grundkräften der Welt gerecht werdende Dichtung notwendig schwierig sein muß: »Allegory addressed to the Intellectual powers, while it is altogether hidden from the Corporeal Understanding, is My Definition of the Most Sublime Poetry; [...]« (Brief an Thomas Butts vom 6. Juli 1803). In seinen imaginativen Entwürfen, die zumal seine späten prophetischen Bücher beherrschen – *Milton* (1804–08), *Vala, or The Four Zoas* (1795–1804), *Jerusalem* (1804–20) –, beerbt und assimiliert der Dichter germanische, hebräische und klassische Traditionen. Die gefallene Welt ist eine Welt des Zerfalls. Sie wird von Konflikten zerstört. Die sie prägenden Dualismen sind beispielsweise jung gegen alt, Vater gegen Sohn, Orc (Prometheus, Symbol der Freiheit) gegen Urizen (*reason*, Zeus, Symbol für den Schöpfer des abstrakten Gesetzes, der Ordnung, der Abstinenz). Wie andere Romantiker auch strebt Blake nach dem Vorbild Homers und vor allem Miltons (*Paradise Lost*) ein großes Epos an, dessen Gegenstand eine zyklische Vision bildet. Der Weg führt von der ursprünglichen Einheit über den Sündenfall bis hin zur wiedergewonnenen Einheit, einer paradiesischen Welt, die im Zeichen der Herrschaft der Imagination stehen soll.

»The Sick Rose« aus den *Songs of Innocence and of Experience* (1794), Exemplar I, Platte 39, Reliefätzung, aquarelliert

Dichtungsgeschichtlich bedeutsam ist Blake vor allem aufgrund seiner imaginativen Entfesselung von Symbol und Metapher. Kurze lyrische Stücke von unerhörter poetischer Dichte und Intensität, denen Blake seinen fortdauernden Ruhm vor allem verdankt, finden sich in der bekannten Sammlung *Songs of Innocence and of Experience* (1794). Die gegensätzlichen Zustände, von denen Blakes Dichtung handelt, sind solche der Seele, nicht des Alters. Erfahrung dementiert also nicht Unschuld. Der Leser ist vielmehr gehalten – etwa beim Vergleich zwischen »The Lamb« und »The Tyger« –, zwei Wahrheiten miteinander zu vermitteln. Die Gedichte beklagen häufig eine unheilige Ordnung, in der Kinder versklavt werden (»The Chimney Sweeper«), die Frage nach dem Ursprung des Bösen sich immer unabweisbarer stellt (»The Tyger«) und die sündige Stadt London von Zeichen der Verdammnis nur so wimmelt (Schrei der Huren, Ruf des jugendlichen Kaminfegers hüllt die Kirche in ein Leichentuch). Dabei bedient sich Blake einer rational nicht auflösbaren Bildlichkeit, die auch konventionellen Symbolen eine neue semantische Suggestivität zuführt. Hier das Gedicht »The Sick Rose« (aus den *Songs of Experience*):

> O rose, thou art sick!
> The invisible worm
> That flies in the night,
> In the howling storm,
>
> Has found out thy bed
> Of crimson joy:
> And his dark secret love
> Does thy life destroy.

Lyrische Intensität und Symbolsprache

Die Rose und der Wurm sind nicht Teile einer metaphorischen Ersetzung des gemeinten oder ausgeführten Vergleichs zwischen Sachebene und Bildebene. Es handelt sich also um Symbole, Dinge, die zugleich über sich hinausweisen. Aber worauf sie hinweisen, läßt sich nicht genau bestimmen. Blake hat also tradierte, öffentliche, konventionelle Symbole bzw. Embleme (Wurm, Rose) durch die Art der Kontextbildung in private Sinnträger verwandelt. Das sexuelle Umfeld (»bed«, »crimson joy«) engt die möglichen Bedeutungen von Rose auf Liebe oder Ehe ein, während der Wurm anscheinend jene Kraft darstellt – sei es nun die Heuchelei oder die Heimlichkeit oder etwas anderes –, welche die Beziehung zerstört.

London bei Blake und bei Wordsworth

Trotz dieser auf die Moderne vorausweisenden Bedeutungsentgrenzung ist Blakes privates Symbolsystem wie seine Privatmythologie bei einiger Mühe entschlüsselbar. Eben in diesem Punkte ist der scheinbar einfachere Wordsworth letztlich schwieriger und moderner. Blakes Bild Londons untersteht beispielsweise dem mythischen bzw. biblischen Schema der verderbten, dem Untergang geweihten Stadt Jerusalem (vgl. Buch Hesekiel, Kap. 9, Vers 4). Hat man dies begriffen, dann sind alle Zeichen des Gedichts »London«

lesbar. Eben diese Lesbarkeit der Stadt verschwindet bei Wordsworth, der in *The Prelude* (1805/50, Buch 7) im Gegensatz dazu die prickelndes Unbehagen verursachende Vielfalt, Unüberschaubarkeit und Dynamik der Metropole hervorhebt, die Vermassung und Desorientierung der Bewohner. Nicht zuletzt deshalb ist gesagt worden, Wordsworth sei der erste wirklich moderne Dichter der englischen Literaturgeschichte.

Wordsworth und Coleridge

Wordsworths Wirkung

Am Anfang der englischen Poesie des 19. Jahrhunderts steht die imposante Dichterpersönlichkeit William Wordsworths, die viel Bewunderung und Verehrung, aber auch Spott auf sich gezogen hat. Die neue, von tiefen, höchst persönlichen Erfahrungen, Erinnerungen und Einsichten des Individuums sprechende Naturdichtung war so eindrücklich, daß sie vielen Lesern – dazu gehörte auch der bekannte Denker und Schriftsteller John Stuart Mill – des 19. Jahrhunderts in seelischen Krisensituationen als Trost und Lebenshilfe diente. Ihre gelegentlich angestrengte Simplizität (z.B. in »The Idiot Boy«, 1798) reizte Byron u.a. aber auch zu Parodien. A. Huxley warf in »Wordsworth in the Tropics« (1929 in der Essaysammlung *Do What You Will* erschienen) dem Dichter vor, mit seiner pantheistischen Vergöttlichung der Natur den dort herrschenden Lebenskampf verschleiert zu haben und – wie Theologen oder Ideologen – vor der verwirrenden Fremdheit und Vielfalt der Welt in die Einfachheit und Klarheit des Systems geflüchtet zu sein. Wichtiger ist indes, daß Wordsworths Dichtung mit ihrer radikalen Subjektivierung – die zugleich die Entgrenzung des Ichs in der Verschmelzung mit der göttlichen Natur im Blick hat – und der charakteristischen Verbindung von Landschaftsliebe und stillem Patriotismus den bis heute konkurrierenden Strömungen der Moderne und der »englischen Tradition« (Wordsworth, Clare, Hardy, Thomas, Larkin) den Boden bereitete.

Lebensweg, Modernisierungserfahrung und romantische Poesie bei Wordsworth

Das Beispiel des aus Nordengland stammenden William Wordsworth verdeutlicht den inneren Zusammenhang zwischen persönlichem Lebensweg, Modernisierungserfahrung und romantischer Poesie. Wordsworths Leben ist von – teilweise traumatischen – Erfahrungen geprägt, die zugleich zeittypisch sind und in der Dichtung von ihm aufgearbeitet werden. Der Sohn eines Rechtsanwaltes wird wegen des frühen Todes von Vater und Mutter, später des Bruders und zweier Kinder, aber auch durch die Trennung von seiner französischen Geliebten (Annette Vallon) und schließlich die Abkehr vom republikanischen Idealismus der Studentenzeit immer wieder von Trennungsschocks heimgesucht. Ausgleichend wirkt dagegen eine glückliche Kindheit, während derer er viel Muße für Spiele in der Natur hat und in ihm eine tiefe, ja mystische Liebe zur Berglandschaft von Cumberland geweckt wird. Das Studium in Cambridge betreibt er nur nebenbei; Wanderungen, zumal Wanderungen über die Alpen nach Italien, sind ihm wichtiger. Von grundlegender Bedeutung sind dann die Begegnungen mit der Metropole London und – während eines Frankreichaufenthaltes (1790; 1791/92) – das Erlebnis der Französischen Revolution. Der bestürzende Verlauf dieser Revolution und der Ausbruch des englisch-französischen Krieges lösen eine Orientierungskrise aus, die es Wordsworth durch die Zuwendung seiner Schwester Dorothy und die Abkehr von radikalen Positionen, nicht zuletzt durch seine schöpferische Tätigkeit, zu meistern gelingt. Die Idylle des 18. Jahrhunderts hat den Rückzug aufs Land und die dichterische Produktivität nach dem Muster des antiken Vorbilds Theokrit stereotyp miteinander verknüpft. Wordsworth greift diese Figur ebenfalls auf, aber nicht als klassizistische literarische Pose, sondern als Lebensmodell und (vielleicht ideologische) Problemlösung. Von 1802, dem Jahr der Eheschließung mit der Schulfreundin Mary Hutchinson, bis zu seinem Tode im Jahr 1850 lebt Wordsworth im Lake District.

Frühe Werke

Die frühen Werke – *An Evening Walk* (1793) und *Descriptive Sketches* (1793) – bewegen sich noch in den von der topographischen Dichtung des 18. Jahrhunderts vorgezeichneten Bahnen. Demokratisch-humanitären Empfindungen gibt Wordsworth dann unter dem Einfluß William Godwins in der Verserzählung »Guilt and Sorrow« (geschr. 1791–94) Raum. Diese Hinwendung zu einfachen Menschen verbindet sich aber erst in den *Lyrical Ballads* (1798 und 1800) mit jener außerordentlichen poetischen Ausdruckskraft, die für die Lebensphase 1797 bis 1807 charakteristisch ist. In diesen Jahren entstehen seine bedeutendsten poetischen Werke, die *Lyrical Ballads*, die *Poems in two Volumes* (1807), das *Prelude* (1798–1805, 1850), die Margaretengeschichte (Buch I von *The Excursion*, 1814) und einige der besten Sonette.

Das »Preface« zu den Lyrical Ballads

Das dichterische Experiment der *Lyrical Ballads* ist eine Gemeinschaftsleistung der Freunde Coleridge und Wordsworth. Im mehrfach umgearbeiteten »Preface« zu dieser Gedichtanthologie geht es darum, Geschmacksvorurteile gegenüber der neuen Dichtung abzubauen. Aus der Modernisierungserfahrung – das Londoner Leben, die dortige Unterhaltungsbranche und überhaupt »revolutions« werden ausdrücklich genannt – zieht Wordsworth Konsequenzen für eine neue Dichtung, die stilistisch, nicht aber politisch revolutionär sein soll. Die neue Dichtung trägt also erstens dem Demokratisierungsvorgang insofern Rechnung, als ihr Gegenstand und ihre Sprache nach dem Vorbild der Volksballade einfacher und wirklichkeitsbezogener sind (»a selection of language really used by men«), was eine poetische Überformung selbstverständlich nicht ausschließt. Die neue Dichtung ist zweitens in der Natur zu fundieren, und zwar sowohl in der Natur im Sinne von Landschaft als auch in der Natur von Menschen, die von einer natürlichen Umgebung geprägt sind. Dadurch soll gewährleistet werden, daß Dichtung in ihrer Wirkung nicht vorübergehenden artifiziellen Bedingungen unterworfen ist. Weder die moderner Monotonie entgegenwirkende städtische Sensationskultur (Presse, Schauerliteratur, Informationsflut) noch die künstliche *poetic diction* der aristokratischen Dichtung des 18. Jahrhunderts sind deshalb als Vorbilder brauchbar. Nur eine Poesie, die aus der »Natur« hervorgeht und auf sie abzielt, kann dauerhafte »pleasure« – das eigentliche Ziel der Dichtung – begründen. Aus solchen durchaus nicht ideologiefreien Annahmen erklärt sich auch der Vorrang der Mündlichkeit – der gesprochenen Sprache einfacher Leute – vor der Schriftlichkeit. Als belebende und inspirierende, ja heilende und belehrende Kraft kann die Natur für Wordsworth deshalb wirken, weil in ihr selbst das göttliche Wesen wohnt.

»Natur« vs. poetic diction

Struktur und Wirkung der Wordsworthschen Dichtung werden durch seine Theorie nicht zureichend erklärt. Die Verbindung der realistischen Naturbeobachtung mit sowohl zeitlich als auch syntaktisch höchst verschachtelten meditativen Bewegungen des reflektierenden Dichter-Ichs (z.B. in »Tintern Abbey«) ergibt Gebilde, die im Unterschied zu den gezielt »naiven« Balladen, die z.B. von Tod, Mutterliebe, Dankbarkeit, qualvoller Armut usw. handeln, das Vorbild der gesprochenen Sprache weit hinter sich lassen. Dennoch ist es wichtig, daran zu erinnern, daß Wordsworth die Arbeit des Dichters auf eine neue Grundlage stellt. Nachdem Descartes und Newton die Welt als große Maschine interpretiert und damit entzaubert hatten, Analogien und Mythen mithin als Quellen des Wissens entfielen, versuchte er das im »Herzen« gewöhnlicher Leute verankerte Alltagswissen zum Ausgangspunkt seiner Poesie zu machen. Dichtung ist deshalb für ihn das Organ eines elementaren, auf den Menschen als empfindendes Wesen bezogenen Wissens:

Alltagswissen und neue Dichtung

> To this knowledge which all men carry about with them, and to these sympathies in which, without any other discipline than that of our daily life, we are fitted to take delight, the poet principally directs his attention. [...] Poetry is the first and last of all knowledge – it is as immortal as the heart of man.
>
> (»Preface« zu den *Lyrical Ballads*, 1800)

Wordsworth verfolgt diese Suche nach Natur und Authentizität am überzeugendsten in solchen Gedichten, in denen er vom eigenen Selbst, von persönlichen Erlebnissen sprechen kann. Seine Poesie schöpft vor allem aus intensiven Kindheitserfahrungen, wie es umgekehrt der Dichtung bedarf, um diese angemessen auszudrücken und zu einer unversiegbaren Quelle befreiender, heilender Lese- und Erinnerungserlebnisse zu machen. *The Prelude; or, Growth of a Poet's Mind*, in der ersten Version 1805 beendet und einleitender Teil eines umfangreichen, nie vollendeten philosophischen Gedichts (*The Recluse, or, Views on Man, Nature, and Society*), lebt von solcher Erinnerungsarbeit. Gegenstand dieses modernen Epos ist nicht der Mythos christlicher (vgl. Miltons *Paradise Lost*) oder antiker Herkunft, sondern die geistige Entwicklung des Dichters selbst. Dennoch liefert ein mythisches Schema den Plan für das Ganze. Der Weg des Dichters führt von der paradiesischen Unschuld der Kindheitstage im Einklang mit der Natur über den »Sündenfall« des modernen Lebens (London) und des politisch-philosophischen Radikalismus (Französische Revolution) zurück zu einer Einheit mit der Natur, welche die Imagination stiftet. Im »Reifen« des Geistes verändert sich die Naturbeziehung von einer passiven, instinktiven Übereinstimmung während der frühen Kindheitsjahre zu einem reflektiert-schöpferischen Austausch, in dem der sanfte göttliche Windhauch der Natur die Seele des Dichters zu hoffnungsvollem, kreativem Leben erweckt. Dieses taucht nun seinerseits die

Autobiographische Dichtung: The Prelude

Der Berg Snowdon in Wales, gemalt von John Varley um 1800. Man vergleiche hierzu Wordsworths Beschreibung in *The Prelude*, Buch 14.

Natur in ein imaginatives Licht. Das in Blankversen verfaßte Gedicht rekapituliert beschreibend, erzählend und vor allem meditativ die entscheidenden Stationen im Lebensgang von Wordsworth – Kindheit, Schulzeit, Cambridge, London, Frankreich. Es setzt just an dem Punkt ein, wo mit der Rückkehr in die vertraute Natur die Phase der Entfremdung und des Exils des »homeless mind« (P.L. Berger) zu Ende geht. Die erstarrte Seele des Dichters verflüssigt sich. Solche Wiedergeburtserlebnisse, wie sie Wordsworth am Anfang von *The Prelude* rhythmisch und mit Bewegungsbildern (»gentle breeze«, Book I, Z. 1) poetisch vergegenwärtigt, sind Kern- und Glanzpunkte der Kunst des Dichters, die man gerade auch in den kürzeren Gedichten immer wieder findet.

Modernisierung, Trennungsschocks und romantische Poesie bei Wordsworth

Das Erleben in der Moderne muß mehr als in der statischen Ordnung traditioneller Kulturen Trennungsschocks verkraften. Beschleunigtes Abschiednehmen von vertrauter Routine, von der Wärme der Gemeinschaft, setzt die Psyche erhöhten Belastungen aus. Daß gerade einige der gelungensten Gedichte Wordsworths von solchen Trennungsschocks und dem Versuch ihrer Heilung durch Natur und Poesie handeln, scheint kein Zufall zu sein. Indem Wordsworth das Leid der Trennung in die mitfühlende poetische Erzählung und Meditation überführt, macht er den Dämon der Trennungsangst zur Quelle der eigenen Stärke.

Was Schmerz bereitet oder zukünftiges Leid befürchten läßt, ist erstens die Trennung von der geliebten Person oder Heimat (»Lucy«-Gedichte, »Michael. A Pastoral Poem«, »The Ruined Cottage«, Buch I von *The Excursion*), zweitens die Trennung des erwachsenen Dichters von seinem Schöpfertum und den poetischen Kindheitstagen. Dieser zweite Gedichttypus hält häufig jene krisenhafte Phase fest, in der die Niedergeschlagenheit des Dichters durch die Gnade der »Offenbarung« bzw. eines beglückenden Erlebnisses überwunden wird (»Resolution and Independence«, »Tintern Abbey«).

»The Ruined Cottage«

In »The Ruined Cottage« (1797) läßt der Dichter einen alten Mann, den er bei einem verfallenen Bauernhaus trifft, über das tragische Schicksal einer jungen Frau namens Margaret berichten. Der Einbruch der Katastrophe in die ländliche Glücksidylle setzt ein, als Margarets Mann, ein Weber, aus nicht näher genannten Gründen – dahinter steht wohl die Mechanisierung der Tuchproduktion um 1800 – seine Arbeit nicht mehr ausüben kann. Der Mann verfällt psychisch, schließt sich in seiner Verzweiflung den Soldaten an und kehrt nie zurück. Margaret vermag sich der neuen Situation nicht anzupassen und vergrößert das Leid für sich und ihre Kinder gerade dadurch, daß sie aus einem Übermaß an Hoffnung heraus beharrlich auf die Wiederkehr ihres Mannes wartet. Das Festklammern am Alten, die Unfähigkeit, die Trennung in einen positiven Neubeginn umzuwandeln, begründet also ihr Scheitern, an dessen Ende der Tod steht. Wenn die Natur das verfallende Haus zurückerobert, Unkraut wuchert und Gras hochschießt, so sind dies Zeichen, die – so der weise alte Mann – eine zuversichtliche Deutung durch das geistige Auge des Betrachters verlangen. Geist und Phantasie verwandeln in der Meditation das Bild des Verfalls und des Wandels von einer Quelle des Kummers in eine idyllische Ursache des Glücks (»image of tranquillity«). Diese Entpolitisierung und poetische Harmonisierung von Konflikten ist gerade für die erste Phase der englischen Romantik nicht untypisch.

Kindheit als Quelle des poetischen Lebens

Nun setzt die heilsame Tätigkeit der Imagination den lebendigen Bezug des Dichters zu seiner eigenen Vergangenheit voraus. Die Trennung von den Lebensquellen der Kindheit und Jugend bedeutet die Erstarrung des inneren Lebens des Dichters, den Tod im Leben. Die charakteristischen Gedichte von Wordsworth begeben sich deshalb regelmäßig auf die Suche nach der verlorenen Zeit. Wordsworth spricht in *The Prelude* von den »spots of time«, den prägenden Erlebnissen der Kindheit. »Tintern Abbey« rekonstruiert nicht nur die Phasen des Naturerlebens, sondern auch die Macht der Freude, die der Dichter im Angesicht der pastoralen Natur dank vergangenen Erlebens zu empfinden vermag. Schließlich: Angst vor Trennung und Verlust, auch vor der insgeheim befürchteten Gleichgültigkeit der Natur, die ja später von Darwin bestätigt wird – eben dies bewegt Wordsworth zu der fast beschwörenden Hinwendung an die Schwester und zur Beteuerung, daß die Natur nicht verräterisch sei: »Knowing that nature never did betray/ The heart that loved her;« (Z. 122 f.).

Coleridge und Wordsworth

Wordsworths Œuvre ist außerordentlich umfangreich, Coleridges Ruhm gründet sich auf eine Handvoll Gedichte und das bemerkenswerte biographisch-literaturkritische Werk *Biographia Literaria* (1817). Coleridge ist polyglott gebildet, ein guter Kenner deutscher Literatur und Philosophie, während Wordsworth jene narzißtische Tradition englischer Lyrik stärkt, bei der Selbstwahrnehmung und englisches Umfeld ein betont enges Bündnis eingehen. Über solchen Unterschieden sollen die entscheidenden Gemeinsamkeiten nicht vergessen werden. Beide nehmen von den radikalen, ja utopischen Vorstellungen – geplant war die Gründung einer Kommune in Pennsylvanien – ihrer Jugend Abschied und kehren zu konservativen Positionen zurück. Beide eröffnen, als poetische Form der Bewältigung der Französischen Revolution, der englischen Poesie gänzlich neue imaginative Spielräume. Die besondere Stärke von Coleridge liegt dabei in der dichterischen Inszenierung des Imaginären und Übersinnlichen. Mehr noch als Wordsworth hinterläßt Coleridge poetische Fragmente; auch der romantische Traum eines philosophischen *opus maximum*, das orthodox-christliche Positionen mit dem deutschen Idealismus versöhnen soll, wird nur in Bruchstücken verwirklicht.

Französische Revolution

Wie bei Wordsworth stehen Denken und Poesie des jungen Coleridge im Zeichen und im Schatten der Französischen Revolution. Die »Sonnets on Eminent Characters« (1794–95) feiern Godwin, aber auch Burke, die Hymne »The Destiny of Nations« (1796) rechtfertigt die Revolution metaphysisch als Triumph unendlicher Liebe. Eine entscheidende Verschiebung und Verinnerlichung des Freiheitspathos markiert dann »France: An Ode« (1798). Bestürzt über den Einmarsch der Franzosen in die Schweizer Republik, entpolitisiert Coleridge den Freiheitsbegriff, indem er im Gedicht jenen für frei erklärt, der Gott in der Natur liebt und verehrt.

Visionäre Dichtung

Ein gänzlich eigener Ton und eine bezwingende poetische Intensität gelingen Coleridge in visionären Erzählgedichten wie »Kubla Khan« (1798) und »The Rime of the Ancient Mariner« (1797), die zur Kernzone und zu den herausragenden Leistungen der englischen Romantik gehören. In beiden Fällen werden Leseerlebnisse in außerordentlich suggestiven Rhythmen, Bildern und poetisch wirksamen Kombinationen zu visionären Gebilden verschmolzen, die beide den Menschen und Dichter auf der Suche nach Erlösung, ja nach der Wiederherstellung des Dichterparadieses (»Kubla Khan«) zeigen. In diesen Texten speist sich das Poetische offensichtlich aus dem Unbewußten, wie auch Coleridge selbst bezeugt. »Kubla Khan« ist, wie er im Vorwort erklärt, die fragmentarische Niederschrift einer Eingebung, die dem Dichter angeblich im Opiumtraum zuteil wurde. Bei der Lektüre von Samuel Purchas (*Purchas his Pilgrimage*, 1613) schlief er an der Stelle ein, wo vom Tyrannen Kubla und dessen Bau eines Lustschlosses die Rede ist:

> In Xanadu did Kubla Khan
> A stately pleasure-dome decree:

Eine der Quellen für Coleridges Beschreibung des Polarmeeres in »The Rime of the Ancient Mariner« war Frederick Martens' *Voyage into Spitzbergen and Greenland* (1694). Die Abbildung illustriert das Kapitel »Of vast Mountains and Fields of Ice, and the great difficulty of sailing«.

Where Alph, the sacred river, ran
Through caverns measureless to man
Down to a sunless sea. (Z. 1–5)

Der unterirdische »heilige« Fluß verbindet offenbar den Bezirk herrscherlicher Ordnung mit dem »wilden Platz« (Z. 14) – der doch heilig ist – chaotischer Energie und Unordnung, einschließlich dem »leblosen Ozean« (Z. 28). Zwar wird offenbar zusätzlich zum Kontrast Ordnung vs. Unordnung eine Analogie zwischen dem herrscherlichen Erbauer des Palastes Kubla und dem imaginative Macht erstrebenden Barden des Schlußteils suggeriert, aber wir wissen nicht genau, wie diese Bilder aufeinander zu beziehen sind, warum der »heilige Fluß« in einen »leblosen Ozean« mündet, warum das abessynische Mädchen sowohl eine »Symphonie« als auch lediglich ein »Lied« von sich gibt. Der Text schöpft, wie J.L. Lowes (*The Road to Xanadu*) gezeigt hat, aus zahlreichen literarischen und mythischen Quellen. Was ihn so aufregend und exploratorisch macht, ist die irrationale, imaginative Art und Weise der Aneinanderfügung der Bilder, die nicht, wie in der bisherigen Lyrik üblich, argumentativen oder rhetorischen Mustern gehorcht. Eine ganze Reihe von Wortfügungen sind offenbar auf Lautassoziationen und auf das Streben des Dichters nach klangmagischen Wirkungen (»symphony and song«, Z. 43; »five miles of fertile ground«, Z. 6, wo in der Quelle von »sixteene miles« die Rede ist) zurückzuführen.

Das Fragmentarische

Dichtung ist, gerade in ihrer Bruchstückhaftigkeit, für den Romantiker Coleridge Zeugnis und Ausdruck einer ganz persönlichen Situation. Der fragmentarische Charakter des Gedichts (auch wenn er nur behauptet wird), der die verlorene Totalität formal unterstreicht, die Abdankung von Rhetorik und Argumentation zugunsten einer imaginativen Abfolge symbolischer Bilder, die entfesselte Wildheit der erhabenen Landschaft, der Anspruch des einsamen Barden, die gebrochenen Erinnerungen an den Mythos (Paradies), die Fiktion spontanen, unmittelbaren Denkens in Bildern – all dies macht »Kubla Khan: Or, A Vision in a Dream. A Fragment« zu einem romantischen Gedicht schlechthin.

Persönliche Konversationsgedichte

Persönlicher und authentischer als »Kubla Khan« oder gar »The Rime of the Ancient Mariner« im Sinne der autobiographischen Durchsichtigkeit sind eine Reihe von bewegenden, meisterhaft gelungenen Konversationsgedichten wie »This Lime-Tree Bower My Prison« (1797), »Frost at Midnight« (1798) und »Dejection: An Ode« (1802). Der autobiographische Anlaß und Charakter zahlreicher romantischer Gedichte erzeugt eine doppelte semantische Wertigkeit. Zum einen verweist die Sprache auf private Ereignisse äußerer oder innerer Art, zum anderen ist sie intertextuell an konventionelle und universale Bedeutungen angeschlossen. Erst die Romantik mit ihrer Verbindung von Erlebnisästhetik und literarischer Imagination verschärft den doppelten Bezug der poetischen Sprache zum Problem der Authentizität. Denn romantische Poesie hallt einerseits – wie an »Kubla Khan« abzulesen – von literarischen Echos wider, andererseits versteht sie sich als gestaltetes Bekenntnis der Psyche des Dichters. Für den Eindruck der Nähe und Intimität, den diese Gedichte vermitteln, ist die Sprechsituation des einsamen Monologisierens und Meditierens entscheidend. Man nimmt als Leser an den Bewegungen eines denkenden, assoziierenden, erinnernden, vorstellenden und in die Zukunft ausgreifenden Mediums teil, das von Augenblick zu Augenblick sich selbst Rechenschaft gibt und sinnhafte Zusammenhänge stiften will.

Stimmungskunst

»Frost at Midnight«, eine leise Winteridylle, zeichnet die Meditation des liebenden Vaters (Coleridge) nach, der zu mitternächtlicher Stunde an der Wiege seines Kindes Wache hält. Von der Gegenwart des atmenden Kindes und der von draußen hereindringenden Rufe des Käuzchens führt die Erinnerung assoziativ zu Kindheitstagen des Sprechers, um dann in einer idyllischen Vision zukünftiger Harmonie auszuklingen: »all seasons shall be sweet to thee« (Z. 65). Das Gedicht lebt von feinen, zarten Stimmungseffekten, genauer: Mensch und Sache sind in der umgreifenden Stimmung vereint, die flackernden Bewegungen des Schleiers über dem Feuer entsprechen den unbestimmten, nicht zielgerichteten Bewegungen der Seele des Sprechers. Der erlebende Mensch legt den Gegenstand jener Stimmung aus, verwandelt ihn in ein Spielzeug seiner Träumerei – mit anderen Worten, in eine Art *objective correlative*, das aber zugleich im Text reflektiert wird als besondere Form des Subjekt-Objekt-Bezugs.

Einige Notizbücher von S.T. Coleridge, der nicht nur Dichter, sondern auch Kritiker und Gelehrter war.

Coleridge war nicht nur Dichter, sondern auch der originellste Denker und Literaturkritiker seiner Epoche. Dem biographischen Plan der *Biographia Literaria* liegt Coleridges organisches Konzept von Literatur zugrunde. Wie die Dichtung, so entfaltet sich auch die Einheit des eigenen Denkens über Literatur und Philosophie in organischer, chronologischer Weise. Große Teile der *Biographia* dienen der kühlen Abrechnung mit Wordsworths pastoraler Ideologie. Die Bevorzugung der Sprache von Bauern für dichterische Zwecke ist für Coleridge nicht einsichtig. Einen entscheidenden Beitrag zur Theorie der Romantik *und* der Moderne leistet Coleridge darüber hinaus mit seiner Unterscheidung von *imagination* und *fancy*. Während die *fancy* »nichts anderes als eine Art Erinnerung« (Kap. 13) ist, betätigt sich die Einbildungskraft (*imagination*) in doppelter Weise schöpferisch. Die kreative Phantasie des Genius hat erstens die Fähigkeit, vertraute Erfahrungen und Gegenstände ganz neu und frisch wahrzunehmen, sie in ein verwandelndes Licht zu tauchen:

> [...] this is the character and privilege of genius, and one of the marks which distinguish genius from talents. And therefore is it the prime merit of genius and its most unequivocal mode of manifestation, so to represent familiar objects as to awaken in the minds of others a kindred feeling concerning them and that freshness of sensation which is the constant accompaniment of mental, no less than of bodily, convalescence.
>
> (*Biographia Literaria*, Kap. 4)

Zweitens sind lebendiges Bewußtsein und Imagination des Dichters eine vereinheitlichende Kraft: »He diffuses a tone, and spirit of unity, that blends, and (as it were) *fuses*, each into each, by that synthetic and magical power, to which we have exclusively appropriated the name of imagination.« (Kap. 14).

Die Theorie der Imagination liefert die Rechtfertigung für die Autonomie des Kunstwerks. Kein Zufall deshalb, daß »The Rime of the Ancient Mariner«, die große Kunstballade über den schuldig gewordenen Seemann, ihrem eigentlichen Impuls nach auf die Freisetzung des Imaginären, auf die Verselbständigung der poetischen Phantasie und Suggestivität abzielt. Der ursprüngliche Titel des Gedichts lautet »A Poet's Reverie«. Da diese Phantasie des Dichters als Instanz gleichberechtigt neben der Natur steht, bedarf die von ihr geschaffene Kunst- und Spielwelt nicht mehr der Naturnachahmung (Mimesis) als Legitimation.

Keats, Shelley, Byron, Clare

Die zweite Generation der Romantiker

Die zweite Generation der Romantiker setzt man mit gutem Grund als eigenständige – in sich durchaus heterogene – Gruppe von der ersten ab. Keats, Shelley und Byron gewinnen ihr eigenes Profil in der Auseinandersetzung mit Wordsworth, dessen ästhetische und politische Rolle bei aller Bewunderung für seine bahnbrechenden Leistungen auf Kritik stößt. Keats gibt dem Erbe der religiös und moralisch ausgerichteten Naturdichtung Wordsworths eine entschieden ästhetische und idyllische Wende. Der lehrhafte Ton und die quasi-religiöse Selbstanalyse des Dichter-Ichs weichen der sinnlichen Lust am Genießen, am Entwerfen praller Bilder und an der unparteiischen, objektiven Vergegenwärtigung widerstreitender Positionen oder natürlicher Abläufe (»To Autumn«). Byron verabschiedet gar den frühromantischen Naturkult und treibt den Subjektivismus bis zur zynischen, illusionslosen Pose. Die funktionale Verbindung von Rückzug in die Natur und Absage an die Französische Revolution gilt nicht mehr. Mit Ausnahme des unpolitischen Keats, der freilich Freundschaft mit dem unerschrockenen Liberalen Leigh Hunt pflegt, treten die Vertreter dieser zweiten Generation in Wort und Tat für »aufgeklärte« (Religionskritik) und radikaldemokratische Positionen ein. Sie bestärken also jene Strömungen, die vor der großen Reform Bill auf Veränderungen drängen. Mit dem Landarbeiter John Clare meldet sich in bewegender Weise ein Vertreter jener Unterschichten zu Wort, die sich als Opfer des bürgerlichen Modernisierungsdrucks (*enclosures*) fühlen.

Keats' Profil. Zeichnung von Robert Haydon

Bis heute gilt John Keats häufig als Inbegriff des romantischen Genies. In einer unglaublich kurzen Zeitspanne schafft der früh an Tuberkulose verstorbene Dichter ein Œuvre, das die Lyrik des 19. Jahrhunderts durchhallt und der L'art-pour-l'art-Bewegung als Quelle der Inspiration dient. Keats orientiert sich zunächst an der bildlichen Fülle der elisabethanischen Dichter, läßt aber das Vorbild Spenser rasch hinter sich. 1817 erscheint die erste Sammlung von Gedichten, die noch viel Unausgegorenes, aber auch das programmatische Gedicht »Sleep and Poetry« und das bemerkenswerte Sonett »On First Looking Into Chapman's Homer« enthält. Die Analogie Schlaf-Dichtung beschreibt einen Grundimpuls des Keatsschen Dichtens. Wie die Pastoraldichter der elisabethanischen Zeit fasziniert Keats das Rückzugsverhalten (*retreat*), und wie sie betont er die tröstliche, besänftigende Wirkung der Poesie. Wie die Vorbilder Spenser und Milton kann und will er freilich nicht in Arkadien stehenbleiben, in sorgfältig abgeschirmten Oasen der Natur (»happy field or mossy cavern«), der erträumten Liebe, der Kunst und des Mythos. So prägt die Spannung zwischen genießend-ästhetischem Rückzug und leidender Kenntnisnahme der Konflikte und Zerbrechlichkeit dieser Welt die lyrischen Bewußtseinsabläufe wichtiger Gedichte von Keats (»Ode on a Grecian Urn«, »Ode to a Nightingale«). Seine Sonette und Oden bilden häufig Bewußtseinsvorgänge eines Ichs ab, das zwischen ästhetischer Flucht in die Pracht des Diesseits (»the poetry of earth«) oder der Phantasie und Erinnerung an die Mühsal des Lebens, zwischen dem Bewußtsein der Sterblichkeit und der Sehnsucht nach Dauer im Kunstwerk, zwischen passivem Genuß und Streben nach Wissen schwankt. Die Texte lösen diese Spannungen und Konflikte nicht auf. Ihre Bilder inszenieren sie vielmehr wie einen dramatischen Vorgang. In solcher Vermeidung plumper Bewegungsunfähigkeit und dem damit einhergehenden Mehr an psychologischer Glaubwürdigkeit liegt eine Ursache für die große Wirkung der Keatsschen Lyrik.

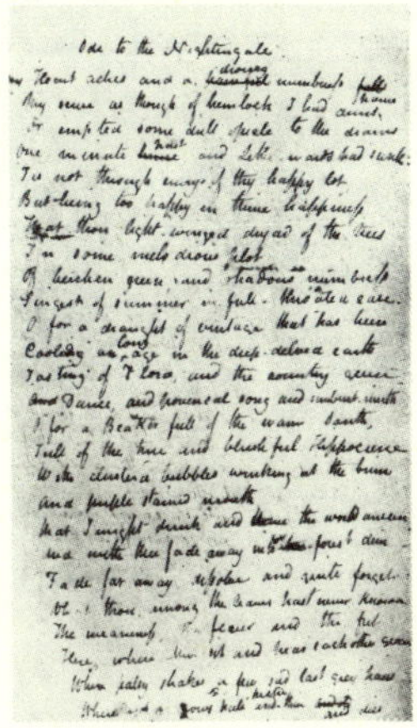

Die Handschrift von Keats' »Ode to a Nightingale«

1818 erscheint *Endymion: A Poetic Romance*, eine nicht recht überzeugende Parabel über das Streben der Dichterseele nach voller Vereinigung mit dem Innersten des Schönen. Erst in den großen Oden gelingt Keats die organische Verwendung der klassischen Mythologie. Diese Oden (»Ode to a Nightingale«, »Ode on a Grecian Urn«, »Ode to Psyche«, »To Autumn«, »Ode on Melancholy«), die zu den unbestrittenen Meisterwerken in englischer Sprache gehören, erscheinen zusammen mit anderen Gedichten 1820 noch zu Lebzeiten von Keats (*Lamia, Isabella, The Eve of St. Agnes, and other Poems*). Seine eindrucksvollen Briefe, die das einseitige Bild von Keats als bloßem Ästheten korrigieren, werden postum 1848 und 1878 veröffentlicht.

Keats' ästhetisches Programm

Dennoch ist die in der damaligen Philosophie längst vollzogene Ausdifferenzierung des Ästhetischen aus dem Zusammenhang moralischer Lebensbetrachtung der entscheidende Beitrag des Dichters Keats zur Entwicklung der englischen und internationalen Poesie. Seine einschlägigen programmatischen Äußerungen sind unmißverständlich. Für den Dichter gibt es keine ideologischen oder moralischen Verpflichtungen. Ziel der Wahrnehmung und der sprachlichen Arbeit des Dichters muß die Wahrheit der Imagination (»truth of imagination«) sein. Diese Wahrheit ist diskursiver Rationalität unzugänglich. Vielmehr erweisen sich die Sinnesempfindungen als das Medium und die Schönheit als das Zeichen imaginativ erfaßter Wahrheit. In platonisierender Weise sieht Keats Schönheit und eigentliche, verborgene Wahrheit zusammen. Gefühl und Imagination des genialen Künstlers schaffen ein organisches Kunstwerk, das sich durch Ganzheit, sinnliche Fülle, Ökonomie und dichterische Intensität auszeichnet. Durch sein Festhalten am Wahrheitsbegriff, dessen Begründung an mystische Vorstellungen erinnert, möchte Keats offenbar ein Abrutschen in den reinen Formalismus verhindern.

Keats hat seine Kunstideen in den Oden und in anderen Gedichten mit ganz außerordentlicher Meisterschaft verwirklicht. Klang, Rhythmus, konkrete Bildlichkeit, Perspektive und Gedankenführung werden mit äußerster Ökonomie und Intensität zu organischen, bedeutungsgesättigten Kunstgebilden zusammengefügt, die trotz ihrer semantischen Suggestivität keine grundsätzlichen Verstehensprobleme aufwerfen. All das macht sie romantisch und klassisch zugleich, ebenso wie es ihre Themen sind: Tod und Schlaf, idyllische Natur, Glück, Liebe und Erotik (»La Belle Dame sans Merci«, »The Eve of St. Agnes«), Melancholie und vor allem Vergänglichkeit und Dichtung. Der Dichter, der nichts anderes als den Ruhm des Künstlers im Sinn hat, spricht am liebsten und häufigsten von der Dichtung selbst. Das Rauschen des Meeres (»On the Sea«), das Zirpen der Grille, der Gesang der Nachtigall,

Poetologische Dichtung

die Göttin Psyche (»Ode to Psyche«), die zahlreichen Grotten, Inseln und lauschigen Rückzugsorte (»bower«) der Keatsschen Phantasie – sie alle verweisen als Symbole auch auf den Gesang und das Reich des Dichters. Darüber hinaus experimentiert Keats mit Sonett- und Odenform, um sie zu geschmeidigeren und leistungsfähigeren Bedeutungsträgern zu machen. Die klappernde Mechanik der vorgefundenen Reimstruktur wirkt beengend. Sein poetologisches Gedicht über das Sonett ist sowohl eine Aufforderung an die Dichter, sich einer kompakteren Struktur zu bedienen, als auch eine überzeugende Verwirklichung der neuen Sonettform (abca bdca bcde de).

Der »gefrorene« Augenblick

Um auf ihre Leistung der Überwindung der Zeitlichkeit aufmerksam zu machen, entwickelt Keats für die Dichtung das Verfahren des gefrorenen Augenblicks. Sowohl die griechische Urne selbst als auch die Ode des Dichters (»Ode on a Grecian Urn«) halten den auf der Urne dargestellten Moment der Liebesjagd für immer fest, fixieren Liebe und Schönheit auf Dauer. Keats' visuelle Phantasie richtet sich nach dem Vorbild der bildenden Kunst und Malerei: »She cannot fade, though thou hast not thy bliss,/For ever wilt thou love, and she be fair!« (»Ode on a Grecian Urn«, Z. 19 f.). Es ist dies eine Technik, die man in der Pastoraldichtung schon seit Theokrit kennt, allerdings mit einem entscheidenden Unterschied. Der romantische Dichter fühlt sich imaginativ in die Szene ein und kann so lyrisch den Gegensatz zwischen warmer, lebendiger Bewegung und zeitlos-kalter Kunst inszenieren.

Entzeitlichung und pastorale Bilder

Die Viktorianer (z.B. Tennyson) beeindruckte dieses Keatssche Verfahren der Aneinanderreihung statuarischer Bilder (*pictures*) besonders, weil sie in ihrer Kunst ein Heilmittel gegen die sich beschleunigende Zeit der Moderne sahen. In der zweiten Strophe von »To Autumn« hat Keats jenes Anhalten der Zeit glanzvoll ins Werk gesetzt:

Who hath not seen thee oft amid thy store?
  Sometimes whoever seeks abroad may find
Thee sitting careless on a granary floor,
  Thy hair soft-lifted by the winnowing wind;
Or on a half-reap'd furrow sound asleep,
  Drows'd with the fume of poppies, while thy hook
    Spares the next swath and all its twined flowers:
And sometimes like a gleaner thou dost keep
  Steady thy laden head across a brook;
  Or by a cyder-press, with patient look,
    Thou watchest the last oozings hours by hours.

»To Autumn« ist eine durch und durch englische Pastorale, in der die Subjektivität des Dichters hinter der Fülle der mit äußerster Genauigkeit erfaßten herbstlichen Details verschwindet. Ihre Objektivität bezeugt die von Keats gewünschte Tilgung des zu sehr in den Vordergrund tretenden lyrischen Ichs (»negative capability«). Trotz der realitätsbezogenen Detailgenauigkeit unterwirft Keats seine Herbstansichten durchaus ästhetischen Einstellungen. Wie die pastorale Landschaftsmalerei den pastoralen Moment zu einer zeitlosen Gebärde einfriert, hebt Keats' Kunst der statuarischen Entzeitlichung diesen Augenblick ebenfalls über die Zeit hinaus. Die herbstliche Natur erscheint als Serie pastoraler Ruheposen, als auf der Tenne sitzende Drescherin, als schlafende Schnitterin, Ährenleserin und Obstpresser. Die literarisch-mythischen Kunstfiguren markieren einen geheimnisvoll bedeutungsschweren Punkt der Stille und Zeitlosigkeit im Erntevorgang, in dem Natur und Kunst, Mensch und Natur, Ruhe und Bewegung, Energie und Passivität (»thy hair soft-lifted«) in eine denkwürdige ästhetische Balance gebracht werden. An die Stelle verallgemeinernder Personifikationen herkömmlicher Art sind stillgestellte und doch visionär geschaute Posen getreten. Sinnträger sind nicht mehr Erzählung oder rhetorisch eingekleidete Argumentation, sondern Bilderreihen. Diese Technik deutet im Prinzip schon auf die Moderne hin.

Schauerromantik

Neben der Pastorale beherrscht Keats auch den Stil »gotischer« Düsterkeit und Unheimlichkeit, den er besonders dann zu eindringlicher, ja magischer Wirkung bringt, wenn das Tabu der Sexualität eingekreist werden soll (»The Eve of St. Agnes«, »La Belle Dame Sans Merci«). Der Ritter der bezwingenden Kunstballade »La Belle Dame...« verzehrt sich vor Sehnsucht nach der Femme fatale aus dem Feenland, die ihm in der Liebe die letzte Erfüllung versagt hat. Die Figur der Dame ist widersprüchlich, denn die Schauervision der bleichen Könige und Fürsten weist nicht auf den koketten, sondern tödlichen Charakter ihrer Liebe. Ein fragmentarischer, in der Kritik umstrittener Versuch in der Gattung des Miltonschen Epos und der Tonart des Erhabenen ist schließlich die kühl-objektive Blankverserzählung *Hyperion* (1820) über den Sturz der Titanen und die Übergabe der Macht an die Olympier. Eine Figur der Erzählung deutet den Vorgang als Parabel für den Fortschritt.

Das Ansehen des häufig zusammen mit John Keats genannten Percy Bysshe Shelley war erheblichen Schwankungen unterworfen. Arnold, T.S. Eliot und Leavis bemängeln die angeblich mangelhafte Konkretheit und Genauigkeit seiner Poesie. Doch verbirgt sich hinter dieser Kritik auch Abneigung gegen die radikalen Positionen eines idealistischen Schwärmers und Revolutionärs, der sich als Vorkämpfer der Freiheit gegen jegliche Form von tyrannischer Autorität versteht. Unter dem Einfluß Godwins und französischer *philosophes* rebelliert Shelley in jungen Jahren gegen die Religion und ihre Institutionen, gegen die Unterdrückung der Iren, gegen die Monarchie und ihre gesellschaftlichen Stützen. Ein Pamphlet über *The Necessity of Atheism* (1811) trägt ihm die Verweisung von der Universität Oxford ein. Sein höchst ungewöhnlicher persönlicher Lebenswandel isoliert ihn in der englischen Öffentlichkeit vollends. Ab 1818 lebt Shelley zusammen mit Mary, geborene Godwin, und englischen Freunden (u.a. Byron) ein unstetes Leben in Italien. Im Unterschied zu Wordsworth und Coleridge öffnet er seine Poesie südlichen Landschaften und klassischer Mythologie.

Shelley im Jahre 1819, nach einem Portrait von Amelia Curran

Den Zwiespalt zwischen radikalem Reformer und Dichter, der auf keinen Fall nur didaktische oder propagandistische Literatur verfassen will (»Didactic poetry is my abhorrence«, »Preface« zu *Prometheus Unbound. A Lyrical Drama*, 1820), versucht Shelley auf verschiedene Weise zu lösen. Die vorherrschende kritische und polemische Absicht führt u.a. zur Rückkehr zu allegorischen und satirischen Verfahren (z.B. *The Mask of Anarchy*, geschr. 1819, veröff. 1832). Größere poetische Freiheit und Objektivität in der Gestaltung psychischer Probleme und weltanschaulich-politischer Konzepte erlaubt dann das Wiederaufgreifen des klassischen Mythos in einem der gelungensten Gedichte von Shelley, *Prometheus Unbound*. An die Stelle etwa der polemischen Rhetorik von *Queen Mab* (1813) tritt hier das Verfahren, den gewünschten Befreiungsvorgang im Rahmen eines lyrischen Dramas als mythische Erzählung und Serie vorbildlicher, Liebe und Bewunderung anregender Figuren bzw. Gegenbilder (»beautiful idealisms of moral excellence«, »Preface« zu *Prometheus Unbound*) darzustellen. Noch weiter von unmittelbarer didaktisch-politischer Nutzanwendung und Bezugnahme entfernt sich Shelley in leidenschaftlichen, ekstatischen, mitreißenden Gedichten wie »Ode to the West Wind« oder »To a Skylark«. Deren auffällige Bewegungs-

Revolutionärer Impuls und Poesie

metaphorik – sie ist auch für *Prometheus Unbound* charakteristisch – des Fliegens, des Wehens, des Strömens, des Auflösens zeigt nicht zuletzt die innere Erregtheit und Wandlungsbereitschaft eines Dichters an, der sich seiner Zeit des Wandels verpflichtet fühlt (»The great writers of our own age are [...] the companions and forerunners of some unimagined change in our social condition [...]«, »Preface« zu *Prometheus Unbound*).

George Cruikshanks
Porträt eines Generals

Queen Mab, das poetische und politische Manifest des jungen Radikalen Shelley, ist von didaktischen Absichten alles andere als frei. Der visionäre Rahmen – die Feenkönigin Mab bringt den Geist des Mädchens Ianthe in den himmlischen Palast, wo sie einen Überblick über die Welt hat und Vergangenheit, Gegenwart und Zukunft erklärt bekommt – dient lediglich dazu, die perspektivischen Voraussetzungen für leidenschaftliche Angriffe auf die abergläubische Vergangenheit, auf die Monarchie, die Tyrannei, die Religion, die wirtschaftliche Ungleichheit usw. zu schaffen. Am Ende (Canto VIII) steht das Bild einer egalitären Utopie. Die »Notwendigkeit«, ein historisches Gesetz, hat das Zeitalter der Vollkommenheit herbeigeführt. – Poetisch sehr viel knapper, dichter und überzeugender fällt die im Blick auf das Peterloo-Massaker verfaßte Verssatire *The Mask of Anarchy* (1819) aus. In einer Traumvision begegnen dem in Italien weilenden Dichter in einem allegorischen Aufzug die Vertreter korrupter britischer Herrschaft (»Murder«, »Fraud«, »Hypocrisy«, »Anarchy«). »Anarchy«, dem das Motto »I AM GOD, AND KING, AND LAW!« (Z. 37) auf der Stirn steht, stampft zerstörerisch über das englische Land, wird aber am Ende von »Hope« besiegt.

Satire

Shelley bindet die satirische allegorische Vision an die historische Wirklichkeit zurück (»I met Murder on the way –/ He had a mask like Castlereagh –/ Very smooth he looked, yet grim;«/ [...], Z. 5–7), verknüpft sie aber zugleich mit mythischen Vorstellungen (den Apokalyptischen Reitern). Wenn es die Gattung erfordert, ist der Dichter keineswegs vage und träumerisch, sondern in der Handhabung des Metrums – trochäischen Vierhebern – und der Bildlichkeit außerordentlich genau und diszipliniert.

Platonismus

Wo bei Shelley das unmittelbare politische und satirische Anliegen nicht in den Vordergrund rückt, nimmt sein schwärmerischer Idealismus zunehmend eine entschieden platonische Färbung an. Die geistige Wirklichkeit ist die entscheidende Kraft. Sie prägt der Materie ihre schönen Formen auf (vgl. »Hymn to Intellectual Beauty«). Ziel der verzehrenden Liebe und Sehnsucht des Dichters ist die platonische Idee der Schönheit, deren Offenbarungen indes nur vergänglichen Charakter haben. Im Blankversepos *Alastor; or, The Spirit of Solitude* (1816) jagt das ruhelose Herz des Dichters dem Traumbild des Mädchens, einer Stimme seiner eigenen Seele, vergeblich nach.

Umdeutung von Mythen

Sowohl die Versinnlichung des Ideals als auch die poetische Bewältigung des Kampfes zwischen Gut und Böse bedürfen eines konkreten Bezugsrahmens, den Shelley häufig im Mythos und in symbolischen Bildfeldern findet. Laon und Cythna, Einwohner eines jenseitigen paradiesischen Landes, erzählen in *The Revolt of Islam. A Poem in Twelve Cantos* (1818) die Geschichte ihres gewaltlosen Kampfes um die menschliche Freiheit, in dem sie schließlich beide den Märtyrertod sterben. Der Sieg der Freiheit ist ein Sieg des Herzens, der Moral und der Liebe, den schon der Rahmenteil thematisiert: Eine schöne Frau rettet die Schlange, die beim Kampf gegen einen Adler verletzt ins Meer stürzt. Wie Blake kehrt Shelley herkömmliche Sinnvorgaben um. Der Adler versinnbildlicht verletzende Autorität, die Schlange dagegen das Gute.

Eine solche Uminterpretation mythischer Vorlagen nimmt Shelley auch in seinem vielleicht größten Werk vor, *Prometheus Unbound. A Lyrical Drama* (1820). Wo Aeschylos eine Versöhnung zwischen Jupiter und dem rebellischen Prometheus anbietet, hält Shelley eine solche Lösung für eine Katastrophe. Der von Jupiter an den Felsen geschlagene Feuerbringer und Menschenfreund Prometheus überwindet den Tyrannen durch seine Fähigkeit zur Liebe und Vergebung. Denn sie ist es, die über die Vermittlung von Asia die überlegene Kraft der Unterwelt, Demogorgon, zur Beseitigung Jupiters schreiten läßt. Der Wendepunkt des inneren Geschehens ist die Weigerung des Prometheus, den Fluch gegen Jupiter aufrechtzuerhalten. Demogorgon repräsentiert die historische Notwendigkeit, Jupiter die »Tyrannei des Himmels« (Akt 3, Szene 1). Das episch-philosophische Werk ist von zahlreichen lyrischen Einlagen von außerordentlicher Schönheit und Intensität durchsetzt. Am Ende steht die ekstatische Vision des erneuerten Kosmos. Der utopische Impuls dieses lyrischen Dramas wird in mythische Bildfelder übersetzt, die immer wieder Visionen zerstörter Städte und eisiger Erstarrung gegen das Glück des Fließens, der Wärme, des Wachsens und der Musik setzen. Es ist das Glück der harmonischen Bewegung, des Lichtes und wandernder Wolken, gerade auch atmosphärischer Wirkungen, das nirgendwo sonst als im Lied seine gültige poetische Entsprechung findet. Der »Chor der Geister« etwa schwebt wolkengleich durch den Raum und übt einen heilsamen Einfluß auf die »Atmosphäre des menschlichen Denkens« aus:

Der Prometheus-Stoff

Lyrisches Drama

From unremembered ages we
Gentle guides and guardians be
Of heaven-oppressed mortality;
And we breathe, and sicken not,
The atmosphere of human thought:
[...]
(Akt 1, »Chorus of Spirits«, Z. 672–676)

Eine andere Spielart der Aneignung griechischer Mythen und Formen liegt bei der pastoralen Elegie *Adonais* (1821) vor. Shelley gedenkt des toten Keats im getragenen Stil unter dem Namen von Adonais (= Adonis), des griechischen Gottes der Schönheit und Fruchtbarkeit, und anderer jung verstorbener Dichter. Als Teil der ewig wirkenden Naturkräfte und jener formenden geistigen Wirklichkeit, die bloßen Stoff in schöne Gestalten verwandelt, gewinnt Keats Unsterblichkeit. Diese platonisch begründete Zeitentrissenheit erlaubt Shelley, die in der pastoralen Elegie übliche Konvention der trauernden Natur zurückzuweisen: »[...] Thou young Dawn,/ Turn all thy dew to splendour, for from thee/ The spirit thou lamentest is not gone;/« [...] (XLI, Z. 362–364).

Pastorale Elegie

Shelley ist schließlich der unübertroffene Dichter der Bewegung und Verwandlung. In fünf Strophen, die jeweils eine originelle Mischung aus *terza rima* und englischem Sonett darstellen, ruft der Sprecher der grandiosen Ode »Ode to the West Wind« (1820) die ungezähmte Naturgewalt an und erfleht schließlich die erlösende Vereinigung mit ihr. Wie die ausholende rhythmische Bewegung Zeilen- und Terzinenende überströmt, so bewegt sich die zugleich zerstörerische und lebenserhaltende Kraft des herbstlichen Windes durch das gesamte Weltall. Politisch als revolutionärer Aufruf zur Erneuerung zu verstehen, poetologisch als Plädoyer für die prophetische Macht des dichterischen Wortes (»the trumpet of a prophecy«, Z. 69), verbindet dieser lyrische Text die Bewegung des Windes, die Bewegung des Rhythmus und die Bewegung des ruhelosen Herzens des Dichters zur Bewegung einer Poesie, welche die Welt nicht ruhigstellen, sondern aufrütteln möchte. Diese

Dichter der Bewegung

aufrüttelnde Wirkung setzt voraus, daß solche Poesie einer Naturkraft gleicht (»Make me thy lyre«, Z. 57). »To a Skylark« (1820) variiert diesen Grundgedanken rhythmisch und bildlich. Vier kurze Zeilen und eine doppelt so lange abschließende Zeile bilden die Bewegung von Aufstieg und verweilendem Schweben ab. Das Ideal des singenden, vor Lebensfreude überströmenden Vogels bleibt für den unter den Unvollkommenheiten seiner Existenz leidenden Dichter unsichtbar und unerreichbar. Mag das Wesen des Vogels im Vergleich letztlich nicht zu bestimmen sein, so ist seine strömende, herzbewegende Musik gleichwohl ein begeisterndes Vorbild für den Dichter: »Such harmonious madness/ From my lips would flow/The world should listen then – as I am listening now.« (Z. 103–105). Das Verhältnis von stetigem Wechsel und Dauer erkundet Shelley im Gedicht »The Cloud« (1820). Welche Gestalt oder Funktion die Wolke auch immer erhält, ihr Sein ist nicht gefährdet. Die Abfolge von End- und Binnenreimen gibt dem Vers eine gewollte Monotonie, die Dauer und ständiges Fließen verkörpert.

Liebe

Die Fülle und Bandbreite der dichterischen Produktion von Shelley ist eindrucksvoll. Das rhapsodische Gedicht *Epipsychidion* (1821) feiert freie Liebe und tadelt die konventionelle Ehe (»the dreariest and the longest journey«, Z. 159). Die verschiedenen Frauen seiner zahlreichen Liebschaften sind nur unvollkommene Annäherungen an das »idol of my thought« (Z. 268). *The Witch of Atlas* (geschr. 1820, veröff. 1824) offenbart etwas unerwartet Shelleys Sinn für Humor, während das unvollendet gebliebene *The Triumph of Life* (1822) in seiner strengen und tiefen Trauer den Eindruck erweckt, als ob es die utopische Überschwenglichkeit von *Prometheus Unbound* widerrufen möchte. So ereilt auch Shelley, wie andere Freigeister des 19. Jahrhunderts, am Ende die Dialektik von Utopie und Melancholie.

Lord Byron in albanischer Kleidung. Gemälde von Thomas Phillips. Byron liebte das Spiel mit Posen.

Leben, Werk und Wirkung des freiheitsliebenden, ausschweifenden Aristokraten Lord Byron stecken voller Widersprüche. Von der englischen Gesellschaft wegen einer Ehescheidung und inzestuösen Verbindung zur Halbschwester ins italienische Exil getrieben, gelingt es Byron gleichwohl, in ganz Europa zu einer gefeierten Kultfigur zu werden. Der romantische Dichter, der den Mut aufbringt, sein Außenseitertum herausfordernd und theatralisch zu inszenieren, verzaubert eine große Lesergemeinde, die sein unerschrockenes Eintreten für die Freiheit – er stirbt 1824 im Dienste der griechischen Befreiungsbewegung – und das ungehemmte Ausleben seiner exzentrischen, bezwingenden Persönlichkeit restlos bewundert. Byron lebt den europäischen Intellektuellen ein Stück Freiheit und Unabhängigkeit vor, das ihnen die 1815 einsetzende Zeit der Restauration vorenthält. Seine Taten in der Liebe wie in der politischen Auseinandersetzung durchbrechen die Schranken einer bloß literarischen Lesekultur und schließen so jene Lücke zwischen dem Imaginären und dem Realen, die von den Romantikern ansonsten so schmerzlich empfunden wird. Der Dichter, der die der Literatur abgeschaute Rolle des romantischen Helden mit Bravour spielt, erklärt freilich den Klassizisten Pope zu seinem Vorbild und mokiert sich über die erste Generation der Romantiker. Er erhebt die den Klassizismus beherrschende Versform des *heroic couplet* zu neuer Würde (*The Corsair*, 1814, u.a.). Trotz seiner radikalen Überzeugungen äußert er Skepsis über die Aussicht auf Verbesserungen, trotz seiner Religionsferne schockiert den calvinistisch erzogenen Byron Shelleys Abrechnung mit dem Christentum.

Byrons Widersprüche

Solche Widersprüche sind wohl nicht nur als Einzelfall zu deuten. Das entwurzelte Subjekt, das sich in den romantischen Verserzählungen (*The Corsair, Lara* u.a.) immer wieder zum düsteren, geheimnisumwitterten, schuldbeladenen, seine Umwelt verachtenden Außenseiter stilisiert, hat auch die Spannungen seiner Zeit in sich aufgenommen. Der moderne Held bestätigt nicht die Normen der Gesellschaft, wie das im klassischen Epos der Fall ist. Er verletzt sie, indem er unbeirrt seinem inneren Gesetz folgt, notfalls bis zum tödlichen Ende (wie z.B. in dem dramatischen Gedicht *Manfred*, 1817). Übersteigerter Individualismus dieser Art steht aber im Grunde nicht quer zur Zeit. Er offenbart vielmehr ihr innerstes Wesen, weil er den sie verbergenden Schleier bürgerlicher Respektabilität abstreift. Zugleich kommen solche Darstellungen auch dem Bedürfnis des Publikums nach Sensationen und Spannung entgegen – mit Erfolg, wie die begeisterte Aufnahme der Byronschen Verserzählungen belegt, die Sir Walter Scotts Vorherrschaft auf diesem Gebiet brechen. Das Publikum genießt den Reiz des Verbotenen und Exotischen der oft mit orientalischen Stereotypen – christliche Sklavin, grausamer Türke, Harem, rächender Held u.ä. – ausstaffierten Darstellungen. Wie kein anderer Dichter seiner Zeit repräsentiert Byron die romantische Dialektik von Subjektivismus und öffentlicher Resonanz. Der Subjektivismus wurde zur Mode nach dem von Byron vorgelebten Muster.

Der Byronsche Held

Nun sind Byrons literarische Selbstdarstellungen sprachlich keineswegs subjektivistisch. Ihre klassische Klarheit und Genauigkeit, ihr Witz, aber auch ihr Mangel an bemerkenswerten stilistischen Besonderheiten, an poetischer Dichte, erleichtert dem Leser den Zugang ungemein. Publikumsfreundliche Glätte dieser Art erklärt den Erfolg Byrons, aber auch den Vorwurf, daß die poetische Qualität seiner Sprache hinter derjenigen etwa von Keats zurückfalle. Was bei Byron echter Selbstausdruck ist, was theatralisches Kalkül, mit dem er teilweise vorhandene romantische (Orientalismus, *gothic romance*) und klassizistische Konventionen gezielt einsetzt, ist schwer zu bestimmen. Das Ergebnis ist in jedem Falle ein publikumswirksames Gemisch – eben in der Weise, wie der verstoßene Außenseiter und körperlich behinderte Byron in der brillanten Gesellschaftskonversation Bestätigung suchte und fand. Im Rollenspiel Byrons werden, wie später bei Oscar Wilde, die Grenzen zwischen Leben und Werk, Fiktion und Wirklichkeit, gezielt verwischt.

Klassische Klarheit

Mit der Veröffentlichung von *Childe Harold's Pilgrimage. A Romaunt* (1812, 1816, 1818) gewinnt Byron über Nacht Berühmtheit. In Spenser-Strophen (ababbcbc, acht Zeilen in fünfhebigen Jamben, ein abschließender sechsfüßiger Jambus) gibt der Dichter zunächst mittels der fiktiven Figur Harold Eindrücke über Land, Leute, Politik und Geschichte verschiedener Mittelmeerländer wieder. Der des Londoner Betriebs überdrüssige Sprecher stürzt sich in den »protracted dream« (Canto IV, Strophe clxxx) fremder Länder, genießt ihre Farbenpracht und meditiert über die Gewalt der Zeit. Zusammen mit seiner körperlichen Behinderung ist das neue und alte Zeitbewußtsein beim realen Byron und seinen fiktiven Selbstbildern der Stachel, der ihn in Tätigkeit versetzt, der einen unersättlichen Lebenshunger auslöst. Gegen den langsamen Tod im Leben setzt er die berauschende, befreiende Tat, gegen bürgerliches Sicherheitsdenken den Kitzel der Gefahr, gegen ängstliche Lebensplanung die Lebensgier (vgl. den Anfang von *The Corsair. A Tale*). Symbol dieser entfesselten Freiheitssehnsucht ist das erhabene Bild der unbegrenzten, zeitlosen, dem Menschen nicht unterworfenen See. Was in der klassischen Literatur Schrecken auslöst und als Quelle der Gefahr begriffen wird, verwandeln die kulturkritisch und utopisch gesinnten Romantiker in ein Sinnbild des größeren und freieren Lebens:

Freiheitssehnsucht

> Roll on, thou deep and dark blue Ocean – roll!
> Ten thousand fleets sweep over thee in vain;

Man marks the earth with ruin – his control
Stops with the shore; [...]

Dark-heaving – boundless, endless, and sublime –
The image of Eternity – [...]
(*Childe Harold's Pilgrimage*, Canto IV,
Strophen clxxix, clxxxiii)

Auch die Art und Weise, wie Byron mit der Gattung der Satire umgeht, zeugt von dieser neuen Freiheit. Die frühe Literatursatire *English Bards and Scotch Reviewers* (1809) orientiert sich formal (*heroic couplet*) und konzeptionell (*Dunciad*) an Pope und nimmt Scott, Coleridge und Wordsworth mit epigrammatischem Witz aufs Korn. Das Spätwerk *The Vision of Judgement* (1822) ist eine glänzende Satire auf den *poeta laureatus* Robert Southey, einen emsigen, aber zweitklassigen Dichter und Schriftsteller, der in seinem eigenen *The Vision of Judgement* die Unmoral der Satanic School (Byron, Shelley und ihre Freunde) gegeißelt hatte. Die Gattung der Satire mit ihrer Forderung nach unbedingter Wahrheitsliebe und ungeschminkter, verständlicher Darstellung des Lebens kommt dem Anliegen und der Begabung Byrons am meisten entgegen: »Confess, confess – you dog« ist eine Maxime, die er seinen Lesern entgegenschleudert, aber auch selbst beherzigt.

Eine Illustration zu *A New Vision*, Byrons Parodie auf den zum Konservativen konvertierten Revolutionär Robert Southey

Dies gilt vor allem für sein Meisterwerk, den pikaresken Roman in Versen (*ottava rima*) *Don Juan* (1819–24). Die Wanderungen des leicht verführbaren Helden durch europäische Länder und Häfen (Spanien, Konstantinopel, Petersburg, London) geben dem spottenden, scherzenden Beobachter und Erzähler Gelegenheit zu zahlreichen satirischen Szenen. Nicht weniger als sechs der insgesamt sechzehn Cantos sind der komisch-satirischen Abschilderung der englischen Gesellschaft gewidmet. Wo die satirische Tonlage vorherrscht – und das ist in diesem modernen, auf der Wahrheit der mitgeteilten Vorkommnisse bestehenden Epos keineswegs überall der Fall – greift der Erzähler Tyrannei, militaristische Gesinnung (Wellington) und vor allem Heuchelei (*cant*) an. Es geht nicht mehr um die Verteidigung oder Durchsetzung eines moralischen Tugendkatalogs wie in der älteren Satire. Dies stünde zur neuen Freiheit im Widerspruch. In *Don Juan* sind die Folgen dieser veränderten Einstellung mit Händen zu greifen. Die Satire wird mobil, relativ, oft schwer greifbar, weil die Entrüstung einer spielerischen, ja zynischen Haltung weicht. In die Position moralisch gelenkter Kritik rückt jetzt die Illusionskritik. Nicht die Moral ist mehr entscheidend und der entrüstet registrierte Abstand zwischen Tugendsystem und Leben, sondern der Abstand zwischen geheuchelter Tugend und Leben. Der satirische Erzähler Byron tadelt nicht den Ehebruch, sondern die Vertuschung der Tatsache, daß es so etwas wie Verführung gibt. Nachdem etwa die schöne Julia den jungen Juan verführt hat, bietet sie eine glänzende Rhetorik der Verstellung auf, um ihren gehörnten Ehemann hinters Licht zu führen (Canto I).

Kritik an der Heuchelei

Die Instanzen, auf die sich Byron beruft, sind Natur und Wahrheit, deren Werkzeuge satirische Porträts bis hin zur entfesselten Situationskomik. Für Byron ist z.B. auch die Konzeption der romantischen Liebesehe, die sich seit der Mitte des 18. Jahrhunderts durchsetzt, in Wirklichkeit eine Quelle unablässiger Enttäuschungen. Solcher Skeptizismus, einschließlich der Kritik an sentimentalen Gefühlsschwelgereien, weist das große Versepos *Don Juan* als ausgesprochen antiromantisches Gedicht aus. Es blickt janusköpfig in die Zukunft (Moderne) und in die Vergangenheit (Klassizismus).

Skeptizismus

Wordsworth, Coleridge, Keats, Shelley und Byron haben in der Auseinandersetzung mit der Moderne der englischen Versdichtung sprachlich, formal und thematisch ein neues Gesicht gegeben. Sie schufen mit ihrer Lyrik Maßstäbe, an denen sich trotz allen Widerspruchs Dichter messen lassen mußten. Gleichwohl bedarf dieses Bild der Abrundung und Ergänzung. Beachtenswerte und zukunftsweisende Töne schlugen gelegentlich auch weniger bedeutende Dichter der romantischen Zeit an. Von Robert Southey stammt neben einem bemerkenswerten Preisgedicht auf einen neuen Schiffskanal (»Inscriptions for the Caledonian Canal«) ein humoristisches Konversationsgedicht (»The Pig«), das die Perspektive des Schweines zu dessen Verteidigung nutzt: »See now to what this obstinacy comes/ A poor, mistreated, democratic beast/ He knows that his unmerciful drivers seek/ Their profit, and not his [...]«. Thomas Hood unterzieht in »Miss Kilmannsegg and Her Precious Leg. A Golden Legend« romantische und idyllische Einstellungen einer komischen Prüfung: »She would not please the pigs with her whim,/ And the sheep wouldn't cast their eyes at a limb/ For which she had been such a martyr;« (»Her Honeymoon«). Am bekanntesten und ergreifendsten ist sein sozialkritisches Gedicht »The Song of the Shirt« (1843). Ebenezer Elliott beklagt mit satirischer Bitterkeit die durch den sozialen Wandel bedingte Verhärtung des Sozialverhaltens auf dem Lande (»The Splendid Village«). Glitzernder Reichtum wird mit dem Verlust emotional befriedigenden Gemeinschaftslebens erkauft.

Humor und Sozialkritik

Eine Reihe von Dichtern verstärkt die in der Romantik wirksame Neigung zur Idylle. Samuel Palmer, der Blake-Schüler, nimmt Abschied von den großen Visionen und feiert das Kleine, Heimelige und Beschauliche einer britischen Abendszene (»Shoreham: Twilight Light«). Walter Savage Landor gewinnt seine Vision der Idylle im direkten Rückgriff auf die antiken Meister. In einer zentralen Episode des Blankvers-Epos *Gebir* (1798) über den legendären arabischen Gründer von Gibraltar wandelt Landor das klassische

Idyllik

Samuel Palmer, *Early Morning*, 1825. Die Gemälde des Blake-Schülers Palmer fallen durch ihre visionären und paradiesischen Züge auf.

pastorale Motiv des Wettsingens insofern ab, als der Flöte spielende Schäfer nicht im Wettstreit, sondern im Ringkampf (der erotische Implikationen enthält) überwunden wird. *The Hellenics* (1846) leitet mit seiner Methode des statuarischen, bildhaften Erzählgedichts über griechische Mythen zum Typus der heroischen epischen Idylle über, deren Wirkung klassischer Schönheit und kühler Reinheit auch von Tennyson angestrebt wird. Die Idylle verweist hier nicht auf einen bestimmten ländlichen Inhalt, sondern auf die der Bildkunst und Theokrit abgeschaute Methode der entzeitlichenden, entsubjektivierenden bildhaften Gestaltung. Der alles zermalmenden Gewalt der modernen Zeit werden idyllische Oasen der Kunst entgegengesetzt.

Der Blickpunkt des Unterschichtendichters: John Clare

Bei Landor nimmt die Romantik eine antikisierende Wendung. Wordsworth und die topographische Landdichtung des 18. Jahrhunderts stellen dagegen die Vorbilder für die pastoral-romantische lyrische Kunst des Landarbeiters John Clare. Von Londoner Literaten seiner Zeit als »rustic genius« gönnerhaft aufs Podest gehoben, später – zumal nach seiner geistigen Umnachtung – fast völlig vergessen, genießt Clare heute ein sehr hohes Ansehen. Niedere Herkunft, literarische Tätigkeit und persönliche Katastrophen treiben Clare in eine Isolation, die er in der Poesie abarbeitet. Als Verfasser ländlicher Dichtung (*Poems Descriptive of Rural Life and Scenery*, 1820; *The Village Minstrel*, 1821; *The Shepherd's Calendar*, 1827; *The Rural Muse*, 1835) und anscheinend »unverbildeter« Angehöriger der Unterschichten entspricht Clare der in der Theorie des späten 18. Jahrhunderts entworfenen Rolle des Pastoraldichters. Aber der zur ländlichen Dichtung erweiterte Begriff der Pastorallyrik verträgt nicht Clares gelegentlich aufbegehrenden Unterschichtenradikalismus und das Grobe seines Dialekts. Um das Bild des naiven, unschuldigen Naturgenies zu wahren, scheut Clares zeitgenössischer Herausgeber Taylor deshalb nicht vor massiven Eingriffen in den ursprünglichen Wortlaut zurück.

Clares Texte sind häufig vom Wechselspiel zwischen naturalistischem De-

Felder bei Helpston, Cambridgeshire. Clares Gedichte beziehen sich auf diese Landschaft aus dem Blickwinkel eines Angehörigen der Unterschichten.

tailrealismus, der liebevoll natur- und heimatkundliches Wissen in lockerer Struktur mitteilt, und wehmütigen Rückblicken auf eine bessere englische oder persönliche (Kindheit) Vergangenheit geprägt. In beiden Tendenzen bekundet sich die gefährdete Identität eines unter schockartigen Trennungserfahrungen leidenden Dichters. 1809 wird sein heimatliches Helpston durch *enclosure*-Maßnahmen gründlich verändert, zugleich verliert Clare seine Jugendliebe Mary. Von beiden Trennungserfahrungen spricht seine Poesie. Sie ist ein einzigartiges poetisches Zeugnis für die Sicht der Sozialgeschichte von unten. Im Zugriff auf vertraute Naturdetails versichert sich Clare beschwörend des Hier und Jetzt. Im ständigen Ausspielen einer freieren, wärmeren Vergangenheit, die Züge eines goldenen Zeitalters annimmt, gegen die Kälte des modernen Erwachsenendaseins gibt Clare seiner Sehnsucht nach Dauer und Glück Ausdruck. Der ökonomische Fortschritt hat für Clare eine fröstelnde, freudlose Welt geschaffen (z.B. »May«, *The Shepherd's Calendar*). Die Erfahrung des Verlusts einer sinnhaft geordneten Welt erlaubt dem Dichter nur noch, sich auf die Tatsache seines existentiellen Daseins zurückzuziehen und dieses Dasein unbeschönigend zur Sprache zu bringen (z.B. im Sonett »I am«) – eine poetische Schlußfolgerung, die später auch Thomas Hardy, Edward Thomas und Philip Larkin ziehen.

Prosa

Der persönliche Stil

Von »dem« Prosastil des 19. Jahrhunderts kann man weniger reden als vom typischen Stil der Aufklärung. Vernunft, Rhetorik und moralische Leitbegriffe sind nicht mehr die bestimmenden, disziplinierenden Kräfte. Im Zeitalter des romantischen Individualismus ist vielmehr jeder Schreiber im Prinzip frei, auf »organische« Weise seinem ureigensten Charakter Ausdruck zu geben. Gattungsgeschichtlich führt diese Ausgangslage zu einer starken Bevorzugung persönlicher Stile und Genres wie Biographie, Autobiographie, Tagebuch und Brief. Bemerkenswerte Biographien und Autobiographien stammen von Elizabeth Gaskell (*Life of Charlotte Brontë*, 1857) und Mark Pattison (*Memoirs*, 1885), allerdings mit einer Tendenz zur Idealisierung, die nur Edmund Gosses schonungsloses Werk *Father and Son* (veröff. 1907) aufgibt. Dorothy Wordsworths *Journals* haben als Quellen für die Poesie ihres Bruders Berühmtheit erlangt. Byron inszeniert sich denkwürdig in höchst persönlichen, intimen Briefen, während die Briefe Jane Carlyles und Edward Fitzgeralds sich durch Witz und Lebendigkeit auszeichnen.

Romantische Essayistik

Die Wende der romantischen Lyrik zum individuellen Ausdruck und zur häufig autobiographischen Selbstdarstellung vollziehen auch die drei großen Essayisten der Zeit – Charles Lamb, William Hazlitt, Thomas De Quincey – mit. Bacons spröde, knappe und lehrhaft-definitorische Erörterungen moralischer und politischer Sachverhalte machen endgültig einer höchst subjektiven Betrachtungsweise Platz, die sich auch fiktionaler Verfahren bedient und vor allem der Erzählung persönlicher Erlebnisse eine wichtige Rolle als Evidenz zuweist. Dabei entspricht der Vorliebe der romantischen Essayisten für ungewöhnliche Charaktere im Leben und in der Literatur ein Drang zum »ungezwungenen«, teils Erlebnis- und Bewußtseinsvorgänge nachahmenden, teils hochliterarisch-reflexiven Ausdruck, der das von Samuel Johnson benutzte rationale Korsett aus Antithesen, Parallelismen und Abstrakta verdrängt. Eingeschobene Parenthesen, vertrauliche Leseransprachen, witzige Aperçus, Zitate, Anspielungen und überraschende Metaphern sind häufig, zumal bei Lamb; die Sterneschen Prinzipien der Assoziation und des ständigen Abschweifens (Digressionen) verbinden sich bei De Quincey (»The English Mail-Coach, or The Glory of Motion«) mit Argumentation und musikalischen Variationstechniken zu einem eigenwilligen, hochartifiziellen Text.

Charles Lamb

Von Charles Lamb, dem mit Coleridge seit gemeinsamen Schultagen befreundeten Londoner, stammt der verräterische Satz: »Will no kindly earthquake come and swallow up those accursed cotton mills?« (»The Superannuated Man«) Lamb liebt den Rückzug ins Private und Idyllische, er beschwört die kleinen Freuden der Vergangenheit (»China«) und meidet große politische oder philosophische Themen. Sein versöhnlicher Humor taucht auch noch zweifelhafte Zeitgenossen in ein verklärendes Licht. In der teilweise nicht autobiographischen Rolle des Elia frönt er in manchmal altertümlichen Wendungen seiner Vorliebe fürs Kauzige, Drollige (*Essays of Elia*, 1823), verbindet diese aber gerade in der Literaturkritik (über Shakespeare und dessen Zeitgenossen) mit scharfsichtigen Beobachtungen. Lambs Essays sind nicht objektive Erörterungen, sondern Ausdruck einer privatisierenden, idyllisierenden Sensibilität, die durch ihre lebendige Phantasie überzeugt.

William Hazlitt

Hazlitts Interessen sind sehr viel weiter gespannt als die Lambs. Philosophisch geschult und ein unerschrockener Anhänger der Französischen Revolution, entwickelt er einen modernen, lesbaren Stil, der sich durch Kürze, Klarheit, Bestimmtheit und Wucht auszeichnet. Das Ich spricht unverblümt über sich selbst und hat den Mut zur Meinung (»On Going a Journey«). Hazlitts Essays nutzen alle in der Romantik üblichen Verfahren, die Charakterskizze, die abstrahierende, mit persönlichen Bekenntnissen durchsetzte Erörterung, die ausgedehnte Abschweifung und die autobiographische Erzählung. Seine zahlreichen, oft sehr anregenden literaturkritischen Essays – »On Familiar Style«, *Characters of Shakespeare's Plays* (1817), *Lectures on the English Poets* (1819), *Lectures on the English Comic Writers* (1818) – suchen im Werk die Qualität des »gusto« und werden auch den Erzeugnissen politischer Gegner (Wordsworth) gerecht.

De Quincey und die Moderne

De Quinceys starker Einfluß auf die Wegbereiter der literarischen Moderne, Poe und Baudelaire, ist kein Zufall. Seine Themen und Einsichten nehmen oft spätere Entwicklungen vorweg. De Quincey entdeckt in der durch Opium freigesetzten Traumerfahrung (*Confessions of an English Opium-Eater*, 1822), welche die Tür zum Reich der Schatten, zum Unbewußten, öffne (*Suspiria de Profundis*, 1845), eine Quelle der künstlerischen In-

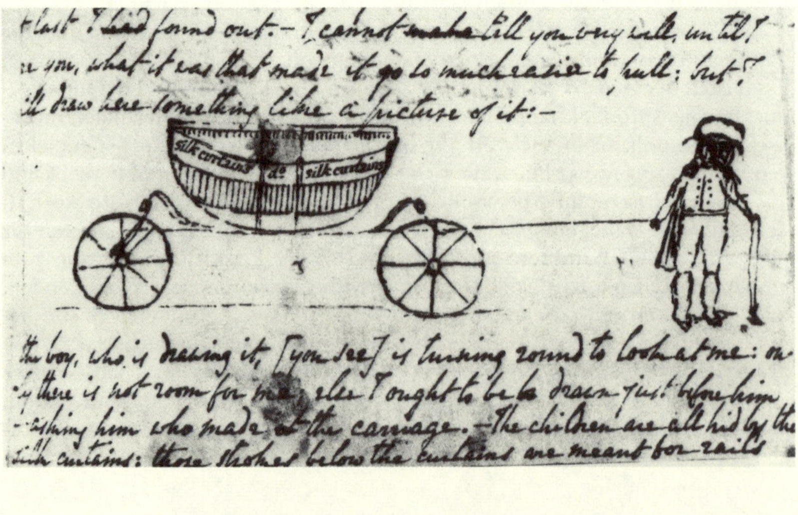

Zeichnung eines Kinderwagens in De Quinceys Brief an Wordsworth vom 28. März 1809

spiration. Er erkennt und analysiert die Abhängigkeit des Seelenlebens der Erwachsenen von traumatischen Kindheitserfahrungen (*Suspiria de Profundis*). »The English Mail-Coach, or The Glory of Motion« (1849) ist ein komplexes symphonisches Prosastück, dessen musikalische Analogien (»Dream-Fugue«) die Autonomie des künstlerischen Entwurfs und der phantastischen Metamorphosen betonen, während die Themen der zweideutigen Machtentfaltung des Nationalstaates, der gefährlich raschen Transportmittel und des plötzlichen Todes den Text an moderne Erfahrungen zurückbinden. Der berühmte literaturkritische Essay »On the Knocking at the Gate in Macbeth« zeigt, wie Shakespeares Technik der Sympathielenkung die Wirkung des Stückes begründet.

Der Roman des 19. Jahrhunderts

Roman und Gesellschaft

Roman und Modernisierung

Das Erzählen des 19. Jahrhunderts steht im Zeichen der Bedürfnisse und der Probleme einer sich rasch modernisierenden Gesellschaft. Etwas zugespitzt könnte man behaupten, daß die führenden Romanciers jener Zeit die menschlichen und moralischen Kosten des Modernisierungsvorgangs in ihren Fiktionen erkunden und bilanzieren. Aber auch der historische Wandel der Gattung selbst, die Veränderungen der Herstellungsweise und des Vertriebs, die neuen theoretischen Konzeptionen, Gattungen und Themen sind ohne Bezug auf diesen Prozeß nicht erklär- und verstehbar.

Mary Shelley

Wo durch neue Ideen und Gesellschaftsstrukturen neue Erfahrungsräume entstehen, kann die Literatur nicht nur alte Rezepte wiederholen. Allerdings sind die im 18. Jahrhundert entwickelten Verfahren des auktorialen Erzählens, der komischen und sentimentalen Stilisierung, der Seelenanalyse und der Herstellung von Schauereffekten so vielseitig verwendbar, daß sie auch noch, wenngleich in abgewandelter Form, die sprachliche und kompositorische Gestalt der Romane des 19. Jahrhunderts weitgehend prägen. Der Wandel ergreift vor allem Werthaltungen, ideologische Deutungsschemata und Themen. Zwischen der moralischen Eindeutigkeit und aufklärerischen Klarheit der Prosa von J. Austen am Anfang des Jahrhunderts und Th. Hardys düsteren, pessimistischen Wessex-Erzählungen an dessen Ende stehen Welten. Für Unterschiede sorgen natürlich auch Romantik und Viktorianismus als abgrenzbare Perioden und Stilhaltungen. M. Shelleys Schauerroman *Frankenstein* (1818) erschließt sich am besten vor dem Hintergrund romantischer Motive und Gestaltungsweisen (*quest*-Motiv, Wissenschaftskritik, Doppelgängermotiv, Schuldproblematik, das Erhabene und das Schreckliche usw.), während G. Eliots Regionalroman *Adam Bede* (1859) als typisches Beispiel des viktorianischen Interesses am Idyllischen, an der moralischen Respektabilität und am Regionalen eingestuft werden muß.

Kontinuität und Diskontinuität

Die Frage nach dem Verhältnis von Beharrung und Wandel, Kontinuität und Diskontinuität läßt sich für das 19. Jahrhundert nicht leicht beantworten. Zu beachten ist, daß sich unter der Oberfläche formaler Kontinuitäten beträchtliche Wandlungen abspielen können. Thackeray beispielsweise nimmt dem auktorialen Erzähler Fieldings die gewohnte Verläßlichkeit, weil er ihn im Blick auf die skrupellose Aufsteigerin Becky Sharp immer wieder zwischen moralischer Verurteilung und faszinierter Nachsicht schwanken läßt. Es entsteht – wie übrigens auch bei Hardy – eine Art auktorialer Zweideutigkeit. Das gestörte Weltverhältnis des Erzählers äußert sich bei Thackeray in einer Vielzahl von Tonlagen, die von moralischer Entrüstung über humorvolle Nachsicht bis zum Zynismus reichen. Der soziokulturellen Dynamisierung entspricht in gewisser Weise eine Dynamisierung der Werthaltungen des Erzählers, später auch (Joyce) eine Dynamisierung der erzählerischen Vermittlung schlechthin.

Entwicklungsphasen

Die Entwicklungsphasen des englischen Romans im 19. Jahrhundert spiegeln recht genau die jeweiligen Stimmungskurven, Ideen und Konflikte der entsprechenden Abschnitte der englischen Sozial- und Geistesgeschichte. Der Schauerroman ist das publikumswirksam gefertigte Gegenstück einer romantischen Lyrik, die sich nicht zuletzt der Nachtseite der Seele zuwendet. Zugleich beginnt aber mit den Erzählungen der Austen der realistische moderne Roman im engeren Sinne. In den 30er und 40er Jahren gehen Roman und Gesellschaft eine besonders enge und aufsehenerregende Verbindung ein. Die Sozialromane (E. Gaskell, Dickens u.a.) antworten auf die Umwälzungen der Zeit, indem sie die Lage Englands (»the Condition-of-England question«, Carlyle) ausdrücklich in den Mittelpunkt ihrer erzählerischen Deutungen rücken. Die Suche des Ichs nach Stabilität und Selbstvergewisserung in einer von Trennungsschocks geschüttelten Zeit erklärt darüber hinaus die auffällige Hinwendung zur Autobiographie (z.B. Dickens, *David Copperfield*, 1849–50). Mit der Niederlage der Chartistenbewegung (1848) und dem sich ausbreitenden Wohlstand setzt allmählich eine Phase der Befriedung und des Gleichgewichts ein, die literarisch im *domestic realism* der idealisierenden Regionalromane von G. Eliot (*Adam Bede*, 1859) und Gaskell (*Cranford*, 1851–53) ihren Niederschlag findet. Daß hinter der behäbigen Ausmalung bürgerlicher Häuslichkeit auch uneingestandene psychische und moralische Konflikte lauern, lehrt der Sensationsroman (W. Collins, H. Braddon, Mrs. H. Wood). Bigamie, Ehebruch, Wahnsinn, die dunklen Zonen der menschlichen Psyche statten diese Erzählungen mit dem Reiz des Verbotenen oder Verdrängten aus, ohne daß – und das ist eben neu – der Erzähler Gerechte und Ungerechte moralisch unzweideutig auseinanderdividiert. Die Romane der spätviktorianischen Zeit schließlich befördern den Zusammenbruch des bisher gültigen Wertsystems. W. Pater löst den Roman von moralischen Verpflichtungen und leitet damit die Phase des L'art pour l'art ein. Hardy bricht mit der auch im realistischen Roman beachteten Romanzenkonvention des *happy ending* (*Tess of the D'Urbervilles*, 1891); Untersuchungsberichte und Romane über die verheerenden sozialen Zustände im East End (William Booth, George Gissing, Walter Besant) belasten das Gewissen bürgerlicher Intellektueller und legen grundsätzliche Systemveränderungen in sozialistischer Richtung nahe. Sozial- und Mentalitätsgeschichte bestätigen mit einer Fülle von Material das in den Romanen ablesbare Vordringen des Pessimismus und des Krisenbewußtseins in den achtziger Jahren. Die Übergangszeit der Vormoderne setzt ein.

Illustration von Hugh Thomson für eine Ausgabe von *Cranford* (1898)

Die Lust am Lesen

Die schon im 18. Jahrhundert beobachtbare Lust am Lesen von Romanen erfaßt im 19. Jahrhundert immer größere Teile der englischen Bevölkerung. Im Zusammenhang mit der allgemeinen Demokratisierung der Gesellschaft und der Ausweitung der Bildungsmöglichkeiten nimmt der Bedarf an Lesestoff rapide zu. Da die Schriftkultur noch unangefochten herrscht und strikt religiöse Lebensformen an Verbindlichkeit einbüßen, avanciert – zumal für bürgerliche Frauen, die über ausreichend Freizeit und Geld verfügen – das Lesen von Romanen zu einer der wichtigsten Formen der Unterhaltung und Entspannung, aber auch der unterhaltsamen Belehrung. Selbst ein so asketischer Wissenschaftler wie Charles Darwin findet Romane »a wonderful relief and pleasure« und stellt fest: »I like all if moderately good, and if they do not end unhappily – against which a law ought to be passed.« Romane sollen offenbar von dem Druck und der Kälte der Rationalisierung entlasten. Zugleich gestattet ihre lockere Struktur und ihr geringes ästhetisches Prestige die Einfügung aller nur erdenklichen zeitgenössischen Themen und Debatten.

Illustration zu *Tom Brown's Schooldays* (1857). Dieser berühmte Roman von Thomas Hughes verlebendigt wie kein anderer die Normen der Public Schools.

Die Adressaten und Abnehmer der die Literatur des 19. Jahrhunderts beherrschenden Gattung des Romans sind vor allem im Bürgertum zu suchen. Selbst Dickens erreicht die Arbeiterschaft nur in sehr begrenztem Umfang. Die künstlerisch anspruchsvollsten Romane des 19. Jahrhunderts spiegeln in repräsentativer Weise die Lebenseinstellungen und Werte des Bürgertums, unterziehen diese aber auch einer strengen, gelegentlich vernichtenden Kritik (z.B. Dickens, *Hard Times*, 1854).

Verbilligte Lesestoffe

Um dem Buchmarkt neue Käuferschichten zu erschließen und den Bildungsstand des Volkes zu heben, werden Anstrengungen unternommen, Lesestoffe zu verbilligen und leichter zugänglich zu machen. Dreibändige Originalausgaben von Romanen (*three-decker novel*), wie sie unter dem Druck kommerzieller Leihbüchereien (*circulating libraries*) seit dem Anfang des Jahrhunderts üblich wurden, sind nämlich lange Zeit außerordentlich teuer. Seit Scotts *Kenilworth* (1821) kosten sie 31 s. 6 d. Als Wiederabdruck, der bei beliebten Autoren wie Dickens freilich jahrelang auf sich warten läßt, sind sie dann für 6 s. zu haben. Die neuen, an Bahnhofskiosken vertriebenen *railway novels* drücken den Preis bis auf 1 s. herunter. Für einen Textilarbeiter aus Lancashire, dessen Wochenlohn 9 s. 6 d. beträgt, sind solche Erzeugnisse immer noch kaum bezahlbar. Bis in die 50er Jahre bevorzugen Angehörige der Unterschichten deshalb billige Einblattdrucke (*broadsides*) und *chapbooks*, die ihren Hunger nach Sensationen und Ablenkung mit gruseligen Balladen über aktuelle Ereignisse und mit verkürzten Versionen der seit dem Ende des 18. Jahrhunderts populären Gattung des Schauerromans und

Frauen bei der Lektüre eines spannenden Schauerromans von M.G. Lewis *(The Monk)*. Der Titel des Druckes *(Tales of Wonder)* bezieht sich ebenfalls auf ein Werk dieses Autors.

des sentimentalen Liebesromans stillen. Nicht der Unterhaltung, sondern der Ausbreitung nützlichen (vor allem technischen) Wissens dienen dagegen u.a. die preiswerten Broschüren der Society for the Diffusion of Useful Knowledge und *Castle's Popular Educator*. Mit der 1855 beschlossenen Aufhebung der Zeitungs- und Papiersteuer werden schließlich die Voraussetzungen für die drastische Verbilligung der Zeitungen und für die Entstehung der Massenpresse geschaffen.

Circulating libraries, *Zeitschriften*

Einen relativ billigen Zugang zu Lesestoff ermöglichen auch kommerzielle Leihbüchereien und Zeitschriften. Beide Herstellungs- und Vertriebsformen beherrschen im 19. Jahrhundert den Markt für Romane derart, daß Verleger und Autoren nicht an ihnen vorbeiplanen oder vorbeischreiben können. Da *circulating libraries* wie Smith's, Boots und vor allem Mudie's (1842) einen beträchtlichen Teil der Auflage kaufen und der Originalpreis auch für den bürgerlichen Durchschnittsleser zu teuer ist, legen sie mit ihren Kaufentscheidungen weitgehend die Grenzen fest, innerhalb derer sich ein Romancier gewöhnlich bewegt. Insbesondere der Dissenter Mudie, der die günstige jährliche Leihgebühr von einer Guinea einführt, achtet streng auf die Einhaltung der viktorianischen Moral. Unverblümtes Sprechen über Sexualität wird wie niemals vorher oder nachher aus der Romanliteratur verdrängt. Eine weitere Folge dieses Systems ist der Zwang, ein *happy ending* herbeizuführen. Hardy muß sich dieser Romanzenkonvention noch in seinem Meisterwerk *The Return of the Native* (1878) beugen, als er entgegen seinen ursprünglichen Plänen die verwitwete Thomasin Diggory Venn heiraten läßt. Eine sensationelle Ausweitung der Leserschaft gelingt schließlich mit der Einführung serieller Veröffentlichungsformen. Der in monatlichen Lieferungen für jeweils 1 s. auf den Markt gebrachte Roman *Pickwick Papers* (1836–37) von Dickens erreicht hohe Verkaufsziffern, vor allem nach der Einführung der komischen Figur Sam Weller. Die erfolgreichste Monatsschrift, die Romane bekannter Autoren wie Thackeray und Trollope in Fortsetzungen abdruckt, ist das *Cornhill Magazine*. Um dem Leser das Wiedererkennen zu erleichtern, bestärken diese seriellen Publikationsformen etwa die Neigung Dickens' zur Pointierung und zur stark typisierenden Charakterisierung. Manche Eigentümlichkeiten des viktorianischen Romans erklärt auch die von den Leihbüchereien erzwungene dreibändige Publikationsweise. Die durch sie geförderte epische Breite der Darstellung begünstigt die Schaffung komplizierter Handlungsstrukturen mit zahlreichen nebeneinander verlaufenden Handlungen und eine große Figurenfülle. Sie ermöglicht auch zahlreiche Schauplatzwechsel und ermuntert zu ausführlichen Beschreibungen und Erzählerkommentaren. Dieser weiträumige erzählerische Ansatz erlaubt die volle Entfaltung der Dialektik von Individuum und Gesellschaft ebenso wie den panoramischen (satirischen, komischen) Blick und Überblick über die vielfältigen Formen der viktorianischen Gesellschaft.

Eine Illustration von Phiz für die *Pickwick Papers*. Bei der Verfolgung von Jungle und Rachel Wardle verlieren Pickwick und Mr. Wardle ein Rad.

Traditioneller Realismus

Der viktorianische Roman setzt die erfahrungskonforme Nachahmung individueller Lebenswirklichkeit, wie sie der Roman des 18. Jahrhunderts eingeführt hatte, fort. Er bricht auch nicht durchweg mit der Verbindung von empirischer Detailgenauigkeit und romanzenhafter oder ideologischer Konfliktlösung – das ehrbare bürgerliche Mädchen gewinnt den reichen Aristokraten – in der Handlungsgestaltung. Diese »realistische« Romantradition steht aber nun zugleich im Zeichen des Epochenbegriffs Realismus, der sich zum träumerischen, imaginativen, erfahrungsübersteigenden Weltverhältnis der vorangehenden romantischen Periode kritisch-antithetisch verhält. An welchen Merkmalen des viktorianischen Romans sich dieser Epochenbegriff ablesen läßt, ist freilich nicht leicht zu sagen. Tatsächlich meint er eine ganze

Palette unterschiedlicher Darstellungsziele, Kompromisse und widersprüchlicher Versöhnungsversuche.

Wissenschaftliche Diskurse als Vorbilder

Zunächst ist das Diskursvorbild der Historiographie und des wissenschaftlichen Positivismus hervorzuheben. Bei G. Eliot versteht sich der Roman als Konkurrenzunternehmen zur Soziologie, wenn sie den breit angelegten Gesellschaftsroman *Middlemarch* (1871–72) als »study of provincial life« gedeutet wissen will. Bulwer-Lytton wagt in *The Last Days of Pompeii* (1834) gar das anachronistische Abenteuer einer kausalen Verbindung zwischen Romanzenhandlung, die mit den üblichen Gut-Böse-Kontrasten, aufregenden Episoden, gehäuften Zufällen und sentimentalen Liebesszenen operiert, und wissenschaftlich exakt rekonstruierten und dokumentierten antiken Lebensverhältnissen. Der ästhetisch mißlungene, beim Publikum dennoch wohlgelittene Versuch Bulwers ist freilich bezeichnend. Im 19. Jahrhundert entpuppt sich der individuelle Roman, zumal bei Scott, Dickens, Bulwer, der frühen Eliot und bei E. Brontë, oft als gemischte Gattung, die aus Elementen der erfahrungskonformen *novel* und aus solchen der erfahrungsübersteigenden *romance* zusammengesetzt ist. Der zeitgenössische Kritiker Masson hat diese beiden Begriffe, in deren Bann die englische romantheoretische Diskussion des 18. und des 19. Jahrhunderts steht, folgendermaßen voneinander abgegrenzt:

novel *und* romance

> A Romance originally meant anything in prose or in verse written in any of the Romance languages; a Novel meant a new tale, a tale of fresh interest. [...] now, when we speak of a Romance, we generally mean ›a fictitious narrative, in prose or verse, the interest of which turns upon marvellous and uncommon incidents‹; and, when we speak of a Novel, we generally mean ›a fictitious narrative differing from the Romance, inasmuch as the incidents are accommodated to the ordinary train of events and the modern state of society.‹ If we adopt this distinction, we make the prose Romance and the Novel the two highest varieties of prose fiction, and we allow in the prose Romance a greater ideality of incident than in the Novel. (David Masson, *British Novelists and their Styles,* 1859)

Die romanzenhafte »ideality« vieler Vorfälle und Charaktere in den Romanen von Dickens rief schon den Unwillen von Thackeray und G. Eliot hervor. Aber auch G. Eliots Realismus enthält idealisierende Komponenten, weil die Autorin auf typisch viktorianische Weise in Theorie und Praxis ihres Romanschaffens Realitätsanspruch mit moralischem Idealismus zu versöhnen versucht.

Die viktorianische Erzählliteratur unterdrückt den romantischen Impuls keineswegs, erlaubt dieser doch, die Botschaft idealistischer Gesinnung und Menschenfreundlichkeit herzbewegend mitzuteilen. Aus der romantischen Poesie wird eine Sprache der Empfindungen übernommen, die in Naturschilderungen und Liebesszenen zur Gestaltung kommt. Ohnehin gibt es eine ungebrochene Tradition von der Tränenseligkeit der Spätaufklärung zu den Rührszenen von Dickens. Ihr Anliegen ist in jedem Falle die Kultivierung und Verfeinerung der menschlichen Sensibilität. Der Fortschritt der menschlichen Gesittung soll an der Fähigkeit zum Mitempfinden am Leid anderer – gerade auch gesellschaftlich verursachtem Leid – ablesbar sein.

Die Tradition des Sentimentalismus

Inhaltlich bedeutet Realismus, daß sich der Roman den neuen Erfahrungsbereichen des Jahrhunderts öffnet. Natürlich handelt es sich auch hier um Konventionen und Stile, neue, gesellschaftlich vermittelte Übereinkünfte über das, was jeweils unter Realität zu verstehen ist. Dennoch läßt sich die Erfahrung als Quelle neuer Stoffe und Redeweisen nicht ableugnen. Dies zeigt sich insbesondere an der Darstellung des sozialen Elends. Von einem einheitlichen, klar definierten literarischen Realitätsbegriff der englischen Romanciers jener Zeit läßt sich aber nicht reden. Dickens und E. Gaskell (*Mary Barton*, 1848) bedienen sich einer anklagenden, pathetischen Sprechweise, die Krankheit, Armut, Unterdrückung und Monotonie rasch zum Rührstück geraten läßt. Trollope und Thackeray befleißigen sich dagegen einer nüchtern-unaufgeregten Analyse alltäglicher Vorkommnisse, Illusionen und Konflikte. In einem berühmt gewordenen Brief hat sich Thackeray 1851 kritisch mit Dickens' Kunst auseinandergesetzt:

Zwei Formen des Realismus

> [...] which I don't think represents nature duly [...] The art of novels *is* to represent Nature: to convey as strongly as possible the sentiment of reality [...] In a drawing-room drama a coat is a coat, and a poker a poker; and must be nothing else according to my ethics, not an embroidered tunic, nor a great red-hot instrument like the Pantomime weapon.
>
> (Brief Thackerays an D. Masson vom Mai 1851)

Dickens' theatralische Fiktionalisierung der Wirklichkeit (»Pantomime weapon«) stößt Thackeray ab. Tatsächlich verbündet sich diese Theatralik bei Dickens mit einer Vorliebe für symbolisch, ja allegorisch gelenkte Realitätsdarstellungen. Eine weitere Möglichkeit der selektiven Wirklichkeitsverarbeitung im Roman nutzen unter dem Einfluß des französischen Naturalismus schließlich die spätviktorianischen *new realists* (Gissing, Moore u.a.). Statt im Unscheinbaren oder gar Häßlichen noch Zeichen des Idealen zu suchen, heben sie an den Elendsvierteln des Londoner East End ausdrücklich die Häßlichkeit des Häßlichen hervor.

Realismus und Phantastik

Der Modernisierungsprozeß verändert das System der Erzählliteratur im 19. Jahrhundert ganz erheblich. Während der neue realistische Roman gelegentlich sogar (G. Eliot) dem Vorbild der empirischen Erfahrungswissen-

Gustave Dorés London

schaft nacheifert, um sich mit der verwissenschaftlichten Welt gleichzuschalten, antwortet die *fantasy* (MacDonald, Morris) auf sie mit der Schaffung phantastischer Alternativwelten. Diese beiden Typen bilden die äußersten Pole im Feld der Romankunst des 19. Jahrhunderts. MacDonalds phantastische Romane (*Phantastes*, 1858; *Lilith*, 1895) setzen im Unterschied zur herkömmlichen *romance* und zum Märchen den Begriff einer verwissenschaftlichten, rational geordneten Welt voraus. In diese Welt bricht das Übernatürliche, das Verdrängte und Verborgene, eben das Phantastische, plötzlich ein.

Dem wissenschaftlich gebildeten Helden und Erzähler von *Lilith* begegnet in der Hausbücherei mit der Schattenfigur des Mr. Raven plötzlich eine parallele Welt, deren andere Regeln sein bisheriges Selbstverständnis völlig in Frage stellen. Hier wirkt natürlich auch der Schauerroman nach, der mit seinem Schreckensarsenal schon seit dem Ende des 18. Jahrhunderts die moderne Entzauberung der Welt literarisch rückgängig zu machen sucht. Der dem Leser verabreichte Schauder stammt jetzt aber nicht mehr aus dem Numinosen der Religion, sondern von ästhetisch kontrollierten Verfahren der Seelen- und Gefühlsdarstellung.

Religiöse Romane

Die religiösen Debatten des 19. Jahrhunderts, die ja nur vor dem Hintergrund der Säkularisierung zu verstehen sind, haben gleichwohl im Roman eine breite Spur hinterlassen. Zahlreiche religiös bestimmte Romane (*religious fiction*) bewegen sich im Spannungsfeld von Glaube und Zweifel. Gaskells *Ruth* (1853) zeigt einen barmherzigen protestantischen Pfarrer, der zusammen mit seiner Schwester eine »gefallene Frau« aufnimmt; Charlotte Yonges Bestseller *The Heir of Redclyffe* (1853) gibt dem christlichen Helden und Erben Gelegenheit zu zahlreichen aufopfernden Taten; James Anthony Froudes *The Nemesis of Faith* (1849) zeichnet dagegen die Gewissenskrisen und Schuldgefühle eines anglikanischen Geistlichen nach, der zum Skeptiker wird. Das große Dokument des spätviktorianischen Romans der religiösen Krise ist natürlich Samuel Butlers 1903 publiziertes Werk *The Way of all Flesh*.

Abenteuerroman, historischer Roman, utopischer Zukunftsroman, Regionalroman

Eine spielerische, rein ästhetische Gegenwelt zur oft bedrückenden Wirklichkeit gesteigerter Organisation und gesellschaftlicher Konflikte bieten die stilistisch glänzenden Abenteuerromane (z.B. *Treasure Island*, 1883) von Robert Louis Stevenson. Die *romance* ersteht hier neu im Gewande eines vorzüglichen Jugendromans. Noch unmittelbarer auf die Erfahrungen des rasanten *age of transition* verweisen die neuen Typen des historischen Romans (Scott u.a.), des utopischen Zukunftsromans (Morris, Wells) und des Regionalromans (beginnend mit Maria Edgeworth, *Castle Rackrent*, 1800). Das neue Zeit- und Geschichtsbewußtsein erschließt den Romanciers Vergangenheit und Zukunft als interessante Experimentierfelder mit der Möglichkeit der indirekten Kommentierung von Gegenwartsproblemen. Es schärft darüber hinaus den Sinn für Regionalkulturen.

Daß der soziale Wandel und die erweiterte Leserschaft dem Roman eine Vielfalt von Themen zuführen und alte in einem neuen Licht erscheinen lassen, versteht sich von selbst. Manche von ihnen, wie die Betonung der Kindheit und der Landschaft, dürften der romantischen Poesie entlehnt sein, die ja auf die gleiche Problemkonstellation der Verzeitlichung und Urbanisierung antwortet. Die unbeschönigende, umfassende Zurschaustellung der sozialen Misere geschieht dagegen zuerst im Roman.

Ein Kind schiebt einen Korb voller Kohle durch den Schacht.

Von grundlegender Bedeutung ist nun zweifellos, daß der entfesselte Individualismus in Verbindung mit der Disziplinierung des Sozial- und Arbeitslebens real und im Bewußtsein der Autoren eine in dieser Weise bislang nicht bekannte Konfliktzone zwischen Individuum und Gesellschaft erzeugt. Besonders bei Frauen (als Autorinnen und als Figuren) legt der noch sehr begrenzte Handlungsspielraum immer wieder Bilder des Eingeschlossenseins, ja des Gefängnisses nahe, um ihre Stellung in der Gesellschaft zu kennzeichnen (Charlotte Brontë, *Jane Eyre*, 1847; George Eliot, *Middlemarch*, 1871–72; Thomas Hardy, *Tess of the D'Urbervilles*, 1891). Auch die neue Erfahrung, bloßes Rädchen in einer perfekt konstruierten Produktionsmaschinerie zu sein, läßt Autoren zu diesen Bildfeldern greifen. Zugleich gibt es aber auch gute Gründe, warnend und kritisch auf den Umschlag individuellen Verhaltens in kaltherzigen Egoismus hinzuweisen. Zahlreiche Romane rücken deshalb ausdrücklich (z.B. Dickens, *Hard Times*, 1854; Eliot, *Middlemarch*, Thackeray, *Vanity Fair*, 1847–48) den Gegensatz zwischen egoistischen und altruistischen Handlungen in den Mittelpunkt des Interesses. Individuelle Entscheidungen, die nicht das Wohl der Gemeinschaft fördern, erhalten im Wertesystem George Eliots den Stempel des Verwerflichen. Auch beim Thema Individualismus erweist sich also der Roman des 19. Jahrhunderts als verläßliches Spiegelbild der Widersprüche des Modernisierungsprozesses. *Self-interest* kann eben wichtige Entwicklungen verhindern, hemmen oder in eine falsche Richtung lenken. Blinder, uneinsichtiger Egoismus wirkt sich zerstörerisch auf die persönlichen Beziehungen aus. Dieses Fazit der Lydgate-Rosamond-Handlung (*Middlemarch*) könnte auch als Motto über dem Roman *The Egoist* (1879) von George Meredith stehen. Vergleicht man dazuhin die Entwicklung der Romanschlüsse von Jane Austen am Anfang des Jahrhunderts bis zu Hardy an dessen Ende und darüber hinaus (D.H. Lawrence), so ist eines unabweisbar: Im Urteil der Romanciers läßt sich die Versöhnung von Individuum und Gesellschaft immer weniger glaubhaft darstellen.

Individualismus, Egoismus, Altruismus

Der Schauerroman

The Nightmare, 1781, von Henry Fuseli, der mit Blake befreundet war.

Am Ende des 18. Jahrhunderts kehrt das von der aufklärerischen Rationalität verdrängte Übernatürliche und Unkonventionelle in Gestalt des Schauerromans zurück. Der Schrecken wird dabei zur bewußt erzeugten ästhetischen Ware, die sich vorzüglich verkauft. Ihre Herstellung folgt Regeln, die der Theorie des Erhabenen (Burke) und literarischen Vorbildern (dem jakobäischen Drama und der mittelalterlichen *romance*) abgeschaut werden konnten. Horace Walpoles *The Castle of Otranto* (1764), in dem gruselerregende Vorgänge wie der vom Himmel fallende Riesenhelm noch eher zum Lachen reizen, Ann Radcliffes *The Mysteries of Udolpho* (1794) und Matthew Gregory Lewis' berüchtigter Roman *The Monk* (1796) – eine Orgie sadistischer und sexueller Phantasien – begründen eine Gattung, die in vergröberter, trivialisierter Form den Literaturmarkt am Anfang des 19. Jahrhunderts beherrscht. Schon Lewis läßt freilich keinen Nervenkitzel (Blutschande, verwesende Leichen u. dgl.) aus, um die Sensationslust des Publikums zu befriedigen. Einen monumentalen Schlußpunkt unter die Gattung im engeren Sinne setzt Charles Robert Maturin in einer Erzählung (*Melmoth the Wanderer*, 1820) über den ewig ruhelosen Wanderer Melmoth, der um der Unsterblichkeit willen dem Teufel seine Seele vermacht und nun vergeblich einen Unglücklichen sucht, der mit ihm tauscht.

Das Repertoire des Schreckens

Der fremde, bedrohliche Raum, im klassischen Schauerroman meist nach Italien oder Deutschland verlegt, die Auseinandersetzung zwischen bösartigem Peiniger und Held um eine schöne, unschuldige Heldin, die in die Klauen des Bösewichts geraten ist, die Flucht-Verfolgung-Struktur der Handlung, unterirdische Gefängnisse, schreckenerregende Begegnungen mit unerklärlichen Geschehnissen, Tod, Verfall, düster-erhabene Landschaften (Radcliffe) – das alles gehört zur Region eines Schreckens, der zunehmend vom Äußeren ins Innere, Seelische verlagert wird. Die schon von Richardson ausgebildete Sprache der Angst, der Schreckhaftigkeit und des Gruselns wird in der *gothic romance* bis in Grenzbereiche des Krankhaften weiterentwikkelt. Stilistisch ist die sprachliche Durchdringung und Erschließung extremer Gefühle die eigentliche Leistung des Schauerromans. Aus unmittelbarer Nähe nimmt der Leser an den Seelenqualen der weiblichen oder männlichen Hauptfigur teil, die sich vor Tod, Vergewaltigung, dem gänzlich Unbekannten, oder – noch schlimmer – der eigenen Schuld ängstigt. Daß die Ursache des Schreckens im nachhinein oft rational geklärt wird, ändert nichts an dieser Gewichtung der Texte.

Die Nachwirkung des Schauerromans

Der Einfluß des Schauerromans auf die englische Erzählliteratur des 19. Jahrhunderts ist hoch zu veranschlagen. Nach dem Abebben der Modeströmung in den zwanziger Jahren stellt sich nämlich die vielseitige Verwendbarkeit des Schreckensrepertoires heraus. Science Fiction, Kriminalroman, Sozialroman, psychologisierende *romance* und Phantastik greifen bei ihren Erkundungen neuer Erfahrungsbereiche immer wieder auf die Gestaltungsmittel der *gothic romance* zurück. Von den Ablegern der Schauerromantik hat dabei Mary Shelleys Erzählung *Frankenstein, or the Modern Prometheus* (1818) eine ganz außerordentliche Wirkung entfaltet. Die Geschichte des Wissenschaftlers, der sich mit der Schaffung eines unerträglich häßlichen Menschen, eines Androiden also, selbst ins Unglück stürzt, ist zum jederzeit abrufbaren Mythos geworden. Wer die Dialektik von Utopie und Katastrophe, die anscheinend unentrinnbare Tragik wissenschaftlich-utopischen Handelns ansprechen will, benutzt das im Roman entworfene Sinnbild des Schöpfers (Frankenstein), der in zerstörerischer Weise an seine Schöpfung (das Monster) gekettet ist. Der Traum der Selbsterlösung gebiert Monster, Leid und peinigende Schuldgefühle. Über den »Lichtstrom« utopischer Träume führt der Weg Frankensteins schließlich in Eis und Schnee. Mit *Frankenstein* hat Mary Shelley aus Materialien der *gothic romance* den Prototyp des fortschrittskritischen Zweigs der Science Fiction geschaffen. Dazu bedurfte es allerdings einer Relativierung des üblichen Gut-Böse-Schemas. Auf den »modern Prometheus« fällt der Schatten der Schuld, während sein rachedurstiges Geschöpf nicht nur Abscheu, sondern wegen seiner Leiden auch Sympathie weckt. Der Aggressor entpuppt sich als Opfer, das gequälte Opfer Frankenstein zumindest teilweise als Aggressor.

Mary Shelleys Frankenstein *als moderner Mythos*

Perspektivische Darstellungsweise – die Geschichte verbindet die Erzählungen des Polarforschers Walton, des Chemikers Frankenstein und des Monsters – und thematische Vielfalt eröffnen der Deutungsarbeit ein weites Feld. *Frankenstein* ist nicht nur ein moderner Mythos und eine wissenschaftskritische Science-Fiction-Erzählung, sondern auch im Sinne Rousseaus und Godwins eine literarische Studie über die gesellschaftlichen Ursachen des Übels. Das Monster mordet schließlich aus Verzweiflung über die ständigen Zurückweisungen, die es wegen seiner unerträglichen Häßlichkeit von der Gesellschaft erfährt. Moral setzt die Befriedigung elementarer Bedürfnisse – wozu die Liebe gehört – voraus. Wird diese verweigert, schlägt die aufgestaute Frustration in Aggression um: »I was benevolent and good; misery made me a fiend«, sagt das Monster (Kap. X). Die Qual, die sich Schöpfer und Geschöpf in ihrer tragischen Verkettung gegenseitig zufügen, nimmt in *Frankenstein* einen so breiten Raum ein, daß der Roman zum literarischen Panorama und Seelendrama einsam leidender Menschen gerät:

Frustration und Aggression

> [...] I was seized by remorse and the sense of guilt, which hurried me away to a hell of intense tortures, such as no language can describe. [...] I shunned the face of man; all sound of joy or complacency was torture to me; solitude was my only consolation – deep, dark, deathlike solitude.
> (Kap. 9)

Als moralisches Lehrstück warnt der Roman vor den Gefahren menschlicher Selbstüberhebung. Die *curiosity*, die Neugierde, auf die der Roman immer wieder hinweist, ist heillos, ein Werk des Teufels (»unhallowed«). Ausdrücklich verkündet die Erzählung die Kontrolle des Machbaren, den Verzicht aus Verantwortung – Walton z.B. verzichtet auf die Fortsetzung der Polarexpedition; unausgesprochen belegt sie aber die Macht des Imaginären, die Unwiderstehlichkeit des frevelhaften Forschertraums und des damit verbundenen schlechten Gewissens, dessen Verdrängung nicht gelingt.

Kriminal- und Detektivroman

Der Frankenstein-Mythos des gefährlichen Homunkulus und der Wiederkehr des Verdrängten geht als abschreckendes Warnbild in die Symbolwelt der sozial- und utopiekritischen Literatur ein. Die Gefahr, die von rebellierenden Unterschichten (Gaskell, *Mary Barton*, 1848; Wells, *The Time Machine*, 1895) oder möglicherweise Maschinen (Butler, *Erewhon*, 1872, »The Book of the Machines«) oder utopischen Plänen einer geschlossenen Gesellschaft (Forster, »The Machine Stops«, geschr. 1909, veröff. 1928) für diejenigen droht, die sie in die Welt gesetzt haben, faßt er in ein polemisches, aufrüttelndes Bild. Unerträgliche Spannung, Gruseleffekte der *gothic romance* leben aber auch in der Kriminal- und Detektivliteratur des 19. Jahrhunderts weiter. Der unbestrittene Meister in diesem Bereich ist neben dem Amerikaner Edgar Allan Poe (z.B. »The Murders in the Rue Morgue«, 1841) und dem Erfinder des Privatdetektivs Sherlock Holmes, Arthur Conan Doyle (*The Adventures of Sherlock Holmes*, 1892), Wilkie Collins, dessen *The Woman in White* (1860) zu den literarischen Sensationen der Zeit gehörte. Dank der unerschrockenen Intelligenz des Zeichenlehrers Walter Hartright und der Mrs. Marian Halcombe wird ein krimineller Erbschleichversuch schließlich vereitelt. Der Kriminalroman verlagert die Perspektive vom leidenden Opfer auf das verborgene Verbrechen und dessen Aufklärung. Die Verrätselung und Vertuschung des Verbrechens wird mit semiotischem und kriminalistischem Spürsinn aufgedeckt. Eine neue Gattung entsteht also, weil man die natur- und geisteswissenschaftlichen Erkenntnisverfahren des Kausalitätsdenkens und der individuellen Einfühlung für Zwecke der Verbrechensbekämpfung auf die Literatur überträgt. Wie schon in der Theorie des Erhabenen vorgezeichnet, erlaubt der ästhetische Abstand, das existentielle Unbetroffensein, dem Leser die lustvolle Beteiligung an den Schrecken geheimnisvoller Vorgänge. Die Entwirrung des Komplotts geschieht in *The Woman in White* schrittweise durch mehrere Erzähler, die jeweils persönlich in die Vorgänge verstrickt sind. Collins' melodramatische Phantasie schafft mit dem eleganten Fosco und Sir Percival Glyde zwei denkwürdige Bösewichte. Nicht nur das Tempo der Ereignisabfolge und die gelungene Mischung aus Detailrealismus und sensationellem Geschehen, auch die Kunst Collins', atmosphärisch dichte Seelenlandschaften zu entwerfen, erklärt den andauernden Erfolg dieses Romans:

Sir Arthur Conan Doyle als Sklave seiner fiktiven Figur Sherlock Holmes. Karikatur von Bernard Partridge, 1926

> The clouds were wild in the western heaven, and the wind blew chill from the sea. Far as the shore was, the sound of the surf swept over the intervening moorland, and beat drearily in my ears when I entered the churchyard. Not a living creature was in sight. The place looked lonelier

than ever as I chose my position, and waited and watched, with my eyes on the white cross that rose over Mrs. Fairlie's grave.
(*The Woman in White*, »The Story Begun by Walter Hartright«, Kap. 12)

Buchumschlag der Everyman-Ausgabe von *The Woman in White*

Die moderne Wirklichkeit nimmt bei Collins und Doyle den Charakter eines Mediums an, dessen Zeichen sorgfältige Untersuchungen erfordern oder seelische Stürme der Beteiligten widerspiegeln.

Diese Fähigkeit des Schauerrepertoires, dunkle Leidenschaften und Unbewußtes auszudrücken, ist auch am Romanwerk der Brontë-Schwestern und an Robert Louis Stevensons *The Strange Case of Dr Jekyll and Mr Hyde* (1886) ablesbar. Explodierende Gefühle des Hasses, der Liebe und der verdeckten Sexualität in Verbindung mit der Atmosphäre der Gewalttätigkeit erinnern in Charlotte Brontës *Jane Eyre* (1847) oder Emily Brontës *Wuthering Heights* (1847) an die entfesselten Leidenschaften des Schreckensromans. Zugleich wird der gotische Apparat, wie schon in Austens *Northanger Abbey* (begonnen 1798, veröffentlicht 1818), parodistisch unterminiert. In *Jane Eyre* bittet etwa Rochester die aufgeregten Frauen, ihn nicht »herunterzureißen oder zu erdrosseln« (Kap. 20). Brontë spielt auf das Klischee an und verwandelt es an anderer Stelle, um verborgene seelische und sexuelle Spannungen anzuzeigen. Janes Träume in Thornfield während ihrer Verlobungszeit nehmen teilweise surrealistische Züge an, wenn etwa statt des erwarteten Mondes eine Hand durch die Wolke kommt. Schmerzhaft empfindet Jane die körperliche Anziehungskraft Rochesters in ihrer gänzlich unsanften, unsentimentalen Leidenschaft für ihn. Konventionelle Gefühlsstereotypen der *gothic romance* werden in der Verwandlung und Zähmung des aristokratischen Verführers durchbrochen. Jane haßt sich selbst, als sie nicht ihrem körperlichen Drang, sondern ihrem Gewissen folgt: »I longed to be his; I panted to return: [...] I abhorred myself. [...] I was hateful in my own eyes.« (*Jane Eyre*, Kap. 27) Aber auch die konventionelle Rolle der schreckhaften Heldin, die sich wegen fremder, bedrohlicher Sinneseindrücke zunächst ängstigt (beim Brandanschlag auf Mr. Rochester), muß sie gelegentlich übernehmen.

Leidenschaften und Schauerrepertoire

Doppelidentität und Zeichenauslegung

Das moralische Gut-Böse-Schema der *gothic romance* erscheint in Stevensons *Dr. Jekyll and Mr. Hyde* in psychologisierter Form. Der gesellschaftlich erfolgreiche Dr. Jekyll besitzt in Wahrheit eine Doppelidentität, in deren verborgenen, bösen, entsetzlichen Teil – Mr. Hyde – er sich mit Hilfe einer Droge verwandeln kann. Die Anlage der spannenden Geschichte folgt wie bei Collins dem kriminalistischen Muster. Erst nach der Aufdeckung der Identität von Mr. Hyde und dem abschließenden Geständnis löst sich das Geheimnis eines Mordes auf. Der vorzügliche allegorische Schauerroman entscheidet den alten Kampf zwischen guter und bestialischer Natur zugunsten der letzteren in einer modernen Welt, die sich aus Wissenschaft und Gespaltenheit, nächtlicher Großstadt und Kriminalität, interpretationsbedürftigen Zeichen und mißtrauischen Zeichenauslegern (z.B. dem Anwalt) zusammensetzt.

Der historische Roman

Der Erfinder des historischen Romans ist der Schotte Sir Walter Scott. Seine in der nahen schottisch-englischen Geschichte angesiedelten *Waverley*-Romane begründen die im 19. Jahrhundert außerordentlich beliebte Gattung. Wie Byron ist Scott ein europäisches Ereignis, das lange nachwirkt.

Scotts Romane spiegeln und befördern ein historisches Bewußtsein und eine Nachfrage nach historischen Stoffen, die seit der zweiten Hälfte des 18. Jahrhunderts stetig zugenommen hatte. Die Aufgabe zeitloser antiker Maßstäbe zugunsten entwicklungsgeschichtlich-psychologischer, die Wiederentdeckung des Mittelalters, die schottische Schule der Zivilisationsgeschichte (Adam Ferguson, *An Essay on the History of Civil Society*, 1767), die Bemühungen der Antiquare – dies alles bereitet den Boden für die Entstehung eines geschichtlichen Sinnes, der die Eigenart jeder Epoche anerkennt.

Historisches Bewußtsein

Seine volle Ausprägung erhält dieser historische Sinn allerdings erst durch die Erfahrung der sich beschleunigenden Zeit, die den Zeitgenossen der Französischen Revolution, der industriellen Revolution und der napoleonischen Wirren die Relativität des Hier und Jetzt deutlich vor Augen führt.

Der Prototyp des historischen Romans

Walter Scotts *Waverley, or 'Tis Sixty Years Since* (1814), der erste historische Roman der Weltliteratur, knüpft genau an diese Erfahrungen an. In einer Zeit des gesellschaftlichen und politischen Umbruchs gerät der schwankende, träumerische Edward Waverley beim Aufstand (1745) des Stuart-Prätendenten zwischen die Fronten. Er bewegt sich zwischen den rückständigen Highlanders, welche die Ansprüche des Hauses Stuart unterstützen, und den zivilisatorisch viel weiter fortgeschrittenen Engländern, die sich dem neuen Königshaus der Hannoveraner verpflichtet fühlen. Die zwischen romantischer Begeisterung für die Hochländer und rationaler Einsicht in ihre Schwächen, zwischen Loyalität und Illoyalität schwankende Haltung der fiktiven Hauptfigur ist ein Symptom für die zweideutige Einstellung Scotts zur Modernisierungserfahrung. Der gesellschaftliche und technische Wandel, in den Schottland nach der Vereinigung der beiden Königreiche im Jahre

Das neugotische Rathaus von Manchester (1868), ein Monument bürgerlichen Stolzes und Reichtums. Die Rückwendung zum mittelalterlichen Vorbild ist für die Architektur des 19. Jahrhunderts typisch.

1707 hineingerissen wird und den Scott begrüßt, bringt nämlich nicht nur Gewinn. Mit der alten schottischen Lebensart verschwinden nicht nur Vorurteile und Grobheit, sondern auch Tugenden einer feudalen Gesellschaft wie Loyalität, Glaube und Gastfreundschaft. Die intensive Hinwendung zur eigenen Geschichte und Kultur soll also, zumal mit den Mitteln der imaginativen Verlebendigung geschichtlicher Fakten, Trennungsschocks abfedern und bedrohte Identität abstützen. Der Roman leistet eine doppelte Versöhnungsarbeit, indem er Vergangenheit und Gegenwart, Schottland und England durch die Handlung und die Sympathiesteuerung zusammenbringt. Politisch weckt Scott letztlich Sympathien für den britischen Einheitsstaat. Zu diesem Zwecke müssen Vorurteile gegenüber Schottland abgebaut werden. Die den publizistischen Erfolg garantierende *romance*, die gleichwohl auf Tatsachen und persönlichen Erinnerungen gründet, leistet eben dies. Sie taucht die vom Erzähler keineswegs verschwiegene Rückständigkeit, Gewalttätigkeit und Armut des schottischen Hochlandes in ein romantisches Licht, gibt ihr den Reiz des Exotischen und Poetischen. Damit entsteht ein interessantes Paradox. Die Modernisierung, zu deren Voraussetzungen die Einrichtung eines gut funktionierenden Nationalstaates gehört, wird ästhetisch mit den Mitteln einer scheinbar überholten Literaturform, nämlich der *romance*, vorangetrieben und abgesichert.

Versöhnung

Scott ist sich durchaus bewußt, etwas Neues geschaffen zu haben (»an experiment on the public taste«; »General Preface«). Die Funktionsfähigkeit des durch ihn begründeten Gattungsmodells erklärt sich vor allem aus der geglückten Verbindung von *history* und *romance*. Dabei ist eine Zweiteilung zu beobachten. Während die in den Lowlands spielenden Teile dem Vorbild des realistischen Romans folgen, dringen – schon allein bedingt durch den veränderten Gegenstand – vor allem in die Abschnitte über die Highlanders zahlreiche romaneske Elemente ein (Abenteuer, Spannung, Liebe, pittoreske Landschaften). Anspielungen und lyrische Einschübe bauen zusätzlich eine romaneske Atmosphäre auf, so etwa, wenn Waverley in zarter ironischer Brechung mit einem Romanzenritter verglichen wird (»like a knight of romance«). Aus der *romance* vertraut ist auch der Wechsel zwischen raschem Geschehen und langsamen, breit ausgeführten beschreibenden Teilen und Szenen, in denen das pittoreske Schottland ausgebreitet wird.

Das Albert Memorial, ein vorzügliches Beispiel für den neugotischen Stil der mittviktorianischen Zeit, wurde zum Gedenken an den Prinzgemahl Albert errichtet.

Vorzüglich gelungen ist die Lösung des Vermittlungsproblems. Indem Scott den Schwerpunkt auf die Erlebnisse der fiktiven Figur Waverley legt, die mit beiden Seiten Kontakt pflegt, und geschichtlich bezeugte Personen nur als Nebenfiguren in Erscheinung treten, schafft er sich den nötigen imaginativen Freiraum. Gleichwohl sind die Handlungen, Rede- und Denkweisen der Charaktere sorgfältig als Ausdruck zeitbedingter Umstände entworfen. Das ist Scotts entscheidender Beitrag zur Entwicklung des Romans. Zu den bedingenden Gegebenheiten, die im Roman Verhalten, Denken und Fühlen durch und durch prägen, gehören beispielsweise das religiöse Bekenntnis (Calvinismus, Katholizismus), die Klassenzugehörigkeit, die politische Überzeugung (Whig vs. Tory), die Nation und der Beruf. Um die regionale und politische Besonderheit Schottlands zu vergegenwärtigen, flicht Scott immer wieder französische – wegen der Verbindungen mit Frankreich – und stilisierte gälische Sprachbrocken ein. Geschichtliche Glaubwürdigkeit gewinnt Scott vor allem durch die Wahl eines Zeitraums, der sichtlich noch im Bereich persönlicher Erinnerungen und lebendiger Erzähltraditionen liegt. Historische Vergangenheit, die in die Gegenwart hineinragt und von einer Hauptfigur vermittelt wird, die zu beiden Seiten intensiven Kontakt pflegt, ersteht vor den Augen des Lesers mit besonderer Lebendigkeit

Die erzählerische Vermittlung der Geschichte

Der Ritter vor der Klause des Einsiedlers. Illustration zu Scotts *Ivanhoe*

und Plastizität. Scotts Romanze, in der das ländliche Schloß als »solitary and seemingly enchanted mansion« (Kap. 9) beschrieben werden kann, ist durch Erfahrung und historische Forschung abgesichert. Dennoch kann man sagen, daß für den Roman insgesamt der Kompromiß oder das Schwanken zwischen Idealismus und Realismus, Ironisierung und romantischem Klischee charakteristisch ist. Gemäß der versöhnlichen Botschaft wird Waverley trotz seines durch das Lesen bestärkten tagträumerischen Verhaltens vor dem Absturz ins Bodenlose bewahrt. Der Zusammenstoß des aus dem Lesen geborenen Romantizismus des Helden oder der Heldin mit der Lebenspraxis gehört aber fortan zu den großen Themen realistischen Erzählens. *Waverley* ist somit auch eine Antwort auf die moderne Lesekultur.

Der Rang der frühen *Waverley*-Romane (u.a. *The Antiquary*, 1816; *Old Mortality*, 1816; *The Heart of Midlothian*, 1818) ist unbestritten. Auf ihnen beruht die heutige Wertschätzung Scotts. Auch für sie gilt, insbesondere für Jeanie Deans' Rettung ihrer verurteilten Schwester in *The Heart of Midlothian*, daß die Einzelschicksale und die Handlungen von dem sie bedingenden nationalen, sozialen und politischen Hintergrund nicht ablösbar sind. In den mit *Ivanhoe* (1819) einsetzenden Mittelalter-Romanen fehlt dagegen eine überzeugende Verankerung der Romangestalten in der gesellschaftlichen Wirklichkeit. Mangelnde Sachkunde wird mit Theatralik und vagem Historisieren überspielt. An die Stelle des von Nebenfiguren gesprochenen authentischen Dialekts treten literarisch schon genutzte Archaismen wie »God wot«. Die anspruchsloseren Scott-Nachfolger (G.P.R. James, W.H. Ainsworth) begnügen sich mit dem Erstellen von bunten historischen Fassaden.

Verwissenschaftlichung und historischer Roman

Mit Edward Bulwer-Lyttons *Rienzi: The Last of the Roman Tribunes* (1835) setzt eine Verwissenschaftlichung des historischen Romans ein. Sie führt bei Bulwer freilich zu einer merkwürdig unzeitgemäßen Verbindung von historischer Exaktheit und romanesker Handlung. Umgekehrt benutzt die wissenschaftliche Geschichtsschreibung unter dem Einfluß von Macaulays Essay über die Geschichte (1828) die Illusionstechniken des Romans, um sich die Wirkung lebendiger Unmittelbarkeit zuzuführen (z.B. Carlyle, *The French Revolution*, 1837; Macaulay, *History of England from the Accession of James II*, 1849–59).

Wirklich gelungene historische Romane sind rar. G. Eliots äußerst sachkundiges Werk *Romola* (1862–63) wirkt angestrengt und auch Dickens' melodramatische Darstellung der Französischen Revolution, die mit einem Minimum an historischem Sachwissen auskommt (*A Tale of Two Cities*, 1859), wird nicht zu seinen Meisterwerken gezählt. Zu den großen Ausnahmen ist William Makepeace Thackerays *The History of Henry Esmond, Esquire* (1852) zu rechnen. Große Geschichte, erlebt und erzählt aus dem Blickwinkel einer Privatperson, verliert den Nimbus des Heroischen, den ihr die Geschichtsschreiber gegeben haben. »[...] I would have history familiar rather than heroic« (Thackeray) bezeichnet genau das Rezept der autobiographisch angelegten Erzählung. Der skeptisch veranlagte, zwischen Whigs und Tories schwankende Henry Esmond konzentriert sich auf das scheinbar Nebensächliche und Gewöhnliche, die Rückkehr eines reiterlosen Pferdes beispielsweise oder eine Feier nach der Schlacht. Aus der Perspektive privater Begegnungen verlieren die Helden des Spanischen Erbfolgekrieges, zumal der Herzog von Marlborough, jeglichen Nimbus. Indem sich Thackeray auf persönliche Schwächen des berühmten Heerführers konzentriert, betreibt er gezielt dessen Demontage. Als Teilnehmer am Spanischen Erbfolgekrieg deckt Esmond darüber hinaus die Verfälschungen und Verherrlichungen der offiziellen Geschichtsschreibung auf. Scotts teilweise klischeehafte Romanti-

Thackerays Kritik an romantischer Idealisierung

sierung des 18. Jahrhunderts und Carlyles heroische Idealisierung fallen gleichermaßen seiner Desillusionierungs- und Entmythisierungsarbeit zum Opfer. Hinter dieser Kritik steckt eine im Grunde antigeschichtliche Haltung. Als Jahrmarkt der Eitelkeit ist Geschichte für Thackeray die Wiederkehr des Gleichen. Nur die Kostüme ändern sich. Geschichte ist das Spielfeld einer in ihren Grundzügen unveränderten menschlichen Natur.

Formal erreicht Thackeray durch das autobiographische Erzählverfahren eine bemerkenswerte strukturelle und emotionale Geschlossenheit. Es unterstreicht darüber hinaus den privaten Charakter von Esmonds Geschichtserfahrung und erlaubt auf Grund der Verschränkung von Gegenwarts- und Vergangenheitsperspektive die funktionale Verwendung unterschiedlicher Bewußtseinsniveaus. Ganz hervorragend gelungen ist die stilistische Seite der Vermittlung des 18. Jahrhunderts. Indem Thackeray durchweg Nachahmungen (*pastiche*) oder direkte Entlehnungen der Stile zeitgenössischer Autoren und Zeitschriften (*Spectator*) benutzt, gibt er der fiktionalen Wiederherstellung der Vergangenheit den Anschein eines authentischen Textes.

Der Sozialroman

Wie die Gesellschaft, so kennt auch die Literatur mindestens seit dem Mittelalter soziales Elend als Gegenstand besorgter, zumal christlicher Zuwendung. Von der mittelalterlichen Klageliteratur über Thomas Mores Satire *Utopia* (1516) bis hin zu Goldsmiths *The Deserted Village* (1770) sind etwa die Leiden derjenigen verkündet worden, die von Einziehungsmaßnahmen (*enclosures*) der Grundbesitzer betroffen waren. Dennoch greift der seit etwa 1830 gehäuft auftretende Sozialroman über diese Tradition der Pauperismus-Literatur entschieden hinaus. Seine dem Bürgertum oder der Aristokratie angehörenden Autoren verstehen das Elend der im Industrialisierungsprozeß entstandenen neuen Klasse der Arbeiterschaft als gefährliche Hypothek, als politische Zeitbombe, die möglichst rasch entschärft werden muß. Der Zerfall der englischen Gesellschaft in zwei »Nationen« (B. Disraeli) und Kulturen, die voneinander so gut wie nichts wissen, droht weit mehr als außenpolitische Bedrohungen Frieden, Wohlstand und Ordnung des englischen Staates zu zerstören. Das durch die Erinnerung an die Französische Revolution geschärfte Bewußtsein dieser Gefahr führt den Verfassern von Sozialromanen die Feder. Benjamin Disraeli (*Sybil or: The Two Nations*, 1845), Elizabeth Gaskell (*Mary Barton*, 1848, *North and South*, 1855) und Charles Dickens (*Hard Times*, 1854) – sie alle verbinden die unterhaltsam-spannende Einführung der bürgerlichen oder aristokratischen Leser in das unbekannte Land der Arbeiterkultur mit der Botschaft der Versöhnung, des inneren Wandels als Voraussetzung äußeren Wandels.

Work, which beads the brow and tans the flesh/ Of lusty manhood, casting out its devils,/ By whose weird art transmuting poor man's evils/ Their bed seems down, their one dish ever fresh.

Ford Madox Brown, *Work*, 1862–65. Das dem Text beigefügte Gedicht von Brown zeigt, daß die Viktorianer Arbeit u. a. als Sublimation sexueller Energien verstanden.

Anlaß und Zweck des Sozialromans sind also klar. Er setzt sich mit den bedrohlichen Folgelasten des Modernisierungsprozesses auseinander, die vor allem nach 1832 eine Reihe von politischen Konfrontationen auslösen. Der vergebliche, von erheblichen Unruhen begleitete Versuch der Chartistenbewegung, durch politische Gleichstellung der Arbeiter eine Behebung sozialer Mißstände einzuleiten, ist der sozialgeschichtliche Hintergrund des frühviktorianischen Sozialromans (1830–1850). Er leistet mit den Mitteln des Romans einen Beitrag zu Reformdebatten, Gesetzgebungsdiskussionen (1834, *Poor Law Act*) und parlamentarischen Untersuchungsberichten zur sozialen und sanitären Situation der Unterschichten. Häufig beziehen die Autoren ihre Erkenntnisse aus diesen Quellen. Disraeli wertet Parlamentsberichte aus, Kingsley wird von einem Artikel des Soziologen und Journalisten Henry

Mayhew angeregt. Für die Romane *Sybil*, *Alton Locke* (Kingsley) und *Mary Barton* bildet der Chartismus den unmittelbaren Schreibanlaß, für *North and South* und *Hard Times* dagegen Streiks. Zumindest beim frühviktorianischen Sozialroman ist also der Ausdruck *social novel* dem neutraleren Begriff *industrial novel* vorzuziehen, weil nicht Stadt, Eisenbahnen und Fabriken das Hauptinteresse auf sich ziehen, sondern die Dramaturgie des sozialen Konflikts.

Diesen Konflikt betrachten die bürgerlichen Romanciers, die eine informationshungrige und besorgte Leserschaft unterhaltsam aufklären wollen, mit einer Mischung aus Sympathie für die Nöte der Arbeiterschaft und Angst vor gewaltsamen Ausbrüchen. Die Perspektive ist also gespalten. Gelegentlich geht das Verständnis so weit, daß ein streikender Arbeiter seine plausiblen Gründe für einen Streik ausführlich darlegen darf (im Kapitel »What is a Strike?« von Elizabeth Gaskells *North and South*).

Gespaltene Perspektive

Üblicher ist freilich Mißtrauen gegenüber den Arbeitern, die Angst vor der Herrschaft der gewalttätigen Masse. Man fürchtet sich vor der Verführbarkeit der Unterschichten, betont deshalb – wie Carlyle in dem einflußreichen Essay *Chartism* (1839) – die Notwendigkeit einer weisen, patriarchalischen Leitung. Als sich der charakterlich untadelige Arbeiterführer John Barton in einen unbändigen Klassenhaß hineinsteigert, bringt ihn die Erzählerin von *Mary Barton* mit dem mordenden Monster aus Mary Shelleys *Frankenstein* in Verbindung:

> [...] the only feeling that remained clear and undisturbed in the tumult of his heart was hatred to the one class, and keen sympathy with the other.
>
> But what availed his sympathy? No education had given him wisdom; and without wisdom, even love, with all its effects, too often works but harm. He acted to the best of his judgment, but it was a widely-erring judgment.
>
> The actions of the uneducated seem to me typified in those of Frankenstein, that monster of many human qualities, ungifted with a soul, a knowledge of the difference between good and evil.
>
> (Aus Kap. 15)

Handlung und rationalisierender Kommentar geraten freilich in einen charakteristischen Widerspruch. Erstere arbeitet die psychologisch überzeugende Einsicht heraus, daß der Leidende unzumutbare Frustrationen mit überschießender Aggressivität beantwortet. Laut Erzählerkommentar ist Bartons Fehlentwicklung dagegen einem Mangel an Bildung und moralischer Erziehung anzulasten. Der sowohl erzählerischen als auch gesellschaftlichen Bevormundung entspricht die aus Angst geborene Übertreibung. Der mordende Arbeiterführer paßt nämlich nicht in die historische Landschaft des Viktorianismus.

Lösungsangebote

Auch die Einschätzung der Ursachen des Übels und der Möglichkeiten seiner Behebung fällt ähnlich widersprüchlich aus. Im Sozialroman des Zeitraums von 1830 bis 1850 herrscht ohne Frage die moralische Sehweise vor. Ursache des Übels ist der hartherzige, selbstsüchtige Unternehmer. Behoben oder gemildert wird es mit dessen Bekehrung vom rücksichtslosen zum verantwortungsvollen, mitfühlenden Menschen. Aber auch Romanzenlösungen werden nicht verschmäht, so etwa, wenn in *Sybil* die Tochter des Chartistenführers Walter Gerard sich als Nachfahrin einer vornehmen Familie herausstellt und deshalb den sie liebenden Charles Egremont Marney heiraten kann. Hier wie dort kommen institutionelle Lösungen also nicht in den Blickpunkt. Man hat deshalb davon gesprochen, daß die Schlüsse des Sozialromans ideologische Rezepte anbieten. Versöhnung, die erzwungen wird, erinnert daran, daß die Verbindung von romanzenhafter Handlung und sozialer Analyse häufig die Schwachstelle dieses Romantyps bildet.

Hinterhof in einem Londoner Armenviertel 1878

Dickens fällt in diesem Zusammenhang allerdings auf. Er macht nicht nur moralisches Fehlverhalten, sondern auch ein schwer durchschaubares System, d.h. die Besonderheiten der neuen Produktions- und Lebensweise und der sie tragenden utilitaristischen Mentalität, für zerstörerische und entstellende Wirkungen verantwortlich (*Hard Times*). Die freudlose Monotonie der Arbeit in Coketown, die Monotonie seiner Wohnviertel und die allenthalben greifbaren Umweltschäden (»black canal«, Kap. »The Key-note«) verurteilen die Bewohner zu einem unnatürlichen, verkrüppelten, entfremdeten Dasein. Der Erzähler deutet es mit Wahnsinns- und Höllenassoziationen. Die »ungeheure Vielfalt verkrüppelter und verbogener« Kamine im Arbeiterviertel Coketown verweist sinnbildlich auf die Menschen, die dort wohnen: »... were built in an immense variety of stunted and crooked shapes as though every house put out a sign of the kind of people who might be expected to be born in it;« (*Hard Times*, Kap. »Stephen Blackpool«). Eine ausschließlich an Tatsachen, rationalen Einsichten, Statistiken und Gewinnkalkülen ausgerichtete Lebensform richtet – so *Hard Times* – in den Seelen der Betroffenen schlimme Zerstörungen an. Phantasie und Gefühl verkümmern. Die Saat einer falschen rationalistisch-utilitaristischen Erziehung, die Gradgrind seinen Kindern Tom und Louisa angedeihen läßt, um sie für die moderne Welt zu trainieren, trägt böse Früchte. Tom gerät auf die schiefe Bahn und kann nur gerettet werden, als Louisa, die eine lieblose Ehe mit Bounderby eingehen mußte, in einer Krise sich ihres besseren Ichs besinnt und auch Gradgrind zur Umkehr bewegt. Dickens' böse Karikatur der Statistik-Manie der 40er Jahre muß allerdings mit Vorbehalten betrachtet werden. Reform- und Sanierungsmaßnahmen waren ohne zuverlässige Datenerhebungen gar nicht denkbar und machbar.

Dickens' Hard Times

Die Auswanderer in Ford Madox Browns Bild *The Last of England* (1855) blicken auf die langsam verschwindende englische Küste zurück.

Zu den herausragenden Beispielen des frühen Sozialromans gehören Charles Kingsleys *Alton Locke, Tailor and Poet* (1850) und Mrs. Gaskells *Mary Barton*. In beiden Fällen sind hier die über den *plot* hier angebotenen Lösungen wiederum der am wenigsten überzeugende Teil. Sowohl vom beengenden Calvinismus der Mutter als auch von der Chartisten-Demonstration 1848 tief enttäuscht, findet der dichtende Schneider Locke schließlich Frieden durch seine Bekehrung zum christlichen Sozialismus. Erlösung ist nämlich, ganz gemäß Carlyle, nicht von politischen Lehren oder Systemen, sondern nur vom inneren Wandel zu erhoffen: »For my part, I seem to have learned that the only thing to regenerate the world is not more of any system, good or bad, but simply more of the Spirit of God.« (Kap. 10, »How Folks Turn Chartists«). Der Fabrikbesitzer Carson versöhnt sich mit John Barton, dem sterbenden Mörder seines Sohnes. Mary Barton und Jem Wilson wandern nach Kanada aus.

Viel entscheidender als diese mit Carlylescher Ideologie behafteten Handlungen ist freilich die authentische Vergegenwärtigung der Arbeiterkultur in Dialogszenen und Beschreibungen. Sowohl die dialektgefärbten Dialoge realistisch und individualisierend dargestellter Figuren in *Mary Barton* als auch der autobiographische Bericht des Alton Locke stellen erstaunliche imaginative Grenzüberschreitungen der Autoren dar. Möglich werden sie durch einschlägige Erfahrungen – die Gaskell lebte in Manchester – und Nachforschungen. Wie sich der junge Alton Locke in seiner Phantasie aus dem gefängnisartigen Elend seiner Londoner Behausung befreit, gehört zu den bewegendsten Darstellungsleistungen der Erzählung.

Die Darstellung der Arbeiterkultur

Mittel der Sympathiewerbung

Wer um Sympathie wirbt, muß den Standpunkt des Sympathiebedürftigen verständlich machen. Unmittelbar Einblick zu geben in die Gefühls- und Gedankenwelt der Arbeiter ist deshalb das Anliegen der Gaskell: »But what I wish to impress is what the workman feels and thinks.« (*Mary Barton*, Kap. 3), bemerkt sie als Erzählerin. Weil der Roman multiperspektivisch angelegt ist, erlaubt er uns immer wieder Einblicke in die Bewußtseinsvorgänge der Arbeiter, sei es durch ihre Reden, sei es durch die Wiedergabe von Denkinhalten. Der Realismus der Gaskell ist also humanitär begründet. Einem Reisebericht oder Sozialreport ähnlich, ist sein Ziel die Vermittlung eines fremden Sozialraums. Noch nie zuvor waren in der englischen Romanliteratur die Unterschichten so massiv und aus so intimer Kenntnis heraus in den Mittelpunkt einer Erzählung gerückt worden. Eine ganze Reihe von Darstellungsverfahren erfüllt die Aufgabe, Sympathie zu stiften und über den fremden Sozialraum aufzuklären. Dazu gehören wertungsfreie, fast schon soziologische Bestandsaufnahmen von Einzelheiten (der Haushalt der Bartons), affektiv aufgeladene Schilderungen des Elends (Davenports Kellerloch), erklärende historisch-ökonomische Diskurse über den Klassengegensatz, vorwurfsvolle Klagereden, die auf der Klaviatur der Empfindungen des Lesers spielen, kontrastive Gegenüberstellungen von Armut und Reichtum und schließlich zahlreiche rührende Beispiele solidarischen Verhaltens und kultureller Betätigungen (Poesie, Naturkunde) in der Arbeitergemeinde. Weit entfernt davon, die Unterschichten als rauflustige, grobe, von Leidenschaften gepeitschte Masse möglicher Umstürzler darzustellen, stattet Gaskell diese, alles in allem genommen, mit eher vorbildhaften Zügen aus.

Charles Dickens und London

Charles Dickens

Dickens' Genialität verwandelt die Formen der viktorianischen Unterhaltungsliteratur in große Kunst. Darin liegt das Geheimnis seines Ansehens bei Kritikern und Lesern bis heute. Er stellt seine außerordentliche erzählerische Begabung in den Dienst volkstümlicher Formen wie Melodrama, Predigt und Komödie, um mit ihrer Hilfe die sich in der Metropole London verdichtende moderne Wirklichkeit zu erkunden. Durch moralische Vereinfachung bietet Dickens noch einmal eine Gesamtvision der komplexen modernen Wirklichkeit. Volkstümlicher Mentalität entspricht, wie ein Blick auf die zeitgenössischen Balladen lehrt, auch die neugierige, unvoreingenommene, faszinierte, keineswegs unkritische Hinwendung zu den Tatsachen der neuen städtischen und industriellen Welt. Indem Dickens vor allem die Londoner Bevölkerung und Gesellschaft zum eigentlichen Gegenstand seiner Romane macht – schon Zeitgenossen haben dies hervorgehoben –, erobert er für die englische Erzählkunst ein neues Terrain. Dickens hat mit Romanen wie *Oliver Twist* (1837–39) und *Bleak House* (1852–53) den Mythos London geschaffen, der bis heute nachwirkt. Sentimentale Übertreibungen, mangelnder Realismus, unerotische, engelgleiche Mädchen- und Frauengestalten, lockere Kompositionen – alle diese auch von der Kritik zu Recht genannten Mängel seiner Kunst ändern nichts daran, daß Dickens in der Landschaft der englischen Romankunst einzigartig dasteht. Seine künstlerische Wandlungsfähigkeit war beträchtlich. Während die pikareske Erzählung *The Pickwick Papers* (1836–37) noch an die Welt von Fielding und Goldsmith erinnert, gemahnt das düstere London des Abfalls und der Kriminalität im letzten vollendeten Roman, *Our Mutual Friend* (1864–65), schon an Joseph Conrads *The Secret Agent* (1907).

Der frühe Dickens erobert die Herzen des viktorianischen Lesepublikums als genauer Beobachter und sprachgewaltiger Erfinder komischer Figuren. Dickens, der leidenschaftliche Großstadtmensch, versieht seine Gestalten mit einer bisher nicht erlebten Vitalität, Energie und Geschwindigkeit. In *The Pickwick Papers* herrscht die heitere, gelöste Stimmung vor. Der große Erfolg dieser Erzählung hängt mit der illusionslosen Cockney-Figur Sam Weller zusammen, der den städtischen Überlebenskampf kennt, zugleich aber die Gutmütigkeit und das Ideal der Anständigkeit seines Herrn Pickwick respektieren lernt. Übermütige Sprachparodien stellen die Schwächen verschiedener Berufstypen bloß. Auch in *Nicholas Nickleby* (1838–39) begründen sich verselbständigende Szenen von umwerfender Komik den Unterhaltungswert des Romans, so etwa, wenn der des Lesens und Schreibens fast unkundige Squeers sich als Englischlehrer betätigt. Komik und pikareske Handlung werden hier aber einem melodramatischen Gestaltungsschema – die armen, tugendhaften Geschwister Nickleby fallen ums Haar den Anschlägen des verbrecherischen Finanziers und Onkels zum Opfer – eingefügt, das die sozialkritische Absicht des Romans trägt. Sozialkritik und Melodrama bilden im frühviktorianischen *age of transition* nicht unbedingt einen Widerspruch. Die raschen Umschwünge, die gesteigerte Unsicherheit des modernen Lebens und die eindrückliche Kraßheit der sozialen Gegensätze bieten sich darüber hinaus für eine melodramatische Gestaltung durchaus an. Ähnliches gilt für das bei Dickens so auffällige Theater- und Rollenspiel, das nicht nur die kindliche Phantasie des Autors bezeugt, sondern auch zu einer flüssig gewordenen Gesellschaftsstruktur paßt. Am Beispiel von Nells Flucht in den Tod auf dem Lande bestärkt Dickens in *The Old Curiosity Shop* (1840–41) seine Sicht des Stadt-Land-Gegensatzes. Im Gegensatz zum herrschenden ideologischen Schema der Zeit verknüpft er die Idylle des Landes mit dem Tod, London hingegen mit unbändigem Lebenswillen.

Der frühe Dickens: Komik und Melodrama

Dickens empfindet für London »the attraction of repulsion«. Das Monster, dessen Faszination man gleichwohl verfällt, fügt sich bruchlos in die Ästhetik des Erhabenen ein. Sie liefert Romantikern und Viktorianern die Kategorien, welche die ästhetische Bewältigung der bestürzenden Erfahrung

Panorama von London mit Blick auf St. Paul's, von Niels Lund (1901)

Die zweideutige Faszination Londons

der explodierenden Metropole und der Welt der Schlote erlauben. Entsprechend zwiespältig zwischen Zustimmung und Ablehnung, Faszination und Schrecken schwankend, ist Dickens' Londonbild. Sobald sich die Sozialkritik verdüstert und radikalisiert, nimmt London die Züge eines Molochs (»monster«) an, das seine Opfer verschlingt, eines Labyrinths, in dem sie hoffnungslos zugrundegehen. Oliver Twist (im gleichnamigen Roman), das dem Arbeitshaus entronnene Unschuldslamm, wird vor diesem Schicksal nur deshalb bewahrt, weil der Roman nicht nur als realistische Studie des Verbrechermilieus (Fagin, Sykes) und seiner bürgerlichen Entsprechungen, sondern auch als modernes Märchen angelegt ist. Die nicht nur bei den Londoner Kriminellen, sondern auch im bürgerlichen Milieu der Kleinstadt anzutreffende Herrschaft der Habgier, der Selbstsucht und des Eigeninteresses wird durch gegenläufige Kräfte in Gestalt des wohltätigen Mr. Brownlow auf wundersame Weise in die Schranken gewiesen. Die gehäuften Zufälle und Fügungen, einschließlich der Fähigkeit der entführten und gefangengesetzten Waise Oliver, trotz des teuflischen Fagin und der Unterwelt seine Unschuld zu bewahren, erklären nicht die Kraft des Romans. Diese hängt vielmehr mit Dickens' Gabe zusammen, den Blickpunkt des verfolgten Kindes mit großem Einfühlungsvermögen einzunehmen. London wird zur alptraumhaften Unterwelt, zum Modell der aus den Fugen geratenen modernen Wirklichkeit. Das Thema des verlorenen Kindes und die poetische Beschwörung kindlicher Ängste und Wunschträume verleihen auch *Great Expectations* (1860–61) und dem autobiographischen Roman *David Copperfield* (1849–50) ihre besondere Note.

Titelblatt zu Teil IV von Dickens' *David Copperfield*

Mit zunehmendem Alter vergrößert sich Dickens' kritische Distanz zur modernen Gesellschaft. Er bestätigt nicht die Selbstzufriedenheit des Hochviktorianismus. Dies ist wohl ein Zeichen für die feine Witterung des Autors und für das Zerbrechen seiner bisherigen bürgerlichen Existenz auf Grund einer Liebesaffäre. Schon *Dombey and Son* (1846–48) bietet statt der bislang üblichen lockeren Struktur eine thematisch einheitliche Vision der Gesellschaft, in deren Mittelpunkt London und der stolze, kalte, hartherzige Geschäftsmann Dombey steht. Dombeys Welt bildet ein System, in dem alles käuflich ist, von der Erziehung in einer Privatschule bis hin zur Ehefrau. Reservate menschlicher Wärme gehören meist einer älteren, überholten Zeit an. Der Verrat an den Werten der Liebe und der Mitmenschlichkeit treibt Dombey in die Selbstzerstörung, vor der ihn nur seine späte Reue rettet. Allerdings beurteilt der Autor die entfesselte Dynamik der Zeit, die er im hektischen Londoner Straßenleben und im Eisenbahnbau zur Anschauung bringt, nicht nur negativ. Im Chaos der Umwälzungen kündigt sich auch der Fortschritt an. Daß positiv gezeichnete Figuren wie der wackere Heizer Toodle in Eisenbahnmetaphern denken, ist nicht nur komisch, sondern soll auch Zustimmung zur neuen Zeit anzeigen. Diese ambivalente Haltung zur Modernisierung behält Dickens bis zu einem gewissen Grade auch noch in *Bleak House* bei. Während der allwissende Erzähler im dramatischen Präsens ein verächtliches, apokalyptisches Bild der Slums und korrupten Gerichtshöfe zeichnet, bietet Esthers persönliche Erzählung ein Gegengewicht hierzu, weil sie den Glauben an die Reformfähigkeit der Gesellschaft nicht preisgibt.

Verdüsterung im Spätwerk

Die Zeichenhaftigkeit der Großstadt

Daß es im Roman *Bleak House* von Waisen und verantwortungslosen Eltern nur so wimmelt, dazu von detektivischen und kriminalistischen Verfahren, zeigt gleichwohl, in welchem Maße seine Welt an die weitgehend pessimistische Gesellschaftsvision von *Little Dorrit* (1855–57), wo Einkerkerung und Gefängnis die zentralen Symbole sind, herangerückt ist. Das

Thema der Verstellung, der Maske, der doppelten Existenz, des verborgenen Verbrechens, überhaupt der Zeichenhaftigkeit der Großstadt, die ständiger Interpretationsaktivitäten bedarf, nimmt im Spätwerk von Dickens, zumal in *Our Mutual Friend*, immer mehr zu. Der nach London zurückgekehrte, angeblich ermordete John Harmon verbirgt sich unter einer anderen Identität; Boffin gibt vor, vor der Macht des Geldes kapituliert und sich in einen Geizkragen verwandelt zu haben; Bradley Headstone führt tagsüber das Leben eines wohlanständigen Lehrers, während er nachts aus verzehrender Leidenschaft und zurückgewiesener Liebe die Verfolgung seines Rivalen aufnimmt – gewiß das stärkste, psychologisch treffendste Bild des Romans. Auch das Zeichen des Geldes führt in die Irre. Es verweist auf den zerstörerischen Materialismus der neuen Welt, den der Roman wiederum im Zeichen des Abfalls (»dust«) symbolisiert. Bis zum Ende seiner Karriere hält Dickens nämlich an der Botschaft der Liebe fest und an der Strategie, durch das Wecken von moralischen Empfindungen diese Botschaft im Herzen der Leser zu verankern.

Illustration von Phiz zu *David Copperfield*. Ein Lehrer an der Schule Salem House spielt auf der Flöte.

Realismus bei Thackeray, Trollope und Meredith

Kritik an Dickens

Dickens' melodramatische, humoristische und sentimentale Verwandlung der Welt stößt bei einigen zeitgenössischen Romanciers auf Kritik. Wohl nicht zuletzt unter dem Einfluß der französischen Vorbilder Balzac und Flaubert werfen Thackeray, Trollope und George Eliot dem ansonsten bewunderten Meister Mangel an Realismus vor. Thackeray besteht auf der wahrheitsgetreuen Darstellung der menschlichen Natur und rügt deshalb Dickens' humoristische Verformungen der Erfahrungswirklichkeit: »For instance Micawber appears to me an exaggeration of a man, as his name is of a name. It is delightful and makes me laugh: but it is no more a real man than my friend Punch is« (Brief vom Mai 1851). Eliot tadelt Dickens' »preternaturally virtuous poor children and artisans, his melodramatic boatmen and courtezans« (aus »The Natural History of German Life«, 1856), und Anthony Trollope ironisiert in *The Warden* (1855) die melodramatischen Stereotypen des Sozialreformers Dickens (»Mr. Sentiment«): »[...] his good poor people are so very good; his hard rich people so very hard;« (Kap. 15). Trollope durchschaut dabei durchaus, daß die Verwendung schreiender Farben entscheidend zur breiten Wirkung der Dickensschen Appelle beiträgt.

Daraus wird auch schon deutlich, daß der Vorwurf des mangelnden Realismus oft – zumindest bei Thackeray und Trollope – verbunden ist mit deutlicher Distanz zum Ethos der radikalen Reform und seiner volkstümlichen Ausdrucksformen. Der Arzt und entschiedene Reformer Bold in *The Warden* muß zu seinem Leidwesen erfahren, daß die von ihm ausgelöste Pressekampagne gegen die Privilegien des Pfarrers und Stiftungsverwesers Harding diesen, einen persönlich völlig integren Mann, zutiefst verletzt. Thackeray stellt seine ans Zynische grenzende Analyse des gehobenen Bürgertums und des niederen Adels schon allein mit dem Titel *Vanity Fair* (1847–48), d.h. Jahrmarkt der Eitelkeit, vor den Horizont herkömmlicher Moral und Menschenkritik. Das Geschick des Menschen, seine Natur, sei es nun einmal, im Weltgetriebe eine unrühmliche Rolle zu spielen. Keiner kommt ungerupft davon. Eine wirklich reformerische Perspektive ist bei diesem Ansatz nicht zu entdecken. Frei von anklagend-sozialkritischem Pathos, nimmt der Realismus jetzt eine distanzierte, nüchterne, ironische, auch melancholisch-resignative und idyllisch-weltflüchtige Haltung zur gesellschaftlichen Wirklichkeit ein. Vom wirtschaftlichen und ideologischen Opti-

Illustration zu Thackerays *Vanity Fair*

mismus der Zeit 1850–1870 ist also in der literarischen Gegenkultur, die sich bis heute als bedeutend behauptet hat, wenig zu spüren. Man hält an den Werten der Familie, des Heimes und der Moral fest, die von der ungezügelten Jagd nach dem Geld und nach mehr Sozialprestige gefährdet sind. Man propagiert, bei aller Kritik, eben doch die Überzeugungen des viktorianischen Bürgertums.

Thackerays frühe Parodien

Mit seiner sehr gezielten Kunst verfeinert Thackeray die Methoden des Realismus. Wie schon bei Cervantes und Fielding erwächst bei ihm die besondere Wirklichkeitsnähe aus der parodistischen Zurückweisung vorgegebener stereotyper Gattungen, Figuren und Stile. Bis zur Veröffentlichung seines Meisterwerkes *Vanity Fair* betätigt sich Thackeray vor allem als Parodist und als Verfasser von Skizzen, die den genau beobachtenden Maler Thackeray verraten. In *The Yellowplush Papers* (1837–38) parodiert Thackeray die *novel of fashion*, und *Novels by Eminent Hands* (1844–45) besteht gar aus Parodien auf fast alle populären Gattungen und Autoren der Zeit. Seine Essays und Skizzen (*The Paris Sketch Book*, 1840; *The Irish Sketch Book*, 1843), vor allem *The Snobs of England* (1846–47; 1848 als *The Book of Snobs*), eine Sammlung ironischer Charakterporträts, zeigen, wie Thackeray sich die Kunst der treffenden Beschreibung aneignet. Wenige aussagekräftige Einzelheiten vermögen schon am Anfang von *Vanity Fair* eine ganze soziale Welt anzuzeigen. Rhetorischen Überschwang und rhetorische Fülle, die Dickens in beschreibenden Abschnitten aufzubieten pflegt, findet man bei Thackeray nicht.

Der junge Thackeray

Thackeray steht beim Entwurf von *Vanity Fair* das Vorbild der realistischen Malerei vor Augen. Der ursprünglich ins Auge gefaßte Untertitel des Werkes lautet *Pen and Pencil Sketches of English Society.* Ziel der Darstellung ist ein Panorama der Mittel- und Oberschichten Englands. Eine Gesellschaft, die im wesentlichen aus selbstsüchtigen, geldgierigen Snobs besteht, läßt sich aber mit dem Romanzenschema der Heldengeschichte nicht zutreffend darstellen. Thackerays »novel without a hero« verabschiedet deshalb die Figur der moralisch integren, situationsmächtigen Hauptfigur, die noch Defoe (*Robinson Crusoe*) glaubhaft zu gestalten vermochte. In der modernen, säkularisierten Welt ist der Jahrmarkt der Eitelkeit auch nicht mehr wie bei Bunyan (*The Pilgrim's Progress*) eine Durchgangsstation auf dem Wege zum himmlischen Jerusalem, sondern eine Endstation. Das Perpetuum mobile dieses Dauerzustandes wird von Eitelkeit, Geldgier und dem Kampf um eine hohe gesellschaftliche Stellung angetrieben. Über die Grundabsicht seines Romans äußert sich Thackeray wie folgt: »What I want is to make a set of people living without God in the world (only that is a cant phrase) greedy pompous mean perfectly self-satisfied for the most part and at ease about their superior virtue.« (Brief vom Juli 1847) Gemäß diesem Ansatz führt Thackeray eine ganze Galerie übler Charaktere vor, die allerdings ihre moralische Abwertung teilweise mit faszinierender, für die moderne Welt eben typischer Energie kompensieren. Becky Sharp etwa schreckt vor nichts zurück, um Reichtum und eine angenehme gesellschaftliche Position zu erobern. Eben diese Energie geht den besseren Charakteren ab.

Eine heillose Gesellschaft

Ein Roman ohne »Held« und moralisch-poetische Gerechtigkeit

Thackerays Realismuskonzeption führt zu weiteren, das damalige Publikum zunächst verstörenden Neuerungen. Dem Roman fehlt nicht nur ein Held im alten Sinne, er verwirft auch die von Dickens in der Regel eingehaltene Romanzenkonvention der poetischen Gerechtigkeit. Das raffinierte Luder Becky Sharp wird am Ende für seine Intrigen und zweifelhaften Manöver keineswegs bestraft. Die Heiraten, gerade auch die zwischen der unbedarften, tränenreichen Amelia Sedley und Major Dobbin, gleichen eher Parodien als wirklichen *happy endings*. Entscheidend ist darüber hinaus, daß der im Titel ausdrücklich betonte moralische Bewertungsstandpunkt des auktorialen Erzählers gleichsam selbst von der allgemeinen Mobilität erfaßt wird und ins Rutschen gerät. Von daher erklären sich die gelegentlich zweideutig-schwebenden Ironien des Romans. Insbesondere im Blick auf Becky Sharp, die skrupellos ihre Ziele verfolgt, schwankt der Erzähler zwischen moralischer Kritik und unverhohlener Faszination. Im folgenden Beispiel ist nicht klar, ob die ironische Wendung »poor dear Rebecca« das gezeigte Verständnis für Beckys Initiative in Liebesdingen wieder zurücknehmen soll oder nicht: »But, you see, poor dear Rebecca had all this work to do for herself. [...] if a dear girl has no dear Mamma to settle matters with the young man, she must do it for herself.« (Kap. 4) Reichen für die Orientierung und das Handeln in der modernen Welt moralische Prinzipien noch aus? Eben diese Frage wirft die auktoriale Unsicherheit auf. Nicht Entrüstung oder Handlungsbereitschaft will der Erzähler beim Leser auslösen, sondern Melancholie angesichts eines Schauspiels menschlicher Unzulänglichkeiten, das in unterschiedlichen Kostümen immer wieder aufgeführt wird. Das gründlich gestörte Weltverhältnis des Melancholikers, seine Distanz, seine Kritik, seine verhaltene Trauer, seine gelegentliche Heiterkeit finden Ausdruck in jenen quasi-satirischen, sentimentalen und pessimistischen Tönen des Erzählers, die seinem Moralisieren beigemischt sind (»the general impression is one more melancholy than mirthful«, Vorwort »Before the Curtain«). Melancholie stellt sich ein, weil die utopische Hoffnung auf eine nachhaltige Besserung der Weltverhältnisse im Namen eines pessimistischen christlichen Menschenbildes aufgegeben wird und der Handelnde, weil ohnmächtig, zum bloßen Betrachter wird, der das Unabänderliche mehr resignierend als belustigt in Augenschein nimmt.

Melancholie

Eine zwiespältige Erzählerhaltung ist beim allwissenden Erzähler des 18. Jahrhunderts, der sich einem traditionellen Moralsystem verpflichtet fühlt, kaum anzutreffen. Das ändert sich im 19. Jahrhundert. Im Gefolge der allgemeinen Ausdifferenzierung der Wissenschaften, der politischen Programme, der Weltanschauungen usw. und des Zusammenbruchs einer verbindlichen Metaphysik wird das Bewußtsein der Autoren von Zweifeln und Unsicherheiten heimgesucht. Die neu entstehende auktoriale Ambiguität von Autoren wie Thackeray, Trollope und Thomas Hardy ist deshalb wohl nicht nur auf charakterliche Widersprüche zurückzuführen, sondern auch auf das zeittypische Meinungsklima des Zweifels.

Auktoriale Zweideutigkeit

Festgehalten werden muß jedenfalls, daß der Erzähler Anthony Trollope sichtlich gespalten ist, wenn er zwischen konservativen und reformerischen, politischen und unpolitischen Positionen schwankt. In *The Warden* (1855) zieht freilich mit Mr. Harding, dem Kantor und Verwalter des Altenheims, die zwischen den Fronten stehende unpolitische Person die meiste Sympathie auf sich. Am individuellen Fall offenbaren sich erst die Probleme der Reform. Das Dilemma des Kantors besteht darin, daß unbestechliche individuelle Moral vor schuldhaftem Verhalten nicht schützt, wenn man unreflektiert Teil eines zweifelhaften Systems von Privilegien ist. Recht und Moral decken sich für Harding nicht, als er zu entscheiden hat, ob sein ansehnliches Gehalt als Verwalter einer alten kirchlichen Stiftung ihm oder den Insassen des Altenheims gebührt. Trollopes besondere Stärke liegt in der Darstellung der Gewissenskonflikte von Menschen, die unter gesellschaftlichen Druck geraten sind.

Recht und Moral in Trollopes The Warden

Trollopes Ruhm gründet sich auf zwei Gruppen von Werken, die sechs *Barchester Novels* (u.a. *The Warden*; *The Last Chronicle of Barset*,

Politische Thematik

1866–67) und die sechs *Palliser Novels* (z.B. *Can You Forgive Her?*, 1864–65, *Phineas Redux*, 1873–74). Erstere spielen in der fiktiven Kathedralenstadt Barchester und rücken die privilegierten Institutionen der anglikanischen Kirche in den Mittelpunkt; letztere führen in die Sphäre der großen Politik. Aber die Vorstellung, daß Trollopes Frühwerk lediglich die behagliche Welt der englischen Provinz ausbreitet, die sich erfolgreich gegen den Einbruch der Moderne zur Wehr setzt, trügt. Schon *The Warden* ist ein kluges Werk, das mit außerordentlichem Scharfblick die Zusammenhänge zwischen beruflichem und gesellschaftlichem Code aufdeckt. Wohl als erster englischer Romancier rückt Trollope die Macht der Presse und der veröffentlichten Meinung ins Blickfeld (*The Warden*). In seinem größten Roman, *The Last Chronicle of Barset*, sind Armut, Not und Verzweiflung unübersehbar. Die moralische Strenge der fast tragischen Hauptfigur Crawley, die anderen und sich selber Leid zufügt, wird von Trollope respektiert. Denn er fürchtet offenkundig die Instabilität, die Gesellschaft und Bürgern droht, wenn sie ohne die Stütze eines in der Moral verankerten gesellschaftlichen Codes leben.

Trollopes Kunst

Trollopes Kunst des nüchternen, unaufdringlichen Erzählens wird leicht unterschätzt. Was ihr an mythopoetischer Phantasie abgeht, macht sie durch die Weltklugheit und moralische Standfestigkeit ihres sozialen und psychologischen Realismus wieder wett. Unbekümmert stellt sie die Fiktionalität der Geschichte bloß, wenn der Erzähler sich offenherzig über sein Handwerk äußert oder einzelne Lesergruppen für besondere Ansprachen aussondert. Eine verhalten ironische Distanz wird so geschaffen, die Einsicht befördert und vorschnelle Einfühlung behindert. Melodramatische Schwarz-Weiß-Zeichnungen fehlen. Wie Trollope die Einsamkeit des kalten Erfolgsmenschen (Sir Abraham Haphazard) oder die konservative Rhetorik des eifrig um Privilegien kämpfenden Dr. Grantly zur Anschauung bringt, spricht für die Qualitäten eines Erzählers, der sich der Erfahrung öffnet. Das zeigt auch eines seiner späten Werke (*The Way We Live Now*, 1875), in dem er in einer Atmosphäre der Düsterkeit unerbittlich das unredliche Gebaren der Finanzwelt offenlegt und damit gänzlich neues Terrain betritt.

George Meredith im Alter von 80 Jahren

George Merediths Schaffen umspannt die gesamte zweite Jahrhunderthälfte. Die Einordnung des Dichters, Theoretikers (*On the Idea of Comedy and of the Uses of the Comic Spirit*, 1877) und Romanciers ist nicht leicht und wird durch eine sehr schwankende Rezeption nicht einfacher. Unbestritten ist allerdings die Bedeutung des Romans *The Egoist* (1879), in dem Meredith allem Anschein nach ohne jede Rücksicht auf das Publikum seine persönlichen Probleme – er wurde von seiner ersten Frau verlassen – und theoretischen Einsichten aufarbeitet und erprobt. Allein schon an diesem Roman lassen sich alle jene Eigenschaften ablesen, die Meredith mit der Vormoderne verbinden. Als einer der ersten männlichen Schriftsteller Englands vertritt er ganz bewußt die Ziele der Frauenbewegung. Seine Fähigkeit, die empfindlich gewordene Reaktion von Frauen auf patriarchalische Verhältnisse nachzuzeichnen, ist beachtlich. Diese Bewußtheit entspringt einer Intellektualität, die ihn ganz deutlich von Dickens oder auch Thackeray abhebt. Mit ihm, der auf Henry James nicht zufällig großen Eindruck macht, bahnt sich jene Trennung von bürgerlichem Lesepublikum und Künstler an, die dann für die Moderne so charakteristisch ist. Angestoßen durch das Dilemma, dem Reflexionsstand der *science* gerecht zu werden und zugleich – gegen *science* und populären Roman – einen eigenen künstlerischen Bereich abzugrenzen, ergreift der Prozeß der Arbeitsteilung nun auch das Romanschreiben. Im Falle von Meredith führt das zu einem Stil, der mit seinen zahlreichen Abstrakta in Verbindung mit gesuchten Metaphern und verschachtelten Sätzen gelegentlich glanzvoll wirkt, häufiger aber den Eindruck des Gequälten und Angestrengten macht. Einfache Informationen wie die, daß die Komödie mit modellartigen Figurenkonstellationen arbeitet und keiner Detailfülle bedarf, erreichen schon im ersten Abschnitt von *The Egoist* den Leser erst auf Umwegen:

> Comedy is a game played to throw reflections upon social life, and it deals with human nature in the drawing-room of civilized men and women, where we have no dust of the struggling outer world, no mire, no violent crashes, to make the correctness of the representation convincing. Credulity is not wooed through the impressionable senses; nor have we recourse to the small circular glow of the watchmaker's eye to raise in bright relief minutest grains of evidence for the routing of incredulity. The Comic Spirit conceives a definite situation for a number of characters, and rejects all accessories in the exclusive pursuit of them and their speech.
>
> (»Prelude«)

Der Roman *The Egoist* spielt verschiedene Dreierbeziehungen durch, um das Thema des Egoismus zu beleuchten. Die übliche Romanzenhandlung wird parodiert, der Gentleman Sir Willoughby Patterne, hinter dessen gekonnter sentimentaler Rhetorik sich die Leere des egoistischen Parasiten verbirgt, ist nur der äußeren Form nach das Muster eines Gentleman. Clara Middleton, die für Meredith den zivilisierenden Geist der Komödie verkörpert, durchschaut Willoughbys hinter Posen verborgenen Machtanspruch und bevorzugt gegen den Willen ihres Vaters einen anderen Partner. Sie vollbringt damit einen Akt der Befreiung aus den gesellschaftlichen Konventionen wie vor ihr Constantia Durham. Mit dieser ironischen Umkehrung einer Romanzenfabel verbindet Meredith, wie schon in den Landschaftsbeschreibungen von *The Ordeal of Richard Feverel* (1859), die Sprache psychologischer Erkundung, die unbewußte Motive aufdeckt.

Romane von Frauen. Jane Austen, die Brontës, George Eliot

Roman und Frauenbewegung

Obwohl an der Entstehung des realistischen Romans im frühen 18. Jahrhundert auch heute weniger bekannte Frauen beteiligt gewesen sind, üben erst im 19. Jahrhundert Autorinnen einen entscheidenden Einfluß auf die Entwicklung der Romanliteratur aus. Dies geschieht in zweifacher Hinsicht. Einmal erweitern sie, wie Jane Austen, die Brontës oder George Eliot, das thematische und technische Terrain der Gattung Roman schlechthin. Zum anderen leihen sie der weiblichen Erfahrung eine neue, selbstbewußter gewordene Stimme. Die im politischen Raum langsam entstehende Frauenbewegung macht sich durch ein gesteigertes Problembewußtsein bemerkbar, zu dem umgekehrt wiederum die literarischen Erfindungen (*Jane Eyre, Middlemarch*) beitragen. Der Umbau der patriarchalisch geordneten Gesellschaft setzt in der zweiten Jahrhunderthälfte ein und ist bekanntlich bis heute noch nicht abgeschlossen. Erste juristische Schritte in Richtung auf das Ziel der Gleichberechtigung gestehen der Frau das Recht auf Scheidung und auf die Verwaltung des eigenen Vermögens zu (Matrimonial Causes Act, 1857; Married Women's Property Act, 1870, 1882). Stellungnahmen einflußreicher Intellektueller gegen die Unterdrückung der Frau mehren sich (John Stuart Mill, *The Subjection of Women*, 1869). Unter dem Einfluß der Franzosen und Henrik Ibsens wendet sich ein Großteil der Schriftsteller der Jahrhundertwende der Frauenfrage zu. Der Typus der *new woman* über-

Die Emanzipation der Frau in der Parodie: Klubfrauen im Jahre 1878. *Punch*, 1891 (George Du Maurier)

nimmt alle jene männlichen Eigenschaften und Handlungsnormen, die man der viktorianischen Frau abzusprechen pflegte: berufliche Kompetenz, Sportlichkeit, Mut, Interesse für die Wissenschaft, völlig selbständige Partnerwahl. Von diesem politisierten Selbstverständnis der Frauenrolle ist bei Jane Austen und dem Roman des 19. Jahrhunderts mit Ausnahme der selbständigen Partnerwahl freilich noch kaum etwas zu spüren.

Das Vorbild Richardson

Sieht man auf die großen Namen und Werke der Romangeschichte, dann ist die moderne weibliche Perspektive eigentlich eine Erfindung von Männern. Gruppenbildungen nach dem Geschlecht des Autors haben deshalb nur einen sehr begrenzten Aussagewert. Von Defoe (*Moll Flanders*) und Richardson (*Pamela*) stammen jene Frauenfiguren, die sich kraft ihrer Schläue oder moralischen Standfestigkeit in einer von Männern beherrschten Welt behaupten können. Richardsons Modell des Liebesromans, das sich in der Folgezeit durchsetzt und noch die Anlage der Austen-Romane bestimmt, sieht eine bedrängte, um ihre moralische und gesellschaftliche Absicherung ringende Frau vor. Die Lösung kann, wie in *Clarissa*, realistisch-tragisch ausfallen. Nachhaltiger wirkt allerdings die Kombination aus psychologischem Realismus und romanesk-utopischem Ende. Die abschließende Liebesheirat bedeutet hier zugleich den gesellschaftlichen Aufstieg der Frau (*Pamela*). Sie erfüllt sichtlich bürgerliche und weibliche Wunschträume.

Die Verfeinerung des Liebesromans bei Jane Austen

Just an diesen Typus des Liebesromans knüpfen die Erzählungen der Jane Austen an, zumal *Pride and Prejudice* (1813) und *Emma* (1816). Allerdings wird in der Welt der Austen das Moment der sexuellen Aggressivität und Erotik heruntergespielt. Der Konflikt wird verfeinert und auf die Frage zugespitzt, wie Persönlichkeit und Lernfähigkeit der Heldin – Elizabeth in *Pride and Prejudice*, Emma in *Emma* – und des Helden beschaffen sein müssen, damit die soziale Kluft zwischen den Partnern überwunden werden kann. Die Liebe macht das Unmögliche möglich. Sie löst einen Rollentausch aus. Der Gentleman wirbt um die gesellschaftlich bescheidener situierte

Frau. Darüber hinaus wird das Problem der zu überwindenden Hindernisse von der Ebene der Standesunterschiede, die freilich nie ihre Bedeutung einbüßen, auf die Ebene des Psychologischen, des Moralischen und der Erkenntnis – man denke an Elizabeths Vorurteile gegenüber Darcy – verlagert. Daß materielle Erwägungen für die Frau ebenfalls eine wichtige Rolle spielen, versteht sich bei Jane Austen von selbst.

Jane Austen

Mit ihren klaren moralischen Begriffen und Verhaltensvorschriften blikken die Romane der Jane Austen zurück auf das 18. Jahrhundert, mit ihrer Darstellungstechnik der objektiven, dramatischen Erzählweise nehmen sie moderne Entwicklungen vorweg. Die Austen verschreibt sich dem Prinzip der modellartigen Reduktion, das übrigens an die moderne, realitätsbezogene Idylle erinnert: »3 or 4 Families in a Country Village is the very thing to work on«, schreibt Jane Austen am 9. September 1814 an Anna Austen. Sie strebe Miniaturporträts an. Der Erzähler bzw. die Erzählerin mißt nun die Beziehungen innerhalb der Familie, zwischen den Familien und zwischen den Liebenden an einem System von Tugenden und Handlungsnormen, das der Aufklärung entstammt. Die Sprache des Romans ist deshalb durch und durch von argumentativen Sprechmustern und moralischen Begriffen geprägt. Elizabeth Bennett (*Pride and Prejudice*) beharrt auf begrifflicher Klarheit und lehnt beschönigende Deutungen ab. Selbstsucht darf nicht mit Weltklugheit, Sicherheit nicht mit Glück verwechselt werden. Charlotte Lucas hat mit ihrer Geldheirat diese Prinzipien verraten, weil ihre opportunistische, kühle Berechnung die Gebote des Herzens mißachtet. Eine glückliche Ehe bedarf nämlich der tiefen gegenseitigen Achtung und Zuneigung. Elizabeth und offenbar auch der Autorin Austen schwebt eine Zivilisation vor, in der geistige und materielle Werte, gesittetes, diszipliniertes Verhalten und sinnliche Energie sich harmonisch verbinden. »Happiness in marriage« (*Pride and Prejudice*) ist ihr Ziel. Denn die Ehe verbindet Sinnlichkeit und Moral, Form und Energie. Sie garantiert die Festigkeit und Fortdauer der zivilisierten Gesellschaft.

Das moralische Wertesystem

Spannend an der Erzählkunst der Austen ist nun, daß diese Sprache der klaren moralischen Unterscheidungen eine klare Orientierung keineswegs immer garantiert. Nicht nur charakterliche Mängel wie bei Charlotte Lucas, George Wickham und Lydia Bennett verhindern die Verwirklichung idealer Handlungsnormen. Auch mangelnde Erkenntnis, die Unfähigkeit, Schein und Sein zu unterscheiden, verursacht Konflikte und Leid. Zeichen können in die Irre führen. Das große Thema von *Pride and Prejudice* ist der Schock der Erkenntnis. Ein Brief Darcys klärt Elizabeth über den wahren Charakter des charmanten Abenteurers Wickham auf. Ums Haar hätte sich Elizabeth im Netz ihrer eigenen falschen Deutungen verstrickt. Bei Jane Austen bedarf es schon besonderer Anstrengungen, um der Wahrheit und dem moralischen Schema am Ende zum Durchbruch zu verhelfen. Der Wirklichkeitsbegriff beginnt sich zu verflüssigen, in Bewußtseinsvorgänge und eine hermeneutische Deutungsvielfalt aufzulösen. Die Autorin versetzt ihre Figuren in einen Raum, der so gut wie ausschließlich aus Reden, Meinungen und Interpretationen der Beteiligten besteht. Über das Äußere der Personen und die Dingwelt, die sie umgibt, erfahren wir sehr wenig. Behält der Erzähler notwendige Informationen für sich, dann begegnet uns die szenisch vermittelte Romanhandlung als gegenwärtiger Vollzug, der in den Reden, Meinungen und Deutungen der Romanfiguren vorangetrieben wird, erscheinen diese nun in direkter, indirekter oder in erlebter Rede. Die Verwendung der erlebten Rede bei Jane Austen ist revolutionär und unterstreicht den privaten Charakter ihrer Welt und die Modernität ihres Erzählens. In der Welt der

Meinungen, Zeichen, Deutungsvielfalt

Jane Austen gibt es, obwohl die Autorin in einer Zeit rascher gesellschaftlicher Umwälzungen lebte, übrigens keine geschichtlichen Auseinandersetzungen oder neue Denksysteme, die beunruhigend oder erleuchtend in das Schicksal oder in das Bewußtsein der Figuren eingreifen. Das mag ein Nachteil sein. Die Austen entschädigt mit ihrer Kunst, im witzigen, ironisch kommentierten Dialog Alltagssituationen mit bemerkenswerter Natürlichkeit und Leichtigkeit zu vergegenwärtigen und in eine wohlmotivierte Abfolge zu bringen. Ihre Version des Realismus gilt heute als klassisch. Zu dieser Einschätzung gehört auch die Erkenntnis, daß ihre ideologisch und weiblich eingefärbten Handlungskonstruktionen der Heldin Geschenke anbieten, die spätere Realisten nicht mehr geben können: materielle Absicherung, moralische Integrität, sozialen Aufstieg und individuelle Emanzipation gleichzeitig. Ihre Romane illustrieren ideale Lebensläufe (Modellbiographien), wie sie in zeitgenössischen didaktischen Schriften für Frauen empfohlen werden.

Klassischer Realismus

The Brontë Sisters von Branwell Brontë

Von den Schwestern Anne Brontë, Charlotte Brontë und Emily Brontë hat Charlotte mit bemerkenswerter Energie die eingeschränkte Rolle der Frau am eindrücklichsten zur Sprache gebracht. In *Jane Eyre* (1847) kämpft sich die Waise Jane an einer strengen Mädchenschule durch, um schließlich als Hauslehrerin die Liebe eines ungestümen Herrn (Rochester) zu gewinnen, der seine verrückte erste Frau, eine Kreolin von den Westindischen Inseln, auf die Bühne seines Hauses verbannt hat. In *Shirley* (1849) wird der sanften Caroline Helstone gar der Beruf der Hauslehrerin verboten, während die Erbin Shirley Keelder die Freiheit und den Mut hat, eine eigene Partnerwahl zu treffen. Fällt schon bei Charlotte Brontë die Atmosphäre der Leidenschaftlichkeit und Gewalttätigkeit auf, dann prägt diese in der düsteren, an die Schauerromantik erinnernden Welt von Emily Brontës *Wuthering Heights* (1847) den ganzen Roman. Erneut begegnet hier das Motiv des Gefängnisses. Wie die ältere, ungezähmte Catherine sich im zivilisierten Thrushcross Grange als Gefangene fühlt, empfindet die zweite Catherine den Hof Wuthering Heights trotz der dort herrschenden Leidenschaft ebenfalls als Gefängnis. Wilde Natur und beengende kulturelle Ordnung stehen sich

Die herbe nordenglische Landschaft, in der sich das Drama von *Wuthering Heights* abspielt: Haworth, West Yorkshire.

gegenüber, aber beide Wertbereiche sind weder ausschließlich positiv noch ausschließlich negativ besetzt. Moralische Einteilungen taugen nicht mehr. Wie in Mary Shelleys *Frankenstein* und Dickens' *Our Mutual Friend* wird vielmehr ein Zusammenhang zwischen Leiden und Aggression hergestellt. Heathcliffs bösartige Racheakte verweisen auf die Demütigungen seiner Jugend. Emily Brontës düstere Yorkshire-Landschaft, ihr völlig entfesselter, geheimnisvoller Protagonist Heathcliff und der gehobene, nicht umgangssprachliche Stil bilden eine Welt der Romanze, die über drei Erzähler (Lockwood, Nelly, Zillah) höchst komplex vermittelt wird. Obwohl sich das Drama der Sturmhöhe außerhalb der Gesellschaft abspielt, scheinen hier in visionärer Weise nicht nur unterdrückte sexuelle, sondern auch gesellschaftliche Energien und Konflikte der viktorianischen Zeit freigesetzt zu werden.

Gewalt und Leidenschaft

George Eliot

Zur Frauenbewegung des 19. Jahrhunderts unterhält George Eliot (Pseudonym für Mary Ann Evans, später Marian Evans) zwiespältige Beziehungen. Sie erhofft sich eine Verbesserung des Loses der Frauen weniger durch die Gewährung politischer Rechte als durch Bildungsanstrengungen. Frauen sollen auf dem Gebiet der intellektuellen Bildung dem Manne ebenbürtig sein, aber nicht unbedingt dessen berufliche Positionen übernehmen. Trotz des Verzichts auf eine Karriere kann die gebildete Frau nach Eliot nämlich aufgrund ihrer liebenswürdigen Menschlichkeit und Mütterlichkeit einen wohltätigen Einfluß auf die Gesellschaft ausüben. Karrierebewußte Frauen wie beispielsweise die Sängerin Alcharisi in *Daniel Deronda* (1874–76) setzen sich demgegenüber dem Vorwurf der Selbstsucht und der Gefühlsarmut aus. Ohnehin veranschaulichen die Romane der Eliot nicht lediglich Frauenprobleme. Enttäuschungen, Versagungen und Verfehlungen, die Frauen erdulden oder verschulden, sind vielmehr Ausdruck menschlicher Grundgegebenheiten in einer moralisch unvollkommenen Welt. Kein Wunder, daß die feministische Kritik mit George Eliot oft unzufrieden ist. Gleichwohl verkennt man natürlich nicht, daß ihr monumentales, intellektuell anspruchsvolles Werk und ihr unorthodoxer Lebenswandel – sie geht eine Verbindung mit dem verheirateten Wissenschaftler Lewes ein – übliche Rollenvorstellungen widerlegen und das Ansehen der Frau außerordentlich mehren.

Nicht nur in der Frauenfrage, auch in der Frage der Säkularisierung sind Leben und Werk Eliots von paradigmatischer Bedeutung. Unter dem Einfluß des Skeptizismus und des Freidenkertums gibt sie das evangelikal ausgerichtete Christentum ihrer Jugendzeit auf. In diesem Zusammenhang ist der deutsche Einfluß hervorzuheben, der in ihrem Werk ohnehin allenthalben spürbar wird. Sie übersetzt bahnbrechende Werke von Ludwig Feuerbach (*Das Wesen des Christentums*, 1841, englische Übersetzung 1854) und David Friedrich Strauß (*Das Leben Jesu*, 1835–36, englische Übersetzung 1846). Der durch philosophische und naturwissenschaftliche Erkenntnisse ausgelöste Glaubensverlust hat bei ihr allerdings, was typisch für das viktorianische Streben nach einem festen Halt inmitten allgemeiner Auflösungserscheinungen ist, ein um so hartnäckigeres Beharren auf moralischen Normen zur Folge.

Der neue deutsche Walzer, nach einer Karikatur von George Cruikshank. Nicht nur der Walzer und die Musik, auch deutsche Literatur und Philosophie wurden von englischen Gebildeten des 19. Jahrhunderts stark beachtet.

Solche Suche nach Stabilität rückt ihr Frühwerk in die Nähe der realitätsbezogenen Idylle. Der Weber Silas Marner, ein Opfer der Industrialisierung und eines engen, freudlosen Puritanismus, findet im altmodischen Dorf zu sich selbst und zur Gemeinschaft zurück (*Silas Marner*, 1861). Das Ziel der Neugeburt von Marner ist ein idyllischer Zustand (»home«), den vertraute Idyllenmotive wie der Kirchgang, die Liebe zum Kind, der Garten, der Dialekt, der heilsame Einfluß der Natur u.a. ästhetisch beglaubigen. Schon in *Adam Bede* (1859) ist ein Dorf, nämlich Hayslope, als pastorales Modell

George Eliot

einer begrenzten, vertrauten ländlichen Welt zu verstehen. Eliot weiß mit ihren ländlichen Bildern nostalgische Sehnsüchte der Leser zu befriedigen, obwohl Leid und Tod aus diesen Romanen keineswegs ausgespart sind.

Von dieser Konzeption des elegisch getönten Regionalromans rückt George Eliot in ihrem Meisterwerk *Middlemarch* ab. Der Roman betrauert nicht ausdrücklich oder unausdrücklich, wie so viele Regionalromane in der Nachfolge Scotts, das Ableben einer durch den Modernisierungsprozeß überholten Lebensform. Er rekonstruiert vielmehr die krisenhafte historische Phase Englands bis zur Reform Bill 1832 im Spiegel der Provinzgesellschaft, um im Zusammenstoß der Mentalitäten verschiedener Persönlichkeiten die konkreten Bedingungen und Grenzen von Reformbestrebungen aufzuzeigen. Das Thema der Reform und der Widerstände, die sie zu überwinden hat, bestimmt etwa die kontrastiv und parallel geführten Geschichten von Dorothea Brooke und Tertius Lydgate. Ist der menschenfreundlichen, bildungshungrigen Dorothea wenigstens auf der Ebene von Privatkontakten ein bescheidener Erfolg vergönnt, so repräsentiert der Arzt Lydgate mit seinen Krankenhausplänen gleichsam das Scheitern des utopischen Experiments. Der theoretisch begabte Wissenschaftler und Idealist Lydgate verfängt sich in den Fallstricken des Alltags, der Konvention und einer verfehlten Ehe.

Psychologischer Realismus und Multiperspektivik

Es ist das Besondere des Eliotschen Realismus, daß er utopischen Idealismus zwar an der Wirklichkeit mißt, seinen Vertretern (z.B. Dorothea) aber keineswegs die Sympathie entzieht. Bei allem Realismus schreckt die Verfasserin entschieden davor zurück, Moral, Sinn oder Hoffnung als gänzlich unvereinbar mit der gesellschaftlichen Wirklichkeit zu betrachten. Ihre Vorstellung eines realistischen Schriftstellers umschreibt Eliot in *Adam Bede* folgendermaßen:

> [...] my strongest effort is to avoid any such arbitrary picture, and to give a faithful account of men and things as they have mirrored themselves in my mind. The mirror is doubtless defective; the outlines will sometimes be disturbed, the reflection faint or confused; but I feel as much bound to tell you as precisely as I can what that reflection is, as if I were in the witness-box narrating my experience on oath.
>
> (Kap. 17, »In Which the Story Pauses a Little«)

Das Bemühen um sympathiestiftende Objektivität, welche die subjektive Sicht des Erzählers durchaus anerkennt (»in my mind«), führt bei Eliot zum psychologischen Realismus und zur Multiperspektivik. Wenn man dem Handeln jedes Charakters gerecht werden will, ist es dringend geboten, auch in sein Bewußtsein einzudringen und seine Motive ans Licht zu heben. Das geschieht in *Middlemarch* etwa mit großer Ausführlichkeit bei Bulstrode, den vergangene Schuld quält. Völlige Objektivität ist indes ausgeschlossen. In der häufig vorkommenden semiotischen Metaphorik ihrer Romane gleicht das Leben einem Text, der von den Romanfiguren falsch ausgelegt wird und zu Mißverständnissen Anlaß gibt. Die Sprache schützt davor am wenigsten. Sie verstrickt den Handelnden in ihren Metaphern und Unklarheiten. Dennoch hält Eliot an einer übergeordneten Erzählinstanz fest und damit an der Überzeugung, daß Erzählerurteile Verbindlichkeit beanspruchen. Erkenntnistheoretischer Skeptizismus und Subjektivitätsargumente untergraben in *Middlemarch* noch nicht die Autorität der sich wissenschaftlich gebenden Erzählerinstanz. Ihre oft ironische Stimme übertönt alle anderen, auch wenn sie nicht mehr für sich beansprucht, unbezweifelbare Wahrheiten zu formulieren.

Fortschrittsglaube und Kulturkritik. Zur Prosa der Viktorianer

Sinn- und Orientierungsbedarf

Die durch den Abbau der Metaphysik, die raschen historischen Veränderungen und die Auflösung der noch im 18. Jahrhundert gültigen Synthese von Wissenschaft, Kunst und Gesellschaft erzeugte Offenheit schafft im 19. Jahrhundert einen starken Sinn- und Orientierungsbedarf. Diesen befriedigen in der viktorianischen Zeit einige Prosaschriftsteller, die teilweise – wie Thomas Carlyle und John Ruskin – den Rang von Propheten erlangen, auf die man allenthalben hört. Ihre kulturkritischen Analysen des Zeitalters beschreiben nicht nur die Nachtseiten – entfremdende Arbeitsteilung, Materialismus, Mangel an geistigen Werten – des im Zeichen des liberalen Laisserfaire ins Werk gesetzten Modernisierungsvorgangs. Sie urteilen auch auf der Grundlage von Wert- und Sinnvorstellungen, die sie in einem schwer definierbaren literarischen Zwischenbereich, der weder der Philosophie noch der strengen Fachwissenschaft zuzurechnen ist, formulieren. Indem sie die Probleme mit leidenschaftlicher Anteilnahme versprachlichen und bewußt machen, liefern sie der zeitgenössischen Diskussion, aber auch der Literatur, die Stichworte. Insgesamt kann man in den ideologischen Debatten der viktorianischen Kultur drei Positionen unterscheiden, die in Wechselwirkungen zueinander stehen: die religiöse, die liberal-fortschrittliche und die kulturkritische. Das größte moralische und literarische Gewicht entwickelt dabei ohne Frage die Kulturkritik. Trotz aller sonstigen Unterschiede sind sich Carlyle, Ruskin, Arnold und Pater in der Ablehnung des mechanistischen und materialistischen Weltbildes der Utilitaristen um Bentham einig. Auch geschichtlicher Fortschritt und Freiheit, die Grundkonzepte des Liberalismus, werden einer kritischen Prüfung unterzogen.

Drei Positionen

Religiöses Schrifttum

Allerdings darf man nicht übersehen, daß im viktorianischen England das religiöse Schrifttum zumindest quantitativ eine führende Rolle spielt. Vom ersten Platz wird es erst 1886 durch Romane verdrängt. Im Gegensatz zu den Künstlern und Intellektuellen ist das englische Bürgertum jener Zeit noch weitgehend vom Geist des evangelikalen und puritanischen Protestantismus geprägt. Sehr einflußreich ist dabei der von John Wesley begründete Methodismus. Anpassungen an liberale und soziale Strömungen sind in der Theologie bei John Frederick Denison Maurice (*Theological Essays*, 1835) zu beobachten, der mit seinem christlichen Sozialismus erheblichen Einfluß auf Charles Kingsley ausübt. Noch wichtiger als Anpassungs- und Öffnungsbestrebungen der *Broad Church* sind allerdings Versuche der anglikanischen Hochkirche, durch die Wiederbelebung des alten Ritus und die Vertiefung der Religiosität das kirchliche Leben zu erneuern und zu einem Bollwerk gegen den Zeitgeist des Liberalismus auszubauen. Angestoßen wird die Erneuerungsbewegung des *Oxford Movement* durch John Kebles Predigt »National Apostasy« (1833), geistig geführt wird sie von John Henry Newman, der 1845 allerdings zum Katholizismus übertritt. Newmans Schriften sind ein geistiges und literarisches Ereignis. In bemerkenswerter Folgerichtigkeit und Wahrheitsliebe entwickelt er eine traditionalistische Gegenposition zum Liberalismus und Agnostizismus zeitgenössischer Intellektueller. Er gibt zu, daß es außer der irrationalen persönlichen Überzeugung keinen Beweis für die Existenz Gottes gebe (»apart from an interior and unreasoned conviction, there is no cogent proof of the existence of God«). Die katholische Kirche und ihre organische Tradition sind für Newman die wahren Erben

Kardinal Newman

John Henry Cardinal Newman

des göttlichen Geistes und der Urkirche. Protestantischen Angriffen begegnet er in *Lectures on the Present Position of Catholics in England* (1851) mit glänzender satirischer Rhetorik, in *Apologia pro Vita Sua* (1864) mit einer würdevollen, sehr bewegenden autobiographischen Darstellung seines von Gewissenskonflikten begleiteten Weges vom Protestantismus zum Katholizismus. Quer zur Tendenz der Zeit liegt auch sein Bildungsideal. Er wirbt in der Schrift *The Idea of a University* (1873) für den umfassend gebildeten Gentleman, obwohl – oder gerade weil – in der zeitgenössischen Geschichts- und Naturwissenschaft das spezialisierte, fachbezogene Studium sich rasch durchsetzt.

Die gedanklich und literarisch eindrucksvollsten Vertreter der in der viktorianischen Kultur vorherrschenden liberal-fortschrittlichen Position sind der Politiker und Historiker Thomas Babington Macaulay und der Philosoph John Stuart Mill. Alle spätere und zeitgenössische Kritik an ihnen, so berechtigt sie im einzelnen ist, hat nichts daran geändert, daß diese beiden Autoren in Theorie und Praxis einen entscheidenden Beitrag zum Selbstverständnis und zur Festigung des westlichen Parlamentarismus und Liberalismus geleistet haben. Macaulay ist führend an der Gesetzgebung zur Abschaffung der Sklaverei (1833) beteiligt, Mill setzt sich aktiv für die Frauenbewegung und die Ausweitung des Wahlrechts ein. Mit ihren Werken und Taten setzen Macaulay und Mill die aufklärerische Tradition fort, wobei gerade Mills Pluralismus den Verlockungen einer einheitlichen, totalitären Vernunft widersteht (*On Liberty*, 1859). Denn jede ernsthafte Meinung, so Mill, muß geduldet werden, trägt sie doch zum Bau des Hauses der Wahrheit bei.

Macaulays optimistische Sicht der Geschichte

Macaulays Essays über bedeutende Persönlichkeiten der englischen Geschichte und Literatur (Walpole, Bacon, Clive, Byron u.a.) sind von seiner optimistischen, whiggistischen Sicht der Historie geprägt, die schon von Arnold und Carlyle mit Mißtrauen betrachtet wird, keineswegs aber immer den nüchternen Blick für die Tatsachen vermissen läßt. Er versteht Geschichte als stetigen Fortschritt, als stetige Verwirklichung vorwärtsgerichteter Träume. Materiell, aber auch kulturell sei die Geschichte Englands der letzten 150 Jahre eine unvergleichliche Erfolgsstory. Gegenüber konservativem Pessimismus, der die Modernisierungsvorgänge seit dem 16. Jahrhundert als Verlustgeschichte deutet, weil die Menschen einen relativ bescheidenen Zugewinn an Freiheit und materiellem Wohlstand mit einem nicht wiedergutzumachenden Verlust an sinnhaften, befriedigenden menschlichen Beziehungen bezahlt hätten, macht er folgende Gegenrechnung auf:

> We prophesy nothing; but this we say: If any person had told the Parliament which met in perplexity and terror after the crash in 1720 that in 1830 the wealth of England would surpass all their wildest dreams, that the annual revenue would equal the principal of that debt which they considered as an intolerable burden, that for one man of ten thousand pounds then living there would be five men of fifty thousand pounds, that London would be twice as large and twice as populous, and that nevertheless the rate of mortality would have diminished to one-half of what it then was, [...] that stage coaches would run from London to York in twenty-four hours, that men would be in the habit of sailing without wind, and would be beginning to ride without horses, our ancestors would have given as much credit to the prediction as they gave to *Gulliver's Travels*. Yet the prediction would have been true.
>
> (Aus Macaulays Rezension von Southeys *Colloquies*, 1829)

Daß dieses auf Zahlen fixierte Geschichtsbild ebenso wahr wie einseitig ist, daß es merkwürdig blind ist für die gefährliche Zweideutigkeit des Projekts der Moderne, liegt auf der Hand. In Macaulays whiggistischer Deutung der englischen Nationalgeschichte sind die Glorious Revolution von 1689 und die Reform Bill von 1832 die entscheidenden Wendepunkte. Sein historiographisches Hauptwerk *History of England* (1849, 1855) konzentriert sich deshalb auf die Vorgeschichte und den geglückten Vollzug der bürgerlichen Revolution, die mit Hilfe des Helden Wilhelm von Oranien den fürstlichen Absolutismus beseitigt und die parlamentarische Regierungsform zur Geltung bringt. Zur Popularisierung seines Geschichtsbildes übernimmt Macaulay ganz gezielt Romantechniken. Im Wechselspiel mit philosophischen Partien ergeben farbige Charakterporträts, Naturschilderungen und spannende Szenen ein überaus lesbares Werk, dessen Erfolg überwältigend war.

Verwissenschaftlichung

Auf weitere Geschichtsschreiber wie James Anthony Froude, Henry Thomas Buckle, William Edward Hartpole Lecky und William Stubbs sei hier nur hingewiesen. Insgesamt zeichnet sich bei ihnen mit Ausnahme von Froude, der Geschichte als Kunst betrieb, eine Tendenz zur Verwissenschaftlichung der Historiographie ab. Man versucht entweder, Gesetzmäßigkeiten im Zivilisationsprozeß herauszuarbeiten, oder, wie Stubbs unter deutschem Einfluß, quellenkritisch abgesicherte Spezialwerke zu verfassen.

Der Liberalismus Mills

Der vorherrschende Grundzug des englischen Denkens im 19. Jahrhundert wird eindrucksvoll durch das Werk John Stuart Mills repräsentiert. Mill bekräftigt in *A System of Logic* (1843) die Tradition des englischen Empirismus, indem er Erfahrung und Induktion als entscheidende Verfahren der Wissensgewinnung verteidigt und die Kategorie der Kausalität als grundlegendes Erklärungsprinzip hervorhebt. Seine politischen und volkswirtschaftlichen Anschauungen folgen durchweg liberalen Grundsätzen. In seiner Unterstützung der Freiheit, des Privatbesitzes, der empirischen Wissenschaft und des Glücksstrebens geht der Reformer Mill weit über den engen Utilitarismus seines Vaters hinaus, weil er auch den Wert konservativer Positionen (Coleridge) und vor allem der literarischen Gefühlskultur ausdrücklich anerkennt. Das Kapitel »A Crisis in My Mental History« seiner bedeutenden *Autobiography* (1873) ist ein bewegendes Zeugnis für die heilsame Wirkung der romantischen Naturdichtung im geistigen Werdegang des Denkers.

Dieses Carlyle-Medaillon wurde von dem präraphaelitischen Künstler Thomas Woolner hergestellt.

Mill und Carlyle sind die großen Antipoden des viktorianischen Geisteslebens. Als sich Carlyle nach 1840 mehr und mehr zum konservativen Radikalen entwickelt, der die liberale Weltanschauung als »philanthropic twaddle« entschlossen bekämpft, schlägt die anfängliche Freundschaft in Gegnerschaft um. Der späte Carlyle tritt offen für autoritäre Lösungen ein. Die Wiederherstellung der durch aufklärerischen Skeptizismus und Materialismus zerstörten kulturellen und gesellschaftlichen Ordnung ist nach Carlyle nur von einer verantwortlich handelnden geistigen Elite zu erhoffen. Nur sie vermöge eine Antwort darauf zu geben, wie leere Freiheitsräume mit sinnvoller Arbeit aufzufüllen seien. Für Carlyle erschöpft sich Freiheit nicht in der Ausübung des Wahlrechts. Ein Mensch, der zur Wahl geht, kann nach Carlyle substantiell unfreier sein als ein römischer Sklave, der eine religiöse Revolution in Gang setzt. Aus der Annahme der Unmündigkeit eines Großteils der Bevölkerung leitet er gar seine Weigerung ab, die Forderung nach Ausweitung des Wahlrechts zu unterstützen. Solches in seiner unerbittlichen Strenge bizarr anmutendes Ordnungsdenken hindert Carlyle nicht daran, scharfsichtige, überaus einflußreiche Zeitdiagnosen zu verfassen. Genauer: ohne diese kulturkritischen Diagnosen sind seine dogmatischen Gegenvorstellungen gar nicht verständlich.

Der konservative Radikale Carlyle

Carlyle und der deutsche Idealismus

Der Begegnung mit dem deutschen Idealismus (Fichte, Schiller, Goethe), der die schöpferische Autonomie des menschlichen Geistes herausarbeitet, verdankt Carlyle entscheidende Anregungen für seine Kulturkritik und Geschichtsbetrachtung. Wenn Gesellschaft und Kultur nicht das Produkt äußerer Bedingungen, sondern schöpferischer Individuen sind, kommt alles darauf an, bei den erforderlichen Reformen am Individuum selbst anzusetzen. Vorbildliche Dichter und Denker entdeckt Carlyle in Deutschland. Zumal Goethe, dessen *Wilhelm Meister* er übersetzt, bedeutet ihm viel. Von Haus aus strenger Calvinist, der im Klima des schottischen Empirismus und Skeptizismus seinen Glauben verliert, findet Carlyle im idealistischen System der Deutschen eine neue Sicherheit und Geborgenheit. Von dieser Bekehrung handelt vor allem das der Romanliteratur zuzurechnende Werk *Sartor Resartus. The Life and Opinions of Herr Teufelsdröckh* (zuerst in *Fraser's Magazine* 1833–34). Im Rahmen der fiktiven Biographie des Herrn Diogenes Teufelsdröckh, Professor an der Universität Weißnichtwo, die mit Elementen der Satire, der Predigt und des Entwicklungsromans durchsetzt ist, entwikkelt Carlyle am Beispiel der Philosophie der Kleider die von Fichte übernommene Weltdeutung des Idealismus. Geschichte, Kultur und Institutionen, ja die Materie selbst, sind danach als zeitlich sich wandelnde Erscheinungsformen, d.h. Kleider, des Geistes zu betrachten. Als reiner Geist ist der Mensch nur den ihm von Gott eingeschriebenen Gesetzen unterworfen. Das berühmte Buch II zeichnet Carlyles eigene geistige Reise von der mechanistischen Weltinterpretation Newtons und Lockes über die Zwischenstation der Krise der Gleichgültigkeit zur Bejahung der spirituellen Natur des Menschen nach (»The Everlasting Yea«). Er erkennt, daß die geistige Bestimmung des Menschen in der schöpferischen Arbeit liegt.

Der Vorwurf der Mechanisierung

Nach dem Vorbild der deutschen Philosophie und Geistesgeschichte versucht Carlyle nun, seine Zeit in Begriffe zu fassen und als Erscheinungsform eines geistigen Prinzips zu verstehen. Dazu bedarf es eines metaphorischen Sprunges. In dem bedeutenden Essay »Signs of the Times« (1829) sieht Carlyle allenthalben, von den Menschen bis hin zu den zahlreichen sich bildenden Organisationen, das Prinzip des Mechanischen am Werk. Indem er Begriff und Bild des Mechanischen auch zur Beschreibung der vorherrschenden geistigen Haltung verwendet, begibt er sich auf die Ebene der Kulturkritik. Die geistige Mechanisierung, so Carlyle, sei der Tod des Individuums und der zum Objekt degradierten Natur:

> Not the external and physical alone is now managed by machinery, but the internal and spiritual also [...] Men are grown mechanical in head and in heart, as well as in hand. They have lost faith in individual endeavour, and in natural force, of any kind. Not for internal perfection, but for external combinations and arrangements, for institutions, constitutions, – for Mechanism of one sort or other, do they hope and struggle. Their whole efforts, attachments, opinions, turn on mechanism, and are of a mechanical character.
>
> (»Signs of the Times«, 1829)

Statt Sorge zu tragen für die Seele und den Geist des Menschen, bemühen sich die Reformer um Veränderungen in den Mechanismen des politischen Systems, beschränkt sich die staatliche Gesetzgebung darauf, dem Eigeninteresse der Bürger einen möglichst großen Spielraum zu schaffen. Die wahre Lösung der sozialen Probleme erfordert für Carlyle aber die innere Bildung des Individuums unter der Anleitung eines geistig-ethisch überzeugenden Führers (*On Heroes, Hero-Worship and the Heroic in History*, 1841). Wahrer Fortschritt in der Geschichte ist das Werk der großen Individuen, jener religiösen, kulturellen und politischen Helden, welche die göttliche Idee verkörpern. Chaos entsteht, wenn die Führungsschicht, seien es die Aristokraten oder die neuen Industriekapitäne, ihrer geistigen und sozialen Verantwortung nicht gerecht werden (*Chartism*, 1839). Diese Leitgedanken bestimmen auch Carlyles Geschichtsdarstellungen, zumal die dramatisch und satirisch ausgestaltete Erzählung über die Französische Revolution (*History of the French Revolution*, 1837), und die mit unkritischer Bewunderung verfaßten Biographien über große historische Persönlichkeiten (*Oliver Cromwell's Letters and Speeches*, 1845; *History of Frederick II of Prussia*, 1858–65).

Die Rolle des Helden

Carlyles Bevorzugung der angeblich organischen, geistige Werte verwirklichenden Gesellschaft des Mittelalters bedeutet keine grundsätzliche Absage an die außerordentliche Verbesserung des Wissens, der Produktion und der Bildungsmöglichkeiten in der Moderne. Die Kontrastierung von Vergangenheit und Gegenwart in dem überaus einflußreichen Werk *Past and Present* (1843) hat vielmehr zwei Funktionen. Durch sie gewinnt der Kulturkritiker die zur Erkenntnis des Wesens der eigenen Zeit notwendige Distanz. Darüber hinaus schafft die von Hoffnungen gelenkte Erinnerung ein gleichsam utopisches Gegenbild, das dem Handelnden als Leitbild und Orientierung dienen kann. Ein solches ist beispielsweise der tatkräftige Abt Samson von St. Edmundsbury, der ein heruntergekommenes Kloster reformiert.

Zwei Funktionen des Mittelalters

John Ruskins Rückwendung zum Mittelalter und seine leidenschaftliche Ablehnung liberaler Wirtschaftspolitik verbinden ihn deutlich mit Thomas Carlyle. Wo Carlyle dem heroischen Individuum die Rolle des Ordnungsstifters in einer aus den Fugen geratenen Welt zuweist, setzt Ruskin – wie später die Verfechter des Wohlfahrtsstaates – auf staatliche Maßnahmen, um den Arbeitern ein gesichertes Einkommen und einen festen Arbeitsplatz zu garantieren. Glück durch sinnvolle Arbeit, diese Zielvorstellung einer kulturkritisch ausgerichteten Reform, ist nämlich nach Ruskin mit den herrschenden Prinzipien des Wettbewerbs und der mechanisch-perfekten Fertigungsweise nicht zu verwirklichen. Ruskin vollzieht seine Wende vom glanzvollen Kunstkritiker zum utopischen Gesellschaftskritiker und Reformer endgültig in den vier gegen Mills *Principles of Political Economy* (1848) verfaßten Essays *Unto this Last* (1860). Dieser Schritt ist in seiner Kunstkonzeption angelegt. Ruskin gesteht der Kunst keine Autonomie zu, sondern versteht sie als interpretierende Nachahmung der Natur und vor allem als Ausdruck der moralischen und gesellschaftlichen Verfassung ihrer Entstehungszeit. Verschlechtert sich diese, so Ruskin, dann nimmt auch die Kunst Schaden: »The rise and fall of Venetian Gothic art depends on the moral or immoral temper of the state« (*The Stones of Venice*, 1851–53).

John Ruskin. Photographie von Lewis Carroll

Schon in seinem ersten großen Werk, *Modern Painters* (1834), bindet Ruskin den Wert wahrer Kunst an die Moral. Diese Verkoppelung erklärt eine Reihe von Fehlurteilen. Ruskin wird vor allem der großen Kunst der Renaissance, die gewiß nicht das Produkt einer sonderlich moralischen Zeit war, nicht gerecht. In *Modern Painters* geht es ihm aber um die Aufwertung der zeitgenössischen englischen Landschaftsmalerei, zumal der William Turners, dessen Kunst er bescheinigen kann, die Natur als Erscheinungsform göttlicher Schönheit und Erhabenheit angemessen zur Darstellung gebracht zu haben. Wie auch der hymnische Lobpreis auf die Alpen anzeigt, folgt Ruskins Ästhetik dem romantischen Vorbild, verpflichtet die künstlerische Naturdarstellung aber auch auf wissenschaftliche Beobachtungsgenauigkeit und eine moralische Sinndimension.

Die große Leistung der beiden Werke *The Seven Lamps of Architecture*

Das Vorbild der mittelalterlichen Gotik

(1849) und *The Stones of Venice* (I, 1851; II, 1853) ist die Beschreibung und theoretische Rechtfertigung der mittelalterlichen Gotik. Dies geschieht besonders eindrücklich im Abschnitt »The Nature of Gothic« des zweiten Bandes von *The Stones of Venice*. Da es die Funktion der Kunst ist, die Natur nachzuahmen, die Natur aber nicht aus meßbaren Gegenständen besteht, sondern aus vitaler Energie, läßt sich eine so verstandene Natur nur mit organischen Formen angemessen darstellen. Die Maschinenästhetik der viktorianischen Ingenieurskunst (Glaspalast, Dampfschiffe) genügt mit ihren geometrischen Formen nicht dem Anspruch einer solchen organischen Ästhetik. Anders steht es mit der Gotik. Als Ausdruck eines christlichen Menschenbildes, das die Unvollkommenheit der gefallenen menschlichen Natur ausdrücklich anerkennt, strebt sie in der Einzelausführung etwa der Ornamente nicht nach technisch-mechanischer Perfektion. In der mittelalterlichen und christlichen Freiheit zur Unvollkommenheit, in der Anerkennung individueller Abweichungen, zeigt sich für Ruskin gerade die Überlegenheit gotischer Kathedralen. Deren Kunst ist nicht sklavisch. Sie folgt nicht mittels strikter Arbeitsteilung dem verfehlten modernen Ideal mechanisch-maschineller Perfektion, das dem Arbeiter eine entfremdende Arbeit aufzwingt und ihn damit als ganzheitliches Wesen zerstört. Im Gegensatz zur Maschine ist für Ruskin darüber hinaus die Hand des Künstlers das einzige Instrument, das die komplexen, dynamischen Formen der Natur gestalten kann. In »The Nature of Gothic« ergibt also die vergleichende Analyse moderner Kunst- und Produktionsweisen mit denen des Mittelalters einen beeindruckenden sozial- und kulturkritischen Erkenntnisgewinn, der William Morris und die *arts-and-crafts*-Bewegung des Jahrhundertendes entscheidend beeinflußte.

Kritik des Industrialismus

Die Analyse von »The Nature of Gothic« führte den späten Ruskin folgerichtig zu einer schärferen Verurteilung der Maschine und des Industriezeitalters (*The Crown of Wild Olives*, 1866, 1873; *Time and Tide*, 1867; *Fors Clavigera*, 1871–84). »There is no wealth but life«, betont Ruskin. Aber dieses Leben, von der körperlichen Gesundheit bis zur schöpferischen Kraft der Seele, droht der Häßlichkeit und Umweltverschmutzung einer mechanisierten Welt zum Opfer zu fallen. Ruskin unterschätzt offenkundig die Anpassungsfähigkeit des Menschen und die Vitalität großstädtischer Kulturen. Gleichwohl haben sein pastorales Ideal des einfachen Lebens in einer heilen ländlichen Umgebung und seine Vision unentfremdeter Arbeit – beide versuchte er im utopischen Experiment der St. George's Guild zu verwirklichen – lange nachgewirkt.

Bildung und Kultur als zentrale Werte bei Arnold

In gemäßigterer Form als Thomas Carlyle übernimmt Matthew Arnold in der zweiten Jahrhunderthälfte die Rolle des Kulturkritikers. Gegen liberales Laisser-faire betont er die Wichtigkeit der Kultur und eines staatlichen Bildungswesens. Nur sie vermögen eine bloß auf *self-interest* gegründete Wirtschaftsgesellschaft in ein wahrhaft zivilisiertes und geordnetes Gemeinwesen zu überführen.

Arnold findet in seiner melancholischen, von einem zerrissenen Subjekt sprechenden Naturlyrik nicht den erhofften Trost. Aus diesem Scheitern zieht er spätestens 1858 den Schluß, daß er mit Prosaschriften den Boden für eine erneuerte Gesellschaft und damit auch für die Wiederkehr großer lyrischer Kunst bereiten müsse. In seiner Literaturkritik (»Preface« zu den *Poems*, 1853; *Essays in Criticism* (First Series), 1865) geht Arnold von der Überzeugung aus, daß die Literatur ein Teil der Zivilisation und der Gesellschaft ist. Rede über Literatur handelt deshalb notwendig auch von dem jeweiligen Zustand der Gesellschaft. Entscheidend ist nun, daß Arnold der Literatur, zumal den großen Werken der antiken Meister Homer und Vergil,

Literaturkritik

eine den Geist formende Macht zuschreibt. In einer Zeit der Fragmentarisierung vermöge sie zudem Maßstäbe zu setzen und Orientierung zu geben. Aufgabe einer recht verstandenen Literaturkritik ist es deshalb, herausragende Erzeugnisse des Geistes zu erkennen und zugänglich zu machen. Verantwortungsvolle Literaturkritik bereitet auf diese Weise eine neue Epoche schöpferischer Literatur vor. Arnold sieht deshalb eine Wechselwirkung zwischen imaginativer Literatur und Kritik. Während beispielsweise die vorbildliche Kunst des europäischen Kontinents (Goethe u.a.) aus einem großen Wissensvorrat schöpfe, mindere unzureichendes Wissen – so Arnold – den Wert der Gefühlsliteratur der englischen Romantik. Einer lebendigen Kultur dient übrigens nicht der parteiische Ideologe, sondern der objektive, kenntnisreiche Kritiker. Ebensowenig bedeuten Dichtung und Literatur als Kritik des Lebens (»*a criticism of life*«, *Essays in Criticism*), daß Sprachkunst satirische oder gar didaktische Aufgaben zu erfüllen hätte. Große Kunst ist vielmehr eine Quelle der Wahrheit und als solche für den Empfangenden ein Medium dauerhafter Erkenntnis und Freude. Dichtung zeichnet eine »magical power« aus. Im Gegensatz zur *science* vermag ihre Interpretation in uns einen frischen, vollen und neuen Eindruck der Dinge zu schaffen. Arnold traut ihr aufgrund dieser Macht gar zu, in Zukunft die Funktion der Religion zu übernehmen.

Matthew Arnold

Für bessere Bildung

Arnolds Literaturkritik ist ein wichtiger Baustein im Gebäude seiner umfassenden Gesellschafts- und Kulturkritik, die zuerst 1861 im einleitenden Essay (»Democracy«) des Buches *The Popular Education of France* formuliert wird. Der Schulinspektor Arnold legt hier als Auftragsarbeit einen offiziellen Bericht über das Erziehungswesen Frankreichs vor. Arnold erkennt die Schlüsselrolle des Erziehungswesens für eine sich rasch demokratisierende Gesellschaft. Er beklagt die Insularität und Rückständigkeit der englischen Kultur. Dahinter steht ein handfester politischer Grund. Das durch Klassenkonflikte drohende Chaos kann für Arnold nämlich nur vermieden werden, wenn eine Elite die Erziehung des Bürgertums und der Massen in die Hand nimmt. Wähler müssen das selbständige Denken lernen. »Get Geist« oder »sweetness and light« (*Culture and Anarchy*, 1869) lauten

Rechenunterricht 1891, für den kein Schulgeld zu bezahlen ist.

deshalb seine Forderungen. Mit solchen Schlagworten führt Arnold einen schriftstellerischen Feldzug, in dem er das Bürgertum von der Notwendigkeit eines staatlichen Bildungssystems (das es damals noch nicht gab) überzeugen möchte. Nur Kritik, Wissen, kann England in einer Epoche des raschen Wandels die nötige Orientierung geben (»The Function of Criticism at the Present Time«, 1865). Arnold beklagt, daß das selbstgerechte, philisterhafte englische Bürgertum seine kulturelle Führungsaufgabe nicht wahrnimmt.

Die Lyrik der Viktorianer

Überblick

Eine von Dante Gabriel Rossettis Illustrationen zu Tennysons »Palace of Art«

Die viktorianische Lyrik steht nicht zufällig gerade in ihren besten Stücken im Zeichen der Zeit, des Wandels und des Verlusts. Überraschen kann das in einem Zeitalter, das sich ausdrücklich als *age of transition* empfand, nicht. John Clare, Matthew Arnold, Alfred Lord Tennyson und Algernon Swinburne umkreisen und variieren immer wieder die Erfahrungen der Gewalt, der Zeit und des Verlusts. Häufig erscheint dabei die allgemeine Trennungserfahrung im Spiegel eines persönlichen Verlustes und umgekehrt. Der Verlust des Freundes, der Geliebten oder des Glaubens wird so zum gültigen Zeichen einer ganzen Epochenerfahrung. Diese Funktion erklärt, warum Gedichte wie *In Memoriam* (Tennyson), »Thyrsis« (Arnold), »The Triumph of Time« (Swinburne) und »Dover Beach« (Arnold) zu Schlüsselgedichten des Jahrhunderts werden konnten. Auf weniger sichtbare Weise bestimmt diese Erscheinung der raschen Auflösung jeglicher Sicherheit aber auch den neuen Stellenwert der Themen Religion, Kunst und Liebe. Um Zweifel und Verunsicherung zu entgehen, kehren einige Dichter zu religiöser Lyrik zurück (Christina Rossetti, Coventry Patmore, John Keble, Gerard Manley Hopkins). Der Rückzug in ein autonomes, von der Welt abgehobenes Reich der Kunst, der sich schon bei Keats und beim jungen Tennyson abzeichnet, wird im Ästhetizismus des Fin de siècle vollends zum allgemein anerkannten Verfahren. Wo alle öffentlichen Verbindlichkeiten zu zerbrechen drohen, wird schließlich der Privatbereich Liebe mehr und mehr als einzige Möglichkeit wahrhafter Existenz verstanden (Matthew Arnold, »Dover Beach«; Elizabeth Barrett Browning).

Elegie, Idylle, Lied

Ein Leben, das als fortgesetzte Trennungserfahrung begriffen wird, bedarf poetisch der Formen der Elegie, der Idylle und des Liedes. Sie sind in der Tat außerordentlich wichtige Gestaltungsweisen der lyrischen Kunst des 19. Jahrhunderts. In ihnen kann die melancholische Trauer über den Verlust elegisch, idyllisch und liedhaft beschworen und zugleich überwunden werden. In den Literaturgeschichten meist unbeachtet, feiern insbesondere die Formen der Idylle eine beachtliche Renaissance (Tennyson, »English Idyls«, *Idylls of the King*; Arnold, »The Scholar-Gypsy«, 1853; Clough, *The Bothie of Tober-na-Vuolich*, 1848). Die moderne Verwandlung der antiken Gattung führt zu vier Spielarten, dem pastoralen Lied (»Come down, o maid ...« aus Tennysons *The Princess*, 1847), der realitätsbezogenen, im Dialekt gehaltenen Ekloge (Tennyson, »Northern Farmer – New Style«), der pastoralen Elegie (Arnold, »Thyrsis«) und der epischen Idylle (*Idylls of the King*).

Das Verhältnis der viktorianischen Dichter zu ihrer eigenen Gegenwart ist widersprüchlich und gebrochen. Es schwankt zwischen elegisch-melancholischem Rückzug in mittelalterliche oder idyllische Traumwelten und energischer Bejahung von Tatkraft, faustischem Streben und Lebensmut (vgl. Tennysons berühmten dramatischen Monolog »Ulysses« und Brownings dramatische Monologe). Brownings auffällige Sonderstellung hängt mit seiner Fähigkeit zusammen, auch als Dichter ein vergleichsweise optimistisches Weltbild zu bewahren und mit bemerkenswerter Energie im dramatischen Monolog Charaktere aufzubauen und zu enthüllen. Typischer ist allerdings das Pendeln zwischen zweifelnder, ja verzweifelnder Unsicherheit und ideologischer Befestigung (Tennyson, Swinburne), zwischen radikaler Selbstoffenbarung (Barrett Browning) und Verbergen des Ichs in dramatischen Rollen. Der psychologisch nuancierte dramatische Monolog Brownings muß gleichwohl als entscheidender Beitrag der Viktorianer zur lyrischen Kunst Englands angesehen werden. Er führt deutlich über romantische Traditionen, die ansonsten das Bild der viktorianischen Lyrik prägen, hinaus.

Melancholie und Energie

Stoffe aus der Geschichte oder der Mythologie, die in viktorianischer Dichtung besonders häufig genutzt werden, sind mit dem Realismus des zeitgenössischen Romans durchaus vereinbar. Das lehren vor allem die dramatischen Monologe Brownings. Die Besonderheit präraphaelitischer Kunst (Dante Gabriel Rossetti) hängt damit zusammen, daß sie realistische Detailgenauigkeit an metaphysischen Gegenständen erprobt. Wenn dann ein salopper Gesprächston mit modernen Stadtszenen kombiniert wird wie in der bemerkenswerten Brieflyrik Cloughs (»Amours de Voyage«, 1858), ist der Weg zur Moderne nicht mehr weit. Auch das erzählerische Verfahren des Romans wirkt auf die Lyrik ein. Großräumige Gedichte von Tennyson und Morris sind Verserzählungen, während umgekehrt Brownings *The Ring and the Book* (1868–69) mit seinem Verfahren, einen Kriminalfall aus der Sicht verschiedener Sprecher und Perspektiven zu vergegenwärtigen, in gewisser Weise moderne Erzählformen vorwegnimmt.

Realismus

Melancholie und Energie. Frühviktorianische Versdichtung

Das revolutionäre Feuer und der Naturglaube der romantischen Dichter weichen bei den Viktorianern häufig Zweifeln, Melancholie und Resignation. Man spürt zu Recht, daß die Stellung der Poesie in einer gesellschaftlichen und kulturellen Umgebung, die durch raschen Wandel, Metaphysikverlust und materialistisches, kommerzielles Denken geprägt wird, außerordentlich schwierig geworden ist. Heroische Gesten und die künstlich wirkende Betonung moralisch-religiöser oder nationaler Sinnangebote können diese Probleme nicht wirklich überdecken. Feierliche oder enthusiastische Überhöhung alltäglicher Lebenswirklichkeit, die Keats' oder Shelleys poetischer Rede gelegentlich noch gelingt, wirkt nicht mehr glaubhaft. Der melancholische Ton der Klage oder der leisen Trauer setzt sich durch. Parallel dazu entwickelt sich aber auch eine amoralische Ästhetik der Energie und der Gewalt (Browning).

Tennyson. Die Photographie stammt von Lewis Carroll, dem Verfasser des berühmten Kinderbuches *Alice's Adventures in Wonderland* (1865).

Tennyson wird schon von den Zeitgenossen mit guten Gründen als größter lebender Dichter angesehen. Seine Dichtung spiegelt das geistige Dilemma seiner Epoche und findet für sie eine technische, künstlerische Lösung. Keiner hat wie er die Empfindungen des Verlusts und der unerfüllten Sehnsucht rhythmisch und bildlich zu versprachlichen vermocht. Tennyson ist ein Meister der lyrisch-elegischen Stimmungskunst. Dies bedeutet, gerade in seiner frühen Lyrik (*Poems, Chiefly Lyrical*, 1830; *Poems*, datiert 1833, publiziert 1832), daß Landschaften zu reinen Seelenlandschaften werden und Rhythmus und Klang Bedeutung und Wirkung des Textes wesentlich bestimmen. Der Schatten, den die einsame Pappel über das Bett der sich vor Sehnsucht nach dem Geliebten verzehrenden Mariana wirft, entspricht ihrer eigenen Einsamkeit und ihrem unerfüllten erotischen Begehren:

And wild winds bound within their cell,
The shadow of the poplar fell
Upon her bed, across her brow.
She only said, »The night is dreary,
He cometh not,« she said;
She said, »I am aweary, aweary,
I would that I were dead!«
(»Mariana«, Z. 54–60)

Das zeitlose, ruhige Traumland der Lotosesser im Gedicht »The Lotos-Eaters« gewinnt sinnliche Gestalt in einer beschwörenden, an Keats gemahnenden (»long-leaved«, »poppy«) poetischen Sprache:

Here are cool mosses deep,
And thro' the moss the ivies creep,
And in the stream the long-leaved flowers weep,
And from the craggy ledge the poppy hangs in sleep.
(»The Lotos-Eaters«, Z. 53–56)

Anaphern (»and«), vierfache Reimwiederholung, ständig länger und durch die Häufung von betonten Silben langsamer werdende Verszeilen scheinen Zeit und Bewegung fast aufzuheben. Denn die unruhige Welt der Handlungen, der Bewegung, des Leidens und der rasch fliehenden Zeit (Strophen II, IV, VI) wollen die Seeleute im pastoralen Rückzugsort der Lotosesser hinter sich lassen: »We have had enough of action, and of motion we« (Z. 150).

Elegie

Die Elegie ist die klassische Form der Überwindung von Trennungsschocks. Indem die Kunst der Elegie schmerzhafte Trennung und Tod in eine gültige Form bringt, eröffnet sie auf ihre Weise die Möglichkeit von Dauer. Eben dies versucht Tennyson in dem Werk *In Memoriam* (1850). Es ist nicht zufällig eine der bezeichnendsten und gelungensten dichterischen Leistungen des 19. Jahrhunderts. Die Trauer über den frühen Tod des Freundes Arthur Henry Hallam wird zum Anlaß für poetische Meditationen über Zeitlichkeit, raschen Wandel und Evolution schlechthin. Das während eines langen Zeitraums entstandene Gedicht enthält aus Vierzeilern (abba) bestehende lyrische Einzelstücke, die sehr persönlich und elegisch gehalten sind, untereinander aber keinen geplanten Zusammenhang bilden. Die Elegie überzeugt poetisch gerade dort am meisten, wo sie Leid, Trauer, Zweifel, Verzweiflung und Möglichkeiten des Trostes in allen nur denkbaren Spielarten erkundet und nicht sofort auf das Angebot der Religion zurückgreift. Tennyson verarbeitet in diesen lyrischen Reflexionen das Denken und Wissen seiner Zeit. Goethes Bildungsgedanke wird zurückgewiesen, weil er die Abwertung und Aufgabe eines früheren Ichs bedeutet (Abschnitt I). Die Allegorie des Leides verkündet die nihilistische Botschaft der blinden Natur (III). Alle festen Formen werden von der Evolution aufgelöst; aber der Geist und der Rhythmus des Dichters weigern sich, das unvermeidliche Adieu zu denken und zu sagen: »I cannot think the thing farewell« (CXXIII). Wie in der christlichen Elegie seit Milton sind Einheit und Dauer freilich nicht nur eine Leistung künstlerischer Gestaltung. In der abschließenden Apotheose wird Hallam zum »lieben himmlischen Freund« (CXXIX), der nicht sterben kann und wie Wordsworths pantheistischer Geist überall anzutreffen ist.

Idylle

Tennysons Auseinandersetzung mit der Zeit erklärt auch seine auffällige Vorliebe für die komplexe Tradition der Idylle. Der klassische pastorale Gegensatz zwischen idyllischer Ruhe und rastlosem Weltgetriebe prägt schon das frühe Gedicht »The Lotos-Eaters«. Wie häufig in der Lyrik des 19. Jahrhunderts nimmt der Rückzugsort allerdings die Eigenschaften eines Todesortes, einer negativen Idylle, an. Die englischen Idyllen (»English Idyls«) verpflanzen Arkadien nach England und streben mit ihrer statuarischen Bildchenmethode immer wieder das Einfrieren der Zeit und die Versöhnung von Gegensätzen an (»The Gardener's Daughter«, »The Brook«). Dialektidyllen wie »Northern Farmer – New Style« erlauben eine objektivierende, realitätsbezogene und humoristische Darstellungsweise, die vom Ich des Dichters absieht. Der in »The Palace of Art« als bedrohlich empfundene Abstand zwischen Leben und Kunst wird so verringert. Großen Erfolg erringt Tennyson schließlich mit seinen ab 1859 erscheinenden epischen Idyllen (*Idylls of the King*). Tennysons Version der Geschichte des legendären britischen Nationalhelden König Arthur von seiner ersten Begegnung mit Guinevere bis zum Untergang des Königreichs arbeitet mit einer durchsichtigen viktorianischen Werte- und Moralordnung. Sünde und moralische Verderbnis leiten den Zerfall der idealen Gesellschaft des runden Tisches ein. Eine solche moralische Vereinfachung der Welt, die eine stereotype Rhetorik nach sich zieht, ist Tennyson oft als Mangel angelastet worden. Sie hindert ihn in »The Holy Grail« freilich nicht daran, ein bemerkenswertes wüstes Land zu gestalten, vermutlich die Allegorie eines ichbezogenen Dichters, dessen Berührung alle Herrlichkeit in Staub verwandelt.

Matthew Arnold ist ein Dichter der melancholischen Reflexion und des pastoralen Rückzugsverhaltens. Jene Energie, die Tennyson wenigstens verbal bevorzugt (»Ulysses«, »Locksley Hall«), entfaltet Arnold erst in seiner praktischen und theoretischen Tätigkeit. Als Dichter steht er gänzlich im Banne seines Vorbildes Keats. Er setzt dessen Bildlichkeit fort und verstrickt sich gar in semantische Widersprüche. Der Wirkung seines schmalen Werkes hat dies alles nicht geschadet. Denn Epigonales und mangelnde Stimmigkeit werden von einem außerordentlich modernen Sprechton übertönt, der bis heute Leser anzurühren vermag. Arnolds poetische Phase ist kurz (1849, *The Strayed Reveller and Other Poems*; 1852, *Empedocles on Etna*; 1853, *Poems*). Schon Ende der fünfziger Jahre bricht er sie ab und widmet sich ausschließlich seiner Literatur- und Kulturkritik.

W.H. Hunts Illustration zu Tennysons »The Lady of Shalott« (1842)

Resignation und Melancholie

Dic Ursachen jenes modernen, direkten, prosanahen Sprechtons lassen sich benennen. Um 1850 durchlebt Arnold eine seelische Krise. Die Absage an Carlyles und Goethes Idealismus, die Zurückweisung utopisch-revolutionärer Hoffnungen und der Verlust der Glaubenssicherheit erzeugen jene Grundstimmung der Resignation und der Melancholie, die der nach Orientierung suchende Intellektuelle Arnold in seinen Gedichten ausdrückt und inszeniert. Da die Zeit durch ihre hektisch gewordenen Aktivitäten ständig Trennungsschmerz verursacht (»The Future«), weist Arnold in einem frühen Programmgedicht der Dichtung die Funktion einer beruhigenden Droge zu. Der Dichter und Arkadier hat vom Wein der Circe genossen und vermag ohne Pein zu sehen und zu gestalten (»The Strayed Reveller«). Die Selbstbeschränkung des Dichters auf eine passive, kontemplative Rolle ist auch das Thema des Gedichts »Resignation. To Fausta« (1849). Der Dichter bevorzugt die pastorale Sehweise (»O joy! again the farms appear./ Cool shade is there, and rustic cheer;« Z. 74–75), während seine Begleiterin in der alpinen Szenerie Embleme moderner Bewegungsdynamik entdeckt (»Your eyes pursue the bells of foam/ Wash'd eddying, from this bank, their home.« Z.

201–202; »In action's dizzying eddy whirl'd,« Z. 277). Mangelnde Orientierung, Isolation und der drohende Zusammenbruch echter Identität und Kommunikation als Folge jener Bewegungsdynamik sind Erfahrungen, die Arnold in Gedichten wie »Dover Beach«, »Isolation. To Marguerite«, »The Buried Life« und »Stanzas from the Grande Chartreuse« poetisch beschreibend und meditierend zu fassen versucht. Wasser- und Seebildlichkeit sind dabei, wenn auch nicht durchweg stimmig, seine bevorzugten Darstellungsmittel. In »Dover Beach« (1867) steht das Meer für zeitloses Elend ebenso wie für den verlorenen Glauben (»sea of faith«) der Vergangenheit, bei dem offen bleibt, ob er als griechischer oder christlicher zu lesen ist. Ähnlich unvermittelt, aber höchst wirkungsvoll, erscheint am Ende das Bild der sich nächtlich bekriegenden Armeen als Sinnbild des modernen Chaos: »And we are here as on a darkling plain/Swept with confused alarms of struggle and flight,/ Where ignorant armies clash by night.« (»Dover Beach«, Z. 35–37)

Modernes Chaos

In der Rolle des klagenden Schäferdichters betrauert Arnold den Tod des Freundes Clough und den gemeinsamen Verlust der pastoralen Heimat ihrer Jugend. Seine Worte werden, im Gegensatz zur klassischen Schäferdichtung, nichts mehr bewirken. In seiner Poesie nimmt Arnold schon das Ende seiner eigenen Dichtung vorweg. Denn der Ort, an den ihn die erfolgreich Handelnden dieser Welt zurückgedrängt haben, verwandelt sich von einer Idylle in eine Wüste (»Stanzas from the Grande Chartreuse«).

Skepsis bei Clough

Arthur Hugh Clough starb wohl zu jung, um sich wie Arnold oder Tennyson eine tragende Weltanschauung zurechtlegen zu können. Zunächst von Newman beeinflußt, nimmt er unter dem Eindruck der Bibelkritik eine skeptisch-resignative Haltung ein, die mit Ausnahme der gedämpft-heiteren, stilistisch reich instrumentierten Schottland-Idylle *The Bothie of Tober-na-Vuolich* (1848) sein Werk prägt. Der gründlichen Desillusionierung entspricht in Cloughs bemerkenswert moderner und intelligenter Gesellschaftsdichtung ein skeptischer, salopper, respektloser Ton. In »Amours de Voyage« (1858) schlüpft der Beobachter und Briefeschreiber Claude in die Rolle des städtischen Flaneurs und Journalisten, der aus dem Blickwinkel des Cafébesuchers in rhythmisch sehr variablen Hexametern über revolutionäre Vorgänge in Rom berichtet. Der Alltag und die Warenfülle der großstädtischen Konsumwelt dringen wie nirgendwo bei Tennyson, Arnold oder Browning in Cloughs poetische Welt ein. »Spectator Ab Extra« ist ein herausfordernder Lobpreis des Geldes und der kulinarischen Genüsse, »The Latest Decalogue« eine ebenso provokative satirische Umdeutung der zehn Gebote. 1865 erscheint postum »Dipsychus«, Cloughs Version des Faust-Stoffes. Der seelisch gespaltene Faust (Dipsychus) stellt in Dialogen mit dem Geist (Mephistopheles) die Osterbotschaft in Frage, resigniert aber zugleich vor der modernen Welt, deren rationale Organisation kein Heldentum mehr zulasse. Als Rädchen in einer »vast machine« wird das handlungsmächtige Individuum verabschiedet:

> Ah, if I had a course like a full stream,
> If life were as the field of chase! No, no;
> The age of instinct has, it seems, gone by,
> And will not be forced back. And to live now
> I must sluice out myself into canals,
> And lose all force in ducts. The modern Hotspur
> Shrills not his trumpet of »To Horse, To Horse!«
> But consults columns in a railway guide;
> (»Dipsychus«, Scene X, Z. 103–110)

Entscheidungsschwäche, vermindertes Selbstgefühl des Ichs und salopper Ton weisen bei Clough auf die großen dramatischen Monologe der Moderne voraus. Cloughs Nähe zur realitätsbezogenen Prosa beschneidet aber zugleich die Möglichkeiten der poetischen Phantasie.

Browning. Bild von Dante Gabriel Rossetti

In der kraftvollen Lyrik des liberalen Nonkonformisten Robert Browning sind Trauer und elegische Melancholie wie weggeblasen. Der wehmütige Blick zurück und die satirische Distanz weichen der Faszination des Vitalen, Häßlichen und Heroischen. Die Energie der umgangssprachlichen Diktion und der in und durch sie entworfenen Charaktere hinterlassen den stärksten Eindruck. Mit solcher Lust an der Energie gewinnt Browning Anschluß an ein Hauptmerkmal des Modernisierungsprozesses, ohne zugleich die zeitgenössische Fortschrittsideologie uneingeschränkt zu übernehmen. Tatsächlich ist Brownings Poesie ästhetisch und vitalistisch zugleich. Ihre Sprache wirkt, wie zu Recht gesagt worden ist (Hillis Miller), nachgerade körperlich, wenn sie mit ihrer Rauheit und Dichte, ihren häufig gewalttätigen Verben und gedrängten Lautkombinationen, die Lebendigkeit der Dinge und der Menschen beschwört. Nirgendwo fällt Browning unmißverständlich moralische Urteile. Ideologische Sinnkonstruktionen sind nicht seine Sache. Er legt es vielmehr darauf an, im objektiven dramatischen Monolog eines erfundenen Sprechers Charakter und Situation psychologisch und historisch plausibel zu vergegenwärtigen.

Energie und dramatischer Monolog

Die Vermittlungsformen der Energie sind also ein äußerst dichter umgangssprachlicher Stil und der dramatische Monolog, die sich vor allem in den Bänden *Dramatic Lyrics* (1842), *Men and Women* (1855) und *Dramatis Personae* (1864) finden. Deren Qualität erreichen die zahlreichen späteren Veröffentlichungen Brownings nicht mehr. Die Kunst des dramatischen Monologs erlaubt es dem Dichter, seinen frühen, von der Kritik getadelten romantischen Subjektivismus aufzugeben und sowohl Fülle als auch Vielfalt der geschichtlich-gesellschaftlichen Welt und des eigenen Selbst zu erkunden. Der dramatische Monolog entsteht nicht zufällig im 19. Jahrhundert. Psychologisierung, Historisierung und einfühlendes Verstehen fremder Kulturen entsprechen der wissenschaftlichen Haltung des gleichzeitig sich herausbildenden Historismus. Geschichte wird nicht mehr als moralisches Lehrstück begriffen.

Historische Stoffe

So überrascht es nicht, daß Browning die Distanzhaltung des dramatischen Monologs – der Dichter spricht von »so many utterances of so many imaginary persons, not mine« (*Dramatic Lyrics*) – noch durch die Wahl historischer Stoffe unterstreicht. In der schwierigen Verserzählung *Sordello* (1833–40) hält sich Browning bei der Wahl des Charakters noch an das Vorbild Shelleys. Er entwirft das Bild einer leidenschaftlich idealistischen Seele. Zunehmend zeigt er sich dann aber von den egozentrischen Herrschergestalten (»My Last Duchess«, »The Bishop Orders His Tomb at Saint Praxed's Church«), von den Klerikern (»Johannes Agricola in Meditation«, »Soliloquy of the Spanish Cloister«) und Künstlern (»Fra Lippo Lippi«, »Andrea del Sarto«) der Renaissance fasziniert. Deren Mentalität gestaltet er mit großem historischen Wissen und Scharfblick. Für eine allegorische Rückübersetzung auf die Verhältnisse des 19. Jahrhunderts eignen sich die Gedichte nicht. Dennoch ist klar, daß die Fragen der Macht, des Egoismus, der Eifersucht, der Liebe, des Sinnes künstlerischer Arbeit, der Zeitlichkeit und des Verhältnisses von Glauben und Zweifel auch den Dichter und seine Interessen offenbaren. In dem meisterhaften Monolog »My Last Duchess« entsteht in knappen Strichen das Bild eines prestigebewußten, ichbezogenen Renaissance-Herrschers, der sprachlich und gestisch die Rollen des Kunst-

Egozentrische Herrschergestalten

liebhabers, des Gastgebers, des herrischen, eifersüchtigen Ehemanns und des besitzgierigen Politikers virtuos spielt. Der Herzog besitzt die Unverfrorenheit, in Eheverhandlungen das Bild seiner toten Gemahlin wie ein Kunstobjekt zu kommentieren:

> That's my last Duchess painted on the wall,
> Looking as if she were alive; I call
> That piece a wonder, now: Frà Pandolf's hands
> Worked busily a day, and there she stands.
> Will't please you sit and look at her? ...
>
> (Z. 1–5)

Der Monolog nötigt dem Leser zumindest im Akt der Lektüre Sympathie für eine kraftvolle Persönlichkeit ab, die er gleichzeitig moralisch verdammen muß: Der Herzog hat die Dame aus Eifersucht umbringen lassen. Bilder der Gewalt, der Zerstörung und Verstümmelung prägen auch die alptraumhaften imaginären Landschaften in dem sehr gelungenen Gedicht »Childe Roland to the Dark Tower Came«: »As for the grass, it grew as scant as hair/ In leprosy thin dry blades pricked the mud/Which underneath looked kneaded up with blood.« (Z. 73–75).

Die Präraphaeliten

Spannungen

Viktorianische Poesie ist gezeichnet von den ungelösten Spannungen und Widersprüchen ihrer Zeit. Kann man Popes Dichtung als Ausdruck einer geschlossenen aristokratischen Spätkultur betrachten und zumindest die gelungenen Stücke von Wordsworth und Keats als imaginative Überwindungen von Spannungen, so treten diese im gezwungen wirkenden Charakter viktorianischer Poesie offen oder verdeckt zutage. Zwischen Flucht aus der städtisch-industriellen Moderne und gelegentlich gesuchter Wirklichkeitsnähe, nihilistischer Sinnleere und demonstrativer Sinnfülle, äußerstem Subjektivismus und äußerstem Objektivismus, gezielter Alltagsnähe und lyrisch-symbolistischer Entrücktheit, Geistigkeit und Körperlichkeit, Moral und entfesselter Sexualität, Augenblickswahrheit und zeitlos-religiöser Wahrheit, melancholischer Resignation und heldischem Aktivismus schwankend, spiegelt diese Lyrik getreulich den Zustand einer Kultur, die offenkundig auf der Suche nach ihrem verlorenen Gleichgewicht ist.

Genau dieser Sachverhalt trifft auch auf die Präraphaeliten zu, eine einflußreiche Schule von Dichtern, Malern und Kritikern, die von Dante Gabriel Rossetti, William Holman Hunt und John Everett Millais begründet wurde. Der Widerspruch zwischen religiös-metaphysischem Gegenstand und detaillierter, naturalistischer Darstellungsmethode, Sexualität und geheiligtem Ort rückt beispielsweise Rossettis berühmtes Gedicht »The Blessed Damozel« gelegentlich in die Nähe des Peinlichen. Während die Seelen verstorbener Liebender »wie Flammen« in den Himmel steigen, verzehrt sich die »blessed damozel«, mit drei Lilien in der Hand an der Brüstung des Himmels stehend (wobei ihr Busen das Geländer erwärmt), im Warten auf den Geliebten. Eine vorbereitende Skizze von Rossetti zu seinem illustrierenden Gemälde (1876) für dieses Gedicht zeigt zahlreiche sich innig umarmende Paare von großer Schönheit. Die drei Lilien, die hier wohl die heilige Dreieinigkeit versinnbildlichen, gehören zusammen mit Rosen und Sternen zur vielfältig variierten Symbol- und Traumwelt der Präraphaeliten. Diese Traumwelt der Schönheit und der Sinnfülle ist als Gegenbild kontrastiv auf die Häßlichkeit und den Materialismus der viktorianischen Alltagswirklichkeit bezogen.

Dante Gabriel Rossetti nach einem Portrait von William Holman Hunt

Rossettis Bild *Astarte Syriaca* (1877) mythisiert Jane Morris zur ursprünglichen Göttin.

Der Name Präraphaeliten ist ein nützliches, wenngleich wenig aussagekräftiges Etikett für eine lockere Gruppe von Malern und Literaten, die unter Führung des aus einer italienischen Familie stammenden Rossetti gegen die in ihren Augen sterile, im Banne der Raphael-Schule stehende Akademiekunst revoltierten. Als Maler bevorzugten sie die Frische vor-raphaelitischer Kunst, beispielsweise die des Pisaners Gozzoli (ca. 1421–97); als Dichter knüpften sie am üppigen oder dämonischen Romantizismus von Keats und Tennyson an. Trotz der Leidenschaft fürs naturalistische Detail ist der Grundzug ihrer Poesie also romantisch. Außer dem Rossetti-Schüler William Morris gehören im weiteren Sinne zur Gruppe auch Patmore (der in der programmatischen Zeitschrift *The Germ* veröffentlichte), Meredith, Swinburne und Christina Rossetti. Für die Präraphaeliten, zumal Rossetti, ist das dialogische Wechselspiel zwischen dichterischem Text und gemaltem Bild von grundlegender Bedeutung. In den illustrierenden Bildern Rossettis (*Lady Lilith*, 1864; *Astarte Syriaca*, 1877; *The Blessed Damozel*, 1876) und Holman Hunts (*The Lady of Shalott*, 1905) gewinnt der zugleich sinnliche und spirituelle, erotisch-körperliche und ideell-mystische Kult der Schönheit und der schönen Geliebten, der das Fin de siècle nachhaltig beeinflußt, unmittelbare Anschauung. Je intensiver die Erfahrung der Vergänglichkeit, des Todes und der sich beschleunigenden Zeit, um so mehr verschreibt man sich im spätromantischen Symbolismus der Präraphaeliten und der von ihnen inspirierten Ästheten dem Kult des Schönen, der preziösen Form und des intensiven Augenblicks, der durch diese Form verewigt werden soll. Durch die Betonung des Dekorativen wird aber das Heilige und Religiöse profan, rückt es in die Nähe des ästhetischen Konsumartikels.

Ausdruck von Augenblickserfahrungen

Den Grundwiderspruch, sich als Künstler eines modernen, realistischen Zeitalters auf metaphysische Werte und Sujets festzulegen, löste Rossetti in der Weise, daß er zunehmend die historische Bedingtheit und Interpretierbarkeit, die »Musealisierung« überlieferter religiöser Kunst (»The Burden of Nineveh«) anerkannte und trotz seiner Suche nach zeitlosen Werten die Funktion der Dichtung darin erblickte, nicht der Religion, sondern persönlichen Augenblickserfahrungen Ausdruck zu verleihen (»The House of Life«, 1870, 1881, einleitendes Sonett). Ohnehin läßt sich Rossettis schwierige, qualitativ uneinheitliche Kunst nicht lediglich als ernste oder ästhetisch-dekorative Verneigung vor dem Mittelalter verstehen. Er verfügt im Gegenteil über ein so großes Repertoire an Themen, Sichtweisen und Gestaltungsformen, daß sich eher die Frage nach der Beliebigkeit von Kunstformen in einer mobilen, verunsicherten Zeit aufdrängt. In dem knappen, verhaltenen, überaus wirkungsvollen Naturgedicht »The Woodspurge« bietet das genau erfaßte Naturdetail einen gewissen Trost. Und dies nicht etwa deshalb, weil es, wie in herkömmlicher romantischer Naturdichtung, symbolisch auf göttlichen Sinn (Dreieinigkeit) hin interpretierbar wäre, sondern durch sein bloßes Sosein: »One thing then learnt remains to me, –/ The woodspurge has a cup of three.« (Z. 15–16) Balladenartige Gedichte von großer Eindringlichkeit, die moralisch-christliche Wertvorstellungen gezielt unterlaufen, sind »Eden Bower« und vor allem »Sister Helen«. In beiden Fällen werden Racheakte von Frauen vergegenwärtigt, deren Liebe in Haß umgeschlagen ist. Leidenschaftliche sinnliche Liebe als Thema und Intensität der Gestaltung sind ohnehin Kennzeichen Rossettischer Poesie, zumal in den Sonetten von »The House of Life«. Vor allem in der fast schon surrealen Kunstwelt von »Willowwood« ist die für den Stil der Präraphaeliten charakteristische Verbindung von allegorisch verschlüsselter Geistigkeit und naturalistischer Konkretheit zu beobachten. Viel zugänglicher als diese bekannte Sonettsamm-

Dante Gabriel Rossetti, einleitendes Sonett zu *The House of Life*

Titelblatt eines Gedichtbandes von Christina Rossetti. Die Illustration stammt von ihrem Bruder.

W. Morris – ein »grüner« Sozialist

lung, aber auch moderner, ist Rossettis in Briefform verfaßtes Eisenbahngedicht »A Trip to Paris and Belgium«, das, gänzlich frei von allegorischem Tiefsinn, bedrückender Stimmung oder zweifelhaften Vergeistigungen des Erotischen, in impressionistischer Weise Reiseeindrücke, zumal die neue Erfahrung der Geschwindigkeit, versprachlicht:

Brick walls we pass between, passed so at once
That for the suddenness I cannot know
Or what, or where begun, or where at end.
Sometimes a station in grey quiet; whence,
With a short gathered champing of pent sound,
We are let out upon the air again.
(Aus »London to Folkestone«, Z. 34–39)

Weit weniger komplex und anspruchsvoll als die Poesie ihres Bruders, überzeugt Christina Rossettis Lyrik am meisten in einfachen und intensiven Kurzgedichten wie »A Birthday« oder »Song«: »When I am dead, my dearest,/ Sing no sad songs for me;/ Plant thou no roses at my head,/ Nor shady cypress tree:« (Z. 1–4). Die tiefe Frömmigkeit der Autorin erlaubt ihr, auch in ihren Kindergedichten, einen ganz eigenen, hellen, fast anmutigen Ton anzuschlagen, der nicht von den Dissonanzen der Zeit gestört wird. Im dichterischen Gebet gilt ihre Sehnsucht dem »changeless Paradise« (»I Look for the Lord«). Erotisches erscheint gebrochen und gedämpft durch den Schleier des Verzichts oder bedarf einer tiefenpsychologischen Auslegung, um offenbar zu werden.

Der vielseitig begabte William Morris hinterließ ein imposantes Lebenswerk. Als Designer, Kunsthandwerker, Architekt, Unternehmer, Buchillustrator nach mittelalterlichem Vorbild, Begründer der *arts-and-crafts*-Bewegung, Maler, Dichter, sozialistischer Politiker und Schriftsteller bemerkenswert erfolgreich, verdankt er heute seinen Ruf weniger dichterischen Bemühungen als seiner weitsichtigen ästhetischen und sozialökologischen Kritik des Industriezeitalters. Zumindest bedürfte es einer Neubewertung seiner umfangreichen Verserzählungen (*The Life and Death of Jason*, 1867; *The Earthly Paradise*, 1868–70; *Sigurd the Volsung*, 1876) und Prosaromanzen (z.B. *The Well at the World's End*, 1896), um ihn von dem Vorwurf des Eskapismus und ungenügender dichterischer Sorgfalt zu entlasten. Sein Stil orientiert sich zunächst an Keats und den Präraphaeliten, später an Chaucer und isländischen Sagas. Hauptaufgabe des Dichters, so das berühmte Vorwort zu *The Earthly Paradise*, sei nicht Belehrung oder Wahrheitssuche, sondern der Bau einer »schattigen Insel der Seligkeit«, die dem Leser Trost und Unterhaltung spende. Auch hier setzt sich also die Keatssche Aussonderung eines autonomen ästhetischen Bereichs fort. Was sich im Programm idyllisch und resignativ ausnimmt, trifft auf einige präraphaelitische Gedichte, die sich in dem frühen Band *The Defence of Guenevere* (1858) finden, freilich in keiner Weise zu. Vor allem das Gedicht »The Haystack in the Floods« ist hervorzuheben, das in kühler, distanzierter Manier in gereimten Vierzeilern eine Geschichte von Verrat und brutaler Gewalt aus dem Hundertjährigen Krieg zwischen Engländern und Franzosen erzählt. Da jegliche moralische Bewertung fehlt, weist Morris' direkter, schockierender Stil hier schon auf die Ästhetik der Gewalt voraus (»Right backward the knight Robert fell,/ And moaned as dogs do, being half dead«, Z. 146–47).

»When Adam delved and Eve span,/Who was then the gentleman.« Illustration des präraphaelitischen Malers Edward Burne-Jones für den *Dream of John Ball*, in dem Morris über den Bauernaufstand von 1381 schreibt.

Mystik und Erotik

Die betonte Hinwendung zur Religion, verbunden mit dem unverhohlenen Preis des Körpers, die für die symbolistische Kunst des späten 19. Jahrhunderts durchaus typisch ist, findet sich auch in der Lyrik Coventry Patmores. Ist *The Angel in the House* (1854–63) noch eine ruhige Feier ehelichen Glücks, so bietet er nach seiner Bekehrung zum Katholizismus in den tief empfundenen, gedanklich und bildlich anspruchsvollen Oden von *The Unknown Eros* (1877) eine Mischung aus Mystik und Erotik. Der Körper (»To the Body«) wird orthodox als Ort der Sünde gedeutet, der mit zeitweiligem Tod bestraft wird, aber auch als »Dom«, »Wand der Unendlichkeit« und »Haus der Freude«. Patmore beherrscht in seinen besten Stücken die Kunst der unsentimentalen Beschreibung (»A London Fete«) und der witzigen Metapher oder Perspektive (»Love's Perversity«).

Swinburnes Sprache der Liebe

Die Faszination des Körpers und der Erotik beherrscht auch die Lyrik von Algernon Charles Swinburne. Wie bei Rossetti, Meredith (der in *Modern Love*, 1862, die Geschichte seiner gescheiterten ersten Ehe verarbeitet), Elizabeth Barrett Browning (in ihren sehr persönlichen und leidenschaftlichen, an Robert Browning gerichteten Liebesgedichten *Sonnets from the Portuguese*, 1850) und Patmore lassen sich dafür persönliche Gründe angeben – Swinburne litt unter einer unglücklichen Liebe und war Sadomasochist. Doch drängte auch die Gesellschaft, sofern man sich nicht ihren Konventionen unterwarf, Dichter des 19. Jahrhunderts in die Nische des ganz und gar Privaten. Liebe und Religion boten sich als Rückzugsorte an, weil sie sinnhafte Lebensmöglichkeiten jenseits einer sich durchrationalisierenden Gesellschaft eröffneten. Allerdings konnte man dabei auch, wie zum Beispiel Tennyson, die Abgründigkeit und Leere des eigenen Ichs erfahren. Und Swinburne spielte, ganz im Gegensatz zu Patmore, aber wie seine Vorbilder Baudelaire und de Sade, Erotik und Leben gegen Religion und Moral aus. Als der Band *Poems and Ballads* 1866 erschien, löste seine brennende, sich in endlosen Wiederholungen ergehende Sprache der Liebe (»... that from face to feet/ Thy body were abolished and consumed,/ And in my flesh thy very flesh entombed!«, »Anactoria«, Z. 112–14) einen Skandal aus. Diese herausfordernde Ausdifferenzierung des Ästhetischen, seine Abkoppelung von der Moral, ist ein wichtiges Kapitel in der Entstehung der angelsächsischen Moderne.

Die Gewalt der Zeit

Die Gewalt der Zeit, wegen der Vergänglichkeitserfahrung eng mit dem Liebesmotiv verknüpft, ist aber das eigentliche Thema Swinburnes. Im Sinne einer für das späte 19. Jahrhundert durchaus typischen lebensphilosophischen und naturalistischen Weltsicht bilden organisches Wachsen und Vergehen für ihn die eigentliche Wirklichkeit (»Hertha«), die allen vergänglichen Sinnkonstruktionen des Menschen, zu denen auch die Idee eines Gottes gehört, vorausgeht. Solches Fließen, das letztlich alle Sinnsysteme hinwegspült (»Hymn to Proserpine«) und im übrigen den städtischen Erfahrungen des Londoners Swinburne entspricht, beherrscht in Gestalt einer in vielfältigen metaphorischen Kombinationen verwendeten Wasser- und Seebildlichkeit auch die Sprache seiner Lyrik: »The loves and hours of the life of a man,/ They are swift and sad, being born of the sea,« (»The Triumph of Time«, Z. 73–74). Swinburnes Sicht der Zeit ist nicht gelassen, hat das Begehren aufgrund göttlicher Fügung doch die Eigenschaft, in selbstzerstörerischer Weise auf den Begehrenden zurückzuschlagen (»Atalanta in Calydon«). Oft ist die Hinterlassenschaft der Zeit in Swinburnes Lyrik schlicht trostlos. »Time's sea« (»Poeta Loquitur«, Z. 24) und »the wave of the world« (»Hymn to Proserpine«, Z. 54) verwandeln einen verlassenen Garten in den leblosen »Geist eines Gartens« (»The ghost of a garden«, in »A Forsaken Garden«, Z. 4), eine radikale Antiidylle also, über deren Dornen und Steine der Wind streicht.

Fließende poetische Rhetorik

Das Fließen der zerstörerischen Zeit bestimmt nicht nur den gedanklichen Gehalt der Swinburneschen Poesie. Dieser selbst ist oft unscharf genug, weil eine fließende, entfesselte poetische Rhetorik sich aufdringlich und aufreizend über ihn legt. Häufig hat man den Eindruck, daß nicht der Sinn, sondern Lautassoziationen und der Gesichtspunkt des Wohlklangs den Fortgang der poetischen Rede bestimmen: »Ripe grasses trammel a travelling foot,/ The faint fresh flame of the young year flushes/ From leaf to flower and flower to fruit;« (»Atalanta in Calydon«, Z. 98–100). In seiner bemerkenswerten Selbstparodie »Poeta Loquitur« hat Swinburne selbst diesen Stil als »a maze of monotonous murmur/ Where reason roves ruined by rhyme,« (Z. 9–10) charakterisiert. Solange Swinburnes Dichtung unter dem Druck persönlichen Erlebens stand, behielt sie ihre Glaubwürdigkeit und vermochte mit Hilfe metrischer Geschmeidigkeit und hoher Musikalität eine solche Ausdruckskraft zu entfalten, daß sie selbst zahllose Abstrakta (»love«, »death, «time», «spirit» usw.) verkraften konnte. Sobald Swinburne aber öffentliche Empfindungen und die bekannte Freiheitsrhetorik des republikanischen Diskurses auf seine Dichtung übertrug, entstand – wie in den *Songs before Sunrise* (1871) – eine Ansammlung von Pathoswörtern, die zu Recht den Unmut der angelsächsischen Moderne auf sich zogen.

Englishness als Weg ins 20. Jahrhundert

Poesie und englische kulturelle Identität

Sprache, Landschaft, Geschichte und Mythos der Werke einiger Versemacher des späten 19. und des frühen 20. Jahrhunderts wie Hopkins, Hardy, Housman und Edward Thomas nehmen auffällig englische Züge an. Statt wie Swinburne oder Browning die Renaissance oder griechische Mythen zu bemühen, bewirken Regionalismus, Patriotismus und Historismus, daß man nicht nur Chaucer (Morris) und die König-Arthur-Legende (Tennyson u.a.), sondern auch die englische Landschaft, teilweise pastoral verwandelt (Housman), die englische Provinzkultur (Hardy) und sogar die alliterierende Versdichtung der alten Angelsachsen als Ausdrucksmaterial und Quellen der Erneuerung verwertet. Unter dem Einfluß viktorianischer Philologen meidet Hopkins Wörter lateinischer oder französischer Herkunft. Ein derartiges Bündnis zwischen Poesie und englischer kultureller Identität ist freilich nichts Neues. Hatte es bei Edmund Spenser und noch bei James Thomson die Bildung einer nationalen Identität und damit den Modernisierungsvorgang gefördert, so geht es jetzt eher darum, den auch am Zustand des Ichs ablesbaren kulturellen Verschleiß- und Zerfallserscheinungen poetisch entgegenzuwirken.

Gerard Manley Hopkins

Obwohl teilweise schon in den 60er Jahren des 19. Jahrhunderts geschrieben, wurde die Versdichtung des zum Katholizismus konvertierten Newman-Schülers und Priesters Gerard Manley Hopkins erst 1918 veröffentlicht. Man hat ihm deshalb oft pauschal eine Modernität unterstellt, die – wenn überhaupt – nur auf seine eigenwillige Vers- und Sprachgestaltung zutrifft. Durch äußerste Verdichtung, Verknappung, reiche klangliche Orchestrierung (Alliterationen, Assonanzen) und einen herben, energischen Rhythmus, der jegliche musikalische Glätte und Weichheit meidet, weil Hopkins einen von ihm erfundenen Rhythmus (»sprung rhythm«) benutzt, der häufig betonte Silben zusammenprallen läßt und nur die Zahl der betonten, nicht aber die der unbetonten Silben festlegt, gelingt ihm ein Höchstmaß an poetischer Intensität:

> Glory be to God for dappled things –
> For skies of couple-colour as a brinded cow;
> For rose-moles all in stipple upon trout that swim;
> Fresh-firecoal chestnut-falls; finches' wings;
> Landscape plotted and pieced – fold, fallow, and plough;
> And áll trádes, their gear and tackle and trim.
> (»Pied Beauty«, Z. 1–6, geschr. 1877)

Leseschwierigkeiten

Neigt Swinburnes poetische Rhetorik dazu, den Leser einzulullen und zu betören, so verlangt ihm Hopkins' Sprache harte exegetische Bemühungen ab. Der Dichter ringt sichtlich um den genauen, die Besonderheit der Naturerscheinungen zutreffend wiedergebenden Ausdruck. Eine bis zum Äußersten vorangetriebene Individualisierung, verbunden mit Wortneubildungen und elliptischem Satzbau, erzeugt einen fast schon exzentrisch wirkenden Grad der Verdichtung. Daß in der Wendung »Fresh-firecoal chestnut-falls« (»fallende Kastanien wie frisch glühende Kohlen«) die Wortbildung »fresh-firecoal« wohl als zusammengesetztes Adjektiv in attributiver Funktion mit vergleichendem Sinn zum zusammengesetzten Substantiv »chestnut-falls« zu lesen ist, erschließt sich dem Leser nicht schon beim ersten Anlauf. Hopkins lehnt sich offenkundig gegen die Verschwommenheit und Redseligkeit viktorianischer Stimmungslyrik auf. Mag sein Stil etwas Wunderliches und Kauziges an sich haben, so ist seine Energie, seine Genauigkeit und Ökonomie von den Modernisten doch zu Recht als befreiende Tat empfunden worden.

Naturdichtung

Gleichwohl sollte man nicht übersehen, daß Gehalt und Struktur der geschlossenen Dichtung von Hopkins der Tradition religiöser und romantischer Naturdichtung zutiefst verpflichtet sind. Er meidet ganz bewußt städtisch-industrielle Szenen (»all is seared with trade«, »God's Grandeur«, Z. 6). Wie die Physikotheologen entdeckt er in der Vielfalt der schönen Natur das Wirken des liebenden Schöpfergottes. Indem seine poetische Technik das Vereinzelte lautlich und metaphorisch zusammenbindet, schafft sie nicht im Stil Baudelaires künstliche Paradiese, sondern kündet enthusiastisch von der machtvoll-schönen Gegenwart des Höchsten in der Natur.

Ein Autodidakt: Thomas Hardy

Nach erfolglosen Anfängen als Lyriker betätigte sich Thomas Hardy im letzten Drittel des 19. Jahrhunderts als erfolgreicher Romancier. Die rüde Kritik an *Jude the Obscure* (1895) bewog ihn, zur Lyrik (*Wessex Poems*, 1898; *Poems of 1912–13*, u.a.) zurückzukehren. Es macht keinen Sinn, den Lyriker Hardy dem einen oder anderen Jahrhundert, der einen oder anderen Schule zuzuweisen. Aufgewachsen in Dorset, zeitweise auch in London als Architekt tätig, aber seiner westenglischen Herkunft tief verbunden, repräsentiert und schafft der Autodidakt Hardy eine unakademische literarische Kultur jenseits von Oxford und Cambridge, welche in eigenwilliger und unverwechselbarer Weise die Kontinuität englischer Verskunst befördert und repräsentiert.

Zugänglichkeit und Nostalgie

Hardys Kurzgedichte sind – mehr als das ehrgeizige, die napoleonischen Kriege thematisierende Versepos *The Dynasts* (1904–08) – oft ganz außerordentlich bewegend. Das hängt wohl zuallererst mit ihrer Zugänglichkeit zusammen. Sehr häufig autobiographisch angelegt und realitätsbezogen, sprechen diese Gedichte in sprachlich und rhythmisch vergleichsweise leicht nachvollziehbarer Weise von den »moments of vision« (Hardy) – dem Ersterben der Liebe, dem Trennungsschmerz, dem nostalgischen Blick zurück auf das Glück einer ländlichen Kindheit, der kalten Gleichgültigkeit der Darwinschen Natur, der Reise in die Vergangenheit seiner Liebe zu Emma Gifford (*Poems of 1912–13*). Eine gewisse Eckigkeit der Syntax, verbunden mit Archaismen (»twain«, »wight«) und Wortneuschöpfungen (»unhope«, »unbloom«), erhöht noch den herben Reiz der Hardyschen Poesie. Kargheit, Schlichtheit und spruchartige Knappheit suggerieren mehr noch durch das Unausgesprochene als durch das Ausgesprochene die Tiefe der Empfindung:

> Wintertime nighs;
> But my bereavement-pain
> It cannot bring again:
> Twice no one dies.
> (»In Tenebris« I, Z. 1–4)

Der Ton der metrisch virtuosen Poesie Hardys ist elegisch und lakonisch, von Verlusterfahrungen geprägt. Immer wieder hält sie jenen Augenblick fest, in dem die Erinnerung an eine emotional befriedigendere Welt ländlicher Sozialbeziehungen in die kalt gewordene Gegenwart hineinschießt (»The House of Hospitalities«). Wie immer bei Hardy wird die Idylle von der Zeit überwältigt – ein charakteristisches Motiv moderner Literatur. Die architektonisch geschlossene Form seiner zahlreichen Strophenarten, zu denen auch volkstümliche Balladenstrukturen gehören, unterstreichen mit ihren häufigen abschließenden Pointierungen und fehlenden Zeilensprüngen die Bestimmtheit des Tons und das resignative Sichabfinden mit einer leidvollen, zeitverhafteten Welt. Hardy gelang das Kunststück, seine traditionelle Poesie zu einem bewegenden Ausdrucksmedium für moderne und universale Erfahrungen gemacht zu haben.

Housmans zynisches Arkadien

Der klassische Philologe Alfred Edward Housman schließlich verwandelt die englische Provinz in ein modernes, zynisches Arkadien. Ohne je selbst in Shropshire gewesen zu sein, gibt er Shropshire, wie er es sich ausmalt, zwei konkurrierende Funktionen. Es ist pastorales Sehnsuchtsbild und harte Realität zugleich, verlorene heimatliche Sinnwelt voller anheimelnder Ortsnamen und Landschaften, nach der sich der Sprecher Terence in London sehnt, und melancholisches Land der unglücklichen Liebe, der aggressiven Handlungen und des Todes. Damit spricht Housman, was den großen Einfluß des Bandes *A Shropshire Lad* (1896) zwischen 1900 und 1925 erklärt, gleich zwei moderne Einstellungen und Empfindungen an – die ironische Illusionslosigkeit und die Erfahrung des Verlusts: »Into my heart an air that kills/ From yon far country blows:/ What are those blue remembered hills,/ What spires, what farms are those?« (Gedicht XL). Balladenform, eingängige, wenngleich raffinierte metrische Gestaltung und einfache Sprache tun ein übriges, den sensationellen Erfolg des Bandes sicherzustellen. Hardy und Housman zeigen, wie herkömmliche Verskunst auch in der modernen Welt ihren Platz behaupten kann. Zugleich fördern sie aber in England die Neigung zur provinziellen Selbstbeschränkung.

Ins Bild einer mitt- und spätviktorianischen Dichtung, die neue Wege beschreitet, gehören auch die Nonsense-Gedichte von Lewis Carroll und Edward Lear. Lears humoristisch-groteske Limericks unterminieren die heile Welt der viktorianischen Kinderliteratur. Edward Fitzgerald wird vom skeptischen Epikureismus des persischen Dichters Omar Kháyyám inspiriert, dessen unregelmäßigen lyrischen Vierzeilern (*Rubáiyát*) eine bemerkenswert variable Übersetzung und Bearbeitung angedeihen zu lassen:

The Moving Finger writes; and, having writ,
Moves on: nor all thy Piety nor Wit
    Shall lure it back to cancel half a Line,
Nor all thy Tears wash out a Word of it.
(*Rubáiyát*, 1859, Strophe 51)

James Thomson schließlich überzeugt in »The City of Dreadful Night« (1880) vor allem durch die unerbittliche Trostlosigkeit und Melancholie seines großstädtischen Alptraums.

There was an Old Man who said, »Hush! I perceive a young bird in this bush!« When they said, »Is it small?« he replied, »Not at all!« It is four times as big as the bush!« (Edward Lear)

VORMODERNE UND MODERNE

Die Krise des Liberalismus und der Modernisierung

Der Einschnitt um 1880

Die Historiker sind sich darin einig, daß um 1880 ein deutlicher Einschnitt in der englischen Sozial- und Bewußtseinsgeschichte festzustellen ist. Der bislang vorherrschende Optimismus weicht bei vielen Angehörigen der tonangebenden Schichten Verunsicherung, Zweifeln und pessimistischen Ahnungen. Das Gefühl, daß die bisherigen Lösungen unzulänglich sind, schlägt sich auch in einer Literatur nieder, die sich etwa voll schlechten Gewissens der sozialen Misere annimmt und die Brauchbarkeit viktorianischer Kompromisse und Wertungen in Frage stellt. Obwohl die viktorianische Zeit offiziell erst mit dem Tode der Königin Viktoria 1901 ihren Abschluß findet, bietet es sich deshalb an, die neue Phase um 1880 beginnen zu lassen. Wir nennen sie Vormoderne, weil die Literatur der Übergangszeit 1880–1910 in ästhetischer Hinsicht noch nicht den radikalen, experimentellen Charakter der um 1910 einsetzenden historischen Avantgarde aufweist. Gemeinsamer Ausgangs-

In einer Textilfabrik von Leeds 1897

punkt und Ferment der kulturellen Bemühungen zwischen 1880 und 1940 ist zu einem beträchtlichen Teil die Krise des Liberalismus, wobei unter Liberalismus nicht nur ein bestimmtes politisches Credo verstanden wird, sondern auch eine aus der Aufklärung stammende Weise der Weltbetrachtung. Rationalität, autonomes Individuum, innerweltliches Glücksstreben, Fortschritt, parlamentarische Ordnung und freies wirtschaftliches Handeln sind die Grundüberzeugungen und Zielvorstellungen dieses den Modernisierungsprozeß antreibenden liberalen Anschauungssystems, dessen Tauglichkeit seit etwa 1880 von verschiedenen Seiten verstärkt in Zweifel gezogen wird. *The Crisis of Liberalism* lautet nicht zufällig der Titel eines 1909 von J.A. Hobson veröffentlichten Werkes. Und T.S. Eliot stellt 1934 gar fest, die Gesellschaft sei »worm-eaten with liberalism« (*After Strange Gods*).

Außenpolitik

Symptome der Krise und der fälligen Neuorientierung werden auf den Gebieten der Außenpolitik, der Gesellschaftsstruktur und im geistigen Leben immer unübersehbarer. Was erstere betrifft, so hat Großbritannien bis zum Ersten Weltkrieg mit dem Problem der Konsolidierung (Burenkrieg 1899–1902) und später mit der Frage der Umwandlung und Auflösung des Empire zu kämpfen. Die politische und wirtschaftliche Rivalität mit Deutschland zwingt nach 1900 zur Aufgabe der *splendid isolation* und des uneingeschränkten Freihandels, der im 19. Jahrhundert zum Vorteil Englands durchgesetzt worden war. Die seit dem Ende des 19. Jahrhunderts heftig umstrittene Frage der Selbstverwaltung für Irland (*Home Rule*) führt schließlich über den Osteraufstand 1916 zur Proklamation des Irischen Freistaates (1922). Befürworter (Kipling) und Gegner (Chesterton, Orwell) des britischen Imperialismus tragen mit ihren literarischen Stellungnahmen zur Stärkung oder zur Schwächung der imperialen Idee bei, während die irische Frage durch einen unerhörten kulturellen Aufschwung (Yeats, Synge, u.a.) erst ihr volles Gewicht und ihre volle Bedeutsamkeit erlangt. Mit dem Ersten Weltkrieg tritt schließlich jene von den Literaten schon lange vorausgeahnte politische und kulturelle Katastrophe ein, die jedem das gefährliche Janusgesicht der Moderne und des Modernisierungsvorganges vollends enthüllt.

Soziale Probleme

Freilich: der Verlust des Vertrauens in alte Formeln hat um 1880 mit den sich erst ankündigenden außenpolitischen Katastrophen noch wenig zu tun. Was zunehmend Unbehagen verursacht, ist vielmehr neben der oft in die Verzweiflung führenden Glaubenskrise, die Unfähigkeit der bisher praktizierten freien Wirtschaft, das sich zuspitzende soziale Problem zu meistern. Sich zyklisch wiederholende Wirtschaftsflauten (1879, 1885, 1894, 1904), heftige Streiks einer selbstbewußter gewordenen Arbeiterschaft und die Entdeckung, daß Arbeitslosigkeit strukturbedingt sein kann und nicht notwendig mit der Faulheit der Arbeitnehmer zu tun hat, schaffen die Voraussetzungen für sozialistische Strömungen, die rasch zu einer beachtlichen politischen Kraft anwachsen (Gründung der Labour Party, 1893; Gründung der Fabian Society, 1884). William Booth (*In Darkest England*, 1890) rührt mit seiner These, daß das zivilisierte, christliche England in seinen Tiefen so viel Elend und Erniedrigung verberge wie der zentralafrikanische Dschungel, höchst erfolgreich an das Gewissen liberaler Bürger. Es verwundert nicht mehr, daß in einem solchen Meinungsklima literarische, politische und ästhetische Richtungen entstehen wie der Ästhetizismus, der Sozialismus und der Imperialismus, die durchweg das liberale Credo der Viktorianer unterminieren. Nach 1900 übernimmt der britische Staat ganz gezielt (*National Insurance Act*, 1911) die Verantwortung für die Bildung, die Gesundheit und die soziale Absicherung der Bevölkerung. Die Idee des Wohlfahrtsstaates, die dann nach dem Zweiten Weltkrieg entschlossen verwirklicht wird, zeichnet sich ab.

Die Hoffnungen vieler richteten sich auf die sozialistische Bewegung. Hier ein typisches Beispiel revolutionär-sozialistischer Ikonographie

Gleichzeitig gehen die Verstädterung und die Emanzipation der Frau (Women's Social and Political Union, 1903; *Equal Franchise Act*, 1928), die thematisch und formal in der modernen Literatur besonders viele Spuren hinterlassen haben, weiter. Entscheidend ist schließlich die enorm gestiegene Macht der »Masse« und des Massenjournalismus in einer sich rasch demokratisierenden Gesellschaft. Schon das abwertende Konzept der Masse (Nietzsche, Ortega y Gasset) verweist auf die Katastrophenphantasien einer elitären Gruppe von Dichtern und Denkern, die der modernen Massendemokratie und der sozialistischen Revolution (1917) mit Angst und Mißtrauen begegnen (Yeats, Lawrence, Eliot, Pound).

Geistesgeschichtlich betrachtet ist für Struktur und Thematik der modernistischen Kunst entscheidend, daß die rationalen Annahmen der liberalen Tradition im Zeichen eines seit 1900 rapide um sich greifenden Zivilisationspessimismus ihre Verbindlichkeit einbüßen. Rationalität, Kausalität, parlamentarische Demokratie und Fortschrittsidee geraten auch in England unter Beschuß. Allerdings ist die Substanz der liberalen Kultur der Insel so lebenskräftig, daß sie im Gegensatz zu Deutschland in ihrer Gesamtheit nie Gefahr läuft, ins Totalitäre und Irrationale umzukippen. Immerhin können sich auch führende Denker und Literaten Englands (D.H. Lawrence, T.E. Hulme u.a.) nicht der Anziehungskraft der deutschen (Nietzsche) und französischen (Bergson) Lebensphilosophie entziehen. Sie bedeutet, in Verbindung mit der Freudschen Psychoanalyse, daß das Konzept des rationalen, von Haus aus guten, sich selbst bestimmenden Subjekts als aufklärerische Fiktion entlarvt wird. Das Unbewußte und die Triebe des Menschen werden jetzt, durch wissenschaftliche Untersuchungen beglaubigt (Sigmund Freud, *Die Traumdeutung*, 1900), als die entscheidende Dimension ausgewiesen. Die durch den beschleunigten Modernisierungsvorgang und die Erfahrung der Metropole angeregte Verzeitlichung des Lebens- und Wirklichkeitsbegriffs rückt das Erleben, die Augenblickserfahrung und den Bilderstrom in den Mittelpunkt des Interesses. Ältere Darstellungsformen wie rational motiviertes Erzählen und Argumentation verlieren aus dieser Sicht an Prestige. Thematisch gesehen gewinnen aus dieser vernunft- und metaphysikkritischen Perspektive der Körper, der Sexus und die Energie des Primitiven an Bedeutung. Schon um 1900 entsteht – aus den verschiedensten Quellen gespeist – neben und mit der Fin-de-siècle-Lebensmüdigkeit ein regelrechter Kult des Lebens und der Intensität. Zeitlichkeit, Geschichtlichkeit und moderne Relativitätstheorie (Einstein) verschärfen darüber hinaus die Einsicht in den subjektiven und relativen Charakter jeglicher Erkenntnis. Solche Atomisierung der Weltsicht weckt die Sehnsucht nach der großen Erzählung, nach der agrarischen Gemeinschaft, nach totalen Erklärungs- und Erlösungsmodellen, die manche im Sozialismus (Morris, MacDiarmid, Caudwell u.a.), in der Religion (E. Waugh, T.S. Eliot, G. Greene), im mythisierenden Vitalismus (Lawrence) oder gar im Faschismus (Pound) finden. Andere verbinden liberale Positionen mit gewissenhaftem Dienst an der Utopie Kunst (Joyce, Woolf).

Sprachkrise

Auch das Vertrauen in die Sprache zerbröckelt. Eben deshalb rückt für die avancierte Kunst, wie die zahlreichen Sprachspiele, Parodien und Diskursmontagen bei Joyce und Eliot zeigen, das Medium Sprache in den Mittelpunkt des Interesses. Diese selbstreflexive Rückwendung auf die Sprache ist Symptom einer Sprachkrise. Schon in Flauberts Roman *Madame Bovary*, der den Modernisten Pound und Joyce wohlbekannt war, wird die offizielle Fortschrittsrhetorik ironisch dementiert. Im Zerrspiegel der Parodie soll nun die Verunreinigung der Sprache durch die öffentliche Rhetorik, den demokratischen Massenjournalismus und die epigonale Literatur deutlich hervortreten. Das Spiel mit der Sprache drängt sich in einem radikaleren Sinne aber auch deshalb auf, weil es nach Nietzsche Sinn und Wahrheit außerhalb und jenseits der Sprache gar nicht gibt. Anders gesagt: Wir sind auf Sprache angewiesen, ohne daß sie wegen des fließenden, proteischen Charakters der Wirklichkeit ein verläßliches Tor zur Wahrheit wäre.

Die Literatur der Übergangszeit um 1900

Gebremste Modernität als britische Besonderheit

Da es in Großbritannien nur wenige, meist ausländische Autoren gab (Joyce, Eliot, Pound), die sich ausdrücklich avantgardistischen Experimenten verschrieben, ist die Rede von der Übergangszeit mit Vorbehalten aufzunehmen. Für den gesamten Zeitraum von 1880 bis 1940 und darüber hinaus gilt, daß die insulare Kultur ein außerordentliches Beharrungsvermögen an den Tag legt und Schriftsteller bevorzugt, die vergleichsweise traditionelle Darstellungsverfahren mit modernen Themen – sexuelle Entfesselung, Sinnleere, gestörte Kommunikation z.B. – verbinden. Insofern ist die Übergangszeit nicht beendet, sondern in gewisser Weise ein britischer Dauerzustand. Der gleichbleibende Erfahrungshintergrund der Industrialisierung, der nicht mehr durch christliche *charity* abgefederten Klassengegensätze, der Isolation, der Urbanisierung und der Naturferne sorgt für Kontinuitäten, so etwa für die Sehnsucht nach der organischen Gemeinschaft oder für die Kritik am Mechanischen, die Carlyle und Lawrence gleichermaßen verkünden. Dieses auffällige Beharrungsvermögen der britischen Literatur hat darüber hinaus zur Folge, daß kontinentale Neuerungen wie der französische Naturalismus, der Symbolismus und Ibsens Dramatik nur in abgemilderter Form rezipiert werden.

Innovationen um 1900

Gleichwohl sind strukturelle, weltanschauliche und thematische Verschiebungen in der in Frage stehenden Zeit unübersehbar. Die viktorianische Koppelung von Ästhetik und Moral zerfällt (Pater, Wilde). Mit offenkundiger Leidenschaft wird gegen patriarchalisch-traditionelle Rollenklischees ein neues Frauenbild erkundet und verkündet (Hardy, Shaw, Wells, Lawrence, Wilde), dessen Leitidee der etwa berufliche Selbständigkeit anstrebenden *new woman* deutlich über Thackerays Becky Sharp hinausweist. Kipling erschließt mit bemerkenswerter erzählerischer Kraft das bislang unbekannte Terrain anglo-indischen Koloniallebens, während Conrad, teilweise am gleichen Gegenstand, in neuartigen perspektivischen Brechungen und mit impressionistischen Unbestimmtheiten die Hohlheit des zivilisatorischen Fortschrittspathos enthüllt. Henry James rückt diesen Perspektivismus in den Mittelpunkt seiner Theorie und erzählerischen Praxis. Die noch Dickens' Kunst zutiefst prägende Rhetorik moralischer Empfindungen weicht einem Lebenspathos, einschließlich eines Kultes der Kraft, das den Einfluß biologisch-evolutionistischen und lebensphilosophischen Denkens verrät (Shaw, Butler, Lawrence, Davidson). Schließlich verleiht die Hinwendung zu irischen Sagen, Mythen und Dichtungen, auch zu okkulten Wissensformen, der erwachenden irischen Kultur eine ganz eigene Note, die zumal bei Yeats nichts mit der aufklärerisch-liberalen Tradition zu tun hat.

Eine Karikatur aus *Punch*. Sie illustriert humorvoll die Beschleunigung der technischen Entwicklungen.

Literatur und Imperialismus

Die Tradition des Kolonialismus

Im Zeitalter der durch sozialdarwinistische Vorstellungen verschärften imperialen Rivalitäten (1880–1914) verdichten sich ältere Anschauungen und Vorurteile zu einem Typus politischen Denkens, der dem Kolonialismus als Alibi dient. Schon immer beruhte die Kolonialpolitik auf der Überzeugung, daß Weiße, zumal Briten, allen anderen Rassen überlegen seien. Ihre Pflicht sei es deshalb, den dunklen Orten dieser Welt durch Handel und Mission, notfalls auch durch militärische Gewaltanwendung, das Licht der Zivilisation zu bringen. Macaulay erklärt unverblümt: »A single shelf of a good European library is worth the whole native literature of India and Arabia.« Der spätviktorianische Imperialismus übernimmt dieses Erbe ganz bewußt und baut es defensiv zu einem Instrument der Erhaltung britischen Wohlstands und britischer Sicherheit aus. Man versteht das Empire als Sicherheitsverband, der zugleich die Abnahme britischer Waren garantiert und durch die Aufnahme von Auswanderern zur Lösung der sozialen Probleme des Mutterlandes beiträgt (Cecil Rhodes).

Kolonialliteratur

Literarische Zeugnisse und Verarbeitungen dieses Denkens gibt es im 19. Jahrhundert zuhauf. Captain Frederick Marryats teilweise autobiographische Romane (z.B. *Mr Midshipman Easy*, 1836) geben das Muster für den imperialistischen Abenteuerroman ab. Seine stereotypen jugendlichen Seehelden finden Sicherheit und Identität im Aktivismus, im Patriotismus und in der bedingungslosen Unterwerfung unter den Code der Gruppe. Abenteuererzählungen und Schauerromane (u.a. Rider Haggards *King Solomon's Mines*, 1886) schaffen den Mythos des schwarzen Kontinents, an den Conrad in seinem Afrika-Roman *Heart of Darkness* (1902) anknüpft. Das Charakteristische dieses Mythos ist es, daß er unterdrückte Triebe der Europäer auf die afrikanischen Opfer projiziert. Gegen Ende des Jahrhunderts dringen Dekadenzängste in die populäre Kolonialliteratur ein. Während der Imperialismus zur Ersatzreligion aufsteigt, befürchtet man den Rückfall von Weißen auf die Stufe der Eingeborenen (vgl. Somerset Maughams Kurzgeschichte »The Force of Circumstance« und Conrads *Heart of Darkness*) und die Bedrohung der Zivilisation durch die Kräfte der Barbarei. Diese Tradition gipfelt in dem künstlerisch sehr ernstzunehmenden Werk des Anglo-Inders Rudyard Kipling. Daß sich der populäre Meister der anglo-indischen Kurzgeschichte, der auch berühmte Kinderbücher (*The Jungle Book*, 1894; *Puck of Pook's Hill*, 1906) verfaßte, auch als Sänger des britischen Empire hervortat, hat seinem Ruf lange Zeit geschadet. Der pikareske Roman *Kim* (1901) und jene Kurzgeschichtensammlungen, auf denen sein Ruhm beruht (*Plain Tales from the Hills*, 1888; *Life's Handicap*, 1891; u.a.) haben allerdings mit kruder Propagandaliteratur nichts zu tun. Kiplings Imperialismus, der immer den Bezug zu ethischen Begründungen wahrt (»The White Man's Burden«, 1899), äußert sich am schrillsten in jenen Gedichten, mit denen er bedrohlich erscheinende politische Veränderungen kommentiert. Aus Sorge um den Fortbestand und die innere Stärke des Empire ruft er seine – so Kipling – behäbig und selbstzufrieden gewordenen Landsleute immer wieder zu Wachsamkeit und Tatkraft auf (beispielsweise in dem unter dem Schock des Burenkrieges geschriebenen Gedicht »The Islanders«, 1902).

Rudyard-Kipling im Jahre 1899. Porträt von Philip Burne-Jones

Kipling und die Moderne

Solche propagandistischen Fingerübungen sollten nicht den Blick auf Kiplings eigentliche Leistungen verstellen. Er ist an der inhaltlichen, formalen und weltanschaulichen Umorientierung der englischen Literatur führend beteiligt. Obwohl es Vorläufer gab, muß er als der Begründer der realistischen anglo-indischen Kurzgeschichte angesehen werden, die mit dem Kolonialleben einen bislang ungenutzten Erfahrungsbereich für die englische Literatur erschließt. Der Kunst der Ballade und des dramatischen Monologs führt er ganz neue Töne zu, indem er seine Sprecher ohne karikierende Absicht ein farbiges Cockney sprechen läßt. Mit außerordentlichem Gespür trifft er die

»Hier ... und dort, oder Auswanderung als Heilmittel«; Karikatur aus *Punch*, Juli 1848

Illustration zu Rudyard Kiplings *The Jungle Book* von W.H. Drake

Mentalität des einfachen britischen Soldaten: »We aren't no thin red 'eroes, nor we aren't no blackguards too,/ But single men in barricks, most remarkable like you;« (»Tommy«, Z. 25 f., aus: *Barrack-Room Ballads*, 1892). Kiplings Ausbruch aus den steril gewordenen Konventionen der romantischen Poesiesprache zeigte auch anderen Dichtern der Jahrhundertwende und der Moderne, wie die hohe Literatur durch den Kontakt mit der Subkultur neue Energien gewinnen und Wirkungen erzielen konnte. Literatur aus Literatur ist selten Kiplings Sache. Anders als die Modernen und die Ästheten vertraut er nicht dem Zitat und der Parodie, sondern der Erfahrung, nicht der literarischen Erinnerung, sondern der eigenen Wahrnehmung. Ohne auf populäre Spannungstechniken zu verzichten, stützt sich seine Kunst des exotischen Realismus auf die Faszination der mitgeteilten Anekdoten, Abenteuer und Scherze, des Dialekts, des Lokalkolorits und der Handlung. Der Code der Kolonialgesellschaft verdrängt als Bewertungsmaßstab die viktorianischen Normen der Moral und der humanitären Einstellung. In der Regel bestätigen Kiplings Geschichten tragende Bestandteile der imperialen Ideologie wie Ordnung, Disziplin, Unterordnung des einzelnen unter die Gemeinschaft und – trotz seiner Bereitschaft und Fähigkeit zur imaginativen Einfühlung in die andere Kultur – kulturelle Überlegenheit der weißen Rasse.

Hinwendung zur Subkultur

Literatur und Maschine

Solche sprachlichen und ideologischen Anpassungen, zu denen vor allem auch die Bewunderung für die Technik und den fähigen Fachmann gehört, tragen erheblich zu jener Überwindung der Kluft zwischen Kunst und Leben, literarischer Kultur und Technik bei, die nach dem Fin-de-siècle-Ästhetizismus ein grundlegendes Anliegen der Moderne ist. Zusammen mit W.E. Henley und John Davidson strebt Kipling in zahlreichen Gedichten (z.B. »McAndrew's Hymn«, 1893) und Kurzgeschichten (z.B. »With the Night Mail«, 1905) eine Literatur des Maschinenzeitalters an, die ästhetisch allerdings häufig an ihren inneren Widersprüchen scheitert. Der Fachjargon des Ingenieurs garantiert noch keine poetische Qualität, und das von Kipling geliebte Symbol der Maschine mag zwar den funktionierenden Mechanismus des Empires verdeutlichen, taugt aber nicht als Modell des Seelenlebens. Wesentlich überzeugender sind seine realistischen Erzählungen aus Britisch-Indien, in denen von der quälenden Einsamkeit der Kolonisten (»At the End of the Passage«, 1890), von Liebesaffären, gefährdeten Verlobungen, Mischehen, Schabernack, Abenteuern und übernatürlich-okkulten Vorgängen die Rede ist. Der späte Kipling neigt zur symbolischen und allegorischen Verrätselung seiner Geschichten. Dabei tritt das Thema des Empire zurück. Die durch den Ersten Weltkrieg verdüsterte Weltsicht macht sich bemerkbar. Kriegsneurosen, Bekehrung, Krankheit (»The Wish House«, 1924), geistige und körperliche Gesundung (»The Miracle of Saint Jubanus«, 1930), die seelischen Auswirkungen einer von der Maschine beherrschten Arbeitswelt: das sind die jetzt interessierenden Themenbereiche.

Der späte Kipling

Ästhetizismus und Naturalismus in den ›Nineties‹

Kipling, Henley und Davidson streben ganz ersichtlich eine Verringerung des Abstandes zwischen Lebenswelt und Literatur an, um letztere vor der drohenden Bedeutungs- und Funktionslosigkeit zu bewahren. Aus dem Zerfallsprozeß der viktorianischen Kultur gehen unter französischem Einfluß aber auch literarische Richtungen hervor wie der Ästhetizismus und der Naturalismus, die bei allen sonstigen Gegensätzen ganz entschieden kritischen Abstand zur bürgerlichen Wirklichkeit des Modernisierungsprozesses halten. Während die Ästheten ihr Leiden an Kommerz, Materialismus, öffentlicher Fortschrittsrhetorik, beengender Moral und nationaler Machtpolitik mit aggressiven Gesten und Rückzugsbewegungen in Räume des Schönen, des Erlesenen und der melancholischen Innerlichkeit beantworten, richten die Naturalisten den Blick auf das Elend der Londoner Armenviertel.

»Elegante junge Stutzer« und »ästhetische junge Genies.« Karikaturen aus dem Jahre 1898 von George du Maurier

Die Verfestigung der ästhetischen Neigungen des 19. Jahrhunderts zur ästhetischen Weltanschauung ist vor allem das Werk Walter Paters und seines Schülers Oscar Wilde. Diese wiederum können sich auf eine lange Ahnenreihe berufen: Goethe, Poe, Keats, Swinburne, die Präraphaeliten, Baudelaire und – an Einfluß alle anderen überragend – Huysmans (*A Rebours*, 1884), dessen Figur des aristokratischen Ästheten Des Esseintes mit seinem Haß auf die Natur und seiner Liebe für alles Künstliche, mit seinem Einzelgängertum und seinen dekadenten Vergnügungen Leben und Fiktion der Ästheten nachhaltig beeinflußte.

Entscheidende Anstöße empfängt der Schönheitskult des Fin de siècle auch von Walter Paters *Studies in the History of the Renaissance* (1873). Hier wird unmißverständlich die ästhetische Auffassung von der Welt und vom Kunstwerk entwickelt. Der Form gebührt für Pater der Vorrang vor dem Inhalt oder der Botschaft, weil nur ihre Handhabung etwas über die poetische und technische Qualität des Kunstwerks aussage. Tatsächlich strebe jedes echte Kunstwerk die Loslösung von stofflichen oder weltanschaulichen Bindungen an, um einen autonomen Status wie die Musik zu erreichen. Kunst ist, so betont Pater im »Essay on Style« (1889), zwar Ausdruck einer inneren Vision, eines seelischen Gehaltes. Aber »vision within«, das subjektive Welterleben des Künstlers, bedarf einer gereinigten Sprache und einer konstruktiven Intelligenz, um wirklich den Rang einer »fine art« zu erlangen. Abschreckendes Gegenbeispiel, von dem der wahre Künstler sich strikt abgrenzen muß, ist die vulgäre Massengesellschaft mit ihrem vulgären Geschmack. Hier kündigt sich das aristokratische, gegen die Massendemokratie gerichtete Selbstverständnis vieler Künstler der Moderne an.

Der Vorrang der Form vor dem Inhalt

Paters Aufwertung der Renaissance richtet sich gegen Ruskin und entspricht der antibürgerlichen Lust des Fin de siècle an verbotenen Nervenkitzeln wie Verbrechen, Gewalt, Krankheit und Grausamkeit. Fern von menschenfreundlichen Handlungen oder weltanschaulichen Auseinandersetzun-

Intensität

J. M. W. Turner ist ein Vorläufer der Impressionisten. »Rain, Steam, and Speed« (1844) antizipiert das für den Impressionismus charakteristische Verfließen der festen Konturen.

gen sucht der Ästhet die »ecstasy« intensiven momentanen Erlebens. Die Wahrheit fällt mit dem subjektiven Eindruck zusammen (Impressionismus). Ein Kunstwerk richtig zu sehen, bedeutet deshalb, sich Rechenschaft über den eigenen Eindruck zu geben, nicht aber, nach dem Wesen der Schönheit zu fragen. *Marius the Epicurean* (1885), Paters bekanntester Roman, ist bezeichnenderweise in einer Übergangszeit angesiedelt, der Spätantike. Marius, der Epikuräer, wendet sich dem Christentum zu, aber die Freude am ästhetischen Reiz des kirchlichen Rituals ersetzt eigentlich den Glauben. Allenthalben zeigt sich bei Pater die Vorliebe für Zwischentöne und Dualistisches, für Meditation und Sinnlichkeit, für Apollinisches und Dionysisches (*Greek Studies*, 1895).

Oscar Wilde: Leben als Kunst

Hatte sich Pater mit der Rolle des Betrachters und Wissenschaftlers begnügt, so verwandelt Oscar Wilde sein Leben in Kunst. Unter dem Motto »life imitates art« hat er ein Leben geführt, das ihn zum vielbewunderten Dandy (Samtjacken mit Pfauenfedern) und Witzbold, aber auch zum Skandalfall werden ließ. 1895 nimmt sein anrüchiges Doppelleben als geistreicher, von der Gesellschaft hofierter Künstler und heimlich abenteuernder Homosexueller ein jähes Ende. Diesen Skandal der Doppelexistenz hat er, gleichsam prophetisch, in dem Dekadenzroman *The Picture of Dorian Gray* (1891) vorweggenommen. Während es der Hedonist Lord Henry Wotton, der Lehrer Dorians, bei aufreizenden, pikanten Aphorismen beläßt (»The only way to get rid of a temptation is to yield to it«), führt beim Narzißt Dorian die Lebensgestaltung nach den Regeln eines amoralischen Kunstwerks immer tiefer in den Sumpf einer schuldhaften, kriminellen Existenz. Ethik und Religion decken die Grenzen eines ästhetischen Lebensprogramms auf, das Wilde im Anschluß an Pater in dem Essay »The English Renaissance of Art« geradezu als utopische Alternative zum »dull, materialistic age« des 19. Jahrhunderts anbietet: »the secret of life is in art«. Erst in der Schönheit, die auch die Zeit überdauert, findet das Leben seinen wahren Sinn.

Oscar Wilde. Karikatur aus *Punch*

Wilde erneuert die anzügliche, witzige Sittenkomödie der Restaurationszeit. Wichtiger als die gelegentlich zur absurden Farce (*The Importance of*

Being Earnest, 1895) gesteigerten Konventionen der Verwechslung und des Zufalls sind die funkelnden Bonmots der Dialogpartner. Ihre Sprachhandlungen prägen sich der Erinnerung mehr ein als der Plot. Hinter dem Schwebenden, Spielerischen, Koketten steckt oft eine anti-viktorianische Spitze. In *Lady Windermere's Fan* (1892) erweist sich die Frau mit Vergangenheit, Mrs. Erlynne, als die eigentlich gute Frau, die andere zur Überprüfung ihrer moralischen Vorannahmen zwingt. *Salome* (frz. 1893; englisch 1894) gestaltet mit dem Motiv der lüsternen, männermordenden *femme fatale* einen charakteristischen Angsttraum der Spätromantik.

Die Femme fatale Salome küßt den abgehackten Kopf von Johannes dem Täufer. Illustration von Aubrey Beardsley zu Oscar Wildes *Salome* (1894)

Dekadenz, Fin de siècle, Symbolismus, Yellow Nineties und Ästhetizismus sind gebräuchliche Begriffe für eine spätzeitliche Bewußtseinslage. Lyriker der Nineties wie Austin Dobson, Arthur Symons, Ernest Christopher Dowson und Oscar Wilde empfinden sich als Spätgeborene, die von der Last der Geschichte fast erdrückt werden, zugleich aber gegenüber dem Bürgertum ihre feinere Sensibilität hervorkehren. Gegen die Robustheit der Macher, die ihnen Verweichlichung vorwerfen, setzen sie feiernd ihr überreiztes Empfindungs- und Wahrnehmungsvermögen als Vorzug. Der Stimmungskunst der Lyrik bleibt es vorbehalten, in Abend- und Herbstmotiven, in farblichen Zwischentönen (vor allem Grau) und Verben des Zerfließens gegenständliche Entsprechungen für diesen narzißtischen Genuß der eigenen Weltmüdigkeit zu finden. An Herbst und Abend faszinieren nicht die Vollendung der Reife, sondern das Vergehen, der Augenblick des Übergangs vom Licht ins Dunkel.

The long September evening dies
In mist along the fields and lanes;
Only a few faint stars surprise
The lingering twilight as it wanes.
(Arthur Symons, »Autumn Twilight:
Grey and Gold«, Z. 1–4)

Auffällig ist hier die Spannung von Entgrenzung und Begrenzung. Während die Verben (»dies«, »wanes«) und Substantive (»mist«, »twilight«) das impressionistisch gesehene Fließen und Verfließen betonen, sorgt die geschlossene Form der alternierend gereimten Strophe für Festigkeit. Das Fin de siècle liebt nicht zufällig ausgefallene alte Formen wie die Villanelle, deren geordnete Schönheit und Künstlichkeit die Zeit bändigt.

Soziales Elend als Klischee

Fin-de-siècle-Lyrik ist zu einem beträchtlichen Teil eine Poesie der literarischen Erinnerungen und ein schwermütiger Abgesang auf das 19. Jahrhundert. Zur selben Zeit verfaßte naturalistische Texte von George Gissing, Arthur Morrison (*Tales of Mean Streets*, 1894) und George Moore (*Esther Waters*, 1894) vertrauen dagegen auf die Wirkungskraft des mitgeteilten sozialen Wissens – städtisch-proletarisches Milieu (East End), Armut, Verführung, Prostitution, unterdrückte Frau, brutaler Ehemann, Alkoholismus, aber auch Mut und Beständigkeit. Die dauernde Wiederholung dieser Motive führt auch hier rasch in die Nähe eines klischeehaften Wirklichkeitsbildes:

Then, with his fist raised, he came at his poor wife, ordering her to take one of the sheets from the bed and »make money,« and would have struck her if Esther had not come between them and, with her hand in her pocket, said, »Be quiet, father; I'll give you the money you want.«
(George Moore, *Esther Waters*, Kap. 14)

Pessimismus, Perspektivismus und der Beginn der modernen Romankunst (Hardy, Conrad, James)

Thomas Hardy, Gemälde von W.W. Owless

Idylle und Regionalroman erfreuen sich im 19. Jahrhundert zunehmender Beliebtheit. Dies ist kein Zufall, erzeugen doch gerade die mit der Modernisierung verbundenen Verlust- und Komplexitätsschocks einen steigenden Bedarf an Übersichtlichkeit, Heimeligkeit und Vertrautheit, der von idyllisierenden *country books* und Heimatromanen – zum Beispiel Mary Russell Mitfords *Our Village* (1832), E. Gaskells *Cranford* (1853) und James Matthew Barries *Auld Licht Idylls* (1888) – befriedigt wird. Die modernisierende Mentalität löst aber gleichzeitig eine gegenläufige Tendenz aus, weil ihre realistisch-empirische Grundhaltung eine Kritik der Idylle fordert.

Hardys Romane als Allegorien der Modernisierung

Da man Thomas Hardys Romane als Allegorien der Modernisierung lesen kann, die vor allem die Verlustrechnung des Wandels präsentieren, überrascht es nicht, daß Idylle und Idyllekritik zentrale Motive seiner Romane sind. Einsetzend mit der reizvollen Dorfidylle *Under the Greenwood Tree* (1872), in welche die Lehrerin Fancy Day verändernd einbricht, hat Hardy eine Reihe von außerordentlich lesbaren und wirkungsvollen Regionalromanen vorgelegt, in denen Idyllisches mehr und mehr von der Tragik verdrängt wird, bis schließlich in *Jude the Obscure* (1895), Hardys letztem Roman, Restbestände einer heilen, traditionalen Welt erst gar nicht mehr auftauchen. Die Kolonialisierung der intakten ländlichen Gemeinschaft durch Vertreter der urbanen, modernen Welt ist abgeschlossen. Gelingen kann diese elegisch gestimmte Ablösung und Auflösung traditioneller Lebensformen, weil diese – wie der Roman *The Woodlanders* (1887) besonders eindrücklich am Beispiel der ländlichen Figur Winterborne zeigt – zu wenig Widerstandskraft und Anpassungsfähigkeit besitzen. Deshalb öffnet sich der Einheimische selbst, wie Clym in *The Return of the Native* (1878), dem Wissen und der Mentalität der neuen Zeit. Dieser Marsch der Moderne hat für Hardy etwas Unabänderliches und Schicksalhaftes an sich, weil er dem unerforschlichen, unkontrollierbaren »Immanent Will« unterworfen ist. Damit verlieren auch die von ihm beerbten herkömmlichen Gattungen und Motive ihren üblichen Stellenwert. Idylle schlägt in Antiidylle und Tragik um (*Tess of the D'Urbervilles*, 1891); die Liebesromanze wird, ganz gegen die Konvention, bis zu dem Punkt geführt, wo das aus der Distanz geborene Begehren nach seiner Befriedigung schließlich in der Desillusionierung endet; die häufigen Zufälle sind Symptome eines gleichgültigen, sinnlosen Kosmos, nicht aber, wie in der Romanze, Werkzeuge der poetischen Gerechtigkeit; die Versöhnung des isolierten Individuums mit der Gesellschaft mißlingt.

Kosmischer Pessimismus

Hardys illusionslos-pessimistische Sicht der Evolution in Natur und Gesellschaft gibt seinen sprachlich und strukturell durchaus traditionellen Romanen also eine deutlich moderne Färbung, die man bei George Eliot so noch nicht findet. Der Mensch ist ein Spielball natürlicher Kräfte, die im Gegensatz zur Vorsehung nicht einen Heilsplan verwirklichen. Tess, die junge Melkerin, wird von der Gesellschaft und der Natur gleichermaßen ins Unglück gestürzt: Alec, ihr reicher Verführer, und ihre eigenen natürlichen Impulse bringen Unheil über sie. Nicht zuletzt diese Abhängigkeit des Menschen von den unpersönlichen Kräften der Natur und der Vergangenheit hat Hardy zu eindrücklichen Landschaftsschilderungen veranlaßt, die filmische Techniken vorwegnehmen und mit praller Detailfülle, lyrischer Leidenschaftlichkeit und symbolischer Sinnanreicherung die Thematik der zweideutigen Natur entfalten. Denn diese Hardysche Natur ist wild-erhaben und arkadisch-schön, pastoral und antipastoral, Spiegel eines Darwinschen Lebenskampfes und symbolische Wegbegleiterin von Tess bei ihrer Reise in den Abgrund. Selbst ihre überquellende Fruchtbarkeit verheißt für Tess nichts Gutes (Kap. 19). Ohnehin nimmt Hardy in seiner Rolle als argumentierender und wertender Erzähler eine recht vieldeutige, ja widersprüchliche Position ein. Die Unschuld der gefallenen Tess, die ihren Verführer schließlich tötet, sucht er mit einander ausschließenden moralischen und naturalistischen Argumenten zu beweisen. Was den Leser aber wirklich überzeugt, ist die mittels Handlung, Figurendarstellung und Landschaftsbeschreibungen inszenierte Gewalt der emotionalen Beteiligung des Autors an seinen Erfindungen.

Die Wende zu modernen Formen der erzählerischen Vermittlung leitet in England freilich nicht Hardy ein. Sie ist vielmehr das Werk zweier Ausländer, die der viktorianischen Romantradition nicht verpflichtet sind: Joseph Conrad, der gebürtige Pole, und Henry James, der Amerikaner, der wie Conrad England zu seiner Wahlheimat machte. James gehört zwar eher in eine Geschichte der amerikanischen Literatur, übt aber einen so nachhaltigen Einfluß auf die anglo-amerikanische Romankunst aus, daß auch auf ihn kurz eingegangen werden muß.

Conrads Illusionskritik

Conrad, der spät zur Schriftstellerei findet, verarbeitet in seinen kunstvollen und suggestiven Romanen häufig seine langjährigen Erfahrungen als Seemann. Dies geschieht von einem skeptischen Standpunkt aus, der die optimistisch-rationalen Annahmen der liberalen Tradition und der Kolonialideologie häufig widerlegt (»the dustbin of progress«, *Heart of Darkness*). Der Roman *Lord Jim* ironisiert das Robinson-Motiv und damit die bürgerliche Utopie – die Nebenfigur Robinson erweist sich als gefürchteter Pirat, Opiumhändler und Menschenfresser. Immer wieder rückt Conrad das Versagen und das Schuldigwerden von Weißen in den Mittelpunkt, deren Kultur, Disziplin und heroisch-moralisches Selbstverständnis in Extremsituationen (»An Outpost of Progress«, 1900; *Lord Jim*, 1900; *Heart of Darkness*, 1902) zerbricht. So wenig der Erzähler die Wünschbarkeit dieses »weißen« Codes anzweifelt, so sehr enthüllt er seine Zerbrechlichkeit am Beispiel von Menschen, die korrumpierbar sind und ihrer eigenen Schwäche oder Triebnatur zum Opfer fallen. Der desillusionierende Realitätsschock trifft gerade jene Figuren – Jim in *Lord Jim* oder Kurtz in *Heart of Darkness* –, die ihr Verhalten an romanzenhaften literarischen Träumen oder progressiver Rhetorik ausrichten. Conrad schreibt tragische Romanzen oder Romanzenparodien, die durch die Lektüre, bloße Worte, aufgebauten Illusionen zerplatzen wie Seifenblasen. Kurtz, ein Hoffnungsträger, fällt im Dschungel Afrikas in die Dunkelheit der Barbarei zurück; in entscheidenden Augenblicken springt Jim buchstäblich aus der Verantwortung. Die unfähigen Außenposten der Zivilisation, Kayerts und Carlier, enden in einem mörderischen Zwist. Das politische und wirtschaftliche Netzwerk aus Macht, Gewinnstreben, Unterdrückung und politischen Revolten (*Nostromo*, 1904; *The Secret Agent*, 1907) umspannt den ganzen Globus und wird in *Heart of Darkness* als anonymer, kalter Apparat charakterisiert, der die Menschen verformt und verdirbt.

Rätselhafte Wirklichkeit, Impressionismus

Skeptische Zweifel gelten aber insbesondere der Annahme, Wirklichkeit rational erfassen und versprachlichen zu können. Wenn die Realität letztlich ein Rätsel bleibt, dann sieht sich der Erzähler auf die Rolle des Suchenden, Forschenden und unsicher Tastenden verwiesen. Der Erzählvorgang selbst und das Interpretationsverhalten rücken in den Mittelpunkt des Interesses und überlagern etwa über weite Strecken von *Lord Jim* die erzählte Geschichte als solche. Marlow, der mit dem Schicksal der scheiternden Hauptfiguren sympathisierende Erzähler, bleibt gezielt in Andeutungen und Zwei-

Henry James und Joseph Conrad. Max Beerbohms *A Christman Garland* (1926) enthält liebevolle Parodien der manierierten Prosa dieser beiden Künstler.

deutigkeiten stecken (»Marlow's inconclusive experiences«, *Heart of Darkness*). Selbst seine moralische Integrität gerät ins Zwielicht. Über die Geschehnisse breitet Marlow einen Dunstschleier von Mutmaßungen und möglichen Sinnzuschreibungen aus. Subjektivierung und mangelnde Bestimmtheit gehören für Conrad allerdings zu den Bedingungen großer, suggestiver Kunst. Deshalb pflegt zumal der frühe Conrad impressionistische Darstellungstechniken, denen die Vielzahl der subjektiven Perspektiven entspricht. Marlow, Brierly, Stein (»Jim is romantic ...«), Chester und der französische Leutnant geben jeweils völlig unterschiedliche Deutungen von Jims Verhalten. Mit der Montage unterschiedlicher Perspektiven hängt auch zusammen, daß Conrad gelegentlich, wie in den ersten Kapiteln von *Lord Jim*, die natürliche chronologische Abfolge umstellt. Solche Zeitverschiebungen sind freilich funktional. Im Falle des vordergründig untadeligen Kapitäns Brierly, der bei der Verhandlung über Jim zu Gericht sitzt, verdeutlicht der zeitlich vorgezogene Bericht über seinen Selbstmord auf See die Brüchigkeit jeglicher Ordnung und Autorität. Conrads impressionistische Kunst vermag solche Brüchigkeit in einer unheilschwangeren Atmosphäre anzukündigen:

> A draught of air, fanned from forward by the speed of the ship, passed steadily through the long gloom between the high bulwarks, swept over the rows of prone bodies; a few dim flames in globe-lamps were hung short here and there under the ridge-poles, and in the blurred circles of light thrown down and trembling slightly to the unceasing vibration of the ship appeared a chin upturned, two closed eyelids, a dark hand with silver rings, a meagre limb draped in a torn covering, a head bent back, a naked foot, a throat bared and stretched as if offering itself to the knife.
>
> (*Lord Jim*, Kap. 3)

Kunst als Berufung

Auch bei Henry James scheint zwischen seiner auffälligen Hinwendung zur psychologischen Kunst und der Skepsis gegenüber reformerischem oder radikalem Eifer ein innerer Zusammenhang zu bestehen. Das Streben nach Vollkommenheit gilt nicht der Gesellschaft. In *The Bostonians* (1886) hält er deutlich Abstand zur Frauenrechtsbewegung; in *The Princess Casamassima* (1886) begeht der zum Revolutionär bekehrte Held am Ende Selbstmord. In James' Hierarchie der Werte steht eine Kunst an oberster Stelle, die er nach dem Vorbild der Pariser Schriftsteller Flaubert, Zola und Balzac mit professioneller Hingabe pflegt. Die angestrengte Vervollkommnung der Kunst steht eigentlich im Dienste des Lebens. Denn nur die Kunst vermag jene intensiven Erfahrungsaugenblicke und seelischen Regungen sichtbar, erlebbar und unzerstörbar zu machen, die für James den Inbegriff des Lebens bilden. Und nur Europa, zumal London (»the biggest aggregation of human life – the most complete compendium of the world«), sorgt mit seiner raffinierten Kultur und Gesellschaft für jenen reichen Erfahrungshintergrund, dessen die anspruchsvolle Kunst des Romans bedarf.

Das internationale Thema

Die Aufmerksamkeit des frühen James gilt dem »internationalen Thema«. Erfahrungshungrige, amerikamüde Amerikaner verfangen sich bei ihrer Begegnung mit Europa in den Schwierigkeiten einer alten, komplexeren und moralisch zweifelhaften Kultur. Isabel Archer, die selbstbewußte, idealistische, selbständig handelnde junge Amerikanerin, lehnt einen englischen Bewerber ab, um schließlich zu bemerken, daß sie mit dem eigensüchtigen Osmond die falsche Wahl getroffen hat (*Portrait of a Lady*, 1881). Ihr hochentwickelter Sinn für Ehre und Selbstachtung gebietet ihr, sich ihrem Schicksal klaglos zu stellen. Wohl auch wegen des mangelnden Erfolgs seiner Romane, die dem an leichtere Kost gewöhnten spätviktorianischen Publikum zuviel Kunstsinn abverlangten, umkreist der späte James, zumal in den Kurzgeschichten (»The Figure in the Carpet«, 1896) immer wieder das Thema der Kunst und der Isolation des Künstlers.

Stil, personale Erzählweise

James' Bedeutung für die angelsächsische Romankunst als unübertroffener Stilist, Theoretiker (Vorworte zu seinen Romanen) und formaler Erneuerer kann nicht hoch genug eingeschätzt werden. Der mühelos scheinende Stil registriert feinste Unterscheidungen. Die Sprache teilt nicht nur Bedeutungen mit. Durch die Art der sprachlichen Arrangements soll vielmehr die Form – zum Beispiel der Satzbau – in den Rang eines Bedeutungsträgers erhoben werden. Der Satz »Everything at Poynton was in the style of Poynton« (*The Spoils of Poynton*, 1897) unterstreicht die Gleichförmigkeit von Poynton durch Wiederholung. Sinn erscheint bei James nicht als abstrakte Idee, die nachträglich einzukleiden wäre. Zwar gibt es fast allegorisch anmutende Gegenüberstellungen von Amerika und Europa, aber diesen Unterschieden haftet nichts Schematisches an. Sie werden prozeßhaft in konkreten Situationen vom zurückhaltenden Erzähler erkundet und nur indirekt durch die Wahl bestimmter Tonlagen kommentiert. James verändert das Gesicht der angelsächsischen Romankunst vor allem durch die konsequente Anwendung der auch theoretisch begründeten personalen Erzählweise, die mit einer romaninternen »central intelligence« als Vermittlungsinstanz arbeitet. In Verbindung mit stilistischen Besonderheiten und dem fast quälend langsamen Tempo der Situationsentfaltung verursacht diese Methode Leseschwierigkeiten, ist der Leser doch gehalten, etwa mit und aus der Perspektive der unschuldigen und verwirrten Figur Strether (in *The Ambassadors*, 1903) und ohne Hilfe des Erzählers sich ein Bild von der Lage zu machen. Wenn der Erzähler seine Orientierungsfunktion nicht wahrnehmen darf und darüber hinaus vorrangig das Innenleben der dargestellten Figuren zur Sprache kommt, tastet sich der Leser – ähnlich wie im wirklichen Leben – auf einem der Romanfigur angenäherten Informationsstand in die Zukunft. Daraus ergibt sich ein interessantes Paradox: Der Durchschnittsleser beantwortet die kunstvolle Illusion einer alltäglichen Orientierungssituation mit dem Vorwurf der Desorientierung.

Strether in The Ambassadors

In *The Ambassadors*, einem Zeugnis für die vollendete, aber auch schwierige Formkunst des späten Henry James, reist Strether mit dem Auftrag nach Europa, Chad, den Sohn einer Witwe, zur Rückkehr nach Amerika zu bewegen. Aber Strether selbst verfällt unmerklich dem Zauber des freieren Lebens von Paris, ein innerer Wandel, an dem der Leser nicht von außen, sondern ausschließlich von innen, also aus Strethers Blickwinkel, beteiligt wird. Dies ist konsequent, weil nicht die Ereignisse oder die fremde Welt, sondern ihr Eindruck auf das empfängliche Gemüt Strethers das eigentliche Anliegen des Romans ist. So erscheint Strether nur in Dialogszenen, die ihn wie im Drama objektivieren. Oder er erscheint im Akt des Denkens, der beim späten James nicht nur reiche Metaphernketten erzeugt (*What Maisie Knew*, 1897), sondern auch stilistisch-syntaktische Verrenkungen: »He asked himself, if, by any chance, before he should have in some way to commit himself, he might feel his mind settled to the new vision, might habituate it, so to speak, to the remarkable truth.« (*The Ambassadors*, 3. Buch)

Evolution, Utopie und Literatur

Physikotheologie

Im 18. Jahrhundert war es der Physikotheologie gelungen, die Erkenntnisse der neuen Naturwissenschaft (Galileo, Newton) mit der Religion zu versöhnen. Aus den Gesetzen der Natur schloß man auf einen allmächtigen Gesetz-

Charles Darwin nach einem Portrait von J. Collier

geber, aus der ungeheuren Vielfalt schöner, vorzüglich ausgestatteter und nützlicher Lebewesen leitete man das Vorhandensein eines gütigen, dem Menschen wohlgesonnenen Schöpfergottes ab. Die Welt schien ein von Gott zum Wohle des Menschen eingerichteter Zweckzusammenhang zu sein. 1802 wurde in William Paleys *Natural Theology: or Evidences of the Existence and Attributes of the Deity* diese Auffassung noch einmal ausführlich begründet und für das 19. Jahrhundert verbindlich festgelegt.

Mit der Veröffentlichung von Charles Darwins *On the Origin of Species by means of Natural Selection, or the Preservation of Favoured Races in the Struggle for Life* (1859) war die *Natural Theology* endgültig unhaltbar geworden. Anhand einer Fülle von Beispielen konnte Darwin nachweisen, daß die Artenvielfalt nicht das Ergebnis eines einmaligen Schöpfungsaktes, sondern eines langen Ausleseprozesses ist. Dabei überleben im »struggle for life« jeweils jene Arten und Exemplare, die sich am besten den unterschiedlichen Lebensbedingungen anpassen. Die Natur selbst erzwingt aufgrund ihres Überangebots an Nachkommen und Keimlingen einen Wettbewerb. Wie dieser ausgeht, hängt von den Besonderheiten des jeweiligen Ökosystems ab, das sein Entdecker Darwin als komplexes, ausbalanciertes Spiel von Wechselwirkungen zwischen Bodenbeschaffenheit, Pflanzen und Tieren beschreibt: »[...] plants and animals, most remote in the scale of nature, are bound together by a web of complex relations.«

Folgen der Darwinschen Theorie

Die Publikation des Darwinschen Buches, dessen Argumentation den Schöpfergott überflüssig machte und die Grenze zwischen Tier und Mensch aufhob, war ein wissenschaftliches und literarisches Ereignis ersten Ranges, das eine heftige Debatte auslöste und das Schaffen wichtiger Schriftsteller (Butler, Hardy, Wells, Shaw, Lawrence) tiefgreifend beeinflußte. Darwins Theorie schärfte den Blick für das Triebhafte im Menschen, wies diesem einen unbedeutenden Platz am Rande des kosmischen Geschehens an und verwandelte die begrenzte Heilsgeschichte in einen unbegrenzten, sich in ungeheuren Zeiträumen abspielenden Evolutionsprozeß. Während Darwin selbst im Naturgeschehen keinerlei zielgerichtete Bewegung erkennen wollte, paßten andere (Herbert Spencer) die Evolutionstheorie in den vorherrschenden Fortschrittsglauben ein oder deuteten sie zu einer vom Geist bestimmten schöpferischen Evolution um (»life force«, Shaw).

Von der Raumutopie zur Zeitutopie

Die Evolutionslehre eröffnete der utopischen Phantasie ganz neue Spielräume und Möglichkeiten. Langgehegte Menschheitsträume rückten durch die Annahme langfristiger Entwicklungsprozesse plötzlich in den Bereich des Erreichbaren, was zu Hoffnungen, aber auch zu Befürchtungen Anlaß gab. Eine unmittelbare und greifbare Auswirkung der Evolutionstheorie auf die Literatur war folgerichtig die Umwandlung der statischen, von Thomas More erfundenen Raumutopie (*Utopia*, 1516) in eine dynamische Zeitutopie, die Entstehung der Science Fiction und der Umschlag des utopischen Wunschbildes in ein dystopisches Schreckbild.

Butler, Bulwer-Lytton

In ihrer konzeptionellen Widersprüchlichkeit sind die satirischen Utopien von Samuel Butler (*Erewhon*, 1872) und E. Bulwer-Lytton (*The Coming Race*, 1871) noch typische Übergangserscheinungen. Beide verwenden das altbewährte Erzählschema der Raumutopie. Beide lassen aber ihre Reisenden auf Neuseeland bzw. im Innern der Erde auf Gesellschaften stoßen, die nicht nur satirisch verzerrte Abbilder der viktorianischen Wirklichkeit sind, sondern auch mögliche Zukunftsentwicklungen literarisch vorwegnehmen. Hinter der Koexistenz von realem und vorgestelltem Raum verbirgt sich also ein zeitlicher Entwicklungsabstand. In *Erewhon* wurden Maschinen abgeschafft, weil diese sich zu einer den Menschen bedrohenden Spezies zu entwickeln begannen. In *The Coming Race* trifft der Held auf eine geistig und körperlich überlegene Rasse von furchteinflößenden Supermenschen, die mit der Kraft *vril* über ein unbegrenztes Zerstörungspotential verfügen.

Mit überlegenem Fachwissen und literarischem Können setzt dann Herbert George Wells für die Traditionen der literarischen Utopie und der phantastischen Reiseerzählung gänzlich neue Akzente. Der Schüler des großen Biologen T.H. Huxley schafft mit *The Time Machine* (1895) das gefeierte Vorbild der Gattung Science Fiction, indem er die Zukunft konsequent als Experimentierfeld der evolutionären Phantasie nutzt und – in seiner außerordentlich schöpferischen Frühphase vor 1900 – den normativen Weltverbesserungsanspruch der Utopie zugunsten literarischer Ziele aufgibt. Auf der Zeitmaschine sitzend, jagt der Zeitreisende in eine ferne Zukunft, in der Arbeiter und Kapitalisten zu unterschiedlichen Spezies degeneriert sind und der Erdball schließlich dem Kältetod entgegendämmert. Einige grundlegende Bauelemente der modernen Science Fiction stammen aus *The Time Machine*: technische Innovation, Weltkatastrophe, dystopischer Weltentwurf, mythische Reduktion, Monster, Rätselspannung, *action*, Wissenschaft als Gegenstand und Erzählmethode, Extrapolation zeitgenössischer Verhältnisse. Unübertroffen ist Wells' Technik der Wahrscheinlichmachung des Phantastischen und seine Verbindung von wissenschaftlicher und mythischer Phantasie. Die Fabel der zu Recht gepriesenen Science-Fiction-Kurzgeschichte »The Country of the Blind« veranschaulicht – systemtheoretische Einsichten vorwegnehmend – den Zusammenhang zwischen Umwelt, Problem (Blinde müssen sich orientieren) und Systembildung. Die erblindenden Bewohner eines abgelegenen Andentales schaffen sich eine Ordnung, in der sie sich besser orientieren können als der sehende Eindringling.

Die spektakuläre Illustration von Finlay (1950) verdeutlicht, daß in *The Time Machine* (1895) von Wells auch schon das populäre Science-Fiction-Motiv Sex und Gewalt vorweggenommen war. Bei Wells spielt es aber noch keine zentrale Rolle.

Die moderne Utopie von Wells

Sieht man einmal von den sehr unterhaltsamen humoristischen Kleinbürgerromanen (*Kipps*, 1905; *The History of Mr Polly*, 1910; u.a.) ab, dann betätigte sich Wells nach der Jahrhundertwende in zahllosen literarischen und nichtliterarischen Werken vor allem als Verkünder des utopischen Weltstaates. Dabei modernisiert er die Utopie gründlich. Technisches Denken und eine Elite von Managern beherrschen das Bild seiner Zukunftsspekulationen. Mönchische oder kommunistische Gleichheit weicht der funktionalen gesellschaftlichen Hierarchie; geschichtlich-evolutionäre Dynamik verdrängt die alte räumliche Statik; der gesichtslose Typus macht – freilich nur als Forderung, nicht als ästhetische Illusion – dem Individuum Platz (*A Modern Utopia*, 1905). Dieser Vergeschichtlichung und Individualisierung der Utopie bei Wells entspricht eine erzählerische Vermittlung, die mit ihrer Vielstimmigkeit die Relativität des neuen Entwurfs betont.

Wells' weltverbesserischer Anspruch löste gleichwohl heftige Reaktionen aus. In der frühen Schreckensvision »The Machine Stops« (1909) warnt Edward Morgan Forster vor den Gefahren der Unkontrollierbarkeit des Systems und der Unmündigkeit des Menschen, die Wells' technokratische Lösungen in sich bergen. Die humanistisch und kulturkritisch begründete Kritik an technokratischen Problemlösungen ist auch das Hauptanliegen von Aldous Huxleys Dystopie *Brave New World* (1932). Künstliche, in Flaschen gezogene Menschen und totale Manipulation mittels Drogen und behavioristischer Psychologie sind ein zu hoher Preis für die an sich berechtigten Ziele der gesellschaftlichen Stabilität und des Wohlstands. Der entfesselte Funktionalismus des modernen Konsumparadieses erhebt den Erfinder der Fließbandproduktion, Henry Ford, zu seinem Gott. Huxleys brillante Satire zeigt aber aus der unmöglichen Alternative zwischen der funktionalen Systemrationalität des Zukunftsstaates (vertreten durch den World Controller) und

Aldous Huxley

William Morris: Dichter, Kunsthandwerker, erster »grüner« Sozialist

der masochistischen Religion des Mr. Savage keinen Ausweg. Ein solcher wäre zum Beispiel – wenigstens als plausibles Wunschbild – die anarchistische Vision einer dezentralisierten, freien, ländlichen Gemeinschaft von künstlerisch arbeitenden Menschen gewesen, wie sie Morris in seiner utopischen Idylle *News from Nowhere* (1890) als Antwort auf Bellamys militärisch organisierten Zentralverwaltungsstaat (*Looking Backward*, 1888) gestaltet. Man sieht im übrigen, daß die moderne Dystopie bzw. Antiutopie (Forster, Huxley) in der kritischen Auseinandersetzung mit utopischen Spekulationen (Wells) und problematischen Modernisierungsschüben entsteht.

Keltische Renaissance und irische Literatur

Irland und die Moderne

Der irische Beitrag zur britischen Literatur des 20. Jahrhunderts ist ganz außergewöhnlich groß. Irischer Abstammung sind nicht nur einige führende Vertreter der internationalen Avantgarde wie Shaw, Joyce und Beckett. Es gibt darüber hinaus eine im wesentlichen von irischen Protestanten ins Werk gesetzte Renaissance irischer Sprache (des Gälischen), Geschichte und Kultur, die mit Yeats und Synge ebenfalls Künstler von internationalem Rang hervorbrachte. Die im letzten Drittel des 19. Jahrhunderts sich verstärkende Rückbesinnung auf das gälische Erbe sollte die Wiederherstellung der verlorenen kulturellen Identität Irlands bewirken. Angesichts der seit vielen Jahrhunderten andauernden politischen und kulturellen Kolonialisierung Irlands durch England war dieser romantische Traum nur allzu verständlich. Doch ging es der Gruppe um Lady Gregory, Yeats und Synge nicht darum, die Literatur einem engstirnigen irischen Nationalismus zur Verfügung zu stellen. Die Skandale, die Yeats' *The Countess Cathleen* (1892) und Synges *The Playboy of the Western World* (1907) auslösten, machen deutlich, daß die bürgerlich-katholischen Nationalisten mit einer anspruchsvollen literarischen Position nichts anzufangen wußten. Irische Folklore, irische Heldengeschichte und moderner Spiritualismus (Mystizismus, Okkultismus, Theosophie) verbanden sich nämlich bei Yeats zu einer Vorstellungswelt, die sehr gezielt als Gegenprogramm zum vorherrschenden Kommerzialismus, Materialismus und Rationalismus der Zeit gedacht war. Jenseits patriotischer Motive fügt sich die keltische Renaissance in die große Protestbewegung der Romantik und der kulturellen Moderne gegen die Voraussetzungen und Folgen des Modernisierungsprozesses ein.

Quellen der Erneuerung

Entscheidende Anstöße empfing das Interesse an Irlands Barden und Helden der Vergangenheit vor allem von Standish James O'Gradys *History of Ireland* (1878; 1880). Douglas Hyde gründete 1892 die Gaelic League und machte in zahlreichen Studien und Sammlungen (Lieder, Erzählungen, Übersetzungen) das gälische Erbe verfügbar. Eine dritte Quelle der Erneuerung neben der Geschichte und den literarischen Zeugnissen war schließlich die neo-romantische Zivilisationskritik der Jahrhundertwende, welche das starke Interesse der anglo-irischen Literatur am irischen Landvolk und seiner Sprache erklärt. Mit der städtischen Elendsliteratur der Naturalisten und der schwermütigen Poesie der Ästhetizisten gleichermaßen unzufrieden, begibt sich John Synge auf die Aran Islands, um im Kontakt mit Land und Leuten des primitiven irischen Westens seine Dramatik zu erneuern.

»Der Taugenichts der Familie«: Irland – hier ein bewaffneter Terrorist – galt als Tunichtgut in der sonst glücklichen Familie des Commonwealth.

Yeats' Wandlungsfähigkeit

Man ginge am Wesentlichen vorbei, wollte man Yeats als irischen Heimatschriftsteller deuten. Yeats ist vor allen Dingen Künstler, der zeitlebens um das angemessene künstlerische Idiom in einer gründlich aus den Fugen geratenen Welt kämpft. Dabei legt er eine erstaunliche Wandlungs- und Steigerungsfähigkeit an den Tag, die ihn zum schlechthin repräsentativen Dichter zwischen 1890 und 1940 macht. Der träumerische Ästhet der neunziger Jahre nimmt nach 1900 mehr und mehr Abschied von vagen poetischen Floskeln wie »there lies a leafy island« (aus »The Stolen Child«) oder »I am haunted by numberless islands, ...«, (aus »The White Birds«), härtet seine Sprache zunehmend und findet schließlich zu einem völlig unsentimentalen, harschen, ironischen Stil, der Realismus und Symbolik, Umgangssprache und feierlich-rituellen Ton, Erfahrung und Visionäres zu verbinden weiß.

Das verborgene Lebenswahrheiten offenbarende Reich der autonomen Kunst findet der junge Yeats in irisch-keltischer Mythologie. *The Wanderings of Oisin* (1899) preist den heidnischen Barden Ossian in einem Stück, das Lebensphasen allegorischen Räumen zuordnet (Insel der Jugend usw.). Die Schwierigkeiten der Liebe – Yeats' vergebliches Werben um die irische Freiheitskämpferin Maud Gonne – werden u.a. im keltischen Zauber und den Allegorisierungen von *The Wind among the Reeds* thematisiert. Pastoralgedichte feiern die zeitüberwindende Macht der Sprache oder die Flucht aus der Stadt in geschlossene friedvolle Rückzugsräume wie in dem berühmten Text »The Lake Isle of Innisfree«: »I will arise and go now, and go to Innisfree,/ And a small cabin build there, of clay and wattles made; [...]« (aus: *The Rose*,1893).

W.B. Yeats. Zeichnung von Augustus John

Robustheit und Lebensnähe

Spätestens in den Gedichtbänden *Responsibilities* (1914) und *The Wild Swans at Coole* (1917) überwindet Yeats diese spätromantische Rhetorik der Sehnsucht. Gleichwohl erlaubt er der neuen Robustheit und Lebensnähe nie, die dichterische, bilderstiftende Phantasie einzuschränken. Eben dies ergibt jene souveräne, stilsichere Kombination aus Mythologie und Alltagserfahrung, genauer Beschreibung und symbolischer Verschlüsselung, persönlicher Meditation und unpersönlicher, verallgemeinernder Rede, die den Stil des reifen Yeats auszeichnet (»Among School Children«, »The Fascination of What's Difficult«, »Coole Park and Ballylee, 1931«).

Hermetik, Mystizismus

Der späte Yeats unterlegt seiner Dichtung ein hermetisches System der Welt- und Geschichtsdeutung, das die Verstehbarkeit seiner Texte gelegentlich behindert. Daß Yeats anstelle des Marxismus und der Psychoanalyse okkulte und mystische Lehren zu einer persönlichen Weltanschauung (*A Vision, an Explanation of Life Founded upon the Writings of Giraldus ...*, 1925, rev. ed. 1937) verbindet, zeigt einmal mehr die Spannung zwischen literarischer Kultur und gesellschaftlicher Rationalisierung. Yeats ist davon überzeugt, daß der mit Christus begonnene zweitausendjährige Zyklus, der um 1000 n. Chr. seinen Höhepunkt in der einheitlichen Kultur von Byzanz fand, jetzt apokalyptisch zu Ende geht.

Turning and turning in the widening gyre
The falcon cannot hear the falconer;
Things fall apart; the centre cannot hold;
Mere anarchy is loosed upon the world,
The blood-dimmed tide is loosed, and everywhere
The ceremony of innocence is drowned;
The best lack all conviction, while the worst
Are full of passionate intensity.

Surely some revelation is at hand;
Surely the Second Coming is at hand.
(»The Second Coming«, Z. 1–10)

Der Falke entzieht sich der Ordnung. Er fliegt in so weiten Kreisen, daß er dem Ruf des Falkners nicht mehr gehorcht. Gedichtintern ist der Bezug zur zerfallenden Mitte der nächsten Zeile also stimmig, und man bedarf nicht unbedingt des zusätzlichen Wissens, daß »gyre« hier sich auch auf die Basis des kreisenden Kegels am Ende eines Zeitalters bezieht, um den Text zu verstehen. Wird die hermetische Bildlichkeit ohne erkennbare Kontextbindung eingefügt (z.B. »perne in a gyre« in »Sailing to Byzantium«), stellt sich allerdings der Eindruck der Dunkelheit ein. Dieses Yeatssche System arbeitet im übrigen durchweg mit dem Gegensatz »mind« (»spirit«, »art«) vs. »nature«. In der »heiligen Stadt Byzanz« finden sich jene Zeugnisse zeitloser, paradiesischer Kunst, die dem vergänglichen und doch zugleich sehnsüchtig beschworenen Körper entgegengesetzt werden. Die Welt des Geistes, in symbolischen Erinnerungsbildern gegenwärtig und von Yeats als »a last defence against the chaos of the world« verstanden, dient dem Dichter als Bildspender und Orientierungshilfe.

Yeats' archaisierende Dramatik

Der Widerstand gegen jenes moderne Chaos erklärt auch die Rückkehr des Poetischen, Heroischen, Feierlichen und Einfachen in Yeats' Dramatik. Naturalismus und bürgerlicher Realismus verkleinern nämlich für Yeats den Menschen und seine Möglichkeiten, indem sie ihn lediglich als Erzeugnis komplexer gesellschaftlicher und geschichtlicher Umstände betrachten. Seine in der sagenhaften irischen Vorzeit spielenden poetischen Tragödien arbeiten dagegen menschliche Grundgegebenheiten wie Liebe, Mut, Haß, Treue, Eifersucht, Verrat, Ehre u. dgl. in modellhafter Klarheit und Vereinfachung heraus. Held und Heldin vermögen Entscheidungen gegen den Zwang widriger Umstände zu treffen und durchzusetzen. Um ihre verhungernden Landsleute zu retten, verkauft eine irische Gräfin in *The Countess Cathleen* (1892) ihre Seele an Kaufleute. Deirdre, vom eifersüchtigen König Conchubar gefangengenommen, verweigert ihm die Ehe und begeht Selbstmord, um nicht Verrat an sich selbst und ihrem schon getöteten Ehemann Naoise zu üben (*Deirdre*, 1907). Man versteht, warum das Weltbild dieser Dramatik nicht das Wohlwollen katholischer Nationalisten fand und auch moderne Kritiker eher befremdet. Yeats, zusammen mit Lady Gregory Begründer (1904) und eine Zeitlang auch Direktor des Dubliner Abbey Theatre, überzeugt im übrigen in seinen Stücken eher als Lyriker denn als Dramatiker.

Synge und das Heroische

Unter jenen Schriftstellern und Politikern wie Æ (George William Russell), James Stephens, Padraic Colum und John Millington Synge, die meist in unmittelbarem Kontakt mit Yeats und Lady Gregory die keltische Renaissance ins Leben riefen, war Synge zweifellos der bedeutendste und begabteste. Da Synge sich vom Leben und von der Sprache westirischer Bauern anregen ließ, führte seine spätromantisch-primitivistische Hinwendung zu irischer Volkskultur zu dramatischen Stücken, die weit robuster und farbiger ausfielen als Yeats blasse Bilder der irischen Frühzeit. Auch Synge umkreist das Thema des Heroischen, tragisch in *Riders to the Sea* (1903), wo sich die Männer einer Fischerfamilie unbeirrt ihrer gefahrvollen Arbeit und dem Tod stellen, tragikomisch in dem Dorfschwank *The Playboy of the Western World* (1907). Der Titel dieses zu Recht berühmten Stückes ist doppeldeutig. Der tölpelhafte Bauernbursche Christy Mahon wandelt sich vom Spielobjekt und Maulhelden zum souveränen Spieler, der – Wort und Tat zur Deckung bringend – seinen Vater tatsächlich überwältigt und zum Respekt nötigt. Diese Tat läßt reizvolle Illusionen in erschreckende Wirklichkeit umschlagen, versinnbildlicht unvermeidliche Generationswechsel und rührt – zum Verdruß des damaligen Publikums – vor allem am Tabu väterlicher und kirchlicher Autorität. Ausschlaggebend für den großen Reiz des Stückes dürfte die Verbindung dieses Sinngehaltes mit einer Sprache sein, die vor Witz und lyrischer Intensität nur so sprüht. Synge verleiht dem anglo-irischen Bauerndialekt die Wirkkraft und Würde hochrangiger poetischer Rede.

Politische Dramatik

Irische Autoren, die nicht mehr in den unmittelbaren Umkreis der keltischen Renaissance gehören, ja sich kritisch über deren träumerischen Charakter aussprechen, weil sie vom Fegefeuer des Osteraufstandes (1916) und seinen politischen Folgen gezeichnet wurden, sind die vorzüglichen Kurzgeschichtenautoren Sean O'Faolain und Frank O'Connor und der engagierte Dramatiker Sean O'Casey. In den realistischen Stücken von O'Casey wird die konfliktreiche Dubliner Arbeiter- und Kleinbürgerszene zum Spiegel einer ideologisch und sozial zerrissenen modernen Welt. Die sozialpolitische Wirklichkeit des städtischen Irland, von den Dramatikern der keltischen Renaissance sorgfältig gemieden, beherrscht das Bild. Politischer Verrat, Treulosigkeit, Drückebergerei, Heuchelei und Prahlsucht der Männer bringen beispielsweise in *Juno and the Paycock* (1924) Unglück über die Familie Boyle, in der nur Juno Boyle als Hüterin des Heimes und der Ehe die Bewährungsprobe besteht. O'Caseys Dramatik bezieht ihre Wirkung aus dem Verfahren, die realistische Wiedergabe sozialer Sachverhalte mit einer melodramatischen Figuren- und Handlungsführung zu verbinden. Beides wirkt vereindeutigend. Noch eindeutiger um der sozialistischen Propaganda willen sind allerdings die unrealistischen, mit allegorischen Reduktionen arbeitenden Stücke seiner mittleren Phase.

Shaw und die Erneuerung des britischen Dramas

Das 19. Jahrhundert

England hat bis zum Ende des 19. Jahrhunderts keinen Dramatiker von Rang hervorgebracht. Die Lesedramen der Romantiker taugten nicht für die Bühne. Das Theaterleben wurde von der äußerst populären Form des Melodramas beherrscht, die aus einer Verbindung von *domestic tragedy*, Farce und Burleske hervorging. Das diese Gattung prägende moralische Weltmodell ließ zwar ein sehr realistisches *setting* – Londons Unterwelt etwa – zu, nicht aber realistische Problemlösungen. Der Bösewicht findet, auch wenn alles für seinen Erfolg zu sprechen scheint, am Ende seine gerechte Strafe; das von ihm bedrohte Glück des unschuldigen Helden und der unschuldigen Heldin wird wiederhergestellt. Erlösungsfähig ist der Missetäter nur dann, wenn er sich als Scheinbösewicht entpuppt. Der in schlechte Gesellschaft geratene Brierly findet in Tom Taylors *The Ticket-of-Leave Man* (1863) nur deshalb wieder gesellschaftliche Anerkennung und Sympathie beim Publikum, weil er seine Fehler unabsichtlich begeht, unschuldig ist und die viktorianischen Normen der Selbsthilfe und des Arbeitsethos verwirklicht. Damit wird aber das eigentliche Problem der Resozialisierung eines zu Recht Verurteilten umgangen. Schließlich: Die als innovativ geltenden Dramatiker Thomas William Robertson (*Caste*, 1867), Henry Arthur Jones (*Saints and Sinners*, 1884) und Arthur Wing Pinero (*The Profligate*, 1889) hinken dem im realistischen Roman schon längst Geleisteten deutlich hinterher, sobald sie sich ernsthaften gesellschaftlichen Problemen zuwenden. Immerhin beherrscht Pinero die Regeln des *well-made play* vorzüglich.

Trotz dieser Vorbehalte sollte man den Beitrag des 19. Jahrhunderts zur Entwicklung des Dramas und des Theaters in England nicht unterschätzen. Gab es am Anfang von Königin Viktorias Regierungszeit nur wenige Theater, von denen Covent Garden und Drury Lane besonders hervorzuheben sind, so waren es, nach der Aufhebung des Theatermonopols durch das Gesetz von 1843, bis 1899 nicht weniger als 61. Die technische Verbesserung der Bühnenbeleuchtung kam einem Bühnenbild zugute, das mehr und mehr

Eine Szene aus einem Stück von Arthur Wing Pinero.

Wirklichkeitsillusion Wert legte. Überhaupt ist im *well-made play* und im Melodrama trotz der schematischen Handlungs- und Personenführung der neue Realismus des Bühnenbildes, der Dialogsprache und der Gesellschaftsdarstellung hervorzuheben. Die Annäherung an die erfahrbare Wirklichkeit ist das auffälligste Merkmal des englischen Dramas im letzten Drittel des 19. Jahrhunderts. Eine Konvention des Realistischen, der Spielbarkeit und der Rücksicht auf das Publikum wurde so geschaffen, die bis heute den Stil englischer Dramatik prägt. Er ebnete den Weg zum modernen Gesellschaftsstück. Selbst der zeitlos scheinenden Handlung des Melodramas ist ein Realitätsbezug nicht abzusprechen. In der Figur des Schurken und in den raschen Handlungsumschwüngen konnte der zeitgenössische Betrachter die Bedrohungen und Unsicherheiten seiner eigenen, sich rasch wandelnden Lebenswelt wiedererkennen. Nach 1900 beherrscht das realistische Gesellschaftsstück bzw. *problem play* die englische Theaterszene.

Annäherung an die erfahrbare Wirklichkeit

Der protestantische Ire George Bernard Shaw verändert das Gesicht der britischen Dramatik von Grund auf. Das geschieht vor allem auf dem Wege der Intellektualisierung. Durch die Lektüre von Marx, Nietzsche und Ibsen mit modernen Ideen und dramatischen Techniken bestens vertraut, verwandelt er das Drama in einen Debattierraum und in einen Ort der Verkündigung. Beim Intellektuellen Shaw nimmt das britische Drama zum ersten Mal zur Kenntnis, daß sich die Welt in ein Chaos konkurrierender Anschauungen, Ideologien und Diskurse aufgelöst hat, dem moralisch-melodramatische Unterhaltungsstücke in keinster Weise gerecht werden. Shaws Ideendramen provozieren. Sie stehen nicht mehr im Einklang mit dem tradierten viktorianischen und bürgerlichen Wertesystem.

G.B. Shaw. Zeichnung von Sir Bernard Partridge

Formalisten haben mit der Shawschen Dramatik ihre Schwierigkeiten, benutzt diese doch in glanzvoller Weise die Sprache als Waffe, um Vorurteile zu zerstören, und als Fenster, um die gemeinten Sachverhalte sichtbar zu machen. Für Shaws dramatische Konzeption bilden Form und Stil keine eigenständigen Bedeutungsträger. Sie unterstehen den Aufgaben der Wirklichkeitsanalyse und der Überredung des Lesers. Shaw vertraut der Überzeugungskraft seines überlegenen biologischen und sozialpolitischen Wissens, das er rhetorisch treffsicher und witzig gegen konventionelle Anschauungen einsetzt. Damit begründet er zusammen mit Brecht eine lehrhafte, aufklärerische Spielart der Moderne, die durch Vorurteilskritik und Neukonstruktionen eine im Umbruch befindliche Welt in die »richtige« Richtung lenken möchte. Eine bloß photographische Wiedergabe gesellschaftlicher Verhältnisse würde weder dieser Aufgabe noch den komplexer gewordenen Zusammenhängen gerecht. Wer Probleme im Verhältnis von Mensch und Umwelt (zu der auch die vom Menschen geschaffenen gesellschaftlichen und kulturellen Strukturen gehören) sichtbar machen möchte, bedarf nach Shaw der Form der Parabel, des Gleichnisses. Die Konstruktion soll die Wahrheit aufdecken, die sich hinter der gesellschaftlichen und rhetorischen Oberfläche verbirgt. Um den Erkenntnisschock auszulösen, verwendet Shaw Ideendiskussionen, Montagen und aufreizende allegorische Umdeutungen tradierter Mythen (Himmel, Hölle, Paradies, Sündenfall) und literarischer Motive (heilige Johanna, Don Juan). In *Back to Methuselah* beispielsweise ist der Sündenfall Adams und Evas mitnichten ein Unglück. Die Entstehung der Sexualität, der Fortpflanzung und des Todes eröffnet vielmehr die Möglichkeit, der unerträglichen Langeweile der Ewigkeit zu entkommen, ohne das Fortleben der Gattung Mensch zu gefährden. Shaw setzt mit anderen Worten Nietzsches Forderung nach einer Umwertung der Werte im ersten Drittel dieses Jahrhunderts so überzeugend in die literarische Praxis um, daß er sich

Lehrhaftes, aufklärerisches Theater

bei den Zeitgenossen den Ruf eines unübertroffen witzigen *enfant terrible* und Propheten erwarb.

Entromantisierung

Der junge Shaw betätigt sich als Illusionskritiker und Bilderstürmer. Seine Analysen des Verhältnisses von bürgerlicher Ideologie und wirtschaftlicher Realität sind zwar undogmatisch, verraten aber deutlich den Einfluß marxistischer Denkansätze. Die bürgerliche Idealisierung der Frau und des Heimes verdeckt, so Shaw, mit ihrem Romantizismus die häßliche Tatsache völliger wirtschaftlicher Abhängigkeit. Deshalb gehe die moralische Verurteilung der Prostitution in der Regel an der Wirklichkeit vorbei. Nicht nur die Prostitution, auch die Eheschließung habe vor allem mit finanziellen Überlegungen zu tun. In *Mrs Warren's Profession* (1898) betreibt Mrs Warren ihre Bordelle mit der Nüchternheit einer erfolgreichen Geschäftsfrau, um ihrer Tochter Vivie ein Mathematikstudium zu ermöglichen. Vivie, einer selbstbewußten *new woman*, geht ihre berufliche und emotionale Selbständigkeit über alles. Weder eine romantische Liebesheirat noch eine korrumpierende Geldheirat kommen für sie in Frage. Ihr Verhalten ist freilich nicht geeignet, verändernd in die Gesellschaft hineinzuwirken. Sie sichert mit ihrem Willensakt nur ihre eigene moralische Integrität. Weniger ernsthaft, mit viel komödiantischem Einfallsreichtum, zerstört Shaw auch das stereotype Bild des romantischen Helden. Das Ritterliche, die idealistischen Parolen, der Patriotismus, das Soldatische – das alles ist in *Arms and the Man* (1898) für den Schweizer Offizier Bluntschli, dem es nur darum geht, seine Haut zu retten, ein »hollow sham«. Auch der uneingestandene Sentimentalismus der *new woman* regt Shaws Spottlust an. Candida entscheidet sich – gegen das Vorbild von Ibsens *Nora* – aus freien Stücken für den schwachen Ehemann; der *new woman* wird das Bild der *new womanly woman* entgegengehalten.

Die Verkündigung der life force

Solche Bilderstürmerei setzt Shaw auch in jenen Stücken fort, die, einsetzend mit *Man and Superman* (1903), den Normen seiner vitalistischen und evolutionistischen *life force*-Philosophie gehorchen. Der Mensch, das bisher höchste Produkt der Evolution, wird nach Shaw nur dann überleben, wenn es ihm gelingt, einen geistig überlegenen *superman* zu entwickeln, der die

Szene aus Shaws *The Devil's Disciple* (1901). Matheson Lang spielt Dick Dudgeon.

unlösbar scheinende Ordnungsaufgabe der Menschheit zu lösen imstande ist. Biologisch gesehen ist die Partnerwahl eine Damenwahl. Diese Einsicht erlaubt nun Shaw in *Man and Superman* eine amüsante Umdeutung des Don-Juan-Mythos: Indem Ann den vor ihr flüchtenden Revolutionär und modernen Don Juan Tanner schließlich einfängt, vollstreckt sie den Plan der Natur, einen *superman* zu schaffen. Denn das Natürlichste auf der Welt ist die gesicherte Fortpflanzung und die Energie. Die Hölle stellt sich demgegenüber als Ort der lügenhaften Begriffe und Fiktionen dar, als Heimat der »sieben tödlichen Tugenden«. Auch die heilige Johanna ist eine Figur, die in der Deutung von Shaw mit ihrem Eintreten für den Nationalstaat und den Protestantismus die Entwicklungslinie der *life force* befördert. Ihre Tragik liegt darin, vor ihrer Zeit erschienen zu sein. Beide Stücke arbeiten übrigens, um die Botschaft des Spiels zu verdeutlichen, mit unrealistischen Montagen. *Man and Superman* enthält eine Traumszene in der Hölle, die den Bezug der Handlung zur Philosophie und zum Don-Juan-Mythos herstellt; *Saint Joan* konfrontiert, ebenfalls als Traumszene, Johanna 25 Jahre nach ihrem Tode mit ihren vormaligen Freunden.

Der Aufstieg des gesellschaftlichen Außenseiters

Wie an Taylors *The Ticket-of-Leave Man* abzulesen ist, kann die realistische Methode der Gesellschaftsdarstellung schon in Stücken Verwendung finden, die Konflikte und ihre Lösung noch an moralischen Kategorien ausrichten. Das von Granville Barker und vor allem John Galsworthy nach 1900 gepflegte realistisch-naturalistische Drama respektiert diese Einschränkung nicht mehr. Setzen sich im herkömmlichen traditionalistischen Stück die idealisierten Normen der Gesellschaft durch, so gilt jetzt die Sympathie mehr und mehr dem Außenseiter und Opfer der Gesellschaft. Dieser Aufstieg des gesellschaftlichen Außenseiters, der nach dem zweiten Weltkrieg zunehmend aus verachteten Randgruppen wie Landstreichern, Ganoven oder Vertretern ethnischer Minderheiten stammt, kennzeichnet die Geschichte des englischen Dramas in diesem Jahrhundert.

Sozialkritische Dramatik

John Galsworthys publikumswirksame sozialkritische Stücke arbeiten die Opferrolle des Individuums heraus, das dem Druck einer undurchsichtig gewordenen Umwelt ausgeliefert ist. Dies gilt vor allem für *Justice* (1910), sein berühmtestes dramatisches Werk, das eine Reform des britischen Strafvollzugs auslöste. Auf der Anklagebank sitzt in diesem Stück nicht eigentlich der kleine Scheckfälscher Falder, sondern die Gesetzesmaschinerie. Sie hetzt den Bankangestellten unbarmherzig und rachsüchtig in den Tod. Der Widerspruch zwischen der Geringfügigkeit der Tat, die aus Verzweiflung um die verheiratete Geliebte geschah, und den ungeheuerlichen Folgen, appelliert erfolgreich ans Mitleid des Zuschauers.

well-made play, problem play

Der Zwischenbereich zwischen anspruchsvoller hoher Kunst und Massenware war in England schon immer gut besetzt. Stücke, die sich im kommerziellen Theater des West End durchsetzen mußten, gehören dazu. Ihre handwerkliche Qualität ist oft beträchtlich. Zwischen 1900 und 1940 waren William Somerset Maugham, Noël Coward, James M. Barrie, James Bridie und J.B. Priestley die Erfolgsautoren des West End. Meist wird formal das *well-made play* mit dem *drawing-room* als Schauplatz, mit der logisch ablaufenden Handlung und der Konzentration auf eine Krisensituation sowohl für die Komödie als auch für das *problem play* bevorzugt. Der Zwang zur Popularität dämpft die Experimentierlust, doch hinterließ die gründlich veränderte soziale und ideologische Situation vor allem nach dem Ersten Weltkrieg in der Behandlung von Themen wie Sexualmoral (Coward, *Design for Living*, 1932), Emanzipation, Zeit (Priestley, *Time and the Conways*, 1937) oder zerrüttete Familie durchaus ihre Spuren. Der Zerfall des moralischen

Gerüsts erzwingt darüber hinaus zunehmend individuelle Problemlösungen. Barries *Peter Pan* (1904) schließlich kann als früher Versuch in der Schreibart des nicht-naturalistischen psychologischen Realismus gelesen werden.

Die Rückkehr des Versdramas

Gegen die Vorherrschaft des von Henrik Ibsen inspirierten naturalistischen Realismus des *problem play*, der bald seine eigenen Stereotypen ausbildete, richtete sich das *verse drama* T.S. Eliots und Christopher Frys. Diese bekannten Autoren sind keine Einzelfälle, bemühten sich doch um 1900 und danach – von den romantischen Dichtern erst gar nicht zu reden – eine ganze Reihe von Schriftstellern (u.a. Yeats, Bottomley, Masefield, Flecker, R. Duncan, Ch. Williams, W.H. Auden) um eine Poetisierung des Dramas. Eine wichtige Anregung, gerade auch für Eliot, war Yeats' theoretische und praktische Parteinahme für das *poetic drama*. Durchweg wird in theoretischen Äußerungen zur Stützung des *verse drama* bemängelt, daß Prosa und sozialer Oberflächenrealismus gar nicht in der Lage seien, zur eigentlichen seelischen Wirklichkeit des Menschen vorzustoßen. Dazu bedürfe es gebundener lyrischer Rede. An entsprechende Äußerungen von Yeats und Lascelles Abercrombie anknüpfend, stellt Eliot in »A Dialogue on Dramatic Poetry« (1928) fest:

> And are we not merely deceiving ourselves when we aim at greater and greater realism? Are we not contenting ourselves with appearances, instead of insisting on fundamentals? The tendency, at any rate, of prose drama is to emphasize the ephemeral and superficial; if we want to get at the permanent and universal we tend to express ourselves in verse.

Das Grundproblem des Versdramas, lyrische Rede und Alltagswelt zu einer bühnenwirksamen Komposition zu vereinigen, haben Eliot, Auden und Fry mit unterschiedlichem Erfolg gelöst. In *Murder in the Cathedral* (1935), einem religiösen Stück über das Martyrium des heiligen Thomas Becket im Jahr 1170, lassen die zeitliche Ferne und die Chorpartien der Frauen die Verwendung der Verssprache nicht so künstlich erscheinen. Chorpartien in der Welt des Gesellschaftsdramas (*The Family Reunion*, 1939) wirken allerdings etwas befremdlich. Auch Audens Versdramen, die er zusammen mit Christopher Isherwood verfaßte (*The Dog Beneath the Skin*, 1936; *The Ascent of F6*, 1937; *On the Frontier*, 1938), erscheinen heute nur mäßig gelungen. Fry will in seinen poetischen Dramen die Domestizierung des unbegreiflichen Kosmos überwinden, dem Menschen eine Ahnung von der merkwürdigen Rolle vermitteln, die er im Prozeß der Evolution spielt. Die bekannten Komödien *A Phoenix Too Frequent* (1946) und *The Lady's Not for Burning* (1948) handeln jeweils davon, wie ein verzweifelnder Mensch unter dem Einfluß der Liebe neuen Lebensmut gewinnt. Frys eher skeptisch zu beurteilender Lyrismus mußte sehr schnell der überzeugenderen Protestdramatik der *angry young men* um Osborne (*Look Back in Anger*, 1956) Platz machen.

Die modernistische Revolution um 1910

Reaktionen auf den Ästhetizismus oder der Schein des Lebens

Kunst als »Leben« und »Natur«

Die Beziehungen zwischen dem Ästhetizismus der Jahrhundertwende und den um 1910 einsetzenden Bestrebungen der Moderne im engeren Sinne sind in der literaturgeschichtlichen Forschung umstritten. Während manche Kritiker die Entdeckung der Stadt, des suggestiven Symbols und der Eigenständigkeit der Kunst als Vermächtnis der Ästheten an die historische Avantgarde betrachten, gehen andere so weit, die Aufhebung der im Fin de siècle gewonnenen Autonomie der Institution Kunst und die Revolutionierung des Lebens nach den Vorgaben dieser Kunst als eigentliches – freilich scheiterndes – Anliegen der Moderne zu betrachten. Die oft festgestellte Selbstbezüglichkeit des ästhetischen Zeichens in der modernen Kunst bedeutet doch wohl, daß es nicht mehr als besondere Art der Mitteilung aufgenommen, sondern wie ein Stück »Natur« bzw. »Erfahrung« erlebt werden soll. Denn ein Zeichen oder Zeichensystem, das seinen Verweischarakter gänzlich einbüßt, ist kein Zeichen mehr.

Gegen den müden Ästhetizismus

Hört man auf die Selbstzeugnisse der Beteiligten, dann besteht kein Zweifel, daß sie im Namen eines emphatischen Lebensbegriffs die Überwindung der in ihren Augen kraftlosen, müden, wirklichkeitsfernen, mit historischen Erinnerungen überladenen Kunst des Jahrhundertendes anstreben. Dies bedeutet allerdings keineswegs eine Verwischung der Grenze zwischen Leben und Kunst, Wirklichkeit und Fiktion. Die Verwandlung der Kunst in »Leben« oder umgekehrt ist also nur eine scheinbare. Kunst als Leben bedeutet lediglich, daß ein neues, den veränderten Lebensbedingungen angepaßtes Konventionssystem den traumhaft-preziösen Stil der Spätromantik ablöst. Allenthalben fordert man jetzt für die Kunst den Schein der Lebendigkeit. Dies bedeutet, ihr Energie, Bewegung und Dramatik zuzuführen. Provozierend stellt Synge fest: »It may almost be said that before verse can be human again it must learn to be brutal.« Ein lebendiger Stil, so Edward Thomas, der den Bedeutungsreichtum der Alltagssprache zum Schwingen bringt und sich am Vorbild der mündlichen Rede ausrichtet, solle eine abgewirtschaftete Tradition romantisch-poetischer Wörter – Mondschein und Nachtigallengesang – verdrängen. Gegen Walter Paters Stil erhebt Thomas den Vorwurf der Leblosigkeit und Unnatürlichkeit (*Walter Pater*, 1913). Denn es gehe darum, in Poesie und Literatur die Wörter zum Leben zu erwecken und beim Leser den Eindruck des Lebens (»impression of life«, Thomas, *George Borrow*, 1912) auszulösen. Das Suchen des Ästheten nach dem richtigen Ausdruck (*le mot juste*) habe bei Pater in kalter Wortpracht geendet. Durchweg strebt man danach, Leben und Macht der gesprochenen, situations- und handlungsbestimmten Umgangssprache für die Poesie zu nutzen, indem man durch Akte des Verknüpfens und Aneinanderfügens deren abgelagerten Bedeutungsreichtum hervorlockt. Das ist beispielsweise die Hauptthese von Lascelles Abercrombies Essay *Poetry and Contemporary Speech* (1914), der folgerichtig für eine kinetische Ästhetik eintritt. Es liegt auf dieser Linie, wenn Pound dem ›Nineties‹-Dichter Lionel Johnson »bookishness« vorwirft und »natural speech« anmahnt.

Energie, Maschine, Moderne

Diese theoretischen Forderungen werden in der jeweiligen Dichtungspraxis höchst unterschiedlich eingelöst. Die Rückkehr zum Leben bedeutet bei den Georgian Poets die Wiederkehr einer vergleichsweise traditionellen, unaufdringlichen Landdichtung; bei den Imagisten und den Amerikanern

Pound und T.S. Eliot dagegen die Ersetzung der organischen Einheit durch die Prinzipien der Konstruktion und der Montage. Darin bekundet sich eine Anpassung an Strukturen der modernen Welt der Maschinen und Metropolen, wie sie in den Manifesten des englischen Vortizismus gefordert wird. Die narzißtisch-kontemplative Lebensferne der Ästheten weicht einer aggressiven, schrillen Zuwendung zu den Energieströmen der industrialisierten Welt. Da mit der Physik und der Ökonomie zu leben als Energie und Aktivität begriffen wird, fassen Wyndham Lewis und Ezra Pound, die Begründer der angelsächsischen Moderne um 1910, die auszeichnende Eigenschaft der anzustrebenden Kunst- und Stilrichtung im Bild des *vortex*, des Strudels, der die Ideen der energievollen Bewegung und der Struktur verbindet. In *Blast. Review of the Great English Vortex* 1(1914) lesen wir: »The Vortex is the point of maximum energy. It represents, in mechanics, the greatest efficiency. We use the words ›greatest efficiency‹ in the precise sense – as they would be used in a textbook of MECHANICS.« Nicht die museale Vergangenheit des Historismus und der Poetik der Erinnerungen, sondern die lebendige, nachwirkende, für Gegenwart und Zukunft aktuelle Vergangenheit findet im Klärwerk des modernen Kunstschaffens Verwendung: »All experience rushes into this vortex. All the energized past, all the past that is living and worthy to live [...] All the past that is vital, all the past that is capable of living into the future, is pregnant in the vortex, NOW.«

Titelblatt einer Kriegsausgabe der 1912 von Wyndham Lewis gegründeten Zeitschrift *Blast*

Der Weg vom Fin de siècle zur historischen Avantgarde bedeutet also die Aufgabe des Schönheitskultes zugunsten einer Kunst, die Energie anstrebt, sich gezielt dem Häßlichen und dem Maschinenzeitalter zuwendet und strukturell die geschlossene Form und die herkömmliche Rhetorik aufgibt. Ezra Pound verabschiedet in »The Lake Isle« parodistisch die Rückzugsträume des jungen Yeats der neunziger Jahre (»The Lake Isle of Innisfree«).

Gebremste Modernität. Georgian Poetry, Kriegsdichtung, Imagismus

Kennzeichen der Georgian Poetry

Zwischen 1912 und 1922 erscheinen fünf Bände zeitgenössischer Lyrik unter dem Titel *Georgian Poetry*. Wurde diese wegen der geistig anspruchslosen Neigung zahlreicher Beiträger zu ländlichen Klischees und romantischen Sprachfloskeln zunächst von der Kritik nicht ernst genommen, so hat sich heute eine positivere Sicht durchgesetzt. Zu den besten Georgians zählen E. Thomas, Edmund Blunden, Robert Graves, William Henry Davies, Walter de la Mare, Andrew Young, Rupert Brooke und Wilfred Owen. Ihre besten Stücke laufen oft auf eine Art realitätsbezogener Pastoraldichtung hinaus, in der die widersprüchlichen Impulse der Wirklichkeitsannäherung (»truth to life«) und der nostalgischen Landideologie, an die man sich aus Angst vor den zerstörerischen Wirkungen des gesellschaftlichen und geistigen Wandels klammert, eine mehr oder minder geglückte Verbindung eingehen. Georgian Poetry, die sich scharf von den schrillen Gesten Kiplings abgrenzt und die ästhetische Pose meidet, sucht eine Erneuerung der englischen Dichtersprache durch Reduktion. Man bevorzugt die gewöhnliche Rede als sprachliches Vorbild und hält sich unaufdringlich ans Kleine und Unscheinbare der meist ländlichen Szene, verfällt dabei aber häufig – was die Modernisten zu Recht tadeln – in epigonale Romantik.

Edward Thomas, Walter de la Mare

Eine bemerkenswerte Aufwertung hat die Dichtung des Walisers Edward Thomas erfahren, der seit geraumer Zeit zusammen mit Wordsworth, Clare, Hardy und Larkin als Vertreter einer alternativen englischen Tradition genannt wird. Durch den Zuspruch des Amerikaners Robert Frost findet Thomas im fortgeschrittenen Alter zum Dichten. Vor seinem Tode in Flandern schreibt er bewegende Landgedichte, die den ruhelosen, entfremdeten, verhärteten Zustand des Ichs meditativ erkunden und durch die Beschwörung von Gegenbildern – ländlichen Idealgestalten, Naturszenen, Raum- und Zeitinseln – Möglichkeiten der Erlösung andeuten (»Lob«, »Manor Farm«). Mit charakteristischer Unaufdringlichkeit und Gedämpftheit handelt der Dichter in »The Owl« in unscheinbarer, kleiner Form von großen Themen wie Natur und Kultur, Bedürfnis und Befriedigung, Bedrohung und Schutz, Tod und Mitleid. Man beachte, wie Idylle-Kritik (»No merry note«) und Metaphorisierung (»salted was my [...] repose«) den Realitätsbezug betonen und die Bedeutungsrichtung der literarischen Anspielung auf Shakespeare entsprechend umbiegen: »Downhill I came, hungry, and yet not starved,/ Cold, yet had heat within me that was proof/ Against the North Wind; tired, yet so that rest/ Had seemed the sweetest thing under a roof.« (»The Owl«, 1. Strophe). Auffällig an dieser betont schlichten Dichtung sind nicht strukturelle Neuerungen, sondern ihre Fähigkeit, mit herkömmlichen Mitteln neues Terrain zu vermessen und einen unverwechselbaren Ton zu schaffen. Dasselbe gilt auch für de la Mares Kunst, in Fortsetzung romantischer Traditionen magische und traumhafte Wirkungen zu erschließen, die Welt märchenhaft zu verzaubern und Bedrohliches anzudeuten (»The Ghost«, »The Song of the Mad Prince«).

Wilfred Owen

Mit der Kriegslyrik Wilfred Owens, Isaac Rosenbergs und Siegfried Sassoons halten die Satire und das Häßliche in ganz ungewohnt massiver Form Einzug in die englische Dichtung. Unter dem Druck der Erfahrung des Massensterbens läßt sich ein hehrer Sonderbereich des Poetischen und des Schönen nicht mehr verteidigen. Owen (»Anthem for Doomed Youth«) und Sassoon stellen klagend, mitleidheischend – »the poetry is in the pity«, sagt Owen – oder ironisch die unglaubwürdig gewordene Rhetorik von Kirche und Staat bloß. Hatte Rupert Brooke den Kriegsausbruch noch in Sonetten begeistert begrüßt, so schlägt die Stimmung in den Materialschlachten völlig

Englischer Schützengraben an der Somme-Front 1916

um. Bei Rosenberg öffnet leiser, ironischer Spott dem Leser erst die Augen für das ganze Ausmaß des kriegerischen Irrsinns. Eine Überlebenschance hat nur die grinsende Ratte mit ihren kosmopolitischen Neigungen, nicht aber der Held, der sich roten Klatschmohn hinters Ohr steckt (»Break of Day in the Trenches«). Vom Druiden-Priester »Zeit« ist er längst als Opfer auserkoren. Jegliche Glätte ist aus der reimlosen Verssprache Rosenbergs verschwunden. Was in den Schützengräben geschieht, ist freilich Teil eines Leides, das für Rosenberg oder Edward Thomas (»February Afternoon«) bis in die mythische Vorzeit der Menschheit zurückreicht.

Imagisten

Sehr viel entschiedener als die Georgians wenden sich die Imagisten gegen die Rhetorik romantisch-viktorianischer Poesiesprache. In ihrem Streben nach Erneuerung durch Reduktion rücken sie auf Kosten der Argumentation, der Erzählung und der Syntax, die bislang als zusammenhang- und sinnstiftende Elemente der Dichtung gegolten hatten, das Bild (Image) in den Mittelpunkt ihrer Bemühungen. Was das komplexe, aus Einzelbildern zusammengesetzte Image leistet, zeigen am besten die beiden folgende Texte:

Oread

Whirl up, sea
Whirl your pointed pines,
Splash your great pines
On our rocks
Hurl your green over us
Cover us with your pools of fir.
H.D. (= Hilda Doolittle)

In a Station of the Metro

The apparition of these faces in the crowd;
Petals on a wet, black bough.
Ezra Pound

Das Gedicht von H.D. präsentiert in der Rede der Nymphe (Oread) lediglich eine Wahrnehmung und eine Bitte: Die See möge sich mit dem Land vereinigen. Diese Vereinigung leistet aber die Analogie, die nicht zwei Bereiche säuberlich trennt, sondern die See in einen Fichtenwald, den Fichtenwald in die See verwandelt. Zwei Bilder überlagern sich und verschmelzen miteinander, ohne daß man sagen könnte, welche »Botschaft« der Text vermittelt. Moral, Ideologie und Lebensreflexion sind in der strikt ästhetischen, möglicherweise mystisch und sexuell unterlegten Semantik dieses Textes gänzlich ausgeblendet. Ein lyrisches Ich als Sprecher und Träger von Empfindungen kommt nicht mehr vor. Auch Pound beschränkt sich, indem er die auf der Untergrundstation in den Wahrnehmungsbereich eintretenden Gesichter (»apparition«) mit Blütenblättern auf einem nassen Ast verknüpft, auf die kommentarlose Wiedergabe oder besser Montage eines Augenblickeindrucks.

Die lebensphilosophische Kritik an Begriffsfiktionen

Dichtung, die dergestalt das für sich stehende Bild in den Mittelpunkt rückt, entspringt dem Mißtrauen der zeitgenössischen Lebensphilosophie (Bergson, Nietzsche) gegen Ideen und Begriffsfiktionen. Im Vergleich mit dem unmittelbaren Erleben des Objekts wirken sprachliche Bezeichnungs- und Mitteilungsvorgänge verfälschend. Da Sprache in Dichtung aber unverzichtbar ist, muß sie wenigstens den Kontakt zum Bilderstrom des vorrationalen, unbewußten Erlebens wahren, um der Wirklichkeit nicht gänzlich verlustig zu gehen. Man möchte am liebsten den Verstand ausschalten und die Natur selbst, die Dinghaftigkeit der Dinge, wiedergewinnen. Deshalb plädiert Pound ausdrücklich gegen Abstraktionen und für das natürliche Symbol: »Don't use such an expression as ›dim lands of *peace*‹. It dulls the image. It mixes an abstraction with the concrete. It comes from the writer's not realizing that the natural object is always the *adequate* symbol« (»A Few Don'ts«, *Poetry*, March 1913). Die Unvermitteltheit und Plötzlichkeit der Präsentation des Image erinnert an den photographischen Schnappschuß. »An ›Image‹ is that which presents an intellectual and emotional complex in an instant of time« (»A Few Don'ts«).

Hulme

Ezra Pound gibt 1914 die Anthologie *Des Imagistes* heraus. Beeinflußt wird sein imagistisches Programm ganz wesentlich von Thomas Ernest Hulme, der seinerseits von Bergson lernt. Allerdings begegnet in Hulmes Denken Widersprüchliches. Seine konservative Kritik an der romantisch-demokratischen Tradition des ungehemmten Individualismus und sein Plädoyer für den Klassizismus einer »accurate, precise and definite description« passen nicht recht zusammen, weil er Disziplin und Härte mit der wandlungsreichen Sprache der Intuitionen verbinden will. Entscheidend für die angelsächsische Moderne bleibt allerdings die imagistische Entlastung der Poesie von romantischen Traditionen und öffentlichen Dienstleistungsaufgaben für die Politik oder die Moral. Mit deutlicher parodistischer Spitze gegen romantische Höhenflüge erscheint etwa in Hulmes »The Embankment« der Himmel als sternenzerfressene Decke, die der Sprecher wärmend um sich legen möchte. Modernität dieser Art ist freilich begrenzt und gebremst. Das imagistische Kurzgedicht mit seiner ästhetischen Perspektive übergeht wesentliche Erfahrungsbereiche. Seine Analogien mögen überraschend sein, wirklich dunkel sind sie nicht.

Ästhetischer Modernismus und Kulturkritik (Lyrik und Literaturkritik)

Die ästhetische Moderne ist eine widersprüchliche Antwort auf den Modernisierungsprozeß. Sowohl weltanschaulich als auch formal finden sich ganz unterschiedliche Mischungsverhältnisse zwischen Anpassung und Protest. Während die italienischen Futuristen und die Vertreter der Neuen Sachlichkeit im Deutschland der zwanziger Jahre die industrielle Welt mehr oder minder rückhaltlos als Vorbild ihres Schaffens anerkennen, verbinden führende angelsächsische Schriftsteller wie Pound, T.S. Eliot, W.B. Yeats, A. Huxley und W. Lewis scharfe weltanschauliche Kritik mit der technischen Moderne abgeschauten Darstellungsverfahren (Montage, Film, Konstruktion statt Nachahmung, komplexe Systeme).

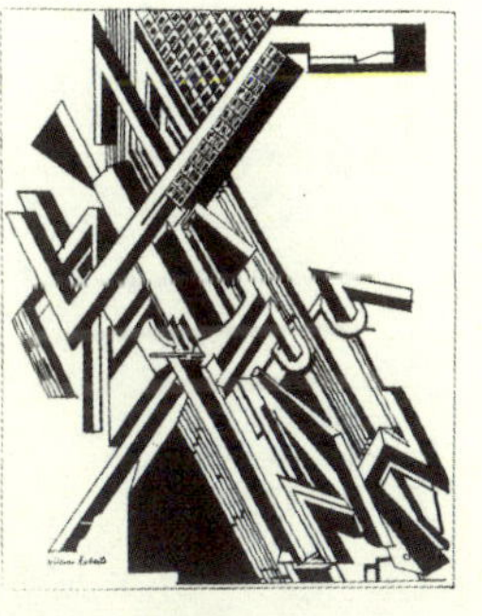

William Roberts, *St. George and the Dragon*. Der englische Nationalheilige hat sich in der Moderne in einen aggressiven Roboter verwandelt.

Da diese weltanschauliche Distanz Ton, Inhalt und Strukturen jener Spielart der angelsächsischen Moderne ganz entscheidend prägt, muß kurz auf sie eingegangen werden. Yeats, Eliot und Pound betrachten die Situation aus kulturkritischem Blickwinkel. Die verheerenden Erschütterungen der Gegenwart – Oktoberrevolution, Erster Weltkrieg, New Yorker Börsenkrach – werden als Symptome einer verfehlten politischen, geistigen und kulturellen Entwicklung angesehen, die schon am Ende des 18. Jahrhunderts oder noch früher einsetzte. Man fühlt sich als Zeuge einer apokalyptischen Endzeit, die allerdings die Chance des Neubeginns in sich birgt. Die Erfahrung des Ordnungsverlusts läßt ein außergewöhnlich starkes Bedürfnis nach Ordnung und Sinn entstehen. An die Stelle des weltanschaulichen und sozialen Chaos möchte man eine stabile, von geistig-kulturellen Werten geprägte Ordnung setzen. Als Alternativen taugen weder die bürgerliche Massendemokratie

Die Ordnungssehnsucht des modernen Kulturkritikers

noch der Sozialismus, bedeuten diese doch, daß die »Masse« zum Schaden der Kultur und des Individuums allenthalben den Ton angibt. Dieses zu rettende Individuum ist indes nicht frei, tolerant und ungebunden, wie es der Liberalismus vorsieht, sondern weiß sich einer elitären kulturellen und politischen Tradition verpflichtet, der es seine Maßstäbe entnimmt. Von daher erklärt sich Yeats' Bewunderung für den Lebensstil der kultivierten ländlichen Aristokratie, Hulmes unermüdliches Eintreten für einen neuen Klassizismus, Eliots Bekenntnis zum Royalismus und zur Hochkirche und Pounds Sympathie für den Faschismus.

Formale Neuerungen

Meinungsführer der angelsächsischen kulturellen Moderne verfolgten also ein Projekt, das dem »Projekt der Moderne« (Habermas) in wesentlichen Zügen geradewegs zuwiderlief. Dennoch setzten sie die überfällige Neuorientierung der englischen Literatur ins Werk. Das hatte, wie schon zu sehen war, zunächst und vor allem mit unabweisbaren Veränderungszwängen innerhalb der literarischen Entwicklung selbst zu tun. Das poetische Erbe war durch den seichten, sentimentalen Spätromantizismus um 1910 derart heruntergewirtschaftet, daß seine Erneuerung mittels Härte, Intellektualität und Anschluß an das moderne Wissen unabdingbar war, wenn Dichtung als kulturelle Tätigkeit von Kennern noch ernst genommen werden sollte. Erschöpfungszustände suchten aber auch den Roman heim, dessen sozialer Oberflächenrealismus wesentliche moderne Erfahrungen – etwa die Macht des Unbewußten – gar nicht zu greifen schien. Für die angelsächsischen Modernisten war diese literarische Erneuerungsarbeit keine weltabgewandte Spielerei, sondern Teil ihrer selbstverordneten kulturellen Mission. Literatur als diagnostisches Instrument der Kulturkritik und des elitären Selbstverständnisses konnte nun aber, wenn sie sich nicht in einen Widerspruch zwischen Erfahrung und Methode verstricken wollte, nicht die Schönheit, Formstrenge, Klarheit und erhebende Botschaft klassischer Literatur anstreben. Sie mußte vielmehr den eingefahrenen Lesegewohnheiten Widerstand entgegensetzen und durch Erschwerung und Provokation einen vertieften, ernsthafteren Umgang mit der Literatur und der Wirklichkeit erzwingen. Eben dies taten Pound und Eliot, deren Gedichte oft die moderne Misere der Isolation und des orientierungslosen Treibens mit einem großen Aufwand an Bildungswissen, Anspielungen und Zitaten vielfältig inszenieren und spiegeln. Eine schwierige, vielstimmige, dunkle, vieldeutige Kunst entstand so, die das breite Publikum bis heute im Grunde verstört. David Lodge hat die Merkmale dieser modernen Kunst folgendermaßen zusammengefaßt:

> [...] the characteristics of modernist art in general, and of modernist writing in particular, have been often enough described: formal experiment, dislocation of conventional syntax, radical breaches of decorum, disturbance of chronology and spatial order, ambiguity, polysemy, obscurity, mytho-poetic allusion, primitivism, irrationalism, structuring by symbol and motif rather than by narrative or argumentative logic, and so on.

Ezra Pound

Es ist kaum eine Übertreibung, den Amerikaner Ezra Pound als den Vater der angelsächsischen Moderne zu bezeichnen. Wie ein Wirbelwind bricht der energische, selbstbewußte, unendlich bildungshungrige Pound 1908 in die Londoner Szene ein, um sie von der Notwendigkeit einer radikalen Erneuerung der Poesie, ja der abendländischen Kultur zu überzeugen. Zu Pounds Freunden, die viel von seinem pädagogischen Eifer profitieren, gehören Joyce, Lewis, James, Ford, W.C. Williams und vor allem Eliot. Pounds schöpferische Streichungen verwandeln Eliots *The Waste Land* (1922) erst in jenes große Monument der Moderne, wie wir es heute kennen. Pounds reformerische Bemühungen kreisen um den Begriff des Image. Sie entsprechen einem damals weit verbreiteten lebensphilosophischen Mißtrauen gegenüber Begriffen und logisch-abstraktem Denken. Mit Bergson, Hulme und dem Sinologen Fenollosa, dessen *The Chinese Written Character as a Medium for Poetry* er 1968 herausgibt, ist er der Meinung, daß das logisch-klassifizierende Kategoriendenken der abendländischen Tradition die fließende Welt auf Objekte und Abstraktionen reduziere. Konkrete Bilder und bildliche Schriftzeichen würden dagegen den Bezug zur lebendigen Wirklichkeit wahren. Eben dies ist das Anliegen des Imagismus, der allerdings mit seiner elliptischen Aneinanderfügung von Bildern die Leistungen der Syntax für die Dichtung nicht nutzt.

Schwierige Bildungsdichtung

Pounds Hauptwerk sind die *Cantos* (1954; 1964; 1975), ein riesenhafter, über weite Strecken unverständlicher Torso in freien, von Prosa kaum zu unterscheidenden Versen. Bild- und Gedankensprünge innerhalb der einzelnen Cantos, lange fremdsprachliche Zitate, zerstückelte Anekdoten und historische Materialien aus allen Zeiten und Ländern, Parodien und Nachahmungen unbekannter Autoren, Ellipsen – all dies erzeugt einen dunklen Text, der im übrigen nur gelegentlich poetische Dichte erreicht. Zugänglicher und für die Geschichte der englischen Literatur auch bedeutsamer dürfte das 1920 erschienene Gedicht *Hugh Selwyn Mauberley* sein. Mit bemerkenswertem Einfühlungsvermögen und Wissen liefert Pound hier eine poetische Deutung der englischen Kulturgeschichte von 1860 bis 1920. Dies geschieht am Beispiel der Biographie eines fiktiven englischen Dichters mit Namen Mauberley, eines unter der Last der Vergangenheit leidenden Ästheten, der sich in eine eng umgrenzte Welt persönlicher Wahrnehmungen zurückzieht. Ungenügend gekennzeichnete Sprechsituationen haben gleichwohl immer wieder zur Verwechslung zwischen Pound und Mauberley geführt. Nicht nur dies unterscheidet Pound von seinem Vorbild in der Kunst des dramatischen Monologs, Robert Browning. Neu ist auch Pounds sehr wirkungsvolles Verfahren, Sprecherstimmen und Stil plötzlich abrupt zu ändern. Dies geschieht besonders auffällig in dem zwischen Part I und Part II eingeschalteten »Envoi (1919)«, wo unzweifelhaft Pound selbst spricht, sich aber die hinreißend schöne Stimme der englischen Liedtradition leiht (»Go, dumb-born book,/ Tell her that sang me once that song of Lawes:/ Hadst thou but song/«). Die wichtigste Neuerung liegt indes wohl darin, daß bei Pound Sinnbildung vor allem durch Zitate geschieht, deren Herkunft oft nicht klargestellt wird, und durch bloßes Nennen von Autorennamen. Dies hat ohne Frage etwas Preziöses und Angestrengtes an sich. Pound unterstellt ein enormes Bildungswissen, was auch den gelehrten Leser schnell überfordert:

Turned from the ›eau-forte‹
Par Jacquemart'
To the strait head
Of Messalina:

›His true Penelope
Was Flaubert,‹
And his tool
The engraver's.

Anspielungen konkretisieren und umschreiben die Stilentwicklung des Dichters Mauberley als Wende von der detailgesättigten Wirklichkeitswiedergabe der Radierung (›eau-forte‹, Jacquemart) zur strengen, auswählenden Kunst des Graveurs (Pisanello wird später genannt) und Stilisten (Flaubert). Während die Kenntnis Flauberts und Penelopes noch vorausgesetzt werden kann, wirkt die Erwähnung Jacquemarts und Pisanellos reichlich provokativ.

Eliots überragende Bedeutung

Um Thomas Stearns Eliot ist es recht still geworden. Seit geraumer Zeit reagieren viele englische Schriftsteller gereizt auf den Amerikaner, dessen Resonanz und Ansehen bis in die sechziger Jahre ganz außergewöhnlich groß waren. An seiner überragenden Bedeutung für die Dichtung und Kritik der anglo-amerikanischen Moderne ändern diese Meinungsschwankungen nichts. Ausgestattet mit scharfem Verstand, Urteilskraft und dichterischer Intuition, hat Eliot wie kein anderer dazu beigetragen, daß die antiromantische Moderne mit all ihren herausfordernden Dissonanzen Einzug in die angelsächsische Dichtung hielt.

T.S. Eliot. Gemälde von Wyndham Lewis

Eliots frühe Dichtung, die sich in den Bänden *Prufrock and Other Observations* (1917), *Poems* (1920) und *The Waste Land* (1922) findet, schlägt einen frechen, saloppen Ton an, der sich ganz unüberhörbar von der elegisch-melancholischen Haltung englischer Poeten (Housman, Hardy, Thomas u.a.) abhebt. Zugleich stellt sie mit ihrer Dunkelheit ganz unerhörte Ansprüche an den Leser, der in ihr vergeblich nach dem Leitfaden der Argumentation und der Erzählung sucht. Wenn es in den aneinandermontierten Bildfolgen, Monologen und Zitaten der Eliotschen Poesie überhaupt ein einheitsstiftendes Prinzip gibt, dann ist es die von ihm selbst so genannte imaginative Logik, die sich der Intuition erschließt. Tatsächlich stößt sich der Leser aber immer wieder an den harten Diskontinuitäten. Ist das Bild des entschlußlosen Ästheten in »The Love Song of J. Alfred Prufrock« aus den Sequenzen des dramatischen Monologs noch einigermaßen erschließbar, so begegnet uns in *The Waste Land* eine gelehrte Bildungsdichtung, die mit ihren unklaren Sprechsituationen und übergangslos aneinandergefügten Redefetzen und Bildern den Eindruck eines babylonischen Stimmengewirrs erzeugt. An die Stelle der zeitlichen Abfolge tritt die räumliche Koexistenz des zeitlich Verschiedenen. Die semantische Oberfläche ist wie ein Palimpsest mit alten »Schriften«, also Anspielungen auf ältere Literatur, unterlegt, um durch Kontrast oder Parallele Bedeutungen zu schaffen. Eliot spielt eine bessere mythische oder literarische Vergangenheit gegen das Chaos der Gegenwart aus. Besonders wirkungsvoll wird dieses Verfahren am Anfang von *The Waste Land* bei der Negation von Chaucers Frühlingsanruf angewandt:

April ist the cruellest month, breeding
Lilacs out of the dead land, mixing
Memory and desire, stirring
Dull roots with spring rain.
Winter kept us warm, covering
Earth in forgetful snow, feeding
A little life with dried tubers.
(*The Waste Land*, »The Burial of the Dead«, Z. 1–7)

Chaucer hatte die *Canterbury Tales* mit den berühmten Zeilen eröffnet: »When in April the sweet showers fall/ And pierce the drought of March to the root, [...].«

Der späte Eliot

Im Grunde kündigt sich Eliots spätere Bekehrung schon im kulturkritischen Bewertungsstandpunkt seines Frühwerks an. Der heillosen städtischen Existenz (»Preludes«, 1917) seiner Moderne, die sich durch Trostlosigkeit, geistige Leere (»Gerontion«, 1920; *The Hollow Men*, 1925), entfremdete Sexualität und Tod im Leben auszeichnet, ist ihr spirituelles Gegenbild indirekt eingeschrieben. Die nach seiner Rückkehr zum Christentum verfaßten *Four Quartets* (1935–44) bieten ein anderes Bild. Schriller Kulturjammer weicht einem ruhigeren Ton. Qualitativ sind diese Meditationen über die Zeit indes uneben. Neben großartigen poetischen Beschreibungen (Anfang von »Little Gidding«) finden sich auch banale philosophische Sätze (»Time present and time past/ Are both perhaps present in time future«, in »Burnt Norton«, Z. 1–2), die den ehemaligen Philosophiestudenten Eliot verraten.

Dichtung, Literaturkritik und Kulturkritik bilden bei Eliot eine innere Einheit. Wenn der Literaturkritiker Eliot von der Dichtung Unpersönlichkeit und Komplexität fordert, rechtfertigt er zugleich seine eigene Dichtungspraxis; wenn der Kulturkritiker Eliot sich auf den Maßstab der großen kulturellen Tradition des Abendlandes beruft, dem das neue Werk genügen müsse, bekräftigt er den antiromantischen, antiindividualistischen Grundzug seines Denkens über Literatur. Denn das Werk ist nicht Ausdruck einer womöglich exzentrischen Dichterpersönlichkeit, sondern Treffpunkt und Schmelztiegel zahlreicher Erfahrungen und Texte (»Tradition and the Individual Talent«, 1919). Der von der Persönlichkeit des Hervorbringenden abgehobenen Struktur des autonomen Werkes kann der Kritiker nur gerecht werden, wenn er sich ernsthaft mit ihr und nicht, wie bislang üblich, mit dem biographischen Hintergrund befaßt: »Honest criticism and sensitive appreciation is directed not upon the poet but upon the poetry« (»Tradition and the Individual Talent«). Bei der Auswahl der verbindlichen, tradierwürdigen Werke läßt Eliot sich von einer kulturhistorischen Spekulation leiten. Sie besagt, daß beispielsweise die Lyrik der von den Romantikern unbeachteten *Metaphysical Poets* eine Einheit von Gefühl und Gedanke verwirklicht hätte, die später zerbrochen sei (»dissociation of sensibility«). Mit solchen Überlegungen leitet Eliot eine Umwertung der literarischen Tradition und eine Revolution der Literaturkritik ein, die teilweise bis heute nachwirkt.

Literaturkritik und Kulturkritik

Zu den weniger bekannten Dichtern, die modernistische Techniken nutzten und sich aktiv für die moderne Literatur einsetzten, gehören Edith Sitwell, Edwin Muir und David Jones. Die exzentrische Dame Sitwell verhöhnt in der Zeitschrift *Wheels* (1916–20) die Georgian Poets; Muir übersetzt Franz Kafka und schreibt mit »Horses« ein bemerkenswertes apokalyptisches Gedicht; David Jones schließlich, lange unbeachtet, veröffentlicht 1937 ein eigenwilliges Kriegsepos über einen Frontabschnitt des Ersten Weltkrieges, das Vers und Prosa, Zitateinsprengsel, Arthur-Mythos und naturalistische Reportage kombiniert (*In Parenthesis*).

Edith Sitwell, Edwin Muir, David Jones

Für die Hebung des öffentlichen Ansehens der modernen Literatur und

linkes Bild:
Ein Foto der London Bridge, das wie eine Illustration zu Eliots *The Waste Land* wirkt.

rechtes Bild:
Edith Sitwell nach einem Porträt von Wyndham Lewis

des an englischen Schulen und Universitäten gepflegten Umgangs mit ihr sind freilich neben den literaturkritischen Aktivitäten von Frank Raymond Leavis die theoretischen Arbeiten von Ivor Armstrong Richards (*The Meaning of Meaning*, 1923; *Principles of Literary Criticism*, 1924; *Science and Poetry*, 1926; *Practical Criticism*, 1929) ungleich wichtiger. Indem er die Besonderheit der poetischen Sprache wissenschaftlich herausarbeitet, Komplexität, Vieldeutigkeit und Ironie als notwendige Bestandteile guter Dichtung betrachtet und die Kontextabhängigkeit der Bedeutungsbildung betont, legt er die Grundlagen für die moderne Methodik des *close reading* (des genauen Lesens, der immanenten Werkbetrachtung). Seine Argumentation läßt sich verkürzt folgendermaßen zusammenfassen: Neben der überprüfbaren »referentiellen« Sprache gibt es auch eine »emotive« Sprache, die gar nicht wahrnehmbare und nachweisbare Sachverhalte bezeichnet. Auf dieser Annahme einer »emotiven«, »nicht-referentiellen« Sprachfunktion basiert die Literaturtheorie von Richards. Prinzipiell ist die sprachliche Bedeutungsbildung von der Semantik des Ganzen, d.h. des jeweiligen Kontextes (»context theory of meaning«) abhängig. Dies gilt in besonderem Maße für die literarische, d.h. emotive Sprache, weil dort wegen des Fehlens eines unveränderlichen Referenzpunktes erst der Kontext den Bedeutungswert, den ein Wort annimmt, bestimmt. Aus diesem Sachverhalt folgt der methodische Grundsatz des »genauen Lesens«. Nur dieses kann der Vieldeutigkeit gerecht werden, die sich im poetischen Text mit den wechselnden Kontexten einstellt. Als psychische Erfahrung, in der unterschiedliche Bestrebungen und Haltungen zum Ausgleich gelangen, vermag Dichtung nach Richards eine therapeutische Funktion auszuüben.

Die Literaturtheorie von I. A. Richards

Der experimentelle Roman

James Joyce

Eine klare Trennungslinie zwischen experimentellem und traditionellem Roman läßt sich nicht ziehen. Jedes wirklich neue und große Werk erweitert den Spielraum der stofflichen und formalen Möglichkeiten der Romankunst. Dennoch hat es seinen guten Sinn, die Idee der Moderne mit der Vorstellung des Experimentellen in Verbindung zu bringen. Die Unzufriedenheit großer Romanciers wie Virginia Woolf und James Joyce über die Konventionen des realistisch-soziologischen Gesellschaftsromans bewirkte in Werken wie *Ulysses* (1922), *The Waves* (1931) und *Finnegans Wake* (1939) eine derartig radikale Infragestellung herkömmlicher Annahmen, wie ein Roman auszusehen habe, daß der Begriff »experimentell« einen prägnanten, konkreten Inhalt bekommt. Mit der gründlichen Subjektivierung und Psychologisierung der Wirklichkeitssicht am Anfang des 20. Jahrhunderts hängt es zusammen, daß schon Henry James und Joseph Conrad eine experimentierende, erkundende Haltung zum Roman einnehmen. Die Suche nach neuen, angemessenen Weisen der erzählerischen Wirklichkeitserkundung gilt allen Bestandteilen der Struktur. Die Zeit verliert oft ihren linearen, zielgerichteten Charakter. Sie wird verschoben und umgestellt (*Lord Jim*, 1900). Der Raum wird vom Äußeren, Gesellschaftlichen ins Private, Innere verlegt. Die Reise nach innen will besagen, daß führende Romanciers (Joyce, Woolf, Ford) des frühen 20. Jahrhunderts den sozialen Realismus, wie man ihn von Dickens, Trollope und Wells her kennt, als untaugliches Mittel moderner künstlerischer Wirklichkeitsanalyse ansehen. Dabei stößt man auf unterdrückte Wunschphantasien und Ängste, die zu ihrer Vergegenständlichung eines surrealistischen Szenarios bedürfen (Circe-Kapitel in Joyces *Ulysses*). Naturalistische Mimesis des Alltags kippt in phantastische Traumsequenzen um.

Die Struktur des experimentellen Romans: Kritik am Realismus

Charaktere lösen sich in Assoziationsströme auf, werden unendlich wandlungsreich und büßen als getriebene, hilflose Antihelden die Situationsmächtigkeit des traditionellen Helden ein. Was von der Handlung übrig bleibt, ist banal genug und verliert sinnstiftende Aufgaben. Weder glückliche Heirat, Tod oder eine sonstige Problemlösung gibt dem Geschehen den Anschein eines sinnvollen, von Werten und Normen gesteuerten Vorgangs. Charakteristisch ist der offene Schluß, die offene Form. Da Handlung und Thema nicht mehr den Zusammenhang des Erzählten gewährleisten, wird die Leistung der Integration nach dem Vorbild der Musik an wiederkehrende symbolische Leitmotive und Räume abgegeben. Hier wie dort bekundet sich der Verzicht auf eine normative Vermittlungsinstanz, die es ja im traditionellen Roman wie selbstverständlich auf sich nimmt, Werturteile zu fällen, eine Auswahl zwischen wichtig und unwichtig, Gut und Böse zu treffen. Wenn der allwissende, sicher urteilende Erzähler abdankt und seinen Orientierungsaufgaben nicht nachkommt, fällt die Last der Bewertung, der Deutung und der Sinnstiftung dem Leser zu. Diese allenthalben zu beobachtende Entgrenzung der Romankategorien greift schließlich auch auf das Medium des Erzählens selbst über, nämlich Gattung und Sprache. Joyce fügt in *Ulysses* in der Circe-Episode eine zweihundert Seiten lange dramatische Struktur ein, V. Woolf plant den Roman *The Waves* als »play-poem«. Auffällig ist das gesteigerte Sprachbewußtsein. Gleichzeitig entdecken Philosophen (Nietzsche, B. Russell, Wittgenstein u.a.) und Künstler, daß das Verhältnis von Sprache und Wirklichkeit problematisch geworden ist. Wenn Sprache Wirklichkeit verstellen und falsch abbilden kann, wenn möglicherweise nicht nur die Mitteilung, sondern auch die Auffindung von Wirklichkeitserkenntnis Sprache voraussetzt, dann rücken die Möglicheiten und Grenzen der Sprache in den Mittelpunkt des Interesses. Dies geschieht in den Stilnachahmungen und Sprachspielen von Joyce bis zur äußersten Konsequenz (*Finnegans Wake*, 1939). Es läßt sich aber auch argumentieren, daß das dichte sprachliche Gewebe modernistischer Romane mit einiger Verspätung die Konsequenzen aus der Schriftlichkeit zieht. Gedrucktes kann beliebig oft gelesen und nachgeprüft werden. Es muß deshalb nicht notwendig jene leserfreundlichen Wiederholungen und Einordnungen enthalten, die für die mündliche Überlieferung unentbehrlich sind.

James Joyce

Kein anderer britischer Schriftsteller ist den Weg zum experimentellen Erzählen so folgerichtig gegangen wie der ehemalige Jesuitenzögling und Philologiestudent aus Dublin, James Joyce. Folgt *Stephen Hero*, eine Vorstufe zu *A Portrait of the Artist as a Young Man* (1914–15), noch dem Muster eines konventionellen spätviktorianischen Romans, so läßt die überarbeitete und endgültige Version des Künstlerportraits schon die grundlegenden Merkmale des neuen Erzählens erkennen. Das stark autobiographische Werk ist zwar als Bildungsroman angelegt, vermeidet aber das für den klassischen Bildungsroman kennzeichnende Hineinwachsen des Helden in die Gesellschaft. Indem sie sich dem Künstlertum verschreibt, löst sich Joyces Hauptfigur vielmehr – wie der kosmopolitische Autor selber – von allen Bindungen an die irische Nation, an die Familie und an die katholische Religion. Der abschließende Schritt in die Freiheit unabhängigen Schaffens ist aber auch ein Schritt in die Einsamkeit des Exils. Der Roman wirft die bekannten Beurteilungsprobleme modernen Erzählens auf. Die strenge Bindung der Erzählperspektive an den Blickpunkt der Hauptfigur weckt zwar Verständnis für deren seelische Verletzungen im Jesuitenkolleg, erschwert aber auch die Einsicht in ihren egoistischen Charakter. Plötzliche Wahrnehmungen alltäglicher Dinge, die den Charakter von Offenbarungen haben

Illustration zu Ulysses von Fritz Janschka

(»Epiphanien«), markieren den Weg der Hauptfigur aus traditionellen Bindungen. Ihre Weltaneignung verläuft darüber hinaus ganz gezielt über das Sprachbewußtsein. Joyce versteht es schon hier meisterhaft, unterschiedliche Bewußtseinsstufen und Wahrnehmungsweisen von der Kindheit bis zum Denkstil des Intellektuellen auch sprachlich und stilistisch anzuzeigen.

Die Wendung zur Sprache als dem eigentlichen Hauptakteur wird in den späteren Werken (*Ulysses*, 1922; *Finnegans Wake*, 1939) immer entschiedener. Dies hat durchaus auch mit dem naturalistischen Ansatz von *Ulysses* zu tun. Denn der Versuch des Autors, einen Tag im Leben des Dubliner Juden Leopold Bloom bis in alle Einzelheiten vorüberhuschender Wahrnehmungen, Gedankenfetzen und unbewußter Eingebungen zu versprachlichen, wirft ja von selbst die Frage auf, was Wörter und Sätze zu erfassen vermögen. Was als naturalistische Abbildung beginnt, endet in poetischer Verdichtung und Informationsfülle. Schwierigkeiten bereitet dem Leser allerdings nicht so sehr jene chaotische Fülle auch banalster sprachlicher und sachlicher Details. Bei genauerem Zusehen zeigt sich sogar, daß etwa alle Ortsangaben über Dublin genau stimmen. Was den Lesefluß ständig hemmt, ist vielmehr die Art der Mitteilung, die Verweigerung bislang üblicher Orientierungstechniken. Erstens zwingt die Fiktion von Alltagssituationen, die sich ausschließlich im Widerspiel von subjektiven Ansichten, Beobachtungen und Bewußtseinsinhalten ohne erläuternde Eingriffe eines ordnenden Erzählers konstituiert, den Leser dazu, die verstehensnotwendigen Informationen über Ort, Zeit, Geschehen, Motivation, Figur und Handlung selbst aus der Fülle der mitgeteilten Reden und Beschreibungen zu erschließen. Da eine zielgerichtete Handlung fehlt, wirken die Szenen darüber hinaus wie eine zentrifugale Entfaltung von Sprachfeldern. Offenbar verlangt die vom Autor angestrebte Illusion der Unmittelbarkeit und Gegenwärtigkeit des Erlebens, das undurchdringliche Detail nicht sogleich in ein verstehbares Zeichen zu verwandeln. Eine zweite Ursache der Desorientierung ist die Darstellungsregel der diskontinuierlichen Abfolge. Wie im Film stoßen wir auf abrupte Wechsel von einer Einstellung zur anderen, ohne daß ein erkennbares Thema die Segmente zusammenbindet. Drittens schließlich hat es der Leser mit einer Vielfalt weit hergeholter Assoziationen und Anspielungen zu tun. Die schon im Titel genannte Anspielung auf das homerische Epos verdeutlicht zwar den Abstand zwischen mythischem Heroismus und moderner Banalität, zwischen Bloom und Ulysses, Molly und Penelope, ist aber im Text so wenig sichtbar, daß ihre Rekonstruktion wieder besonderer Anstrengungen bedarf. Der Kritik ist es gelungen, die 18 Segmente jeweils einer Episode von Homers Epos zuzuordnen.

Leseprobleme

Bewegung als Grundprinzip des Textes

Gesteigerte Bewegung und Beweglichkeit scheint das Grundprinzip des Textes zu sein. Schon das Eingangssegment vermittelt den Eindruck erheblicher Dynamik und Energie. Die Gespächspartner Haines, Stephen und Mulligan, zumal letzterer, agieren mit außerordentlicher geistiger Beweglichkeit. Das ständige Theaterspielen, die Lust an Rollen und Rollenwechseln ist so groß, daß das scheinbar Natürliche wieder ins Hochartifizielle umschlägt. Unablässige Anspielungen, parodistisches Nachäffen, Provokationen, das Absingen blasphemischer Lieder – die Metamorphosen der ständigen Rollenwechsel verbinden sich mit den abrupten Bildfolgen und Perspektivewechseln zu einem dynamischen Gesamteindruck. *Ulysses* ist ein Roman der Bewegung, der strukturell die Konsequenzen aus der modernen Erfahrung des unablässigen Wandels und der Pluralisierung der Lebenswelten zieht. Kein Wunder deshalb, daß auch der Autor-Erzähler und die Hauptfigur eine proteische Wandlungsfähigkeit besitzen. Jede der 18 Episoden des Romans baut ihre eigene Erzählsituation auf. Ein solcher Wechsel der gewählten Darstellungsformen hebt die Künstlichkeit der literarischen Vermittlung hervor und betont den konstruktiven, perspektivegebundenen Charakter jeglicher Wirklichkeitsauslegung. Dieser Eindruck wird durch die auffälligen Stilexperimente, zumal die Stilnachahmungen der »Oxen of the Sun«-Episode, noch verstärkt. Dem unabschließbaren Pluralismus der Weltinterpretationen entspricht im Roman ein Pluralismus der Stile. Die Hauptfigur Bloom besitzt keine klar abgegrenzte Individualität, durchläuft ja schon der Name eine Vielzahl von Variationen (»childe Bloome«, »Sir Leopold«, »Old man Leo«, »Bloowhom«, »Seabloom«, usw.). Schließlich wird im frechen, phantasiereichen Spiel mit Schriftbild, Lautung und Bedeutung, das den Roman zu einem großen Scherzbuch macht, die Veränderbarkeit und der semantische Perspektivenreichtum von Sprache und Welt gleichsam experimentell getestet und zur Schau gestellt. Es paßt in dieses Bild, daß auch am Ende des Romans entfesselte Mobilität angesagt ist. Der Leser wird in den interpunktionslos wiedergegebenen Strom der Mollyschen Bewußtseinsvorgänge (*stream of consciousness*) hineingerissen:

> frseeeeeeeefronnnng train somewhere whistling the strength those engines have in them like big giants and the water rolling all over and out of them all sides like the end of Loves old sweeeetsonnnng the poor men that have to be out all the night from their wives and families in those roasting engines stifling it was today Im glad I burned the half of those old Freemans and Photo Bits leaving things like that lying about hes getting very careless and threw the rest of them up in the W C Ill get him to cut them tomorrow [...]

Sprachlicher Manierismus

Es ist möglich, daß Joyces undurchsichtiger, auf sich selbst aufmerksam machender Stil von den Experimenten der Amerikanerin Gertrude Stein angeregt worden ist. Stein benutzt die Wörter wie Bausteine, um sie ohne Rücksicht auf Grammatik und Logik spielerisch miteinander zu kombinieren. In *Finnegans Wake* nimmt die spielerische Entgrenzung und Neukombination des Sprachmaterials jedenfalls extreme Formen an. Wortentstellungen und Wortneubildungen schaffen Ähnlichkeiten in lautlicher, rhythmischer und struktureller Hinsicht, die gleichzeitig verschiedene Bedeutungszuordnungen erlauben. In dem Satz »Sir Tristram, violer d'amores, fr'over the short sea, had pas-encore rearrived from North Armorica ...« suggeriert »Armorica« nicht nur die USA, sondern auch die Liebe (»amor«) und Waffen (»armour«). Dieser bis zum Äußersten getriebene sprachliche Manierismus mag wohl die Künstlichkeit ästhetischer Fiktionen bewußt machen. Als Vorbild für spätere Romane taugte seine Lebensferne nicht.

V. Woolfs weibliche Sicht

Virginia Woolf teilt mit Joyce die aus dem Fin de siècle stammende ästhetische Lebensanschauung. Sie meidet aber seine Vorliebe für obszöne Witze, erotische Anspielungen und häßliche Details. Das mag mit den Grenzen des Sagbaren zusammenhängen, die zumindest damals einer Frau gezogen waren. Wie dem auch sei: die weibliche Sicht der Dinge ist ein wichtiges persönliches und ästhetisches Anliegen der Autorin, das Theorie und Praxis ihrer Romankunst entscheidend prägt. Ein politisch streitbarer Feminismus liegt Virginia Woolf allerdings fern. Obwohl sie die Notwendigkeit einer Verbesserung der sozialen Lage der Künstlerin hervorhebt, ohne die es keine große Kunst geben könne, geht es ihr darum, im Rahmen einer poetischen Haltung gegenüber dem Leben die weibliche Welterfahrung, den weiblichen Code, zum Ausdruck zu bringen (»Women and Fiction«, 1929). Politische Kunst kann dies für Virginia Woolf nicht leisten, weil sie die Propaganda mit

Virginia Woolf

der künstlerischen Deutung der Totalität des Lebens verwechselt. Die herausragenden Frauenfiguren der Woolf entbehren freilich nicht traditioneller, vertrauter Züge. Mrs Ramsay beispielsweise, die Hauptfigur von *To the Lighthouse* (1927), ist ihrem analytischen, in seinem Beruf aufgehenden Manne auf affektivem Gebiet überlegen und vermag noch über den Tod hinaus verbindend, ausgleichend, anregend und harmonisierend zu wirken.

Virginia Woolf ist eine führende Vertreterin der englischen Moderne und der Bloomsbury-Gruppe. Die Tochter des berühmten viktorianischen Kritikers und Essayisten Leslie Stephen gründete 1917 zusammen mit ihrem Mann Leonard Woolf die avantgardistische Hogarth Press. Ihre ersten Romane (*The Voyage Out*, 1910; *Night and Day*, 1919) sind freilich noch konventionell. 1919 setzt aber ihre Hinwendung zum experimentellen Erzählen ein, die mit einer scharfen Absage an den in ihren Augen abgenutzten Konventionsapparat des herkömmlichen Gesellschaftsromans verbunden ist (»Modern Fiction«; *Jacob's Room*, 1922; *Mrs Dalloway*, 1925; *To the Lighthouse*, 1927; *The Waves*, 1931; *Between the Acts*, 1941). Der Lebensbegriff wird radikal privatisiert. Wenn aber unabgeschlossene innere Erfahrungen und Wahrnehmungen den eigentlichen Stoff des Lebens bilden, stellt sich die Frage der Art der erzählerischen Vermittlung und Strukturbildung neu. Zeitlich auseinanderliegende Situationen verdeutlichen aus dem Bewußtseinshorizont der beteiligten Personen vor allem die Grundtatsachen des Lebens – seine Zeitlichkeit und Veränderlichkeit, nicht etwa soziale und politische Fragen. Damit sich der Roman nicht in eine chaotische Masse von Eindrükken, Erinnerungen und Assoziationen auflöst, unterwirft Virginia Woolf diese einem kompositorischen Muster (*pattern*), zu dem auch immer wiederkehrende symbolische Leitmotive gehören wie beispielsweise der Leuchtturm in *To the Lighthouse* und der Ring in *The Waves*. In *To the Lighthouse* verwirklicht das situative und symbolische Muster letztlich die Idee der Harmonie zwischen Mann und Frau, Kindern und Eltern, Leben und Kunst, Mensch und Natur. Zur Orientierung des Lesers trägt allerdings auch die Erzählrede bei, die in den Romanen von Virginia Woolf im Gegensatz zu James Joyce keineswegs radikal getilgt ist. Hier ein Auszug aus *Mrs Dalloway*:

Lebensfülle und künstlerische Komposition

> Clarissa had a theory in those days [...] she felt herself everywhere; not »here, here, here«; and she tapped the back of the seat; but everywhere. She waved her hand, going up Shaftesbury Avenue. She was all that. So that to know her, or anyone, one must seek out the people who completed them; even her places. Odd affinities she had with people she had never spoken to, some woman in the street, some man behind the corner – even trees, or barns. It ended in a transcendental theory which, with her horror of death, allowed her to believe, or say she believed (for all her scepticism), that since our apparitions, the part of us which appears, are so momentary compared with the other, the unseen part of us, which spreads wide, the unseen might survive, be recovered somehow attached to this person or that, or even haunting certain places, after death. Perhaps – perhaps.

Mystische Entgrenzungen

Die mystischen Ganzheits- und Jenseitsvorstellungen der Mrs Dalloway erreichen uns im wesentlichen nicht aus ihrer Sicht, sondern aus der des Erzählers. Indem V. Woolf die personale (»perhaps ... perhaps«) und die auktoriale Erzählweise mischt und ineinanderblendet, wiederholt sie im Erzähltechnischen jene Akte der Entgrenzung und Harmonisierung, die sowohl für ihr Menschenbild – man denke an ihr Ideal der Androgynie und die metaphorischen Verknüpfungen von Mensch und Natur in *The Waves* – als auch für ihr Wirklichkeitsbild charakteristisch sind. Man könnte in diesem Zusammenhang von einem irrationalen Transzendentalismus sprechen. Im mystischen Entgrenzungserlebnis entflieht das moderne, vereinzelte Ich dem Gefängnis seiner beengenden Identität: »I am not one person. I am many people. I do not altogether know who I am – Jinny, Susan, Neville, Rhoda or Louis; or how to distinguish my life from theirs« (Bernard in *The Waves*). Die sechs Monologe des radikalen Experimentes *The Waves* wirken deshalb so künstlich, weil ein gemeinsamer poetischer Stil die individuellen Vorstellungsinhalte der Sprecher überlagert und entgrenzt.

Subjektivismus

Man sieht, wie Virginia Woolf vom modernen Subjektivismus und Impressionismus ihren Ausgang nimmt, um dann Wege zu seiner Überwindung zu suchen. Dennoch ist es keine Frage, daß angesichts des Fehlens gemeinsamer Überzeugungen der Subjektivismus die eigentliche Grundlage des modernen Erzählens bildet. Dies bestätigt auch ein Blick auf Ford Madox Ford, der Conrad als Impressionisten einstuft. In seinem eigenen Roman *The Good Soldier* (1915) führt er einen nicht verläßlichen Ich-Erzähler (John Dowell) ein, der die Beziehungen zweier Ehepaare, die Erkenntnis der unmoralischen Wirklichkeit hinter der Fassade bürgerlicher Wohlanständigkeit, höchst komplex vermittelt. Die ironischen Spannungen und ständigen Zeitsprünge der Erzählung verlangen dem Leser erhebliche Interpretationsanstrengungen ab.

Tradition und Moderne im Roman

Neue Inhalte

Mit dem Anspruch, in ihrem Romanschaffen neue Wege zu beschreiten, treten auch Wyndham Lewis, Katherine Mansfield und David Herbert Lawrence auf. Die Zugehörigkeit dieser Autoren zum engeren Umkreis der Moderne ist unbestritten, zumal Lewis und Lawrence sich in aufsehenerregender Weise auch in ihrer Literaturkritik und Malerei kritisch mit der Tradition auseinandersetzen. Dennoch bieten ihre Erzählungen dem Leser weniger

Knole in Kent, wo Virginia Woolf sich in Victoria Sackville-West verliebte.

Rätsel und Widerstände als die betont experimentellen Fiktionen von Joyce, Gertrude Stein oder Virginia Woolf. Sprache, Erzähl- und Kompositionsweise lösen sich bei ihnen nämlich nur in begrenztem Ausmaß von den bislang entwickelten Verfahren mimetischer Fiktionsliteratur. Der Eindruck des Neuen hat eher mit inhaltlichen Sachverhalten zu tun, einem neuen Menschen- und Wirklichkeitsbild, das in den Romanen zur Anschauung gebracht wird. Die Entlassung des Subjekts aus festen moralischen und sozialen Bezugs- und Sinnsystemen hat zur Folge, daß sein Verhalten und seine Lebensplanung auf psychische und biologische Antriebe bezogen werden müssen. Rationale Normen werden unterspült und überwältigt, das Körperliche und das Seelische rücken als bestimmende Kräfte in den Vordergrund (Lawrence, Lewis, Mansfield). Rationalität erscheint aber auch als mögliche Quelle der Dehumanisierung des Menschen, weil ihre entfesselte verdinglichende Tätigkeit die Natur und die mitmenschlichen Beziehungen zerstören kann (Lawrence). Schließlich setzt die Zurückverweisung der Kunst auf sich selbst, ihre entschiedene Abkoppelung von moralisch-ideologischen Aufgaben, das Kunstthema auf die Tagesordnung. Der Roman wird, in Fortsetzung ästhetizistischer Traditionen, zur Arena der Selbstreflexion der Kunst und ihres Verhältnisses zum Leben. Auch das entspricht nicht den inhaltlichen Konventionen des viktorianischen und edwardianischen Gesellschaftsromans.

Percy Wyndham Lewis, *New York*, 1914–15

Eine besonders umstrittene Figur ist Lewis: ein Avantgardist, der als Maler die englische Version des Kubismus begründet und mit bemerkenswerten abstrakten Gemälden (*New York*, 1914) hervortritt, zugleich aber die Verflüssigung und Verzeitlichung der Kunst durch Joyce und V. Woolf heftig bekämpft; ein Bürgerschreck, der nach allen Seiten ausschlägt, zugleich aber faschistische Ordnungsideen unterstützt; ein wilder Satiriker, der über keine verbindlichen Maßstäbe verfügt; ein Romancier, der mehr an Ideen interessiert ist. Es sind wohl solche Einstellungen, Unklarheiten und Widersprüche, die dem Ruf von Lewis schaden und geschadet haben. Dennoch sollte man die Verbindung von schierer Energie und formaler Gestaltung, wie sie wohl am besten im Künstlerroman *Tarr* (1918) und dem politischen Roman *Revenge for Love* (1937) zur Geltung kommt, in ihrer Wirkung nicht unterschätzen. Ein unausgewogenes Verhältnis von Leben und Kunst wird in *Tarr* dem deutschen Maler Kreisler in Paris zum Verhängnis. Im Gegensatz zu Tarr unfähig, Lebensenergie in schöpferische Kunstproduktion umzusetzen, verstrickt sich der nur mäßig begabte Kreisler in den Ansprüchen seiner Triebnatur, reagiert auf Erniedrigungen gewalttätig und gibt sich schließlich selbst den Tod. Lewis, der Maler, richtet auf ihn den kühlen, satirischen Blick von außen. Kreisler erscheint als Ding, als getriebenes Tier oder als Maschine. Doch schlägt bei Lewis die komische Abweichung von der menschlichen Norm ins Tragische und Mitleidheischende um. Daß über Kreislers künstlerischem Primitivismus der Schatten des Todes liegt, signalisiert schon die Beschreibung seines Pariser Zimmers, das die Phantasie des Erzählers in eine urzeitliche Totenhöhle verwandelt:

> Kreisler's room resembled a funerary chamber. Shallow, ill-lighted and extensive, it was placarded with nude archaic images. These were painted on strips of canvas fastened to the wall with drawing-pins. Imagining yourself in some primitive necropolis, the portraits of the deceased covering the holes in which they had respectively been thrust, you would, pursuing your fancy, have seen in Kreisler a devout recluse who had taken up his quarters in this rock-hewn death-house.
>
> (Wyndham Lewis, *Tarr*, Teil II, Kap. 1)

Lewis' Kunst ist hier ersichtlich kopflastig. Sie veranschaulicht die Idee des Totenhauses. Der Erzähler fordert gar die geistige Mitarbeit des Lesers ein. Eine solche erzählerbezogene Vermittlungsweise wird von den Künstlern der angelsächsischen Moderne in der Regel strikt gemieden. Die von Ihnen angestrebte Illusion der Gegenwärtigkeit und des Natürlichen erfordert die Vorherrschaft der figurenbezogenen Perspektive.

»Objektives« Erzählen bei K. Mansfield

Kaum ein anderer englischsprachiger Erzähler des 20. Jahrhunderts hat dieses Ideal des objektiven Erzählens mit so großem Kunstverstand verwirklicht wie die aus Neuseeland stammende Katherine Mansfield. Zusammen mit einigen Kurzgeschichten von Joyce (z.B. »The Dead«) und Lawrence (»The Prussian Officer«) gehören die in den Sammlungen *Bliss, and other stories* (1920) und *The Garden Party* (1922) abgedruckten Texte zu den herausragenden Leistungen moderner Kurzprosa. Ohnehin gibt es einen Zusammenhang zwischen der Poetik der Kurzgeschichte und den Bestrebungen der Moderne. Indem Edgar Allan Poe poetische Dichte und einheitliche Wirkung zu den bestimmenden Merkmalen der Kurzgeschichte erklärte, setzte er für die Kurzprosa einen Maßstab künstlerischen Gelingens, dem im Regelfall nur die Kurzform genügen konnte.

Häufig von ihren neuseeländischen Kindheitserinnerungen (z.B. »The Garden Party«) inspiriert, sucht Mansfield jenen Augenblick im Leben ihrer Figuren auf, wo ein unscheinbares Ereignis, eine Geste, ein Wort, eine kleine Handlung wie eine plötzliche Offenbarung die Wahrheit über sie freilegt. Für das phantasievolle, künstlerisch veranlagte Kind Sun bricht mit der Zerstörung der prachtvollen Torte eine Welt zusammen (»Sun and Moon«). Der in seinem Büro um den gefallenen Sohn trauernde Chef bringt eine Fliege mit Tintentropfen zu Tode (»The Fly«). Auch nachdem Bertha den Ehebruch ihres Mannes mit Miss Fulton entdeckt hat, blüht der Birnbaum am Ende so herrlich wie eh und je (»Bliss«). Ohne auktoriale Kommentierung und moralische Einordnung kommt so in den Dialogen und konkreten Details ein wichtiger Lebensmoment zur Sprache. Aber der offene, aus einem symbolischen Gegenstand oder einer symbolischen Handlung bestehende Schluß überläßt dem Leser einen sehr großen Deutungsspielraum. Eben dies begründet das Moderne an Mansfield. Der nuancenreiche, psychologisch einfühlsam wiedergegebene Lebensausschnitt wird, über den bloßen Oberflächenrealismus hinaus, mit poetisch-semantischer Suggestivität aufgeladen.

Auch die sehr leserfreundlichen, vertraute Verfahren nutzende Erzählprosa des umstrittenen Schriftstellers D.H. Lawrence versucht immer wieder in Bereiche vorzustoßen, die der herkömmliche Gesellschaftsroman mied. Da für ihn wahre Kommunikation über den Leib und seelische Tiefenschichten verläuft, die sich der Verbegrifflichung eigentlich entziehen, verfällt er gelegentlich in eine expressive, metaphernreiche, überspannte Rhetorik der Wiederholungen, um das eigentlich Unaussprechliche auszusprechen. Er beschränkt sich nicht wie die Mansfield auf die Macht des Ungesagten. Das Pathos dieser definitorischen Bemühungen, die meist erotischen Glückserlebnissen gelten, wirkt angestrengt und überschreitet gelegentlich die Grenze zum Peinlichen oder Banalen. Stereotyp verlöscht nämlich im Augenblick der Ekstase das Licht des Bewußtseins und der dunkle, heilende Strom des Unbewußten ergreift Besitz von den Liebenden:

D.H. Lawrence

> So they stood, in the utter, dark kiss, that triumphed over them both, subjected them, knitted them into one fecund nucleus of the fluid darkness.
> It was bliss, it was the nucleolating of the fecund darkness. Once the vessel

had vibrated till it was shattered, the light of consciousness gone, then the darkness reigned, and the unutterable satisfaction.

(*The Rainbow*, Kap. 15)

Zeichnung von D.H. Lawrence für *The Rainbow*. Lawrence nutzt das alttestamentarische Bild des Regenbogens, der den Bund zwischen Himmel und Erde, Gott und den Menschen symbolisiert, für seine apokalyptische und utopische Vision einer Erneuerung der Menschheit.

Es wäre freilich töricht, Lawrence' Leistung allein an solchen Stellen ablesen zu wollen. Es gibt in den Kurzgeschichten und etwa *The Rainbow* (1915) zahlreiche Szenen, die seine künstlerische Meisterschaft in der sprachlich-szenischen Erfassung sozialer (z.B. Dialekt) und vor allem abgründiger seelischer Sachverhalte erweisen. Eine rein formalästhetische Betrachtungsweise wird Lawrence dennoch nicht gerecht, entspringen doch die typischen, zwischen Anziehung und Abstoßung verlaufenden Affektbewegungen seiner Figurendarstellungen und die nachdrückliche Betonung des Lebensbegriffes einer aus Nietzsche und der Lebensphilosophie stammenden Zivilisationskritik, die ihn auch mit dem deutschen Expressionismus verbindet. *Sons and Lovers* (1912), ein Bildungsroman, zeichnet den schmerzhaften Prozeß der Loslösung der Hauptfigur Paul von einer Mutterbindung. Die beiden apokalyptisch getönten Romane *The Rainbow* und *Women in Love* (1920) verbinden die Frage nach der wahren Liebe mit dem Problem der entfremdenden Einflüsse der modernen Industriegesellschaft, die für Lawrence das rollenhafte *social self* zu Lasten des *natural self* überbewertet. Für Ursula, die Protagonistin von *The Rainbow*, sind Glück und Sinn in den von der Gesellschaft angebotenen Rollen und Funktionen nicht mehr zu finden. Der moderne Industriekapitän Gerald stirbt bezeichnenderweise den Kältetod in den Hochalpen. Immer wieder geht es darum, über die Erfahrung der Körperlichkeit den Tod im Leben zu überwinden, das Verhältnis der Geschlechter untereinander und zur Natur qualitativ zu verändern (*Lady Chatterley's Lover*, 1928). Lawrence hat nicht nur in seinen Romanen, sondern auch in seiner Lyrik mit ihren freien, fließenden Versen (»Snake«, u.a.) und in seiner Essayistik Bemerkenswertes geleistet.

E. M. Forsters Indien

Bis heute nachwirkende Spielarten des Verhältnisses von Tradition und Moderne finden sich in den Romanen von Forster, Huxley, Waugh, Compton-Burnett, H. Green und G. Greene. In seinem bekannten Indien-Roman *A Passage to India* (1924) bringt Edward Morgan Forster das liberale Ethos gegen Kiplings kolonialen Code zur Geltung. Im Mittelpunkt stehen Figuren, die ein wirkliches Verständnis der anderen Kultur suchen (Mrs Moore, Fielding) und sich nicht im Bunker von Vorurteilen verschanzen. Neu ist auch das Verfahren Forsters, die Hauptphasen des weitgehend gescheiterten Kommunikationsversuches (Annäherung, Trennung, mystische Einheit) symbolischen Räumen zuzuordnen (»The Mosque«, »The Caves«, »The Temple«).

Das Chaos der zwanziger Jahre

Dem weltanschaulichen und moralischen Chaos der zwanziger Jahre gilt die Aufmerksamkeit der satirischen Ideenromane von Aldous Huxley. In den Dialogen und Diskussionen von *Point Counter Point* (1928) prallen Sensualismus und Idealismus, Spiritualität und Sinnlichkeit, Sozialismus und Faschismus, Gottsucher und Zyniker aufeinander. Das musikalische Prinzip der Kontrapunktik gibt dem Chaos eine formale Ordnung. Im Vergleich zu Huxley wirken die satirischen Gesellschaftsbilder Evelyn Waughs leichter, turbulenter und weniger analytisch. Der naiv-unschuldige Theologiestudent Paul Pennyfeather wird plötzlich in die Welt (Privatschule, Londoner Gesellschaft) hinauskatapultiert. Einfacher ökonomischer Stil, abenteuerliche Handlung und neutral-dramatische Darstellungsweise ergeben ein überaus lesbares Gebilde (*Decline and Fall*, 1928), bei dem man wegen des Verschwindens des Erzählers allerdings nicht so recht weiß, worauf die komische Satire eigentlich abzielt und welche Werte sie vertritt – eine typische Eigenschaft moderner Satiren. Sehr viel klarer wird dies freilich in den ätzenden Kommentaren von *The Loved One* (1948), die den Infantilismus amerikanischer Kunden aufs Korn nehmen, deren Wünsche raffinierte Bestattungsunternehmen befriedigen. Der konservative Katholik Waugh leidet unter dem Einbruch der modernen Welt, die stabile Werte aufzehrt und den Betrachter desillusioniert (*Brideshead Revisited*, 1945; *Sword of Honour*, 1965).

Abgründiges und Überraschendes kommt in den Familienromanen der Ivy Compton-Burnett zum Vorschein, die das Leben der englischen Oberklasse vor dem Ersten Weltkrieg thematisieren. Im Gegensatz zum viktorianischen Roman erhalten die ausschließlich in Dialogen aufgebauten Figuren kein klares individuelles Profil. Die Autorin offenbart aber an ihnen mit Witz und epigrammatischer Schärfe die Gewalt von Familienoberhäuptern und ein bedrängendes Klima, das durch ständige verbale Machtkämpfe mit all den damit verbundenen Rechtfertigungszwängen erzeugt wird. Im Widerspiel zwischen Konvention und natürlichem Impuls, Wunsch und unangemessenem Verhalten entstehen die Überraschungen ihrer klugen Romane (u.a. *A House and Its Head*, 1935; *Manservant and Maidservant*, 1947).

Henry Green und Graham Greene kehren auf unterschiedliche Weise zum Realismus zurück. Trotz der realistischen Oberfläche seiner Romane ist H. Green nicht wirklich an Handlung und glaubhaften Charakteren interessiert. Die banale Sprache seiner Romane spielt vielmehr experimentierend mit Klischees. *Living* (1945), vielleicht sein bestes Werk, beschreibt das Leben in einem irischen Landhaus während des Krieges. G. Greene pflegt in seinen vorzüglich lesbaren Romanen (u.a. *The Power and the Glory*, 1940; *The End of the Affair*, 1951) die durchsichtige Prosa des Realismus, entwirft aber als moderner Katholik ungewohnte Konfliktmuster. Der stellvertretende Polizeikommandant Scobie verstrickt sich etwa durch übergroßes Mitleid (»Mitleid fraß wie Fäulnis an seinem Herzen«) in eine Situation, die ihn in den Selbstmord treibt. Theologisch-religiöse Skrupel des zwischen zwei Frauen Stehenden lösen eine seelische Katastrophe aus (*The Heart of the Matter*, 1948). Die religiöse Ausrichtung des Greeneschen Realismus bedeutet, daß ihm eine wirklich historische, politische oder soziologische Ausrichtung abgeht.

Wirtschaftskrise, politische Radikalisierung und Literatur in den dreißiger Jahren

Nach dem New Yorker Börsenkrach von 1929 verbindet sich die geistige Krise der Moderne mit massiven sozialen Problemen zu einem politisch höchst brisanten Gemisch. Waren die meisten Schriftsteller und Intellektuellen vor 1930 noch von konservativen Ordnungsideen fasziniert, so erhofft sich die jüngere Generation jetzt eher von sozialistischen und marxistischen Ideen eine Antwort auf ihre Fragen. Entsprechend soll die Literatur, im Gegensatz zur Esoterik der Moderne im engeren Sinne, eine verständliche Form der politischen Analyse und Mitteilung sein. Einen ideologisch geschlossenen Block bilden selbstverständlich auch die »roten« dreißiger Jahre nicht, die literarisch im Banne der beherrschenden Dichterpersönlichkeit

Paul Nash, *Totes Meer* (vom Maler deutsch betitelt), 1940–41

Dominierende Bilder der dreißiger Jahre

Wystan Hugh Audens stehen. Versteht man die Literatur jener Zeit als Symptom für eine bestimmte Bewußtseinslage, dann lassen sich deren vorherrschende Interessen und Erfahrungen am besten an den wiederkehrenden Bildern, Metaphern und Gattungen der schriftlichen Dokumente ablesen.

Für die im Schatten des Ersten Weltkriegs aufgewachsene Generation sind Gewalttätigkeit, Tod und apokalyptische Zukunftsbilder prägende Vorstellungen. Häufig in Public Schools erzogen, verbinden die Schriftsteller jener Zeit ein elitäres Bewußtsein oft mit homosexuellen Neigungen (W.H. Auden) und bitteren Erinnerungen an gefängnisartige Lebensphasen (George Orwell, »Such, Such Were the Joys«, in England erst 1968 gedruckt). Die Idee des Heldischen, von Sassoon, Graves (*Goodbye to All That*, 1929) und Owen noch satirisch verabschiedet, erlebt eine beachtliche Renaissance. »I think continually of those who were truly great« lautet der Anfang eines bekannten Gedichts von Stephen Spender. Da das eigene bürgerliche Ich fragwürdig geworden ist und das englische Leben in Provinzialismus und Traditionalismus zu erstarren scheint, begibt man sich auf die Suche nach einer anderen Kultur, die mehr Geborgenheit verspricht. Die Bewegung des »going over« zur anderen Klasse, häufig verbunden mit Maskeraden und Namenswechseln – Eric Arthur Blair nimmt den Namen George Orwell an, der wichtige marxistische Kulturtheoretiker Christopher Caudwell (*Illusion and Reality*, 1937; *Studies in a Dying Culture*, 1938) hieß ursprünglich Christopher St John Sprigg –, wird zum Thema von Dokumentarberichten und proletarischen Romanen. Eine fieberhafte Reiseaktivität setzt ein zu den vermeintlichen Zentren des »neuen« Lebens (Berlin, Paris, Moskau, auch der Ferne Osten). Aber die einschlägige Reiseliteratur vermittelt häufig genug die offen eingestandene oder uneingestandene Einsicht, daß der Ausbruch aus dem Käfig des eigenen Klassenbewußtseins nicht wirklich gelingt, daß das Böse eher im Ausland als zu Hause wohnt (John Lehmann, *Evil was Abroad*, 1938) und das Fremde nur der Spiegel eigener Sehnsüchte und Komplexe ist (Graham Greene, *Journey without Maps*, 1936). Der Spanische Bürgerkrieg, in dem ein beträchtlicher Teil der literarischen Elite Englands die republikanische Seite unterstützt, gibt jenen die dreißiger Jahre beherrschenden Bildern – Gefängnis, Gewalt, Überschreitung von sozialen und räumlichen Grenzen, Apokalypse, Utopie – vollends die Qualität erlebter Erfahrung. Die Nachricht von der Komplizenschaft Hitlers und Stalins (1939) zerstört für viele die letzten noch verbliebenen Illusionen. Orwell bekämpft mit den Mitteln der satirischen Tierfabel (*Animal Farm*, 1945) und der Antiutopie (*Nineteen Eighty-Four*, 1949) den Totalitarismus, um den wahren Sozialismus zu retten, von dem er in Spanien einen Vorgeschmack (»foretaste«) bekommen haben will (*Homage to Catalonia*, 1939). Auden, ohnehin nie wirklich überzeugter Marxist oder politisch aktiv, siedelt zeitweise nach Amerika über.

Graham Greene

Die dominierende Gattung der dreißiger Jahre ist neben dem Reisebericht die Lyrik. Mit der Veröffentlichung der Anthologie *New Signatures* (1932) setzt eine neue Ära publikumsbezogener Lyrik ein, die sich gezielt der neuen technischen, industriellen und politischen Wirklichkeit zuwendet. Gerade die besten Stücke von Louis MacNeice (z.B. »Bagpipe Music«, »The Sunlight on the Garden«), C. Day-Lewis und Stephen Spender (»In No Man's Land«, »The Landscape near an Aerodrome«, »The Express«) vermeiden indes ideologische Verhärtungen. Auden, der Kopf dieser Gruppe und einer der bedeutendsten englischen Lyriker dieses Jahrhunderts, überrascht immer wieder durch seine sprachliche Virtuosität und spielerische Wandlungsfähigkeit. Schon der junge Auden schlägt mit unerhörtem Selbstbewußtsein einen herrischen, richterlichen, respektheischenden Ton an (*Poems*, 1930; *Look, Stranger!*, 1936) und zeigt, wie man herkömmliche lyrische Formen – Sonett, Ballade, Elegie, Lied, Pastoraldichtung etc. – durchaus mit moderner Welterfahrung verbinden kann. Durch die Kombination von argumentativer Rede und modernen Diskursen, die Auden u.a. dem Marxismus, der Psychoanalyse und dem Existenzialismus entnimmt, gelingt es ihm, modern und verständlich zugleich zu sein. Das Spiel mit Posen und Rollen, mit unterschiedlichsten Sprechsituationen vom Fremdenführer (»Look, stranger, on this island now«) bis zum Kunstkritiker (»Musée des Beaux Arts«), gehört ins Bild eines Künstlers, der das politische Engagement letztlich mit Mißtrauen betrachtet. »Poetry makes nothing happen«, sagt Auden in seiner großen Elegie auf Yeats. Poesie ist aber die wichtigste Nebensache der Welt. So erkundet Auden die politische und kulturelle Malaise unserer Zeit aus der Distanz und erzielt seine besonderen Wirkungen u.a. mit Techniken, die er der Musik abgelauscht hat. Seine Elegie auf Yeats (1939) überzeugt vor allem durch ihre abrupten Tonwechsel vom Umgangssprachlichen zum Feierlichen. Auden versteht die Moderne als Rückkehr der Eiszeit, als ehernes Gehäuse, das den einzelnen zur Nummer degradiert (»The Unknown Citizen«). Ihre hervorstechenden Merkmale sind die Kälte und die Bedrohung des privaten Individuums: »Stood on a great plain in the falling snow;/ Ten thousand soldiers marched to and fro:/ Looking for you and me, my dear, looking for you and me.« (Aus »Ten Songs«, I, Z. 34–36). Während aber der junge Auden die verfallende Industrielandschaft der Midlands (»The Watershed«) noch mit offensichtlicher Faszination beschwört, flüchtet der späte Auden häufig in eine auch stilistisch kraftlose Privatidylle.

W.H. Auden

DIE ZEIT NACH 1945

Großbritannien auf der Suche nach einer neuen Rolle

Die Besonderheit der britischen Nachkriegssituation erklärt sich im wesentlichen aus vier Faktoren und ihren Wechselwirkungen: erstens der Umwandlung Großbritanniens von einer imperialen Weltmacht in einen europäischen Staat mit beschränkten Ressourcen; zweitens dem problematischen Erbe unzureichender wirtschaftlicher Leistungsfähigkeit und nicht überwundener Klassengegensätze, das mit der langen Ausrichtung auf das Empire zusammenhängt; drittens der nicht nationalspezifischen Tendenz zur Massen-, Konsum- und Mediengesellschaft; viertens schließlich der beeindruckend vitalen Tradition kultureller Selbstwahrnehmung, die dem britischen Leben eine ganz eigene Note verleiht, zugleich aber die Gefahr der Erstarrung und der Schablonenhaftigkeit in sich birgt.

Entkolonialisierung

Die heroischen Anstrengungen Englands während des Zweiten Weltkriegs (*Battle of Britain*) können nicht darüber hinwegtäuschen, daß der Sieg über Hitler nur durch das massive Eingreifen der USA möglich gewesen war. Ein bezeichnendes Licht auf die neue mächtepolitische Konstellation wirft die Suezkrise. 1956 verstaatlichte der ägyptische Staatschef Nasser den Suezkanal, der bis dahin von einer britisch-französischen Aktiengesellschaft betrieben worden war. Um diesen »Schlüssel« des britisch-französischen Imperialismus nicht zu verlieren, landeten Frankreich und Großbritannien Truppen in Ägypten, die sich auf Druck der Sowjetunion und der USA freilich rasch wieder zurückziehen mußten. Die Ära selbständiger europäischer Kolonialpolitik war ohnehin vorbei. Das Herzstück des britischen Weltreichs, die Kronkolonie Indien, erlangte die Unabhängigkeit 1947; andere Kolonien folgten später, zuletzt Rhodesien (Zimbabwe, 1980). Indem es im April 1949 das Empire bzw. Commonwealth in eine lockere Assoziation unabhängiger Staaten umwandelte (neue Definition des Commonwealth), zog Großbritannien die Konsequenzen aus dieser Situation. Ein schmerzhafter Prozeß der Annäherung an Europa setzte ein, der zwar 1973 zur Aufnahme Großbritanniens in die Europäische Gemeinschaft führte, geistig, kulturell und politisch aber noch keineswegs abgeschlossen ist. Solche Umorientierungen und Verlusterfahrungen lösten teils nostalgische, teils kritische oder objektive Rückblicke auf die imperiale Vergangenheit aus, die nicht nur literarische – Larkin, Betjeman; J.G. Farrell, *The Siege of Krishnapur*, 1972; Paul Scotts berühmte, 1973 verfilmte Indienromane – Folgen zeitigten, sondern auch politische: Nach ihrem Wahlsieg von 1979 versuchte Margaret Thatcher durch die Rückkehr zu viktorianischem Laisser-faire (Ökonomie) und viktorianischer Disziplin (Haushalts- und Verteidigungspolitik) Englands Bedeutung und Einfluß nachhaltig zu vergrößern. Die Macht der Gewerkschaften wurde entscheidend eingeschränkt, nach dem Triumph des Falkland-Krieges gegen Argentinien stand die Premierministerin auf dem Höhepunkt ihres Ansehens.

Gesellschaftliche Entwicklungen

Just jenes viktorianische Erbe zu überwinden war aber gerade das Hauptziel der Reformkräfte nach 1945 gewesen. Der Sieg auf dem Schlachtfeld sollte durch einen mindestens ebenso wichtigen Sieg auf dem gesellschaftlichen Terrain vervollständigt werden. Deshalb wurde Churchill nach dem Kriege sofort abgewählt. Mit der Einführung einer kostenlosen medizinischen Versorgung für alle, der Verstaatlichung der Schlüsselindustrien und anderen Maßnahmen wandeln die regierenden Sozialisten England zwischen 1946 und 1951 in einen Wohlfahrtsstaat um, dessen Grundzüge auch nachfolgende konservative Regierungen beibehalten. Eine relativ günstige wirtschaftliche Entwicklung und die antiautoritäre Liberalisierungswelle der 60er Jahre sind der reale Hintergrund der Schlagworte *affluent society* und *permissive society*, während in den 70er Jahren die ökonomische und kulturelle Krise vorherrscht. Der Streik der Bergarbeiter, der letztlich zum Sturz von Premierminister Heath führt, die Ölkrise (1973) und das erwachende ökologische Bewußtsein, die Unzufriedenheit der ethnischen Minderheiten, der Protest der kolonialisierten Randgebiete (vor allem Nordirland, aber auch Schottland und Wales) und die besorgniserregenden Wirtschaftsdaten setzen der Aufbruchstimmung der 60er Jahre ein abruptes Ende. Eine radikalisierte junge Generation von Dramatikern (D. Hare, H. Brenton, T. Griffiths, H. Barker) beklagt deshalb das Versagen der Labour-Politiker und den angeblichen Immobilismus einer Gesellschaft, die trotz Wohlfahrtsstaat und sexueller Befreiung, Gesamtschule und Konsumangebot die Allianz aus Kapitalismus und tradierten Machtstrukturen nicht losgeworden sei. Der Traum des *Festival of Britain* 1951 von einer lichtvollen, gemäßigt-britischen Spielart des Sozialismus und der Moderne, einschließlich der Architektur, den wohl auch der einflußreiche Gelehrte Raymond Williams (*Culture and Society, 1780–1950*, 1958, u.a.) träumte, ist nicht eigentlich Wirklichkeit geworden.

Das Festival of Britain (1951) versuchte im Jahr der hundertsten Wiederkehr der großen Weltausstellung von 1851 ein Bild vom England der Zukunft zu entwerfen.

Marktwirtschaft als internationale Realität

So scheinen die Entwicklungen der letzten Jahrzehnte die erstaunliche Vitalität und Erneuerungsfähigkeit marktwirtschaftlicher Strukturen zu bestätigen, die ihren Bewohnern im Zeitalter elektronischer Datenverarbeitung, beschleunigter Kommunikations- und Rationalisierungsprozesse, machtvoller wirtschaftlicher Zusammenballungen und drohender ökologischer Katastrophen freilich ein fast unerträglich hohes Maß an Anpassungsfähigkeit und Problemlösungsphantasie abverlangen. Denn die durch sie geschaffenen Probleme und Paradoxien sind endlos. Der Wohlstand, sofern vorhanden, wird mit der Ausbeutung der Natur und der Dritten Welt erkauft; die Anpassung an funktionsgerechte Routinen erzeugt Frustrationen und Gewalt – ein zentrales Thema der englischen Nachkriegsliteratur – ebenso wie die Marginalisierung nicht integrierbarer oder leistungsfähiger Bevölkerungsgruppen; der als Konsument mit Fernsehbildern, Pornographie und Waren versorgte Bürger soll zugleich verantwortlich Prozesse steuern, deren Komplexität und Systemlogik ihn hoffnungslos überfordern. Kein Wunder, daß mittlerweile, wie die jährliche Verleihung des Booker Prize für den besten Roman vor Augen führt, auch der Markt für hohe Literatur Verkaufspolitik mit den Mitteln des Showgeschäfts betreibt.

Kulturelle Kontinuität

Dennoch wäre es falsch, ein Bild der Trübsal zu zeichnen. Großbritannien hat trotz aller Modernisierungsschübe und Konflikte das Lachen nicht verlernt. Die humane Kultur der Pubs und der Colleges prägt nach wie vor den spezifischen Lebensstil der Insel in beträchtlichem Maße. Als Romanciers erreichen Akademiker wie David Lodge und Malcolm Bradbury mit ihren höchst unterhaltsamen, komischen Darstellungen des Universitätsbetriebes und der zeitgenössischen Gesellschaft weite Teile der Bevölkerung. Insgesamt wird man freilich sagen müssen, daß die Bedeutung der englischen Literatur geringer geworden ist. Unterhaltungsbedürfnisse werden zum großen Teil vom Fernsehen befriedigt und der Vergleich mit der amerikanischen Literatur fällt für England nicht immer günstig aus. Die künstlerische Kreativität ist gleichwohl ungebrochen. Künstler von Weltrang, die in eigenständiger Weise zugleich den Anschluß an die kontinentale Moderne gefunden haben, sind der Steinhauer Henry Moore (»Reclining Figure«) und der Maler Francis Bacon.

rechts: Henry Moore, *Reclining Figure*, Festival of Britain, 1951. Moores liegende Figur ist kontrastiv auf die stehende, klassische Figur der Tradition bezogen.

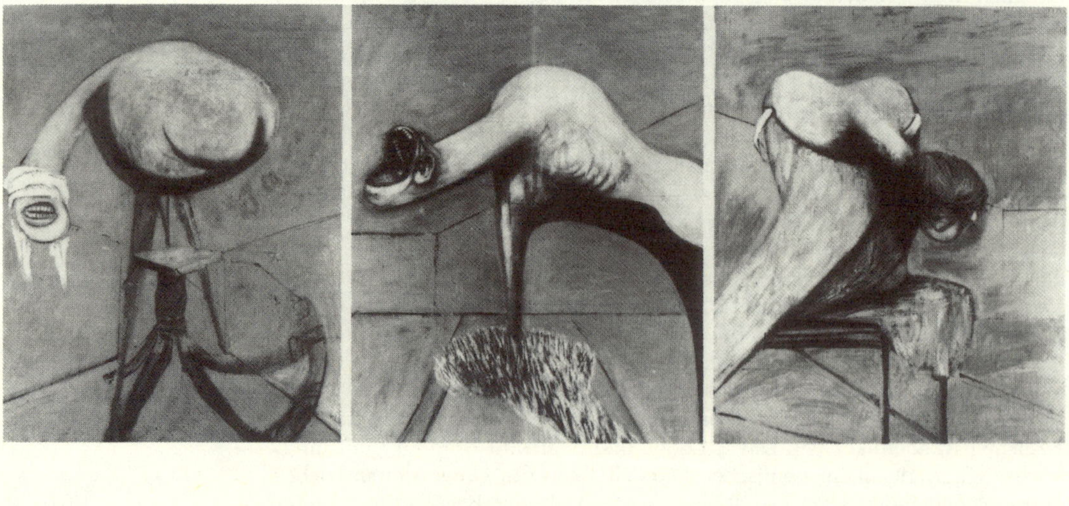

unten: Francis Bacons Triptychon *Three Studies for Figures at the Base of a Crucifixion* wurde 1945 in der Lefevre Gallery ausgestellt. John Russell schrieb über die Wirkung Bacons: »Die Besucher [...] sahen sich schockiert von Bildern, die so unbarmherzig schrecklich waren, daß ihnen der Verstand bei ihrem Anblick stehenblieb.«

Die Lyrik nach 1945

Überblick

Gruppierungen und Anthologien

Bei der Einschätzung des kulturellen und ästhetischen Ranges der nach dem Kriege in Großbritannien veröffentlichten Lyrik bewegt man sich auf unsicherem Gelände. Das internationale Echo ist deutlich schwächer gewesen als bei den Gattungen Drama und Roman. Doch sollten gerade die in jüngster Zeit sich häufenden Übersetzungen ins Deutsche vor vorschnellen Abwertungen warnen. »Provinzialismus« ist eine wenig hilfreiche Vokabel, weil sie den Blick auf die eigentlichen Qualitäten dieser Lyrik verstellt. Angesichts der zeitlichen Nähe können auch die stil- und formgeschichtlichen Einordnungen nur vorläufig ausfallen. Wie in der Moderne seit langem üblich, gibt es eine Reihe von einander ablösenden und aufeinander reagierenden Gruppierungen wie das Movement, die Belfaster Gruppe um Seamus Heaney, die »Martian School« u.a., die durch Anthologien einem größeren Publikum bekannt geworden sind. Es handelt sich dabei um folgende Gedichtsammlungen, die durchweg auch programmatisch gemeinte Einleitungen enthalten: *New Lines* (1956) und *New Lines II* (1963), beide herausgegeben von Robert Conquest; *The New Poetry* (1962), herausgegeben von A. Alvarez, und *Contemporary British Poetry* (1982), herausgegeben von Blake Morrison und Andrew Motion.

Der Literatur- und Kulturkritiker F.R. Leavis prägte in den 50er und 60er Jahren die Literaturvermittlung in den English Departments.

Theoretisch und praktisch bewegt sich die britische Nachkriegslyrik im Spannungsfeld zwischen experimenteller Moderne und konservativer, traditionsbewußter Insularität. Ein unmittelbarer Kontakt zur ersteren wird durch die bemerkenswerte Lyrik des Pound-Schülers Basil Bunting (*Collected Poems*, 1968) hergestellt. Wie in der politischen Arena bilden die kontinentaleuropäischen Innovationsschübe und Katastrophen der ersten Jahrhunderthälfte eine ständige Herausforderung, auf die man meist abwehrend (Conquest), gelegentlich aber auch offen und aufnahmebereit (Alvarez, Ackroyd) reagiert. Dieser Konflikt, den Peter Ackroyd in seinem Essay *Notes for a New Culture* (1976) auf die Behauptung zugespitzt hat, England habe die moderne, von Nietzsche und dem Strukturalismus herrührende Gleichsetzung von Welt und Sprache nie verstanden und deshalb nicht »literature« im eigentlichen Sinne, sondern lediglich »a continuing rhetoric of social truths« hervorgebracht, ist bis heute nicht ausgestanden. Doch fragt sich, wer am Ende die Oberhand behalten wird. Das englische Mißtrauen (Evelyn Waugh, Robert Conquest u.a.) gegenüber den radikalen Sprachexperimenten und den architektonischen Brutalitäten (Le Corbusier) der klassischen Moderne, der Verdacht, daß zwischen ästhetischer Gewalt und radikaler politischer Gewalt ein Zusammenhang besteht, der auf einen Mangel an gemäßigter liberaler Kultur verweist – dieses Mißtrauen ist im Blick auf den Vortizisten Ezra Pound und den Futuristen Marinetti ja nicht ganz unbegründet. Dabei darf man freilich nicht übersehen, daß die ästhetische Moderne eine Gewalt stilistisch inszeniert und sichtbar macht, die sie in der gesellschaftlichen, geistigen und technologischen Realität vorfindet, ganz abgesehen davon, daß die Nationalsozialisten die künstlerischen Neuerungen des frühen 20. Jahrhunderts als »entartete Kunst« verdammten.

Sprache und Erfahrung

Eine wichtige Spielart dieses ungelösten Konfliktes zwischen Moderne und klassischem Poesieverständnis ist das ungeklärte Verhältnis von Sprache und Erfahrung. Während Larkin die Erfahrung als entscheidende Instanz ansieht, die durch das sprachliche Fenster sichtbar gemacht werden müsse, betont

Ackroyd nach dem Vorbild seiner französischen Lehrmeister den angeblichen Vorrang der autonomen, undurchsichtigen Sprache in unserem für die Poesie verbindlichen Weltbezug. Weitere Konflikte, die in- und außerhalb der Poesie ausgetragen werden, entstehen durch die Frage, ob ein Dichter ironische und realistische Selbstbeschränkung (Larkin in der Nachfolge Hardys u.a.) üben oder dem Enthusiasmus der poetischen Phantasie freien Lauf lassen (K. Raine), ob er seine Materialien der Regionalkultur oder übergreifenden kulturellen Bezugsfeldern (Mythen, Weltliteratur, Wissenschaft) entnehmen soll. Insgesamt wird man sagen dürfen, daß nicht nur der scharfe Moderne-Kritiker Larkin, der die schwierige Eliotsche und Poundsche Bildungsdichtung als Verstoß gegen die Regel der »pleasure« ablehnt, sondern auch Tomlinson, Hughes und Heaney den Radikalismus der modernistischen Stilexperimente nicht fortsetzen und die Wichtigkeit des nachvollziehbaren Inhalts für die poetische Rede bestätigen. Es macht das Besondere und Reizvolle der englischen Nachkriegsdichtung aus, daß sie metrisch, sprachlich und inhaltlich zwischen Tradition und radikaler Moderne angesiedelt ist.

Kontinuität der Haltungen: Agnostizismus, Vitalismus, Regionalismus, Künstlertum

Diese Zwischenlage erklärt nicht nur die größere, von der Popularität der Popmusiktexte (John Lennon u.a.) freilich weit entfernte Publikumsfreundlichkeit dieser Dichtung, sondern auch die bei näherem Hinsehen erstaunliche Kontinuität der Themen und vor allem der Interpretationsweisen, die zeitgenössisch und individuell formuliert werden und teilweise doch viktorianisch-frühmoderne Traditionen fortsetzen. Offenbar hat die Modernisierung eine begrenzte Reihe von Problemen und Antworten hervorgebracht, deren Grundmuster zwar variiert, aber nicht entscheidend erweitert werden können. Immer wieder überwältigt von nostalgischen Erinnerungen an eine bessere englische Vergangenheit, richtet sich der Agnostiker und Patriot Larkin ungetröstet, ohne konkrete Hoffnung, im schäbigen Hier und Jetzt der verweltlichten Nachkriegsgesellschaft ein. Seine Grundhaltung erinnert an Thomas Hardy und Edward Thomas. Bei Hughes rückt an die Stelle der soziographischen Sehweise Larkins eine vitalistische, deren Pessimismus freilich nicht weniger stark ausgeprägt ist. Reminiszenzen an Lawrence, Shaw, Nietzsche und den Vitalismus werden wachgerufen, wenn er eine gewalttätige Tierwelt – Nietzsches »zynische Natur« – beschwört und in einem poetischen Prozeß der Um-Mythologisierung der Bibel und dem Prometheus-Mythos unorthodoxe, provozierende Bedeutungen unterlegt. Indem Heaney das nordirische Schicksal der politisch-kulturellen Gespaltenheit und Unterdrückung durch das »Ausgraben« der persönlichen, geschichtlichen und vorgeschichtlichen Vergangenheit indirekt kommentiert, greift er auf ein seit dem historischen Roman bekanntes Verfahren zurück. Diese auffällige, schon vor geraumer Zeit in Gang gekommene Regionalisierung der britischen Kultur und Dichtung ist im Falle von Schottland (Hugh McDiarmid und Edwin Muir), Irland (John Montague) und Wales (Gillian Clarke) nicht zuletzt politisch motiviert, beeinflußt aber auch das Selbstverständnis englischer Dichter wie Basil Bunting (*Briggflatts*, 1966) und Donald Davie. Tomlinson schließlich bevorzugt eine ausgesprochen ästhetische, von der Malerei beeinflußte Sehweise. Seine außerordentlich disziplinierten, jeglichen Gefühlsüberschwang vermeidenden Landschaftsgedichte feiern die Fülle und Kontraste der Schöpfung, entdecken in der Vielzahl der natürlichen Erscheinungen immer wieder Zeichen von paradiesischer Harmonie. Auch ein solcher völlig unromantischer Romantizismus wirkt vertraut und unvertraut zugleich.

Das Movement der fünfziger Jahre

Die vierziger Jahre

Schenkt man dem polemischen Zerrbild Glauben, das die Movement-Anhänger von der Lyrik der vierziger Jahre gezeichnet haben, dann wird diese von einer ungezügelten Wortflut beherrscht, in der die Tugenden wahrer, disziplinierter Dichtung untergingen. Tatsächlich ist das Bild sehr viel unübersichtlicher. Die schwülstige Rhetorik der neuen Apokalyptiker – 1940 erschien ein von S.F. Henley und Henry Treece herausgegebener Band mit dem Titel *The New Apocalypse* – verdient nur deshalb Erwähnung, weil sie literarhistorisch das Ende der von Audens Stil bestimmten Phase markiert. Dichterisch bedeutender sind die Kriegsgedichte von Keith Douglas und Alun Lewis, die ohne dekorative Schnörkel und romantische Aufschwünge die Wahrheit über das zeitlos-harte Schicksal indischer Bauern (Lewis) oder die Todesverfallenheit des Menschen zur Sprache bringen. Eine eigenständige, deutlich gegen den Intellektualismus und das soziale Engagement der dreißiger Jahre gerichtete Dichtungskonzeption entwickelt eine Gruppe von Poeten, zu der George Barker, David Gascoyne, Vernon Wattkins und Kathleen Raine gehören. Surrealistische Einflüsse verbinden sich bei ihnen mit religiösen Ideen zu einer Vorstellung von Dichtung, in der dem Dichter die Rolle eines visionären Barden zugewiesen wird und die Poesie die Aufgabe erhält, spirituelle Wahrheiten mittels des »Wunders der Bilder« (Barker) aufzudecken. Barker spricht von der »flüsternden Galerie/aller dionysischen Dichtung« und der »Apotheose des Wortes«. Am konsequentesten hat sich Kathleen Raine zur neuplatonisch-idealistischen Herkunft solcher Ideen bekannt.

In Verbindung mit einem skandalösen Lebenswandel und frühen Tod sorgten Enthusiasmus, Bilderwut und verdeckter Spiritualismus nicht zufällig dafür, daß der Waliser Dylan Thomas zur auffälligsten Dichterpersönlichkeit der vierziger Jahre wurde. Von der Sprache besessen, übt sich Thomas in einer ausufernden, häufig parataktisch gefügten Rhetorik von Bildern, über denen immer dann ein besonderer Glanz liegt, wenn sie auf ländliche Kindheitserinnerungen zurückgreift (»Fern Hill«, »Poem in October«). Hier die erste Strophe von »Fern Hill«:

Dylan Thomas, Gemälde von Augustus John

> Now as I was young and easy under the apple boughs
> About the lilting house and happy as the grass was green,
> The night above the dingle starry,
> Time let me hail and climb
> Golden in the heydays of his eyes,
> And honoured among wagons I was prince of the apple towns
> And once below a time I lordly had the trees and leaves
> Trail with daisies and barley
> Down the rivers of the windfall light.

Was wie eine entfesselte Rhetorik aussieht, ist in Wahrheit eine sorgfältig überarbeitete Komposition aus reimlosen Zeilen unterschiedlicher Länge. Hier wird das Absichtliche, Gemachte, besonders an der ironischen Abwandlung des Märchenstils (»And once below a time«) sichtbar. In solchen Preisgedichten auf die Schöpfung gelingt Thomas die poetische Überwindung seines angstvollen Lebensgefühls, für das Kopulation und Geburt schon immer im Zeichen des Todes stehen (Symbol des Wurmes).

Conquests Poetik der New Lines-*Dichter*

Daß Thomas seine sprachliche Virtuosität zunächst mit Parodien auf William Empson zur Schau stellte, ist aufschlußreich, hat doch gerade die ironisch-illusionslose, auf die soziale Realität gerichtete, mit anzüglichen

Wortspielen arbeitende Kunst (»Aubade«) dieses Poeten und Literaturkritikers den Movement-Dichtern der fünfziger Jahre – Philip Larkin, Thom Gunn, Kingsley Amis, D.J. Enright, Donald Davie u.a. – wichtige Impulse gegeben. Das Movement hält Distanz zu neuromantischen Wortkaskaden. Seine nüchterne, illusionskritische, empirische Grundeinstellung ist vom hauptsächlichen Befürworter dieser Stilrichtung, R. Conquest, schlicht als Rückkehr zu den Grundregeln der englischen Dichtungstradition gedeutet worden. Danach ist der Dichter nicht ein Bildungsexperte, der das Publikum mit unverständlichen Zitaten und Anspielungen verstört, sondern wie bei Wordsworth ein Mensch, der zu anderen Menschen spricht. Syntax und Logik, nicht die Montage von Bildern, bilden das Grundgerüst poetischer Rede. Die Sprache verweist nicht auf sich selbst, sondern auf die Erfahrungen des Dichters. Die übertriebene modernistische Suche nach Innovationen habe zu unerträglichen Verzerrungen und einem Kult der Gewalt geführt. So versteht sich das Movement als Rückbesinnung auf die bewährten Traditionen des englischen Empirismus und der englischen Dichtung, die mit modernen Erfahrungen durchaus vereinbar seien, weil die Alltagssprache die Fähig-

Hull an der Ostküste, eine Stadt, die Larkin in »Here« mit einer Mischung aus Faszination und kritischer Distanz beschreibt. Die Verbindung von Schäbigkeit und glitzernder Reklamewelt ist typisch für die städtischen Nachkriegsszenen der Larkinschen Poesie.

keit zur Verjüngung und damit die Möglichkeit zum Ausdruck veränderter Wahrnehmungen habe.

Philip Larkin

Philip Larkins Dichtung entspricht solchen Vorstellungen fast vollständig, mehr jedenfalls als Gunns von der Philosophie (Existentialismus) und amerikanischen Vorbildern beeinflußte Verskunst (*The Sense of Movement*, 1957). Da Larkin unbestritten als heimlicher Poeta laureatus der Zeit nach 1945 gilt, hat der Anspruch des Movement, die Haupttradition der englischen Poesie fortzusetzen, durchaus seine Berechtigung. Die gesellschaftliche Sehweise des Provinzromans der fünfziger Jahre dringt auch in die Dichtung ein. Dies gilt für das Objekt, das Subjekt und das sprachliche Medium der poetischen Wahrnehmung gleichermaßen. Der Gegenstand der Larkinschen Poesie ist die überwiegend trostlose, punktuell (»Coming«) aber auch beglückende Realität der englischen Nachkriegsgesellschaft – junge Paare am Bahnhof (»The Whitsun Weddings«), todgeweihte Krankenhausbesucher (»The Building«), schäbige Junggesellenwohnungen, Reklame, Provinzstädte, leere Hotels, Landstreicher im Park, der Besuch einer leeren Kirche (»Church Going«), die neue sexuelle Freizügigkeit (»High Windows«). Wenn es noch eine Pastorale gibt, dann ist sie in der Stadt zu finden (»Here«) – eher aber in der Erinnerung an vom Aussterben bedrohte Traditionen. Unerbittlich legt Larkin immer wieder den Widerspruch zwischen illusionärer Erwartung und Wirklichkeit (»Poetry of Departures«) offen. Das Wort »home« kann die von ihm ausgelösten Hoffnungen nicht mehr erfüllen (»Friday Night in the Royal Station Hotel« u.a.). Nicht nur der Raum, auch die Seh- und Bewertungsweise der in den Gedichten inszenierten autobiographischen Dichterfigur ist gesellschaftlich geprägt, denkt sie doch durchweg in Kategorien wie Arbeit und Nichtstun, Erfolg und Versagen (»Toads Revisited«), Armut und Reichtum, soziale Isolation und Geselligkeit. Und überall lauert in Larkins trostloser Welt die Angst vor dem Tode (»Aubade«, »The Building«). Die Kunst Larkins lebt von der Lakonie und empirischen Detailgenauigkeit seiner Umgangssprache, seiner Fähigkeit zur abschließenden Pointierung und vor allem vom Verfahren des plötzlichen Tonwechsels, wenn unvermittelt Banales, Saloppes und Zynisches ins Feierliche, Nostalgische und Erhabene umschlägt (»High Windows« u.a.). Berühmt ist die Eingangsstrophe zu »Church Going«, wo ein der Kirche entfremdeter Engländer auf einer Radtour ein stilles Gotteshaus besucht:

Larkins soziographische Dichtkunst

Once I am sure there's nothing going on
I step inside, letting the door thud shut.
Another church: matting, seats, and stone,
And little books; sprawlings of flowers, cut
For Sunday, brownish now; some brass and stuff
Up at the holy end; the small neat organ;
And a tense, musty, unignorable silence,
Brewed God knows how long. Hatless, I take off
My cycle-clips in awkward reverence,

Reaktionen auf das Movement

Tomlinson

Charles Tomlinson hat die Larkinsche Geste der sozialen und ästhetischen Selbstverkleinerung beklagt und als Ausdruck einer provinziellen Nachkriegsmentalität gedeutet. Der Leistung Larkins wird dieser Vorwurf nicht gerecht, er verdeutlicht aber, daß die »englische Tradition« nicht von allen Nachkriegsdichtern als verpflichtend empfunden wird. Tomlinson selbst hat

Charles Tomlinson

sich zum Einfluß der Malerei, der französischen Phänomenologie und des amerikanischen Modernismus (W.C. Williams, W. Stevens, M. Moore) bekannt. An den *New Lines*-Dichtern bemängelt er nicht nur ihre »Provinzialität«, sondern auch ihre Unfähigkeit, die Schöpfung in neuer Weise zu sehen und in objektiver Sprachkunst sichtbar zu machen: »... their general failure to see things anew, to register any *nouveau frisson*, if one can attempt to strip Hugo's congratulatory phrase to Baudelaire of its more romantic nuances. They show a singular want of the vital awareness of the continuum outside themselves, of the mystery bodied over against them in the created universe, which they fail to experience with any degree of sharpness or to embody with any instress or sensuous depth ...« (1957). Für Tomlinson, der mit dem Band *Seeing is Believing* (1958) zu seinem eigenen Standpunkt und Stil findet, ist der Dichter also vor allem der Empfangende. Passiv, kontemplativ, diszipliniert und mit kühler Leidenschaft wendet er sich der konkreten Fülle der natürlichen Erscheinungen zu, die ein Eigenleben führen und nur gleichsam beiläufig in der dichterischen Phantasie metaphorisch verwandelt und angereichert werden:

The Gossamers

Autumn. A haze is gold
By definition. This one lit
The thread of gossamers
That webbed across it
Out of Shadow and again
Through rocking spaces which the sun
Claimed in the leafage. Now
I saw for what they were
These glitterings in grass, on air,
Of certainties that ride and plot
The currents in their tenuous stride
And, as they flow, must touch
Each blade and, touching, know
Its green resistance. Undefined
Thc haze of autumn in the mind
Is gold, is glaze.

Trotz der distanzierten, richterlichen Haltung des Urteilens und Definierens ist natürlich auch Tomlinsons Dichtung nicht »objektiv«. Indem sie Begegnungen und Wechselwirkungen zwischen Subjekt und Objekt, Natur und Mensch (»Winter Encounters«) hervorhebt und die Gegensätze von Natur und Kultur, Leben und Tod, Krieg und Frieden (»Arizona Desert«) metaphorisch versöhnt, bezeugt sie das Wirken einer Phantasie, die auf die Herstellung einer spannungsvollen Lebenstotalität, von Nehmen und Geben, Aktiv und Passiv (»Swimming Chenango Lake«) abzielt. Sie strahlt analytische Ruhe und Beruhigung aus.

Ted Hughes

Unmut über den verengten soziographischen Blickwinkel der *New Lines*-Dichter und ihre englische Ideologie der traditionsbewußten »Vornehmheit« (»gentility«) äußerte auch A. Alvarez (1962). Die Pferde in Larkins »At Grass« sind für ihn gesellschaftliche, pastorale Geschöpfe, die nichts von der Fremdheit und Wildheit der Natur, nichts von der modernen Einsicht in die bestimmende Rolle der Aggression im psychischen und sozialen Leben spüren lassen. Tatsächlich ist Alvarez zuzustimmen, wenn er hervorhebt, daß in der poetischen Welt von Ted Hughes und der Amerikanerin Silvia Plath eine ganz andere Sehweise vorherrscht. Die christliche Ausgrenzung eines Bezirks der Moral und der Liebe verdrängt nach Hughes die Erkenntnis, daß Energie, Triebe und Gewalt die natürlichen Abläufe bestimmen, ohne daß diese Kräfte von einem erkennbaren Endzweck gesteuert würden. Dies läuft auf eine harsche Entidyllisierung der herkömmlichen romantischen Natursicht hinaus. Bilder der Gewalt, der Zerstörung und des Krieges prägen bei Hughes die Naturbeschreibungen, deren Thema der unerbittliche Lebenskampf ist (»Thistles«). »Thrushes« übersetzt die anthropologische Einsicht, daß Tiere durch ihre Instinktsicherheit dem zögernden, reflektierenden Menschen überlegen sind, in Vergleiche aus dem Bereich der technologischen Perfektion. Drosseln begeben sich auf Nahrungssuche mit der Präzision und Schnelligkeit von Maschinen: »Terrifying are the attent sleek thrushes on the lawn,/More coiled steel than living – a poised/Dark deadly eye, those delicate legs/Triggered to stirrings beyond sense – [...]«. Der die Stimme der Natur repräsentierende Falke verkündet im Monolog die Herrschaft der Gewalt (»Hawk Roosting«). Im sinnlosen Kosmos des »Kriegsliedes« (Pibroch») kommt der Mensch nur noch am Rande als alte, närrische Frau vor.

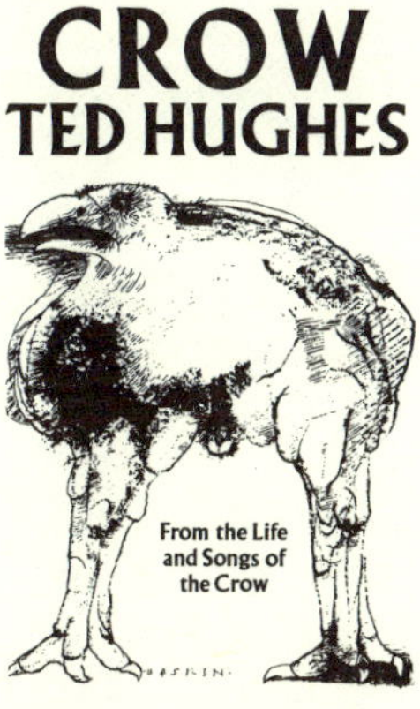

Baskins Crow wirkt ungeheuer massiv und bedrohlich. Obszön und eher Reptil als Vogel, symbolisiert das abscheuliche Tier Hughes' Sicht des 20. Jahrhunderts und des Kosmos.

Hughes' denkwürdige, außerordentliche genaue, das Physische betonende Tierporträts finden sich vor allem in den frühen Bänden *The Hawk in the Rain* (1957) und *Lupercal* (1960). In späteren Gedichten bevorzugt er die zyklische Form, die es ihm erlaubt, biblische und klassische Mythen umzuerzählen (*Crow*, 1970; »Prometheus on His Crag« in *Moortown*, 1979). Die schwarze Krähe in *Crow* trägt die Züge eines listenreichen, bösartigen Tricksters, der als Produkt einer Gegenschöpfung Gottes Autorität untergräbt. Crow, der Anti-Adam, hat statt einer weißen eine schwarze Seele und bewegt sich überhaupt in einer schwarzen Welt. Der Regenbogen gilt hier nicht wie im Alten Testament als Zeichen des Neuen Bundes zwischen Gott und den Menschen, sondern als etwas Schwarzes, das sich von Leere zu Leere erstreckt. In Hughes' gewalttätiger, nihilistischer Welt wird die göttliche Schöpfungsordnung parodiert und in der Figur Crow der amoralische Lebenserhaltungstrieb zum Prinzip des Seins erhoben. Gott selbst ist es, der in der Umdeutung des Sündenfalls (»Apple Tragedy«) sich als zynischer Spieler und Urheber des Unheils entpuppt. Der Feuerraub des Prometheus (in »Prometheus on His Crag«) symbolisiert für Hughes nicht die Befreiung des Menschen aus sklavischer Abhängigkeit, sondern den entscheidenden Unfall in der Zivilisationsgeschichte, die Hinwendung zum Rationalitätsprinzip. Das schöpferische Potential des Feuers wird ins Negative gewendet, schlägt zerstörerisch auf seinen Schöpfer zurück: »And the smoulder of man rose from the cities.« (»Prometheus on His Crag«, 12, Z. 7) Die Verdrängung der Natur gebiert Unheil.

Ted Hughes

Mit der Pose des Unheilspropheten, der mehr und mehr die karge, ritualistische Sprache des Verkündigers spricht, hat sich Hughes mittlerweile, trotz seiner öffentlichen Rolle als Poeta laureatus, in eine Außenseiterposition begeben. Der Ton der englischen Lyrik ist leichter, spielerischer geworden. Alvarez' tragischer Ernst und der düstere Empirismus Larkins weichen zumal bei Craig Raine und Christopher Reid einer auffälligen Vorliebe für weit hergeholte, ins Kokette und Bizarre hinüberspielende Vergleiche und Metaphern, die das Alltägliche verfremden. Die Rückkehr zur imaginativen Freiheit ist zweifellos ein grundlegendes Merkmal der in *The Penguin Book of Contemporary British Poetry* (1982) versammelten Dichter: »The new poetry [...] reasserts the primacy of the imagination in poetry, having come to see the imagination not, as did the previous generation, as part of the dark force of modern history (Hitler, Hiroshima, the Nazi and Soviet camps) but as a potential source of tenderness and renewal.« (Introduction) In selbstreflexiver, postmoderner Weise zeigt Raines »An Inquiry into Two Inches of Ivory«, wie die Phantasie alltägliche Dinge – Staubsauger, Schalter, Bad, Kleiderschrank, Milchflaschen – im Akt des Wahrnehmens verfremdet. Im folgenden Auszug beobachten zwei in armlose Liliputanerköniginnen verwandelte Wasserhähne den badenden »Riesen«:

Daily things. Objects
In the museum of ordinary art.
Two armless Lilliputian queens
Preside, watching a giant bathe. [...]
Water painlessly breaks his bent
Picasso legs.

(Z. 13–21)

Die kokette Verwandlung der Welt, häufig im Spiegel literarischen und kunstgeschichtlichen Bildungswissens, wirkt anregend und amüsant, aber auch preziös und gewollt. Immerhin wird der Leser durch das Verfahren der verfremdenden Perspektivierung – besonders eindrücklich in »A Martian Sends a Postcard Home« – dazu aufgefordert, seine Umgebung neu zu sehen. Die ständige Brechung des Alltags läuft bei Christopher Reid (*Arcadia*, 1979) freilich auf eine entdämonisierende Umwandlung der Welt in einen zauberhaften Spiel- und Kunstbezirk (»Arcadia«) hinaus. Soll die Wirklichkeit mittels der idyllisierenden Phantasie wieder zu einem heimeligen, bewohnbaren Ort werden?

Seamus Heaney

Solche Grenzen sind beim wohl bedeutendsten Autor dieser Anthologie, Seamus Heaney, nicht spürbar. In Nordirland aufgewachsen, später nach Südirland gezogen, hat Heaney kein politisches Programm anzubieten, wohl aber die Erfahrung eines zwischen der englischen und der – weitgehend – verschütteten irischen Kultur stehenden Dichters. Der Schmerz dieser Spaltung wird bei Heaney in bemerkenswert eigenständiger und präziser Weise in schöpferische Arbeit umgesetzt. Die beschädigte Identität bedarf der Erinnerungsarbeit, um ihre Besonderheit aufzufinden und zu verstehen. Deshalb wendet sich Heaney der geschichtlich geprägten Landschaft, der Sprache (»Broagh« u.a.), den Ortsnamen (»Anahorish« u.a.) und dem Mythos zu. In ihnen ragt die Vergangenheit in die Gegenwart hinein. Sie zu erforschen, »auszugraben«, bedeutet für Heaney die Begegnung mit dem eigenen Ich auf dem Umweg über die persönliche und die allgemeine Vergangenheit. Der Vorgang der dichterischen Spurensuche, ob er nun der eigenen Familie (»Digging«, Anfang von *Death of a Naturalist*, 1966) oder der fernen Vergangenheit (»The Tollund Man« in *Wintering Out*, 1972) gilt, ist niemals Selbstzweck, sondern ein Beitrag zum Verständnis der gegenwärtigen Situation des Dichters. Heaney verdeutlicht dies häufig durch die Einfügung dichtungsreflexiver, d.h. poetologisch zu verstehender Zeilen: »Between my finger and my thumb/The squat pen rests./I'll dig with it.« (»Digging«, Z. 29–31). Das fachmännisch ausgeführte Torfstechen des Vaters wird zur Metapher der geschickten, unaufdringlichen Arbeit des Dichters, der im kunstvollen Verfertigen des Gedichts nicht nur kulturelle Identität freilegt, sondern auch schafft. Vom Moor gut konservierte Leichen haben Heaneys archäologische Phantasie besonders angeregt. Die Gewalttätigkeit des Ritualmords im vorgeschichtlichen Jütland beleuchtet seine zwiespältige (»unhappy and at home«) Lage im modernen Irland: »Out there in Jutland/In the old man-killing parishes/I will feel lost,/Unhappy and at home.« (»The Tollund Man«, Z. 41–44). Für solche poetologischen und aktuellen Bedeutungen lassen sich auch Mythen und geschichtliche Vorfälle nutzen. In der griechischen Mythologie überwindet Herkules den Antäus nur dadurch, daß er diesen Sohn der Erde und der See durch Hochheben des kräftespendenden Kontaktes mit der Mutter Erde beraubt. Heaney hat diesen Mythos zweimal bearbeitet und dabei zwei Dichtungsweisen und Kulturen einander gegenübergestellt: weiblich vs. männlich, dionysisch vs. apollinisch, irisch vs. englisch. Zugleich versinnbildlichen die Antäus-Gedichte die politische und kulturelle Unterwerfung Irlands durch England. Dieses Trauma der Unterdrükkung Irlands hat Heaney im Band *North* (1975) auch am Beispiel geschichtlicher Episoden zur Sprache gebracht. »Ocean Love for Ireland« thematisiert die Kolonialisierung Irlands als Geschichte der Vergewaltigung einer Ehrenjungfrau von Königin Elisabeth durch den aristokratischen Abenteurer Sir Walter Ralegh.

Dieses Ausgreifen in die Geschichte, auch die Neigung zum längeren Erzählgedicht und den damit verbundenen Möglichkeiten der Perspektivierung sind für die englische Nachkriegsdichtung seit einiger Zeit ohnehin typisch (James Fenton u.a.). Ein Großteil der Dichtung von Geoffrey Hill ist historischen und religiösen Gegenständen gewidmet und kreist um das Thema der Gewalttätigkeit (*For the Unfallen*, 1959; *King Log*, 1968; *Mercian Hymns*, 1971; *Tenebrae*, 1978). Der dichte, anspielungsreiche, oft nicht entschlüsselbare Stil von Hill, der vor allem von anderen Dichtern bewundert wird, unterscheidet ihn grundsätzlich von den Movement-Dichtern. Bei den *Mercian Hymns* handelt es sich um Prosagedichte über den angelsächsischen König Offa, der als tyrannischer Herrscher von Mercia (757–796) England zum ersten Mal einigte. Der schöpferische, nicht antiquarische Bezug Hills zur Geschichte offenbart sich schon darin, daß die historische Figur Offa zum bis heute wirksamen »presiding genius of the West Midlands« umgedeutet wird und der Text als Collage ständig die Gegenwart des Dichters mit den fernen Ursprüngen Englands vermittelt. Für Hill liegt die Faszination Offas in der Dialektik von Ordnung und Gewalt, die nicht nur die Zweideutigkeiten der politischen Geschichte Englands verdeutlicht, sondern auch die Zweideutigkeiten einer Sprache, die immer schon Instrument der Herrschaft *und* des Widerstandes war, und einer poetischen Gestaltungstätigkeit, die durch gewaltsame Stilisierungen erneuernd wirkt. Indem der Dichter Sprache und Landschaft nach Sedimentierungen der Vergangenheit durchmustert, ähnelt seine Arbeit derjenigen des Archäologen und Historikers. Er versteht sich, wie schon Heaney, als »digger«. Folgerichtig entnimmt er der Geschichte auch die Metaphern für das Dichten. Offas Münzprägungen verbildlichen das gewaltsame Neuprägen einer lebendigen, gültigen poetischen Sprache; Offas Bau eines Dammes gegen die Briten konkretisiert die durch Grenzziehungen erst mögliche Ordnung des schönen Kunstwerks. Nicht umsonst nennt Hill Offa einen »tyrannical creator of order and beauty«. Was den Dichter Hill vom wahren Historiker unterscheidet, ist allerdings seine Weigerung, durch Argumentation und Erzählung bedeutungsvolle Beziehungen zu stiften. Von daher rührt die Dichte, das Physische, Undurchdringliche und Vieldeutige seiner Poesie. Dies wird auch im folgenden Text (1. Strophe von »History as Poetry«) deutlich, der das Pfingstwunder, die Ausgießung des Geistes, mit der sich ständig erneuernden Sprache verbindet: »Poetry as salutation; taste/Of Pentecost's ashen feast. Blue wounds./The tongue's atrocities. Poetry/Unearths from among the speechless dead/[...]«.

König Offa, die bemerkenswerte Figur der *Mercian Hymns* von Geoffrey Hill, auf einer Münze des 8. Jahrhunderts

Man wird abwarten müssen, wie neuere Entwicklungen und Namen einzustufen sind. C.H. Sisson kehrt zu einem harten, anspruchsvollen »Klassizismus« zurück (*Collected Poems*, 1984), Douglas Dunn erinnert in Ton und Inhalt seiner Gedichte an Larkin. Ein diametral entgegengesetzter Stil, der weder Geschichte noch den Mythos als Bezugsrahmen voraussetzt, sondern die »autonome« Sprache als solche, findet sich bei J.H. Prynne und den in der Anthologie *A Various Art* (1987 herausgegeben von Andrew Crozier und Tim Longville) versammelten Dichtern. Daß die Naturwissenschaft in unserer Kultur eine zentrale Rolle spielt, wird im folgenden Text von Prynne zum sprachlich-stilistischen Ereignis:

As
the 50 isotherm retreats there is
that secular weather laid down in pollen
and the separable advances on Cromer (easterly)
and on Gipping (mostly to the south).
The striations are part of the heart's
desire, the parkland of what is coast
inwards from which, rather than the reverse.
And as the caps melted, the eustatic rise
in the sea-level curls round the clay, the
basal rise, what we hope to call ›land‹.
(Aus: »The Glacial Question, Unsolved«)

Das Drama nach 1945

Das englische Drama bis 1956

Schauspieler-Theater

Die Situation des englischen Dramas im ersten Jahrzehnt nach dem Ende des Zweiten Weltkriegs ist gekennzeichnet durch einen deutlichen Mangel an eigenständiger, künstlerisch hochstehender und innovativer Produktion. Das britische Theater der Zeit wurde bestimmt durch die zugkräftige Popularität von Schauspieler-Stars wie John Gielgud, Laurence Olivier oder Ralph Richardson, deren persönliche Ausstrahlungskraft stärker ins Gewicht fiel als die ästhetische Qualität der Stücke, in denen sie agierten. Das heißt nicht, daß es keine künstlerisch bedeutenden Theaterproduktionen gab. Shakespeare war vielmehr ein unumstrittenes Zentrum des Theaterinteresses. Er lieferte gewissermaßen die fraglose Hintergrundsgarantie für ›große Kunst‹, in deren Aura von Tiefsinn, Tragik und humanistischer Größe sich die Schauspieler wie selbstverständlich bewegen konnten. Mit anderen Worten, der Status dramatischer Kunst zu der Zeit blieb im wesentlichen *unhinterfragt*, er wurde für gegeben genommen und durch die in eindrucksvollen Aufführungen stets neu erwiesene Autorität der Klassiker beglaubigt. Britische Autoren des späten 19. und frühen 20. Jahrhunderts wie Oscar Wilde, George Bernard Shaw oder John Millington Synge wurden zwar auch gespielt, aber oft in einer auf ihren Unterhaltungswert verdünnten oder in Musical-Form aufbereiteten Weise.

Vorherrschaft des well-made play

Was die zeitgenössische Produktion von Theaterstücken anbelangt, so wird sie von der Machart des sogenannten *well-made play* beherrscht. Dieses ist nach bestimmten Regeln der Handlungslogik und strukturellen Geschlossenheit durchkomponiert und auf die größtmögliche Publikumswirkung im Sinn von Spannung und Abwechslung angelegt. Das *well-made play* ist die

Synthese aus den Interessen einer professionalisierten Bühnenpraxis und den klassizistischen Normen der Dramenform, die im 19. Jahrhundert auf eine pragmatische Funktion zurechtgestutzt und als solche ins 20. Jahrhundert forttradiert wurden. Hauptvertreter dieser Richtung sind Autoren wie Noël Coward, Terence Rattigan oder William Somerset Maugham. Zwar gab es an den Universitäten und den im Land verstreuten *Repertory Theatres*, aber auch an dem 1945 gegründeten *Theatre Workshop* Joan Littlewoods Versuche, dem Theater neue Impulse zu geben. Doch blieben diese, vor allem aufgrund des Mangels junger Autoren, insgesamt wenig wirksam. Ähnliches gilt für die Stücke von T.S. Eliot und Christopher Fry, die eine Erneuerung des Dramas durch eine Revitalisierung des Versdramas anstrebten. Unbestrittene Dominanz hatten die Theater des Londoner West End, d.h. die großen privaten Theater der Stadt, deren kommerzielle Interessen die Auswahl, die Aufführung und den Charakter der aufzuführenden Dramen unübersehbar prägten.

Abkopplung von real- und dramengeschichtlicher Evolution

Das englische Drama und Theater bis zur Mitte der 50er Jahre ist so insgesamt gesehen durch eine doppelte Abdichtung gegenüber den Veränderungen der Zeit gekennzeichnet. Einmal bleibt es immun gegen die realhistorischen Umbrüche der Epoche. Der Wirklichkeitsbezug tritt zurück zugunsten artistischer Selbstinszenierung oder populistischer Unterhaltungskunst. Das Krisenbewußtsein der Zeit nach dem Kriege wird auf der Bühne eher kompensiert als thematisiert. Zum zweiten bleibt es immun gegen die dramenästhetische Entwicklung selbst. Denn seit den Tagen von Wilde, Shaw und O'Casey waren die entscheidenden dramenästhetischen Innovationen des Jahrhunderts praktisch am englischen Drama vorbeigelaufen. Das in England dominierende *well-made play* stellt nach Peter Szondis *Theorie des modernen Dramas* (1956) einen jener ›Rettungsversuche‹ des traditionellen Dramas dar, die durch die veränderte geistesgeschichtliche und ästhetische Situation der Moderne endgültig überholt sind.

Die Angry Young Men *und die Geburt des modernen englischen Dramas*

Es dürfte paradoxerweise nicht zuletzt diese Situation der Selbstimmunisierung und des eklatanten Realitätsverlusts gewesen sein, die den entscheidenden *turning point* des englischen Dramas im 20. Jahrhundert mitbewirkt hat. Denn dieser Wendepunkt wurde herbeigeführt durch das Auftreten der sog. *Angry Young Men*, die massiv auf die zuvor entstandenen Defizite reagierten und eine entschieden gegenwartsnahe und sozialkritische Form der Dramatik auf die Bühnen brachten. Die Sogwirkung und der kreative Freiraum des Neuen, das nun machtvoll sich durchsetzte, waren so groß, weil das Alte durch lange Selbstabschottung ein so großes Vakuum zurückgelassen hatte. Unter dem Eindruck des durchbruchshaften Erfolgs von John Osbornes *Look Back in Anger* (1956) wuchs die Zahl und Produktion junger Dramatiker explosionsartig an, so daß innerhalb kürzester Zeit die Wiedergeburt eines eigenständigen englischen Dramas stattfand und sein Aufstieg aus Provinzialität zu neuer weltliterarischer Statur möglich wurde. Dabei war die Unterstützung durch die English Stage Company und ihr Royal Court Theatre, das sich die Aufführung junger Bühnenautoren zum Ziel setzte, ein nicht zu unterschätzender Faktor.

Das Royal Court Theatre am Londoner Sloane Square: Geburtsstätte des Neuen Englischen Dramas

Nahezu zeitgleich mit Osborne traten so profilierte Autoren wie Arnold Wesker, John Arden und Harold Pinter hervor. Ihnen gemeinsam ist zunächst ihre überwiegende Herkunft aus der Arbeiterklasse, während frühere

Die Höhepunktszene auf dem Marktplatz in einer neueren Aufführung von John Ardens *Serjeant Musgrave's Dance* am Old Vic, Mai 1984, mit Albert Frimey als Musgrave. Regie: Albert Frimey.

Autoren fast ausnahmslos dem Bürgertum entstammten. Gemeinsam ist darüber hinaus die bewußte Konfrontation der zeitspezifischen Themen und Problempunkte, die bis dahin vom englischen Theater ferngehalten wurden; die Verwendung einer der Alltagssprache nachempfundenen Sprache des Dramas; die Durchbrechung der Klischeehaftigkeit des *well-made play*; und eine allgemeine Innovations- und Experimentierfreudigkeit, die trotz der ähnlichen Aufbruchsbedingungen durchaus unterschiedliche, individuell erkennbare dramatische Stile hervorbringt. So entwickelt neben Osbornes Protestrhetorik Arnold Wesker in *Roots* (1959) aus der naturalistischen Dramatisierung der privaten Lebenswelt der englischen Arbeiterklasse seinen sogenannten *kitchen-sink realism*, während andererseits John Arden in *Serjeant Musgrave's Dance* (1959) die Problematik von Gewalt und britischem Kolonialismus in einer eigenständigen Mischung aus politischem und poetischen Drama behandelt, das Songeinlagen und Verfremdungseffekte des Brechtschen Epischen Theaters mit Elementen der englisch-schottischen Volksballade verbindet.

Außeneinflüsse: Amerikanisches Drama, Episches Theater

Nun ist klar, daß die genannte, zu ihrer Zeit als revolutionär empfundene Erneuerung des englischen Dramas natürlich doch nicht in einem vollständigen dramengeschichtlichen Vakuum stattfand. Wenn auch das englische Drama selbst sich bis dahin den Einflüssen der dramatischen Avantgarde weitgehend verschlossen hatte, so hatte sich diese doch in den Theatern des Landes schon vorher massiv bemerkbar gemacht. Dies gilt zum einen für das zeitgenössische amerikanische Drama, das sich seit Kriegsende einen festen Platz auf britischen Bühnen erobert hatte und mit den autobiographischen Spätwerken Eugene O'Neills, dem sozialkritisch-epischen Theater eines Arthur Miller oder dem sinnlich-psychologischen Realismus und den Schockeffekten eines Tennessee Williams den Boden für die Neuen Englischen Dramatiker bereitete. Das moderne amerikanische Drama galt in gewisser Weise als Maßstab, an dem die Rückständigkeit des englischen Dramas vor 1956 umso deutlicher hervortrat. Die Themen des amerikanischen Dramas waren jedoch nicht ohne weiteres nach Europa übertragbar. Zwar kreisen viele Stücke, oft in psychoanalytischer Perspektive, um universale menschliche Konflikte wie Liebe und Haß, Sexualität und Gewalt, Wahrheit und Lüge, und nehmen darin, ebenso wie in der Konzentration auf die Beziehung von Familie und Gesellschaft, die Muster späterer britischer Stücke vorweg. Doch sind diese Themen eingefärbt durch spezifisch amerikanische Obsessionen wie den Puritanismus, den Erfolgszwang und insbesondere den *American Dream*, der einen durchgängig wirksamen Hintergrundsmythos der Stücke darstellt und als solcher nicht umstandslos in die britische Kulturwelt übernommen werden konnte.

Psychologischer Realismus des amerikanischen Dramas

Einen wichtigen, von außen kommenden Impuls für das britische Drama stellte auch das Epische Theater von Bertolt Brecht dar, das vor allem durch eine Gasttournee des Berliner Ensemble im Jahr 1956 in London Furore machte und dort die Rezeptionsbereitschaft für diesen Theaterstil deutlich steigerte (Weise, 1969). Man kann wohl zu Recht sagen, daß die weitere Entwicklung des englischen Dramas in die 60er und 70er Jahre hinein ohne den Einfluß Brechts nicht denkbar gewesen wäre, der eine aufgeklärt-emanzipatorische und doch theaterbewußte Form gesellschaftskritischen Dramas ermöglichte. Der für das Epische Theater charakteristische Verfremdungsef-

Emanzipatorisches Aufklärungstheater Bertolt Brechts

fekt hebt die Geschlossenheit des Stücks zugunsten einer transparenten Interaktion mit dem Publikum auf, die auf die Bewußtmachung der auf der Bühne thematisierten gesellschaftlichen Prozesse angelegt ist. Durch den Einfluß Brechts sind die Werke so verschiedener Autoren wie John Osborne, John Arden, Edward Bond und Peter Shaffer, und in der nächsten Generation Trevor Griffiths, Howard Brenton, Caryl Churchill oder David Hare direkt oder indirekt mitgeprägt. Auch hat er sich auf die Inszenierungs- und Aufführungspraxis britischer Bühnen ausgewirkt und den vorherigen, am psychologischen Illusionstheater orientierten Regie- und Schauspielstil nachhaltig verändert.

Samuel Beckett und das absurde Theater

Die auf den Theatern der Zeit manifestierte Präsenz eines die Vorherrschaft des *well-made play* von außen her durchbrechenden, auf der ästhetischen und geschichtlichen Problemhöhe der Zeit befindlichen Dramenstils gilt vor allem auch für das ›Absurde Theater‹, das sich in Frankreich herausbildete, aber in Samuel Beckett einen zentralen Vertreter hatte. Beckett gehörte einer anderen Generation an als die ›Neuen Dramatiker‹. Seinen literarischen Stil bildete er in der Auseinandersetzung mit dem Modernismus seines Mentors James Joyce heraus, entwickelte seine Form des absurden Dramas aus dem Geist des französischen Existentialismus der späten 40er Jahre, und verfaßte seine Stücke überdies zunächst in französischer Sprache. Gleichwohl ist Beckett als Ire dem weiteren Umkreis des britischen Dramas zuzurechnen, auch wenn hier nationale kulturelle Zuordnungen letztlich unbefriedigend bleiben.

Sein berühmtestes Stück, *En attendant Godot*, wurde 1948 verfaßt und nach einer Vielzahl von Ablehnungen 1953 in Paris uraufgeführt. 1955 kam es als *Waiting for Godot* in London auf die Bühne. Die Merkmale des absurden Theaters, die es nach Martin Esslin in paradigmatischer Weise demonstriert, ergeben sich vor allem daraus, daß es die existentialistische Erkenntnis der Sinnlosigkeit der Welt, der Fragwürdigkeit der Sprache und des Scheiterns logischer Verstandeserkenntnis ernstnimmt, d.h. sie nicht, wie etwa die Stücke Sartres oder Camus, bloß diskursiv darlegt, sondern konsequent in die dramatische Form umsetzt. Deutlich wird dies nicht nur an dem ausweglosen Dauerzustand des Wartens und den Nonsens-Dialogen der beiden Landstreicher Wladimir und Estragon, sondern etwa auch in der Szene, in der der Diener Lucky, der von seinem Herrn Pozzo an der Leine geführt wird und einen Koffer voll Sand trägt, auf Pozzos Geheiß hin laut ›denkt‹:

Umsetzung der existentialistischen Entfremdungsthematik in dramatische Form

> Given the existence as uttered forth in the public works of Puncher and Wattmann of a personal God quaquaquaqua with white beard quaquaquaqua outside time without extension Who from the heights of divine apathia divine athambia divine aphasia loves us dearly with some exceptions for reasons unknown but time will tell and suffers like the divine Miranda with those who for reasons unknown but time will tell are plunged in torment plunged in fire whose fire and flames if that continues and who can doubt it will fire the firmament that is to say blast hell to heaven [...] (*Waiting for Godot*, Akt 1).

Der metaphysikkritische Impuls des absurden Dramas setzt sich hier um in die Sprache, die sich in ihrer festen, durch Satzzeichen markierten Syntax auflöst und die geordnete Wortfolge in einen Rhythmus von Wiederholun-

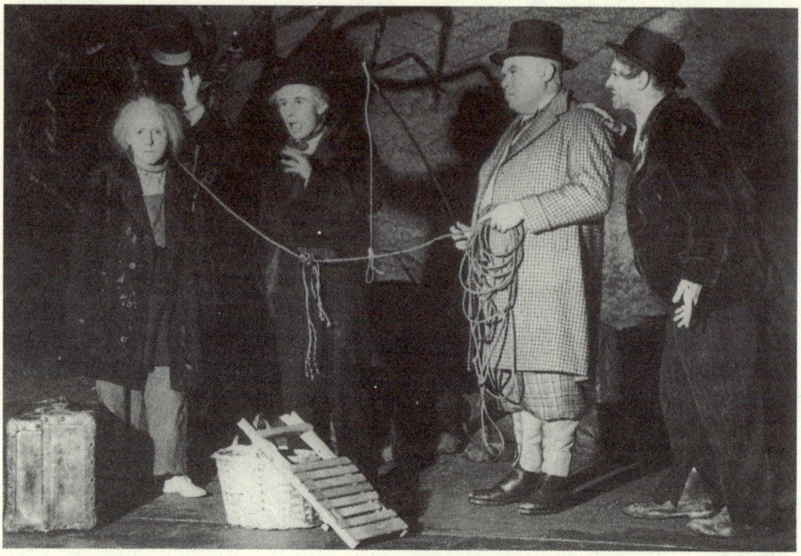

Die Londoner Erstaufführung von Samuel Becketts *Waiting for Godot* am Arts Theatre, August 1955. Von links nach rechts: Timothy Bateson (Lucky), Paul Daneman (Wladimir), Peter Bull (Pozzo), Peter Woodthorpe (Estragon). Regie Peter Hall.

gen, Assoziationen und bildhaften Verdichtungen aufbricht. Deutlich wird auch das parodistisch-farcenhafte Element der Sprach- und Situationsübersteigerung, die auf die Konfrontation hochgeschraubter Geistes- und Zivilisationsansprüche mit banaler Alltäglichkeit, Gewaltbereitschaft und menschlicher Regression hinausläuft. Lucky, der sich wie eine einmal eingeschaltete Denkmaschine in seinen immer stärker ausufernden Monolog förmlich hineinsteigert, wird schließlich von den anderen mit Gewalt am Weitersprechen gehindert und bricht den infiniten Regreß seiner Existenzreflexion bezeichnenderweise mit dem Wort »unfinished« ab.

Peggy Ashcroft in Samuel Beckett's *Happy Days* im Lyttleton Theatre, März, 1976

Becketts Stücke stellen Zustände extremer menschlicher Selbstentfremdung auf die Bühne, was für die auf *Waiting for Godot* folgenden Dramen noch verstärkt gilt. Hier gibt es, wie in *Endgame* (1957), kein Warten auf ein noch so unbestimmtes zukünftiges Sinnereignis mehr, sondern nur noch ein Warten auf das Ende, ein Registrieren des eigenen Verfalls, der bereits unaufhaltsam begonnen hat. Es herrscht ein apokalyptischer Endzeitzustand, in dem Menschen an Rollstühle gefesselt sind und in Mülltonnen vegetieren. Ähnlich absurd ist das Szenarium in *Happy Days* (1961), in dem die Protagonistin Winnie wie in autogener Trance litaneihafte Klischees vom glücklichen Leben vor sich hinplappert, während sie im Beisein ihres tierhaft regredierten Mannes Willie allmählich in dem Berg von Sand versinkt, in dem sie lebendig begraben ist. Die Stücke sind gekennzeichnet von einer alptraumhaften Bildlichkeit der Gefangenschaft, der Verstümmelung und Deformation, und von einer mit dieser verfließenden Deformation der Sprache, in deren monologischer Atonalität nach Theodor W. Adorno der Menschheit ›die Stunde hallt, die ihr geschlagen hat‹.

Das Neue Englische Drama und die Problemstruktur einer ›abstrakten Gesellschaft‹

Becketts Dramatik kann auf einer Ebene, wie das Absurde Theater insgesamt, als Reaktion auf den Schock der Zerstörungen und menschlichen Desillusionierungen des 20. Jahrhunderts gesehen werden, die ihr philosophisches Pendant im Existentialismus und ihren dramengeschichtlichen Hintergrund im Symbolismus und Surrealismus hat. Doch ist ihr Problemansatz nicht historischen oder gesellschaftlichen, sondern fundamentalistisch-allgemeinmenschlichen Zuschnitts. Dies ist nun beim Neuen Englischen Drama, auch wo es Affinitäten zum Absurden Theater aufweist, deutlich anders. Hier wirken die charakteristischen Themen der 50er Jahre unübersehbar in die Stücke hinein – der Zusammenbruch des Empire und die Nachwirkungen der Kolonialzeit; die endgültige Ablösung durch die USA als Weltmacht und die sich anbahnende Konfrontation der Supermächte; die neuartige, globale Bedrohung durch Atomwaffen; der *Welfare State* und seine bürokratisch-nivellierenden Tendenzen; die sozialen Ungerechtigkeiten und das Verhältnis der politischen Klassen; die ungebrochene Machtstellung des Establishments und der *Ruling Class,* usf. Als charakteristisch erscheint dabei das doppelte Dilemma der Autoren zwischen einer höchst problematisch gewordenen kulturellen ›Tradition‹ einerseits und einem nicht minder problematisch erfahrenen, in völlig neue Dimensionen eintretenden Prozeß der gesellschaftlichen ›Modernisierung‹ andererseits. Das Tempo der gesellschaftlichen Rationalisierung nahm in allen Bereichen rapide zu – so fanden in den Jahren 1945–1961 im Wirtschaftsleben mehr wissenschaftlich-technische Veränderungen statt als im Jahrhundert zuvor (Ryder/Sylver, 1977, S. 222). Dieser beschleunigte, in seinen Konsequenzen unabsehbare Wandel wurde als zutiefst beunruhigend empfunden und stellte, zumal gleichzeitig der Halt einer verbindlichen Tradition verlorenging, eine Krisenerfahrung neuer Art dar, auf die die Neuen Dramatiker Antworten zu geben versuchten.

Themen der 50er Jahre

Es geht also auch in ihren Stücken nicht um eine vordergründige tagespolitische Aktualität, sondern um die Auseinandersetzung mit einem allgemeineren, gewissermaßen kulturanthropologischen Entfremdungskomplex, der mit dem Begriff einer *›abstrakten Gesellschaft‹* beschreibbar ist (Zapf, 1988). Dies bedeutet, daß nicht länger die Primärwelt unmittelbar-persönlicher Erfahrung und Intersubjektivität, sondern eine vielfach vermittelte, hochgradig indirekte Sekundärwelt gesellschaftlicher Abstraktionen bestimmt, was die moderne ›Wirklichkeit‹ ausmacht. Da aber die anthropologische Ausstattung des Menschen auf eine sinnlich wahrnehmbare, psychologisch verstehbare und handlungsmäßig gestaltbare Realität ausgerichtet ist (Claessens, 1980), entstehen aus der zunehmenden Abstraktheit menschlicher Umweltbezüge neuartige Probleme und kulturelle Pathologien. Dies hat für das Medium des *Dramas* nicht nur inhaltliche, sondern auch strukturelle Konsequenzen. Denn das Drama ist in die paradoxe Lage versetzt, sich auf eine gesellschaftliche Realität beziehen zu müssen, die ihrer Natur nach unpersönlich und damit *undramatisch* ist. Die Dramatik, die sich hieraus entfaltet, ist also höchst gebrochen. Die strukturellen Grundkategorien der Gattung – die auf einem konkret-anthropozentrischen Realitätsbegriff aufbauenden Kategorien von Charakter, Dialog, Handlung, und Konflikt – greifen gegenüber einer abstrakten Gesellschaft zu kurz und können nur noch eine gewissermaßen simulierte Geltung beanspruchen.

Paradoxe Dramatik des Nicht-mehr-Dramatischen

Dies zeigt bereits Osbornes *Look Back in Anger,* an dem eine eigentümliche Diffusität von Jimmy Porters ›Zorn‹ auffällt, eine phantomhafte Ab-

Die Uraufführung von John Osbornes *Look Back in Anger* am Royal Court Theatre im Mai 1956, die den Durchbruch des Neuen Englischen Dramas brachte. Von links nach rechts: Mary Ure, Alan Bates, Helena Hughes, Kenneth Haigh. Regie: Tony Richardson.

straktheit des gesellschaftlichen Gegners, mit dem er sich auseinandersetzt. Die Krise des Protagonisten macht sich als Verlust verbindlicher Werte und konkreter Handlungsziele bemerkbar, der die Dialoge und das Geschehen in sich selbst kreisen läßt und die dargestellte Lebenswelt zugunsten ungreifbarer und unkontrollierbarer Außenwelteinflüsse entwirklicht. In einer berühmten Passage formuliert Jimmy Porter das Grundproblem seiner Generation so:

> I suppose people of our generation aren't able to die for good causes any longer. We had all that done for us, in the thirties and forties, when we were still kids. (*In his familiar, semi-serious mood.*) There aren't any good, brave causes left. If the big bang does come, and we all get killed off, it won't be in aid of the old-fashioned, grand design. It'll just be for the Brave-New-nothing-very-much-thank-you. About as pointless and inglorious as stepping in front of a bus. (*Look Back in Anger*, Akt 3, Sz. 4)

Osborne konfrontiert hier explizit die Negativfolgen des gesellschaftlichen Modernisierungsprozesses, der nicht nur äußerlich die Gefahr eines militärischen Atomschlags (»big bang«) mit sich gebracht hat, sondern hinter dem schönen Schein eines zunehmend durchrationalisierten Konsum- und Wohlfahrtsstaates à la Huxleys *Brave New World* einen Emotions- und Persönlichkeitsverlust der Menschen verbirgt, der als nicht minder alarmierend empfunden wird.

Harold Pinter: Dramatischer Hyperrealismus

Die wohl eindrucksvollste Gestalt in der ersten Welle des Neuen Englischen Dramas ist Harold Pinter. Pinter wurde mangels anderer Klassifizierungsraster zunächst den Absurden Dramatikern zugerechnet, zu denen in der Tat einige Affinitäten bestehen. Doch ist auch bei ihm die ›Absurdität‹ weniger durch existentielle als durch soziokulturelle Faktoren bedingt. Sie entsteht nicht zuletzt durch jene Mischung aus Zwangsläufigkeit und Willkür, aus marionettenhafter Fremdbestimmung und gedankenloser Impulsivität, die das vielfältig gebrochene und invertierte Konfliktmodell konkreter Mensch vs. abstrakte Gesellschaft in den Geschehensablauf der Stücke einzeichnet. Hieraus entwickelt Pinter seinen charakteristischen, an Kafka erinnernden und zwischen Naturalismus und Phantastik angesiedelten dramatischen Stil, der in der Kritik als ›Hyperrealismus‹ bezeichnet wurde.

Harold Pinter

Wohl auch aus seinem autobiographischen Hintergrund als jüdischer, in London aufgewachsener Autor heraus konzentriert Pinter sich dabei immer wieder auf das Verhältnis von Außenseiterfiguren zur gesellschaftlichen ›Normalwelt‹. Exemplarisch zeigt dies bereits *The Birthday Party* (1958), Pinters erstes abendfüllendes Stück. Hier lebt der entwurzelte frühere Pianist Stanley Webber – eine verfremdete Künstlerfigur – in einer eigenartigen Zwischenstellung zwischen Hausgast und Familienmitglied bei einem alternden Ehepaar in einer Pension an der englischen Küste. In die scheinbar harmlose Banalität des Alltagslebens bricht die äußere Welt in Form zweier Fremder, Goldberg und McCann, ein, die zu Stanleys angeblicher Geburtstagsfeier eintreffen. Die beiden entpuppen sich als Abgesandte einer anonym bleibenden ›Organisation‹, die das Geschehen zunehmend in die Hand nehmen und die für Stan inszenierte Geburtstagsparty zum Anlaß nehmen, Stanleys offenbar von den Konformitätserwartungen der Organisation abweichende Identität zu zerstören. In ihrer undefinierbaren, halboffiziellen Rolle erscheinen die beiden als personifizierte Agenten einer ›abstrakten Gesellschaft‹, die die konkrete Lebenswelt in ihrem Sinne umfunktioniert und absorbiert.

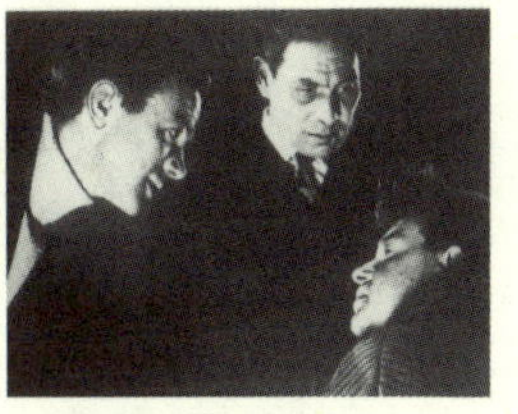

Aufführung von *The Birthday Party* London 1958: McCann (John Stratton), Goldberg (John Slater), Stanley (Richard Pearson)

Der Terror der Dehumanisierung, der den Prozeß des Stücks bestimmt, verbindet sich dabei mit einer eigentümlich beklemmenden Komik, die durch die karikaturhafte Figurenzeichnung, die parodistische Klischeehaftigkeit der Sprache und den wiederholten Verlust der Situationskontrolle entsteht und in der Kritik mit dem Begriff *comedy of menace* charakterisiert wurde. Nach Kreuzverhör und nächtlicher Gehirnwäsche durch die beiden Fremden ist Stanley am Ende völlig verwandelt – apathisch, glattrasiert, im dunklen Anzug, die von McCann zerbrochene Brille in der Hand – und wird widerstandslos von ihnen mitgenommen. Die beiden Agenten feiern Stanley als ›neuen Menschen‹ – der allerdings im Prozeß seiner gesellschaftlichen Zwangsintegration seine Sprachfähigkeit, d.h. sein Menschsein, gerade verloren hat.

comedy of menace

MCCANN. What's your opinion, sir? Of this prospect, sir?
GOLDBERG. Prospect. Sure. Sure it's a prospect.
STANLEY'*s hands clutching his glasses begin to tremble.*
What's your opinion of such a prospect? Eh, Stanley?
STANLEY *concentrates, his mouth opens, he attempts to speak, fails and emits sounds from his throat.*
STANLEY. Uh-gug ... uh-gug ... eeehhh-gag ... (*On the breath.*)
Caahh ... cahh ... (*The Birthday Party*, Akt 3)

Ein ähnliches Muster ist, wenn auch in weniger spektakulärer, stärker alltagsrealistischer Form, in Stücken wie *The Caretaker* (1960) oder *The Homecoming* (1965) erkennbar. Auch hier geht es um die Entwurzelung und Entfremdung der Menschen innerhalb ihres privaten Lebensraums, um die untergründige Verwandlung dessen, was für sie ihr ›Zuhause‹ ist, in etwas Fremdes, Anonymes, das sich ins Gegenteil seines ursprünglichen Sinnes verkehrt hat. Harold Pinter ist bis in die 80er Jahre hinein eine bestimmende

Szene aus *The Caretaker*, London 1980: Davies (Warren Mitchell), Aston (Jonathan Pryce)

Figur des englischen Dramas geblieben. Nachdem er sich zunächst mit Stükken wie *Landscape/Silence* (1969) oder *No Man's Land* (1975) stärker als zuvor dem absurden Drama anzunähern schien und in *Betrayal* (1978) unter dem Einfluß filmischer Rückblendetechniken das Experiment einer rückwärts laufenden dramatischen Zeit unternahm, ist er neuerdings mit *One for the Road* (1984) und *Mountain Language* (1988) unter den Vorzeichen eines deutlichen politischen Engagements hervorgetreten. Ferner ist er auch als Drehbuchautor, als Verfasser von Hör- und Fernsehspielen und als Theaterregisseur bekanntgeworden. Er entzieht sich hartnäckig allen Klischees, die ihm die Kritik überzustülpen versucht, und beweist gerade darin, daß er zu den profiliertesten Autoren des englischen Gegenwartsdramas gehört.

Tom Stoppard und Edward Bond. Spielästhetisches vs. politisches Drama

Zwei bestimmende, seit dem ersten Jahrzehnt des Neuen Englischen Dramas bis in die Gegenwart herein produktive Dramatikerfiguren sind auch Tom Stoppard und Edward Bond. Beide können exemplarisch für die beiden Grundpole stehen, zwischen denen sich das zeitgenössische englische Drama bewegt. Tom Stoppard vertritt eine zunächst stark an Techniken des absurden Theaters orientierte, hochintellektuelle und doch gleichzeitig von Konventionen des Boulevard mitgeprägte Art des Reflexionsdramas, dessen Ausrichtung als »spielästhetisch« (Berger, 1988) bezeichnet werden kann. Edward Bond betreibt eine am Epischen Theater Brechts orientierte, mit den Schockeffekten des *theatre of cruelty* arbeitende Art des symbolischen Handlungsdramas, das erklärtermaßen eine politische Aufklärungs- und Veränderungsabsicht verfolgt. Der eine nimmt die Welt der Texte und den gesamten semiotischen Überbau der Kultur als Spielmaterial, mit dem er die Relativität von Wahrheitsansprüchen erkundet. Der andere visiert eine objektive Realität der Gesellschaft an, die sich hinter deren ideologischem Überbau verbirgt. Der eine steigert als Antwort auf die Komplexität der Moderne die Artistik dramatischer Sprach- und Kompositionskunst ins Virtuose, der andere reduziert diese Komplexität auf archetypische Bilder und Grundsituationen. Der eine betreibt Komödie als intelligente Form desillusionierter Publikumsunterhaltung, als Tanz am Rande des Abgrunds. Der andere konfrontiert das Publikum in provokativen Gewaltszenarien mit diesem Abgrund selbst, wobei die kompromißlose Aufdeckung ›tragischer‹ Zwangsstrukturen gleichzeitig *ex negativo* eine utopisch-gesellschaftsverändernde Hoffnung transportiert.

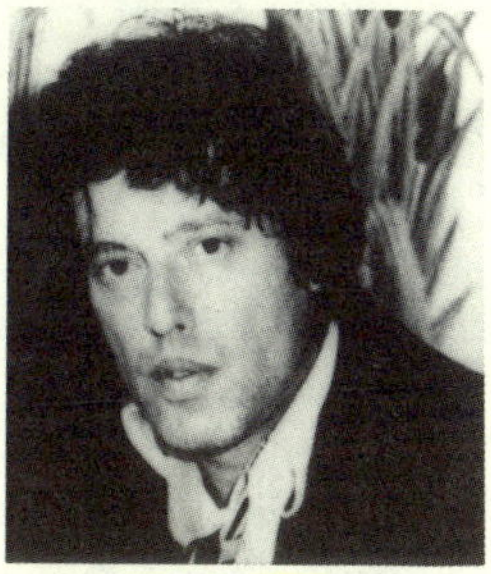

Tom Stoppard

Es ist also klar, daß Stoppard und Bond mit ihrer unterschiedlichen Philosophie und Dramenkonzeption zwei gegensätzlichen Lagern des modernen englischen Dramas angehören, die sich denn auch im Verlauf der politischen Zuspitzung der siebziger Jahre in teilweise polemischer Opposition gegenüberstanden. Dennoch muß, wie schon im Falle des in gewisser Weise zwischen den Positionen stehenden Harold Pinter, jede klischeehafte Einordnung dieser Dramatiker bei näherem Zusehen aufgegeben werden. Zunächst gilt für beide, daß sie keinen der modernistischen Dramenstile in ›Reinform‹ praktizieren, sondern sie in jeweils charakteristischer Weise mischen und zu innovativen, unverwechselbaren Individualstilen verschmelzen. So verbinden sich bei Stoppard Elemente des spielästhetischen Theaters mit deutlich kulturkritischen Aspekten. Stoppard konfrontiert in seinen Dramen das Problem der Verselbständigung von ›Textualität‹ als einer das Integrationsvermögen der Menschen überfordernden und ihre Wirklichkeitsansprüche dementierenden Metawelt kultureller Zeichen. Die einzelnen sind der Interpretationsmacht der Zeichen ausgesetzt, ohne ihren existentiellen Interessen kommensurable Bedeutungsmöglichkeiten in ihnen entziffern zu können.

Mischung der Dramenstile

Dies ist das Grundproblem von *Rosencrantz and Guildenstern Are Dead* (1966), in dem Shakespeares *Hamlet* den kulturellen ›Großtext‹ für die beiden zu Protagonisten gewordenen Randfiguren darstellt, der den Definitionsrahmen für ihre Lebensrollen, ihre Verhaltensmuster und Selbstinterpretationen vorgibt, aber für sie in seinen Bedeutungen unverständlich und in seinen Mechanismen undurchschaubar bleibt. Rosencrantz und Guildenstern sind ›tot‹, weil ihre Versuche, eine eigenständige persönliche Wirklichkeit zu gewinnen, von vornherein zum Scheitern verurteilt sind. Der signifikante Unterschied zu Becketts *Waiting for Godot*, durch das Stoppard hier zweifellos viele Anregungen bezogen hat, wird darin augenfällig, daß die quasi-metaphysische Größe Godot, von der her sich bei Beckett die Lage der Hauptfiguren bestimmt, zu einem *Text* wird, zu einem Produkt der menschlichen Kultur. Shakespeares *Hamlet*, der normativen Aura des Klassischen entkleidet, wird zum repräsentativen Beispiel vom Menschen geschaffener Sinn- und Zeichenstrukturen umgedeutet, die in ihrer ›abstrakten‹ Verselbständigung sinnzerstörende Wirkungen erzeugen.

Aufführung von *Rosencrantz and Guildenstern Are Dead* am Young Vic, London, 1974. Von links nach rechts: Christopher Timothy (Guildenstern), Philip Locke (Player), Richard O'Callaghan (Rosencrantz)

Ist die Antwort Stoppards auf den kulturgeschichtlich drohenden Verlust des dramatischen Materials die Potenzierung des theatralischen Spiels und die farcenhafte Dekonstruktion der konventionellen Dramenform, so besteht sie bei Edward Bond in der Umsetzung abstrakter Entfremdungsstrukturen in konkrete symbolische Bilder und, vor allem, in konkrete (Gewalt-)Aktionen. Die Deformation des Menschen, die er vorführt, bezieht sich wiederum nicht auf Einzelprobleme und -situationen, sondern auf die Gefahr des kulturgeschichtlichen Verlusts der *Grundlagen des Menschseins* selbst, durch die auch für Bond die Möglichkeit des Dramas infragegestellt ist, insbesondere der Tragödie, die er als Form radikaler kultureller Selbstaufklärung im Auge hat. Dies wird in der Zukunftsvision manifest, die der *wise fool* Evans in dem zu Anfang des 20. Jahrhunderts spielenden *The Sea* (1973) den Vertretern der jüngeren Generation am Ende warnend vor Augen führt:

> Suffering is a universal language and everything that has a voice is human. We sit here and the world changes. When your life's over everything will be changed or have started to change. Our brains won't be big enough. They'll plug into bigger brains. They'll get rid of this body. It's too liable to get ill and break. They'll transplant the essential things into a better container. An unbreakable glass bottle on steel stilts. Men will look at each other's viscera as they pass in the street. There'll be no more grass. Why? What's it for? There'll be no more tragedy. There's no tragedy without grass for you to play it on. Well, without tragedy no one can laugh, there's only discipline and madness. (*The Sea*, Szene 8)

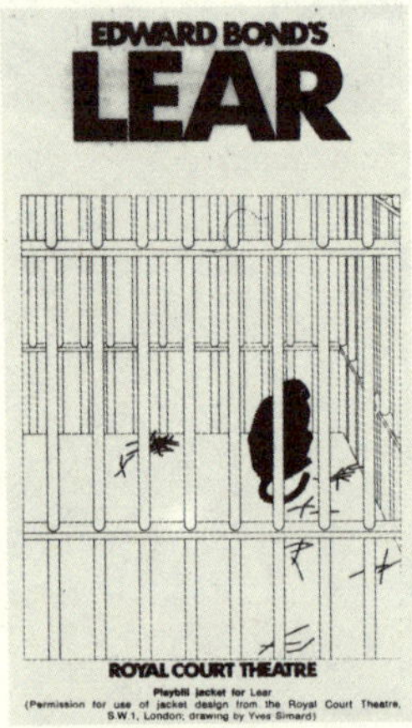

Illustration zu Edward Bonds *Lear* auf dem Theaterzettel des Royal Court Theatre, 1971

Bond hat dennoch immer wieder versucht, tragische Handlungs- und Konfliktmuster für seine Dramen zu finden. Und wie Stoppard ist auch er dabei auf Shakespeare gestoßen und hat aus dieser Auseinandersetzung heraus sein wohl bedeutendstes Stück *Lear* (1971) geschrieben. Diese – oft kritische – Auseinandersetzung mit Shakespeare ist ein auffälliger Zug im modernen englischen Drama generell, den neben Stoppard und Bond etwa die Adaptationen von Bernard Kops oder Charles Marowitz, aber auch die aktualisierten Inszenierungen der Royal Shakespeare Company illustrieren.

Theater der Grausamkeit

Das ›Theater der Grausamkeit‹ in England, das durch eine 1963/64 von Peter Brook und Charles Marowitz veranstaltete *Theatre of Cruelty Season* einen starken Impuls erhielt und Antonin Artauds Konzept eines magisch-vorbewußten Theaters populär machte, findet in Bonds *Lear* sicher einen Höhepunkt. Auch hier jedoch ist die Rezeption Artauds durchaus eigenwillig, da Bond nicht an psychologisch-irrationalen Aspekten, sondern an einer

Edward Bonds *The Sea* in der deutschen Erstaufführung 1973 in Hamburg mit Marianne Hoppe (Mrs. Rafi), Doris Schade (Mrs. Tilehouse) und Herbert Mensching (Hatch)

rationalen Analyse gesellschaftlicher Macht- und Gewaltstrukturen und deren bühnenwirksamer Umsetzung interessiert ist. In einem weiteren Stück, *Bingo* (1974), wendet Bond sich übrigens direkt Shakespeare selbst zu und dramatisiert dessen letzte Lebenstage kritisch im Licht der Widersprüche zwischen dem Wahrheitsauftrag der Kunst und den kommerziellen Interessen, nach denen Shakespeare sein Leben einrichtete.

In der Auseinandersetzung nicht nur mit den Texten, sondern auch mit dem Leben anderer Schriftsteller und Künstler, wie sie bei Tom Stoppard und Edward Bond ausgetragen wird, wird eine weitere allgemeinere Tendenz sichtbar, die sich neuerdings noch verstärkt hat, nämlich die zum *Künstlerdrama*. Dies ist in einem Kontext, in dem dramatische Kunst zunehmend sich selbst und in ihrer Wechselbeziehung mit der Lebenswelt thematisch wird, nicht verwunderlich. Beispiele anderer Autoren hierfür sind John Osbornes *The Entertainer* (1957), Trevor Griffiths' *Comedians* (1975), Christopher Hamptons *Tales from Hollywood* (1982), oder Howard Brentons *Bloody Poetry* (1984). Insbesondere Peter Shaffers *Amadeus* (1979), das am Beispiel Mozarts das Verhältnis von künstlerischer Kreativität und Gesellschaft dramatisiert, hat dabei Furore gemacht.

Beispiel eines Künstlerdramas: Mozarts Transformation von Salieris Marsch in die berühmte ›Non piú andrai‹-Arie der *Nozze di Figaro* in Peter Shaffers *Amadeus*

Geschichtsdrama

Was sich in dieser Phase ebenfalls schon abzeichnet, ist eine Renaissance des *Geschichtsdramas*, die in Bonds *Early Morning* (1968) und in Stoppards *Travesties* (1974), aber auch bereits in Robert Bolts *A Man for All Seasons* (1960), in Osbornes *Luther* (1961) oder in John Ardens *Left-Handed Liberty* (1965) zum Ausdruck kommt. Die Vergangenheit rückt als Vorgeschichte der Gegenwart ins Licht, liefert aber auch konkrete Stoffe zur dramatischen Veranschaulichung der heute ungreifbarer gewordenen Probleme. In der Folgezeit findet das Geschichtsdrama markanten Ausdruck etwa in John McGraths *Little Red Hen* (1975), Caryl Churchills *Light Shining in Buckinghamshire* (1976), Pam Gems' *Queen Christina* (1977), Howard Brentons *The Romans in Britain* (1980), David Edgars *Maydays* (1983) oder Brian Friels *Making History* (1989).

Die Second Wave *des englischen Dramas seit 1968*

Am Ende der sechziger Jahre erhält das britische Theater neue Anstöße durch die gesellschaftspolitischen Umwälzungen der Zeit. Sie schlagen sich deswegen so nachhaltig im Theater nieder, weil dieses inzwischen zu einem bevorzugten Forum der geistigen und kulturellen Auseinandersetzung geworden ist, dem sich junge Autoren mit der Aussicht, gehört zu werden, zuwenden können. Es ist unmöglich, der in dieser Phase besonders heftig expandierenden Produktion englischer Gegenwartsdramatik und ihren höchst vielfältigen Ausprägungen hier auch nur annähernd gerechtzuwerden. Fünf Faktoren seien aber genannt, die für diese Phase von besonderer Bedeutung sind.

Abschaffung der Theaterzensur

(1) Die Abschaffung des bis 1968 geltenden Zensurgesetzes, das die Unterbindung der Darstellung gewalttätiger, blasphemischer oder sexuell anstößiger Szenen durch den Lord Chamberlain vorsah, ließ bis dahin wirksame Tabus wegfallen und erweiterte so den Freiraum, den die Bühne für die das bürgerliche Publikum provozierenden Absichten der jungen Dramatiker bot. Nicht zuletzt die Auseinandersetzungen um Edward Bonds *Saved* (1965) trugen, wie auch die bewußt gegen die Tabus einer gesellschaftlichen Scheinmoral gerichteten anarchischen Aktivitäten eines Joe Orton, zur schließlichen Abschaffung der Zensur bei. In der Folgezeit nahm die Darstellung erotischer und gewalttätiger Szenen stark zu, wobei die Enttabuisierung der Bühnenhandlung oft gleichzeitig mit politischen Emanzipationsabsichten verbunden war.

Studentenrevolte von 1968

(2) Diese Politisierung des Dramas in den 70er Jahren wurde vor allem von der Studentenrevolte von 1968 ausgelöst, von der viele der jüngeren Dramatiker wie Howard Brenton, Trevor Griffiths, David Hare, Caryl Churchill oder Stephen Poliakoff beeinflußt waren. Von ihr ging eine alle Gesellschaftsbereiche erfassende Emanzipationstendenz auf die Inhalte der Stücke aus, die die Haltung zu Fragen des individuellen Selbstverständnisses, der zwischenmenschlichen Kommunikation, der Geschlechterbeziehungen und des Verhältnisses von privater und öffentlicher Sphäre veränderte. Im Zuge der Enttabuisierung wie der Politisierung der Drameninhalte werden der gedankliche Zugang und die Konfliktmuster der Stücke insgesamt also wieder deutlich konkreter und ›realitätsnäher‹ – wobei allerdings nach wie vor die Frage virulent bleibt, wie diese Realität in verbindlicher Weise bestimmbar und objektivierbar ist. Die Utopie der Gesellschaftsveränderung, die stärker als zuvor als normative Motivkraft in den Dramen spürbar wird, bricht sich an der Erfahrung einer gesellschaftlichen Komplexität, die sich

dem Versuch ideologischer Reduktion und handlungsmäßiger Zugänglichkeit immer wieder auf irritierende Weise entzieht.

Aufstieg der women playwrights

(3) Im Gefolge der Politisierung des Dramas bildet sich nicht nur eine feministische Thematik heraus, die auch in den Stücken der männlichen Autoren wirksam wird, sondern auch eine Generation von Frauen, die aktiv in die Entwicklung des englischen Dramas eingreift. War der Anfang des Neuen Dramas durch eine fast ausschließliche männliche Dominanz geprägt, so treten nun, oft von den alternativen *Fringe*-Theatern her kommend, eine beachtliche Reihe von *women playwrights* hervor, aus denen Pam Gems, Sarah Daniels, Louise Page und Caryl Churchill herausragen. Churchill ist dabei besonders produktiv und erfolgreich. U.a. von zwei so unterschiedlichen Autoren wie Edward Bond und Joe Orton beeinflußt, praktiziert sie die genannte Mischung der Dramenstile in virtuoser Form. Dies zeigt etwa *Cloud Nine* (1979), wo sie historisches Drama, Brechtsche Verfremdungseffekte, postmoderne Vertauschung von Geschlechterrollen und Farcenelemente zur Entlarvung des Zusammenhangs von britischer Kolonialmentalität und sexueller Unterdrückung einsetzt. Churchills Thematisierung weiblicher Emanzipation ist dabei keineswegs ungebrochen oder plakativ. So wird in dem Welterfolg *Top Girls* (1982) zu Anfang zwar in einem imaginären Treffen ›großer Frauengestalten‹ der Kulturgeschichte die Unterdrückung der Frau in der Vergangenheit dargestellt. Im weiteren Verlauf werden aber kontrapunktisch auch die Gefahren eines modernen, ›abstrakten‹ System- und Karrieredenkens aufgezeigt, dem die konkret-menschlichen Beziehungen der Figuren – hier veranschaulicht an der Beziehung der Top-Managerin Marlene zu ihrer Tochter – zum Opfer fallen.

Caryl Churchill

Fringe-*Theater*

(4) Die Möglichkeit für die Dramatikerinnen, in den Theaterbetrieb einzusteigen, ergibt sich nicht zuletzt durch die zahlreichen *Fringe*-Theater, die sich seit 1968 bilden und als Alternative zu den großen etablierten Theatern verstehen. Ihre Spielplätze sind kleine Vorstadtbühnen, aber auch Keller,

Szene aus dem 1. Akt von *Top Girls*, das fiktive Treffen wichtiger Frauengestalten der Kulturgeschichte im Restaurant ›Prima Donna‹. Deutsche Erstaufführung Köln 1984. Von links nach rechts: Evelyn Matzura (Die tolle Grete), Anna Henkel (Dame Nijo), Renate Fuhrmann (Kellnerin) und Eva Renzi (Marlene).

Vom Text zur Aufführung

Lager und Fabrikhallen. Ihre Themen beziehen sich auf die Lage der Arbeiter, der Minderheiten, der Frauen, der Homosexuellen, der Umwelt u.a. Ihre Stücke und Inszenierungen sind, trotz ihrer oft ideologischen Programmatik, aktuell und experimentell. Sie entstehen vielfach in kollektiver Produktion, der Akzent verschiebt sich *vom Text zur Aufführung*, wodurch übrigens auch die großen Theater der Zeit beeinflußt werden. Autoren, die durch die Erfahrungen des *Fringe* geprägt sind, sind etwa John McGrath, der seine von der populären Music-Hall-Tradition beeinflußten Stücke bevorzugt in der ›Provinz‹, u.a. in Fabriken, produzierte; Howard Brenton und David Hare, die ihre frühen Dramen in Kooperation mit dem Portable Theatre herausbrachten; oder Caryl Churchill, die ihr *Cloud Nine* oder *A Mouthful of Birds* (1986) in der Zusammenarbeit mit der Joint Stock Theatre Company verfaßte. Die *Fringe*-Szene hat immer wieder neue Talente hervorgebracht und ist, in ihrer Publikumsnähe und ihrer nicht durch kommerzielle Interessen gebremsten Experimentierfreudigkeit, eine ständige Quelle der Regeneration für das englische Drama geblieben. Allerdings muß man sagen, daß durch die allgemeinen Sparmaßnahmen der Thatcher-Regierung im Bereich der Kultur in letzter Zeit vor allem viele der *Fringe*-Theater von Schließung bedroht sind oder bereits geschlossen wurden, so daß hier ein wichtiger Stützpfeiler des englischen Gegenwartsdramas mittlerweile ernsthaft in seinem Fortbestand gefährdet ist.

Drama und Medien

(5) Ein weiterer Faktor schließlich, der in dieser Phase das englische Drama beeinflußt, ist die enge Wechselbeziehung mit der Welt der elektronischen Medien. Diese stellen zum einen einen immer stärker thematisierten Teil der gegenwärtigen Realität dar, der in den Dramen kritisch reflektiert wird. So ist in Edward Bonds *Saved* die Fernsehabhängigkeit der Figuren nicht zuletzt ein Grund für die existentielle Leere und Frustration ihres Lebens, die sie wiederum zu sinnlosen Ausbrüchen von Gewalt verleitet. In Griffiths' *The Party* (1973) ersetzt das Fernsehen weitgehend die reale politische Aktion. In Stephen Poliakoffs *City Sugar* (1975) steht der Disk-Jockey eines kommerziellen Rundfunkstudios im Mittelpunkt, in *Coming in to Land* (1986) ist die Bühne ein Videogeschäft, das auf vielen Bildschirmen das Gesicht der Protagonistin reproduziert. Doch ist dieser Einfluß nicht auf den Inhalt beschränkt. Die Stücke werden auch in ihrer Kompositionsweise von ihm verändert. Schon bei Pinter haben wir Anleihen bei filmischen Techniken gesehen. Ähnliches gilt z.B. für Pam Gems, die in *Dead Fish* (1978) bewußt in *takes* schreibt, d.h. in der Filmkamera nachempfundenen Szenenschnitten. Radiokommunikation und Rockmusik werden in Poliakoffs *City Sugar* zum Bestandteil der dramatischen Kommunikation. Rückblenden, Montagen und Perspektivenwechsel wie bei Caryl Churchill, David Hare oder David Mercer gehören inzwischen ebenso zum Repertoire wie der etwa in Christopher Hamptons *Tales from Hollywood* genutzte, durch moderne Bühnentechnik ermöglichte Einsatz optischer und akustischer Mittel. In Verbindung mit Elementen eines mythographisch-rituellen Theaters ist diese Tendenz in Peter Shaffers *Royal Hunt of the Sun* (1964) oder in *Equus* (1973) in die Richtung eines dramatischen Gesamtkunstwerks und ›multimedialen Totaltheaters‹ entwickelt, das die in diesen Jahrzehnten sich herausbildende dominante Bühnenform exemplarisch verkörpert. Das Drama bewegt sich also weiterhin in einer prekären Balance. Es wird in seine Form hinein durch eine Entwicklung zur durchgreifenden Technologisierung der Kultur affiziert, der es gleichzeitig immer neue Möglichkeiten menschlicher und kommunikativer Erfahrungskonkretisierung abzugewinnen versucht.

Multimediales Totaltheater

Das englische Drama in den 80er Jahren

Kontinuität und Innovation

Bei all den Veränderungen in den ›politischen‹ 70er Jahren ist festzuhalten, daß gleichzeitig eine starke Kontinuität bestehen bleibt. Neben Autoren wie Wesker, Arden oder Bond behalten auch Pinter, Stoppard oder Shaffer weiterhin eine dominierende Präsenz. Dies gilt auch für die 80er Jahre, in denen sich allerdings das Drama allgemein wie auch die individuellen Autoren erneut in verschiedener Hinsicht weiterentwickelt haben, so daß man hier von einem neuen Abschnitt in der Geschichte des britischen Gegenwartsdramas sprechen kann. Ich beschränke mich auf einige skizzenhafte Bemerkungen, die zugleich der Unabgeschlossenheit der Entwicklung Rechnung tragen sollen.

Dabei muß man sich zunächst von der Versuchung einer einfachen Gleichsetzung von real- und dramengeschichtlicher Entwicklung befreien, wie sie mitunter zwischen der Regierungsübernahme von Margaret Thatcher und einer angeblich damit korrespondierenden konservativen ›Tendenzwende‹ im englischen Drama unternommen wurde (*Englisch-Amerikanische Studien*, 1986). Das Jahr 1979 markierte zwar in der Tat für viele engagierte Dramatiker einen desillusionierenden Einschnitt, und der sich durchsetzende Neokonservatismus war ein negatives Zerrbild der Hoffnungen auf Gesellschaftsveränderung, die sie sich gemacht hatten. Auch wirkten charakteristische Themen der Thatcher-Ära – Erfolgsdenken, Machthandeln, kommerzielle Werte – in viele der Stücke hinein und veränderten deren Grundhaltung von emanzipatorischer Zuversicht zu (selbst-)kritischer Satire und skeptischer Reflexion.

Themen der Thatcher-Ära

Doch ist in dieser Differenzierung des politischen Theaters kein Substanzverlust zu erkennen. Vielmehr entwickelt es sich gegenläufig zur Politik, deren ideologischen Reduktionen gegenwärtiger Realität es ein gesteigertes Komplexitätsbewußtsein entgegensetzt. Die Skepsis hinsichtlich politischer Lösungsmöglichkeiten führt dabei gleichzeitig zu einer Rückbesinnung auf die spezifischen Gegebenheiten und Möglichkeiten des *Dramas und Theaters selbst*, was wiederum zur verstärkten Betonung des Kunstcharakters, aber auch des Spiel- und Unterhaltungscharakters der Stücke beiträgt. Churchills *Serious Money* (1987) etwa über die Finanzwelt der Londoner Börse ist von einem starken Element der Parodie und Satire durchzogen, das sich etwa im Gebrauch des Simultansprechens, des Reims und des Kanons im Dialog der Börsenmakler äußert. Selbst ein so ›tagespolitisch‹ motiviertes Stück wie Tariq Alis und Howard Brentons *Iranian Nights* (1989), das die Salman Rushdie-Affäre zum Anlaß einer epischen Szenenfolge über das Verhältnis von Literatur und Macht nimmt, greift die Thematik nicht vordergründig-unmittelbar auf, sondern verwendet den Rahmen von *Tausend und eine Nacht* zu einer differenzierten Darstellung der islamischen Kultur und ihrer verschiedenen historischen Erscheinungsformen.

Politische Ideologie vs. ästhetisches Differenzbewußtsein

Umgekehrt hierzu läßt sich bei früher dem absurden oder spielästhetischen Pol zugerechneten Dramatikern eine stärkere Einbeziehung politisch-kulturkritischer Fragestellungen beobachten, so daß hier von einer Annäherung der beiden zuvor konträren Ausprägungsformen des Dramas gesprochen werden kann. Dies wird auch bei einem Autor wie Alan Ayckbourn augenfällig, der mit seinen Erfolgen besonders dazu beigetragen hat, eine dem Boulevardtheater nahestehende Form der Farce wieder hoffähig zu machen. Ayckbourn, der inzwischen über 50 Dramen verfaßt hat, die er regelmäßig in seinem Haustheater in Scarborough zur Uraufführung bringt, wurde erst in den letzten Jahren von der Kritik ernster genommen, während

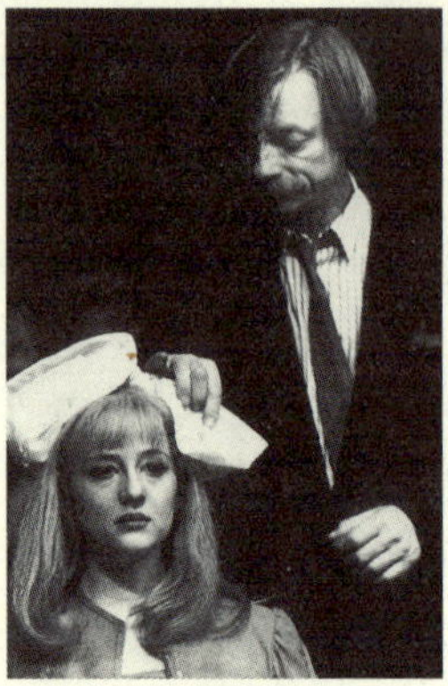

Szenenfoto aus Alan Ayckborms Roboterfarce *Ab Jetzt (Henceforward)* in der Komödie am Kurfürstendamm, Berlin, 1989. Hier Otto Sander als Computer-Komponist und Susanne Lothar als Hausfrauenroboter GOU. Inszenierung Peter Zadek.

sich gleichzeitig die Ernsthaftigkeit des Problemzugangs seiner Stücke verstärkte. *Woman in Mind* (1985) beispielsweise trägt alle Züge einer Farce, dramatisiert aber gleichzeitig ein kulturpathologisches Problem, nämlich die Entwicklung einer Frau in die Schizophrenie. Diese Entwicklung manifestiert sich im Stück darin, daß ein zunehmender Bruch zwischen Sprache und Bedeutung, zwischen der die Hauptfigur umgebenden Welt der kulturellen Zeichen und ihrer persönlichen Erfahrung entsteht, der sie am Schluß in völliger Desorientierung zurückläßt.

Hierin wird ein weiterer Grundzug gegenwärtiger englischer Dramatik deutlich, nämlich die zunehmende Rolle *semiologischer Reflexion*, von der sie durchdrungen ist. Darin schlägt sich zweifellos ein allgemeineres postmodernes Bewußtsein der Zeichenvermitteltheit aller Realitäts- und Erfahrungsbezüge in den Stücken nieder, wie denn auch einige Autoren und Autorinnen von der neuen, poststrukturalen Phase geistes- und kulturwissenschaftlicher Theoriebildung mitbeeinflußt sind. Die Freisetzung bewußt ›semiotischer‹ (J. Kristeva), d.h. die konkrete Materialität und Vieldeutigkeit der Zeichen selbst betonender Darstellungs- und Kommunikationsformen, gegenüber ›symbolischen‹, auf eine repräsentierbare Allgemeinbedeutung angelegter Dramenformen, ist gerade bei feministisch inspirierten Stücken unübersehbar – so in Howard Barkers *The Castle* (1985), in Caryl Churchills und David Lans *A Mouthful of Birds* (1986), oder in Sarah Daniels' *Byrthrite* (1987).

Zeichenkultur vs. existentielle Grenzerkundungen

Das neue semiologische Bewußtsein zeigt allerdings erneut eine hochgradige Ambivalenz. Die Freisetzung der Vieldeutigkeit der Zeichen stößt, mit der Wiederentdeckung und Aufwertung der materiell-körperlichen Lebensprozesse gegenüber ihren logozentrischen Domestizierungen, unvermeidlich auf deren Schattenseiten. Krankheit, Alter und Tod treten als Gegenpole zur lustbetonten Utopie individueller Differenz und Selbstverwirklichung hervor. Auffällig viele Stücke beschäftigen sich mit diesen existentiellen Grenzen menschlicher Selbstbestimmung, die gerade auch in einer ganz auf das Machbare und technologisch Verfügbare ausgerichteten Kulturwelt vernachlässigt werden. Dies gilt für Louise Pages *Tissue* (1978) über den Brustkrebs einer Frau und die stereotypen Reaktionen ihrer Umwelt, für Peter Shaffers *Lettice and Lovage* (1987) über den imaginativen Selbstbehauptungskampf zweier alternder Frauen, oder für Arnold Weskers *Whatever Happened to Betty Lemon?* (1986), das eine Frau im Rollstuhl in einer fast Beckettschen Situation der Einsamkeit vorführt. Bewußt konfrontiert wird das Sterben – ebenfalls ein Novum im englischen Drama – in Edward Bonds *Summer* (1982), in Catherine Hayes' *Skirmishes* (1982) oder in Nigel Williams' *My Brother's Keeper?* (1985). Dabei wird aber stets auch das gebrochene Verhältnis zu diesen biologisch-existentiellen Grenzerfahrungen und die Unzulänglichkeit ihrer Darstellung als charakteristisches Merkmal – und Defizit – gegenwärtigen Kulturbewußtseins mitthematisiert.

Auch der Versuch der Annäherung an anthropologische Grunderfahrungen stößt damit immer wieder an den Punkt, an dem der Verlust ihrer authentischen Repräsentierbarkeit bewußt wird, ihre Marginalität und ›Unwirklichkeit‹ innerhalb der kulturellen Zeichenwelt, in der allein sie bestimmbar wären. Auf der semiologischen Ebene wird hier der Kampf des Menschen um die Wiedergewinnung der eigenen Wirklichkeit gegenüber den derealisierenden Strukturen einer abstrakten Gesellschaft fortgeführt, der in seinen verschiedensten Manifestationen die Dynamik des modernen englischen Dramas seit den fünfziger Jahren gekennzeichnet hat. Ein Ende der Produktivität, die dieser Ansatz nun auch in seiner postmodernen Phase erwiesen hat, ist nicht in Sicht.

Der Roman nach 1945

Nach dem Krieg: Die 50er Jahre

Der Sieg der Labour Party bei den ersten Unterhauswahlen nach dem Krieg drückte den Wunsch eines Großteils der Bevölkerung aus, die überfällige Veränderung der hierarchischen Klassengesellschaft vorzunehmen. Gleichzeitig war er Zeichen des Optimismus, der einen Neuanfang für möglich hielt. Die Euphorie und der Idealismus, mit denen die Engländer auf die Verwirklichung der Grundlagen eines Wohlfahrtsstaates hofften, verflogen bald, als soziale und wirtschaftliche Mangelerscheinungen der Nachkriegszeit nicht rasch überwunden wurden; dazu kamen neue Probleme, etwa durch den Beginn des Kalten Krieges und die Beteiligung am Korea-Krieg. Schon bevor die Tories 1951 wieder die Regierung übernehmen, entwirft George Orwell in *Nineteen Eighty-Four* (1949) das düstere Bild einer zukünftigen Welt, in der drei Supermächte die Welt aufgeteilt haben und »Socialist Britain«, ein totalitärer Polizeistaat, die Basis für den Machtkampf von Oceania mit Eurasia oder mit Eastasia um den Rest der Welt bildet.

Edmund O'Brien in der Verfilmung von *Nineteen Eighty-Four* durch William P. Templeton und Ralph Bettinson, Associated British and Pathé Film Distributors, 1955

Die nach dem Krieg von den Intellektuellen erhoffte literarische Erneuerung ließ auf sich warten. Autoren wie C.P. Snow und Anthony Powell, die in den 30er Jahren zu schreiben begonnen hatten, schildern in ihren Romansequenzen *Strangers and Brothers* (1940–1970) und *A Dance to the Music of Time* (1951–1976) aus der Sicht der *upper middle class* soziale und politische Entwicklungen als Niedergang traditioneller Werte. Erst Mitte der 50er Jahre meldet sich eine Generation junger Autoren zu Wort, die die Ideologie des Wohlfahrtsstaates kritisiert und die Wurzellosigkeit und Frustration sozialer Aufsteiger nachzeichnet. Denn der Education Act von 1944 demokratisierte zwar den Zugang zur bisher nur Privilegierten vorbehaltenen Bildung, schuf aber keine realen Berufschancen für die *scholarship boys*. Die Erstlingsromane von John Wain, Kingsley Amis, John Braine und Iris Murdoch u.a. ähneln sich in der Thematik, die um die Auseinandersetzung junger Intellektueller mit dem Establishment und die Bestimmung ihrer sozialen Position kreist, und in der Struktur, die sich an den pikaresken Roman des 18. Jahrhunderts sowie an die realistischen Techniken viktorianischen und edwardischen Erzählens anlehnt. So prominente Kritiker wie Walter Allen, C.P. Snow und J.B. Priestley werten diese Romane als ›Gegenrevolution‹ gegen die Moderne von Joyce, Woolf und T.S. Eliot. Nach der Aufführung von John Osbornes Drama *Look Back in Anger* (1956) setzt sich der Begriff *Angry Young Men* für eine Generation von Romanciers, Dramatikern und Lyrikern durch, die sich gegen Kulturbürgertum, Establishment und repressive Gesellschaftsstrukturen zur Wehr setzen. Die vorschnell mit diesem Etikett versehenen Autoren knüpfen an Orwells Gesellschaftskritik an. Während Orwell die Schreckensvision eines vereinigten sozialistischen Europa entwirft, in dem Gleichheit propagiert und Ungleichheit praktiziert wird, prangern die *Angries* die Heuchelei der bürgerlichen Mittelschicht an; wie Orwell treten sie für liberale Werte und Menschlichkeit ein.

Die Angry Young Men

Die literaturgeschichtliche Gruppenidentität der *Angry Young Men* wird sowohl aus ihrem politischen Engagement wie der sozialen Herkunft ihrer Protagonisten hergeleitet. Während die Autoren selbst mit der politischen Linken sympatisieren, sie größtenteils der Friedensbewegung »Campaign for Nuclear Disarmament«, einige auch der Labour-Party angehören, sind ihre Helden politisch nicht radikal. Wie ihre Romanfiguren sind Wain, Amis und Murdoch selbst Hochschulabsolventen und auch Universitätsleh-

Der Umschlag der Penguin-Ausgabe von 1961 zeigt den Titelhelden karikiert von Quentin Blake.

Ian Carmichael als Lucky Jim in der Verfilmung von Patrick Campbell, British Lion 1957

rer. Ihre Anti-Helden stammen aus der Arbeiter- oder der unteren Mittelschicht der Provinz, durchlaufen staatlich geförderte Schulen und Universitäten sowie eine Reihe abenteuerlicher Lebensstationen, die sie in Kontakt mit Vertretern höherer Gesellschaftsschichten bringen. Wie die *picaros* des 18. Jahrhunderts sind sie gesellschaftliche Außenseiter; die Romane werden daher als »neopikaresk« bezeichnet. Die Anti-Helden verweigern wie in John Wains *Hurry on Down* (1953) konsequent die gesellschaftliche Eingliederung, oder sie erreichen sie wie in Kingsley Amis' *Lucky Jim* (1954) mit Hilfe des Establishments, oder sie sind wie in John Braines *Room at the Top* (1957) erfolgreich, indem sie schließlich ursprünglich kritisierte, traditionelle Werte und Konventionen übernehmen.

Amis' Anti-Held in *Lucky Jim*, Jim Dixon, wird zur Identifikationsfigur für eine ganze Generation von Nonkonformisten, die sich gegen den reaktionären Kulturbetrieb und die gesellschaftliche Hierarchie auflehnen. Die Protesthaltung des Außenseiters Dixon äußert sich nicht im Zorn, vielmehr werden Unredlichkeit und Überheblichkeit der Kulturbourgeoisie durch ironisch-komische Präsentation dem Spott preisgegeben, die auch den Anti-Helden selbst einschließt. Lucky Jim schlittert von einer komischen Katastrophe in die nächste, weil er versucht, Schadensbegrenzung zu betreiben, statt seine Fehler einzugestehen. Dixon steigt in der neuen *redbrick*-Universität zwar zum Lecturer auf; die Macht wird aber von Professoren ausgeübt, deren Mittelklasse-Zugehörigkeit Mittelmäßigkeit bedeutet. Der Konflikt mit ihnen ist vorprogrammiert: Sie können die soziale Mobilität Jims, die Resultat der Labour-Bildungspolitik ist, nicht akzeptieren.

Wains *Hurry on Down*, nur wenige Monate vor *Lucky Jim* erschienen, zeigt die Perspektivelosigkeit eines Universitätsabsolventen, der nur schlecht auf das Leben vorbereitet ist. Joe Lumley lehnt auf der Suche nach Freiheit und Unabhängigkeit alle Bindungen ab: Gesellschaftliche Neutralität ist für ihn der Weg zur individuellen Freiheit: »Neutrality; he had found it at last. The running fight between himself and society had ended in a draw; he was no nearer, fundamentally, to any *rapprochement* or understanding with it than when he had been a window-cleaner, a crook, or a servant; it had merely decided that he should be paid [...]«. Mit der bewußten Aufgabe der Klassenzugehörigkeit wird er zur heimatlosen Figur. Dagegen zeichnet Alan Sillitoe in *Saturday Night and Sunday Morning* (1958) jugendliche Protagonisten aus der Arbeiterklasse, deren sexuelle Freizügigkeit, alkoholische Exzesse und Attacken gegen jede Autorität ein anarchisches Freiheitsstreben ausdrücken und die erst zu sich selbst finden können, wenn sie ihre Klassenzugehörigkeit bejahen. Die Sozialdichotomie von *Them* und *Us* wird auch in der Titelgeschichte des Bandes *The Loneliness of the Long Distance Runner* (1959) als unaufhebbar dargestellt.

Der Realismus der *Angries* steht im Dienst eines anarchischen Individualismus, indem er das hervorkehrt, was wirklich ist: die Verlogenheit der Politiker, der Gewerkschaften, der Besitzenden. Die Romane enthalten aber keine sozialreformerischen Rezepte: Die Protagonisten sind wenig konsequent, wenn sie destruktive Machtstrukturen, Leistungskampf und Klassenbewußtsein kritisieren, aber auf die Annehmlichkeiten dieser Gesellschaft nicht verzichten wollen. Der Romanzenschluß beschert Lucky Jim die Frau, die er liebt, und eine gut bezahlte Stellung. In Braines *Room at the Top* gelingt dem aus dem Arbeitermilieu stammenden Helden auf moralisch zweifelhafte Weise der Aufstieg. Braine sanktioniert traditionelle Machtstrukturen, indem er seinen Protagonisten ein Mädchen aus der Mittelklasse heiraten und Wertbegriffe der Geldaristokratie übernehmen läßt.

Der Protestcharakter dieser Romane ist oft überbewertet worden; die Helden sind eher bildungsmüde, desillusionierte Intellektuelle; sie karikieren das Establishment, statt Sturm dagegen zu laufen. Deutlicher als der sozialpolitische ist der intellektuelle Protest gegen den literarischen Modernismus. Vor allem bei Amis und Wain sind in Romanen wie in Essays die ästhetischen Mittel und der elitäre Anspruch der Autoren Zielscheibe der Kritik. Amis hält die Modernisten für dekadent und behauptet, daß sie ihre Verpflichtung dem Leser wie dem Gegenstand, der sozialen Wirklichkeit gegenüber, vernachlässigen. Die *Angries* schreiben bewußt umgangssprachliche Unterhaltungsromane; ihre Lesbarkeit verstehen sie als Wert, während sie die hermetische Sprache modernistischer Autoren als Beleidigung des nicht übermäßig gebildeten Lesers brandmarken. Sie protestieren auch gegen den Kosmopolitismus der Modernen, dem sie insulare Introvertiertheit und Provinzialität gegenüberstellen. Die *Angries* vertreten ästhetisch ein konservatives Philistertum.

Realismus vs. Modernismus

In *Lucky Jim* werden modernistische Konzepte in Musik, Kunst und Literatur durch die Figuren, die diese Künste praktizieren, bewußt in Mißkredit gebracht. Jim selbst ist intellektuell und künstlerisch wenig anspruchsvoll und sogar stolz auf sein Banausentum. In *Hurry on Down* ist Froulishs »Work in Progress« eine Parodie modernistischer Erzähltechniken. In Amis' *That Uncertain Feeling* (1955) wird an den poetischen Konventionen des Versdramas und an der Auden-Eliot-Generation Kritik geübt, indem dunkle Sprache, Symbolismus und ein prätentiöser Autoritätsanspruch angeprangert werden. In Amis' *I Like It Here* (1958) ist ein Vertreter der Moderne und Repräsentant der Bloomsbury-Intelligenzia Zielscheibe der Kritik. Indirekt werden damit die realistischen Erzähltechniken als bewußte ästhetische Entscheidung legitimiert. Malcolm Bradbury in *The History Man* (1975) oder David Lodge in *Small World* (1984) setzen die Kulturkritik an der Institution Universität und ihren Funktionären satirisch fort und verbinden damit zeitkritische Seitenhiebe auf Probleme, die etwa aus den Nachwirkungen des Vietnam-Kriegs, den Konflikten in Nordirland oder der wirtschaftlichen Rezession resultieren. Was sie von den *Angries* unterscheidet, ist allerdings, daß sie die Konventionen und epistemologischen Voraussetzungen realistischer Erzählung in Frage zu stellen beginnen.

Die *Angries* orientieren sich an Orwells Beschreibungen von Arbeiter- und Mittelklasse und an seinem Anti-Intellektualismus. Mit der Forderung nach einfacher, kolloquialer Sprache gehen sie hinter ihr Vorbild zurück, denn bei Orwell ist die Sprache zentral: Ihre totale Beherrschung garantiert Kontrolle über den Menschen und ermöglicht es, Geschichte den Machterfordernissen entsprechend umzuschreiben. Kreatives Schreiben wie in Winston Smiths Tagebuch soll dagegen das kulturelle Erbe bewahren und ist gleichzeitig Ausdruck der Freiheit und des Protestes gegen das Regime. Orwell zeigt zwar, wie Sprache Realität konstituiert; dies führt allerdings noch nicht dazu, daß die Möglichkeit von Wirklichkeitserfassung und -darstellung überhaupt literarisch reflektiert wird.

Angus Wilson, der früher als die *Angries* zu schreiben begann, teilt mit der Gruppe die Intention, soziale Wirklichkeit in der Orientierung an literarischen Modellen des 19. Jahrhunderts, besonders an Charles Dickens, darzustellen. In *The Wrong Set* (1949) und *Such Darling Dodos* (1950) konzentriert er sich auf leere, orientierungslose Figuren der Mittelklasse und wird zu einem der interessantesten Vertreter der *short story*, die im Alltäglichen und unter der Oberfläche des Trivialen unerhörte Ereignisse und krisenhafte Situationen schildert. Die Erzählungen lesen sich wie quasi-dokumentarische, soziologische Fallstudien der Nachkriegsgesellschaft. In seinen Romanen geht er dazu über, die Ergebnislosigkeit von Reformen darzustellen; die *Angry Young Men* machen Karriere und übernehmen die gesellschaftlichen Konventionen, die sie bekämpfen wollten; die *New Towns*, die neues Leben versprachen, sind Geisterstädte (vgl. *Late Call* 1964). Die illusionslose Sicht der gesellschaftlichen Wirklichkeit bewirkt, daß sich Wilson vom Sozialroman abkehrt und sich verstärkt mit der privaten Welt des einzelnen beschäftigt. Auch seine Einstellung zur literarischen Tradition verändert sich: *No Laughing Matter* (1967), in dem er die Geschichte einer Familie seit dem Ersten Weltkrieg darstellt, verwendet zunehmend innovative Erzähltechniken wie Perspektivenwechsel, inneren Monolog, Pastiche.

Nach der Suez-Krise, in der Großbritannien noch einmal imperialistisch Macht ausübt, und der Niederschlagung des ungarischen Volksaufstandes 1956 durch sowjetische Panzer werden die *Angries* orientierungslos und rücken der Rechten näher. Sie schreiben Unterhaltungsromane, die nicht mehr im Zentrum des literaturkritischen Interesses stehen. Die engagierte Debatte über gesellschaftliche Mißstände wird in den folgenden Jahren in einer anderen Gattung, dem Drama, geführt. Literarhistorisch repräsentieren die *Angry Young Men* eine eher soziologisch als ästhetisch interessante Periode.

Nach den 50er Jahren: Ethik und Ästhetik im Roman von Golding, Lessing, Murdoch, Spark

Wollte man die 50er Jahre als eine nur von den *Angries* und vom Anti-Modernismus geprägte Epoche sehen, dann wäre dies Bild einseitig. Simplifizierende und vorschnelle Darstellungen der akademischen und populären Literaturkritik sowie die erfolgreichen Verfilmungen von *Lucky Jim* 1957, *Room at the Top* 1958, *Saturday Night and Sunday Morning* 1960 haben zur Verfestigung des Klischees von der »Angry Decade« (Allsop) beigetragen. In den 50er Jahren beginnt jedoch auch die Karriere einer Reihe von Autoren, deren umfangreiches, bis heute nicht abgeschlossenes Werk nicht unter einen einheitlichen Begriff subsumiert werden kann: William Golding, Doris Lessing, Iris Murdoch, Muriel Spark. Gemeinsam ist ihnen jedoch, daß sie stärker moralische Probleme des Individuums in den Mittelpunkt rücken, eine an religiösen oder philosophischen Denksystemen orientierte Wertordnung zu vermitteln suchen, daß sie an modernistische Experimente anknüpfen und sie weiterführen.

Golding: Die Darstellung des Bösen im Menschen

Für William Golding, dessen *Lord of the Flies* (1954) im gleichen Jahr wie *Lucky Jim* erscheint, werden die Kriegsjahre, die er als Marinesoldat erlebte, zur prägenden Erfahrung. Ihn beschäftigen nicht die äußerlichen Aspekte des Krieges, sondern dessen moralische Bedingungen und Konsequenzen. Golding interessiert der schuldige Mensch, der nach dem Sündenfall durch die Fähigkeit zum Bösen gekennzeichnet ist. Fehlverhalten in der Gesellschaft führt er auf Defekte in der menschlichen Natur zurück. *Lord of the Flies* zeigt, daß individuelle Brutalität und faschistische Gewaltausübung von der sozialen Ordnung in der Zivilisation nur überdeckt werden. Dies wird offenkundig, als eine Gruppe von Schülern nach einem Flugzeugabsturz auf einer Insel strandet. In der klassischen Robinsonade und auch in Goldings literarischer Vorlage, R.M. Ballantynes *The Coral Island* (1857), dient eine solche Extremsituation dazu, den Menschen im Kontakt mit der Natur zu sich selbst finden zu lassen. Bei Golding geht es nicht um die Auseinandersetzung mit einer äußeren Macht, sondern um den vergeblichen Kampf gegen das

Peter Brooks Verfilmung von *Lord of the Flies* (British Lion, 1963) macht die Verwandlung der Jungen in eine Horde von Wilden sichtbar.

Böse im Menschen: Selbst Kinder sind nicht im Stande der Unschuld; sie verfallen in Barbarei und werden zu Mördern. Nicht vernunftorientiertes Handeln, sondern irrationale Triebkräfte leiten sie und lassen sie den »Lord of the Flies« (d.i. Beelzebub) mit Opfergaben verehren. Wer diesen Teufelskreis durchschaut, wird mit Gewalt zum Schweigen gebracht. Daß Golding die Erzählung nach einem Atomkrieg spielen und so das Gattungsmuster der Anti-Utopie durchscheinen läßt, macht die Geschehnisse auf der Insel zu einem Modell für die Zukunft der Menschen. Im Verhalten der Kinder spiegelt sich das der Erwachsenen; der Inselbrand ist Vorwegnahme des Weltbrandes, den die Erwachsenen legen. In *The Inheritors* (1955) erweist sich, daß der Fortschritt die gleichen Auswirkungen hat wie die Rückentwicklung der Jungen in *Lord of the Flies*, nämlich Gewalt und Brutalität. Golding widerlegt hier die Darwinsche Evolutionslehre ebenso wie die biblische Vorstellung vom Paradies.

Die Dekouvrierung der brutalen, amoralischen Persönlichkeit ist auch Thema von Goldings *Pincher Martin* (1956) und *Free Fall* (1959). Der radikale Wechsel der Erzählperspektive am Ende der ersten drei Romane relativiert die vermittelte Wirklichkeit und deren Wertmaßstäbe: Der Marineoffizier in *Lord of the Flies* mißversteht den blutigen Ernst der Kinder als Spiel; in *The Inheritors* werden die brutalen Vertreter des *homo sapiens* als den sanften Neanderthalern überlegen dargestellt; Pincher Martins qualvoller Überlebenskampf erscheint als Illusion, nicht als reale Erfahrung. Die Kontrastierung von zwei Sichtweisen weckt Zweifel daran, ob es eine eindeutige und ›richtige‹ Sicht der Dinge gibt.

Schutzumschlag der Erstausgabe von 1956 mit der Illustration von Anthony Gross

Wie in den frühen Romanen wählt Golding auch in dem nach langer Pause entstandenen *Darkness Visible* (1979) allegorische Mittel, um die *condition humaine* und das unausrottbare Böse im Menschen sichtbar zu machen. »The darkness of man's heart«, »the unnameable, unfathomable and invisible darkness« ist in allen Romanen Bild für das Böse; hier nimmt die Dunkelheit kosmische Dimensionen an und weist auf das Weltende in Entropie hin: »[...] the voice of the darkness between the stars, between the galaxies, the toneless voice of the great skein unravelling and lying slack [...] Running down. Dark.« Der Dualismus von Gut und Böse bestimmt die Struktur des Romans: Der nach einem Bombenangriff aus dem Feuer gerettete und für sein Leben physisch wie psychisch gezeichnete Junge Matty stellt sich als spirituelle Kraft den Mächten des Bösen entgegen. Für ihn steht am Ende der Geschichte die Apokalypse, die Weltende und Wiederkehr Christi zugleich bedeutet. Matty stirbt schließlich durch einen terroristischen Sprengstoffanschlag und bringt so das Brandopfer, für das er ausersehen zu sein glaubt. Matty ist eine Christus-ähnliche, mystische Figur, für die die Bibel Wahrheit im buchstäblichen Sinne bedeutet.

Goldings Romane spiegeln ein pessimistisches Weltbild, das durch poetische und biblische Sprache, die Verwendung von Mythen und Symbolen besonders eindrucksvoll vermittelt wird. Etikettierungen wie realistisch/traditionell oder modernistisch/experimentell sind auf Golding kaum anwendbar. Bei der Verleihung des Nobelpreises 1983 hob das Komitee an seinem Werk die Verbindung von realistischer Erzählung und universalem Mythos hervor. Seine Romane sind moralische Fabeln, die Bilder des Bösen als einer anthropologischen Konstante zeichnen. Der Rückgriff auf die Robinsonade in *Lord of the Flies*, auf H.G. Wells' *Outline of History*, auf Vergil, Shakespeare oder Milton macht seine Romane zu intertextuellen Auseinandersetzungen mit der literarischen Tradition.

Lessing: Gesellschaftskonzept und Romanform

Die in Rhodesien aufgewachsene Doris Lessing beginnt nach ihrer Übersiedlung nach London zu schreiben. Während Lessing noch 1957 den realistischen Roman als die geeignete Ausdrucksform versteht, in der sich der Romancier seiner gesellschaftlichen Verantwortung stellen soll, verteidigt sie im 1972 geschriebenen Vorwort zu *The Golden Notebook* (1962) eine experimentelle Form. Absicht des Romans, mit dem ihr der literarische Durchbruch gelingt, ist es, das ideologische Klima der 50er Jahre einzufangen. Dem entspricht, daß ein Kaleidoskop aktueller Themen von der Frauenemanzipation über den britischen Kolonialismus und die Bedrohung der Menschheit durch die Atombombe bis hin zur Geschichte des Sozialismus in England einbezogen ist. Die Aufsplitterung unserer Erfahrungswelt in eine Vielzahl nicht mehr überschaubarer Bereiche und das Unvermögen, im Roman eine geschlossene Weltsicht zu bieten, bestimmen das Strukturprinzip: Die Hauptfigur, die Romanautorin Anna, leidet darunter, daß sie ihre chaotische Umwelt ästhetisch nicht darstellen kann. Die Entscheidung, in vier verschiedenfarbigen Tagebüchern Facetten der Wirklichkeit in sprachlich unterschiedlichen Formen zu erfassen, soll ihr dazu verhelfen, ihr Schreibvermögen wiederzufinden. Annas fragmentarische Wirklichkeitserfahrung, die zur Auflösung der konventionellen Romanform führt, hat ihre Ursache in der Desintegration der Gesellschaft: »The novel has become a function of the fragmented society, the fragmented consciousness. Human beings are so divided, are becoming more and more divided, *and more subdivided in themselves*, reflecting the world [...]«. Die Suche nach Realitätsnähe im Journalismus, in katalogisierend-realistischer Schreibweise mißlingt; erst im kreativen Akt der Deutung konstituiert sich verstehbare Wirklichkeit. Die als chaotisch erfahrene Umwelt, die Krise der Persönlichkeit und Spaltung des Bewußtseins, die Lessing nicht als ausweglose Krankheit, sondern als Chance zu weiterer Entwicklung deutet, sowie die Auflösung des Romans in einzelne Bruchstücke, müssen durch kreatives Gestalten überwunden und geheilt werden. *The Golden Notebook* wird trotz seiner disparaten Teile zu einem ästhetischen Ganzen, das der Leser zusammenfügt. Die Beziehung von Teil und Ganzem, die Suche nach Ganzheit und die Aufgabe der Integration, die sich in *The Golden Notebook* in Romanform, Identitätskrise der Hauptfigur und dem Zustand der dargestellten Gesellschaft spiegeln, ist Thema von Lessings gesamten Werk.

Utopischer Entwurf und Space Fiction als didaktische Mittel

In der fünfbändigen *Children of Violence*-Sequenz (1952–1969) zeichnet sie die sozialen, politischen und moralischen Veränderungen, die sich seit dem Ersten Weltkrieg vollzogen haben, aus der Perspektive einer Frau und einer politisch Radikalen, die gegen den britischen Kolonialismus rebelliert. Soziale Realität und individuelle Bewußtseinsentwicklung verbinden sich zu einem Bildungsroman, der gleichzeitig das monochrome Bild dieser Periode in Frage stellt und politische Bewegungen der Rechten wie der Linken kritisiert. Indem Lessing diesen Entwicklungsprozeß im letzten Band, *The Four-Gated City* (1969), erst im Jahr 2000 nach einer Katastrophe, möglicherweise einer nuklearen, enden läßt, die nur eine Handvoll Menschen überleben, knüpft auch sie an das Modell der Utopie an. Im Gegensatz zu Golding entwirft sie kein apokalyptisches Ende: Die Menschheit kann sich den veränderten Lebensbedingungen anpassen. Die nach der Katastrophe geborenen Kinder verfügen über ein ungewöhnliches Wahrnehmungsvermögen und über Wissen, das nicht aus der isolierten Erfahrung stammt, sondern sich aus dem Kollektivbewußtsein speist. Lessing vermittelt hier Lehren des Sufismus, der dem Menschen zum besseren Verständnis seiner selbst sowie seiner Rolle im Kosmos verhelfen will. Dies ist auch die Botschaft der Romanfolge *Canopus in Argos: Archives* (1979–1983), in der Lessing die Konventionen der Gattung Science Fiction wählt, um die Entwicklung der Menschheit in Vergangenheit und Zukunft aus kosmischer Warte zu projizieren.

Iris Murdoch, die von 1948 bis 1963 Philosophie in Oxford lehrte und eine Monographie über Jean-Paul Sartre verfaßt hat, schreibt wie Golding moralische Fabeln vom Konflikt zwischen Gut und Böse, in denen sie philosophische Konzepte umsetzt und ihr erkenntnis- und moralphilosophisches Anliegen propagiert. Mit ihrem ersten Roman *Under the Net*, der ebenfalls 1954 erscheint und pikareske Züge aufweist, wird sie in die Nähe der *Angries*

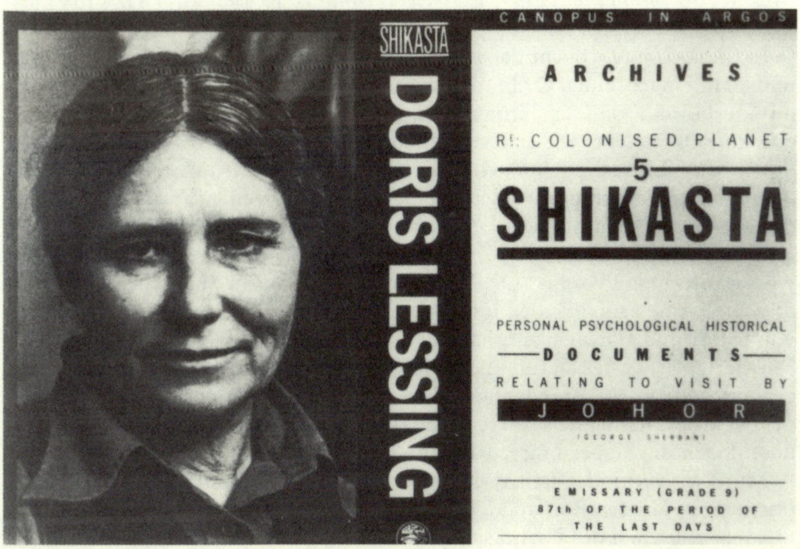

Schutzumschlag von Lessings erstem Roman in der Romansequenz *Canopus in Argos: Archives*

We are not isolated free choosers, monarchs of all we survey, but benighted creatures sunk in a reality whose nature we are constantly and overwhelmingly tempted to deform by fantasy. Our current picture of freedom encourages a dream-like facility; whereas what we require is a renewed sense of the difficulty and complexity of the moral life and the opacity of persons [...] Literature must always represent a battle between real people and images; and what it requires now is a much stronger and more complex conception of the former.

Im Essay »Against Dryness« (Januar 1961) skizziert Murdoch wichtige Grundzüge ihrer Romankonzeption.

gerückt. Daß sie nicht zu der Gruppe gehört, zeigt sich daran, daß sie auf die realistische Zeichnung zeitgenössischer Wirklichkeit, satirische Kritik oder soziale Motivation ihrer Figuren verzichtet. Daß sie sich einer anderen Tradition verpflichtet weiß, deuten sowohl das Bild des Netzes an, das Wittgensteins *Tractatus* entlehnt ist, als auch die Widmung des Romans an Raymond Queneau sowie die bevorzugte Lektüre ihres Helden Jake, nämlich Becketts *Murphy*.

In dem Essay »Against Dryness«, der ihr Romankonzept entwirft, lehnt Murdoch (wie Lessing) den journalistischen Roman als formlos ab; sie kritisiert aber auch die von ihr sogenannte »crystalline novel« als einen quasi-allegorischen, hermetischen Romantypus von höchster ästhetischer Konzentration und fordert einen Kompromiß zwischen formbewußter Gestaltung und detailgetreuer Wirklichkeitssicht. Ihr Ideal ist, »to combine form with a respect for a reality in its odd contingent ways«. Murdoch wendet sich gegen den logischen Positivismus englischer Philosophie wie den Existentialismus Sartres, deren Menschenbild eines autonomen rationalen Individuums und eines isolierten Ich-Bewußtseins sie für eine fatale Vereinfachung hält. Sie sieht es als ihre Aufgabe an, sich auf »the impenetrable human person« in einer komplexen Wirklichkeit zu konzentrieren. Ohne sich wie im modernen Roman auf das private Subjekt zurückzuziehen, will sie objektive Wahrheiten, überindividuelle und gesellschaftliche Abhängigkeiten darstellen, die die Figuren in den Details der Alltagswirklichkeit aufspüren müssen: »The movement away from theory and generality is the movement toward truth. All theorizing is flight. We must be ruled by the situation itself and this is unutterably particular. Indeed it is something to which we can never get close enough, however hard we may try as it were to crawl under the net.« (*Under the Net*)

Ein wichtiges Thema ihrer Romane besteht darin, daß Menschen einer kontingenten Welt dadurch auszuweichen suchen, daß sie Theorien, Bilder, Erwartungen, eben ein »Netz« auf die Wirklichkeit projizieren. Murdochs mehr als 20 Romane vermitteln immer wieder, daß die Wirklichkeit durch Zufälle, überraschende Wendungen, unerwartete Zusammentreffen geprägt ist, die die Menschen akzeptieren müssen; die Botschaft am Ende von *The Message to the Planet* (1989) ist: »Everything is accidental. That's the message.«

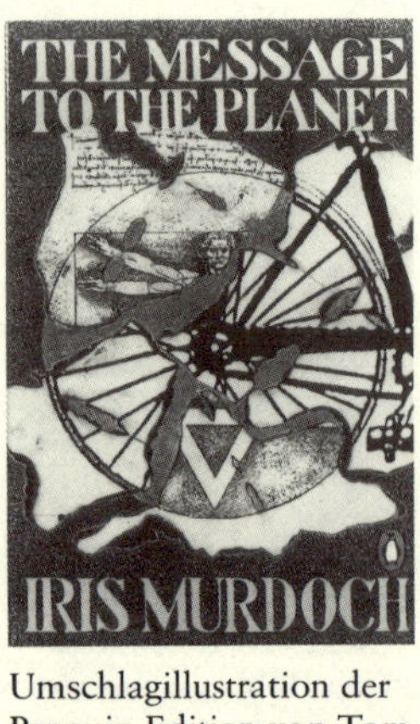

Umschlagillustration der Penguin-Edition von Tom Phillips

In *Under the Net* sucht der Außenseiter Jake nach einer neuen Behausung und damit nach einer Ordnung, die er seinem Leben auferlegen kann. Er muß erfahren, daß er Situationen, Menschen und deren Motivationen ebenso mißversteht, wie er Zusammenhänge falsch konstruiert. Die Zufälle des Lebens, Liebesbeziehungen, die er falsch einschätzt, Motive, die er mißdeutet, zerstören immer wieder das Gebäude der eigenen Vorstellungen. Die dialektische Spannung zwischen Lebensplanung und Wirklichkeit, Theorie und Praxis, Ordnung und Chaos weist auf Themen und Techniken der weiteren Romane voraus: Liebesverwicklungen, die an Shakespeares Komödien und seine »star-crossed lovers« erinnern, die Frage nach dem Verhältnis von Kunst und Wirklichkeit, nach dem moralisch richtigen Handeln und der Schwierigkeit, Gutes zu tun und das Böse zu meiden. Den Erkenntnisprozeß, der die Stadien Ich-Befangenheit/Illusion, Erfahrung einer separaten Realität der Welt und schließlich Akzeptieren der kontingenten Wirklichkeit umfaßt, durchleben die Figuren ihrer Romane immer wieder.

Murdoch verbindet ästhetische und moralische Fragestellungen besonders überzeugend in den Romanen, in denen ihre Helden Künstler sind, die lernen müssen, zwischen der Phantasie, die falsche Bilder entwirft und Wirklichkeit verzerrt, und der Imagination, die zur Einsicht in die wahren Zusammenhänge verhilft, zu unterscheiden. *The Black Prince* (1973) ist ein solches Künstlerportrait, das sich Shakespeares *Hamlet* und Nabokovs *Lolita* zum thematischen Vorbild wählt. Der Künstler-Held versteht hier Schreiben als Weg zur Freiheit, als Möglichkeit, seine Selbstbezogenheit zu durchbrechen und in der autobiographischen Erinnerung Rechenschaft über sein Leben abzulegen. In *The Sea, the Sea* (1978) ist Prospero aus *The Tempest* Modell für den Magier-Protagonisten. »Illusion«, »trickery«, »magic« verstellen dem Theaterdirektor und ehemaligen Schauspieler Charles Arrowby den Zugang zur Wirklichkeit, als er in der Rückerinnerung die Bilanz seines Lebens ziehen will; er liest nur den selbst entworfenen »dream text«. Nicht nur das Theater, sein ganzes Leben war Bühne für die Projektion von Illusionen. Er kann sich befreien, indem er im Leben seine größte Bühnenrolle, die Prosperos, nachspielt, der seinen Zauberstab zerbricht, und sich selbst seine Illusionen eingesteht. Der Unterschied von Leben und Kunst, Form und Unordnung wird ihm nun klar: »life, unlike art, has an irritating way of bumping and limping on, undoing conversions, casting doubt on solutions, and generally illustrating the impossibility of living happily or virtuously ever after; [...]. Human arrangements are nothing but loose ends and hazy reckoning, whatever art may otherwise pretend in order to console us.«

Murdoch: Kunst als Weg zu Freiheit und Ordnung

Wie Murdoch vermittelt Muriel Spark in ihren knappen Romanen den Eindruck einer kontingenten Welt, die jedoch ausgerichtet ist auf die jenseits der erfahrbaren Wirklichkeit liegende göttliche, spirituelle. Für die zum Katholizismus konvertierte Autorin ist das zentrale Problem die Frage, ob es einen freien Willen gibt. In ihrem ersten Roman *The Comforters* (1957) hat sie den Autor als Welt-Schöpfer dargestellt, dessen Kreaturen gegen ihn rebellieren: »I'm not wholly a fictional character, I have an independent life«. Für Spark ist der Autor gottähnlich; zwischen Werk und Wirklichkeit besteht daher ein Verhältnis der Analogie. Die Charaktere, die nach Unabhängigkeit von ihrem Autor streben, sind in einem *plot* gefangen, den sie nicht entworfen haben. Das Spiel des Autors mit den Figuren ist Parabel für den Menschen in der Welt, der einer ähnlich wirkenden Instanz unterworfen ist. In *The Driver's Seat* (1970) folgt die Hauptfigur den literarischen Konventionen des Detektivromans, als sie ihren eigenen Mord inszeniert; in *Not to Disturb* (1971) sind die Charaktere Kollaborateure und bestimmen die Handlung mit; in *Loitering with Intent* (1981) muß eine junge Autorin erfahren, daß das, was sie in ihrem Roman geschrieben hat, in der Realität passiert. Spark geht es um die Wahrheit, die sie gerade aus dem Fiktionscharakter des Romans ableitet: »I don't claim that my novels are truth, I claim that they are fiction out of which a kind of truth emerges.« Ihr Anliegen ist es zu zeigen, daß Künstlerfiguren, Romanciers, Filmemacher und Schauspieler Fiktionsmanipulatoren sind. Der Prozeß, in dem Illusionen, Lügen und Selbsttäuschungen dieser Figuren aufgedeckt werden, konstituiert die Romanhandlung.

Spark: Spiel mit Fiktion und Wirklichkeit

Die Romane beziehen konkrete zeitgeschichtliche Ereignisse ein, ohne daß Spark eine Schilderung der real erfahrbaren Welt intendiert oder einen verifizierbaren Hintergrund zeichnen will. Historische Ereignisse, der Faschismus in *The Prime of Miss Jean Brodie* (1961), die Bombenangriffe des Zweiten Weltkriegs in *The Girls of Slender Means* (1963), die Watergate-Affäre in *The Abbess of Crewe* (1974), der Terrorismus in *The Only Problem* (1984), finden weniger um ihrer selbst willen Eingang in den Roman, als vielmehr zu dem Ziel, in der Geschichte Gottes Heilsplan mit den Menschen zu veranschaulichen. Phantastische Ereignisse, übernatürliche Einflüsse und erzähltechnische Mittel wie das Präsens als Erzähltempus, Diskontinuität in der Zeitgestaltung, neutrale Beschreibung und Reflexivität rücken Sparks Erzählungen vom realistischen Roman ab.

Robert Nyes *Faust* (1980) ist eine experimentelle Adaptation des Faust-Stoffes; die Umschlagillustration von Craig Dodd adaptiert Salvador Dalis Gemälde ›Le spectre de Vermeer de Delft pouvant être utilisé comme table (théorie phénoménologique du ›meuble-aliment‹).

Auf dem Weg zur Postmoderne

Neben dem dominanten realistischen Roman der 50er Jahre und dem philosophisch oder moralisch orientierten Roman gibt es auch den experimentellen: Daß das literarische Klima für solche Romane jedoch feindlich war, kann z.B. daran abgelesen werden, daß Samuel Beckett und Lawrence Durrell mehr Erfolg in Frankreich als in England haben und experimentelle Werke in Rezensionen oft als »unenglisch« abqualifiziert werden; Samuel Becketts Trilogie *Molloy*, *Malone Dies* und *The Unnamable* erscheint zunächst in französischer Sprache (1952–53; engl. 1955–59). Romane so unterschiedlicher Autoren wie John Berger, Alan Burns, Eva Figes, B.S. Johnson, Robert Nye, Giles Gordon und Gabriel Josipovici signalisieren jedoch, daß es mehr innovative Ansätze gibt, als die Literaturkritik wahrhaben will.

Von den 70er Jahren an machen sich der Einfluß der literarischen Moderne, des kontinentalen Existentialismus, des *nouveau roman*, des Strukturalismus und Poststrukturalismus sowie der amerikanischen Postmoderne stärker bemerkbar; der experimentelle, postmoderne Roman wird zur dominanten Romanform. Postmodern soll hier nicht nur als ein chronologisches Ordnungsprinzip, sondern vorrangig als ästhetische Kategorie verstanden werden, die z.B. die Auflösung traditioneller Erzählformen, Reflexivität, Intertextualität, d.h. die Referenz statt auf die Realität auf den gesamten Schatz der literarischen Tradition, meint. Daneben werden aber weiter realistische Romane geschrieben. Ein Beispiel hierfür ist Margaret Drabble. Sie knüpft an den liberalen Humanismus des viktorianischen Romans und an den Realismus der 50er Jahre an, wenn sie etwa in *The Ice Age* (1977) oder *The Middle Ground* (1980) soziologisch zutreffende Ausschnitte der gegenwärtigen Gesellschaft zeichnet. Man kann sie »condition of England«-Romane nennen.

Durrell: Der Roman als Palimpsest

Lawrence Durrell steht in der Tradition der Moderne. Seine umfangreichen Romansequenzen enthalten ausführliche romantheoretische Reflexionen, die das Konzept der vorliegenden Bände entwerfen. *The Alexandria Quartet* (1957–1960) ist ein komplexer vierbändiger Künstlerroman, in dem fast alle Charaktere Erzählerfiguren sind und so zur multiperspektivischen Anlage des Werks beitragen. Durrell entwickelt die Struktur der Sequenz in Analogie zum modernen Weltbild, indem er die Einsteinsche Vorstellung von der Vierdimensionalität von Raum und Zeit in den Roman übersetzt. Die so entstehenden Versionen, die sich wie Palimpseste überlagern und sich sogar widersprechen können, lassen aus verschiedenen Blickwinkeln mehrere Wahrheiten sichtbar werden: »Our view of reality is conditioned by our position in space and time – not by our personalities [...] Thus every interpretation of reality is based upon a unique position.« (*Balthazar*, 1956). Im »Avignon-Quintet« (1974–1985) wählt Durrell die geometrische Figur der Quincunx, alchemistisches Emblem der Einheit, zur Strukturierung.

Zu den zentralen Themen dieser Romane gehört der Zweifel daran, daß Sprache die subjektive innere und die objektive äußere Welt abbilden kann. Kommentare zum Erzählvorgang, zu Erzähltechniken bis hin zu physischen Problemen beim Schreiben lassen den Roman um sich selbst kreisen und führen zur Entwicklung eines neuen Genres, des metafiktionalen Romans, der sich selbst als Illusion zu erkennen gibt und die Techniken der Illusionsbildung bloßlegt. Ansätze dazu waren schon in Lessings *The Golden Notebook* vorhanden. Die Wirklichkeitsreferenz, deren Problematisierung bei Murdoch anklingt, wird sehr viel entschiedener in Frage gestellt. Wenn der Sinn der Welt nicht mehr fixierbar ist, Sprache nicht mehr auf Wirklichkeit verweist, werden Sprache und Erzählform zum Thema. Romane, in denen die Figur des schreibenden Helden wie in einem Spiegelkabinett mehrfach reflektiert wird, entwickeln sich zu »Chinese boxes novels«, die durch Zirkularität, Betonung der Fiktionalität und Problematisierung des Verhältnisses von Wirklichkeits- und Fiktionsebenen bestimmt sind.

An John Fowles' Werk, das vom französischen Existentialismus und vom *nouveau roman* beeinflußt ist, wird der Übergang zum postmodernen Roman deutlich. Im Essay »Notes on an Unfinished Novel« (1969) argumentiert Fowles, daß die traditionellen Funktionen des Romans – »to entertain, to satirize, to describe new sensibilities, to record life, to improve life« – jedoch genau so wichtig seien wie die, eine neue Romanform zu entwickeln. Die ausschließliche Beschäftigung mit formalen und stilistischen Fragen, so führt er in *The Ebony Tower* (1974) aus, komme einer Flucht aus humanitären und sozialen Verpflichtungen gleich. Sein dritter Roman, *The French Lieutenant's Woman* (1969), wird zum Bestseller und macht das neue Genre populär. Der Roman verbindet die formalen Kennzeichen des Metaromans mit einer spannenden Handlung, Charakterzeichnung und detaillierter Beschreibung des sozialen Milieus, deren Authentizität Fußnoten, Statistiken und Zitate vermitteln.

Der Roman knüpft in Handlungsmuster, Erzählkonventionen und Moralvorstellungen an den viktorianischen Roman an. Die Vergangenheit wird aber nicht um ihrer selbst willen rekonstruiert, sondern als Kommentar zur Gegenwart genutzt; der Epochenwandel vom 19. zum 20. Jahrhundert wird so zum Thema. Nicht die Identifikation mit Figuren einer illusionären Welt, sondern die Konfrontation mit einer fiktiv vermittelten geschichtlichen Erfahrung bewirkt die Aufklärung des Lesers. Realitäts- und Kunstauffassung korrelieren: Die ästhetische Anlage des Romans dient der moralischen Erziehung des Lesers.

Schließlich tritt der Autor selbst auf, der sich als Zeitgenosse von Robbe-Grillet und Roland Barthes und als Schöpfer einer Welt zu erkennen gibt, die das Prinzip der Freiheit verkörpert. Damit die im Roman entworfene Welt Ähnlichkeit mit der Wirklichkeit erhält, erschafft der Autor Figuren, die sich von ihrem Schöpfer unabhängig machen und Autonomie reklamieren, die der Autor respektiert. Der Künstler ist zwar als Konstrukteur einer fiktiven Welt gottähnlich, er gewährt seinen Geschöpfen aber Freiheit. Er verändert den ontologischen Status des Charakters, wenn er ihn statt als Objekt, als Subjekt versteht, das seinen eigenen Text entwirft:

> This story I am telling is all imagination. These characters I create never existed outside my own mind. If I have pretended until now to know my characters' minds and innermost thoughts, it is because I am writing in [...] a convention universally accepted at the time of my story, that the novelist stands next to God. [...] The novelist is still a God, since he creates [...] what has changed is that we are now no longer the gods of the Victorian image, omniscient and decreeing; but in the new theological image with freedom our first principle, not authority. (Kap. 13)

Die drei Romanschlüsse, mit denen Fowles den Roman ausstattet, dienen dazu, unterschiedliche Handlungsmöglichkeiten aufzuzeigen. Während im

Schutzumschläge der einzelnen Bände von Durrells *Alexandria Quartet*

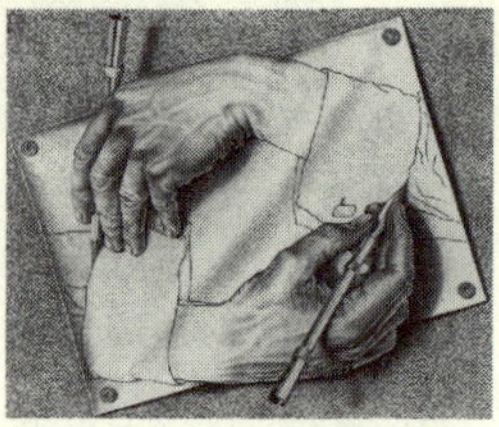

Die sich gegenseitig zeichnenden Hände von M. C. Escher illustrieren Zirkularität und Spiegeltechnik der Romane; die Grenzlinie zwischen Autor und Geschöpf, Subjekt und Objekt wird unscharf.

ersten Schluß der Held Charles Smithson sich ganz den Konventionen viktorianischer Moralvorstellungen gemäß verhält, bricht er im zweiten romantischen damit, um sich im dritten allein und frei von allen Bindungen dem existentiellen Wagnis des Lebens zu stellen.

Fowles postuliert die Notwendigkeit von Fiktionen, die für den Menschen Voraussetzung dafür sind, daß er seine Umwelt erfahren und handeln kann. Fowles' Werk illustriert den Übergang vom modernen zum postmodernen Roman, indem nicht mehr außersprachliche Wirklichkeit abgebildet, sondern alles zur Fiktion wird: »Nothing is real. All is Fiction.« (»The Enigma«, 1974). *Mantissa* (1982) ist ein von Abbildungszwängen freier Roman, ein Musterbeispiel für die Metafiktion, die nur sich selbst zum Thema hat.

Nur wenige Romanciers gehen in ihren Experimenten so weit wie Christine Brooke-Rose, die im Roman *Thru* (1975) Erzähl- und Sprachtheorien in den Mittelpunkt stellt. Dabei sind auf vielen Seiten Worte und Buchstaben so arrangiert, daß die Polyfunktionalität der semantischen Einheiten erst vom Leser auf eine Bedeutung festgelegt werden kann. Obwohl mit typographischen Arrangements, Text in Kolumnen oder Figuren gespielt wird, versucht die Autorin, Ordnungsprinzipien zu finden, die aus dem Strukturalismus und der generativen Grammatik entwickelt werden. In *Thru* wird Sprache zum Thema, die den bisherigen literarischen Sprachgebrauch reflektiert und kommentiert.

Burgess: Der Roman als Sprachexperiment

Anthony Burgess hat den französischen Strukturalismus und Joyces Sprachexperimente assimiliert. In *A Clockwork Orange* (1962) erfindet er eine neue Sprache, die Ausdrucksmedium in einem zukünftigen, durch Technologie kontrollierbaren und manipulierbaren England geworden ist. Besonders seine Künstlerromane zeichnen sich durch sprachliche Virtuosität aus, denn nach Burgess ist es Aufgabe des Künstlers, das Chaos der Erscheinungen durch Sprache zu ordnen, ihm Strukturen aufzuerlegen: »It is man's job to impose manifest order on the universe, not to yearn for Chapter Zero of the Book of Genesis« (*MF*, 1971). Für den fiktiven Dichter der *Enderby*-Romane (1963, 1968, 1975, 1984) ist Sprache der einzige Bereich, in dem noch Freiheit möglich ist. In *Nothing Like the Sun* (1964) ahmt Burgess Shakespeares Stil nach; in *ABBA ABBA* (1977) werden literarische Formen sogar zum außersprachlichen Mittel der Kommunikation zwischen den Dichtern Keats und Belli, die sich mittels des Strukturschemas der Sonettform verständigen: »Language itself was perhaps only a ghost of the things in the outer world to which it adhered, and a ghost of a ghost was a notion untenable totally. And yet it seemed that two men, of language mutually

within a text passed on from generation to
g e n e r a t i o N Of an Increasing vasTness fULl Of what neVER
the mOre the less
dwIndles
To a
structUred
eLite M O re or less
texti V O R E
E V E R
R E A D
to O R D E R else the show within the
SHOW TILL COME THE

Das Spiel mit den Wörtern in Brooke-Roses *Thru* läßt Strukturprinzipien des Romans erkennen.

unintelligible, might in a sense achieve communication through recognition of what a sonnet was.« In *Earthly Powers* (1980) muß nach dem Tod Gottes der Romancier an seiner Stelle Ordnungen projizieren, muß der Roman die Bibel ersetzen. Der 80jährige, polyglotte Toomey ist Schöpfer, Schriftsteller, der die Genesis, in der die Geburt der Sprache beschrieben wird, neu entwirft. Anders als in den Geschichtsromanen von C.P. Snow, A. Powell oder A. Wilson konzipiert Burgess hier ein Panorama der Geschichte dieses Jahrhunderts, in das er auch die Literatur miteinbezieht. Er schreibt eine moralische Fabel, die neben den Unterschieden der verschiedenen Sprachen und Religionen den zentralen Dualismus von Gut und Böse behandelt.

Die phantastischen Ereignisse und Handlungsabläufe in Angela Carters Romanen erinnern an den magischen Realismus südamerikanischer Autoren. Carters Romane skizzieren ein neues Frauenbild, indem sie Phantastik und Märchenvorlagen verwendet; die disparate Wirklichkeitserfahrung ihrer Figuren, Anspielungen auf Literatur, Mythen, Folklore lassen sich nicht mehr zu einem stimmigen Wirklichkeitsbild zusammenfügen. In *Heroes and Villains* (1969) vollzieht sich der Identitätsfindungsprozeß eines jungen Mädchens in apokalyptischer Zeit; die Bilder von Gewalttätigkeit können als Projektion der Sexualängste der Protagonistin verstanden werden. In *Nights at the Circus* (1984), wo Carter Formen des pikaresken wie des historischen Romans und der *Fantasy* miteinander verbindet, wird eine Frau vorgestellt, die sich selbstbewußt auf ihre Weiblichkeit besinnt und sie als Stärke ausspielt. Intertextualität und Phantastik bedeuten bei Carter nicht Eskapismus, sondern sind Mittel zur Bewältigung der Wirklichkeit. Die mit Flügeln ausgestattete Heldin ist eine lebendig gewordene Metapher, der geflügelte Geist: Sie verkörpert die *New Woman* des 20. Jahrhunderts. Die Grenze zwischen Realität und Imagination ist hier wie in allen Romanen Carters durchlässig.

Der postmoderne Roman der 80er Jahre, der in England moderater als in Amerika ausgefallen ist, benutzt Formen anderer Kulturtraditionen, etwa Indiens und Pakistans (z.B. in Salman Rushdies *Midnight's Children*, 1981) oder Japans (z.B. in Kazuo Ishiguros *Artist of the Floating World*, 1986). Der metafiktionale Roman wird zum Supergenre, das Elemente des literarischen und populären Romans inkorporiert, etwa Strukturen des Thriller und der Dystopie in Martin Amis' *London Fields* (1989), Bildungsroman und *Fantasy* in Alasdair Grays *Lanark* (1981), wirkliche und erfundene Geschichte in Graham Swifts *Waterland* (1983). Durch Multiperspektivität und Reflexivität vermittelt er dem Leser den Eindruck, in einem Spiegelkabinett zu sein; durch Intertextualität suggeriert er den Eindruck einer Echokammer, z.B. in Julian Barnes' *Flaubert's Parrot* (1984) oder in Peter Ackroyds *Chatterton* (1987). Die Romane thematisieren literaturtheoretische Fragen nach der Funktion des Künstlers und nach dem Verhältnis von Wirklichkeit und Literatur. Einerseits benutzen sie Verfahrensweisen des realistischen Romans; andererseits demonstrieren sie die Unmöglichkeit realistischer Darstellung. Dabei fällt dem Leser die Aufgabe zu, der Kette von Spiegelungen und Echos Bedeutungen zuzuordnen. Während im traditionellen Roman das Verhältnis von Wirklichkeit und Fiktion streng hierarchisiert ist, gibt der postmoderne jede Gewichtung auf. Der postmoderne Roman demonstriert nicht die Verbrauchtheit literarischer Formen, beschwört nicht apokalyptisch den Tod des Romans, sondern läßt im Spiel mit vorhandenen Texten und Sprachmaterial neue entstehen. Sprache ist nicht Gefängnis, sondern eröffnet im Zusammenwirken von Nichtreferentialität und Referentialität Autor und Leser neuen kreativen Spielraum zur Fiktionsbildung.

Die Erzählungen in *The Bloody Chamber* (1979) verarbeiten und adaptieren europäische Märchenstoffe.

Der Papagei auf dem Kopf Flauberts ist Emblem für die Imagination des Dichters, der nicht mehr als Originalgenie schafft, sondern nur wiederholt, was andere vor ihm gesagt haben. Auf dem farbigen Original verweisen die Farbadjektive jeweils auf die falsche Farbe. Darin spiegelt sich die Intention des Autors, der außersprachliche Wirklichkeit für nicht abbildbar hält.

COMMONWEALTH-LITERATUR

Die weltweite Auffächerung englischsprachiger Literatur in nachkolonialer Zeit

»The Empire Writes Back«

In einem Artikel der *Times* vom 3. 7. 1982 mit dem zugkräftigen Titel »The Empire Writes Back with a Vengeance« hat Salman Rushdie ein viel zitiertes Bonmot geprägt, das einen tiefgreifenden Wandel in der englischsprachigen Gegenwartsliteratur kennzeichnet: den Aufbruch der aus dem britischen Kolonialreich hervorgegangenen Literaturen, die sich mit wachsender Eigenständigkeit von der Plazierung an der weltliterarischen Peripherie lösen und gegen die etablierten Literaturzentren Europas antreten. Ähnlich wie zuvor die Literaturen der USA und Irlands die Emanzipation von der Kolonialliteratur zur Nationalliteratur geschafft hatten, konnten seit der Entkolonisierungsphase der Nachkriegszeit nun die Literaturen Kanadas, der Karibik, Afrikas, Indiens, Australiens und Neuseelands eine wohl der englischen Sprache sich bedienende, doch eigene Stimme finden, die zunehmend auch außerhalb der nationalen Grenzen gehört wurde. Wenn Rushdie seinen aufsehenerregenden Roman *Midnight's Children* (1981) als das überfällige Korrektiv eines indischen Autors zur Darstellung Indiens im englischen Roman von Kipling über E.M. Forster bis zu Paul Scott versteht, so identifiziert er sich vor allem als Dritte-Welt-Autor mit der Devise von der konternden Literatur der nachkolonialen neuen Nationen des indischen Subkontinents, Schwarzafrikas und der Karibik. Die angezeigte Wende gilt prinzipiell aber auch für die teils weiter zurückreichenden Literaturen der früher etablierten, mehrheitlich weißen Nationen Kanada, Australien und Neuseeland, die im Zuge der internationalen Machtverschiebungen der Nachkriegszeit ebenfalls zu einer gefestigteren Selbständigkeit fanden.

Die Weltkarte englischer Varietäten

Obwohl die Stellung des Englischen als führende Weltsprache auf das fragwürdige Kolonialerbe Großbritanniens zurückgeht und durch die ebenso zweifelhafte hegemoniale Einflußnahme der USA verstärkt wird, hat die unumstößliche Tatsache, daß Englisch als Amtssprache in 37 Staaten verwandt wird und darüber hinaus als internationale Verkehrssprache dominiert, ihre offensichtlichen Vorteile für die literarische Produktion und Rezeption und setzt entsprechend ideologische Vorbehalte praktisch außer Kraft. Zudem sind aus der Verbreitung des Englischen in aller Welt die Abwandlungen des Canadian English, Westindian English, der African Englishes, des Indian English, Australian English und New Zealand English hervorgegangen, die als »Varietäten« neben dem englischen Standard inzwischen anerkannt werden und den neuen National- und Regionalliteraturen ihr eigenes stilistisches Gepräge geben können. Die Weltkarte des Englischen und der englischsprachigen Literatur hat sich seit den 50er Jahren merklich geändert; und alle Anzeichen sprechen dafür, daß die Expansion der englisch sprechenden Weltbevölkerung außerhalb Großbritanniens, Irlands und der USA auch eine globale Verlagerung und multikulturelle Auffächerung der

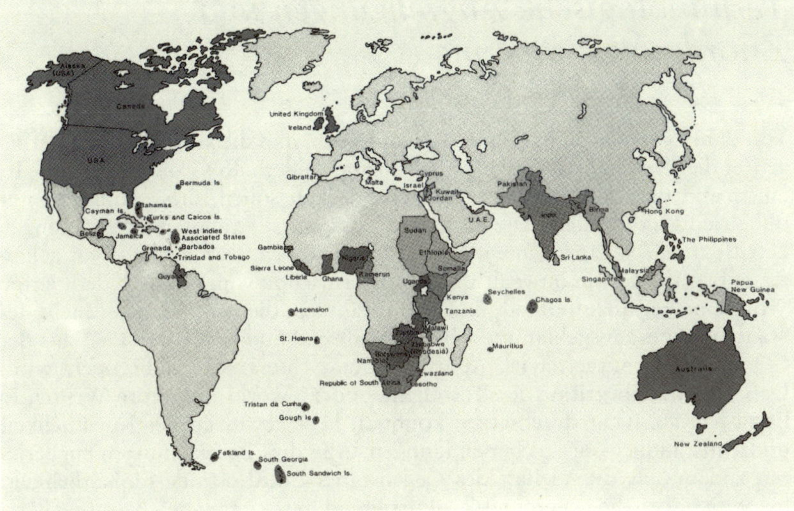

Die Verbreitung des Englischen als Weltsprache

anglophonen Literatur mit sich bringt. Die englische Sprache und Literatur, deren Einheit schon durch die amerikanischen und irischen Verselbständigungen nachhaltig relativiert worden war, hat durch den fortgeschrittenen Differenzierungsprozeß eine vollends neue Dimension erreicht.

Ethnische Minoritätenliteratur

Diese Entwicklung hat nicht zuletzt auf die Sprache und Literatur des Ursprungslandes angelsächsischer Kultur zurückgewirkt. Die Einwanderer, die während der Nachkriegszeit in Wellen vor allem vom indischen Subkontinent und aus der Karibik, aber auch aus anderen Ländern des Commonwealth nach Großbritannien gekommen sind, gehören als ethnische Minoritäten zum alltäglichen Erscheinungsbild der multikulturell sich verändernden Ballungsgebiete. Sie haben Varietäten eingeführt und eine minoritätenspezifische Literatur begründet. Entsprechende Abweichungen vom Standard English werden mit zunehmender Toleranz akzeptiert, und Werke der Minoritätenliteratur finden zum Teil sogar eine bevorzugte Beachtung. Namhafte zeitgenössische englische Autoren von Anthony Burgess bis Emma Tennant stimmen darin überein, daß zumindest in der Erzählliteratur die wegweisenden Impulse von Autoren wie Rushdie ausgehen, der ebenso als britischer Minoritätenautor wie als anglophoner indischer Autor angesehen werden kann, wenn nicht als kosmopolitischer Dritte-Welt-Autor. Es gibt hier offensichtliche Konvergenzen wie auch Parallelen zwischen den Literaturen. Das Aufkommen einer englischen Minoritätenliteratur erinnert an die weiter zurückreichende Literatur der ethnischen Minoritäten in den USA, die mittlerweile einen erheblichen Teil des nationalliterarischen Geschehens ausmacht. Eine ähnliche Entwicklung erfahren neuerdings die anderen ehemaligen Kolonien Großbritanniens mit überwiegend weißer Bevölkerung. In Kanada, Australien und Neuseeland bezeugt die Aktualität der von Ureinwohnern oder Immigranten verfaßten englischsprachigen Literatur vergleichbare Ansätze eines multikulturellen Selbstverständnisses. Daß solche Minoritätenliteraturen oft mehr Gemeinsamkeiten untereinander oder mit anderen Dritte-Welt-Literaturen haben als mit der jeweiligen »Hauptströmung« der einheimischen Literatur, verdeutlicht das komplexe Ausmaß des gesamten Differenzierungsprozesses anglophoner Literatur.

Terminologische Abgrenzungen und Zuordnungsprobleme

Problematik der Bezeichnungsvarianten

Von daher gesehen ist es kaum verwunderlich, daß die verfügbaren Oberbegriffe, die das englischsprachige Schrifttum außerhalb Großbritanniens, Irlands und der USA in seiner Gänze abdecken sollen, diese Funktion nur unbefriedigend erfüllen. Die Fragwürdigkeit der verwandten Bezeichnungen betrifft zum Teil ganz elementare Unstimmigkeiten. Der nach wie vor geläufigste Begriff »Commonwealth-Literatur« ist schon vom politisch definierten Wortsinne her unzutreffend, da Großbritannien, die verbindende Macht des Staatenbundes, ausgeklammert bleibt, während Südafrika, der 1961 aus der Gemeinschaft ausgetretene Apartheid-Staat, literarisch einbezogen wird. Daß Alternativbegriffe wie »Terranglia« oder »World Literature Written in English« sich nicht durchsetzen konnten, liegt gewiß an der Künstlichkeit und Umständlichkeit solcher Prägungen. Alle drei Bezeichnungen suggerieren zudem eine die Vielfalt des Gegenstandes verdeckende Einheitlichkeit. Insofern haben die neuerdings konkurrierend hinzugetretenen Begriffe »Post-Colonial Literatures« und »New English Literatures« schon den Vorzug der ausdrücklich angezeigten Pluralität. Doch auch hier bleiben entscheidende Begriffskomponenten einseitig oder mißverständlich: »post-kolonial« bezeichnet nicht nur die nachkoloniale Zeit, sondern ein seit der kolonialen Einflußnahme andauerndes Kontinuum und stellt die literarische Entwicklung weitgehend unter das Vorzeichen der Reaktion auf den Kolonialismus; »neu« kennzeichnet die Literaturen, die in durchaus unterschiedlichen Zeitspannen zu den etablierten Literaturen hinzugetreten sind und allenfalls in der verspäteten internationalen Rezeption zusammenrücken. Insgesamt mag der zuletzt angeführte Begriff der unverfänglichste sein. Wenn hier gleichwohl am Terminus der Commonwealth-Literatur festgehalten wird, so geschieht das durchaus im Bewußtsein seiner Behelfsmäßigkeit, zugleich jedoch im Hinblick darauf, daß er in der englischen Literaturkritik am gebräuchlichsten ist und im Rahmen einer Geschichte der englischen Literatur die – noch so ambivalenten – Beziehungen zu England und seiner Literatur präsent hält.

Die »Familie« des Commonwealth mit dem britischen Löwen am Ruder: Karikatur im *Punch* (1897)

Typologie der Siedlungskolonien/ Eroberungskolonien

Die Länder, um deren Literatur es geht, unterscheiden sich zum Teil deutlich in ihrer Beziehung zu Großbritannien und im Vergleich untereinander. Nach einer kolonialgeschichtlichen Typologie kann man hinsichtlich der Landesnatur, Bevölkerungsstruktur, Herrschaftsverhältnisse und kulturellen Tradition »Siedlungskolonien« und »Eroberungskolonien« voneinander abheben. Zu den Siedlungskolonien zählen Kanada, Australien und Neuseeland als Länder, die überwiegend von Europäern und zumal Briten besiedelt wurden. Während man dabei die Ureinwohner rücksichtslos dezimierte und verdrängte, verstand man die fremde Welt als großflächig unzivilisierten Leerraum, in den die angestammte Kultur – einschließlich der Muttersprache – zu verpflanzen war. Eine solche Transplantation gewährleistete eine beträchtliche Kontinuität, hatte aber anpassungsbedingte Mutationen zur Folge. Im Zusammenhang damit entstanden allmählich in der Ferne und Isolation selbständige Ansätze, die unter anderem zur relativ früh errungenen politischen Unabhängigkeit führten. Zu den Eroberungskolonien sind die Länder Schwarzafrikas und des indischen Subkontinents zu rechnen. Hier handelt es sich um Weltregionen, die von den Briten im Dienste der Handelskompanien ausgebeutet und im Namen des Empire zu großen Teilen

Die Inbesitznahme des australischen Kontinents durch das Hissen der britischen Flagge in der Bucht von Sidney 1788

vereinnahmt wurden, jedoch nicht dauerhaft beherrscht werden konnten. Die mehrheitlich einheimische Bevölkerung ließ sich zwar bis zu einem gewissen Grade und zumal in einer privilegierten Schicht beeinflussen, aber nicht in ihren Stammes- oder Hochkulturen völlig überfremden. Daraus ergaben sich besonders nachhaltige interkulturelle Konflikte, die nicht zuletzt das Dilemma konkurrierender Sprachen betreffen.

Gemischte Kolonietypen

Abgesehen von der eurozentrischen Begriffsproblematik, die im Falle der »Besiedlung« den Umstand der Marginalisierung oder gar Ausrottung ganzer Völker verschweigt, sind mit der Gegenüberstellung der Ländergruppen gewiß wichtige Unterschiede gerade auch im kulturellen Verhältnis zu Großbritannien markiert. Es gibt allerdings auch Weltregionen und Einzelstaaten, die sich nach den zugrundegelegten Kategorien nicht eindeutig typologisieren lassen. So vermischen sich in der Karibik und in Südafrika Züge der Siedlungs- und Eroberungskolonien. In beiden Fällen haben die europäischen Siedler die Ureinwohner ausgerottet, zerstreut oder unterdrückt und Massen von schwarzen Afrikanern und Südasiaten (vor allem Indern) als entwurzelte, versklavte oder abhängig bleibende Arbeitskräfte ins Land geholt, die heute zusammen mit den Mischlingen die große Mehrheit der Bevölkerung ausmachen. Der entscheidende Unterschied besteht darin, daß mit der Unabhängigkeit der karibischen Länder die Weißen ihre Vormachtstellung weitgehend einbüßten, während mit der Gründung der südafrikanischen Republik gerade die rassistische Repressivität der Weißen konsolidiert wurde. Da die Literatur Südafrikas durch direkte und indirekte Zensur gravierenden Kontrollen unterworfen ist, die den schwarzen Autoren das Schreiben noch ungleich schwerer machen als sozialkritischen weißen Schriftstellern, gibt es hier eine entsprechend disproportionale literarische Produktivität, die das Land näher an die »weißen« Literaturen der einstigen Siedlungskolonien als diejenigen Schwarzafrikas rückt. Die karibische Literatur hingegen läßt sich aufgrund der Dominanz von Autoren afrikanischer und indischer Herkunft und des Entwicklungsstands der Region am sinnvollsten der Dritten Welt zuordnen.

Die Bezeichnung Dritte Welt ist als neutraler Sammelbegriff für die Ent-

Aus Indien angeworbene Vertragsarbeiter bei der Kakaoernte auf Trinidad

Literatur der Dritten Welt

wicklungsländer Afrikas, Asiens und Lateinamerikas zu verstehen. Abschätzige Assoziationen etwa der Drittrangigkeit verbieten sich, da der Ausdruck auf die Positionsbestimmung der betroffenen Nationen selber zurückgeht, die sich seit Mitte der 50er Jahre gegen die Fortsetzung kolonialistischer Tendenzen von seiten der Industrienationen formierten und gegenüber dem Ost-West-Konflikt der Supermächte und ihrer Einflußsphären einen separaten Block bildeten. Auch wenn die politischen Verhältnisse sich seitdem auf beiden Seiten der Nord-Süd-Achse erheblich verändert haben, bleibt doch die für die Dritte Welt negative Grundlage des weltwirtschaftlichen Gefälles mit seinen soziokulturellen Konsequenzen bestehen. Die Länder der Dritten Welt tragen eben nicht zuletzt die Erblast der Eroberungskolonien, im Unterschied zu den einstigen Siedlungskolonien, die heute zu den reichsten Ländern der Welt gehören. Das englischsprachige Schrifttum macht zwar nur einen Teil der Dritte-Welt-Literatur aus, vermittelt aber von Zentralamerika bis Ozeanien ein vielseitig repräsentatives Bild. Im übrigen bietet sich die Rubrik der Dritte-Welt-Literatur für die hier vorgenommene zeitliche Eingrenzung an, da die Literatur der betreffenden Länder auf breiterer Basis erst in den 50er Jahren einsetzt. Schon aus Gründen der Vergleichsmöglichkeiten, aber auch nach Maßstäben einer gleichzeitig erreichten neuen Qualität soll auch die Literatur der einstigen Siedlungskolonien im wesentlichen nur für diesen Zeitraum behandelt werden.

Autorenzuordnung

Die literarische Zuordnung einzelner Autoren ist oft noch viel schwieriger als die Klassifizierung der Literaturen. Die Personalien des Schriftstellers, die geographischen, sozialen und kulturellen Gegebenheiten seiner Herkunft und seines Werdegangs, prägen auch sein literarisches Selbstverständnis. Dies kommt in der Wahl der Werksprache, der Konzentration auf Themen, Schauplätze und Figuren sowie der Bevorzugung von Gattungen und Schreibweisen zum Ausdruck und wird durch Abhängigkeiten vom Literaturbetrieb, den Publikationsbedingungen und den Rezeptionsmöglichkeiten, beeinflußt. Unter den Autoren aus der Dritten Welt, aber auch aus den ehemaligen Siedlungskolonien gibt es eine besonders große Anzahl von »expatriates«, die durch die kulturelle Beschränktheit oder die politische Unfreiheit des eigenen Landes nach England oder Nordamerika ins Exil getrieben wurden. Je dauerhafter ein solcher Aufenthalt ist, desto nachdrücklicher stellt sich die Frage nach der (inter)nationalen Identität und der entsprechend literarischen Einordnung des Autors.

Autoren im Exil

Wie andere Australier hat Peter Porter die philiströse Heimat während der Nachkriegsjahre verlassen und sich einer Kulturmetropole wie London zugewandt, um die dortige Szene als faszinierter und distanzierter Zeitkommentator zu behandeln. Spielt dabei die Warte des Zugewanderten eine Rolle, so wird man ihn doch eher der englischen Literatur zurechnen als etwa V.S. Naipaul, der einer indischen Familie in Trinidad entstammt und wie die Mehrzahl der karibischen Autoren während der 50er Jahre nach England ging, wo er bessere literarische Entfaltungsmöglichkeiten vorfand als auf seiner Heimatinsel, gleichwohl aber die Karibik als thematische Bezugskonstante beibehielt. Darüber hinaus hat Naipaul sich vor allem mit Indien und Afrika beschäftigt, so daß er am besten als kosmopolitischer Dritte-Welt-Autor einzustufen ist. Bei anderen karibischen Autoren wie George Lamming und Sam Selvon, die stärker die Immigrantensituation ihrer Minderheitengruppe in England miteinbeziehen, ergibt sich – wie schon im Falle des Inders Rushdie – die Fraglichkeit der Zuordnung zur englischen Minoritätenliteratur oder der Literatur des Herkunftslandes. Ethnische, kulturelle und regionale Loyalitäten können dabei eine konfliktreiche Rolle spielen. Wenn E.K. Brathwaite als karibischer Schwarzer die Autoren-Emigration als endgültige Entwurzelung ablehnt und die konsequente »Kreolisierung« der einheimischen Kultur durch die Rückbesinnung auf das afrikanische Erbe fordert, so vertritt Derek Walcott als karibischer Mulatte, der abwechselnd in den USA und der Karibik lebt, die unvermeidliche Doppelverpflichtung gegenüber der schwarzen wie der weißen Tradition. Als politisch Verfolgte sind vor allem afrikanische Autoren ins Exil nach England oder Amerika gegangen. Dies betrifft nicht nur Apartheids-Gegner wie die »Farbigen« Dennis Brutus und Alex LaGuma, die seit 1961 bzw. 1966 außerhalb Südafrikas den Kampf gegen das Regime fortsetzen, sondern auch Kritiker totalitärer Systeme in Schwarzafrika wie Ngugi wa Thiong'o, der seit 1982 außerhalb Kenias den Widerstand gegen den einheimischen Neokolonialismus fortführt. Alle drei Autoren sind auch insofern exemplarische Fälle, als sie zuvor die Opfer willkürlicher Inhaftierungen gewesen waren.

Interkulturelle Vernetzung

Wie immer die Wanderbewegungen und langjährigen Auslandsaufenthalte solcher Autoren motiviert sein mögen, sie ergeben interkulturelle Kontakte zwischen einzelnen Autoren und Literaturen. Im übrigen zeichnen sich dabei aufschlußreiche Routen und Wegenetze ab. So sind zahlreiche karibische Autoren nach England ausgewandert, wo sie sich – einzeln und als Gruppe – überhaupt erst literarisch etablieren konnten, und haben dann vielfach ihre Wurzeln in Afrika oder Indien gesucht, bevor sie nach England oder in die Karibik zurückgekehrt sind oder sich der neuen Einwanderungswelle nach Kanada angeschlossen haben. Sind mit solchen Stationen besonders komplizierte Identitätsprobleme verknüpft, so schaffen sie doch zugleich neuartige Vernetzungen einer englischsprachigen Weltliteratur, wobei sich die Bezugslinien von der einseitigen Tradition des Verhältnisses von Kolonialmacht und Kolonie deutlich verlagern.

Kulturelle Determinanten und historischer Hintergrund

Geographische Gegebenheiten

Bestimmte kulturelle Dispositionen der gruppierten Länder sind schon von den geographischen Gegebenheiten her erklärbar. Eine auffällige Gemeinsamkeit der ehemaligen Siedlungskolonien findet sich in der Konzentration von mehr als drei Vierteln der Bevölkerung in urbanisierten Randzonen: im Grenzgebiet – vor allem des Südostens – von Kanada zu den USA, an der Südost- und teils der Südwestküste Australiens, an der Küste vorwiegend der Nordinsel Neuseelands. Diese Plazierung legt die ausgeprägte Polarität von Zivilisationssaum und wild-ödem Landesinneren samt den Paradoxien von kontinentalem Zentrum und Peripherie nahe, die in Kanada und Australien immer wieder Anstöße zur archetypischen Projektion in der Literatur gegeben hat. Der Sachverhalt erklärt zugleich – zusammen mit einem betont egalitären Gesellschaftsbild – das Hervortreten des konformistischen Suburbia-Milieus in Australien und Neuseeland, das besonders massiv zur literarischen Auseinandersetzung herausfordert. Außerdem hat sich in Australien und Neuseeland aufgrund der Lage am »anderen« Ende der Welt ein Antipoden-Bewußtsein herausgebildet, das häufig in literarische Konstellationsmuster eingeht. Alle drei Aspekte spielen etwa in Patrick Whites Erzählwerk eine wesentliche Rolle. In den Ländern der Dritten Welt ist die Bevölkerung gleichmäßiger verteilt: Nimmt man die beiden größten – Indien und Nigeria – als Beispiel, so leben über zwei Drittel auf dem Lande und von der Landwirtschaft. Gleichwohl treten hier die Gegensätze zwischen den städtischen Zentren und dem Hinterland noch krasser hervor, da die Extreme der vordringenden modernen Welt und einer bodenständig überkommenen archaischen Welt aufeinanderprallen. Der traditionsreiche Stadt-Land-Kontrast der Literatur bekommt in diesem Zusammenhang neues Gewicht, wenngleich mit der Einschränkung, daß die meisten indischen und afrikanischen Auto-

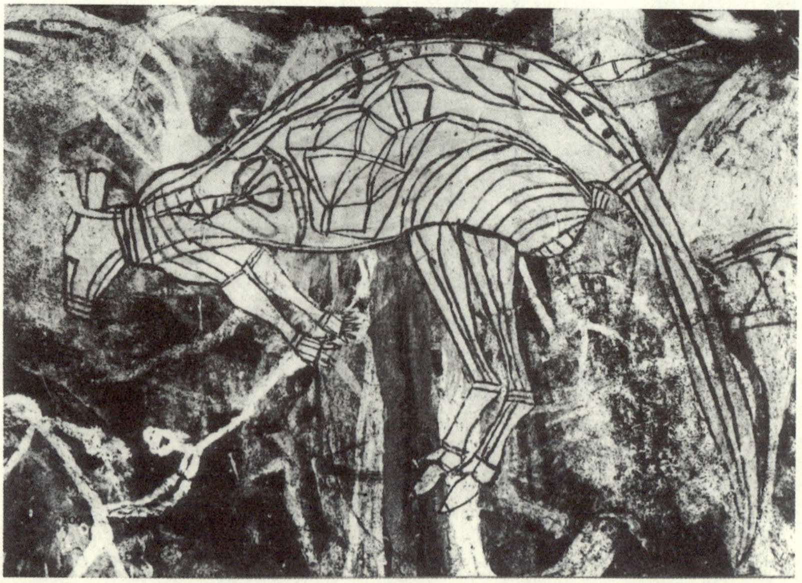

Känguruh-Höhlengemälde der Aborigines im typischen »Röntgen«-Stil ren zwangsläufig eher die Perspektive der eigenen urbanen Minderheit zugrundelegen als die der Landbevölkerung. Die geographische Lage der englischsprachigen Karibik ist in erster Linie durch die Isolation der verstreuten kleinen Insel- und Küstenstaaten gekennzeichnet. Sie hat das Aufkommen eines pankaribischen Bewußtseins, das eher unter dem Solidaritätsdruck des englischen Exils zustandekam, erschwert und Autoren wie Lamming und Walcott zu charakteristischen Strukturmustern und Symbolkomplexen inspiriert (Schiffsreise als Quest, Inseldasein des »Schiffbrüchigen«). Die geographische wie soziale Isolation gibt allerdings auch immer wieder Anstöße zu Sammelbewegungen der Autoren: von den Bemühungen um ein panafrikanisches Traditionsbewußtsein auf dem schwarzen Kontinent bis zur Formation einer die Ureinwohner des australasiatischen Raums umfassenden »South Pacific Literature«.

Soziale Faktoren

Soziale Gegebenheiten bestimmen noch offensichtlicher die kulturellen Grundtendenzen dieser Länder. In den Siedlungskolonien liegt die Vorherrschaft bei Weißen teils so divergierender Herkunft, daß tiefgehende Konflikte nicht ausbleiben konnten. Kanada ist intern eine durch die »two solitudes« der Anglo-Kanadier und der Franko-Kanadier von der Spaltung bedrohte Nation und extern ein durch den – gerade im Medienzeitalter – übermächtigen Einfluß des Nachbarn USA bedrängtes Land. Südafrika befindet sich in der Hand einer Minderheit untereinander rivalisierender »Buren« und Nachkommen der Engländer, die in der Diskriminierung der Nicht-Weißen vereint sind. Aus dieser Zweisprachigkeit erwächst das Nebeneinander von Literatursprachen, die das Konzept einer Nationalliteratur in Frage stellen. In Australien hat das starke Kontingent irischer Einwanderer neben der Mehrheit englischer Herkunft eine spezifische Kulturtradition »anglokeltischer« Mischung geschaffen, auch wenn hier die Sprache im wesentlichen die gleiche ist. Eine Besonderheit der ethnischen Zusammensetzung Neuseelands stellt der Anteil der Maori von über acht Prozent an der Bevölkerung dar, der im Vergleich zur verschwindenden Minderheit der weniger als ein Prozent ausmachenden Ureinwohner Kanadas und Australiens das entsprechend stärkere Hervortreten dieser Gruppe unter den Autoren erklärt. In der Dritten Welt und in Südafrika unterscheidet sich die ethnische Situation durch die umgekehrten Mehrheitsverhältnisse. Schwarzafrika und der indische Subkontinent sind Vielvölkerregionen, die sich in – teilweise überlagerte – Kulturräume diverser Sprachen, Religionen, Gebräuche und anderer Traditionen aufgliedern, eine hohe Analphabetenquote aufweisen und durch die Mündlichkeit herkömmlicher Verständigungs- und Überlieferungsformen oder die Kommunikationsmethoden der modernen Medien geprägt sind. Sie haben eine nur wenige Prozente der Bevölkerung ausmachende privilegierte Schicht hervorgebracht, die das Englische als Zweitsprache so weit beherrscht, daß sie zum Kreis potentieller Autoren und Leser anglophoner Literatur gehört. Deutliche Unterschiede zwischen beiden Regionen bestehen darin, daß die britische Kolonisierung Afrikas insgesamt befristeter und weniger flächendeckend war als die des indischen Subkontinents, der allerdings aufgrund der jahrtausendealten Tradition einer aufnahme- und wandlungsfähigen Hochkultur die Überfremdungsphase leichter verarbeiten konnte. Dies erklärt wohl auch den Umstand, daß in Afrika das Problem der Sprachenwahl heftiger diskutiert und die literarische Wiederbelebung der mündlichen Tradition nachhaltiger vertreten wird als in Indien. Hinzu kommt, daß Indien über eine breitere und ältere schriftsprachliche Überlieferung verfügt als Afrika, wo das im Osten verbreitete Kisuaheli, eine der wenigen einheimischen Schriftsprachen des Kontinents, zum

Englischen als übernationale Verkehrssprache eine Alternative bildet, während der bevölkerungsreiche Westen Afrikas muttersprachlich so zersplittert ist, daß selbst innerhalb ein und derselben Nation auf das Englische als *lingua franca* kaum verzichtet werden kann. In der Karibik und in Südafrika liegen die Dinge insofern ganz anders, als hier die besonders entwurzelte oder unterdrückte Mehrheit der Bevölkerung die angestammte Kultur nur rudimentär erhalten konnte bzw. an der herrschenden Kultur nur restriktiv teilhaben durfte. Sprachlich gibt es für karibische Autoren keine Alternative zum anverwandelten Englischen; und für die diskriminierten Schwarzen, Farbigen und Asiaten unter den südafrikanischen Autoren ist die Verwendung von Englisch oder Afrikaans ein zur Kommunikation zwischen den Gruppen notwendiges, doch als Sprache der Unterdrücker aufgezwungenes, somit besonders fragwürdiges Medium. Die nicht-weißen Literaturen der Karibik und Südafrikas leiden am Mangel einer – weitgehend verlorengegangenen oder nie recht zustandegekommenen – Kontinuität der Entwicklung.

Historischer Hintergrund

Zur entscheidenden Entkolonisierungsphase, der Auflösung des British Empire und dessen Überführung in das Commonwealth of Nations, kam es im Gefolge des Zweiten Weltkriegs. Die politische und ökonomische Schwächung Großbritanniens, der zunehmende Einfluß der neuen Supermacht USA, der verstärkte Unabhängigkeitsanspruch der in den Krieg hineingezogenen Kolonien, eine immer mehr Länder erfassende industrielle, urbane »Modernisierung« sowie eine imperialistischen Neigungen entgegenstehende Weltmeinung – all dies waren Faktoren, die diesen Prozeß beschleunigten. Nachdem die alten Siedlungskolonien schrittweise und in der politischen Praxis weitgehend schon zu Beginn des Jahrhunderts unabhängig geworden waren, erreichte nun auch die Vielzahl der übrigen Kolonialländer die nationale Eigenständigkeit: Indien 1947, Ghana 1957, weitere afrikanische Länder in den 60er Jahren, die karibischen Länder seit 1962. Allerdings treten viele der neuen Nationen schon durch die Festlegung der meist kolonialgeschichtlich vorgegebenen Grenzen ein schwieriges Erbe an. Die Staatsgründungen zeitigten im Vorfeld oder in der Folge blutige Konflikte wie den zur Landesteilung führenden Gegensatz zwischen Hindus und Moslems in Indien, die Mau Mau-Unruhen in Kenia oder den Bürgerkrieg in Nigeria. Die Entwicklung zur vollen politischen Unabhängigkeit ging mit einer nachdrücklicheren Motivation auch zur kulturellen Eigenständigkeit einher, und zwar nicht nur in den neuen Nationen der Dritten Welt, die den gesamten Prozeß relativ

Widerstand gegen die britische Kolonialherrschaft in Indien: Gemetzel während der »großen Meuterei« von 1857; Mahatma Gandhis gewaltlose Kampagne

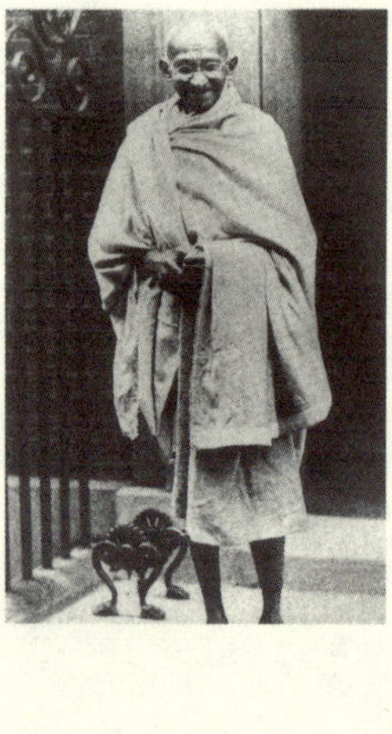

abrupt erlebten, sondern auch in etablierteren Nationen wie Kanada und Australien, die schon im ausgehenden 19. Jahrhundert einen nationalliterarisch bedeutenden Entwicklungsschub erfahren hatten (»Confederation Poets«, *Bulletin*-Gruppe), seit den 50er Jahren aber erneut und gründlicher als je zuvor die nationalkulturelle Identität zu bestimmen versuchten. Dies ist auch insofern eine das Commonwealth verbindende Tendenz, als die überfällige Befreiung aus der Abhängigkeit von Großbritannien den verstärkten Einfluß der USA nach sich zog, die als führende Industrienation und Supermacht weltweite Interessen verfolgten und als englischsprachiges Vorbild eines hohen Lebensstandards und modernen Lebensstils vielversprechende Orientierung boten. Daraus ergaben sich vielfach andere Unselbständigkeiten, die etwa in der einseitigen Industrialisierung von Dritte-Welt-Ländern, der politischen Vereinnahmung im westlichen Lager des Kalten Krieges und einer weltweit sich ausbreitenden, zweifelhaften »Amerikanisierung« zutage traten. Aus den USA kamen zugleich aber auch die kräftigsten Anstöße zu Gegenbewegungen, die sich im internen Widerstand formiert hatten und vielerorts entsprechende Entwicklungen auslösten. Dem Civil Rights Movement folgten andere Protestbewegungen gegen die bürgerrechtliche Benachteiligung ethnischer Minoritäten; das Black Power Movement bestärkte die Schwarzen Afrikas und der karibischen Diaspora in einem neuen Selbstwert- und Zusammengehörigkeitsgefühl; das Women's Lib Movement fand in zahlreichen Ländern Nachfolgeorganisationen zur Frauenemanzipation, und der evolutionäre Zeitgeist der freizügigen, pluralistischen 60er Jahre bewirkte auch in anderen Gesellschaften mit vergleichbaren Wertsystemen und Verhaltenskonventionen (zumal puritanischen Erbes) einen merklichen Wandel der Sitten und des Lebensstils. Wenn die politische, ökonomische Hegemonie der USA für viele Dritte-Welt-Länder auf eine Fortsetzung der kolonialistischen Fremdbestimmung hinauslief, so waren sie allerdings nicht minder von der Korruptionserscheinung eines einheimischen Neokolonialismus betroffen, der auch im notorischen Wechsel der Militärregimes diverser schwarzafrikanischer Staaten nur allzu offenkundig geworden ist.

Literarhistorische Entwicklungstendenzen und Bedingungen des Literaturbetriebs

Grundmuster der literarischen Emanzipation

Die zeitgeschichtlichen Veränderungen haben sich unübersehbar auf die Literatur ausgewirkt. Die hervortretenden Autorengruppen und thematischen Schwerpunkte, aber auch die Bevorzugung bestimmter ästhetischer Konzepte und formaler Methoden verdeutlichen diesen Zusammenhang. Vor allen Dingen zeigt sich das jedoch an den literarhistorischen Übergängen von der weithin abhängigen Kolonialliteratur zur maßgeblich eigenständigen Nationalliteratur und weiter zur international offenen, sich neu formierenden Weltliteratur. Im Frühstadium der nationalliterarischen Entfaltung stehen Fragen der individuellen, sozialen und nationalen Identität im Zentrum, die von persönlichen wie gesamtgesellschaftlichen Ansätzen her thematisiert und in den realistischen Konventionen des – oft autobiographischen – Entwicklungsromans, der Familien- und Lokalchronik und der zeitgeschichtlichen Synopse dargestellt werden, wobei symbolische Züge das Geschehen in einen allgemein menschlichen Zusammenhang rücken können. Diese

Grundtendenz verbindet sich in den Siedlerländern mit einer Erkundung des Landesganzen oder der heimischen Region im Sinne der geistigen Inbesitznahme und in den Dritte-Welt-Ländern mit einer revisionistischen Aufarbeitung der Kolonialgeschichte im Sinne der Wiederaneignung einer freigesetzten Vergangenheit. In beiden Fällen bemühte man sich intensiv um die literarische Erschließung, Wiederbelebung und Weiterentwicklung bodenständiger folkloristischer Traditionen. Nach Anfängen einer eigenständigen Neuorientierung, die das kulturelle Nationalbewußtsein stärkte und Aussichten auf eine kreative Zukunft eröffnete, setzten sich seit den 60er Jahren eine radikalisierte Gesellschaftskritik und eine grundlegend relativierte Weltsicht durch – Denkweisen, die unter anderem mit der Desillusionierung über die Fehlentwicklung der Dritte-Welt-Nationen und der postmodernen Verunsicherung des Realitätsverständnisses zusammenhängen. Diese Umorientierung schlägt sich literarisch in der verstärkten Einbeziehung satirischer Schreibweisen, allegorischer Verschlüsselungen, phantastischer Erzählformen, fragmentarischer Kompositionsmethoden, parodistischer Züge und des erweiterten Sprachregisters nieder. Im Verlaufe dieser Entwicklung nahmen manche neueren Autoren von den kollektiven Problemen Abstand und wandten sich überschaubareren Umweltausschnitten, wenn nicht ganz der Privatsphäre zu. Dies gilt selbst für Afrika, wo das traditionelle Literaturverständnis fester gemeinschaftsgebunden ist als in den Siedlerländern, in denen sich schon früher ein individualpsychologisches Interesse herausgebildet hatte. Im übrigen nahmen Autoren häufiger auch einfach das Recht in Anspruch, nach anderen Merkmalskriterien zu schreiben und aufgenommen zu werden als solchen der nationalliterarischen Signatur. All diese Entwicklungen sind freilich nur tendentiell repräsentativ, überlagern sich vielfach und entziehen sich einer weitergehenden Schematisierung.

Literarische Einflüsse

Die Literatur der Siedlerländer entwickelte sich, von den Werken der Ureinwohner abgesehen, im kontinuierlichen Rückbezug auf die englische Literatur, die schrittweise in die Richtung eigener Neuansätze modifiziert wurde. Die Literatur der Dritte-Welt-Länder mußte sich hingegen teilweise unter Verleugnung einheimischer Traditionen an englischen Vorbildern orientieren, da etwa die bodenständigen Erzählformen wenig gemein hatten mit der in der abendländischen Welt dominanten und auch hier bevorzugt eingeführten Gattung des Romans. In beiden Fällen wurde der Roman vor allem in der großen englischen Tradition des sozialen Realismus gepflegt. Die Lyrik war weniger stark auf die englischen Modelle ausgerichtet und hatte – unter anderem im Rückgriff auf autochthone mündliche Überlieferung – früher die Möglichkeit zur Innovation, war andererseits aber noch abhängiger vom internationalen Buchmarkt und den dort geltenden Geschmackskriterien. Das Drama entwickelte sich in den meisten Literaturen schon deswegen mit der größten Verzögerung, weil vielerorts erst in neuester Zeit die institutionellen Voraussetzungen eines Theaterlebens geschaffen worden sind. (Am ehesten bildet in dieser Hinsicht Afrika mit seinen Universitäts-, Werkstatt- und Wanderbühnen eine Ausnahme.) Die auffällige Tatsache, daß die Kurzgeschichte besonders in den Siedlerländern floriert, läßt sich wohl auf die kontinuierliche Entwicklung und die früher einsetzenden Einflüsse der amerikanischen und irischen Literatur zurückführen. Generell hat die amerikanische Literatur von Mark Twains volkstümlich sozialkritischer Fabulierkunst bis zur Experimentalprosa der Postmoderne nachhaltiger auf die Literatur der Siedlerländer eingewirkt, während die irische – teils auch die russische – Literatur besonders häufig in der Literatur der Dritten Welt als richtungsweisend angesehen wird (Yeats ist der wohl überhaupt am häufigsten zitierte Autor). In beiden Fällen ergeben sich die Einflußlinien schon aus einer Affinität der jeweiligen Landesverhältnisse. Die amerikanischen Einflüsse sind unverkennbar etwa bei dem Kanadier Robert Kroetsch oder den Australiern Frank Moorhouse und Peter Carey, die irischen sind ebenso offensichtlich etwa bei dem Inder Mulk Raj Anand oder dem Nigerianer Wole Soyinka. Im Unterschied zu den Literaturen der anderen ehemaligen Kolonien Großbritanniens hat die englische Literatur selber nicht nur stimulierend, sondern auch provozierend gewirkt. Letzteres gilt namentlich für Werke des Kanons von Shakespeares *The Tempest* (1611) bis zu Conrads *Heart of Darkness* (1902) oder Kiplings *Kim* (1901), die sich in perspektivischer Voreingenommenheit mit den Territorien der betroffenen Länder beschäftigen und entsprechend als kolonialistische Paradigmen uminterpretiert oder in Alternativversionen umgeschrieben worden sind. Gegenüber den Fremdeinflüssen bemühten sich die Autoren um die (Wieder-)Entdeckung und Verarbeitung autochthoner Traditionen, die in Indien und Afrika infolge des großen Fundus an mythopoetischer, epischer oder sprachritueller Überlieferungen verfügbar waren und in den Siedlerländern sich in der Form der eigentümlichen Pionier-Folklore anboten. Ein deutliches Anzeichen für die nationale Konsolidierung einer Literatur kann man dem Umstand entnehmen, daß Autoren sich auf einheimische Vorläufer oder motivische und methodische Konventionen zurückbeziehen. Margaret Atwoods Gedichtzyklus *The Journals of Susanna Moodie* (1970) entwirft anhand einer Autorin der Pionierzeit ein Bild der bis heute andauernden kanadischen Obsessionen; Witi Ihimaeras Kurzgeschichtenband *Dear Miss Mansfield* (1989) zollt der wegweisenden Erzählerin Neuseelands einen literarischen Tribut, indem er einige ihrer Geschichten gleichsam fortschreibt; Murray Bail, Moorhouse und andere australische Autoren setzen sich in parodistisch-satirischen Variationen mit Henry Lawsons Kurzgeschichte »The Drover's Wife« (1893)

Verschiebungen im literarischen Kanon

Russell Drysdales Gemälde »The Drover's Wife«: Rückbezug auf Lawson, Vorlage für Bail auseinander, einem Klassiker der *Bulletin*-Gruppe, der maßgeblich zur Mythisierung des Buschs beigetragen hat.

Konditionen des Literaturbetriebs

Die im Zuge der politischen Unabhängigkeit nachdrücklicher eingeforderte literarische Eigenständigkeit stößt oft schon bei den Rahmenbedingungen des Literaturbetriebs an Grenzen, die auch über die kolonialgeschichtliche Zeit hinaus bestimmend bleiben können. Weltbekannte Autoren der Siedlerländer von Katherine Mansfield bis Patrick White haben sich ihren Namen außerhalb ihrer Heimatländer gemacht. Wegbereiter des realistischen indischen Romans wie Anand und R.K. Narayan oder der phantastischen afrikanischen Erzählung wie Amos Tutuola haben allein durch die Fürsprache britischer Autoritäten wie E.M. Forster, Graham Greene und Dylan Thomas den Durchbruch geschafft, der dann ihre frühen Werke zu Welterfolgen machte. So wurde Anands Erstlingswerk *Untouchable* von 19 Verlagen abgelehnt, bevor es 1935 mit Forsters Vorwort erscheinen konnte; inzwischen ist der Roman wie der nachfolgende *Coolie* (1936) in Dutzende von Sprachen übersetzt worden, hat eine Gesamtauflage von über 10 Millionen erreicht und dürfte damit der Spitzenreiter unter den Bestsellern der Commonwealth-Literatur sein. Solche Fälle sind symptomatisch für die in Europa und den USA konzentrierten Institutionen des Publikationswesens und der rezeptionssteuernden Literaturkritik.

Institutionelle Förderung / Einschränkung

Erst seit den 50er Jahren zeichnet sich ein Dezentralisierungsprozeß zugunsten einer Gleichberechtigung der anderen englischsprachigen Länder ab. Zwar wird noch immer ein Großteil der karibischen und schwarzafrikanischen Literatur durch Londoner Verlage wie Heinemann und Longman in speziellen Reihen veröffentlicht (»African Writers Series«, »Caribbean Writers Series«, »Longman Caribbean«), doch haben sich in den übrigen Ländern neben den – zunehmend selbständigen – Niederlassungen britischer Verlage auch neugegründete einheimische Verlage durchsetzen können. Darüber hinaus wird die national- und regionalliterarische Produktion und Rezeption der Literatur durch Einrichtungen vielfältiger Art gefördert: durch staatliche Kulturinstitutionen wie Indiens Sahitja Akademi (seit 1954), den Canada Council (seit 1957) oder den Australia Council (seit 1967); Zeitschriften wie *Meanjin* (seit 1940) in Australien, *Black Orpheus* (seit 1957) in Afrika oder *Canadian Literature* (seit 1959); Rundfunkserien wie »Caribbean Voices« (1945–58), allerdings wiederum der BBC, oder die kanadische »Anthology« der CBC (seit 1953); ein in jüngster Zeit stark aufgefächertes Angebot an Anthologien, Literaturgeschichten und Monographien; Literaturfestivals und Konferenzen von Autorenorganisationen; die – wenngleich zögerliche – Berücksichtigung der einheimischen Literatur im anglistischen Lehrplan der Universitäten. Gleichwohl standen einer freien Literaturentfaltung auch weiterhin Einschränkungen entgegen. Kanadische Autoren finden sich immer wieder der Sogwirkung des Literatur- und Medienmarktes der USA ausgeliefert. Eine ganze Generation wegweisender karibischer Autoren blieb auf Großbritannien als Umschlagplatz nicht nur in verlegerischer Hinsicht angewiesen. Die Entstehung und Veröffentlichung von Werken inhaftierter Afrikaner wurde oft nur unter abenteuerlichen Umständen möglich: Ngugi schmuggelte teilweise das Manuskript von *Devil on the Cross* (1982), auf Toilettenpapier geschrieben und in einer Bibel versteckt, nach draußen. Eine besonders rigide Zensur nach kodifizierten Kriterien der Obszönität, Blasphemie, aber auch des politischen Radikalismus erschwerte in Australien bis weit in die 60er Jahre hinein eine vergleichbaren Ländern entsprechende Freiheit des Ausdrucks, die dann mit der Lockerung der Zensur in den 70er Jahren eine literarische Erneuerungswelle ermöglichte. Die Autoren müssen sich auf solche internationale und nationale Sachzwänge des englischsprachigen Literaturbetriebs einstellen, während sie zugleich und oft im Widerspruch zu diesen Gegebenheiten dem nationalen oder persönlichen Eigenständigkeitsbedürfnis Geltung zu verschaffen suchen. Fragen, mit denen sie sich in diesem Zusammenhang grundsätzlich konfrontiert finden, betreffen das wünschenswerte oder aufgezwängte, einheimische oder ausländische Zielpublikum und die zwischen den Alternativen sich ergebenden Kompromisse. Zuallererst steht dabei die Entscheidung über die zugrundegelegte Sprache an.

Aspekte der Sprachenwahl und varietätenspezifischen Stilisierung

Die Wahl der Sprache wird besonders bei mehrsprachigen Autoren Schwarzafrikas und Indiens zum Problem, wenn sie sich um Eigenständigkeit bemühen, jedoch auf ihre Muttersprache verzichten und die historisch vorbelastete Zweitsprache Englisch verwenden. Prototypisch für die Situation des afrikanischen Autors sind Chinua Achebes poetologische Essays in dem Sammelband *Morning Yet on Creation Day* (1975) und die daraus sich ergebenden praktischen Konsequenzen. Die Bevorzugung des Englischen gegenüber einer der einheimischen Stammessprache begründet er dort mit dem Tatbestand, daß neue Nationen wie Nigeria aus dem britischen Empire hervorgegangen sind, das unterschiedliche Völker zusammengezwungen hat. So entwürdigend die koloniale Vergangenheit war, sie hat doch auch kulturellen Gewinn gebracht, und dazu gehört nicht zuletzt die englische Sprache als Verständigungsmittel auf nationaler, kontinentaler und globaler Ebene. Der schwarze Schriftsteller sieht allerdings auch die Gefahr der Übernahme sprachimmanenter weißer Denkmuster. Bei der Verwendung des Englischen zu eigenständigen Zwecken kommt es entscheidend auf das Wie der Anverwandlung an. Achebe plädiert für einen Stil, der die Grenzen des Englischen so weit dehnt, daß er die Sprache zur Andeutung afrikanischer Besonderheiten tauglich macht und sie dadurch zugleich bereichert, ohne eine Verselbständigung zu forcieren, die als »schlechtes« Englisch abgestempelt werden könnte. Was ihm vorschwebt, ist also eine prekäre Balance im kompetenten Gebrauch der aus der Fremde übernommenen und ihrerseits einheimisch verfremdeten Sprache. In der Praxis seines einflußreichen Erstlingswerks *Things Fall Apart* (1958) über den Wandel eines Ibo-Dorfs während der frühkolonialen Zeit läuft dies auf eine Kombination sprachlicher Grundzüge und stilistischer Einzeleffekte hinaus: die durchgängige Bevorzugung eines einfachen Vokabulars und parataktischen Satzbaus, den wiederkehrenden Einsatz charakteristischer Ibo-Wörter und Wendungen, die Häufung bodenständiger Naturvergleiche und sprichwörtlicher Redensarten (nach der Devise »proverbs are the palm-oil by which words are eaten«), die ausgiebige Einbeziehung folkloristischen Materials in der Form eingelegter Erzählungen oder Zeremoniebeschreibungen und die gezielte Plazierung sprachlicher Verfremdungseffekte, die unvertraute Merkmale der weißen Eindringlinge in eigentümlichen Umschreibungen veranschaulichen.

Achebes exemplarische Einstellung zur Sprache

Eine wesentlich radikalere Einstellung zur »Sprachenpolitik« in der afrikanischen Literatur entwickelt Ngugi in dem Essayband *Decolonizing the Mind* (1986), in dem er seine bereits früher formulierte Kritik systematisch

Ngugi fordert die Demaskierung des Kolonialerbes und die Freisetzung eines afrikanischen Bewußtseins.

und konsequent ausarbeitet. Er betont die prinzipiell weltbildprägende Struktur der Sprache und wendet sich gegen die bevormundende Überfremdung Afrikas durch das Englische als Medium des historischen Imperialismus, der im gegenwärtigen Neokolonialismus fortwirkt und sozusagen nur die Hautfarbe gewechselt hat. Als sozialistisch engagierter afrikanischer Schriftsteller fordert Ngugi die endgültige Entkolonisierung des Denkens und – in letzter Konsequenz – die Befreiung von der systemerhaltenden imperialistischen Sprache. Statt dessen befürwortet er die Erneuerung »afrozentrischer«, basisdemokratischer Denkweisen auf der Grundlage der einheimischen Sprachen und in der Besinnung auf die bodenständige mündliche Überlieferung. Nur so sind die betroffenen Massen der eigenen Bevölkerung zu erreichen, die für ihn primär das Zielpublikum bilden. Folgerichtig hat Ngugi sich auch in der Schreibpraxis ganz vom Englischen abgewandt. Eine aufschlußreiche Erfahrung hat dabei eine motivierende Rolle gespielt. In einem in seiner Muttersprache Kikuyu verfaßten, politischen Volksstück forderte er 1977 die Staatsgewalt heraus, die ihn der Anstiftung zum sozialen Unfrieden bezichtigte, während der gleichzeitig erschienene, nicht minder politische Roman *Petals of Blood* offenbar wegen der sprachbedingten Publikumsbegrenzung als weniger staatsgefährdend angesehen wurde. Seitdem schreibt Ngugi nur noch auf Kikuyu und bedient sich des Englischen allein bei nachträglichen Übersetzungen oder kommentierender Sachprosa. Zur Ironie seiner Situation gehört es allerdings, daß der so gewandelte Autor als Exilant in Großbritannien leben muß.

Ngugis Abkehr von der Sprache des Imperialismus

Raos indo-englisches Stilkonzept

Einen wiederum Achebe näher kommenden Standpunkt vertritt der Inder Raja Rao, der zeitweilig auch in seiner Muttersprache Kannada geschrieben hat und ein engagierter Vertreter der spirituellen Tradition seines Landes ist. Im Vorwort zu seinem ersten Roman, *Kanthapura* (1938), geht er programmatisch auf das Problem der Sprachenwahl ein. Er verdeutlicht dabei besonders die Schwierigkeit des Autors, ein authentisches Bild des ländlichen Indien in einer dort kaum beheimateten Sprache zu vermitteln. Die Leistungsfähigkeit des Englischen sieht er eher in der intellektuellen Verständigung als im Ausdruck emotionaler Dispositionen gegeben, und in dieser Hinsicht muß die adaptierte Sprache noch an Farbe gewinnen. Rao konstatiert, daß die englische Sprache zu einem festen Bestandteil der kulturgeschichtlich immer wieder »erweiterten« Welt Indiens geworden ist (auch wenn dies vorläufig eher für die urbane Bevölkerung gilt). Der indische Autor kann und soll allerdings nicht so schreiben wie der englische. Analog zu anderen englischsprachigen Literaturen der früheren britischen Kolonien muß diejenige Indiens ihre eigene Varietät finden. Über die Wahl der Sprache hinaus stellt sich die Frage nach dem literarischen Stil. Hier bezieht Rao sich auf die jahrtausendealte Epentradition Indiens, namentlich die monumentalen Sanskrit-Klassiker *Mahabharata* und *Ramayana*, die gleichsam eine »unendliche Geschichte« erzählen und in ihrem Grundkonzept mit der für den indischen Lebensrhythmus typischen Mischung von spontaner Hast und planloser Beharrlichkeit assoziiert werden können. Der locker additive Erzählstil der Epen hängt mit ihren mündlichen Ursprüngen zusammen (auch wenn sie relativ früh aufgezeichnet wurden). Rao trägt solchen Gesichtspunkten in *Kanthapura* Rechnung, indem er als Erzählerin eine ältere Dorfbewohnerin aus der Brahmanenkaste benutzt, die rückblickend einer mit den örtlichen Verhältnissen nicht vertrauten Zuhörerin wortreich, anschaulich und abschweifend davon berichtet, wie Gandhis Unabhängigkeitskampagne das abgelegene Kanthapura verändert hat. Die Sprache der Ezählerin ist unkompliziert, voller Kolloquialismen und bodenständiger Bilder, was dem

Stil ein volkstümlich eingängiges Gepräge gibt, aber auch Raum läßt für klangmagische, rhapsodische Suggestivität.

Das Dilemma der Zweisprachigkeit spitzt sich insofern bei Lyrikern zu, als diese oft zwischen einer herkömmlichen muttersprachlichen Rezitationsdichtung und einer den zeitgenössischen internationalen Geschmacksrichtungen verpflichteten Buchlyrik zu wählen haben. Das gilt für so unterschiedliche indische Lyriker wie Kamala Das, die ihre – zumindest für die indische Frau – ungewöhnlich bekenntnishaften Gedichte eher auf Englisch als auf Malayalam verfassen kann, und A.K. Ramanujam, der seine Erfahrungen im Spannungsfeld von Ost und West eher in der Nachfolge der neueren angloamerikanischen Lyrik zu perspektivieren vermag als in der Tradition der auf Kannada und Tamil geschriebenen Dichtung, um deren Vermittlung er sich gleichwohl in Übersetzungen bemüht. Anders liegt der Fall bei dem ostafrikanischen Lyriker Okot p'Bitek, der seinen *Song of Lawino* (1966), ein für die mündlich ausgerichtete Dichtung des Kontinents wegweisendes Langgedicht, zunächst in der Muttersprache Acholi schrieb und dann in ein entsprechend eingefärbtes Englisch übertrug. Soyinka fügt in sein Drama *Kongi's Harvest* (1965) eine Reihe zeremonieller Yoruba-Lieder ein, was für die kompetente Bühnenrealisation den Kreis der Schauspieler – wenn nicht der Zuhörer – selbst innerhalb Nigerias einschränkt, und reicht Übersetzungen der Texte in einem Anhang nach. Grundsätzlich eröffnen sich in den Gattungen, die den Vortrag nahelegen oder die Aufführung bedingen, durch die mündliche Umsetzung der Textvorlagen andere Möglichkeiten als in der auch die gesprochene Sprache an den Leseakt bindenden Erzählprosa. Im Grad und in der Erhellung der verwandten Mehrsprachigkeit operieren die Autoren mit verschiedenen Verfahrensweisen. Am auffälligsten wirkt die regelmäßige Anbringung kulturspezifischer, schwer übersetzbarer Ausdrücke, die ein Glossar als Beigabe erfordern. Von Anands *Coolie* (1936) über Achebes *Things Fall Apart* bis zu M.G. Vassanjis *The Gunny Sack* (1989) haben manche zweisprachige Autoren aus Indien und Afrika und im Falle von Keri Hulmes *The Bone People* (1985) eine Maori-Autorin die Andersartigkeit ihrer Romane schon durch solche Lesehilfen angezeigt. Andere neuere Autoren wie Rushdie, die ihren Lesern kosmopolitische Vorkenntnisse zusprechen oder ihnen einfach mehr abverlangen, verzichten meist auf jegliche Kommentare außerhalb kontextueller Implikationen. Ein wiederum anderes Verfahren wählt der nigerianische Lyriker Gabriel Okara in seinem Kurzroman *The Voice* (1964), in dem er statt des gelegentlichen Wechsels vom Englischen in die Muttersprache eine durchgängige Stilisierung des Englischen mithilfe der Nachbildung linguistischer Merkmale des Ijaw erstrebt, die das einheimische Substrat nahezu Satz für Satz durchscheinen läßt.

Illustration zum *Song of Lawino* von Frank Horley

Wole Soyinka

Varietätenspezifische Stilisierung

Die gleichen gattungstypischen Möglichkeiten und unterschiedlichen Markierungsmethoden gelten auch für die varietätenspezifische Stilisierung von Texten. Carey stellt seinem Roman *Illywhacker* (1985) einen Lexikoneintrag zur Typenbezeichnung des Titelhelden voran, der in der australischen Umgangssprache als ›Täuschungskünstler, trickreicher Betrüger‹ charakterisiert wird, und läßt den Ich-Erzähler ähnliche Australianismen einstreuen. Brathwaite versieht seine Gedichtbände meist mit Anmerkungen, die die Vielzahl afrokaribischer Spracheigentümlichkeiten und Anspielungen aufschlüsseln. Am weitesten gehen in der Stilisierung Autoren, die mit ihren Texten hauptsächlich auf die gesprochene Sprache rekurrieren. Ein Extremfall in diesem Sinne ist Ken Saro-Wiwas Bürgerkriegsroman *Sozaboy* (1985), der mit einem »korrupten« Stil experimentiert, einer – wiederum mit Glossar versehenen – Mischung aus nigerianischem Pidgin, gebrochenem Englisch und teilweise ganz idiomatischem Standard, die nicht zuletzt die Desorientierung des pikaresken Ich-Erzählers zum Ausdruck bringen soll. Die Sondersprache der karibischen Dub Poets ist einem nicht eingeweihten Publikum zum Teil noch schwerer zugänglich. Denn sie bedienen sich eines von den Rastafarians beeinflußten Westindian English und verfassen ihre Texte in erster Linie für den – musikalisch begleiteten – mündlichen Vortrag (allenfalls nachträglich werden die Texte für Buchausgaben transkribiert). Die sprachliche Gestaltung stößt hier an Grenzen, die Rezipienten außerhalb einer eingeschränkten Sprachgemeinschaft einen erheblichen Eingewöhnungsprozeß abverlangen, soweit ein solches Publikum überhaupt angesprochen werden soll oder kann.

Selvons The Lonely Londoners *als Prototyp*

Ein frühes, einflußreiches Modell der varietätenspezifischen Stilisierung bietet Selvons Roman *The Lonely Londoners* (1956), der die Misere des karibischen Einwanderergettos in der englischen Metropole schildert und dazu einen der gesprochenen Varietät nahekommenden Stil verwendet. Selvon begnügt sich nicht mit der mundartlichen Kennzeichnung der Figurenrede, sondern versetzt den Erzähler in das gleiche Milieu und macht ihn zur Stimme der Gruppe, ohne ihm als Person Gestalt zu verleihen. Es geht hier auch nicht um die sprachliche Differenzierung der Sprecher, deren nationale Eigentümlichkeiten im pankaribischen Idiom aufgehen. Der Roman zielt vor allem auf die Absetzung vom Standard English und die literarische Aufwertung der westindischen Varietät. Die doppelte Schwierigkeit der Verschriftlichung und Literarisierung einer zunächst nur gesprochenen und literarisch durch ethnische Stereotypenkomik vorbelasteten Sprache meistert er durch den Verzicht auf die besonders stigmatisierten und ohnehin schwer wiederzugebenden Eigentümlichkeiten der Aussprache und durch die Konzentration auf die dosierte, aber durchgängige Kennzeichnung lexikalischer und grammatischer Merkmale, die der Sprache Authentizität verleihen, ohne die Leserbereitschaft und -kompetenz zu überfordern. Eine aufschlußreiche Funktion bekommt das kontrastive *code switching* zwischen Westindian English und Standard English im Dialog etwa des Trinidaders mit der Londonerin oder in der Rede des anglisierten Westinders, der in emotionaler Situation in den Dialekt zurückfällt. Ein stilistischer Grundzug des Romans

Einwanderer aus der Karibik im England der 50er Jahre

ist die Tendenz zur elliptischen Syntax, die sprechrhythmische Einheiten hervortreten läßt. Schließlich spielt die Vorliebe der Figuren für das Geschichtenerzählen im Habitus der mündlichen Kultur eine zentrale Rolle, was in der Form eingelegter »ballads« wesentlich zur Struktur des Romans beiträgt.

Die Wiederbelebung autochthoner Traditionen in den Konzepten einer neuen »orature«

Modernistische Schriftlichkeit vs. traditionelle Mündlichkeit: eine literarische Kontroverse in Afrika

Über Grundfragen der Sprachenwahl und -gestaltung hinaus müssen die um Eigenständigkeit bemühten Autoren sich mit Aspekten der stofflichen Quellen, thematischen Akzente, Gattungspräferenzen und formalen Prinzipien auseinandersetzen. Dabei spielen immer wieder die interkulturellen Orientierungsmaßstäbe eine strittige Rolle. Inwieweit lassen sich Motive und Methoden der abendländischen Literatur auf die einheimischen Verhältnisse übertragen? Oder kann die naheliegende Besinnung auf die eigene mündliche Überlieferung kreativ in Literatur umgesetzt werden? Nirgends hat man solche Fragen heftiger diskutiert als in Afrika. Einer der rührigsten Wortführer in dieser Kontroverse ist der nigerianische Kritiker Chinweizu, der in der Einleitung seiner viel beachteten Anthologie *Voices from Twentieth-Century Africa* (1988) die prätentiöse Überfremdung afrikanischer Texte durch den akademischen Modernismus Europas verwirft und für eine »Afrikanisierung« der Literatur durch die Wiederbelebung der volkstümlichen »oral tradition« eintritt. Entsprechend betrachtet er Autoren wie Christopher Okigbo und Soyinka, die als Lyriker einheimisch traditionelle und international moderne Elemente stilistisch komplex zusammenfügen, eher als abschreckende Beispiele, während er Autoren wie p'Bitek und Tutuola als Vorbilder einer unverwechselbar afrikanischen und unmittelbar ansprechenden Dicht- und Erzählkunst rühmt. Okigbos postumer Gedichtband *Labyrinths* (1971) ist in der Tat ein schwer zugängliches Werk, das um das spirituelle Selbstverständnis des Dichters kreist und dabei Ibo-Mythen und katholisches Gedankengut, Anspielungen auf indigene Rituale wie weltliterarische Traditionen vom Gilgamesch-Epos bis zu G.M. Hopkins und T.S. Eliot in einer visionären, hochmetaphorischen, weithin kryptischen Sprechweise kombiniert. Demgegenüber steht p'Bitek für eine ausschließlich autochthone Dichtung, die gerade den Kontrast zur europäischen Kultur pointiert und besonders nahe an die mündliche Überlieferung heranrückt. In *Song of Lawino* thematisiert er die Selbstentfremdung der Afrikaner durch die gedankenlose Anpassung an europäische Wertvorstellungen und Verhaltensweisen und benutzt dazu den dramatischen Monolog einer bodenständig vitalen Frau, die sich über die Mißachtung durch ihren ambitiös verwestlichten Mann beschwert und die grotesken Auswüchse schwarzer Frauen im Nachäffen eines weißen Schönheitsideals bloßstellt. Die umweltgemäße Natur- und Tierbildlichkeit wird dabei zugleich als drastisches Mittel der Satire eingesetzt.

Komplementäres Grundkonzept von Soyinkas Dramen

Ähnlich wie p'Bitek demonstriert Soyinka in seiner Dreieckskomödie *The Lion and the Jewel* (1959) um eine Dorfschöne zwischen dem verwestlichten jungen Lehrer und dem vitalen alten Ortsoberhaupt den Gegensatz zwischen assimilationseifriger Selbstverleugnung und menschenverbindender einhei-

Geschnitzte Holztür der Yoruba (um 1900)

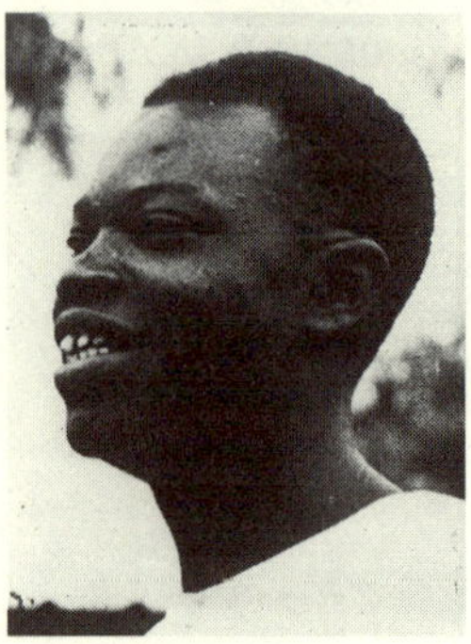

Amos Tutuola

mischer Verwurzelung. Das Stück bringt zugleich Requisiten, Kostüme, Tanzimprovisationen und Sprechweisen zum Einsatz, die auf den zentralen Kulturkontrast abgestimmt sind. Das eingängig-heitere Werk repräsentiert allerdings nur eine Seite von Soyinkas dramatischem Schaffen. Für seine weitere Entwicklung repräsentativer ist das schwer faßbare und eher düstere Festspiel *A Dance in the Forest* (1960), das zwar mit chorischen Aufzügen, Maskeraden, Tanzritualen und Spiel-im-Spiel-Einlagen noch deutlicher charakteristische Mittel des afrikanischen Schauspiels aufgreift und zudem ausgiebig Yoruba-Mythen verarbeitet, aber anhand eines Stammestreffens unter Einschluß der Ahnen und Naturgeister eine durch Gewalttätigkeit gekennzeichnete einheimische Kontinuität und allgemeinmenschliche Rücksichtslosigkeit veranschaulicht, die in einer komplex poetischen Stilisierung und mithilfe von Anspielungen auf das europäische Theater von der Antike bis zu Beckett dargeboten wird.

Wie Soyinka greift Tutuola auf Material aus der Yoruba-Überlieferung zurück, jedoch auf gänzlich andere Weise. Er verwendet ein leicht fehlerhaft gesprochenes Englisch unbekümmert als Schreibsprache und nimmt weder Rücksicht auf die englische Tradition realistischen Erzählens noch das afrikanische Postulat sozialen Engagements und schöpft aus dem Repertoire mündlichen Erzählguts, das er mit improvisierender Fabulierlust ausgestaltet, im Rahmen einer episodenhaften Quest präsentiert und andeutungsweise für ein Gegenwartspublikum bearbeitet. *The Palm-Wine Drinkard* (1952), der einflußreiche Prototyp einer Reihe ähnlicher Werke des Autors, erzählt die Geschichte eines gargantuanischen Palmweintrinkers, der auf der Suche nach seinem verstorbenen Zapfer Abenteuer mit übernatürlichen Wesen an wundersamen Orten erlebt. Die Erzählung entwirft eine märchenhaft magische Welt, die in ihrer Eigentümlichkeit durch die eingestreuten europäischen Vergleichsmaßstäbe nur um so effektvoller unterstrichen wird. Das Sucheschema dient primär der abwechslungsreichen, imaginativ übertreibenden Unterhaltung und kaum der Demonstration einer Entwicklung des Helden, der nach trickreicher Selbstbehauptung sein Ziel der Wiedervereinigung mit dem Zapfer erreicht und zum Ausgangspunkt zurückkehren kann. Ein aufschlußreicher Aspekt des Buchs ist seine umstrittene Aufnahme in Afrika. Während man einerseits angesichts der sprachlichen Inkompetenz und des folkloristischen Plagiats die Gefahr einer Bestätigung europäischer Klischees von Afrika heraufbeschwor, befürwortete man andererseits die wegweisenden Ansätze einer volkstümlichen Literarisierung der mündlichen Tradition Afrikas. Die (Rück-)Übersetzung und Dramatisierung des Werks durch Kola Ogunmola, die Tutuola unter den Yorubas populär machte, und der inspirierende Einfluß des Buchs auf die Oshogbo Artists, eine maßgebliche Gruppierung bildender Künstler in Nigeria, geben der positiven Einschätzung des Autors einige Beweiskraft.

Varianten der »orature« in Südafrika, der Karibik und Kanada

Die west- und ostafrikanischen Beispiele der »orature«, wie die aus »oral literature« zusammengezogene Neuprägung lautet, verdeutlichen bereits merkliche Unterschiede in den Grundkonzepten, die bei Hinzunahme anderer Literaturen noch wesentlich variantenreicher ausfallen. In Südafrika hat sich während der 70er Jahre eine schwarze Protestlyrik entwickelt, die in Soweto und anderen *townships* konzentriert ist. Diese »Township Poetry« bringt die aktuelle Gettoerfahrung in appellrhetorisch »nackter« Form und zunehmend aggressivem Straßenslang zum Ausdruck und verwendet zugleich Wiederholungsmuster, hyperbolische Bilder oder *call-and-response*-Liedschemata der angestammten Mündlichkeit. Die aus diesem Kreis hervorgegangenen Sammelbände, obenan Oswald Mbuyiseni Mtshalis *Sounds of a Cowhide Drum* (1971), gehören als bemerkenswerte Erfolgsbücher beim weißen wie schwarzen Publikum zu den Ausnahmen schwarzer einheimischer Gegenwartsliteratur. In der Karibik, die allein eine Afrika vergleichbare und auch letztlich von dort stammende *orature* besitzt, hat die Gruppe der »Dub Poets« einige an die Township Poets erinnernde Stilprinzipien zur Geltung gebracht. Die Bezeichnung geht auf den Trend von Diskjockeys zurück, Plattenseiten ohne *vocal track* (= »dubbed out«) mit halb gesprochenen, halb gesungenen, oft witzigen Textimprovisationen zu begleiten. Wie die Reggae-Musik ist die Dub Poetry von der Bewegung der Rastafarians beeinflußt, die ihre spirituelle Heimat in Äthiopien sehen und ihr Dasein in der westlichen Welt als babylonische Gefangenschaft betrachten. Der Jamaikaner Michael Smith ist neben dem Londoner Linton Kwesi Johnson ein besonders eindrucksvoller Vertreter dieser Richtung, insofern er politisches Engagement (das ihn schließlich zum Todesopfer einer Steinigung machte) und eine alle Register ziehende Vortragskunst bei der Vermittlung entsprechend stilisierter Texte verbindet (konsequente Dialektverwendung, Modulation der Sprechweisen, Dramatisierung von Stimmen, Übergang zum Gesang, Strukturierung durch Parallelismen und Refrains, Klangmalerei und Sprachspiel usw.).

Anklagende Kunst der *townships*: Sidney Holos Linolschnitt »Hector Pietersen« (1982)

Die namhaften Repräsentanten der älteren Generation karibischer Lyriker greifen auf traditionellere Formen des westindischen Dialekts und der einheimischen Folklore zurück, und zwar mit unterschiedlichen Akzenten. Walcott setzt in seiner Begründung einer eigenständigen karibischen Lyrik vorwiegend an einem urbanen Stil an, der sich mit der anglo-amerikanischen Tradition verbinden läßt, und gibt einer volkstümlichen Stilisierung am ehesten in poetischen Dramen wie *Dream on Monkey Mountain* (1967) Spielraum. Brathwaite hingegen betont – ohne den Einfluß T.S. Eliots zu verleugnen – konsequent die Rückkehr zu den afrikanischen Wurzeln und die Verwertung der daraus entstandenen karibischen Folklore. Dies gehört zum Programm einer Überwindung der karibischen Fragmentarisierung und Desorientierung durch ein identitätsstiftendes Traditionsbewußtsein und die Weiterentwicklung der kreolischen Mischkultur zu einer neuen pankaribischen Einheit. Seine Trilogie *The Arrivants* (1973) trägt solchen Gesichtspunkten thematisch und formal Rechnung. Beispielsweise wird in der Sequenz »Limbo« die Überwindung des kollektiven Traumas der »Middle Passage« auf den Sklavenschiffen mit Hilfe eines Motivkomplexes suggeriert, der die Folklore von Karneval, Calypso, Limbo-Tanz und Steelband verknüpft, sowie durch eine klanglich-rhythmische Stilisierung, die den Text stellenweise zur Partitur macht. Im Vergleich zur Karibik sind die Siedlerländer ärmer an Folklore, wenn man von der marginalisierten Kultur der Ureinwohner absieht. Verfügbar sind den weißen Autoren vor allem die auf kolonialem Boden entstandene Pionier-Folklore und die – nicht zuletzt sprachlichen – Regionalcharakteristika. Beides wird von vergleichbaren Lyrikern wie dem Australier Les Murray und dem Kanadier Kroetsch unterschiedlich gehandhabt. Murray entwirft als populistischer Barde, dessen ausgewählte Gedichte nicht von ungefähr den Titel *The Vernacular Republic* (1982) tragen, Bilder des Landes, wo es am eigentümlichsten ist: für ihn zumal das New South Wales der Farmer, das er aus der Sicht und in den Sprechweisen der einfachen Leute sowie unter Einschluß von Ansichten der Aborigines in einer Mischung von Kontemplation und volkstümlichem Humor evoziert. Kroetsch widmet sich der ihm vertrauten Prärie und bezieht ebenfalls regionale Sprechweisen, Farmer-Folklore und indianische Anschauungen mit ein. In seiner einflußreichen Sequenz *Seed Catalogue* (1977) legt er als Textsubstrat einen alten

And
Ban
Ban
Cal-
iban
like to play
pan
at the Car-
nival;
pran-
cing up to the lim-
bo silence
down
down
down
so the god won't drown
him
down
down
down
to the is-
land town

Auszug aus der Limbo-Sequenz von Edward Brathwaites *The Arrivants*

Samenkatalog zugrunde (der in der Originalausgabe auch palimpsestartig durchscheint) und arbeitet mit Materialien aus anekdotischen *tall tales*, dem Repertoire der Bar-Witze, Country Songs, lokalen Anspielungen und Vulgarismen. Er tut dies bei aller Ernsthaftigkeit der regionalen Aufwertung mit vitalem Übermut. In seiner spielerischen Experimentierlust, mit dem Sinn für ironische Mehrdeutigkeiten und durch die metaliterarische Reflexion hebt er sich aber zugleich als Repräsentant der Postmoderne deutlich ab.

Die Revision des Kanons englischer Klassiker

Variationen über The Tempest *und* Robinson Crusoe

Zur literarischen Emanzipation gehört die Auseinandersetzung mit Klassikern der englischen Literatur, die durch die Wahl kolonialer Schauplätze und kolonialistischer Figurenkonstellationen fragwürdige Perspektiven entwikkeln. Das gilt für Shakespeares *The Tempest* (1611) und Defoes *Robinson Crusoe* (1719), zwei Werke, die das Geschehen in die Karibik verlegen und dabei auch das Verhältnis von usurpatorischem Kolonialherrn und unterworfenem Eingeborenen ins Blickfeld rücken. Beide Werke haben in der Literatur von Kanada (Robertson Davies' *Tempest Tost*, 1951) über Westafrika (John Pepper Clarks »The Legacy of Caliban« in *The Example of Shakespeare*, 1970) und Südafrika (J.M. Coetzees *Foe*, 1986) bis Australien (A.D. Hopes »Man Friday« in *Poems*, 1960) und Neuseeland (Peter Blands *The Crusoe Factor*, 1985) ein vielfältiges Echo hervorgerufen und sind erwartungsgemäß nirgends so gezielt »beantwortet« oder »fortgeschrieben« worden wie in der karibischen Literatur. Lamming benutzt in seinem Essayband *The Pleasures of Exile* (1960) wie in seinem Roman *Water with Berries* (1971) die Shakespearesche Konstellation von Prospero und Caliban, euro-

Afrikanische Sklaven auf einer Zuckerrohrplantage in der Karibik päischem Herrn und karibischem Sklaven, verbanntem Zivilisationsbringer und lernwilligem Rebellen, als durchgängiges Bezugsschema. Im Roman demonstriert er mithilfe von Umkehreffekten die Entwicklung von drei karibischen Künstlern, die unterschiedliche Aspekte von Caliban verkörpern und durch die von Prospero übernommene Sprache zur Emigration in dessen englische Heimat motiviert werden, dort aber an den sozialen Realitäten scheitern und zu gewalttätigen Reaktionen getrieben werden. Auch in Brathwaites *The Arrivants* erscheint Caliban als afrokaribische Schlüsselfigur neben westafrikanischen Mythengestalten. Und noch in Wilsons Harris' kryptischem Quest-Roman *The Infinite Rehearsal* (1987) taucht er als archetypische Figur der schwarzen Rasse auf, allerdings in einem Kaleidoskop von Anspielungen auf das Mythenpersonal der Weltliteratur von Homer über Dante und Goethe bis zu T.S. Eliot. Eine ähnliche Verbindung regionaler Ansätze und universalisierender Tendenzen ist für Walcotts Lyrik charakteristisch. In den Robinson Crusoe gewidmeten Texten von *The Castaway* (1966) geht es weniger darum, den Gegensatz zu Friday herausarbeiten, als vielmehr darum, eine in der Karibik besonders offensichtliche, doch für den modernen Menschen allgemein symptomatische schiffbrüchig-isolierte Befindlichkeit zu versinnbildlichen. Der bei Walcott wiederkehrende Symbolkomplex der See wird über das Robinsonaden-Motiv hinaus vor allem in den Werken epischen Zuschnitts, die in *Omeros* (1990) einen Höhepunkt erreicht haben, literarhistorisch – bis zu Homer zurückgehend – weiter angereichert.

Eines der aufschlußreichsten Werke für die karibische Revision des englischen Kanons ist Jean Rhys' *Wide Sargasso Sea* (1966). Die Autorin walisisch-kreolischer Herkunft präsentiert in diesem Roman ein Gegenstück zu Charlotte Brontës Klassiker *Jane Eyre* (1847), indem sie die Vorgeschichte des englischen Landjunkers und seiner aus der Karibik stammenden, als Geistesgestörte eingesperrten Frau komplementär ausmalt und dabei vor allem perspektivische Verschiebungen vornimmt. Sie schildert die Ereignisse mindestens so sehr aus der Sicht der betroffenen Frau wie der des bei Brontë allein zu Wort kommenden männlichen Helden. Sie stellt dem viktorianischen Realismus der Vorlage einen modernen Realismus gegenüber, der mit sozial- und tiefenpsychologischen Aspekten eine komplexere Identitätsproblematik ins Zentrum rückt. Sie konfrontiert zwei Menschen miteinander, die schon aufgrund ihrer sehr unterschiedlichen Herkunft kaum vereinbar erscheinen. Der bei Brontë völlig fehlende koloniale Blickwinkel verdeutlicht hier die Situation der jungen Frau aus einer verfallenden kreolischen Familie, die in der Zeit nach der Sklavenbefreiung die zweiseitige Diskriminierung durch die herablassenden Engländer und die auftrumpfenden Schwarzen erfährt und Prozesse der Verunsicherung, Selbstentfremdung und Vereinsamung durchlebt. Der Engländer, der sie durch die Erwiderung ihrer Liebe erlösen könnte, heiratet sie jedoch hauptsächlich als Mitgiftjäger und betrachtet sie darüber hinaus allenfalls als Sexualobjekt. Während sie in ihm den Repräsentanten Englands sieht, mit dem sie in eine – naiv verklärte – neue Heimat fliehen kann, findet er die Karibik faszinierend wie ein Traumland, dessen tiefere Realität ihm verborgen bleibt. So entwickelt sich eine verhängnisvolle Beziehung zwischen der von Identitätskrisen und Isolationsängsten zerrütteten Heldin und dem orientierungslosen, kommunikationsunfähigen Helden, zwei weißen Außenseitern in der Karibik, die nicht solidarisch zusammenfinden, sondern in wechselseitiger Befremdlichkeit und eskalierenden Haßreaktionen auf Zerstörungskurs gehen. Als die Frau sich schließlich gegen die Bevormundung durch den Mann und die sozialen Zwänge in der karibischen Vergangenheit wie der englischen Gegenwart mit

Jean Rhys

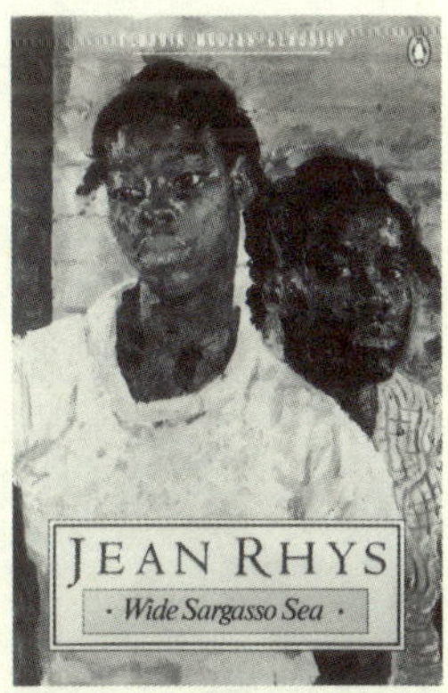

Umschlag der Penguin-Ausgabe von *Wide Sargasso Sea* nach Augustus Johns Gemälde »Two Jamaican Girls«

einem Gewaltakt auflehnt, erscheint dies subjektiv als Befreiungstat, während die Heldin objektiv in den Tod geht. Rhys bezieht ihr wiederkehrendes Thema der unterdrückten, zur Selbstbefreiung kaum fähigen Frau in diesem Spätwerk auf einen karibischen Hintergrund, der in Landschaftsimpressionen, Atmosphäreevokationen und einheimischen Typen authentisch entworfen wird und ein dichtes Geflecht bodenständiger Natur-, Elementen- und Farbsymbolik ergibt.

Die literarische »Kartographie« unerschlossener Territorien

Literatur als »mapping«

Setzt die Revision des englischen Kanons an der Vereinnahmung eigener Territorien aus der Fremde an, so richtet sich das, was manche Autoren als literarische Kartographie (»mapping«) bezeichnen, auf einheimische Territorien, die überhaupt noch nicht erschlossen sind. Es ist kein Zufall, daß sich diese Tendenz besonders in Kanada und Australien bemerkbar macht, zwei Siedlerländern, deren literarische Anfänge schon im Zeichen der Entdecker-Berichte standen und die noch immer über kaum erkundete Weiten verfügen. Eine über oberflächliche Orientierungsmarken hinaus tiefer gehende Identifizierung mit dem Land hat nach der physischen Inbesitznahme die geistig-seelische Aneignung zu leisten, und daraus erwächst der Kunst eine bedeutende Aufgabe. Dies zeigt David Malouf in dem Roman *Harland's Half Acre* (1984) an der Entwicklung eines australischen Malers, der sich nach anfänglichen Bemühungen um die Rückgewinnung des verlorenen Landbesitzes seiner Familie ganz auf die künstlerische Verarbeitung und Vermittlung Australiens verlegt, wie er es nach Wanderjahren aus der selbstgewählten Distanz des Außenseiters erfährt. Auf unmittelbar literarische Weise haben Lyriker wie Murray in Australien und Al Purdy in Kanada sich einer systematischen Erschließung ihrer Länder gewidmet. Sie erweitern den der heimatlichen Region geltenden Fokus konzentrisch um die anderen Landesregionen, die anhand exemplarischer Ausschnitte in ihren kulturgeographischen und -historischen Besonderheiten und den nationalen Gemeinsamkeiten zur Anschauung gebracht werden. Purdy hat in der Auswahlsammlung *Being Alive* (1978) nahezu flächendeckend Bilder der kanadischen Provinzen – vom Süd-Ontario der Vorväter bis zum arktischen Norden der Inuit, von den Cariboo-Bergen in British Columbia bis zur Küste von Newfoundland – entworfen und von präkolumbianischen Zeiten bis zur politisch brisanten Gegenwart die Schwierigkeiten des »Fußfassens« auf kanadischem Boden beschworen: »a place to stand on« lautet das charakteristische Leitmotiv.

Die systematische Erkundung des als weißer Fleck auf der Landkarte herausfordernden Landesinneren, das zugleich unbekannte Tiefen im Inneren des Menschen eröffnet, wird oft in archetypischen Quest-Romanen dargestellt. Patrick Whites *Voss* (1958) ist ein einflußreiches Beispiel dieser Art. Der Roman schildert die Expedition eines egozentrischen Deutschen, der im 19. Jahrhundert bei einer Kontinentdurchquerung das Innere Australiens zu erforschen trachtet und in der telepathischen Annäherung an eine spirituelle, kritische Gefährtin und in der harten Auseinandersetzung mit der psychologisierten Urlandschaft die Entwicklung vom messianischen Übermenschentum zur Unterordnung unter das »Gesetz des Leidens« durchmacht. Zwar

Patrick White im Porträt von Brett Whiteley

scheitert der Versuch, sich des Landes zu bemächtigen, da er die Mittlerrolle der Eingeborenen nicht wahrnimmt; zumindest aber hebt er sich deutlich von der urbanen Gesellschaft ab, die vor einer Identifikation mit dem Landesinneren vehement zurückschreckt und in einem für Australien symptomatischen Materialismus und Mittelmaß verharrt. Das mit symbolischen Leitmotiven assoziierte wüstenhafte Innere des Kontinents als Ort visionärer Lernprozesse, die das Individuum im diametralen Gegensatz zur zivilisatorischen Peripherie zeigen, kehrt in anderen Romanen von White und in ähnlicher Form bei weiteren australischen Autoren wie Randolph Stow wieder.

Wilson Harris

Am weitesten treibt die archetypische Ineinssetzung von Landesinnerem und menschlichem Inneren Wilson Harris, ein karibischer Autor europäisch-afrikanisch-indianischer Abstammung, der selber im Dschungel von Guyana als Landvermesser tätig war. In seinen eigenwillig metaphorischen Kurzromanen legt er meist ein Sucheschema zugrunde, das multikulturelle Figuren(gruppen) auf symbolischen Reisen durch die exotische Landschaft den tieferen Schichten des eigenen Inneren und so dem Reservoir kollektiver Mythen begegnen läßt. Schon in *Palace of the Peacock* (1960), dem ersten Teil seiner Guyana-Tetralogie, entwickelt Harris seine typische Motivik. Der Roman veranschaulicht die in der Karibik wiederkehrende Ausbeutung von Land und Leuten an dem Helden, der auf der Suche nach Arbeitskräften für seine Plantage einen Indianerstamm landeinwärts verfolgt. Als er von Indianerhand stirbt, erwacht sein spirituelles Alter Ego und begibt sich auf eine die Vergangenheit rekonstruierende und das Selbst erneuernde Suche. Diese Doppelperspektive, die Vergangenheit und Gegenwart, Tod und Leben, Traum und Realität überblendet, betrifft auch die multiethnische Schiffsmannschaft, die den Helden flußaufwärts begleitet. Die abenteuerliche Jagd nach den nie erreichten Indianern macht sie selbst zu Gejagten. Als Reise in das Unbewußte führt der Weg zur Erschütterung im Selbstverständnis der Ausbeuter, die im Falle des Helden die Wandlung zur geistigen Wiedergeburt ermöglicht. So phantastisch-symbolträchtig die Romane von Harris sind, sie setzen durchaus konkret an sozialgeschichtlichen Problemen des karibischen Küstenlandes an und universalisieren diese zugleich in einer ganzheitlichen Psychologie.

Atwoods Surfacing

Wie Harris neigt Atwood zu einer Jungschen Archetypik, die sie aber stärker in der empirischen Realität Kanadas verankert. In dem Roman *Surfacing* (1972) geht die Erzählerin auf die Suche nach ihrem Vater, der in der Wildnis von Nord-Quebec verschollen ist und mysteriöse Spuren (wie Hinweise auf indianische Felsmalereien) hinterlassen hat. Die Reise drängt sie zur Auseinandersetzung mit ihrem entfremdeten Freundeskreis, der zerstörungsbedrohten Umwelt und der eigenen, vom Abtreibungstrauma belasteten Vergangenheit. In naturmystischen Visionen und Ritualen regeneriert sie sich und kehrt ganzheitlich gewandelt und erneut schwanger nach Toronto zurück. Der Entwicklungsroman nach dem Grundschema der Identitätssuche bedient sich nicht nur der Spannungsfelder von Zivilisation und Natur, Mann und Frau, Körper und Geist, sondern auch spezifischer Konflikte zwischen Anglo- und Frankokanadiern, zwischen Kanada und USA, wobei jeweils aktuelle Akzente der Ökologiedebatte, Frauenbewegung und nationalen Frage gesetzt werden. Der Übergang vom realistischen zum archetypisch-symbolischen Erzählen mit Hilfe traumhafter, naturmagischer und zyklischer Bilder steht in Übereinstimmung mit Atwoods Theorie einer kanadischen Literatur, die sie gleichzeitig in der Schrift *Survival* (1972) formuliert hat. Als nationalliterarisches Charakteristikum hypostasiert sie dort das Motiv des Überlebens gegenüber diversen feindlichen Kräften der physi-

Margaret Atwood, karikiert von »Isaac Bickerstaff«

schen und sozialen Umwelt sowie der Befreiung aus der Rolle des Opfers. Schon diese Verquickung von Theorie und Praxis verdeutlicht, daß es sich bei dem Roman um ein Schlüsselwerk der kanadischen Literatur handelt. Die Orientierungsversuche auf dem paradox erscheinenden »home ground, foreign territory« an der Grenze zwischen der urbanen Zone und dem urtümlichen Herzen des Landes entsprechen ebenso verbreiteten Kanada-Images wie das mythopoetische Verfahren, das sich im Gefolge des kanadischen Literaturtheoretikers Northrop Frye hier besonderer Beliebtheit erfreut.

Nationale Abgrenzung in der kanadischen Lyrik

Wie in Atwoods Roman spielt in der aus den 60er Jahren hervorgegangenen kanadischen Lyrik die Diskussion der nationalen Identität eine dominante Rolle. In variationsreichen Versuchen haben Dichter Merkmale eines Land und Leute, Vergangenheit und Gegenwart verbindenden nationalen Charakters sondiert, ohne zu eindeutigen Ergebnissen zu kommen. Das Spektrum reicht von Miriam Waddingtons Kanada-Gedichten in *Driving Home* (1972), die anhand assoziativer »Signaturen« das Problem der Realität oder Fiktionalität des nationalen Phänomens aufwerfen und eher zu gründlicheren Fragestellungen als Lösungsvorschlägen kommen, bis hin zu Earle Birney, der in seiner kartographisch konzipierten Textcollage »up her can nada« aus der Sammlung *Rag and Bone Shop* (1971) eine satirisch-parodistische Ansicht Kanadas aus der Perspektive der USA entwirft. Dies geschieht in optischer Verkürzung der Landesweite und schlagwortartiger Stereotypik nationalcharakteristischer Assoziationen, in deftig anzüglichen und politisch selbstentlarvenden Kalauern. Die Ortung und Etikettierung Kanadas aus fremder Sicht ist insofern bezeichnend, als auch einheimische Selbstdefinitionen häufig ausländisch determiniert sind. Mavis Gallants Sammlung ihrer kanadischen Kurzgeschichten in *Home Truths* (1981) bietet ein erzählerisches Pendant, das die Titelthematik »peinlicher Wahrheiten« über die Kanadier zuhause mindestens so oft auf der Basis von USA- und Europa-Erfahrungen entwickelt. Birneys Text bildet aber auch in der Sprache und Grafik effektvoll kombinierenden Gestaltung keine Ausnahme. Denn nirgends in der Commonwealth-Literatur sind Spielarten der konkreten Lyrik so beliebt wie in Kanada, eine Tatsache, die gewiß mit dem bewußtseinsbildenden Einfluß des kanadischen Medien-Philosophen Marshall McLuhan zusammenhängt.

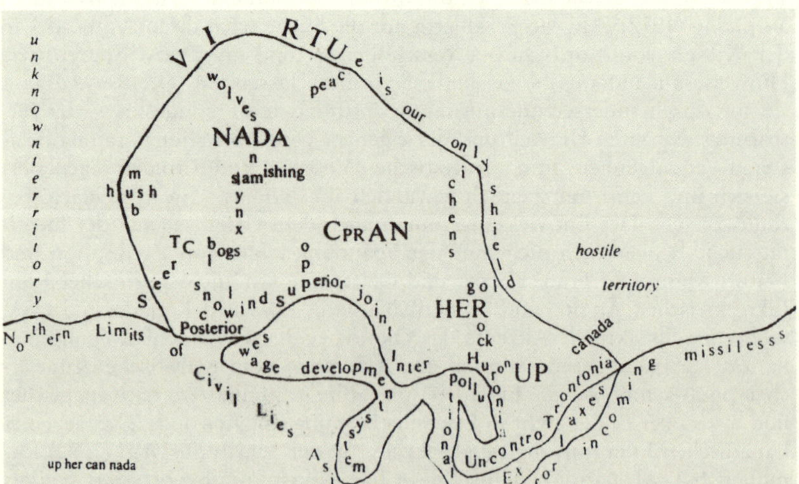

Earle Birneys sprachspielerische Kartographie in »up her can nada« (schon der Titel ist zusammengewürfelt aus dem etymologischen *aca nada*, dem historischen Upper Canada und dem slanghaften *up her can*).

Literarischer Regionalismus in Kanada

Robert Kroetsch, karikiert von »Isaac Bickerstaff«

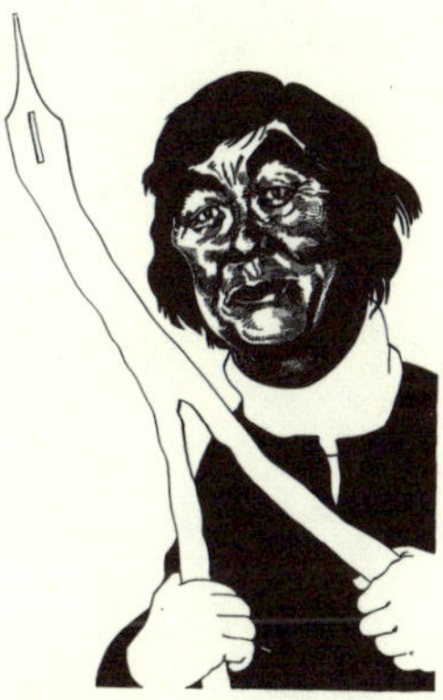

Margaret Laurence, karikiert von »Isaac Bickerstaff«

Auch Kroetschs *Seed Catalogue* verwendet die Chiffre des »mapping« und nähert sich im Textsubstrat der konkreten Lyrik, doch die Sequenz tut dies in der Konzentration auf die dem Autor vertraute kanadische Prärie: »how do you grow a prairie town«, »... a past/to live in«, »... a lover«, »... a poet« und ähnlich lauten die wiederkehrenden Leitfragen des Textes. Kroetsch greift das viel behandelte Thema des individuellen Aufwachsens in der Prärie auf und verschränkt es mit dem Problem der kollektiven Kultivierung dieses Landstrichs. Beides steht unter dem Vorzeichen zivilisatorischer »Abwesenheiten«. Er bezieht sich insbesondere auf die Schwierigkeiten des angehenden Künstlers in der Provinz und die Gegebenheiten einer Landschaft, in deren immense Horizontale der Mensch seine vertikalen Konstrukte setzen mag, ohne sich je auf ihren Bestand verlassen zu können. Während Kroetsch auch in seinen Romanen eine spielerisch experimentelle Haltung einnimmt, behandelt Margaret Laurence in ihrem Erzählwerk eine vergleichbare Thematik auf traditionellere Weise. In ihrem »Manawaka-Zyklus«, der aus vier Romanen und einer Kurzgeschichtensequenz besteht, porträtiert sie Heldinnen aus schottisch-presbyterianischen Familien, deren Entwicklung sich maßgeblich in dem von Entfremdungsgefühlen, Entgrenzungsbedürfnissen und dem Zugehörigkeitsbewußtsein geprägten Verhältnis zu Manawaka vollzieht. Das fiktive Präriestädtchen bildet mit seiner Bevölkerung und der umgebenden Landschaft eine mikrokosmische Bezugskonstante, auch wenn im Einzelwerk die Heldin ihre Heimat verläßt. Der Zyklus reicht von *The Stone Angel* (1964) bis zu *The Diviners* (1972). Im ersten Roman gibt die Erzählerin aus dem Rückblick auf ein entbehrungsreiches schicksalsträchtiges Leben in der Rolle der puritanischen Pionierfrau ihre hochmütige Verhärtung auf. Im letzten Roman schildert die Erzählerin in einer Art Zwischenbilanz ihre Entwicklung vom jugendlichen Außenseitertum im Prärienest über die erstrebte Selbstverwirklichung als Person und Autorin, die sie auf der Suche nach einer neuen Heimat bis nach Schottland bringt, schließlich aber zur Rückkehr nach Kanada motiviert, bis zur Gegenwart im ländlichen Ontario, wo sie – »Rutengängern« vergleichbar – dem verborgenen Sinn ihrer widersprüchlichen Lebenserfahrungen nachspürt.

Das kleinstädtische Süd-Ontario bei Davies und Munro

So wie Laurence Manawaka als regionalen Ausgangspunkt und Bezugskonstante benutzt, verwenden Robertson Davies und Alice Munro gleichermaßen fiktive, aus autobiographischen Erfahrungen fiktionalisierte Kleinstädte in Süd-Ontario, um den Werdegang von Hauptfiguren zu demonstrieren, die im Provinzmilieu aufwachsen und Entwicklungsmöglichkeiten fern von ihrem Heimatort wahrnehmen, ohne dessen prägenden Einfluß je ganz hinter sich zu lassen. Davies eröffnet seine »Deptford-Trilogie« mit *Fifth Business* (1970). Der Roman verfolgt hauptsächlich den Lebenslauf eines kontemplativen Geschichtslehrers und Mythenforschers sowie komplementär die Karriere eines aktiven Geschäftsmanns und Politikers, die beide aus dem kalvinistisch-utilitaristischen Deptford stammen. Davies versucht, die »bizarr-leidenschaftlichen« Seiten des kanadischen Lebens unter der »ordentlichen« Oberfläche freizulegen, die an komplexen Figuren vor dem Hintergrund des 20. Jahrhunderts exemplifiziert werden. Er will zugleich das grundsätzliche Zusammenwirken von Zufall, Bestimmung und Unbewußtem im Leben des einzelnen sichtbar machen. Er konzentriert sich auf den von archetypischen Orientierungsfiguren begleiteten Individuationsprozeß

Alice Munro

des Helden, der in der »Welt der Wunder« ein notwendiges Gegengewicht zu seinem Herkunftsmilieu findet (die deutliche Anlehnung an C.G. Jung wird dabei mit der Affinität Kanadas zur Schweiz begründet). Die Folge der weiteren Romane variiert anhand von Figuren der nächsten Generation aus dem gleichen Personenkreis die hier verfolgten Lebenswege: Deptford bleibt auch dort als Fluchtpunkt präsent. Munro bezieht sich in ihrem Kurzgeschichtenwerk auf einen unweit Deptford angesiedelten Ort, der als »Jubilee« oder unter anderen Toponymen wiederkehrt; und auch sie richtet ihr Augenmerk besonders auf die Entdeckung des Ungewöhnlichen im Alltäglichen, aber sie tut dies in einer auf archetypische Schemata verzichtenden Darstellungsweise, die in der subtilen Verbindung von Realismus und Symbolik eher an Laurence erinnert. Das gilt insbesondere für ihre Kurzgeschichtensequenz *Lives of Girls and Women* (1971), die – ähnlich wie Laurences *A Bird in the House* (1970) – das Aufwachsen eines Mädchens in der kleinstädtischen Provinz anhand charakteristischer Stadien verfolgt und sich der bündigeren Form des Bildungsromans nähert. Munro entwirft das Porträt einer Heldin, die sich während der Adoleszenz in einer beengenden Umwelt mit den sozialen Institutionen, einer Reihe unbefriedigender Bezugspersonen und den vorherrschenden weiblichen Rollenbildern auseinandersetzt und dabei eine eigenständige Sensibilität und Vorstellung von der Mehrdeutigkeit des »wirklichen Lebens« gewinnt. Wie meist bei Munro stehen die konfliktreichen Verständigungsschwierigkeiten zwischen den Generationen – zumal Müttern und Töchtern – und den Geschlechtern im Zentrum des Geschehens. Dies geht mit Verunsicherungen und Entfremdungen des Individuums einher, das erst durch die Ergründung der familiären Vergangenheit ein besseres Selbstverständnis erreicht. Munro veranschaulicht diesen Zusammenhang in der zweiteiligen Geschichte »Chaddeleys and Flemings« aus der Sammlung *The Moons of Jupiter* (1982). Darin geht es um das doppelte Familienerbe der Erzählerin, die mütterlichen Vorfahren aus England, die einen starken Veränderungswillen bekunden, und die väterlichen Vorfahren aus Schottland, die ein bemerkenswertes Beharrungsvermögen bezeugen; und trotz der wechselseitigen, orts- und zeitspezifischen Relativierungen akzeptiert die Heldin schließlich die Nachwirkung dieses Erbes als Teil ihrer Persönlichkeit.

Diverse Regionalisten

Individuelle Identität, familiäre Vergangenheit und lokale Verwurzelung gehören bei allen Ambivalenzen von Schein und Sein im Erzählwerk von Munro und bei anderen Regionalisten aufs engste zusammen. Und wenn der Regionalismus in der kanadischen Literatur besonders kontinuierlich hervortritt, so sind ganz ähnliche Tendenzen auch in der australischen Literatur zu beobachten. Freilich gibt es nicht minder auffällige Unterschiede im territorialen Denken und der regional repräsentativen Literatur, wie jeder Blick hinüber in die Werke der kanadischen Indianer (etwa Thomas Kings) oder der australischen Aborigines (etwa Kath Walkers) lehrt, die ein grundsätzlich anderes, auf kosmischen Integrationsvorstellungen statt parzellierendem Besitzdenken beruhendes Verhältnis zum Land vermitteln. Auch die indische Literatur weicht deutlich von den kanadischen Beispielen ab, selbst wo sie so lokal fixiert ist wie im Falle von Narayans »Malgudi«-Romanen und -geschichten. Eine wiederum andersartige, elementarere Einstellung zur Natur erklärt das Zurücktreten atmosphärischer Landschaftsevokationen, die mit ihrem Sinn für ästhetische Reize oder ihren psychologischen Projektionen eher für die westliche Literatur typisch sind.

Insularität und Wanderwege in der karibischen Literatur

Insularität bei Lamming: In the Castle of My Skin

Die territoriale Ausgangsbasis der karibischen Autoren ist naturgemäß begrenzt, da sie mehrheitlich auf Inseln beheimatet sind; und der beschränkte oder erweiterte Horizont solcher Insularität ist ein dominantes Thema der karibischen Literatur. Lammings Roman *In the Castle of My Skin* (1953) bietet in dieser Hinsicht ein einflußreiches Modell. Er schildert anhand eines schwarzen Jugendlichen und seines entlegenen Dorfs den Wandel auf Barbados während der spätkolonialen Umbruchsphase. Der Held wächst typischerweise ohne Vater auf und wird von der Mutter auf einen bildungsprivilegierten Weg gebracht, der sein Identitätsproblem verstärkt. Das Leben unter dem englischen Landlord erscheint den Dorfbewohnern intakt, weil man sich in der Obhut eines Patriarchen wähnt und aufgrund eines Systems verdeckter Repressionen und Manipulationen kein Bewußtsein von der Geschichte der eigenen Rasse, der feudalistischen Gesellschaftsstruktur und den Möglichkeiten einer grundlegenden Veränderung entwickelt. Institutionen wie Schule und Kirche verschleiern im propagierten Image von Barbados als »Little England«, dem Lieblingskind der Mutternation, die koloniale Abhängigkeit und mißbrauchen die insulare Abgeschiedenheit zur Verbreitung eines verkürzten Weltbilds. Selbst die rassistischen Denkmuster werden unkritisch von den betroffenen Schwarzen reproduziert. Das Dorfleben ist seit Generationen in Brauchtumsritualen festgelegt; und es bedarf der unterschwelligen oder äußeren Anstöße, um eine Bewußtwerdung in Gang zu setzen. Im Alptraum des Dorfältesten bringt das kollektive Unbewußte die verdrängte Versklavungsgeschichte der Schwarzen in Erinnerung. Gewerkschaftsaktivitäten animieren zum Widerstand gegen Ausbeutung und Ungerechtigkeit, verselbständigen sich aber zu politischen Machtkämpfen und verhindern nicht, daß die Umverteilung des Landbesitzes mittelständischen Bodenspekulanten statt den Bauern zugute kommt. Der Held erfährt erst durch den Heimatbesuch eines jungen USA-Emigranten den entscheidenden Bewußtseinsimpuls, der ihn auf das Kernproblem des Rassismus aufmerksam macht und seinem Auswanderungsplan eine Direktive gibt.

Setzt der Held sich hier nur innerhalb der Karibik nach dem chancenreicheren Trinidad ab, so wandert eine dichterisch ambitionierte Hauptfigur in *The Emigrants* (1954), enttäuscht über die auch auf Trinidad beschränkten Entfaltungsmöglichkeiten, ins Mutterland englischer Kultur aus. Der Roman weitet sich aber stärker noch als der Vorgänger zum gruppenspezifischen Sozialpanorama. Eine ganze Schar von Emigranten aus diversen karibischen Ländern und Milieus findet sich auf der Schiffsreise zusammen und entwickelt im Austausch der Erfahrungen und Erwartungen erstmals einen Gemeinschaftssinn. Die Parallelführung der Einzelschicksale im Einwanderungsland verdeutlicht – ähnlich wie in *Water with Berries* – vor allem die desillusionierende Konfrontation mit einer fremden Welt und abweisenden Gesellschaft, einschließlich der kaum zugänglichen Generation der bereits assimilierten Immigranten. Charakteristisch bleibt die Situation des karibischen Einwanderers, der sich noch in der Solidaritätsbekundung als doppelt Entwurzelter verstehen muß. Es ist bezeichnend, daß Lamming in *Of Age and Innocence* (1958) den Fall des Rückwanderers als Ansatzpunkt nimmt, um die politischen Aktionen in der turbulenten Schlußphase vor der Unabhängigkeit zu beschreiben. Zugleich fällt dabei auf, daß er die fiktive

George Lamming in einer Zeichnung von Denis Williams

Karibikinsel »San Cristobal« als Schauplatz wählt, einen nach Landesbeschaffenheit und Bevölkerungsstruktur synthetisierten pankaribischen Mikrokosmos. Das Verfahren zeigt den Übergang des Autors zu synoptischen Konzepten und symbolischen Techniken an, Tendenzen, die in *Natives of My Person* (1972) ihren komplexesten Ausdruck finden. Dieser Roman versucht das Phänomen des Kolonialismus zu ergründen, indem er auf die historischen Anfänge zurückgeht und jene Wanderroute nachzeichnet, die alle späteren Folge- oder Umkehr-Bewegungen ausgelöst hat. Lamming schildert hier die geschichtlichen Voraussetzungen, sozialen und psychologischen Motivationen und fortwährenden Konflikte der Europäer, die im 16. Jahrhundert aufbrechen, um über West-Afrika in die Karibik zu segeln. Die Besatzung der »Reconnaissance« und drei mitreisende Frauen, die eine Schlüsselrolle übernehmen, ergeben einen repräsentativen Querschnitt, der die sozialen Probleme der verlassenen Heimat widerspiegelt. Aus wechselnden Blickwinkeln werden die Widersprüche zwischen zivilisatorischem Sendungsbewußtsein und handfestem Besitz- und Machtstreben, die ausbrechenden Klassen-, Rassen- und Geschlechtergegensätze sichtbar gemacht, die schließlich das Unternehmen zum Scheitern verurteilen.

Wegenetze in der karibischen Literatur

Das bei Lamming sich abzeichnende Dreiecksschema interkontinentaler Bezugsachsen entspricht einem für die Geschichte und Literatur der Karibik charakteristischen Grundmuster. Die Seefahrtsrouten mit den Stationen England – West-Afrika – Karibik, die nicht zuletzt im kolonialgeschichtlichen »Handelsdreieck« (Fertigprodukte-Export – Sklaventransport – Rohstoffimport) eine spezielle Wegestruktur hervorgebracht haben, spielen in variationsreichen Dreiecksbewegungen der von den karibischen Autoren beschriebenen Wanderrouten eine aufschlußreiche Rolle. Die Suche der englischen Kolonialisten nach dem El Dorado in der Karibik, die umgekehrte Suche der karibischen Auswanderer nach dem Land mit den »goldbepflasterten Straßen« wie auch die reumütige Rückkehr der Desillusionierten, das kollektive Trauma der Middle Passage wie die – zumindest geistige – Rückkehr ins Land der afrikanischen Vorväter – all dies sind Orientierungslinien und Wanderbewegungen, die vielen karibischen Werken schon in der Grundstruktur ihr Gepräge geben. Das zeigt sich in der Erzählliteratur von Lamming und Selvon über Naipaul bis zu Caryl Phillips, aber auch in der Lyrik von Brathwaite. In seiner Trilogie *The Arrivants* beschreibt Brathwaite den Weg der Rückgewinnung einer durch die historische Entwurzelung und Zerstreuung verlorengegangenen afrokaribischen Identität. Im Eröffnungsteil »Rights of Passage« registriert er kritisch die kolonialgeschichtlichen Fehlentwicklungen und gegenwärtigen Mißstände der karibischen Neuen Welt und betont die Entmündigung und Demütigung der schwarzen Diaspora sowie die fatale Verbreitung einer materialistischen Oberflächlichkeit. Im Mittelteil »Masks« verarbeitet er Eindrücke eines Ghana-Aufenthalts und gibt das persönliche Beispiel einer Rückgewinnung der afrikanischen Wurzeln, die mit der Wiederentdeckung einer spirituellen Dimension einhergeht und die ganzheitliche Reintegration des Ichs ermöglicht. Im Schlußteil »Islands« wendet er sich mit der neuen Perspektive wieder der karibischen Situation zu, die mit dem gestärkten ethnisch-kulturellen Selbstbewußtsein überwunden und konstruktiv weiterentwickelt werden kann (was unter anderem in der Limbo-Sequenz demonstriert wird). Im Vergleich zu Brathwaite bemüht sich Walcott in seinem lyrischen Werk zwar weniger um eine programmatische Wegestruktur, doch ist der Motivkomplex der Insularität und Wanderbewegung bei ihm so ausgeprägt wie bei irgend einem anderen Autor. Die Insel-, Schiffbruchs- und Strandungsmetaphorik, die raumsymbolische Ausrichtung auf eine mit Fluchtmöglichkeiten wie Bedrohlichkeit ambivalent besetzte, allseits umgebende See kehren in vielen Spielarten der Suggestion persönlicher, milieuspezifischer und universaler Probleme in seinen Gedichten wieder. Auch das Schema der Wanderung verwendet er in diesem Sinne. In der Sequenz »The Schooner *Flight*« aus *Star-Apple Kingdom* (1979) läßt er einen »roten Nigger« als Poeten und Seeabenteurer von seinem Leben berichten: dem Aufbruch aus Trinidad wegen seines finanziellen Ruins, einer privaten Krise (Bruch mit der Geliebten) und der Abkehr von einer korrupten Gesellschaft, der Reise auf dem Schooner durch die karibische Inselwelt mit ihren realen Erfahrungen und assoziierten Visionen (etwa der Middle Passage), die zunehmend zur symbolischen Quest eines der Dichtung gewidmeten, bewegten Daseins wird. Am weitesten spannt Walcott die Wegenetze seiner Helden in dem Epos *Omeros* (1990), in dem er inner- und außerkaribische Routen, reale und symbolische Reisen, Irrfahrten und Suchewanderungen komplex verknüpft.

Die Aufarbeitung der Kolonialgeschichte in der afrikanischen Literatur

Chinua Achebe

Wenn sich Lamming von verschiedenen Seiten auf eine Fiktionalisierung der Kolonialgeschichte zubewegt, so wird der historische Hintergrund der neuen Nationen in der Dritten Welt in gezielteren Überblicken von einer Reihe afrikanischer Romane thematisiert. Achebes *Things Fall Apart*, das wohl bekannteste Buch des Kontinents, ist ein aufschlußreicher Prototyp dieser Art. Das Werk schildert am Beispiel eines dynamischen, traditionsbewußten Ibos, seiner Familie und seines Dorfs die einsetzende Kolonialisierung West-Afrikas im 19. Jahrhundert, die einen Auflösungsprozeß der bodenständigen Stammeskultur bewirkt. Der Autor bemüht sich dabei um den Entwurf eines ausgewogenen historischen Bildes. Bei aller Aufwertung des Stammeslebens vorkolonialer Prägung, das ausführlich geschildert wird, vermeidet er jede idyllische Verklärung. Bei aller Bloßstellung des mit zivilisatorischem Sendungsbewußtsein verbrämten kolonialen Imperialismus der Briten porträtiert er doch seine Repräsentanten mit einiger Differenziertheit. Vor allem deutet er auch latente Erosionserscheinungen der traditionellen Kultur an. Der als gemischter Charakter gezeichnete Held läßt stammesinterne Rollenbilder wie das einer betont männlichen Härte fragwürdig erscheinen: Nicht von ungefähr wird sein Sohn abtrünnig und sucht in der Missionsschule die Erfüllung einer unbefriedigten Sensibilität. Zugleich hat die anrückende Kolonialmacht, die im Verbund von Missionstätigkeit, Handelsbelebung und administrativer Organisation die Ibos strategisch unter Druck setzt, leichtes Spiel, da sie den Ausgestoßenen und Verleumdeten des Stammes Aufnahme gewährt und so immer mehr Überläufer anlockt. Der Held scheitert letztlich an der eigenen Unbeherrschtheit und vergeht sich durch die Flucht in den Freitod gegen das chthonische Gesetz, das dem Vertreter der vorkolonialen Welt ironischerweise die Wiedervereinigung mit den Ahnen verwehrt. Achebe hat diesem Frühwerk zwei weitere Romane folgen lassen und die drei Werke als »African Trilogy« miteinander verbunden. In *No Longer at Ease* (1960) setzt er die Familiengeschichte des ersten Romans fort, indem er einen in der spätkolonialen Gegenwart lebenden Enkel porträtiert und den

Terrakotta-Altarstück der Ibo für den Geist der Yamwurzeln

fortdauernden Gegensatz zwischen europäischer Kultur und traditioneller Stammeskultur unter den erschwerenden Bedingungen der korrumpierten Gesellschaft der nigerianischen Hauptstadt dramatisiert. In *Arrow of God* (1964) behandelt er den gleichen Konflikt aus der zwischenzeitlichen Warte der 20er Jahre und mit dem Schwerpunkt auf der Religion, indem er einen widersprüchlichen Hohenpriester des Ibo-Dorfes ins Zentrum rückt. Die reflektierteren Helden dieser Bücher scheitern wie der des ersten, gleichgültig ob sie sich um die Bewahrung der Stammestradition oder eine Verbindung der unterschiedlichen Kulturen bemühen.

Entwirft Achebe ausschnitthaft ein Bild von der früh- bis spätkolonialen Geschichte Nigerias, so versucht der aus Ghana stammende Romanautor Ayi Kwei Armah in *Two Thousand Seasons* (1973), einen Überblick über ein Jahrtausend (west-)afrikanischer Geschichte zu vermitteln, das zugleich kolonialismuskritischer und panafrikanisch utopischer ausfällt. In einer episch stilisierten Prosa beschwört er ein ursprüngliches afrikanisches Ideal herauf (»the way«), das durch interne Abweichungen und vor allem die Überfremdung während der Kolonialherrschaft fast völlig verloren gegangen ist, jedoch eine Perspektive für die Zukunft eröffnet. Es handelt sich um eine mit Ganzheitlichkeit, Freiheit, Gerechtigkeit, Mitmenschlichkeit und Vitalität assoziierte Lebensweise, deren Verfall Armah am Beispiel des westafrikanischen Akan-Stammes mit gesamtafrikanischen Implikationen demonstriert. Der Prozeß vollzieht sich vor allem unter dem Druck der in Wellen eindringenden Eroberer, der degenerierten, brutalen »Räuber« (Araber) und ausbeuterisch-repressiven »Zerstörer« (Europäer). Aus dem Widerstand gegen die unselige Middle Passage entwickelt sich jedoch eine Art revolutionärer Zelle, die nach der Rückkehr in die Heimat den Kampf gegen die Fremdherrschaft und die Selbstentfremdung fortsetzt. Diese Richtung gilt noch für die Gegenwart: Von der Warte eines revisionistischen Zwischenberichts appelliert Armah an sein afrikanisches Publikum, den vorbildlichen Weg weiterzugehen. Der Roman ist allerdings nicht frei von provozierenden Überzeichnungseffekten bei der Kolonialismuskritik und suggestiven Vagheiten hinsichtlich des kaum praktisch aufgezeigten »Wegs«. Anders als Armah rückt Ngugi in *A Grain of Wheat* (1967) eine begrenzte historische Phase Kenias ins Blickfeld – die Jahre vom Freiheitskampf der Mau Mau bis zum Vorabend der Unabhängigkeit – und zeigt die Verstrickung einer kleinen dörflichen Gruppe in die Wirren der Zeit. Es handelt sich um widersprüchliche Figuren, die erwartungsvoll der nationalen Befreiung entgegensehen, aber in entscheidenden Situationen versagen, indem sie privat oder politisch einen Verrat begehen und so in einen Komplex von Schuld und Sühne geraten. Ngugi zeichnet mit Hilfe einer multiperspektivischen, achronologischen, implikationsreichen Erzählweise ein dialektisches Bild der diversen Desillusionierungsprozesse in einer Umbruchsphase des gesamtgesellschaftlichen Notstands. Ngugi steht in seinem politischen Engagement Armah kaum nach und teilt weitgehend auch dessen Standpunkt, aber seine Gesellschaftskritik ist konzentrierter im räumlich-zeitlichen Fokus sowie konkreter im exemplarischen Praxisbezug und differenzierter in der Personencharakteristik.

Ngugi wa Thiong'o

Die Bloßstellung nachkolonialer Fehlentwicklungen in der Literatur der Dritten Welt

Politische Literatur Schwarzafrikas

Intensiver noch als mit der kolonialgeschichtlichen Vergangenheit hat sich die Literatur des schwarzen Kontinents mit der nachkolonialen Gegenwart auseinandergesetzt. Es gibt kaum einen namhaften Autor, der nicht die Desillusionierung über die pervertierte Unabhängigkeit, neokoloniale Organisation und Verschlechterung der Lebensverhältnisse in den neuen Nationen zum Ausdruck gebracht hätte. Militärputsche, diktatorische Regimes, korrupte Verwaltungsapparate, wirtschaftliche Ineffizienz, soziale Ungerechtigkeit, Verelendung großer Bevölkerungsteile, bis zum Bürgerkrieg führende Gruppenkonflikte – von der Wiederkehr alter Stammesfehden abgesehen – sind die vorherrschenden Themen einer kritisch engagierten Literatur. Zum Spektrum dieser Literatur gehören Werke wie Achebes satirischer Roman *Man of the People* (1966) über die frühe Fehlentwicklung Nigerias, Armahs farcenhafter Roman *The Beautiful Ones Are Not Yet Born* (1968) über die Verfallserscheinungen Ghanas, Kofi Anyidohos Gedichtband *Elegy for the Revolution* (1978) über den ruinösen Zustand Akkras, Festus Iyayis realistischer Roman *Heroes* (1986) über die Hintergründe des nigerianischen Bürgerkriegs, p'Biteks »Song of Prisoner« in *Two Songs* (1971) über die Zweifelhaftigkeit des Widerstands in Uganda, Nuruddin Farahs Roman-Trilogie *Variations on a Theme of an African Dictatorship* (1976–81) über das totalitäre Regime in Somalia.

Szenenbild aus der Verfilmung von *Kongi's Harvest* durch Ossie Davies (1970), mit Soyinka in der Titelrolle

Das vielseitige Werk Soyinkas – Dramen, Lyrik, Romane, autobiographische und essayistische Schriften – nimmt im Zuge der Desillusionierung des Autors über die Entwicklung Nigerias während der 60er Jahre, die ihn auch zu couragierten Widerstandsaktionen herausforderte, durchweg ein politischeres Gepräge an. In zwei seiner bekanntesten Dramen, *Kongi's Harvest* (1965) und *Madmen and Specialists* (1970), zeigt sich das mit aller Schärfe. Im ersten Stück entwirft er das satirische Porträt des neuen Despoten eines fiktiven afrikanischen Staates, der mit allen Mitteln der Propaganda und des Terrors seine Machtposition konsolidiert. So will dieser anläßlich der traditionellen Ernte-Zeremonie dem gewitzt widerspenstigen Alt König auch noch dessen spirituelle Autorität nehmen, wird dabei aber fast das Opfer eines von jungen Genossenschaftlern geplanten Attentats. Der fehlgeschlagene Tyrannenmord, der die Beteiligten ins Exil treibt, reiht sich in andere gescheiterte Befreiungsversuche ein, und doch bleibt der organisierte Widerstand die einzige Alternative zur Hoffnungslosigkeit. Der Umstand, daß die rebellischen Akteure in der Bevölkerung Unterstützung finden, läßt sich als positives Anzeichen verstehen. Darüber hinaus dramatisiert das Stück – bis in die Sprache – den Gegensatz zwischen der Sterilität und Destruktivität des Despoten und seiner Gefolgsleute und der Vitalität, Phantasie und Kreativität seiner Gegner, gehören sie nun einer älteren bodenständigen oder einer jüngeren, fortschrittsorientierten Generation an. In *Madmen and Specialists* läßt Soyinka keinerlei Hoffnung mehr aufkommen. Das durch den Bürgerkrieg provozierte Stück entwirft das pessimistischste Bild des Autors von Afrika und der Menschheit. Es geht hier um das im Krieg sich manifestierende »moralische Versagen«, die körperliche Deformation und geistig-seelische Perversion des Menschen. Als »Verrückte« treten ein Quartett bettelnder Kriegsversehrter auf, die in Beckettschen Clownerien ihre Erfahrungen in einer befremdlich entarteten Welt nachspielen und einem übernommenen nihilistischen Credo Ausdruck verleihen. Als »Fachleute« erscheinen ein geheimdienstlicher Sonderbeauftragter, der willkürlich Menschen foltert und beseitigt und in der Rückkehr zum Kannibalismus eine konsequente Form der Machtausübung erkennt, sowie sein von ihm gefangengehaltener Vater, der als Invalidenbetreuer eine den Selbsthaß nährende nihilistische Lehre entwickelt. Auch wenn die Weltsicht des Vaters einer misanthropischen Verbitterung entspringt, reflektiert sie in ihrer verbalen Menschenverachtung viel von der aktiven Menschenmißhandlung und -vernichtung des Sohnes. Das Stück bewegt sich zwischen Politfarce, groteskem Traumspiel, kabarettistischer Revue, apokalyptischem Totentanz und absurdem Theater. Es verwendet eine Sprache, die durch fortwährende Wortspiele ihre sinngebende und kommunikative Funktion aufgibt.

Ngugis Abrechnung mit dem Neokolonialismus in Petals of Blood

Ähnlich scharf wie Soyinka mit den nigerianischen Verhältnissen ins Gericht geht, rechnet Ngugi mit den Zuständen in Kenia ab, ohne allerdings eine derart pessimistische Sicht zu vertreten. Die schon in früheren Romanen entwickelte Problematik der Überfremdung der angestammten sozialen Ordnung durch die Errungenschaften europäischer Zivilisation und der Zersplitterung des Landes in Stammesinteressen, Generationenkonflikte und Klassengegensätze dehnt er in *Petals of Blood* (1977), dem letzten seiner in englischer Sprache geschriebenen Romane, auf die desillusionierende Erfahrung mit dem Neokolonialismus der neuen Nation aus: Angeprangert wird hauptsächlich die schwarze Bourgeoisie, eine Elite der Nutznießer und Handlanger internationaler Multis, die das von der abgelösten Kolonialmacht übernommene System der Ausbeutung perpetuiert. Ngugi zeigt dies anhand der Aufklärung eines Gewaltverbrechens, in das vier Personen verwickelt sind, die unterschiedliche Gruppen eines ländlichen Milieus repräsentieren (Schulleiter, Prostituierte, Straßenhändler, Gewerkschaftler). Im Zuge der nationalen Unabhängigkeit erstreben sie einen persönlichen Neubeginn. Sie scheitern aber letztlich an systembedingten Repressionen (britische Erziehung, Frauendiskriminierung, basisdemokratische Ohnmacht) und erfahren allenfalls durch eine Liebesbeziehung privates Glück oder gewinnen durch solidarisch-aktionistisches Engagement eine politische Perspektive, die auf die Veränderung des Systems zielt. Die Einzelschicksale sind verknüpft mit dem Wandel ihres von Dürrekatastrophen bedrohten Dorfs zur wirtschaftlich aufstrebenden Kleinstadt, dem fragwürdigen »Fortschritt« eines von den Politikern zum Demonstrationsobjekt erkorenen Ortes, der jedoch eher den großstädtischen Unternehmern Profit bringt als den enteigneten, nun lohnabhängigen Einheimischen zugute kommt. Darüber hinaus wird die Repräsentativität des Geschehens durch die anspielungsreiche Bezugnahme auf den panafrikanischen, historischen Kontext angedeutet.

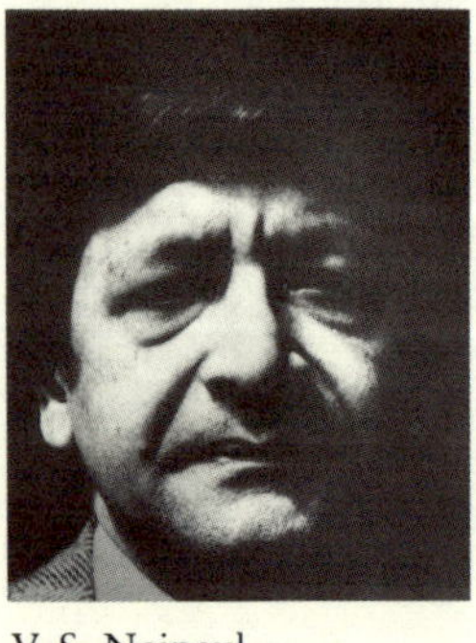

V. S. Naipaul

Ein Roman, der am Werdegang eines Inders aus Ostafrika die Entwicklung eines neuen zentralafrikanischen Staates schildert, ist V.S. Naipauls *A Bend in the River* (1979). Das Werk vermittelt einen Einblick in die widersprüchlichen Zusammenhänge von Revolution und Gegenrevolution, Verstaatlichung und privatem Wohlstand, Bildungsförderung und brutaler Unterdrückung, mythischer Traditionsbelebung und technologischer Modernisierung. Der Autor steht mit seiner dekuvrierenden Skepsis den Zeitkritikern Afrikas nahe, doch sein Standpunkt ist zwangsläufig der des Dritte-Welt-Kosmopoliten: der karibischen Heimat entfremdet, in der englischen Wahlheimat nie ganz zuhause und vom Land der Vorfahren – Indien – zutiefst befremdet. Die prekäre Position zwischen den Kulturen schärft allerdings auch den Blick des vergleichenden Beobachters. Nach der Beschränkung auf die Karibik im satirischen Frühwerk weitet sich der Horizont im Schaffen des Erzählers und Essayisten. Die Wiederbegegnung mit der Karibik nach dem ersten England-Jahrzehnt ist eine bittere Enttäuschung, da er Charakteristika wie Engstirnigkeit, Unproduktivität, Materialismus und Fremden-Nachäfferei unvermindert vorfindet (*The Middle Passage*, 1962), und nur die erste Begegnung mit Indien provoziert ihn zu noch krasseren Urteilen (*An Area of Darkness*, 1964). Ideen beider Reisebücher finden sich auch in dem Roman *Mimic Men* (1967) wieder, der die Erfahrungen eines zwischen der Karibik und England hin und her getriebenen Inders dramatisiert. Es ist die Geschichte eines Mannes, der sich früh seiner Familie (dem sektiererischen Vater, dem Aufsteiger-Klan der Mutter) wie der spätkolonial-provinziellen Umwelt seiner Heimatinsel entfremdet und zum Studium in die englische Metropole geht, wo er jedoch die Einsamkeit des Außenseiters erleidet. Nach der Rückkehr in das unabhängig werdende Land macht er als Bodenspekulant und Politiker Karriere, doch aufgrund der fortbestehenden technologisch-wirtschaftlichen Abhängigkeiten und der fehlenden internen Machtbasis führt das von ihm mitinszenierte »Schauspiel« einer auf eigenen Füßen stehenden Nation in ein Chaos, aus dem er sich – zwischen die Fronten geraten – durch die endgültige Emigration nach England flüchtet. Erst die Ordnung stiftende literarische Verarbeitung in der Zwischenbilanz seines Lebens verschafft ihm die nötige Distanz zur Vergangenheit und die Möglichkeit zu einem Neubeginn. Der Roman veranschaulicht die Identitätskonflikte und Orientierungsprozesse des Individuums, das einem mehrfachen *culture clash* ausgesetzt ist, durch wechselnde Rollenzwänge zum habituellen »Mimen« gemacht wird und so im Prozeß der Selbstfindung auf massive Behinderungen stößt. Dies steht als zu bewältigendes Problem allerdings auch ungleich stärker im Vordergrund des Romans als die Lösung des Eigenständigkeitsproblems der Inselnation.

Salman Rushdie

Wie Naipaul hat Rushdie den größeren Teil seines Lebens in England verbracht und wie dieser betrachtet auch er die am indischen Subkontinent exemplifizierte Dritte-Welt-Problematik von einer engagierten, aber kosmopolitischen Warte. Zudem teilt er mit ihm das journalistisch wie erzählerisch artikulierte Interesse an der Aktualität solcher Fragen und als Romanautor eine unverkennbare Neigung zur Satire. Gleichwohl ist sein Grundkonzept völlig anders. Hält Naipaul trotz der achronologischen Struktur in *The Mimic Men* an realistischen Erzählkonventionen fest, so bevorzugt Rushdie eine spezielle Verbindung von politisch brisanter Wirklichkeitsnähe und der einheimischen Tradition Indiens verpflichteter Phantastik, die ihn in die Nähe des »magischen Realismus« der lateinamerikanischen Literatur rückt. In *Midnight's Children* (1981) breitet er anhand der Chronik einer gutsituierten moslemischen Familie und der Lebensgeschichte des in der Stunde der Unabhängigkeit geborenen Ich-Erzählers ein Panorama des Subkontinents aus, das vor allem die nachkoloniale Zeit in einer Mischung von prallem Realismus und fabulöser Phantastik schildert. Im Maße der Fehlentwicklung des abgespaltenen und sich weiter aufspaltenden Pakistan und der späteren Notstandsperiode Indiens nehmen die grotesk-apokalyptischen Züge zu. Mit *Shame* (1983) läßt der Autor einen komplementär auf Pakistan konzentrierten Roman folgen, der die farcenhafte Satire auf zeitgenössische Politiker mit vollends zur Horrorvision gesteigerter Phantastik entwickelt.

Der indische Subkontinent in Rushdies satirisch-parodistischem Romanwerk

In *Midnight's Children* zeigt das wiederkehrende Titelmotiv die zentrale Symbolik an: Die neue Generation der Vielvölker-Demokratie, verkörpert durch die mitternächtlichen Erstgeborenen der Nation, kann in der konfliktreichen Heterogenität der Sprachen, Religionen, Rassen und Klassen den

Bronzestatue des elefantenköpfigen Ganesh (14. Jh.), auf den Rushdie verschiedentlich – nicht zuletzt als »Schreiber« – anspielt.

allseits genährten Traum von der indischen Erneuerung nicht erfüllen. Als artifizielle Staatsgründungen auf dem Boden des multikulturellen Subkontinents sind Indien, Pakistan und Bangladesch nur halb wirkliche Gebilde, »kollektive Fiktionen« und »Fehlschläge der Vorstellungskraft«, die im fortwährenden Prozeß des »re-inventing« wechselhaft Geschichte machen und dem Erzähler mit seinen unvollständigen Erinnerungen ein Modell für das Geschichte nachschaffende Geschichtenerzählen bieten. Seine Lebensgeschichte bleibt auf engste mit der simultanen Geschichte der Nation verknüpft. Er wächst mit der Wundergabe auf, telepathisch landesweit die Stimmen der anderen Mitternachtskinder empfangen zu können und läßt sie in einer Art Konferenzschaltung die Zukunft Indiens debattieren. Sein Privatleben verwickelt sich wiederholt mit öffentlichen Ereignissen: Er gerät in den Bombayer Amtssprachenstreit, verliert während eines der Indisch-Pakistanischen Kriege fast die ganze Familie und sein Gedächtnis, verirrt sich während des pakistanischen Bürgerkriegs als Nasenwunder eines Spürhunde-Trupps im atavistischen Traumwald der bengalischen Sundarbans und wird im Kreise der kommunistischen Gaukler von Delhi das Opfer der unter Indira Gandhi praktizierten Slumsanierung und Zwangssterilisation. Der Lebensbericht, den der Erzähler im Wettlauf mit dem eigenen Verfall zustandebringt, soll ein Vermächtnis für seinen Sohn sein, den Repräsentanten einer durch die Fehlentwicklung des Landes illusionsloser in die Zukunft schauenden Generation. Er selbst vertritt im Unterschied zu seinem gleichaltrigen doppelgängerhaften Widersacher das Prinzip der toleranten, imaginativen Überwindung von Gegensätzen. Er bemüht sich darum, dem »vielköpfigen Monster« Indien Stimme zu verleihen, indem er eine unerschöpfliche Vielfalt von Typen und Milieus, Situationen und Schicksalen einbezieht. Er läßt sich bei der Demonstration der von westlichen Sehweisen abweichenden indischen Denkmuster zum einfallsreichen Spiel mit Eigentümlichkeiten anregen wie den Normen des Sehens/Gesehenwerdens/Unsichtbar-Bleibens oder der obsessionellen Feststellung von Korrespondenzen. Rushdie durchzieht den Roman mit einem dichten Netz assoziationsreicher Motive dieser Art. Im Falle des leitmotivischen »perforated sheet« geht er vom einheimischen Kodex des Verhüllens aus, um den fragmentarischen Charakter jeglicher Ganzheitlichkeit zu versinnbildlichen, ob dieser nun die persönliche Identität, die nationale Einheit, die historische Kontinuität oder die erzählerische Komposition betrifft. Mit sprachlicher Virtuosität und spielerischer Ironie bringt er unterschiedliche indische Sprechweisen im Englischen zum Einsatz; und – der Parodie nie fern – rekurriert er auf englische wie indische Literatur- und Medientraditionen: von der englischen Satire und sozialkritischen Erzählkunst bis zur selbstreflexiven Postmoderne, vom Mythenpersonal der Sanskrit-Epen und der – im Rahmenschema parodistisch invertierten – Grundkonstellation von *Tausendundeine Nacht* bis zum Erzählmodus der volkstümlichen Straßenunterhalter mit ihren unmittelbar ansprechenden, doch gekonnt verschachtelten Geschichten und den populären Bombay Movies mit ihrem sensationellen Repertoire. Rushdie schafft so einen Stil, der paradigmatisch auf neuere Autoren Indiens (Amitav Ghosh) und der Dritten Welt (M.G. Vassanji aus Tansania) eingewirkt hat.

Literatur im Zeichen der Apartheid

Determinanten der südafrikanischen Gegenwartsliteratur

Die Verfestigung des Apartheid-Regimes hat seit den 60er Jahren in Südafrika zur Verschärfung des Rassenkonflikts geführt – eine Situation, die Autoren der abgesonderten Gruppen wie der liberalen Minderheit unter den privilegierten Weißen kritische Stellungnahmen abverlangte, ohne daß ihnen das Recht auf freie Meinungsäußerung zugestanden wurde. Dieser paradoxe Zustand bestimmt die südafrikanische Gegenwartsliteratur. Während noch in den 50er Jahren die Literatur der Weißen wie der – um die Zeitschrift *Drum* gruppierten – Schwarzen einen Auftrieb erfahren hatte, bot nun die im General Law Amendment Act (1962) verklausulierte Zensur, die jede Störung des »sozialen Friedens« und jeden Verstoß gegen die »guten Sitten« kriminalisierte, eine probate Handhabe zur systematischen Unterdrückung unbotmäßiger Äußerungen zur Rassenfrage. Zu den praktischen Konsequenzen gehören das Verbot des größeren Teils der bislang veröffentlichten schwarzen Literatur, was auch auf eine Unterbindung ihrer Kontinuität hinauslief, und die rigorose Einschränkung der neueren Literatur, gleichgültig ob schwarzer oder weißer Herkunft. Autoren laufen ständig Gefahr, mundtot gemacht zu werden und sind immer wieder auf Ausweichmanöver angewiesen. Sie werden zu Gefängnis und Strafkolonie verurteilt (Brutus), mit zeitweiligem Bücherbann belegt (Gordimer), ins Exil getrieben (Bessie Head), in die Subkultur abgedrängt (Township Poets) oder zu allegorischen Verschlüsselungen ihres Werks gezwungen (J.M. Coetzee in *Waiting for the Barbarians*, 1980) – die Aufzählung der Folgeerscheinungen und Beispielfälle ließe sich unschwer fortsetzen. Die dominanten Themen und Verfahrensweisen spiegeln diese Entwicklung wider. Das Leben im Getto der *townships* wird in Jugend-Autobiographien wie Peter Abrahams' *Tell Freedom* (1954) und Mphahleles *Down Second Avenue* (1959) bis zur Township Poetry authentisch festgehalten. Gefängniserfahrungen sind in Breyten Breytenbachs Prosaaufzeichnungen *Confessions of an Albino Terrorist* (1986) und Brutus' Lyriksammlung *Letters to Martha* (1969) offen persönlich und in La Gumas Roman *The Stone Country* (1967) fiktional stilisiert wiedergegeben. Der zentrale Rassenkonflikt erscheint häufig zugespitzt in der tabubrechenden Beziehung zwischen den Geschlechtern (so in Lewis Nkosis *Mating Birds*, 1986) oder wird in den alltäglicheren Verwicklungen des Herrschaft-Diener-Verhältnisses vor Augen geführt (so in Coetzees Roman *In the Heart of the Country*, 1976). Entsprechende Tendenzen finden sich auch bei den beiden namhaftesten Autoren Südafrikas, Nadine Gordimer und Athol Fugard.

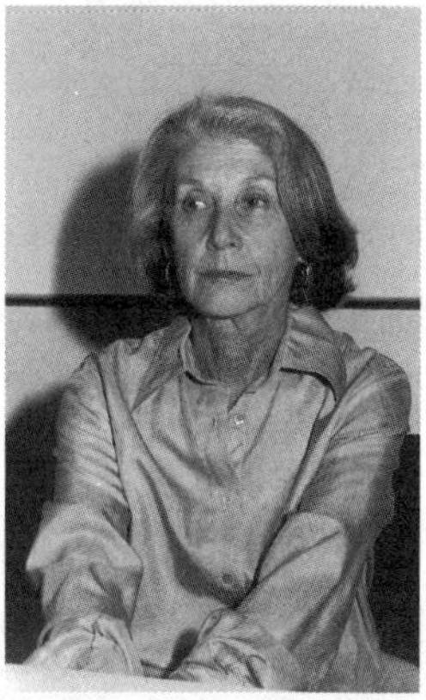

Nadine Gordimer

Gordimers Erzählwerk

Gordimer hat in ihren essayistischen Standortbestimmungen festgestellt, daß sie aufgrund der südafrikanischen Situation zur politischen Schriftstellerin geworden ist, obwohl ihr Interesse eher der Privatsphäre des Individuums gilt. Folgerichtig behandelt sie in ihren Romanen und Kurzgeschichten anhand repräsentativer Personen die Entwicklungsprobleme des einzelnen und die zwischenmenschlichen Konflikte, die sich aus dem Rassismus der sozialen Umwelt ergeben. Ihr Erzählwerk, das in der modernen Tradition des psychologischen Realismus steht und seit *The Conservationist* (1974) ein hohes Maß an Komplexität gewonnen hat, erreicht in *Burgher's Daughter* (1979) einen Höhepunkt. Der Roman entwirft das subtile Porträt einer sensiblen weißen Frau aus gutbürgerlichem, aber kommunistischem Zuhause – die Eltern sterben als Apartheid-Gegner im Gefängnis – in einer Umwelt, die ihr keine Loslösung von der verwickelten Vergangenheit und keinen Freiraum zur Selbstverwirklichung gestattet. Erst im euroäpischen Exil gewinnt sie durch die entspannte soziale Atmosphäre und eine Liebesbeziehung Einblicke in ein anderes, wenn auch nicht ganz ungetrübtes Leben. Die Wiederbegegnung mit dem schwarzen Adoptivbruder, der zum verbitterten Verfechter eines separatistischen Rassenkampfs statt des bisherigen Klassenkampfs geworden ist, verdeutlicht ihr dann aber endgültig ihre Verantwortung gegenüber der südafrikanischen Heimat. Sie übernimmt nun die stigmatisierte Rolle der »Tochter ihres Vaters«, indem sie zurückkehrt und aus humaner Solidarität und ohne Parteiideologie den Soweto-Opfern hilft, bis sie ins Gefängnis kommt. Im Rahmenmotiv des Gefängnisses schließt sich der Teufelskreis des Romans, der allein in dem Bewußtwerdungsprozeß und der moralischen Konsequenz der Heldin, ihrem Verzicht auf privates Glück und ihrem Beitrag zur Linderung des kollektiven Leids, eine positive Perspektive erkennen läßt. In ihrer Darstellung konzentriert sich Gordimer trotz der dramatischen Umstände des Geschehens ganz auf die innere Handlung, die sie in komplex wechselnden Erzählsituationen, einem symbolisch verdichteten Realismus und einer zu Paradoxien neigenden Sprache vermittelt.

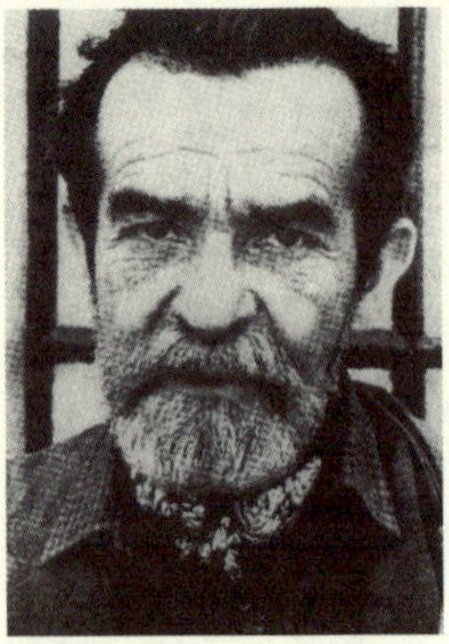

Athol Fugard

Wie Gordimer ist Fugard ein weißer Autor, der vorwiegend die Auswirkung des Apartheid-Systems auf die Privatsphäre thematisiert und entsprechende psychologische Prozesse in ihrem sozialen Zusammenhang sichtbar macht. Mit seinem »theatre of defiance« lehnt er sich zugleich in einem allgemeineren Sinne gegen die menschliche Gleichgültigkeit auf. Er konzentriert sich in der Regel auf wenige Figuren, meist Familienmitglieder, aus randständigen Milieus, die in – für Südafrika symptomatischen – verfahrenen Situationen gezeigt werden. *No-Good Friday* (1958) demonstriert den Gegensatz zwischen dem ohnmächtigen Einzelgänger und der Unterwelt im Überlebenskampf der *township. Blood Knot* (1961, revidiert als *The Blood Knot*, 1985) veranschaulicht an zwei unterschiedlich »farbigen« Brüdern kontrastierende Verhaltensweisen und wechselseitige Abhängigkeitskonflikte, die eine rassistische Umwelt widerspiegeln und ein tristes Dasein offenbaren. *Hello and Goodbye* (1965) enthüllt in der Wiederbegegnung von Geschwistern gegensätzliche Einstellungen im frustrierenden Armenmilieu der Buren. *Boesman and Lena* (1969) zeigt das aufreibende Zusammenleben eines obdachlosen Farbigen-Paares, das sich trotz aller Erniedrigungen nicht entmutigen läßt. *Statements after the Arrest under the Immorality Act* (1974) beleuchtet das »Verbrechen« der sexuellen Beziehung zwischen einer Weißen und einem Farbigen. *›Master Harold‹ ... and the Boys* (1982) demonstriert den vertraulichen Umgang eines weißen Schuljungen mit zwei schwarzen Dienern und den reflexhaften Ausbruch seines unterschwelligen Rassismus. Letztlich prangert Fugard in seinen Stücken von der Warte eines existentialistischen Pessimismus die »Dürre des menschlichen Herzens« an, die in Südafrika ihr extremstes Ausmaß gefunden hat. Er verbindet in seinem Schaffen als Dramatiker und Regisseur europäische Einflüsse von Becketts »absurdem Theater« bis zu Jerzy Grotowskis »armem Theater« und die experimentelle Zusammenarbeit mit weißen und schwarzen Schauspielergruppen auf südafrikanischen Werkstattbühnen. Letzteres hat auch so erfolgreiche Gemeinschaftswerke wie *Sizwe Bansi Is Dead* (1972) hervorgebracht.

Szenenbild aus der Verfilmung von *Boesman and Lena* durch Ross Devenish (1974), mit Fugard in der Rolle des Boesman

Antipoden-Konzepte in der Literatur Australiens und Neuseelands

Traditionen der Antipoden-Bildlichkeit

Im Unterschied zu Südafrika, das als Apartheidsstaat aus dem Commonwealth ausgeschieden ist, gehören Australien und Neuseeland zu der Nationengemeinschaft um Großbritannien, doch als ehemalige Kolonien am »unteren« Ende der Erdkugel – *down under*, wie es im bezeichnenden britischen Kolloquialismus für Australien heißt – haben sie immer wieder ein besonderes Antipoden-Bewußtsein zum Ausdruck gebracht. Vor allem Australien ist schon aufgrund der Landesnatur seit der frühkolonialen Literatur im quasi-mythischen Bild einer verkehrten Welt mit umgedrehten Jahreszeiten, landeinwärts fließenden Flüssen, absonderlichen Tierarten usw. stereotypisiert worden; und die sozialen, kulturellen Polaritäten oder zumindest markanten Unterschiede zwischen Großbritannien, Europa und den USA auf der einen Seite und Australien auf der anderen Seite spielen bis in die neueste Literatur hinein, wobei die Widersprüchlichkeit geläufiger Vorstellungen von Australien als Ort der Verbannung oder utopischem Paradies ambivalente Betrachtungsweisen nahelegt. Für Neuseeland ergibt sich die zusätzliche Schwierigkeit der Abgrenzung gegenüber dem fünften Kontinent, dem das Land oft undifferenziert beigeordnet wird. Aus diesem Grund hat die neuseeländische Literatur noch mehr Anlaß, sich mit der Problematik der nationalen Identität angesichts einer globalen Randposition auseinanderzusetzen.

In der australischen Gegenwartsliteratur geben die Kurzgeschichten von Malouf und Moorhouse wie auch die Romane von Carey illustrative Beispiele für die Antipoden-Thematik und ihre Vermittlung ab. Maloufs Sammelband *Antipodes* (1985) spielt dies am variationsreichsten durch: jüdische Emigranten aus Europa in der neuen Heimat Australien oder bei der Wiederbegegnung mit der geschichtsträchtigen alten Heimat; Australier als Touristen im fremdartigen Ambiente Europas und veränderte Heimkehrer; der Europäer als Forschungsreisender im Kulturkreis der Aborigines; die verschränkten Lebenswege des kosmopolitischen Kulturdezernenten in der hintersten Provinz Nord-Australiens und der weltbekannten Sängerin aus dem australischen Farmland – das sind einige der typischen interkontinentalen Wechselbezüge. Das Antipoden-Konzept hat bei Malouf aber nicht nur die Funktion, umweltbedingte Erfahrungen bei Grenzüberschreitungen zwischen der Alten und der Neuen Welt komplementär zu veranschaulichen, sondern darüber hinaus elementare Dualismen wie Alter und Jugend, Vergangenheit und Gegenwart, Leben und Tod darzustellen. Die Sammelbände *The Americans, Baby* (1972) und *The Electrical Experience* (1974) von Moorhouse kreisen hauptsächlich um einen in der australischen Gesellschaft deplazierten amerikanischen Geschäftsmann und einen amerikanisierten australischen Fabrikanten. Sie entwerfen so ein ambivalentes Bild der verstärkt unter amerikanischen Einfluß geratenen 60er Jahre in Australien zwischen Konsum-Konformismus und neuer Freizügigkeit. Die Erneuerung der Kurzgeschichte durch Moorhouse nach der »diskontinuierlichen Erzählweise« der amerikanischen Kurzprosa-Avantgardisten gehört selbst zu den typischen Erscheinungen dieser Entwicklung.

David Malouf

Careys Romane

Carey ist ein ähnlich innovativer Kurzgeschichtenautor wie Moorhouse und gehört zugleich neben David Ireland zu den einfallsreichsten Erneuerern des australischen Romans. In *Illywhacker* (1985) präsentiert er eine postmoderne australische Variante der aus der amerikanischen Literatur bekannten *tall tale* eines *confidence trickster*. Der »Täuschungskünstler« und im spielerischen Übermut unzuverlässige Erzähler ist ein 139jähriger Australier, der aus der Zukunft auf ein pikaresk bewegtes Leben im Wandel seines Landes seit dem ausgehenden 19. Jahrhundert zurückblickt. Dabei entsteht trotz Satire und Selbstironie ein nicht unrealistisches Sozialpanorama der Typen, Milieus und Dekaden. In der nationalen Identitätsfrage vertritt der Titelheld gegenüber den verbreiteten pro-englischen und anti-irischen, anti-chinesischen und antisemitischen Einstellungen einen australischen Patriotismus, der sich der kolonialen Abhängigkeit und internen Uneinigkeit widersetzt. Aber mit Geschäftsideen wie der von der eigenständigen Flugzeugfabrikation erweist sich der Held doch als Mittelsmann einer modernen Welt, der in einem den Ureinwohnern geraubten Land noch immer ein Eindringling ohne eigentliches Heimatrecht ist (ein Umstand, der ihm durch eine politisch reflektiertere Gefährtin verdeutlicht wird und der in konträren Maschinen- und Tierbildern sowie seiner symptomatischen Nestbauobsession durchgängig präsent bleibt). In seiner Widersprüchlichkeit verkörpert er einen Großteil der historischen Ambivalenzen seines Landes zwischen kolonialer Usurpation, Abhängigkeit von Großbritannien, Unabhängigkeitstreben und erneuter Beeinflussung durch die USA und Japan. Als eine verwickelte Folge von repressiven Täuschungsmanövern und naivem Selbstbetrug bekommt die australische Geschichte die farcenhaften Züge eines permanenten Identitätsschwindels. In *Oscar and Lucinda* (1988) geht Carey auf die kolonialgeschichtliche Situation um die Mitte des 19. Jahrhunderts zurück, indem er die Lebenswege zweier Außenseiter zusammenführt: einer eigenwilligen Australierin, die eine dem Londoner Kristallpalast nachempfundene Glaskirche durch die australische Wüste transportieren läßt, und eines introvertierten englischen Missionars, der – sozial geächtet und ihr ergeben – die den Eingeborenen gegenüber brutale Expedition begleitet. Die gemeinsame Spielleidenschaft und imaginative Sensibilität der Helden offenbart zugleich mehrdeutige Unterschiede zwischen England bzw. Dekadenz und Zwanghaftigkeit einerseits und Australien bzw. Fortschritt und Freiheit andererseits. Auch Rollenverkehrungen von Mann und Frau werden angedeutet. Der Roman enthält im Grundkonzept die für die australische Literatur typischen Wanderrouten: die Einwanderungsreise des Engländers nach Australien, die Pilgerreise der Australierin nach England, die Expedition ins Landesinnere als Bewährungsprobe. Was bei Carey parodistisch durchsetzt ist, hat variationsreich seine eigenen Gattungstraditionen entwickelt: von *voyager poems* wie James McAuleys *Captain Quiros* (1964) über Bildungsromane mit obligatem England-Exil wie Maloufs *Johnno* (1975) bis zu den archetypischen Expeditionsromanen von White und Stow. Wie in der karibischen Literatur spielt schon die Schiffsreise als Handlungshintergrund oft eine sinnfällige Rolle, so auch in *Oscar and Lucinda*.

Peter Carey

Frames Romane

In der neuseeländischen Literatur finden sich Antipoden-Bezüge mit ähnlichen Wanderrouten in den Romanen von Janet Frame. In *The Edge of the Alphabet* (1962) beschreibt sie die »Entdeckungsreise« eines erfolgreichen, aber entfremdeten Geschäftsmannes, einer aus England eingewanderten, verhärmten Lehrerin und eines irischen Busfahrers von Neuseeland nach England. In keinem der Fälle bringt die mit »Übersee-Träumen« besetzte Suche jedoch eine dauerhaft positive Persönlichkeitsentwicklung. In *Living in the Maniototo* (1979) verlagern sich Reiseroute und -modus: Die Erzählerin, wie oft bei Frame eine Schriftstellerin, reist nach zwei Ehen im neuseeländischen Suburbia-Milieu der oberflächlichen Wohlgeordnetheit und latenten Gewalttätigkeit mehrfach in die USA, wo sie während eines Schreibaufenthalts mit zwei weiteren Intellektuellenpaaren neuseeländischer Vergangenheit zusammenlebt. Aus der transatlantischen Distanz der Neuseeländer unterschiedlicher Herkunft und eines Engländers wird ein facettenreiches Bild Neuseelands wie auch Amerikas entwickelt. Und wenn die amerikanischen Gastgeber der Heldin von der Warte des »centre of the world« Neuseeland »at the end of nowhere«, an eine diffuse Peripherie, rücken, ist für die Neuseeländer selbst die Maniototo-Hochebene im Inneren der Südinsel ein mysteriöses Territorium, in dem sich die Widersprüche des Landes symbolisch zu konzentrieren scheinen. Der Ort blutiger Maori-Schlachten, einer urtümlich-heilsamen Natur, eines Schulungslagers für Einwanderer und nicht zuletzt verborgener dichterischer Talente bleibt auch für die Erzählerin, die mit den Grenzüberschreitungen zwischen Fiktionalität und wirklichem Leben spielt, eine geistige Heimat.

Angestammte und moderne Welt am Beispiel der Ost-West-Begegnung in der indischen Literatur

Die in den Antipoden-Ländern von der Alten Welt sich absetzende Neue Welt steht doch in ihrer Modernität den westlichen Industrienationen Großbritannien und USA ungleich näher als den ins Landesinnere abgedrängten Kulturen der Aborigines und Maori. Das dreifache Spannungsfeld der lang etablierten euroamerikanischen Weltzentren, der neueren zivilisatorischen Ballungsgebiete und der archaischen Rückzugsbereiche der Commonwealth-Länder ergibt eine vielfältig wiederkehrende Kontrastthematik – nicht nur in der Literatur der Ureinwohner in den Siedlerländern, sondern auch in der Dritte-Welt-Literatur. So hat in der afrikanischen Literatur der von Cyprian Ekwensi begründete Großstadtroman mit seinen besonders krassen Stadt-Land-Gegensätzen in gleicher Weise die Bedeutung einer Untergattung erreicht wie der von Achebe und anderen gern verwandte Roman um *been-to*-Helden, d.h. zur Fortbildung in England oder USA »Weggewesene« mit ihren Reintegrationsproblemen im einheimischen Milieu von Stadt und Land. Eine schon durch Vorgaben der englischen Literatur besonders ausgeprägte Thementradition aber ist die der Begegnung von Ost und West in der indischen Literatur.

Raos Roman *The Serpent and the Rope* (1960) bietet die komplexeste Fiktionalisierung dieser Begegnung. Im Zentrum steht die geistige Odyssee eines modern aufgeschlossenen Intellektuellen aus dem besonders traditionellen Brahmanen-Milieu Südindiens. Der anregende Studienaufenthalt in Europa und die scheiternde Ehe mit einer Französin bringen unterschiedliche Einstellungen zum Leben, Wissen, zur Religion, Sexualität usw. zum Vorschein und verweisen den Helden auf seine indischen Wurzeln zurück. Es geht dabei nicht primär um die Demonstration der Unvereinbarkeit von Ost und West, sondern der Notwendigkeit der spirituellen Selbstfindung, die jeder aus seiner Tradition heraus verfolgen muß. Für den Helden bedeutet das letztlich die Hinwendung zu einem Guru. Auf dem Weg dorthin tritt er mit verschiedenen Personen aus Ost und West in einen geistigen Austausch, den er in seiner Ich-Erzählung assoziationsreich reflektiert. Wie schon die

Raja Rao

Titelsymbolik andeutet, wird die Betrachtungsweise vom Bewußtsein einer vielgestaltigen Einheit der Welt jenseits des Dualismusdenkens bestimmt und auf eine transzendente »Realität« ausgerichtet. Stilistisch zeichnet sich der Roman gegenüber *Kanthapura* durch seine anspruchsvolle Flexibilität aus, allerdings auch durch eine Neigung zur wortreichen Beschwörung, die dem westlichen Leser fremd erscheinen mag.

Anders als Rao in seinem Hauptwerk beschränkt sich R.K. Narayan in seinen Romanen und Kurzgeschichten eher auf den Alltag der kleinen Leute im fokusartigen Ausschnitt der südindischen Provinz. Der überwiegende Teil seines Erzählwerks spielt in der fiktiven Kleinstadt »Malgudi«, einem realistisch entworfenen Mikrokosmos, der die Landesentwicklung seit den 30er Jahren zwischen dem traditionsverhafteten dörflichen und dem modern ausgerichteten urbanen Indien widerspiegelt. Auch ohne daß es zu direkten Begegnungen zwischen Ost und West kommt, werden die Folgeerscheinungen der aufeinanderprallenden Welten vor Ort gezeigt. Das gilt auch für den Roman *The Guide* (1958), der die tragikomische Wandlung eines gewitzten Fremdenführers zum aufopferungsbereiten heiligen Mann schildert. Nach seinem Aufstieg und Fall als Betreuer einer ambitionierten Tänzerin, der sich durch seine Besitzgier isoliert und ins Gefängnis bringt, übernimmt der Held die ihm aufgedrängte, einträgliche Ratgeberrolle eines Dorf-Guru, der anläßlich einer Dürrekatastrophe ein Fastenopfer leisten muß und, als er Farbe bekennt, durch den unerschütterlichen Glauben seiner Anhänger zum Wei-

Topographie von Narayans fiktiver Schauplatzkonstante

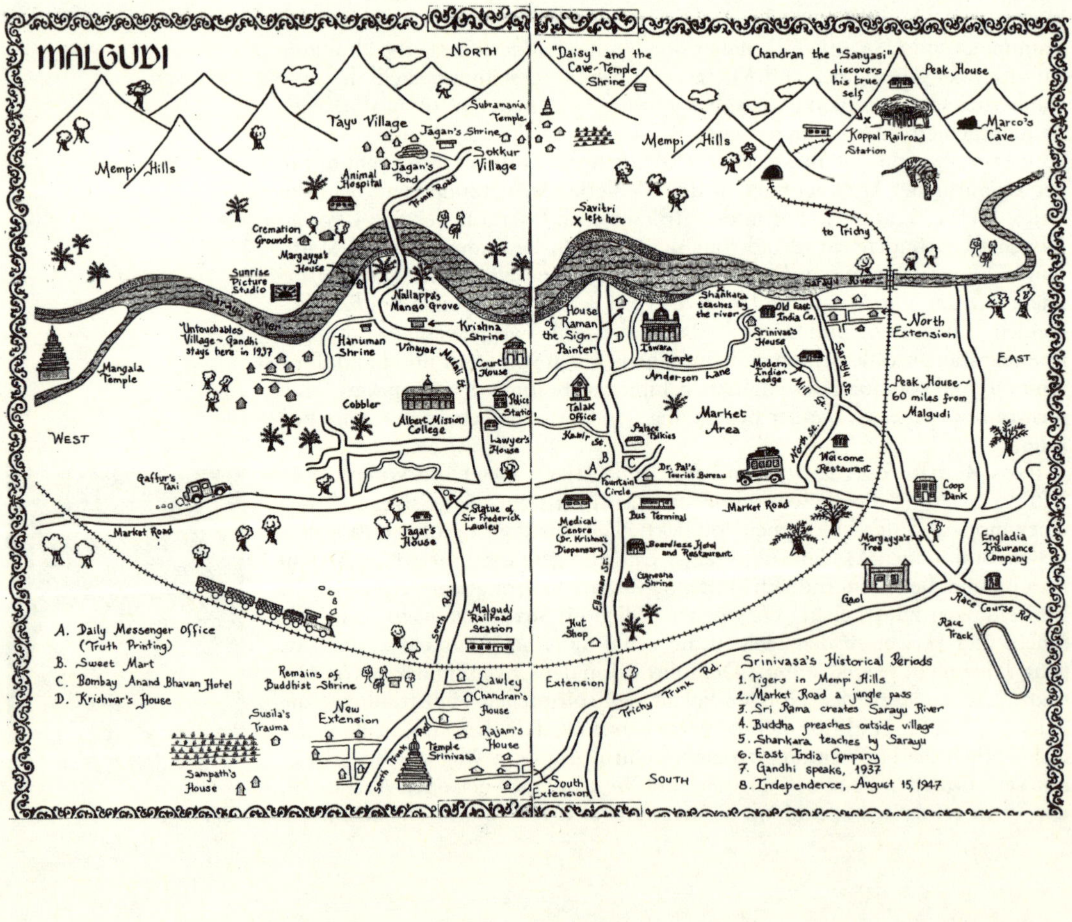

termachen bis zum bitteren Ende motiviert wird. Indem er erstmals aufrichtig, selbstlos und schicksalsergeben handelt, wächst er über sich hinaus. Erscheint er zunächst als eine Verkörperung des modernen opportunistischen Selfmademan, so holt ihn am Schluß das alte Indien samt der schillernden Titelsymbolik des Führens und Geführtwerdens ein. Narayan erzählt seine Geschichte ohne moralisierenden Unterton und im ausdrücklichen Bemühen um die authentische Perspektivierung aufgrund einer spezifisch indischen Sensibilität.

Ost-West-Varianten

Die Begegnung von Ost und West, die Verschränkung von Bodenständigkeit und Modernität in Indien ist in der Erzählprosa vielseitig behandelt worden. Ein besonders bizarres Beispiel bietet G.V. Desanis *All About H. Hatterr* (1948), ein satirisch-parodistischer Quest-Roman über die interkulturellen Orientierungsversuche eines halb englischen, halb indischen Protagonisten, der die Ratschläge einer Reihe von »Weisen« abenteuerlich auf dem Subkontinent verbreitet. Der Erzähler vermittelt dies mit einem übermütigen Einfallsreichtum, der Ideen aus Ost und West Revue passieren läßt und mit analoger sprachspielerischer Virtuosität zum Ausdruck bringt. Andere Versionen bleiben bei der vor Rushdie dominanten realistischen Erzähltradition. Kamala Markandaya problematisiert in *The Coffer Dams* (1969) und *Pleasure City* (1982) anhand eines Staudammbaus und der Errichtung eines Ferienzentrums die Begegnung von Engländern und Indern in ländlichen Gegenden Indiens. Ruth Prawer Jhabvala beschreibt in Büchern wie *Heat and Dust* (1975) die Erfahrungen westlicher Reisender in Indien und die Verwestlichung des dortigen Stadtlebens. Amitav Ghosh verfolgt in *The Shadow Lines* (1988) eine bengalische und eine englische Familie über drei Generationen vor dem Zeithintergrund des Subkontinents mit seinen willkürlichen Grenzziehungen und enttäuschten Hoffnungen.

Die Situation der Frau und Ansätze einer Frauenliteratur

Janet Frame

Das Problem der traditionsgemäßen Benachteiligung der Frau betrifft grundsätzlich alle Commonwealth-Länder und -Literaturen. Gleichwohl sind diverse Besonderheiten auszumachen. Die erstarkte Frauenbewegung der Gegenwart hat überall zu einer extensiveren Thematisierung und kritischeren Beleuchtung geschlechtsspezifischer Probleme geführt, ohne daß die Mehrzahl der Autorinnen auf feministische Standpunkte festlegbar wäre. Die Stimme der Frauen ist vor allem in der Literatur der Siedlerländer deutlich zu vernehmen. In Kanada, wo es seit Moodie eine gewisse Kontinuität von Autorinnen gibt, wird besonders seit den 50er Jahren ein Großteil der Literatur von Autorinnen wie Laurence, Munro und Atwood geschaffen. In Australien hat sich trotz des Werks von Barbara Baynton aus der *Bulletin*-Gruppe keine vergleichbare Tradition herausgebildet, doch seit den 70er Jahren haben führende Erzählerinnen wie Elizabeth Jolley und Helen Garner die Frauen-Stereotypik einer ihre Maskulinität betonenden Gesellschaft hinterfragt. In Neuseeland setzt immerhin Frame mit dem wohl bedeutendsten Beitrag des Landes zur Gegenwartsliteratur Ansätze von Katherine Mansfield fort, der weltbekannten Begründerin neuseeländischer Ezählprosa. Gleichwohl kommt der Frauenfrage in der Dritten Welt und ihrer

Literatur schon deswegen eine besondere Bedeutung zu, weil sie noch elementarere Diskriminierungen betrifft, die zudem direkt die Produktion und Rezeption von Frauenliteratur beeinträchtigen: Die im Vergleich zu Männern ungleich höhere Analphabetenquote der Frauen schränkt dort den Kreis potentieller Autorinnen und Leserinnen ein, von anderen sozialen Konsequenzen, die sich aus diesem Bildungsnotstand ergeben, einmal ganz abgesehen.

Die Frau in der Literatur der Dritten Welt

Der Grad der Diskriminierung der Frau in vielen Dritte-Welt-Ländern erklärt das verspätete Auftreten von Autorinnen und frauenspezifischen Perspektiven in der Literatur. In diesem Zusammenhang ist auch der Umstand zu sehen, daß einige der prägnantesten Frauenporträts im Roman von Autoren statt Autorinnen vermittelt worden sind. Mulk Raj Anand, der sich schon in *Untouchable* (1935) und *Coolie* (1936) zum Anwalt der sozial Geächteten und Ausgebeuteten gemacht hatte, tritt in *The Old Woman and the Cow* (1960) am Beispiel einer einfachen Frau, die nach typischen Erniedrigungen durch die eigene Familie gegen ihr geschlechtsspezifisches Los rebelliert und eine gewisse Eigenständigkeit erringt, für die Gleichberechtigung der indischen Frau ein. Ähnlich beschreibt Farah in *From a Crooked Rib* (1970) den Lebensweg einer Frau, die sich gegen die Unterwürfigkeitsrolle in der patriarchalischen Gesellschaft Somalias auflehnt und nach herben Enttäuschungen mehr Selbstbewußtsein entwickelt. Unter den Autorinnen ist Rhys gewiß ein Sonderfall, doch mit ihrem Spätwerk *Wide Sargasso Sea* bietet sie auch für die kolonialgeschichtliche Frauenproblematik eine revisionistische Perspektive. Die gegenwartsnahe Situation der karibischen Frau ist allerdings erst in jüngster Zeit häufiger behandelt worden. Das gilt etwa für das mit *Summer Lightning and Other Stories* (1986) einsetzende Kurzgeschichtenwerk von Olive Senior, das verschiedentlich die prekäre Situation der Frau in vaterlosen Familien dörflicher Milieus auf Jamaika aus der Sicht Jugendlicher dramatisiert. Auch in Indien gibt es Porträts der Frau auf dem Lande wie in Markandayas Roman *Nectar in a Sieve* (1954), in dem die vereinsamende Mutter die Hauptleidtragende unter den Schicksalsschlägen ist, von denen ihre Familie heimgesucht wird. Weitaus häufiger aber stehen im indischen Roman Frauen der mittleren bis gehobenen Stadtmilieus im Zentrum. Eines der eindrucksvollsten Beispiele dafür ist Anita Desais *Clear Light of Day* (1980), die subtile sozialpsychologische Studie zweier unterschiedlicher Schwestern aus Delhi, welche nach einer bedrückenden Kindheit und sehnsüchtigen Lebenserwartungen aufreibende Frustrationen in ihrem weiteren Werdegang erfahren. In Schwarzafrika ist Ama Ata Aidoo aus Ghana die am frühesten und stärksten hervortretende Autorin. In den Stücken *The Dilemma of a Ghost* (1964) und *Anowa* (1969) dramatisiert sie die Fälle eines »Weggewesenen«, der mit seiner afroamerikanischen Frau nach Ghana heimkehrt und die auch innerethnisch typischen interkulturellen Konflikte – zumal um den Streitpunkt der Geburtenregelung – in seiner Großfamilie auslöst, sowie den Fall einer rebellisch selbstbewußten, doch letztlich an der Schwäche ihres Mannes scheiternden Frau im innerafrikanischen historischen Kontext. Die aus Nigeria stammende und nach England ausgewanderte Buchi Emecheta setzt sich in ihren Romanen sowohl mit typischen Diskriminierungsproblemen der Frauen in Westafrika (*The Bride Price*, 1976; *The Slave Girl*, 1982) als auch mit dem Doppelproblem der ethnischen Immigrantin in England (*Adah's Story*, 1983) auseinander, um in beiderlei Hinsicht für die Emanzipation einzutreten.

Ama Ata Aidoo

Die Tendenz des »Multikulturalismus«: das Aufkommen ethnischer Minoritätenliteraturen

Für die Literatur der Ureinwohner in den Siedlerländern gilt ähnlich wie für die Frauenliteratur, daß sie sich erst mit großer Verzögerung entwickeln und verbreiten konnte und daß einige der prägnantesten frühen Darstellungen von sympathisierenden Autoren außerhalb der betroffenen Gruppen stammen. Die Aborigines Australiens haben in Thomas Keneallys *The Chant of Jimmy Blacksmith* (1972), die Indianer Kanadas in Rudy Wiebes *The Scorched-Wood People* (1977) ihre vielleicht bekannteste Fiktionalisierung erfahren. Erst in jüngerer und jüngster Zeit haben sich Aborigines wie Colin Johnson oder Archie Weller und kanadische Indianer wie Tomson Highway oder Thomas King als Autoren einen Namen machen können. Stärker vertreten sind die Maori unter den neuseeländischen Autoren. Patricia Grace in ihren Kurzgeschichtensammlungen, Witi Ihimaera in der mit *The Matriarch* (1986) einsetzenden Romanfolge und Keri Hulme in dem Roman *The Bone People* (1985) haben auf unterschiedliche Weise das Verhältnis zwischen Maori und Pakehas (Weißen) besonders im Hinblick auf das geistige Verhältnis zum Land und das historische Erbe dargestellt. In diesem Zusammenhang ist auch der ozeanische Beitrag zur englischsprachigen Literatur zu erwähnen, der am wirkungsvollsten durch das ähnlich ausgerichtete Erzählwerk von Albert Wendt aus Samoa repräsentiert wird. Andere ethnische Minoritätengruppen, die in der Literatur der Siedlerländer zunehmend an Bedeutung gewinnen, kommen aus den Immigrantenmilieus. Besonders in der kanadischen Literatur zeichnet sich diese Entwicklung schon seit einiger Zeit und in vielseitigen Verästelungen ab: von Mordecai Richlers Erinnerungen an das jüdische Getto von Montreal in *The Apprenticeship of Duddy Kravitz* (1959) über Joy Kogawas poetische Dokumentation der Internierungspolitik gegenüber den in British Columbia ansässigen Japanern während des Zweiten Weltkriegs in *Obasan* (1981) oder Austin Clarkes Evokation der karibischen Subkultur Torontos in einer Reihe von Romanen und Kurzgeschichtenbänden bis zu Michael Ondaatjes *In the Skin of a Lion* (1987), dem historischen Roman eines aus Ceylon stammenden Autors über die Anpassungsschwierigkeiten der Mazedonier in Toronto.

Ureinwohner und Immigranten

Eine ethnische Minoritätenliteratur existiert seit den 50er Jahren auch in England. Vor allem Westinder wie Lamming und Selvon, Inder wie Rushdie und Afrikaner wie Emecheta gehören als Einwanderer zumindest mit Teilen ihres Werks zu dieser Entwicklung. Manche der jüngeren Dub Poets oder Autoren wie der aus einer pakistanischen Einwandererfamilie stammende Hanif Kureishi sind bereits gebürtige »schwarze Briten« und vertreten in einem gesonderten Gemeinschaftsgefühl eine neue Autorengeneration. Das brisanteste Werk der ethnischen Minoritätenliteratur in England ist zweifellos Rushdies Roman *The Satanic Verses* (1988). Die »blasphemische« Infragestellung der sakrosankten Koranüberlieferung hat in der orthodoxen islamischen Welt fanatisch militante Reaktionen ausgelöst und in der sich pluralistisch verstehenden westlichen Welt betroffene Gegenreaktionen im Namen der freien Meinungsäußerung hervorgerufen. Dabei ist das, worum es Rushdie hauptsächlich geht, etwas aus dem Blickfeld geraten. Denn am Beispiel zweier komplementär einander zugeordneter Inder und des »unsichtbaren«, aber vielköpfigen Einwanderergettos im London der Thatcher-Ära werden die Identitätskonflikte und komplexen Veränderungen, welche die Wanderer

Ethnische Minoritäten in England

Fanatisierte Moslems verbrennen in Delhi eine Rushdie darstellende Puppe

zwischen Kulturen mit markanten Unterschieden an sich erfahren, in grotesken Metamorphosen versinnbildlicht. Das zentrale Geschehen wird in traumartigen Interpolationen mit Varianten dieser Problematik – typischen Grenzgängerfällen der Übersiedlung, Auswanderung, Einwanderung, Pilgerreise, Exilsituation – verknüpft, was nahezu ein Konzentrat postkolonialer Themen ergibt. Daß der Roman auch bei einem Großteil der »Asiaten« in England, zu deren Anwalt sich der Autor macht, auf massive Ablehnung gestoßen ist, muß den zum Untertauchen gezwungenen Rushdie besonders verbittert haben. Die im Roman formulierte Strategie für das Energien freisetzende, konternde Ausagieren des rassistischen Stigmas – »turning insults into strengths« – und das zum Ausdruck gebrachte Bewußtsein der ethnischen Immigranten als durch England zwar »Verwandelte«, doch nun England »Verwandelnde« haben auch im Sinne von Rushdies eingangs zitierter Devise »The Empire Writes Back« im Erzählwerk dieses Autors ihre produktive Berechtigung erwiesen. Doch die Kontroverse um *The Satanic Verses* verdeutlicht zugleich die unverminderte Aktualität ungelöster, tiefsitzender interkultureller Probleme, die sich nicht zuletzt aus der kolonialen Vergangenheit herleiten.

BIBLIOGRAPHIE

Geschichte, Kulturgeschichte, Literaturgeschichte, Nachschlagewerke, Textsammlungen

Abrams, Meyer H. et al. (Hg.), *The Norton Anthology of English Literature*, 3 Bde. [3]1974

Abrams, Meyer H., *A Glossary of Literary Terms*, Third Edition, New York 1971

Baugh, Albert L. (Hg.), *A Literary History of England*, London 1948

Blake, Robert, *Die englische Welt. Geschichte, Gesellschaft, Kultur*, München 1983

Borgmeier, Raimund (Hg.), *Die englische Literatur in Text und Darstellung*, 10 Bde., Stuttgart 1982f.

Clayre, Alasdair (Hg.), *Nature and Industrialization. An Anthology*, Oxford 1977

Cook, Chris / Stevenson, John, *The Longman Handbook of Modern British History 1714–1980*, London and New York 1983

Coyle, Martin / Garside, Peter / Kelsall, Malcolm / Peck, John (Hg.), *Encyclopaedia of Literature and Criticism*, London 1990

Drabble, Margaret (Hg.), *The Oxford Companion to English Literature*, New Edition, London 1985

Ford, Boris (Hg.), *The Pelican Guide to English Literature*, 7 vols., Harmondsworth 1954–61. Viele Wiederabdrucke.

Fowler, Alastair, *A History of English Literature. Forms and Kinds from the Middle Ages to the Present*, Oxford 1987

Göller, Karl (Hg.), *Die englische Lyrik. Von der Renaissance bis zur Gegenwart*, 2 Bde., Düsseldorf 1968

Hauser, Arnold, *Sozialgeschichte der Kunst und Literatur*, München 1953, Nachdruck 1983

Hobsbawm, Eric J., *Industry and Empire. An Economic History of Britain*, London 1968

Kermode, Frank / Hollander, John (Hg.), *The Oxford Anthology of English Literature*, 6 vols., New York, London, Toronto 1973

Rogers, Pat (Hg.), *The Oxford Illustrated History of English Literature*, Oxford 1987

Schirmer, Walter F., *Geschichte der englischen und amerikanischen Literatur. Von den Anfängen bis zur Gegenwart*, Tübingen 1968, 6. neubearb. Aufl. 1983

Standop, Ewald/Mertner, Edgar, *Englische Literaturgeschichte*, Heidelberg 1971

Stanzel, Franz K. (Hg.), *Der englische Roman. Vom Mittelalter bis zur Moderne*, 2 Bde., Düsseldorf 1969

Trevelyan, George M., *Illustrated English Social History*, 4 Bde., London 1965–67

Webb, Robert K., *Modern England. From the Eighteenth Century to the Present*, London 1969

Williams, Raymond, *Culture and Society, 1780–1950*, Harmondsworth 1961

Altenglische und mittelenglische Literatur

Alexander, Michael, *Old English Literature*, London 1983

Anderson, George K., *The Literature or the Anglo-Saxons*, Princeton [2]1966

Barron, William R. J., *English Medieval Romance*, London 1987

Bennett, Jack A. W., *Middle English Literature*, hg. Douglas Gray, London 1965

Blair, Peter H., *An Introduction to Anglo-Saxon England*, Cambridge 1956

Burrow, John A. *A Reading of »Sir Gawain and the Green Knight«*, London 1965

Burrow, John A., *Ricardian Poetry*, London 1971

Busse, Wilhelm, *Altenglische Literatur und ihre Geschichte. Zur Kritik des gegenwärtigen Deutungssystems*, Düsseldorf 1987
Campbell, James (Hg.), *The Anglo-Saxons*, Oxford 1982
Chambers, Raymond W., *Beowulf. An Introduction to the Study of the Poem*, Cambridge ³1959
Coleman, Janet, *English Literature in History 1350–1400. Medieval Readers and Writers*, London 1981
Craig, Hardin, *English Religious Drama of the Middle Ages*, Oxford 1955
Godden, Malcolm, *The Making of »Piers Plowman«*, Harlow 1990
Gray, Douglas, *Robert Henryson*, Leiden 1979
Greenfield, Stanley B. / Calder, Daniel G., *A New Critical History of Old English Literature*, New York 1986
Hume, Kathryn, *»The Owl and the Nightingale«. The Poem and its Critics*, Toronto 1975
Kean, P.M., *»The Pearl«. An Interpretation*, London 1967
Keen, Maureen H., *England in the Later Middle Ages*, London 1973
Kohl, Stephan, *Das englische Spätmittelalter. Kulturelle Normen, Lebenspraxis, Texte*, Tübingen 1986
Legge, M. Dominica, *Anglo-Norman Literature and Its Background*, Oxford 1963
Niles, John D. *Beowulf. The Poem and Its Tradition*, Cambridge, Mass. 1983
Patterson, Lee, *Chaucer and the Subject of History*, London 1991
Pearsall, Derek, *John Lydgate*, London 1970
Pearsall, Derek, *The Canterbury Tales*, London 1985
Riddy, Felicity, *Sir Thomas Malory*, Leiden 1987
Shippey, T.A., *Old English Verse*, London 1972
Sisam, Kenneth, *Studies in the History of Old English Literature*, Oxford 1953
Spearing, Anthony C., *Readings in Medieval Poetry*, Cambridge 1987
Stenton, Frank M., *Anglo-Saxon England*, Oxford ³1971
Turville-Petre, Thorlac, *The Alliterative Revival*, Cambridge 1977
Whitelock, Dorothy (Hg.), *English Historical Documents c. 500–1042*, London ²1979
Woolf, Rosemary, *The English Religious Lyric in the Middle Ages*, Oxford 1968
Wrenn, Charles L., *A Study of Old English Literature*, London 1967

Die Frühe Neuzeit – Von Morus bis Milton

Atkins, John W.H., *English Literary Criticism. The Renaissance*, London 1962
Belsey, Catherine, *The Subject of Tragedy. Identity and Difference in Renaissance Drama*, London 1985
Berghahn, Klaus L./Seeber, Hans Ulrich (Hg.), *Literarische Utopien von Morus bis zur Gegenwart*, Königstein/Ts. 1983
Boas, Marie, *The Scientific Renaissance. 1450–1630*, London 1962; dts.: *Die Renaissance der Naturwissenschaften. 1450–1630*, Nördlingen 1988
Bowers, Fredson, *Elizabethan Revenge Tragedy. 1587–1642*, Princeton 1940
Buck, August (Hg.), *Zu Begriff und Problem der Renaissance*, Darmstadt 1969
Butler, Martin, *Theatre and Crisis. 1632–1642*, Cambridge 1984
Carey, John, *John Donne. Life, Mind and Art*, London 1981
Clemen, Wolfgang, *The Development of Shakespeare's Imagery*, London 1951. *Die Tragödie vor Shakespeare. Ihre Entwicklung im Spiegel der dramatischen Rede*, Heidelberg 1955; engl.: *English Tragedy before Shakespeare*, London 1961
Connell, Dorothy, *Sir Philip Sidney. The Maker's Mind*, Oxford 1977
Daiches, David, *Milton*, London 1957; 1966
Dollimore, Jonathan, *Radical Tragedy. Religion, Ideology and Power in the Drama of Shakespeare and his Contemporaries*, Brighton 1984
Ellis-Fermor, Una, *The Jacobean Drama*, London 1936; 1958
Elton, G.R., *England under the Tudors*, London 1955; 1974
Farnham, Willard, *The Medieval Heritage of Elizabethan Tragedy*, Berkeley 1936
Goldberg, Jonathan, *James I and the Politics of Literature*, Baltimore 1983

Greenblatt, Stephen, *Renaissance Self-Fashioning. From More to Shakespeare,* Chicago 1980
Gurr, Andrew, *The Shakespearean Stage. 1574–1642,* Cambridge 1970; 1980
Guy, John, *Tudor England,* Oxford 1988
Heale, Elizabeth, *The Faerie Queene. A Reader's Guide,* Cambridge 1987
Heninger, S.K., Jr., *The Cosmographical Glass. Renaissance Diagrams of the Universe,* San Marino, Cal. 1977
Hill, Christopher, *Reformation to Industrial Revolution,* London 1967. *The World Turned Upside Down. Radical Ideas During the English Revolution,* London 1972
Hunter, G.K., *Paradise Lost,* London 1980
Kermode, Frank, *Renaissance Essays. Shakespeare, Spenser, Donne,* London 1971
Kernan, Alvin, *The Cankered Muse. Satire of the English Renaissance,* New Haven 1959
King, John N., *English Reformation Literature. The Tudor Origins of the Protestant Tradition,* Princeton 1982
Klein, Karl L., *Vorformen des Romans in der englischen erzählenden Prosa des 16. Jahrhunderts,* Heidelberg 1969
Knights, Lionel C., *Drama and Society in the Age of Jonson,* London 1937
Lever, Julius W., *The Elizabethan Love Sonnet,* London 1956; 1966
Levin, Harry, *The Myth of the Golden Age in the Renaissance,* Indiana 1969
Lewis, Clive S., *The Allegory of Love,* Oxford 1936; *A Preface to Paradise Lost,* London 1942
Norbrook, David, *Poetry and Politics in the English Renaissance,* London 1984
Parfitt, George, *English Poetry of the Seventeenth Century,* London 1985
Renwick, William, *Edmund Spenser. An Essay on Renaissance Poetry,* London 1925
Ribner, Irving, *The English History Play in the Age of Shakespeare,* Princeton 1957
Rowse, Alfred L., *The Elizabethan Renaissance. The Cultural Achievement,* London 1972
Salingar, L.G., *Shakespeare and the Traditions of Comedy,* Cambridge 1974
Schabert, Ina (Hg.), *Shakespeare-Handbuch: Die Zeit – Der Mensch – Das Werk – Die Nachwelt,* Stuttgart 1972; 1978
Schlauch, Margaret, *Antecedents of the English Novel. 1400–1600,* London 1963
Sinfield, Alan, *Literature in Protestant England. 1580–1660,* London 1983
Stone, Lawrence, *The Crisis of the Aristocracy. 1558–1640,* Oxford 1965
Strong, Roy, *The Cult of Elizabeth: Elizabethan Portraiture and Pageantry,* London 1977
Suerbaum, Ulrich, *Das elisabethanische Zeitalter,* Stuttgart 1989
Tillyard, E.M.W., *The Elizabethan World Picture,* London 1943
Waller, Gary, *English Poetry of the Sixteenth Century,* London 1986
Weimann, Robert, *Shakespeare und die Tradition des Volkstheaters,* Berlin 1967; *Shakespeare und die Macht der Mimesis,* Berlin 1988
Weiß, Wolfgang, *Die elisabethanische Lyrik,* Darmstadt 1976; *Das Drama der Shakespeare-Zeit,* Stuttgart 1979
Wells, Stanley (Hg.), *The Cambridge Companion to Shakespeare Studies,* Cambridge 1986
Wilding, Michael, *Dragon's Teeth. Literature in the English Revolution,* Oxford 1987
Willey, Basil, *The Seventeenth-Century Background. Studies in the Thought of the Age in Relation to Poetry and Religion,* London 1934

Von der Restauration zur Frühromantik

Ashton, Thomas S., *An Economic History of England: The Eighteenth Century,* London 1955
Barnet, George L. (Hg.), *Eighteenth-Century British Novelists on the Novel,* New York 1968
Boas, Frederick S., *An Introduction to Eighteenth Century Drama: 1700–1780,* Oxford 1953
Borinski, Ludwig, *Der englische Roman des 18.Jahrhunderts,* Frankfurt/M. 1968

Camden, Carroll (Hg.), *Restoration and Eighteenth-Century Literature. Essays in Honor of Alan Dugald McKillop*, Chicago 1963

Clifford, James L. (Hg.), *Eighteenth-Century English Literature. Modern Essays in Criticism*, Oxford U.P. 1959, repr. 1967

Clifford, James L. (Hg.), *Man Versus Society in Eighteenth-Century Britain. Six Points of View*, Cambridge U.P. 1968

Dobrée, Bonamy, *English Literature in the Early Eighteenth-Century, 1700–1740*, Oxford 1959, 1968

Fabian, Bernhard (Hg.), *The Eighteenth-Century English Novel. A Compendium of Modern Studies*, 2 Bde., Hildesheim 1970

Ford, Boris (Hg.), *From Dryden to Johnson*, The Pelican Guide to English Literature 4, Harmondsworth 1957; 1968

George, M. Dorothy, *London Life in the Eighteenth Century* , London 1925

Göller, Karl-Heinz, *Romance and Novel. Die Anfänge des englischen Romans*, Regensburg 1972

Greene, Donald, *The Age of Exuberance. Backgrounds to Eighteenth-Century English Literature*, New York 1970

Harris, R.W., *Reason and Nature in 18th Century Thought*, London 1968

Hill, Christopher, *The Century of Revolution, 1603–1714*, London 1961; 1967

Holmes, Geoffrey, *British Politics in the Age of Anne*, London 1967

Humphreys, Arthur R., *The Augustan World. Life and Letters in Eighteenth-Century England*, London 1954

Jack, Ian, *Augustan Satire. Intention and Idiom in English Poetry, 1660–1750*, London 1952; 1970

Jarrett, Derek, *Britain 1688–1815*, London 1965; 1967

Kosok, Heinz (Hg.), *Das englische Drama im 18. und 19. Jahrhundert. Interpretationen*, Berlin 1976

Loftis, John, *Comedy and Society from Congreve to Fielding*, Stanford 1959

Lonsdale, Roger (Hg.), *Dryden to Johnson*, London 1971

McKillop, Alan D., *English Literature from Dryden to Burns*, New York 1948

McKillop, Alan D., *The Early Masters of English Fiction*, Lawrence (Kansas) 1956

Marshall, Dorothy, *Eighteenth-Century England*, London 1962

Marshall, Dorothy, *English People in the Eighteenth Century* , London 1956

Mehl, Dieter, *Der englische Roman bis zum Ende des 18.Jahrhunderts*, Düsseldorf/Bern/München 1977

Müllenbrock, Heinz-Joachim *et al.*, *Europäische Aufklärung*, II.Teil, Neues Handbuch der Literaturwissenschaft, Bd. 12, Wiesbaden 1984

Müllenbrock, Heinz-Joachim/Späth, Eberhard, *Literatur des 18.Jahrhunderts*, Düsseldorf/Bern/München 1977

Müllenbrock, Heinz-Joachim, *Whigs kontra Tories: Studien zum Einfluß der Politik auf die englische Literatur des frühen 18.Jahrhunderts*, Heidelberg 1974

Nicoll, Allardyce, *A History of English Drama: 1660–1900*, Bd.II: *Early Eighteenth Century Drama*, Cambridge 1952; Bd. III: *Late Eighteenth Century Drama*, Cambridge 1952

Novak, Maximillian E., *Eighteenth-Century English Literature*, London 1983

Nussbaum, Felicity/Brown, Laura (Hg.), *The New 18th Century. Theory, Politics, English Literature*, New York/London 1987

Paulson, Ronald, *Satire and the Novel in Eighteenth Century England*, New Haven 1967

Plumb, John H., *England in the Eighteenth Century*, Harmondsworth 1950

Probyn, Clive T., *English Fiction of the Eighteenth Century 1700–1789*, London/New York 1987

Rogers, Pat, *The Augustan Vision*, London 1974

Rogers, Pat (Hg.), *The Eighteenth Century*. The Context of English Literature, London 1978

Rogers, Pat, *Grub Street, Studies in a Subculture*. London 1972

Sambrook, James, *The Eighteenth Century. The Intellectual and Cultural Context of English Literature, 1700–1789*, London/New York 1986

Sherbo, Arthur, *Studies in the Eighteenth Century English Novel*, East Lansing 1969

Sherburn, George, *A Literary History of England: The Restoration and the Eighteenth Century* (1660–1789), London 1948; 1967
Spearman, Diana, *The Novel and Society*, London 1966
Stephen, Leslie, *English Literature and Society in the Eighteenth Century*, London 1904
Stephen, Leslie, *History of English Thought in the Eighteenth Century*, London 1962
Stone, George W. *et al.*, *The London Stage 1660–1800*, Carbondale, Ill., 1960–8
Watt, Ian, *The Rise of the Novel*, London 1957; 1963
Willey, Basil, *The Eighteenth-Century Background*, London 1940
Williams, Kathleen (Hg.), *Backgrounds to Eighteenth-Century Literature*, Scranton/London/Toronto 1971
Wolff, Erwin, *Der englische Roman im 18. Jahrhundert. Wesen und Formen*, Göttingen 1964
Zaic, Franz, »Die Zeit des Klassizismus«, in: Nünning, Josefa (Hg.), *Das englische Drama*, Darmstadt 1973, S. 317–348

Romantik und viktorianische Zeit

Abrams, Meyer H. (Hg.), *English Romantic Poets. Modern Essays in Criticism*, London 1960
Abrams, Meyer H., *Natural Supernaturalism. Tradition and Revolution in Romantic Literature*, New York, London 1971
Abrams, Meyer H., *The Mirror and the Lamp. Romantic Theory and the Critical Tradition*, New York 1953
Armstrong, Isobel, *Language as Living Form in Nineteenth Century Poetry*, Brighton 1982
Ball, Patricia M., *The Central Self. A Study in Romantic and Victorian Imagination*, London 1968
Bloom, Harold, *The Visionary Company. A Reading of English Romantic Poetry*, Ithaca 1961
Bowra, Cecil M., *The Romantic Imagination*, London 1949
Buckley, Jerome H., *The Victorian Temper*, London 1966
Butler, Marilyn, *Romantics, Rebels and Reactionaries. English Literature and its Background 1760–1830*, Oxford 1981
Fischer, Hermann, *Die romantische Verserzählung in England. Versuch einer Gattungsgeschichte*, Tübingen 1964
Frye, Northrop, *Fearful Symmetry. A Study of William Blake*, Princeton 1947
Furst, Lilian R., *Romanticism*, London 1969
Furst, Lilian R., *Romanticism in Perspective*, London 1969
Gilbert, Sandra / Gubar, Susan, *The Madwoman in the Attic. The Woman Writer and the Nineteenth Century Literary Imagination*, New Haven 1979
Gilmour, Robin, *The Novel in the Victorian Age. A Modern Introduction*, London 1986
Goetsch, Paul, *Charles Dickens. Eine Einführung*, München 1986
Goetsch, Paul, *Die Romankonzeption in England 1880–1910*, Heidelberg 1967
Groß, Konrad (Hg.), *Der englische soziale Roman im 19. Jahrhundert*, Darmstadt 1977
Hardy, Barbara, *The Novels of George Eliot*, London 1959
Hartman, Geoffrey (Hg.), *Beyond Formalism. Literary Essays 1958-1970*, New Haven 1970
Hill, John S., *The Romantic Imagination. A Casebook*, London 1977
Hönninghausen, Lothar, *Grundprobleme der englischen Literaturtheorie des 19. Jahrhunderts*, Darmstadt 1977
Hönninghausen, Lothar, *Präraphaeliten und Fin de Siècle*, München 1971
Houghton, Walter F., *The Victorian Frame of Mind 1830–1870*, London 1957
Langbaum, Robert, *The Poetry of Experience. The Dramatic Monologue in Modern Literary Tradition*, London 1957
Levine, George, *The Realistic Imagination*, Chicago 1981

Lucas, John, *The Literature of Change. Studies in the Nineteenth Century Provincial Novel*, New York 1977
Mason, Eudo C., *Deutsche und englische Romantik. Eine Gegenüberstellung*, Göttingen 1979
McFarland, Thomas, *Romanticism and the Forms of Ruin. Wordsworth, Coleridge and Modalities of Fragmentation*, Princeton 1981
Miller, Hillis, *Thomas Hardy. Distance and Desire*, Cambridge/Mass. 1970
Müllenbrock, Heinz-Joachim, *Der historische Roman des 19. Jahrhunderts*, Heidelberg 1980
Praz, Mario, *The Romantic Agony*, London 1951
Prickett, Stephen, *The Context of English Literature. The Romantics*, London 1981
Reinhold, Heinz, *Der englische Roman des 19. Jahrhunderts*. Düsseldorf 1976
Riesner, Teut A. / Riesner, Dieter (Hg.), *Versdichtung der englischen Romantik. Interpretationen*, Berlin 1968
Schlüter, Kurt, *Die englische Ode. Studien zu ihrer Entwicklung unter dem Einfluß der antiken Hymnus*, Bonn 1964
Stang, Richard, *The Theory of the Novel in England*, London 1959
Sussman, Herbert, *Victorians and the Machine. The Literary Response to Technology*, Cambridge 1968
Thomson, D., *England in the Nineteenth Century*, Harmondsworth 1950
Tillotson, Kathleen, *Novels of the Eighteen-Forties*, Oxford 1961
Watt, Ian (Hg.), *The Victorian Novel*, London 1971
Wheeler, Michael, *English Fiction of the Victorian Period*, London 1985

Vormoderne und Moderne

Bell, Michael (Hg.), *The Context of English Literature 1900–1930*, London 1980
Bergonzi, Bernard, *Heroes' Twilight. A Study of the Literature of the Great War*, London 1965
Bradbury, Malcolm, *The Social Context of Modern English Literature*, Oxford 1971
Bradbury, Malcolm / McFarlane, James (Hg.), *Modernism 1890–1930*, Harmondsworth 1976
Broich, Ulrich, *Gattungen des modernen englischen Romans*, Wiesbaden 1975
Cunningham, Valentine, *British Writers of the Thirties*, Oxford 1988
Eliot, Thomas S., *Selected Essays*, London 1951
Faas, Egbert, *Offene Formen in der modernen Kunst und Literatur*, München 1975
Ford, Boris (Hg.), *The Modern Age*, Harmondsworth 1963
Fussell, Paul, *The Great War and Modern Memory*, Oxford 1975
Goetsch, Paul (Hg.), *Englische Literatur zwischen Viktorianismus und Moderne*, Darmstadt 1983
Goetsch, Paul / Müllenbrock, Heinz-Joachim (Hg.), *Englische Literatur und Politik im 20. Jahrhundert*, Wiesbaden 1981
Göller, Karl Heinz / Hoffmann, Gerhard (Hg.), *Die englische Kurzgeschichte*, Düsseldorf 1973
Harrison, John R., *The Reactionaries. Yeats, Lewis, Pound, Eliot, Lawrence etc. A Study of the Anti-Democratic Intelligentsia*, New York 1967
Hynes, Samuel, *The Edwardian Turn of Mind*, Princeton 1968
Kenner, Hugh, *The Pound Era*, Berkeley 1973
Leavis, Frank R., *New Bearings in English Poetry*, London 1950
Lester, John A., *Journey through Despair 1880–1914. Transformations in British Literary Culture*, Princeton 1968
Levenson, Michael H., *A Genealogy of Modernism. A Study of English Literary Doctrine 1908–1922*, Cambridge 1922
Lodge, David, *After Bakhtin. Essays on Fiction and Criticism*, London and New York 1990
Lyons, F.S.L., *Culture and Anarchy in Ireland 1890–1939*, Oxford 1979
Oppel, Horst (Hg.), *Die moderne englische Lyrik. Interpretationen*, Berlin 1967

Perkins, David, *A History of Modern Poetry from the 1980s to the High Modernist Mode*, London 1976
Pfister, Manfred / Schulte-Middelich, Bernd (Hg.), *Die Nineties. Das englische Fin de siècle zwischen Dekadenz und Sozialkritik*, München 1983
Ray, Paul C., *The Surrealist Movement in England*, Cornell 1971
Schwartz, Sanford, *The Matrix of Modernism. Pound, Eliot and Early Twentieth Century Thought*, Princeton 1985
Seeber, Hans Ulrich, *Die englische Literatur in Text und Darstellung*, Bd. 9, *20. Jahrhundert I* , Stuttgart 1984
Spears, Monroe K., *Dionysus and the City. Modernism in Twentieth Century Poetry*, Oxford 1970
Stead, Carl K. *The New Poetic*, London 1964
Tetzeli von Rosador, Kurt, *Das englische Geschichtsdrama seit Shaw*, Heidelberg 1976
Whitehead, Alfred N., *Science and the Modern World*, Cambridge 1926
Wilson, Edmund, *Axel's Castle. A Study in the Imaginative Literature of 1870–1930*, London 1961 ([1]1931)

Die Zeit nach 1945

Ahrends, Günter / Seeber, Hans Ulrich (Hg.), *Englische und amerikanische Naturdichtung im 20. Jahrhundert*, Tübingen 1985
Allen, Walter, *The English Novel. A Short Critical History*, London 1969
Allsop, Kenneth, *The Angry Decade. A Survey of the Cultural Revolt of the 1950's*, London 1969
Appleyard, Bryan, *The Pleasures of Peace. Art and Imagination in Post-War Britain*, London 1989
Barnes, Philip, *A Companion to Post-War British Theatre*, London 1986
Bedient, Calvin, *Eight Contemporary Poets*, London 1974
Berger, Dieter A., »Ästhetik des Spiels im zeitgenössischen britischen Drama«, *Forum modernes Theater* 3, 1988, S. 17–30
Bergonzi, Bernard, *The Situation of the Novel*, London 1979
Bigsby, Christopher W.E. (Hg.), *Contemporary English Drama*, London 1981
Bock, Hedwig / Wertheim, Albert (Hg.), *Essays on Contemporary British Drama*, München 1981
Bradbury, Malcolm / Palmer, David (Hg.), *The Contemporary English Novel*, London 1979
Brown, John R. (Hg.), *Modern British Dramatists. New Perspectives*, Englewood Cliffs 1984
Craig, Stephen (Hg.), *Dreams and Deconstructions. Alternative Theatre in Britain*, Ambergate 1980
Esslin, Martin, *Das Theater des Absurden*, Hamburg 1965
Fehse, Klaus-Dieter / Platz, Norbert H. (Hg.), *Das zeitgenössische englische Drama*, Frankfurt a.M. 1975
Glaap, Albert-Rainer, *Das englische Drama seit 1970*, Limburg 1979
Goetsch, Paul, *Bauformen des modernen englischen und amerikanischen Dramas*, Darmstadt 1977
Heaney, Seamus, *The Government of the Tongue*, London 1988
Imhof, Rüdiger / Maack, Annegret (Hg.), *Der englische Roman der Gegenwart*, Tübingen 1987
Itzin, Catherine, *Stages in the Revolution. Political Theatre in Britain Since 1969*, London 1980
Kitchin, Laurence, *Mid-Century Drama*, London 1960
Kosok, Heinz (Hg.), *Drama und Theater im England des 20. Jahrhunderts*, Düsseldorf 1980
Maack, Annegret, *Der experimentelle englische Roman der Gegenwart*, Darmstadt 1984
Maschler, Tom (Hg.), *Declaration*, London 1957
Motion, Andrew, *Philip Larkin*, London/New York 1982

Oppel, Horst (Hg.), *Das englische Drama der Gegenwart. Interpretationen*, Berlin 1976

Orr, Peter (Hg.), *The Poet Speaks. Interviews with Contemporary Poets*, London 1966

Phelps, Gilbert, »The Post-War English Novel«, in: Ford, Boris (Hg.), *The Present*, Harmondsworth 1983

Plett, Heinrich F. (Hg.), *Englisches Drama von Beckett bis Bond*, München 1982

Rabinovitz, Rubin, *The Reaction against Experiment in the English Novel 1950–1960*, New York 1967

Ritchie, Harry, *Success Stories. Literature and the Media in England*, 1950–1959, London 1989

Ryder, Judith / Sylver, Harold, *Modern English Society*, London 1977

Simard, Rodney, *Postmodern Drama. Contemporary Playwrights in America and Britain*, Lanham/London 1984

Sinfield, Alan (Hg.), *Society and Literature 1945–1970*, London 1983

Steiger, Klaus Peter (Hg.), *Das englische Drama nach 1945*, Darmstadt 1983

Stevenson, Randall, *The British Novel Since the Thirties*. An Introduction, London 1986

Taylor, John R., *Anger and After. A Guide to the New British Drama*, London 1962

Taylor, John R., *The Second Wave. British Drama of the Sixties*, London 1971

Thomsen, Christian, *Das englische Theater der Gegenwart*, Düsseldorf 1980

Thurley, Geoffrey, *The Ironic Harvest. English Poetry in the Twentieth Century*, London 1974

Wandor, Michelene, *Look Back in Gender. The Family and Sexuality in Post-War British Drama*, London 1986

Weise, Wolf-Dietrich, *Die »neuen englischen Dramatiker« in ihrem Verhältnis zu Brecht (unter besonderer Berücksichtigung von Wesker, Osborne und Arden)*, Bad Homburg etc. 1969

Zapf, Hubert, *Das Drama in der abstrakten Gesellschaft. Zur Theorie und Struktur des modernen englischen Dramas*, Tübingen 1988

Commonwealth-Literatur

Ashcroft, Bill et al., *The Empire Writes Back. Theory and Practice in Post-Colonial Literatures*, London 1989

Bock, Hedwig / Wertheim, Albert (Hg.), *Essays on Contemporary Post-Colonial Fiction*, München 1986

Evans, Patrick, *The Penguin History of New Zealand Literature*, Auckland 1990

Gray, Stephen, *Southern African Literature*, London 1979

Hergenhan, Laurie (Hg.), *The Penguin New Literary History of Australia*, Ringwood/Vict. 1988

King, Bruce, *The New English Literatures. Cultural Nationalism in a Changing World*, London 1981

King, Bruce (Hg.), *West Indian Literature*, London 1979

Kosok, Heinz / Prießnitz, Horst (Hg.), *Literaturen in englischer Sprache. Ein Überblick über englischsprachige Nationalliteraturen außerhalb Englands*, Bonn 1977

Naik, Madhukar K., *A History of Indian English Literature*, New Delhi 1982

New, William H., *A History of Canadian Literature*, London 1988

New, William H., *Among Worlds. An Introduction to Modern Commonwealth and South African Fiction*, Erin/Ont. 1975

Schäfer, Jürgen (Hg.), *Commonwealth-Literatur*, Düsseldorf 1981

Smith, Angela, *East African Writing in English*, London 1989

Toye, William (Hg.), *The Oxford Companion to Canadian Literature*, Toronto 1983

Wide, William H. et al. (Hg.), *The Oxford Companion to Australian Literature*, Melbourne 1985

Zell, Hans M. et al. (Hg.), *A New Reader's Guide to African Literature*, London 1983

PERSONEN- UND WERKREGISTER

H

I

J

K

R

S

Y

Z

BILDQUELLEN

Nicht in allen Fällen war es möglich, die Rechtsinhaber heute geschützter Texte zu ermitteln. Selbstverständlich wird der Verlag berechtigte Ansprüche auch nach Erscheinen des Buchs erfüllen.

Aerofilms Limited, London 34
Ammann Verlag, Zürich 409, 417
Ashmolean Museum, Oxford 16, 55
BBC Hulton Picture Library 220, 410
BBC Publications, London 7
Bildarchiv Foto Marburg 3
Bildarchiv Preussischer Kulturbesitz, Berlin 50, 53, 66, 89, 98, 120, 126, 223, 281, 284, 291, 314, 316, 320, 344, 347, 351
Bodleian Library, University of Oxford 17, 42
Boughton House, Northamptonshire – Duke of Buccleuch and Queensberry 100
Bristol Cathedral, College Green, Bristol 10
British Library, London 4, 20, 30, 39, 46, 56, 60, 62, 93, 114, 119, 131, 144, 167, 179, 180
British Museum, London 5, 12, 21, 27, 31, 64, 85, 151, 168, 175, 196, 203, 210, 214, 231, 257, 260, 274, 428
Cambridge University Press, Cambridge 115, 361
City Art Gallery, Manchester 269, 299
Clarendon Press, Oxford 216
Clausen, Rosemarie, Hamburg 374
Collection Museu de Arte de São Paulo, Brazil, Photo: Luiz Hossaka 95
Cordon Art, Baarn 392
Corpus Christi College, Cambridge 17, 23, 41, 124
Courtauld Institute Galleries, London 24
Croessman James Joyce Collection, Southern Illinois University at Carbondale 340
Dali-Museum, Cleveland 390
Deutsch, Andre Ltd., London 375
Deutsche Presse Agentur, Stuttgart 371, 420, 423, 424, 426, 427, 432, 433
Dulwich College Picture Gallery, London 216
Elton Collection, Ironbridge George Museum Trust, Telford 306
Fitzwilliam Museum, Cambridge 96, 243
Freies Deutsches Hochstift/Goethe Museum, Frankfurt/M., Fotografin: Ursula Edelmann 262
Gerson, Mark, London 362
Guildhall Library and Art Gallery, London 129, 273
Granger Collection 53, 286, 293, 297, 303, 314
Haffmans Verlag, Zürich, Illustration von Volker Kriegel 393
Harenberg Kommunikation, Dortmund 342
Harvard University, Art Museum, Cambridge 338
Hunterian Museum, Glasgow [mit Erlaubnis des Wellcome Trustees] 75
Huntington Library, San Marino 39, 102
Hussey, Maurice, Cambridge 45, 147
Imperial War Museum, London 333
Keystone Pressedienst, Hamburg 412
Köhler, Wolf-Dieter, Hattersheim 429
Kunsthaus Zürich 141
Kupferstichkabinett der öffentl. Kunstsammlung, Basel 70
Leclaire, Paul, Köln 377
Lewinski, Jorge/Writer's Britain, London 282, 345, 358
Longman House, Harlow 359
Macmillan Publishers Ltd. London 424, 430
Magdalenen College, Cambridge 160
Mangoldt von, Renate, Berlin 436
Mansell Collection 161, 222, 271, 323
Methuen Limited, London 170, 198, 373
Museum and Art Gallery, Birmingham 271
National Gallery, London 173, 314
National Library of Australia, Canberra 394
National Museum of Wales, Cardiff 357
National Portrait Gallery, London 37, 105, 141, 160, 179, 182, 193, 230, 242, 245, 248, 255, 264, 272, 282, 289, 311, 327, 388
National Portrait Gallery of Ireland, Dublin 201
Oxford University Press, Oxford 59, 158, 183, 184, 189, 333, 360
Panbroke College, Cambridge 110
Penguin Books Limited, Harmondsworth 3, 382, 415
Piermont Morgan Library, London 121, 159
Princeton University Press, Princeton 328
Punch, London 280, 311, 313
Radio Times Hulton Picture Library, London 339
Reproduced from Rylands French MS 1 by courtesy of the Director and University Librarian, the John Rylands University Library of Manchester 32
Royal Commission on Ancient and Historical Monuments, Scotland 14
Royal Commission on the Historical Monuments of England, London 15, 20
Royal Court Theatre, London 377
Routledge and Kegan, London 26
Scottish National Portrait Gallery, Edinburgh 287
Scheidler, Gisela, Berlin/Dortmund 380
Studio David Hockney, Los Angeles 50, 130
Tate Gallery, London 164, 228, 323, 350, 354
Theatre Museum – Viktoria and Albert Museum, Photograph by Houston Rogers, London 370
Times Newspaper Ltd., London 368
Universität Bamberg 395
University Bristol, Theatre Collection, Bristol 212, 214
University of Queensland-Press, St. Lucia 405
Universitätsbibliothek Utrecht 126
Verlagsarchiv J.B. Metzler, Stuttgart 73
Verlag Anton Schroll, Wien 15
Verlag Philipp Reclam jun., Ditzingen 190, 202
Victoria und Albert Museum, London 78, 123, 150, 266
Walker Art Gallery, Liverpool 237
Weidenfeld und Nicolson Ltd., London 2, 68, 113, 133, 137
Wilhelm-Busch-Museum/Deutsches Museum für Karikatur u. kritische Grafik, Hannover 224, 246, 283
Withworth Art Gallery, University of Manchester 232
Woburn Abbey Collection, Bedfordshire [by kind permission of the Marquess of Tavistock and the Trustees of the Bedford Estates] 47
Wyndham, Lewis 332, 339, 346